教育部省属高校人文社会科学重点研究基地
河北大学宋史研究中心——主办
中文社会科学引文索引（CSSCI）来源集刊

宋史研究论丛

主　编　姜锡东
执行主编　王晓薇

【第三十辑】

2022年上半年刊

科学出版社
北京

内 容 简 介

《宋史研究论丛》是已故著名历史学家漆侠先生创办的教育部省属高校人文社会科学重点研究基地——河北大学宋史研究中心主办的一份学术论文集刊。本集刊注重学术研究中的“新材料、新方法、新观点”，主要刊发宋史领域学术论文，兼及辽夏金元史。此为第30辑，收录34篇学术专论，分为宋代政治军事史研究、宋代经济史研究、宋代文化史研究、宋金元社会史研究、辽西夏金史研究、书评与综述等栏目。

本辑所刊论文，或研究考证提出新见，或发掘新史料，为学界相关问题的最新研究成果。此外，2021年8月30日至31日，中韩第九届宋辽夏金元史国际学术研讨会在河北大学举行，本辑收录了部分参会论文，可供宋辽夏金元史研究者和爱好者参阅。

图书在版编目（CIP）数据

宋史研究论丛. 第30辑 / 姜锡东主编. —北京：科学出版社，2022.6
ISBN 978-7-03-071678-1

Ⅰ. ①宋…　Ⅱ. ①姜…　Ⅲ. ①中国历史-宋代-文集　Ⅳ. ①K244.07-53

中国版本图书馆CIP数据核字（2022）第032801号

责任编辑：王　媛　夏　霜　杨　静 / 责任校对：张亚丹
责任印制：师艳茹 / 封面设计：黄华斌
联系电话：010-64011837
电子邮箱：yangjing@mail.sciencep.com

科学出版社出版
北京东黄城根北街16号
邮政编码：100717
http://www.sciencep.com
三河市春园印刷有限公司 印刷
科学出版社发行　各地新华书店经销
*
2022年6月第　一　版　开本：787×1092　1/16
2022年6月第一次印刷　印张：27 1/4
字数：598 000
定价：198.00元

宋史研究论丛

目　　录

宋代政治军事史研究

宋代经济史研究

宋代文化史研究

宋金元社会史研究

辽西夏金史研究

书评与综述

宋代政治军事史研究

一个“好战分子”形象的塑造

——《宋史》王韶早期史揭秘*

廖 寅 李 欣

（河北大学 宋史研究中心，河北 保定，071002）

摘 要：王韶是宋神宗西北开边的主要负责人，既有丰富的军事思想，又有卓越的军事实践能力。《宋史》及其源头宋朝国史故意篡改王韶早期履历，并有意省略王韶的和戎思想，专记其平戎主张，目的是弱化王韶的正面意义，进而塑造出王韶“好战分子”的形象。正因为是源自家族史的书写，万历《湖广总志·王韶传》保留了许多稀见且重要的历史信息，从而让我们得以剥离王韶“好战分子”形象，还原王韶早期的历史形象。

关键词：北宋；王韶；早期履历；“好战分子”

王韶（1030—1081年），字子纯，号敷阳子，谥襄敏，江州德安（今江西德安县）人，嘉祐二年（1057年）进士，历任新安主簿、建昌军司理参军、秦凤路经略司机宜文字、通远军知军、熙州知州、枢密副使、洪州知州、鄂州知州等职。①王韶是宋代罕有的既有军事思想，又有军事实践的文臣军事家，南宋吴儆在与孝宗《论文臣当习武事》中举的唯一一个例子就是王韶。②王韶既是神宗时期西北军事战略的提出者，又是神宗前期西北军事扩张政策的执行者。正因为王韶的特殊身份和特殊历史贡献，所以时至今日，王韶仍然是学术界关注的一个重要人物，关于他的研究成果层出不穷。目前学术界的研究主要集中在三个方面：一是王韶及其次子王厚的开边，如孙家骅《试论王韶出师熙

---

* 本文为国家社会科学基金一般项目（21BZS052）阶段性研究成果。

① 参见《宋史》卷328《王韶传》，北京：中华书局，1977年，第10579—10582页；（宋）王称撰，孙言诚、崔国光点校：《二十五别史·东都事略》卷82《王韶传》，济南：齐鲁书社，2000年，第690—693页。

② （宋）吴儆：《竹洲文集》卷1，《宋集珍本丛刊》第46册，北京：线装书局，2004年，第513—514页。

河》、冯瑞和贺兴《王韶〈平戎策〉及其经略熙河》、王晓燕《王韶经营熙河管窥》、罗家祥《北宋晚期的政局演变与武将命运——以王厚军事活动为例》、王连旗《论王韶对西北地区的开拓经营》和《北宋王韶、王厚的西北经略与边疆安全——以军政经略为中心》、王连旗和李玉洁《北宋后期的西北经济开发与边疆安全——以王韶的西北经济开发为中心》①；二是王韶及其诸子的诗文，如王可喜《王韶〈平戎策〉中处理民族关系的原则及借鉴意义——兼补辑〈全宋文〉中的王韶文》、《王韶及其咏东林诗——兼补校〈全宋诗〉中王韶诗》和《王韶佚文考》，王娇和王可喜《新发现湖北〈茅田王氏宗谱〉所存冯京等宋人佚诗文辑考》②；三是王韶及其诸子的生平，如朱瑞熙和孙家骅《北宋军事家王韶墓址考》、王可喜和王兆鹏《王韶行年考》及《北宋词人王寀行年考》、王可喜《王厚生卒年考》③。尽管研究成果已经比较丰富，但关于王韶的疑问仍然很多，尤其是关于王韶熙宁开边之前的早期履历及其军事思想的形成过程，史书的记载存在严重的矛盾，本文试图揭开矛盾记载背后的真实历史面相。

一、王韶早期履历

万历《湖广总志》卷五〇《献征录四·宋士列传》收录有《王韶传》④，主体内容与《宋史·王韶传》相似，只是更为简略，如王韶熙宁元年（1068年）诣阙上《平戎策》，被委任为秦凤路经略司机宜文字；随后相继出任通远军知军、熙州知州，领导开拓熙、河等州；再因功而被召入朝，出任枢密副使；最后罢知洪、鄂等州。但开头与结尾部分，两书相差很大。结尾部分只是对王韶的定性评价，不涉及历史事件，暂且不论。⑤开头部分主要记述的是王韶的早期事迹，即熙宁元年之前的事迹，两书之间的出入非常大。为便于比较分析，兹将两书开头部分转录于下：

> 王韶字子纯，罗田人。少举神童科，嘉祐二年登章衡榜进士，调新安主簿、建昌军司理参军。时蔡枢密挺提点江西刑狱，一见知其必贵，顾待甚厚。数年，蔡知庆州，韶调官关中，遂谒蔡于庆阳，且言将应制科，欲知西事。蔡遂以前后士大夫之言及边事者皆示之，其间有向宝议熙（当为“洮”）河一说，韶悦之，以为可行。先是，熙河一道，曹南院弃而不城。其后夏英公喜功名，欲城之。至是，韶游至阳

① 分别刊载于《上海师范大学学报（哲学社会科学版）》1989年第1期、《兰州大学学报（社会科学版）》2002年第1期、《中央民族大学学报（哲学社会科学版）》2005年第5期、《学术研究》2011年第11期、《塔里木大学学报》2011年第4期、《宁夏社会科学》2016年第1期、《北京行政学院学报》2017年第2期。

② 分别刊载于《青海民族研究》2005年第2期、《贵州社会科学》2005年第2期、《青海民族研究》2006年第1期、《古籍整理研究学刊》2008年第2期。

③ 分别刊载于《江西文物》1989年第2期、《古籍研究》2006年第1期、《江西社会科学》2006年第1期、《文学遗产》2008年第3期。

④ 万历《湖广总志》卷50《王韶传》，《四库全书存目丛书》史部第195册，济南：齐鲁书社，1996年，第435页。

⑤ 万历《湖广总志》的评价非常简练，只说王韶“用兵镇静，有机略，每战必捷”，但显然是肯定王韶的；《宋史》的评价在承认王韶“用兵有机略”之外，将更多的语言放在了描述王韶因好战而遭遇晚年恶报，明显是嘲讽多于肯定。参见万历《湖广总志》卷50《王韶传》，第435页；《宋史》卷328《王韶传》，第10579—10582页。

翟，偶见英公神道碑云云，遂冗以为策，以干丞相韩公。熙宁元年，诣阙上平戎十策。（万历《湖广总志》卷50《王韶传》）

王韶字子纯，江州德安人。第进士，调新安主簿、建昌军司理参军。试制科不中，客游陕西，访采边事。熙宁元年，诣阙上《平戎策》三篇。（《宋史》卷328《王韶传》）

关于王韶早期事迹，两书的部分信息是相似的，如进士及第、新安主簿、建昌军司理参军、上《平戎策》等，但更多的信息却是矛盾的，表现在：①籍贯，一为蕲州罗田，一为江州德安；②举神童科，一有记载，一无记载；③采访边事的时间与原因，一为参加制科考试之前，因调官关中，顺势而为，一为参加制科考试失败之后，客游陕西，刻意而为；④拜谒夏竦神道碑，缘此写成《平戎策》，并上呈丞相韩琦，一有记载，一无记载；⑤《平戎策》篇数，一为十篇，一为三篇。

在以上五个问题中，第三个最为关键，第四、第五个问题皆与第三个问题有逻辑因果关系，因此，兹先从第三个问题谈起。第三个问题的时间起点是王韶卸任建昌军司理参军，这是万历《湖广总志》与《宋史》共同认可的，因此，我们首先需要弄清楚王韶任建昌军司理参军的时间。据王可喜和王兆鹏《王韶行年考》，王韶任建昌军司理参军的时间是治平三年（1066年），理由是正德《建昌府志》卷一二《秩官题名》载有治平三年司理参军王韶。[①]然而，根据万历《湖广总志》的记载，王韶任建昌军司理参军的同时，蔡挺正任江西提点刑狱，并且两人的关系非常好，可以说是忘年交。这就衍生出两个小问题：一是万历《湖广总志》所说的王、蔡同时任职江西且相互交好的事实是否真实；二是如果是真的，二人任职的时间是否在治平三年左右。万历《湖广总志》关于王韶与蔡挺交往的史料，最早见于魏泰《东轩笔录》。该书记载：

王观文韶始为建昌军司理参军，时蔡枢密挺提点江西刑狱，一见知其必贵，顾待甚厚。数年，蔡知庆州，王调官关中，遂谒蔡于庆阳，且言将应制科，欲知西事本末。蔡遂以前后士大夫之言，及边事者皆示之，其间有向宝议洮河一说，王悦之，以为可行。[②]

魏泰的记载后又为江少虞《宋朝事实类苑》全文转录[③]，并被宋代其他典籍广泛征引，如《舆地纪胜》[④]、《古今合璧事类备要》[⑤]、《翰苑新书》[⑥]等。万历《湖广总志》关于王、蔡交往的记载与《东轩笔录》、《皇朝类苑》和《舆地纪胜》中的记载完全相同，明显是抄自三书中的某一书。

---

① 王可喜、王兆鹏：《王韶行年考》，《古籍研究》2006年第1期，第93页。

② （宋）魏泰撰，李裕民点校：《东轩笔录》卷5，北京：中华书局，1983年，第56页。

③ （宋）江少虞：《宋朝事实类苑》卷56《王观文》，上海：上海古籍出版社，1981年，第730页。

④ （宋）王象之：《舆地纪胜》卷35《江南西路·建昌军·官吏·王韶》，北京：中华书局，2003年，第1523页。

⑤ （宋）谢维新：《古今合璧事类备要》后集卷78《州官门·司理·王韶受知》，《景印文渊阁四库全书》第940册，台北：台湾商务印书馆，1986年，第363页。

⑥ 佚名：《翰苑新书》前集卷57《曹官·司理参军·王韶受知》，《景印文渊阁四库全书》第949册，第402页。

从史源来说，万历《湖广总志》关于王、蔡同时任职江西且相互交好的事实是成立的。那么，二人同时任职江西的时间是否在治平三年（1066年）左右呢？蔡挺明显比王韶年长位高，我们可以先来看蔡挺的履历。蔡挺（1014—1079年），字子政，应天府宋城（今河南商丘）人，景祐元年（1034年）进士，曾任虔州推官、泾州通判、鄜州通判、南安军知军、江西提点刑狱、陕西转运副使、庆州知州、渭州知州、枢密副使等职。[①]与王韶早期履历有关的是嘉祐二年（1057年）至熙宁元年（1068年）这段时间，蔡挺于嘉祐五年（1060年）正月出知南安军[②]，嘉祐七年（1062年）二月升任江西提点刑狱[③]，治平初转任陕西转运副使，因上书论御戎攻守大计，又转任庆州知州[④]，直到治平四年（1067年）自庆徙渭[⑤]。明显，正德《建昌府志》的记载是错误的，王韶不可能在治平三年左右担任建昌军司理参军，其担任建昌军司理参军的时间应该在嘉祐七年左右。

建昌军司理参军任满后，王韶是在参加制科考试之前调官关中，顺势了解西事，还是在制科考试失败之后客游陕西，刻意采访边情呢？答案显然是前者。王韶调官关中的记载源自《东轩笔录》《皇朝类苑》《舆地纪胜》等宋代典籍，是值得信赖的。同时，王韶在关中担任的具体职务也有记载，《宋朝诸臣奏议》明确记载了王韶曾担任耀州司户参军，王韶上《平戎策》时的身份就是"前耀州司户参军"[⑥]。耀州所在的永兴军路毗邻西夏，是宋夏战争的主战场。任何一个有社会责任感的人，既然身处战争地带，就不可能不关心西部边事。"未开熙河前，关中士人多言其利害"[⑦]，王韶自然能够感受到此种氛围。王韶任耀州司户参军的时间当在治平三年左右。其时，蔡挺正知庆州。耀州与庆州同属永兴军路，两州相距200千米左右，作为门生，王韶当然应该前往拜谒蔡挺。蔡挺长期任职于西部边疆，在王韶到访之前，先后担任过泾州通判、鄜州通判、陕西转运副使、庆州知州等职，对西部边事可以说是相当熟悉。如果王韶想了解西部边事，蔡挺无疑是最佳采访对象。基于二人之间的特殊关系，蔡挺遂毫无保留地将"前后士大夫之言及边事者皆示之"。当然，王韶采访边事也有应对制科考试的目的。可以肯定的是，王韶采访边事是在制科考试之前，而不是在制科考试失败之后。而且，王韶采访边事是因身处其境，顺其自然，而不是刻意游陕采访。

关于第四个问题，即拜谒夏竦神道碑，缘此写成《平戎策》，并上呈丞相韩琦。这一记载最早见于晁说之（1059—1129年）的《景迂生集》。晁说之在《与熙河钱帅书》中说："熙河一道，曹南院弃而不城者也。其后夏英公喜功名，欲城之。……又其后有一王长官韶者，薄游阳翟，偶见英公神道碑所载云云，遂冗以为策以干丞

① 《宋史》卷328《蔡挺传》，第10575—10577页。

② （清）徐松辑：《宋会要辑稿》职官65之19，北京：中华书局，1957年，第3856页；（宋）李焘：《续资治通鉴长编》卷191，嘉祐五年正月戊戌条，北京：中华书局，2004年，第4610页。南安军，《宋会要辑稿》《续资治通鉴长编》皆记载为"南康军"，但据《宋史·王韶传》《二十五别史·东都事略·王韶传》等其他史籍，当以"南安军"为是。

③ （清）徐松辑：《宋会要辑稿》兵11之26，第6950页。

④ （宋）王称撰，孙言诚、崔国光点校：《二十五别史·东都事略》卷82《蔡挺传》，第688页。

⑤ （宋）李焘：《续资治通鉴长编》卷230，熙宁五年二月丙寅条，第5600页。

⑥ （宋）赵汝愚编：《宋朝诸臣奏议》卷141，上海：上海古籍出版社，1999年，第1590页；（明）黄淮、杨士奇编：《历代名臣奏议》卷329也收录了"前耀州司户参军"王韶的上书。

⑦ （宋）邵伯温撰，李剑雄、刘德权点校：《邵氏闻见录》卷13，北京：中华书局，1983年，第144页。

相。时丞相是谓韩公，视王长官者稚而狂之。”[①]晁说之的记述后为洪迈《容斋随笔》全文转载。[②]曹南院，即曹玮（973—1030年），名将曹彬第四子，官至宣徽南院使，大中祥符八年（1015年）至天禧三年（1019年）先后担任秦州知州、秦州都部署。[③]在此期间，熙河一道弃而不城。英公，即夏竦（985—1051年），字子乔，江州德安（今属江西）人，谥“文庄”，封英国公，官至丞相，死后葬于许州阳翟县（今河南禹州）。康定元年（1040年）至庆历二年（1042年），夏竦先后担任泾州知州兼泾原秦凤路缘边经略安抚使、永兴军知军兼陕西经略安抚使、缘边招讨使[④]，欲城熙河一道，当在此时。夏竦是宋代第一位江州籍中央官员，更是唯一的一位宰相。对于江州士人来说，夏竦无疑是无比崇高的榜样。同时，夏竦是第一次宋夏战争的最高统帅，对西夏有着丰富的作战经验和作战思想。[⑤]王韶与夏竦同为德安人，又在思考同样的战略问题，拜祭夏竦不仅是应当的，而且是必需的。王韶的《平戎策》也印证了他的确拜祭过夏竦神道碑。王韶《平戎策》就是在夏竦神道碑中所提《陈边事十策》的基础上写成的，这一点下文有详细分析。《宋史》漏写王韶拜祭夏竦神道碑，也就无法如实反映《平戎策》的形成过程。《平戎策》写成后，王韶首先想到的是上呈给丞相韩琦。韩琦是第一次宋夏战争的三大统帅之一，相比于夏竦、范仲淹主守，韩琦主张进攻。[⑥]或许是曾经主战的原因，韩琦做宰相后，很多主张开边的信札都呈送到了韩琦手中，王韶自然也不例外。不过，自庆历新政失败后，韩琦的思想逐渐转向保守，“凡言开边者皆不纳”[⑦]。王韶的上书非但没有得到预期的回响，反而被视为幼稚、狂妄，即“稚而狂之”。

回头来看第二个问题。[⑧]王韶参加神童科考试仅见于万历《湖广总志》，没有其他任何旁证。从第三、第四个问题来看，万历《湖广总志·王韶传》的记载皆有据可依，有非常高的可信度，王韶应该是参加过神童科考试，目前未见更原始的记载，一种可能是有记载传世，但笔者尚未见，还有一种可能是曾经有记载，但已经失传。不过，目前也有些间接信息可资说明。首先，王韶的确非常聪明，也非常早慧，“自幼天资高迈，志趣不群，识者知其非寻常士也”[⑨]。其次，我们还可以从王韶幼子王寀身上看到王韶的影子。王寀（1073—1078年）[⑩]，字辅道，王韶第十三子，号南陔，官至翰林学士、兵部侍郎。王寀很小的时候就显得特别聪明，“机警见于幼年”，五岁的时候在开封府元宵节活动中走散，凭借自己的智慧最终回到了家中[⑪]；“少有能诗名，世谓其诗初若不经意，

① （宋）晁说之：《景迂生集》卷15，《景印文渊阁四库全书》第1118册，第278—279页。

② （宋）洪迈撰，孔凡礼点校：《容斋随笔》续笔卷15《王韶熙河》，北京：中华书局，2005年，第405页。

③ （宋）王安石：《临川先生文集》卷90《彰武军节度使侍中曹穆公行状》，北京：中华书局，1959年，第929页。

④ （宋）王珪：《华阳集》卷35《夏文庄公竦神道碑铭》，北京：中华书局，1985年，第451页。

⑤ 参见《宋史》卷283《夏竦传》，第9571—9576页。当时夏竦为陕西经略安抚使，韩琦、范仲淹为副使。

⑥ 李华瑞：《宋夏关系史》，北京：中国人民大学出版社，2010年，第38页。

⑦ （宋）邵伯温撰，李剑雄、刘德权点校：《邵氏闻见录》卷13，第144页。

⑧ 第一、第五个问题分别放在后面两部分中论述。

⑨ 《茅田王氏宗谱·三万家谱录》，转引自王娇、王可喜：《新发现湖北〈茅田王氏宗谱〉所存冯京等宋人佚诗文辑考》，《古籍整理研究学刊》2008年第2期，第51页。

⑩ 王寀的生年颇有争议，据笔者的最新考证，王寀当生于熙宁六年（1073年）。

⑪ （宋）岳珂撰，吴企明点校：《桯史》卷1《南陔脱帽》，北京：中华书局，1981年，第5—6页；（明）凌濛初著，陈迩冬、郭隽杰校注：《二刻拍案惊奇》卷5《襄敏公元宵失子，十三郎五岁朝天》，北京：人民文学出版社，2011年，第98—117页。

然遣辞属意，清丽绝人”①。王寀号称“少豪迈有父风”②。反过来看，王韶同样应具有神童风范。

按照惯例，宋朝高层官员的国史列传史料当取材于私人书写的传主行状。③王韶官至观文殿学士、枢密副使，当为从二品，死后赠金紫光禄大夫，当为正二品，正常情况下，国史《王韶传》应与王韶行状近似。行状肯定会详细叙述王韶的履历，应该包括王韶调官关中、拜谒蔡挺等信息，决不会颠倒游陕与参加制举考试的顺序。明显，最终版的国史《王韶传》非但没有依据王韶行状，反而对王韶的事迹做了刻意的加工改造。神宗朝是变法派与保守派斗争极为激烈的时代，两派的立场几乎完全对立。从哲宗到高宗，保守派、变法派轮番上台。无论谁上台，都会根据自己党派的立场重修神宗朝国史。最终版的神宗朝国史修定于高宗朝，完全体现了保守派的意志。国史《王韶传》虽已亡佚，但《宋史·王韶传》很有可能本诸国史《王韶传》，因为“元修《宋史》，度宗以前多本之宋朝国史”④。无论是宋朝国史，还是元修《宋史》，都存在刻意“制作”人物形象的倾向。所谓制作，就是不尊重历史本身，有意删削、颠倒、拼接某些历史信息，以达到塑造某种特定形象的目的。对于《宋史》修纂的这种倾向，美国学者蔡涵墨在其所著《历史的严妆——解读道学阴影下的南宋史学》一书中揭示得非常清楚。⑤《宋史》中，王韶的早期履历明显有篡改过的痕迹，从神宗朝国史曲折的生成经历来看，这种篡改应当是宋朝国史编纂者所为。洪迈说：“王韶取熙河，国史以为尝游陕西，采访边事，遂诣阙上书。”⑥洪迈曾任职于国史馆，从他的记载来看，王韶早期履历可以确定在宋朝国史中就已经被篡改。

从篡改的内容来看，明显是想塑造王韶“好战分子”的形象。王韶是变法派在军事领域的骨干，虽然他开疆拓土，有功于大宋，但丝毫不为保守派所认同。保守派一上台就“痛惩邀功生事者”⑦，首领司马光更曾直接说王韶为“奸诈之臣”⑧。漏掉为官关中及上书丞相韩琦等事实，颠倒王韶游陕与参加制科考试的顺序，王韶的发展逻辑变成：制科考试落第之后，仕途失意的王韶剑走偏锋，企图以新奇的领土扩张方案获得未来新皇帝的赏识，并被加以重用。这种叙述逻辑非常荒诞，似乎王韶有先见之明，预测到英宗是一位短命皇帝⑨，而未来的新皇帝是一位好大喜功的君主。另外，忽略王韶曾举神童

① （元）马端临撰：《文献通考》卷244《岷山百境诗二卷》，北京：中华书局，1986年，第1934页。

② （宋）王明清撰，田松青校点：《挥麈录》后录卷3，上海：上海古籍出版社，2012年，第72页。

③ 宋朝礼制规定，“王公及职事官三品以上薨，赠官同”，本家须录行状上尚书省考功司，考功司则须将行状“关送史馆”，这从宋太宗时就已成为“定式”（《宋史》卷124《礼二七》，第2913页）。著名考据学家赵翼也说宋朝国史“多据各家事状碑铭编缀成篇”（（清）赵翼著，王树民校证：《廿二史札记校证》卷23《宋史各传回护处》，北京：中华书局，1984年，第500页）。另参见杨佳鑫：《私家传记与〈宋史〉列传关系考辨——以行状为中心》，《河南大学学报（社会科学版）》2016年第2期，第82—84页。

④ （清）赵翼著，王树民校证：《廿二史札记校证》卷23《宋史各传回护处》，第500页。

⑤ [美]蔡涵墨：《历史的严妆——解读道学阴影下的南宋史学》，北京：中华书局，2016年。蔡涵墨重点分析了秦桧邪恶形象和蔡京奸臣形象的塑造过程，这种思路同样适用于理解其他《宋史》列传人物。

⑥ （宋）洪迈撰，孔凡礼点校：《容斋随笔》续笔卷15《王韶熙河》，第405页。

⑦ 《宋史》卷493《蛮夷列传一·西南溪峒诸蛮上》，第14181页。

⑧ （宋）司马光：《司马温公文集》卷1《遗表》，北京：中华书局，1985年，第11页。

⑨ 宋英宗赵曙（1032—1067年）英年早逝，在位仅仅四年时间。

科，也是为了弱化王韶的正面形象。宋朝国史篡改王韶早期履历还可以从王韶评语中得到佐证。在最后的总结性评语中，《宋史·王韶传》比万历《湖广总志·王韶传》多了一句非常恶毒的话，即“韶晚节言动不常，颇若病狂状。既病疽，洞见五脏，盖亦多杀征云”[①]。《续资治通鉴长编》中也记录了类似的话：“至病疽发背，洞见五脏，亦其报也。”并注明了史源：“朱本尽削去墨本，别为新传，且云：韶性宽仁，少诛杀，士卒以故乐附。今并不取，止从墨本。”[②]国史墨本由保守派修纂，朱本则由变法派主持。明显，最终版的神宗朝国史保留了保守派的叙述，为塑造“好战分子”的形象，对王韶事迹进行了诸多改造。国史的定性评语明显是在诅咒“好战分子”恶有恶报。

保守派故意改造王韶事迹还可从当时的笔记中得到印证。例如，关于王韶游陕，邵伯温《邵氏闻见录》中的记载为：“仁宗皇帝朝，韩琦、富弼二公为宰相，凡言开边者皆不纳。熙宁初，王荆公执政，始有开边之议。王韶者，罢新安县主簿，游边得其说，遂上开熙河之策。荆公以为奇谋，乃有熙河之役。”[③]邵伯温的记载，时间逻辑极度混乱，与事实本身相去甚远，居然说王韶是在王安石执政后，为迎合王安石开边而游边得其说。邵伯温将王安石与韩琦、富弼对比，并故意颠倒时间逻辑，无非是想塑造王安石、王韶“小人”“好战”的形象。

二、王韶军事思想的形成过程

王韶的军事思想集中体现在他的《平戎策》中，因此，在分析王韶军事思想形成过程之前，有必要先弄清楚上面的第五个问题，即《平戎策》的篇数。所有宋代的典籍，如《续资治通鉴长编》《东都事略》《皇朝编年纲目备要》《太平治迹统类》《宋宰辅编年录》等，皆只记载王韶上《平戎策》，但都没有提及《平戎策》的篇数。最早提及《平戎策》篇数的就是《宋史》。《宋史》说《平戎策》有三篇，并节录了部分文字。此后其他的“三篇”说皆源自《宋史》，《历代名臣奏议》也说是三篇，连节录的文字都一模一样。[④]“十篇”说则仅见于万历《湖广总志》。因为“三篇”说皆源自《宋史》，所以“三篇”说与“十篇”说其实皆是孤证。那么，哪一说更为可信呢？答案是“十篇”说。《平戎策》“凡数千言”[⑤]，是一项宏大的国家军事战略构想，涉及西夏、吐蕃诸部，面积之广，族群之多，问题之复杂，是平常人不敢想象的。如此宏大的战略构想，不是三点就能够陈述清楚的。宋代类似的战略构想很多，知名的如王禹偁《御戎十策》、夏竦《陈边事十策》、张方平《平戎十策》、华岳《平戎十策》，其他不知名的更多。宋代凡是宏大的国家战略，很少见有以十以下分点阐述的。在分点阐述国家政策时，宋人本就有一个癖

---

① 《宋史》卷328《王韶传》，第10582页。

② （宋）李焘：《续资治通鉴长编》卷313，元丰四年六月己卯条，第7592页。

③ （宋）邵伯温撰，李剑雄、刘德权点校：《邵氏闻见录》卷13，第144页。

④ （明）黄淮、杨士奇编：《历代名臣奏议》卷344，《景印文渊阁四库全书》第442册，第614—615页。

⑤ （宋）陈均编，许沛藻等点校：《皇朝编年纲目备要》卷19，北京：中华书局，2006年，第449页；（宋）王称撰，孙言诚、崔国光点校：《二十五别史·东都事略》卷82《王韶传》，第690页。

好，那就是喜欢凑成“十”数，如范仲淹《答手诏条陈十事》、蔡襄《论兵十事》、吕颐浩《上边事备御十策》、辛弃疾《美芹十论》（又名《御戎十论》）。类似“十”数的奏章在宋代数不胜数。况且，数千言的奏章如分三点陈述，每点都会显得冗杂，皇帝看着头疼，也难以达到预期目的。

除合理的推测之外，“十篇”说还有一些证据。目前所见《平戎策》有两种节本，一种是《宋史》所录，有289字，一种是《太平治迹统类》所录[①]，有921字。《太平治迹统类》节本不单单字数更多，阐述的要点也超过了《宋史》节本，尤其是详细论述了处理戎狄问题的经验教训。另外，在《平戎策》之外，王韶尚有《和戎六事》[②]，并被保存下来。比较《平戎策》节本与《和戎六事》，可以发现《和戎六事》的部分内容与《平戎策》是相似的，《和戎六事》当是《平戎策》的一部分。事实上，和戎与平戎本身就是一个整体，是王韶战略实施的两个阶段，即“国家欲平西夏，当复河、湟，河、湟复，则西夏有腹背受敌之忧”[③]。和戎是第一个阶段，对象是吐蕃诸部，平戎是第二个阶段，对象是西夏。和戎是手段，平戎是目的。平戎是远期目标，和戎是近期战略，是当下的工作重点。因此，在王韶的进言中，陈述“和戎”的篇幅当多于“平戎”，“和戎”有六事，总论“平戎”的也许是四点。综合来看，王韶《平戎策》“十篇”说当优于“三篇”说。

王韶的军事思想集中体现在他的《平戎策》中，但对于王韶军事思想的形成过程，正统史书皆语焉不详，像《宋史》，仅仅提到他“客游陕西，访采边事”。从万历《湖广总志》可知，王韶的军事思想有两大渊源：一是由蔡挺转述的西边众多士大夫的边疆思想，其中以向宝的观点影响最大；二是同乡夏竦的军事思想。

我们先来看向宝的观点对王韶的影响。《东轩笔录》中说：“向宝议洮河一说，王悦之，以为可行。”[④]洮河位于今甘肃省西南部，流经北宋的洮州（今甘肃临潭县）、岷州（今甘肃岷县）、熙州（今甘肃临洮县）、河州（今甘肃临夏）。洮河流域正是神宗西北开边的核心地区，由于熙州、河州位于洮河流域的下游，神宗西北开边又称“熙河开边”。“向宝议洮河一说”将王韶的目光引向了洮河地区，显然，王韶受到了向宝治边思想的影响。但这种影响主要局限于开边对象的选择方面，在开边实施策略方面，王韶与向宝却存在着重大分歧。向宝“素疾韶”[⑤]，“素坏王韶事”[⑥]。因为无法弥合的分歧，王韶与向宝非但没有齐心协力去实现共同的开边梦想，反倒在开边过程中成为一对冤家。

向宝，镇戎军（今宁夏固原）人，“善骑射，年十四，与敌战，斩首二级。及壮，以勇闻”，“神宗称其勇，以比薛仁贵”，历任泾原路钤辖、秦凤路钤辖、真定路副总管、鄜延路副总管等职。[⑦]向宝出任秦凤路钤辖的时间当在熙宁初，熙宁三年（1070年），向宝

---

① （宋）彭百川：《太平治迹统类》卷16《神宗开熙河》，《景印文渊阁四库全书》第408册，第426—427页。
② （宋）赵汝愚编：《宋朝诸臣奏议》卷141，第1590—1591页。
③ （宋）陈均编，许沛藻等点校：《皇朝编年纲目备要》卷19，第449页。
④ （宋）魏泰撰，李裕民点校：《东轩笔录》卷5，第56页。
⑤ （宋）李焘：《续资治通鉴长编》卷224，熙宁四年六月丙子条，第5458页。
⑥ （宋）李焘：《续资治通鉴长编》卷210，熙宁三年四月戊寅条，第5101页。
⑦ 《宋史》卷323《向宝传》，第10468页。

被进一步任命为秦凤路都钤辖兼提举秦州西路缘边蕃部。[①]熙宁六年（1073 年）左右，向宝调任真定路总管。[②]从熙宁初到熙宁六年，贯穿了整个熙河开边。与此同时，王韶也全程参与并主导了熙河开边。因此，有共同目标的两个人不可避免地要发生许多故事。向宝是纯粹武将出身，以“勇”著称，性格至刚至猛。王韶以文臣而习武事，刚柔并济，虽然在战略目标上与向宝并无二致，但在战略战术上远比向宝丰富奇特。为便于说明，兹先举两条二人在战术方面冲突的史料：

> 向宝言：“蕃部不可以酒食甘言结也，必须恩威并行，且蕃部可合而不可用。”议与韶异。[③]
>
> 向宝自以为王韶部辖，与韶不和。……宝专欲用兵，韶专欲招抚，其势必相沮坏。……若可和，则委韶和之；若不可和，则令向宝与战。（王安石语）[④]

从上面两条史料可以看出，虽然两人同属主战派，但向宝明显属于主战派中的“鹰派”，主张以纯粹的武力达成开疆拓土的目标，而王韶属于主战派中的“鸽派”，主张更多地借助宋朝的综合实力，尤其是文化软实力，用“招抚”的方式达到“和戎”的效果。[⑤]

不可否认，最初是“向宝议洮河一说”将王韶的目光引向熙河地区的，但真正使王韶的军事战略实现质的升华的是夏竦的《陈边事十策》。向宝的目的简单，手段粗暴，“专欲用兵”，就是要用战争的方式将熙河地区纳入宋朝版图。正因为如此，向宝对熙河一带的各个族群非常不信任，认为“蕃部不可以酒食甘言结”，“可合而不可用”。王韶的目标非常远大，其终极目标是平定西夏，《平戎策》中所平的对象就是西夏。但要平定西夏，须先招抚熙河吐蕃诸部。在王韶的战略构想中，吐蕃诸部是平定西夏重要的依靠力量，所以不能单纯地以“战”略其地，而当以“和”收其心，《和戎六事》中“和”的对象就是吐蕃诸部。正如上文所说，和戎与平戎是一个整体，是王韶战略实施的两个阶段。

王韶以和戎促平戎的总体战略，以及和戎的具体策略，主要来自夏竦。王韶《平戎策》某种程度上就是直接源自夏竦《陈边事十策》，四部丛刊本《嵩山文集》、中华书局校点本《容斋随笔》称王韶是“穴以为策”，万历《湖广总志》、文渊阁四库全书本《景迂生集》（即《嵩山文集》）说是“冗以为策”，明崇祯马元调刻本《容斋随笔》则记为“窃以为策”。从晁说之对王韶的轻蔑态度来看，晁说之原本当是用“窃”字，只是因为

---

① （宋）李焘：《续资治通鉴长编》卷 210，熙宁三年四月戊寅条，第 5101 页。

② （宋）李焘：《续资治通鉴长编》卷 248，熙宁六年十二月壬辰条，第 6062 页。

③ （宋）李焘：《续资治通鉴长编》卷 212，熙宁三年六月丙寅条，第 5144 页。

④ （宋）李焘：《续资治通鉴长编》卷 212，熙宁三年六月丁亥条，第 5161 页。

⑤ 王韶与向宝之间的对立，除战术上的分歧外，背后还有变法派与保守派、中书门下与枢密院的对立，即王安石所说：“徒以西府赖其沮坏王韶。”参见（宋）李焘：《续资治通鉴长编》卷 248，熙宁六年七月壬辰条，第 6062 页。“西府”即枢密院，与“东府”中书门下“对持文武二柄”，号为“二府”，参见《宋史》卷 162《职官志二》，第 3798 页。当时中书门下为变法派所掌握，核心人物是王安石，枢密院则为保守派所控制，首脑是文彦博。保守派是反对开边的，但在开边过程中却支持更加激进的向宝，显然，在派系利益面前，原则似乎不那么重要了。

“窃”“穴”“冗”字形相近，在传写的过程中发生了异化。“窃以为策”，一个“窃”字充分体现了王韶与夏竦军事思想的渊源。就《平戎策》的总体战略来说，以和戎促平戎，就是以吐蕃制西夏，这在夏竦《陈边事十策》中已经有明确叙述，“惟有吐蕃与贼（西夏）世仇……累奏乞诏置勒斯赍（唃斯啰）进讨，破贼之日，许以西平之封”[①]。就《和戎六事》的具体策略来说，王韶提出了六点策略，现保存下来的有五点，分别为：①合泾原、秦凤诸戎族而用之；②合河湟吐蕃诸族而抚之；③择泾原、秦凤蕃兵可教者教而用之；④合诸弱族，统以蕃官，总以汉官；⑤招添蕃兵弓箭手，与汉人杂居。[②]我们再来看夏竦《陈边事十策》中类似的论述：①沿边逐州部族首领，授以职名，若控制有宜，则得其死力；②置勒斯赍（唃氏）向化，父子受官，当遂其忠愤；③招置土兵，添差弓手。[③]明显，对于西夏之外的吐蕃诸部，夏竦同样是力主“和”的，连具体策略都与王韶有许多相似性。事实上，夏竦不仅有“和戎（吐蕃）”的思想，在他担任泾原秦凤路缘边经略安抚使、陕西经略安抚使缘边招讨使期间，还一度想付诸实践，即晁说之所说，“夏英公喜功名，欲城之（熙河一道）”，只是很快被调走，未得实现。

虽然有相似性，但二者之间的差异也是很明显的。首先，二人阐述的重点不同，身为对西夏作战的最高统帅，夏竦的重点在西夏，对吐蕃诸部的策略只是大略的设想，比较模糊。相反，王韶是将平西夏作为远期目标，当下关注的重点在吐蕃诸部，并相应地提出了清晰且明确的对蕃策略。其次，正因为重点不同，所以王韶对夏竦的对蕃思想做出了重大发展，即在“和”的基本策略之下，发展出了“合”的思想。“合”的思想包括两个方面：①部族整合；②蕃汉融合。

部族整合包括两点：一是并合弱小部族，二是并合吐蕃大族。秦凤、洮河一带有许多弱小部族，“分离散处，不相统一”，“微弱而不足用”，如果“并合而有”，“均其志趣，齐其心力”，则“相率而为吾边臣”。[④]河湟吐蕃在唃斯啰（997—1065 年）统治时期一度非常强大，并奉行联宋抗西夏的政策，令西夏“亦畏之”[⑤]，成为抗衡西夏的一支重要力量。但唃斯啰死后，河湟吐蕃很快陷入内乱，走向四分五裂，唃氏诸孙“皆孱弱不能自立”，更谈不上抗衡西夏了，如果令唃斯啰长孙木征（1036—1077 年）重新“并合”河湟诸部，同时“兼抚”其他唃氏子孙[⑥]，则可“绝夏人之右臂”[⑦]，使吐蕃大族重新为宋所用。在王韶的构想中，并合弱小部族、并合吐蕃大族与平定西夏看似是三个问题，实则是一个问题的三个环节，环环相扣，三者之间存在着紧密的联动关系，正如王韶所说：“国家必欲讨平西贼，莫若先以威令制服河、湟。欲服河、湟，莫若先以恩信招抚沿边诸族。盖招抚沿边诸族，所以威服唃氏也。威服唃氏，所以胁制河西也。”[⑧]

---

① （宋）夏竦：《文庄集》卷 14，《景印文渊阁四库全书》第 1087 册，第 174 页。
② （宋）赵汝愚编：《宋朝诸臣奏议》卷 141，第 1590—1591 页。
③ （宋）夏竦：《文庄集》卷 14，《景印文渊阁四库全书》第 1087 册，第 173—176 页。
④ （宋）赵汝愚编：《宋朝诸臣奏议》卷 141，第 1590—1591 页。
⑤ （宋）陈均编，许沛藻等点校：《皇朝编年纲目备要》卷 19，第 449 页。
⑥ （宋）赵汝愚编：《宋朝诸臣奏议》卷 141，第 1591 页。
⑦ （宋）王称撰，孙言诚、崔国光点校：《二十五别史·东都事略》卷 82《王韶传》，第 690 页。
⑧ （宋）赵汝愚编：《宋朝诸臣奏议》卷 141，第 1590 页。

蕃汉融合也包括两点：一是沿边部族，“使其与汉人杂居”；二是吐蕃大族，虽保持其独立性，但同时“使其习用汉法，渐同汉俗”。[①]蕃汉融合无疑是想从根本上将吐蕃诸部与宋朝建成一个命运共同体，进而使吐蕃诸部与宋朝成为对抗西夏不可分割的联合力量。

那么，“和戎”策略如何推行？从实际的开边行动来看，王韶“和戎”策略推行的一个基本方针是：优先并充分利用宋朝的文化软实力[②]，同时辅之以军事硬实力。王韶对文化软实力的应用集中体现在他对佛教的借助。吐蕃诸部笃信佛教，“最重佛法，居者皆板屋，惟以瓦屋处佛”[③]，“城中之屋，佛舍居半”，“重僧，有大事必集僧决之，僧丽（罹）法无不免者”[④]。因此，在开边的过程中，王韶特意携带高僧智缘随军，令智缘多方游说，不战而屈人之兵。智缘，北宋名僧，“京师士大夫争造之”，能言善辩，以“经略大师”身份“径入蕃中”，成功地说服僧结吴叱腊所属部族及俞龙珂、禹藏讷令支等部族归顺。[⑤]当然，不可能每次说降都能不战而屈人之兵。因此，文化软实力必须辅之以军事硬实力。在智缘前脚游说时，宋军往往后脚随之而来，如平木征，王韶遣智缘往说之，“啖以厚利”，同时“因随以兵”。[⑥]当然，如果遇到顽固不化者，则须坚决以武力讨平之，如有“奄东熟户”，“久不顺命，招呼不至”，王韶遂遣王存等破荡之。[⑦]这种“胡萝卜加大棒”的策略，夏竦在《陈边事十策》中已经明确提出。[⑧]熙宁开边，战时之外，战后的善后工作、社会融合工作，佛教都起到了非常关键的作用。[⑨]

王韶的“和戎”策略及其推行无疑是非常成功的。有人说，吐蕃诸部“人好诵经，不甚斗争，王子醇之取熙河，杀戮甚众，其实易与耳”[⑩]。“杀戮甚众”，王韶辅之以军事硬实力，杀戮在所难免，但“甚众”的责任不一定在王韶，当时前线以向宝为代表的“鹰派”并非王韶所能完全驾驭的。“其实易与”，说得轻描淡写，其实需要大智慧、大胆识。[⑪]王韶既要与中央和前线的“鹰派”做斗争，又要准确地分辨吐蕃诸部谁可和平招抚，谁当诉诸武力。

王韶《平戎策》本为十篇，国史篡改为三篇，略掉的当全部为和戎部分。将和戎部分全部省略，目的还是在塑造王韶“好战分子”的形象。儒家历来讲究怀柔远人，王韶

---

① （宋）赵汝愚编：《宋朝诸臣奏议》卷141，第1591页。

② 另外，宋朝历来注重应用自己的经济优势，通过贸易优惠以达成“和戎”的目的，正如《宋史》所说，诸蕃“大率皆以互市为利，宋朝曲示怀远之恩，亦以是羁縻之”（《宋史》卷184《食货志下六》，第4511页）；熙宁开边过程中，王韶同样注重经济手段的应用，大力推动汉蕃茶马互市贸易（《宋史》卷167《职官志七》，第3969页）。不过，经济手段并非王韶开边的常用措施。

③ （宋）孔平仲撰，王恒展校点：《孔氏谈苑》卷1《羌人自相君臣》，北京：中华书局，1985年，第25页。

④ （明）李远：《青唐录》，《青海地方旧志五种》，西宁：青海人民出版社，1989年，第10页。

⑤ 《宋史》卷462《方技列传下·僧智缘》，第13524页。另参见宋丽霞：《智缘及其与北宋熙河地区汉藏关系》，《世界宗教研究》2012年第3期。

⑥ 《宋史》卷492《外国列传八·赵思忠》，第14168页。

⑦ （宋）李焘：《续资治通鉴长编》卷324，熙宁五年六月癸亥条，第5677页。

⑧ （宋）夏竦：《文庄集》卷14《陈边事十策》，《景印文渊阁四库全书》第1087册，第174页。

⑨ 关于宋朝在熙宁开边中对佛教的应用，笔者已有专文论述，兹不赘述，参见廖寅：《传法之外：宋朝与周边民族战争中的佛寺僧侣》，《中国文化研究》2014年第4期，第32—38页。

⑩ （宋）孔平仲撰，王恒展校点：《孔氏谈苑》卷1《羌人自相君臣》，第25页。

⑪ 《宋史》王韶本传评语亦承认王韶过人的智慧与胆识，“用兵有机略。临出师，召诸将授以指，不复更问，每战必捷。尝夜卧帐中，前部遇敌，矢石已交，呼声震山谷，侍者往往股栗，而韶鼻息自如”（《宋史》卷328《王韶传》，第10582页）。

的和戎思想与保守派的观点有非常多的一致性，元祐保守派即“专务怀柔夷狄”[①]。《平戎策》和戎部分的比重远远多于平戎部分，如果国史保留和戎部分，则会在一定程度上弱化王韶“好战分子”形象。相反，仅保留平戎部分，则可充分显示王韶的“战意”，进而强化王韶的“好战分子”形象。单看《宋史》之《平戎策》节文[②]，可以说是“战意”十足，“和意”几无。

三、余论：家族史书写的意义

现在再来看第一个问题，即王韶的籍贯问题。此问题虽与王韶“好战分子”形象没有直接关联，却有助于廓清历史记载的矛盾，还原历史的真相。从上述两部分的分析可以看出，万历《湖广总志·王韶传》绝大部分信息都是有事实依据的，是可以采信的，其可信度尚在《宋史·王韶传》之上，但唯有一条信息显得非常荒诞，那就是王韶的籍贯为罗田。罗田今隶属于湖北省黄冈市，在宋代隶属于淮南西路的蕲州。从可知的所有宋代信息来看，王韶确定无疑是江州德安人，与罗田没有任何关系。但诡异的是，从省志、府志到县志，湖北方志中有大量关于罗田王韶的记载，如嘉靖《湖广图经志书》[③]、万历《湖广总志》[④]、弘治《黄州府志》[⑤]、嘉靖《罗田县志》[⑥]等。如此批量的记载，是荒诞，还是另有隐情？答案是另有隐情。罗田王韶问题形成的逻辑应该是这样的：王韶的一支后裔迁徙到了罗田，并成为当地的名门望族；为坐实望族形象，罗田王氏以移植的方式复建了自己的家族史；王氏家族的声望足以影响到方志的书写，最终化私为公，将王氏的家族史纳入了方志体系之中。[⑦]

宋代官僚家族迁徙频繁，从而导致祖坟与居住地天各一方。在崇尚孝道的时代，这是一个非常棘手的社会问题。为了能够祭祀祖先、寄托哀思，人们想出了一个折中的办法，即在远离祖坟的居住地修建衣冠墓，即招魂冢。“道远，无由回籍展墓，遂作衣冠坟以寄孝思。”[⑧]如果连招魂冢都没有，则“春秋泛扫，哀无所寓”[⑨]。王韶在阳翟县拜谒过同乡夏竦的真墓，但在德安老家还有一座夏竦墓。德安的夏竦墓即为招魂冢。[⑩]与夏竦同

---

① （宋）王称撰，孙言诚、崔国光点校：《二十五别史·东都事略》卷95《章惇传》，第816页。

② 《宋史》卷328《王韶传》，第10579页。

③ 嘉靖《湖广图经志书》卷4《陵墓·罗田·王少保墓》，北京：书目文献出版社，1991年，第344页。

④ 万历《湖广总志》卷36《选举·历代选举表》、卷44《陵墓·黄州府·宋王韶墓》、卷50《王韶传》，《四库全书存目丛书》史部第195册，第211、347、435页。

⑤ 弘治《黄州府志》卷2《陵墓·罗田县·王少保墓》，第81页，卷5《罗田县·进士·宋王韶》，第96页，《天一阁藏明代方志选刊》第53册，上海：上海古籍书店，1982年。

⑥ 嘉靖《罗田县志》卷4《学校志·历科进士·王韶》，卷8《杂志·古籍·宋王少保韶墓》，《中国方志丛书》华中地方第339号，台北：成文出版社，1975年，第74、105页。

⑦ 明代居乡士绅占有各自属地方志书写的优先权，从而拥有将私人书写转化为地方公共书写的便利，参见范莉莉：《明代方志书写中的权力关系——以正德〈姑苏志〉的修纂为中心》，《安徽大学学报（哲学社会科学版）》2015年第3期。

⑧ 《民国续遵义府志》卷7下《古迹三·宋韩氏祖墓》，《中国地方志集成·贵州府县志辑》第34册，成都：巴蜀书社，2016年，第336页。

⑨ 《鄮峰真隐漫录》卷42《葬五祖衣冠招魂祝文》，《宋集珍本丛刊》第43册，第217页。

⑩ 乾隆《德安县志》卷14《杂记·英国公夏竦墓》，乾隆二十一年（1756年）刻本。

时代的官员还有不少建有衣冠墓的。如蔡齐，真墓在阳翟①，但在老家莱州胶水（今山东平度）同样建有衣冠墓②。再如范仲淹，真墓在洛阳城东南的万安山下③，但在老家吴县（今属江苏苏州市）也有范仲淹墓，“俗称为衣冠墓”④。王韶中年早逝，这不可避免地会对王家的后续发展造成致命打击。王韶逝世后，诸子逐渐走向散居，其中第八子王定迁居到了兴国军永兴县（今湖北阳新）。⑤蕲州与兴国军皆与江州毗邻，在北宋的经济发展水平相仿，王韶死后，其某子迁居蕲州罗田是完全可以理解的。在罗田王氏的家族史复建中，王韶的父亲王世规亦被纳入，嘉靖《湖广图经志书》⑥、万历《湖广总志》⑦、弘治《黄州府志》⑧皆强调王韶为王世规次子，同时，万历《湖广总志》貤恩表⑨、嘉靖《罗田县志》历科进士及恩封表皆载有王世规⑩。

虽然是源自家族史的书写，但除籍贯不得不更改之外，万历《湖广总志·王韶传》其他信息皆是真实的，且可信度远在《宋史·王韶传》之上。而且，正因为是源自家族史书写，所以万历《湖广总志·王韶传》保留了许多稀见且重要的历史信息，从而让我们得以剥离王韶“好战分子”形象，还原王韶早期的历史形象。

作者简介：廖寅，历史学博士，河北大学宋史研究中心教授、博士生导师；李欣，河北大学宋史研究中心博士研究生，主要研究方向为宋史。

---

① 嘉靖《河南通志》卷19《陵墓·开封府·蔡齐墓》，嘉靖三十五年（1556年）刻本。

② 嘉靖《山东通志》卷19《陵墓·莱州府·宋蔡齐墓》，《天一阁藏明代方志选刊续编》第51册，上海：上海书店，1990年，第1196页。

③ 嘉靖《河南通志》卷19《陵墓·河南府·范仲淹墓》。

④ 乾隆《江南通志》卷38《舆地志·苏州府·参政范仲淹墓》，扬州：广陵书社，2010年，第731页。

⑤ 参见王娇、王可喜：《新发现湖北〈茅田王氏宗谱〉所存冯京等宋人佚诗文辑考》，《古籍整理研究学刊》2008年第2期，第50页。

⑥ 嘉靖《湖广图经志书》卷4《陵墓·罗田·王少保墓》，第344页。

⑦ 万历《湖广总志》卷44《陵墓·黄州府·宋王韶墓》，《四库全书存目丛书》史部第195册，第347页。

⑧ 弘治《黄州府志》卷2《陵墓·罗田县·王少保墓》，《天一阁藏明代方志选刊》第53册，第81页。

⑨ 万历《湖广总志》卷41，《四库全书存目丛书》史部第195册，第287页。

⑩ 嘉靖《罗田县志》卷4《学校志·历科进士》，《中国方志丛书》华中地方第339号，第74、87页。

从“建节”到“升府”

——兼论徽宗朝政治

陈航杰

（扬州大学　社会发展学院，江苏　扬州，225002）

摘　要：宋代行政区划制度中，以州府为主体的统县政区有着一套复杂的等第系统。在宋代州府等第的制度活动中，以“建节”与“升府”两类最为重要。而它们受现实政治需要与特殊气氛的强烈影响，成为当时重要的仪典，同君主继承、军事活动等问题息息相关。这类活动又以宋徽宗时期最为频繁。在徽宗朝特殊的政治环境下，这类制度工具被朝廷和地方滥用，逐渐丧失了原本的现实意义，促使中古时代的州制逐渐没落，但为后来明清时期走向以“府制”为中心的地方政区体制开辟了道路。

关键词：宋徽宗；节度；州格；府制；统县政区

宋代三百余年间，统治区域最多达三百多个府、州、军、监，为有效地对数量庞大的政区进行管理，宋代发展出了一套极为繁复的地方行政区划制度，包括地名、地方行政层级、行政等级、地方政权组织系统等诸多方面。

首先，为了避免理解的混乱，我们要区分地方行政层级与地方行政等级的不同。层级之间有着管理与被管理的关系，而等级是对互不隶属的同一层级的行政单位进行等第的排序。[①]在宋代，地方行政层级为“虚三级”的结构，即路—府/州/军/监—县[②]，而统县政区与县级政区都存在着不同的地方行政等级，即历史地理学的“等第”问题。笔者

① 笔者试以今天打比方，我国的城市行政层级分为省级直辖市、地级市（或称省辖市）、县级市，而地级市中的副省级城市、计划单列市、准副省级城市则为同一层级中的三个不同等级。相关研究还可参见刘君德、汪宇明：《制度与创新：中国城市制度的发展与改革新论》，南京：东南大学出版社，2000 年，第 154—160 页。

② 宋代县级政区并不止“县”一类，还有县级的军、监、堡、寨（砦）等特殊区划，此处简扼。相关研究可参见余蔚：《宋代的县级政区和县以下政区》，《历史地理》第 21 辑，上海：上海人民出版社，2006 年，第 73—86 页。

综合前人观点，认为宋代州府等第可概括为"州等"与"州格"两个大类。"州等"，主要指袭自唐代的，以户数为指标的"上、中、中下、下"四等；"州格"，分为"两使（节度、观察）州、防御州、团练州、军事州"四格。二者之间并无对应关系，所采取的分级指标也并不相同。

而政区等第问题，在宋代文献中被称为"外改废置州府"[①]，"升建府镇"[②]，是当时国家的重要政典，与政治活动、政治环境之间有着密不可分的联系。在宋代对政区的"升降废置"中，最重要的即本文所说的"建节""升府"两类具有递进关系的具体活动。它们分别指的是宋代本非"两使州"而被升格的州，以及升为"府"的州。前辈学者对此问题已有一定的研究，早在 1941 年，聂崇岐《宋代府州军监之分析》就对宋代的地方行政体制进行了翔实和系统的梳理，并率先使用了"州格"的概念。[③]21 世纪初，余蔚也注意到了两宋时期统县政区（州、府、军、监）的等第问题，并根据《宋史·地理志》中体现的宋代统县政区再分级的制度分为五个系统，对不同等第系统的来源与差异都进行了探讨。[④]苗书梅以"幕职官"为切入点，对不同"州格"的州级行政运作框架进行了研究。[⑤]李裕民则注意到唐州制到明府制的演变，首先应把握住宋代的转型过程。[⑥]

本文以宋徽宗时期为主要讨论范围，因为在宋代可考共计 56 次"建节"活动中，徽宗朝占 27 次；新建 54 府中，徽宗朝又占 24 府。[⑦]徽宗朝的活动，对宋代统县政区的等第演变具有突出性的影响。正如聂崇岐先生所言："徽宗一无愁天子，不实事之求，惟虚名是骛，一时上下相习成风，多所兴革。"[⑧]贴切地指出了虚浮的政治气氛对行政区划体制和官制框架的破坏。然而，这一过程究竟是如何演绎的，过去研究多不详言。那么，"建节""升府"活动在徽宗朝政治中究竟体现了什么样的工具价值？其活动的激增究竟反映了怎样的政治意志？这些活动最后带来了怎样的深远影响？本文试图在前人基础上再行挖掘，以回答这些问题。

一、尊大媚上的政治工具

我们先从一字之差说起。翻阅《宋史·地理志》，徽宗朝以前的北宋，抑或是其后的南宋，州府"建节"，一般书写为"升为某军节度"，偶作"建为某军节度"，如"明

① （宋）李埴撰，燕永成校正：《皇宋十朝纲要校正》卷 15《徽宗·外改废置州府》，北京：中华书局，2013 年，第 422 页。

② （宋）岳珂撰，朗润点校：《愧郯录》卷 8《升建府镇》，北京：中华书局，2016 年，第 102 页。

③ 聂崇岐：《宋代府州军监之分析》，《宋史丛考》，北京：中华书局，1980 年，第 70—126 页。

④ 余蔚：《宋代的节度、防御、团练、刺史州》，《中国历史地理论丛》2002 年第 1 辑，第 66—75 页。

⑤ 苗书梅：《宋代州级属官体制初探》，《中国史研究》2002 年第 3 期，第 111—126 页。

⑥ 李裕民：《唐代州制是如何演变为明代府制的——宋代地方行政建置研究》，《中国历史地理论丛》2001 年第 2 辑，第 51—58 页。

⑦ 此处数据亦可参考聂崇岐《宋代府州军监之分析》一文，本文统计与之略有出入。祈方家斟酌指正。

⑧ 聂崇岐：《宋史丛考》，第 109 页。

州……建隆元年升奉国军节度”[①]，“江州……建炎元年，升定江军节度”[②]，“亳州……大中祥符七年，建为集庆军节度”[③]，“宿州……开宝五年，建为保静军节度”[④]。而徽宗朝的“建节”活动中，“赐军额曰某军节度”成为这一时段的常用表述，如“均州……宣和元年，赐军额”[⑤]，“汝州……政和四年，赐军额”[⑥]。元代史官在记载相关文献中，并未使之整齐划一，可能是直接抄录材料，而保留了这种差异信息。而同一活动在表述中的一字之差，似乎已经透露出使用制度工具时，不同政治气氛中使用者的微妙心态。“升”“建”，更像是遵从国家礼典的流程活动；“赐”，更多体现的是朝廷和君主上对下的恩赏。清人赵翼指出：“（徽宗朝）名器猥亵，莫此为甚。”[⑦] 说的是北宋末年官爵滥赏风气的加剧。而区划等第直接与职官品阶的问题相联系，又如何能脱离这种政治气氛呢？

宋徽宗赵佶即位后，其政治立场迅速从调和新旧党争的“建中靖国”走向看似支持新党的“崇宁”。崇宁年间，对地方行政区划最重要的一项改动，是“辅郡”制度的出台。早在仁宗朝，就尝试过设置京畿路，并借机整顿京师周围的军事格局。皇祐五年（1053年）十二月诏立“五辅郡”（以京东之曹州，京西之陈、许、郑、滑州为辅郡）[⑧]，与开封府并隶属京畿路。然而，这一实践并没有坚持下去，“至和二年，罢京畿路转运使、提点刑狱，其曹、陈、许、郑、滑各隶本路，为辅郡如故”[⑨]。崇宁年间，以崇奉熙宁政治为纲领[⑩]，处处从祖宗之时的措置寻找灵感，不遗余力地玩弄名学，张大朝廷威势，“辅郡”制度的死灰复燃也与此有关。崇宁四年（1105年）八月，割开封府襄邑、考城及应天府宁陵、楚丘、柘城五县置拱州，称东辅。[⑪]十二月，又升拱州为保庆军。[⑫]“建节”作为“辅郡”的配套制度，以抬高京畿一带整体地位。值得一提的是，此事的推动者是当朝宰相蔡京，并且宋人认为，这是蔡京试图安插亲信于京师周围的阴谋。

> （崇宁四年七月）置四辅郡。蔡京谓汴都地平无险阻……请依汉三辅置京畿四郡。……其意将以付其亲密。[⑬]

笔者认为，我们很难弄清蔡京是否真的有如此布局，同时怀疑在宋代地方主官频繁调动的制度环境中，这种布局是否具有长期性的意义。故此，笔者更倾向于这是蔡京利用“王畿”的概念，对热衷复古的徽宗进行的媚上。同年二月，赵州（今河北赵县）就

---

① 《宋史》卷88《地理志四》，北京：中华书局，1977年，第2175页。
② 《宋史》卷88《地理志四》，第2189页。
③ 《宋史》卷88《地理志四》，第2178页。
④ 《宋史》卷88《地理志四》，第2179页。
⑤ 《宋史》卷85《地理志一》，第2117页。
⑥ 《宋史》卷85《地理志一》，第2114页。
⑦ （清）赵翼著，王树民校证：《廿二史札记校证》卷25《宋封王之制》，北京：中华书局，2013年，第556页。
⑧ 《宋史》卷85《地理志一》，第2106页。
⑨ 《宋史》卷85《地理志一》，第2106页。
⑩ （宋）蔡絛撰，冯惠民、沈锡麟点校：《铁围山丛谈》卷1，北京：中华书局，1983年，第12页记载：“崇宁者，崇熙宁也。”
⑪ 《宋史》卷85《地理志一》，第2111页。
⑫ 《宋史》卷20《徽宗本纪二》，第375页。
⑬ （宋）陈均编，许沛藻等点校：《皇朝编年纲目备要》卷27，北京：中华书局，2006年，第686—687页。

因名同国姓而被升为“庆源军节度”。《宋会要辑稿》中记载：

> 崇宁四年二月二十五日，诏曰：“……乃眷此邦，实系国姓，思假宠灵之侈，宜分旄钺之荣。……宜升为节镇，仍以庆源军为额。”因举人李献臣等言：“伏读《赵世家》，称穆王造父以赵城，由此为姓。……迄至皇宋，建万世不拔之基，实本诸此。神宗皇帝深惟国姓之所自，乃诏天下求程婴、公孙杵臼之遗祠，优加封爵，以报其忠，又命守臣展拓本州城围，壮大形势，固所以尊世系而重国本也。……乞建本州为节镇军府，尊大国姓。”故有是命。①

而蔡京建议恢复辅郡，未必不是受此启发。到政和、宣和年间，朝野上下更加狂热地对礼学、经学、名号、官制进行计较和改易，正名张本的活动达到了高峰。②在此背景下，仅宣和元年（1119 年）岁内，共七个州升为府，七个州升格节度。③这在北宋地方行政建制史上可谓史无前例的频繁动作。④州格、军额乃至整个政区等第制度，由此表现出了非常严重的随意性。例如，政和七年（1117 年），“夏四月庚申，帝讽道箓院上章，册己为教主道君皇帝，止于教门章疏内用。辛酉，升温州为应道军”⑤。此事与徽宗的宠佞道士林灵素有直接关系，林氏即为温州人。⑥但无论是从林氏之请，还是主动之赏，都反映了徽宗将“节钺”的公器操弄为君主私恩的玩具。至高宗建炎三年（1129 年），作为革除弊政的一部分，应道军也被废除，温州重新回到军事州的地位。宣和、靖康还恍如昨日，宋室正处在社稷危亡的关键节点，此时特意计较此一州之降格，本质上仍是务虚，但这种对徽宗朝政治的拨乱反正的“改父之道”，无疑隐含了时人对徽宗一朝政治的否定。

从宗教活动的“应道”，围绕首都中心主义的“辅郡”“拱州”名目，到政和、重和、宣和之间，前后的其他种种措置，其目的都在于抬高赵宋皇室与徽宗本人，以整齐划一的仪式感，营造其所代表的中央政权众星拱辰般的政治气氛。朝廷上下“丰亨豫大”地粉饰太平，徽宗个人的极端自恋，都在加速破坏着原有体制，恶化了全国的政治氛围。

而前述赵州建节的过程，更反映了一种地方意愿通过对上层的迎合来实现的场景。风气一开，后包括澶州、兖州、赵州在内等地，纷纷请立本州为府。

---

① （清）徐松辑，刘琳等校点：《宋会要辑稿》方域 5 之 33，上海：上海古籍出版社，2014 年，第 9371 页。

② 笔者按：如政和元年，颁《政和五礼新仪》；政和二年，置礼制局，同年，新定太尉以下武散官五十二等；政和三年，改公主为帝姬等。

③ 《宋史》卷 22《徽宗本纪四》，第 405 页记载：“升邢州为信德，陈州为淮宁，襄州为襄阳，庆州为庆阳，安州为德安，郓州为东平，赵州为庆源府；泸州为泸川，睦州为建德，岳州为岳阳，宁州为兴宁，宜州为庆远，光州为光山，均州为武当军。”

④ 笔者按：同上引文前为“是岁，京西饥，淮东大旱，遣官振济。岚州黄河清”。笔者认为这已经隐含元代史官的批判。将水旱饥馑与祥瑞、政治活动抽出编年纪事，而单独成文句，间接地批评了徽宗君臣的嬉狎政治，不顾实际的荒诞。

⑤ 《宋史》卷 21《徽宗本纪三》，第 398 页。

⑥ 《宋史》卷 462《方技列传下·林灵素》，第 13528 页记载：“林灵素，温州人。”第 13529 页记载：“（林）灵素益尊重，升温州为应道军节度。”

崇宁五年十月二十一日，知澶州李孝寿奏："本州实太祖、太宗龙潜之地，真宗巡狩临幸，遂获建原庙。元丰五年又为陛下赐履之邦，乞赐府额。"诏升为开德府。①

政和八年八月二十五日，知梁山军韩瑜奏："考《通典》，元天大圣后梦感天人，诞育圣祖于寿丘，实今兖州。大中祥符间，改曲阜县为仙源……太宗始封此邦，圣祖真荫，流光无极，乞封兖州为府，冠以美名。"诏升为袭庆府。②

宣和元年十月七日，右武郎、廉访使者王寓奏："仰惟国姓所出之地，实自全赵。在昔神考，深念世本……欲乞赵州庆源军更升府号，以副群望。"诏庆源军升为庆源府，依旧军额。③

最为牵强的，是梓州升潼川府一例。梓州自中唐以来为"剑南东川节度使"治所，前后两蜀割据之时改"天正军"，入宋后改"静戎军"，宋太宗端拱二年（989 年）复称"东川节度"，宋神宗元丰三年（1080 年）又复为"剑南东川节度"的旧名。由于以上历史，梓州路官吏于重和元年（1118 年）上书徽宗，请求升府，理由如下：

蒙神宗皇帝正"剑南东川"之名，人神改观，原隰生光，千里父老欣戴歌咏，至今不已。即目监司移文，尚以"梓州"为称，窃恐名实未称，不足以镇压委切之地。欲望睿断，依剑南西川例，赐一府号，上以副神考正名之实，下以慰远方士民之望。④

从上述几个案例中，我们可以看出，地方官僚和士绅对朝廷投其所好，在"建节""升府"活动的泛滥中扮演了推波助澜的角色。他们往往都很熟练地运用"圣祖感生"、"祖宗赐履"、真宗"祥符"、"神考"故事及"国姓"等符号，把握住了"崇宁"政治的风向标，从而有效地使朝廷政策服务当地，争取特殊地位的荣誉和自身的实际利益。对于君主和朝廷而言，从宋朝本身历史记忆中寻找其行为的支撑是必不可少的，特别是"神宗故事"更是一种难以抵抗的号召。中央乐于接受来自地方的祈恩，而一些臣民擅于逢迎利用这种心态来包装和谋利。于是，"三有河清"等具有代表意义的祥瑞事件，就在这种政治气氛中不可避免地滚滚而来。

大观元年八月，乾宁军河清。二年十二月，陕州河清，同州韩城县、郃阳县至清及百里，涉春不变。自是迄政和、宣和，诸路数奏河清，辄遣郎官致祭，宰臣等率百官拜表贺，岁以为常。⑤

大观二年三月二十八日，诏："国家承平垂一百五十年，三有河清之应，越千岁

① （清）徐松辑，刘琳等校点：《宋会要辑稿》方域 5 之 27，第 9367 页。
② （清）徐松辑，刘琳等校点：《宋会要辑稿》方域 5 之 16，第 9360 页。
③ （清）徐松辑，刘琳等校点：《宋会要辑稿》方域 5 之 33，第 9371 页。
④ （清）徐松辑，刘琳等校点：《宋会要辑稿》方域 7 之 4，第 9405 页。
⑤ 《宋史》卷 61《五行志一上 · 水上》，第 1338—1339 页。

一清之期。今乾宁军河清逾八百里，凡七昼夜，上天眷佑，敢不钦承！其以乾宁军为清州，以答天休。布告中外，咸使知之。”①

在乾宁军升为清州的前提中，制造祥瑞是“一个巴掌拍不响”的配合演出，朝廷与郡县之间共同编织“河清逾八百里，凡七昼夜”，黄河水清“岁以为常”的谎言。《宋会要辑稿》还记载了汝州升为陆海军节度的理由是“政和五年，以岁比丰登，珍祥屡发……”②。同类因素在实际政治运作中的常态化，反映了徽宗朝政治的糜烂趋向，也便于我们从类似维度去逼近理解徽宗朝一系列活动的实质和相关因素。乾宁军利用“黄河清”的祥瑞，赵州利用国姓的尊大，兖州利用泰山和太宗潜藩的政治意义，凡此种种，各地官僚士大夫从本位出发，既为本地挣来可留典册的大荣誉，也通过抬高行政等级而为所在地方官僚群体带来了品秩提高、俸禄增加的实惠。刘子健认为，徽宗“滥用皇权，最终导致了北宋的悲剧性灭亡”③。而上至徽宗本人及其亲信蔡京、王黼等宰执，下至地方官吏、士大夫，虽然其置换利益的交易活动个中关节无法细致推敲，但仍可从他们上行下效、媚上尊大的行为中窥见北宋亡国悲剧前的官僚集团整体腐朽的局面。

二、开边政策与边地绥靖的工具

宋神宗熙宁、元丰之际，北宋君臣“思用兵以威四夷”④，宋人开疆拓土的欲望愈发强烈，除了西北地区频繁的对西夏战争，在西南地区，章惇也进行了将梅山地区纳入中央王朝治理体系的工作。这一态势延续至哲、徽之世，开启了此后一千年中央政权对西南民族地区的“汉化”和“郡县化”治理尝试。⑤大观元年（1107 年）至政和元年（1111 年），宋朝在海南岛短暂设立了镇州，并赐额靖海军节度，其前后因果《宋史》记载得非常简略，只言是“以黎母山夷峒建”⑥。关于这一深入海南岛腹地少数民族居住区的新地，《宋会要辑稿》则记载颇详：

大观元年十一月二十五日，诏镇州：“国家际天所覆，悉主悉臣，薄海之南，增置郡县。凡前世羁縻而弗可隶属者，莫不稽颡蹋蹶，顺附王化，奄有夷峒殆千余所，怀保丁民逾十万计。锡多列壤，中直黎山，控扼六州，为一都会。顾惟形胜，实据上游，俾升督府之雄，庸示节旌之寄。式昭文德，永载舆图。可以靖海军为额。”⑦

① （清）徐松辑，刘琳等校点：《宋会要辑稿》方域 5 之 30，第 9369 页。

② （清）徐松辑，刘琳等校点：《宋会要辑稿》方域 5 之 25，第 9366 页。

③ [美]刘子健：《中国转向内在——两宋之际的文化内向》，赵冬梅译，南京：江苏人民出版社，2001 年，第 72 页。

④ （清）毕沅编著：《续资治通鉴》卷 69，熙宁五年闰七月庚戌条，北京：中华书局，1957 年，第 1725 页。

⑤ （清）王夫之：《宋论》卷 6《神宗》，《船山全书》第 11 册，长沙：岳麓书社，2011 年，第 174 页记载：“其（章惇）请经制湖北蛮夷，探神宗用兵之志以希功赏，宜为天下所公非，亦灼然无待辩者。然而澧、沅、辰、靖之间，蛮不内扰，而安化、靖州等州县，迄今为文治之邑，与湖湘诸郡县齿，则其功又岂可没乎？”

⑥ 《宋史》卷 90《地理志六》，第 2245 页。

⑦ （清）徐松辑，刘琳等校点：《宋会要辑稿》方域 7 之 27，第 9421 页。

> （政和元年）十二月二十三日，广南西路转运副使陈仲宜等奏："据昌化军状，昨于大观元年六月内，于海南黎母山心置一州，以镇州为名；及于沿海置一军，以延德军为名。各将本军元管下昌化、感恩两县拨隶上项州军，却于本军界内创置通华、四达两县。出产货物不多，并深在黎洞中间，别无人旅往还。"奉圣旨，海南新置镇州、延德军县寨并废罢，所有昨赐镇州作靖海军军额，拨归琼州。①

笔者认为，宋人在西南推进是一个拉锯的过程，开边的社会成本决定了进展必然是缓慢而波动的。在拉锯和波动中，不断探索出最适合的核心据点，并以此为中心向周边辐射，是长久之道。而在海南岛，这一中心即为琼州（今海南海口），而镇州靖海军的设置，试图深入中部山地的上游地区，则显得操之过急，也就无法长久，一直以来也为人所忽视。

此外，如崇宁二年（1103年）西宁州（今青海省西宁市）升陇西（宾德军）节度，大观二年（1108年）乐州（今青海省海东市乐都区南）升向德军节度，政和七年（1117年）渭州（今甘肃平凉）升平凉军节度，宣和元年（1119年）泸州升泸川军，也有着相似的背景。西宁州、乐州（后改称湟州），分别为徽宗朝短暂存在的"陇右都护府"都护、副都护驻地；渭州是横山前线泾原路战区的指挥中心，宋初名将曹玮、中后期的章楶等人，都曾以知渭州主持一路战事②；泸州主官则常带潼川府夔州路兵都钤辖、泸南沿边安抚使头衔负责西南防务③。以上是徽宗朝频繁务虚的"建节"中，少见的出于务实原因而升格的几例。

在徽宗朝开边中，以"经略幽燕"一事最为重大。④哲宗以来西南、西北两面开边政策的顺利，使宣和末年的北宋利令智昏地驱虎吞狼，导致迅速崛起的金国很快通过幽燕地区的跳板，对宋人发起了进攻。宣和五年（1123年），北宋短暂收复燕云后，设置燕山府路和云中府路，分统山前、山后诸州，并对部分州府主动易帜来投的地方实力派加以笼络，授予节钺。山前七州（幽、蓟、檀、顺、涿、营、平州）中，幽州在辽为南京析津府，徽宗改为燕山府、卢龙军节度；燕山古北口门户的檀州，升镇远军节度；涿州，早在宣和四年九月就因"辽将郭药师以涿、易二州来降"⑤而升威行军节度。

与涿州类似，宣和五年，平州（在辽为辽兴军节度）也因辽国降将张觉主动归顺而被改为抚宁军节度。⑥但平州之事却是接下来宋金战争的关键由头。南宋初年，在反思徽

---

① （清）徐松辑，刘琳等校点：《宋会要辑稿》方域7之28，第9421页。

② 参见《宋史》卷258《曹彬传附曹玮传》，第8984页，卷328《章楶传》，第10589页。

③ （宋）李焘：《续资治通鉴长编》卷464，元祐六年八月辛丑，北京：中华书局，2004年，第11080页记载："左藏库使王惟纯为梓夔路钤辖、管勾泸南沿边安抚使司公事，兼知泸州。"（清）徐松辑，刘琳等校点：《宋会要辑稿》职官41，第4047页记载："（政和五年）集英殿修撰、知泸州、泸南沿边安抚使、提举梓夔两路诸州军巡检兵甲公事；吴子厚充梓夔路兵马都监，同主管沿边安抚司公事，泸州驻扎。"以上两条材料或可说明在北宋后期，泸州主官兼领西南边防的情况常态化。

④ "经略幽燕"语出南宋初年李攸撰《宋朝事实》卷20标题，该卷历述契丹民族在东北地区的兴起，以及其与中原王朝的长期战和互动。

⑤ （明）陈邦瞻编：《宋史纪事本末》卷53《复燕云》，北京：中华书局，1977年，第546页。

⑥ 《宋史》卷472《奸臣列传二·张觉》，第13737页记载："朝廷建平州为泰宁军，拜（张）觉节度使。"笔者按：此处应有误，泰宁军为兖州军额，《宋史·地理志六》（第2250页）燕山府路条记载："宣和四年，赐郡名渔阳，升抚宁军节度。五年，辽将张觉据州来降，寻为金所破。"且泰宁军节度使名位极重，宋太宗曾任，不可能轻易授予一个降将，实力更雄厚的郭药师所得的也只是黔州武泰军节度使，张觉应为抚宁军节度使。

宗朝战略上的失误时，岳飞指出：

> 大率河南之有河北，犹燕云之有金坡诸关，河北不归，则河南未可守，诸关不获，则燕云未可有。闲尝思及童宣抚取燕云事，每发一笑，何则？国家用兵争境土，有其尺寸之地，则得其尺寸之用，因粮以养其兵，因民以实其地，因其练习之人，以为向导，然后择其要害而守之。今童宣抚不务以兵胜，而以贿求，虏人既得重贿，阳诺其请，收其粮食，徙其人民与其素习之士，席卷而东，付之以空虚无用之州，国家以为燕云真我有矣，则竭天下之财力以实之，不知要害之地，实彼所据，彼俟吾安养之后，一呼而入，复陷腥膻，攻取燕云而不志诸关，是以虚名受实祸，以中国资夷狄也。①

在《恢复燕云赦天下制》中，徽宗朝廷宣称：“自今以始，永绥华夏之宁；与物为春，均霈迩遐之泽。”②后来证明不过是宋人的一厢情愿。从结果看，徽宗朝没有收复诸口即昭告天下实现“复燕”之功，童贯也因此封王。但岳飞认为童贯等人轻视了燕山诸口的意义，其实并非如此，徽宗君臣并非无意收复诸口，而是在战争中失去了机会，这才能解释张觉投降之时，他们不惜破坏与金人的条约来求取燕山防线的完整。但军事上的无力和高层决策过程中的侥幸心理，使他们一再躲避关键利益冲突，不愿主动地全力竞争，而更乐于尽快夸耀“复燕之功”，维持太平盛世的颜面。而宋金之间关于平州归属的争议，最直观的后果就是张觉事变。张觉为辽将降金，仍主事平州，扼守辽西傍海道的咽喉，张觉投宋前后，徽宗从理智的迟疑到表现出迫不及待的姿态，为平州赐额建节。但当张觉因平州投献而被金人全面报复、无力自保时，并没有得到宋人的援助。身为燕山府路主官的王安中最后取张觉首级向金国屈辱赔罪，犹如后来南宋史弥远献韩侂胄人头与金人弭兵，令人寒心失望。宋人也最终不能保有山前，进而丧失整个北方。③

在北宋晚期，共有西南、西北、东北三个方向的战略扩张。在东北“经略幽燕”的事业，最终引发了靖康之变；在西北对西夏的攻势，也因靖康之变而中挫；西南的事业在北方全面失败的笼罩下就显得黯淡无光。州府“建节”的运作，其核心因子是该区域在整体军事战略中地位上升的体现，再以政治上的需要加以权衡。与徽宗的祖、父、兄比较，英宗当国 4 年，神宗在政 18 年，哲宗在位 15 年（亲政 7 年），近四十年内仅对四个州进行了建节，其中只有两个属于嗣君旧封的荣升，另外两个仍然是出于实际军事战略加强的需要，是西北边境的军队集中到地方后，为其主官倾斜资源的一个表征。而徽宗之开边建节，实际并不是为平州、涿州等地而建，而是一种看似“重视”而“恩赏”降将的行为。重视地方的军事意义却口惠而实不至，暴露了徽宗朝“开边”的虚荣心和

---

① （宋）岳珂编，王曾瑜校注：《鄂国金佗稡编·续编校注》卷 23《吁天辨诬·山阳辨》，北京：中华书局，1989 年，第 1058 页；康普华主编：《李汉魂将军文集》中册《岳武穆年谱》，北京：中国社会出版社，2014 年，第 23 页。

② 司义祖整理：《宋大诏令集》卷 219《恢复燕云赦天下制》，北京：中华书局，1962 年，第 842 页。

③《宋史》卷 472《奸臣列传二·张觉》，第 13737 页记载：“（张觉）既死，函首送之，燕之降将及常胜军皆泣下，郭药师曰：‘若来索药师，当奈何？’自是解体，金人终用是启衅云。”

"怀柔"的姿态先于战和的理性分析。

三、加恩"潜藩"的工具与再推敲

正如宋神宗在升格其嗣位前爵封地、颍州的诏书中所言:"况王者旧封之地,顾可以无称哉。"①宋代将君主即位之前所授官职或爵位的所在地称为"潜藩"或"潜邸",而在新君即位后通常会因此渊源升格为两使州,并赐军额,进一步则由州升为府。顾炎武直接概括为"至宋,则潜藩之地皆升为府"②,仿佛这是从祖宗之时就遗留下的传统家法。

事实上,这一传统的形成,应该从真宗朝两起案例一起追溯。首先是景德三年(1006年)将宋州(今河南商丘)升为应天府,因宋太祖受禅代周之前为归德军(宋州)节度使,以彰宋朝"顺应天命"之"德"。大中祥符七年(1014年),又以应天府为南京,成为北宋东京开封府、西京河南府后的第三都城。其次是天禧二年(1018年)将昇州(今江苏南京)升为江宁府,改军额曰建康军。由于真宗晚年得子(仁宗生于大中祥符三年,1010年),天禧时储嗣仍年幼(8岁),真宗已年过五十,出于主少国疑、威信不足的忧虑,在天禧二年二月"丁卯,以昇州为江宁府,置军曰建康,命寿春郡王(即仁宗)为节度使,加太保,封昇王"③,希望借此"弥固维城之业"④,巩固储君地位。

仁宗无子,英宗入嗣,以齐州防御使、巨鹿郡公之身份继承大统。⑤治平二年(1065年),英宗亲政后将齐州由防御州升为兴德军节度。神宗元丰二年(1079年),将其颍王的旧封之地(颍州)升为顺昌军节度。哲宗也是冲龄即位,但由于哲宗潜藩的延州早已有彰武军节度军额存在,也就不再增改。徽宗朝同理,甫一即位就将端王旧封端州升为兴庆军节度(后改肇庆)。这是徽宗前潜藩建节的情况。政和六年(1116年),徽宗进一步表示:"祖宗以来,赐履践祚之地,皆建府号。"先将"潜藩升府"默认为祖宗成法的常态化行为,然后将晋、寿、齐三州在前代未加封为府归罪于有司失察,进而合理化自己接下来的活动。但实事求是地就例论典,徽宗以前已有七代君主,太祖、太宗之际,未闻升府,只有降州,"祖宗以来"的说法狭义上并不成立。事实上因潜藩升府者,第一是真宗朝升归德军节度使(太祖)所在的宋州为应天府;第二是神宗朝升忠武军节度使(神宗)所在许州为颍昌府;第三是哲宗朝升延安郡王、彰武军节度使(哲宗)所在的延州为延安府。此外是真宗为元子提前升其封地昇州为江宁府与建康军节度的特例。

真宗两次的"越俎代庖",才从事实上为此后嗣君加封潜藩提供了先例。而三例升

---

① 司义祖整理:《宋大诏令集》卷159《升颍州为节镇诏》,第601页。

② (清)顾炎武撰,黄汝成集释,栾保群、吕宗力校点:《日知录集释》卷9,上海:上海古籍出版社,2006年,第540页。

③ (宋)李焘:《续资治通鉴长编》卷91,天禧二年二月丁卯,第2098页。

④ 司义祖整理:《宋大诏令集》卷159《建昇州为建康军江宁府诏》,第601页。

⑤ 《宋史》卷13《英宗本纪》,第258页。

府，都存在一大前提，即此州已有节镇之号。特别是徽宗父兄之例，神、哲二帝前后所任方职不下十处。其中特例，许州升颍昌府，去神宗登基已有多年，以宋人习惯，若无此事被援引为例，不会有哲宗甫一开始就升延州为延安府的实践。英宗朝从一开始就已默认了嫡长子（神宗）的储君地位，而其储嗣时最重要的职封，无疑是两封公爵后从淮阳郡王到颍王的两步。但陈州（淮阳郡）于当国十八年内并未有任何加封，而颍州很快建号“顺昌军节度”，则从侧面说明“潜藩”的标签，本应只属于新君即位前最后一个职封，而非全部的“履迹之地”。将太宗晋王之封号，进而推论为晋州，事实上也是强行自洽。五代以来，王爵见稀，而根据唐制，王爵分亲王、嗣王、郡王三等，王号从尊到卑，可取自先秦大国号、州名、郡名。[①]例如，晋、秦、楚、韩、燕等，为先秦列国封号，而非较次的近代州名王爵，乃至更低一等的郡王号。徽宗的说法事实上将太宗的封号降低了品等，为营造整齐划一的局面而提供了一种官方解释。侧例，是真宗曾封的韩王，以及钦宗始封的韩国公，二者皆为韩，其先秦故地在唐宋时期的郑州、许州之间，无继承字号的州郡，作为传统国号，钦宗即位后，缺乏具体加封的对象和必要性。晋州因“晋王”加封，无疑是在自圆其说。

真宗景德三年（1006年）升宋州为应天府，到大中祥符七年（1014年）建应天府为南京，乃至天禧二年（1018年）升昇州为江宁府、建康军节度，这一系列活动的背景与徽宗朝的政治环境有着暗合之处，即正统问题和元子问题的计较。真宗朝的正统危机来自澶渊之盟后的冲击，元子危机则是继承人（仁宗祯）太过幼弱。在辽金霸权迭代的冲击前，徽宗朝的两大危机更为复杂和多源。与子息不旺的真宗相比，徽宗亡国前生育三十一子，继承权竞争与党争的配合使之极为剧烈。荣宠一时的蔡京幼子蔡絛后来回忆说：“政和间，东宫颇不安，其后日益甚。”[②]钦宗有嫡长子的天然法理，但徽宗在当国之始终却一直表现出对多才类己的皇三子郓王楷的偏爱。随着众皇子陆续成年，储位问题不确定性的影响越发强烈。[③]政和三年（1113年）四月，升定州为中山府的信号，表达储位会坚持嫡长原则。笔者推断，这是踵真宗朝升昇州为江宁府之故智。徽宗子嗣太多而朝野疑变，却不效法太宗直接择立真宗为太子之例[④]，而迂回地选择了用元子封地建府的做法，究其本质，仍是拖延。同时，在暗示定储后的五月、八月、十一月，徽宗分别将自

---

① 根据《旧唐书》卷42《职官志一》，北京：中华书局，1975年，第1791页记载，正第一品有（亲）王爵，从第一品有嗣王、郡王、国公爵。相关研究可参见曾成：《唐末五代王爵考》，《魏晋南北朝隋唐史资料》2012年第28辑，第224—242页。

② （宋）蔡絛撰，冯惠民、沈锡麟点校：《铁围山丛谈》卷1，第1页。

③ （宋）王称撰，孙言诚、崔国光点校：《二十五别史·东都事略》，卷106《王黼传》，济南：齐鲁书社，2000年，第906页记载：“时钦宗在东宫，郓王楷有宠，遂有夺适（嫡）之意。钦宗长子谌，先已封崇国公，（王）黼言于钦宗，以为皇孙不可以同皇子，召宫臣耿南仲至第，令代东宫奏辞谌官。盖黼欲以是撼东宫也。”又卷121《梁师成传》，第1057页记载：“钦宗在东宫，郓王楷颇有夺嫡意，或言师成独保护太子……”

④ 笔者注：同样地，在宋太宗正式册立赵恒（宋真宗）为太子后，表现出了高度的危机感，《宋史》卷281《寇准传》第9529页记载：“（真宗）立为皇太子。庙见还，京师之人拥道喜跃，曰：‘少年天子也。’帝闻之不怿，召准谓曰：‘人心遽属太子，欲置我何地？’”这是唐五代以来皇位继承血腥无序的后遗症，继承人往往不以正式名分予以确认，而形成了一套默认的潜规则。即使是赵祯（宋仁宗）被正式立为储君，也等到了真宗病重之时，朝中多数人依旧嗒嗒不敢贸然进言。（参见《宋史》卷285《陈执中传》，第9601页）

己昔日职封的苏、润、端三州升为平江、镇江、兴庆三府，强烈且连续地表达今上皇权的存在感，而模糊正统继承人的朝野视线。政和三年的连升四府，终于拉开了两宋大规模“升府”热潮的序幕。政和五年（1115年）十二月，徽宗再次隆礼旧藩，升遂州为遂宁府，进而推广到为列祖列宗加恩：

（政和六年）闰月壬寅，升颍州为顺昌府。①

政和六年八月二十八日，手诏：“祖宗以来，赐履践祚之地，皆建府号。晋、寿、齐三州，乃太宗、真宗、英宗封建之邦，有司失于申明，惧不足以仰对在天之灵而府（抚）慰邦人之望，可并升为府，晋为平阳，寿为寿春，齐为济南。”②

为了更直观地解释徽宗朝一系列改制的行动根源，我们必须回归到时间线来梳理徽宗朝所有潜藩“建节”与“升府”活动的全过程。兹列如表1和表2：

表1 徽宗朝“建节”一览表

<table>
<tr><th>建节州</th><th>军额</th><th>建节时间</th><th>原因</th></tr>
<tr><td rowspan="2">端</td><td>兴庆</td><td>元符三年（1100年）</td><td rowspan="2">徽宗旧封</td></tr>
<tr><td>肇庆</td><td>重和元年（1118年）</td></tr>
<tr><td rowspan="2">西宁</td><td>陇西</td><td>崇宁二年（1103年）</td><td rowspan="2">开边</td></tr>
<tr><td>宾德</td><td>大观三年（1109年）</td></tr>
<tr><td>赵</td><td>庆源</td><td rowspan="2">崇宁四年（1105年）</td><td>国姓</td></tr>
<tr><td>拱</td><td>保庆</td><td>畿辅</td></tr>
<tr><td>镇</td><td>靖海</td><td>大观元年（1107年）</td><td rowspan="2">边地重镇</td></tr>
<tr><td>瀛</td><td>瀛海</td><td rowspan="2">大观二年（1108年）</td></tr>
<tr><td>湟</td><td>向德</td><td>开边</td></tr>
<tr><td>融</td><td>清远</td><td>大观三年（1109年）</td><td rowspan="2">边地重镇</td></tr>
<tr><td>琼</td><td>靖海</td><td>政和元年（1111年）</td></tr>
<tr><td>汝</td><td>陆海</td><td>政和四年（1114年）</td><td rowspan="2">畿辅</td></tr>
<tr><td>浚</td><td>浚川</td><td rowspan="2">政和五年（1115年）</td></tr>
<tr><td>舒</td><td>德庆</td><td>(1)</td></tr>
<tr><td>鼎</td><td>常德</td><td rowspan="4">政和七年（1117年）</td><td>边地重镇</td></tr>
<tr><td>温</td><td>应道</td><td>崇道</td></tr>
<tr><td>庆</td><td>庆阳</td><td>仁宗旧封</td></tr>
<tr><td>渭</td><td>平凉</td><td>边地重镇</td></tr>
<tr><td>均</td><td>武当</td><td rowspan="5">宣和元年（1119年）</td><td>哲宗旧封</td></tr>
<tr><td>光</td><td>光山</td><td>神宗旧封</td></tr>
<tr><td>宁</td><td>兴宁</td><td>徽宗旧封</td></tr>
<tr><td>泸</td><td>泸川</td><td>边地重镇</td></tr>
<tr><td>岳</td><td>岳阳</td><td>英宗旧封</td></tr>
</table>

① 《宋史》卷21《徽宗本纪三》，第395页。

② （清）徐松辑，刘琳等校点：《宋会要辑稿》方域6之5，第9381页。

续表

建节州	军额	建节时间	原因
宜	庆远	宣和元年（1119 年）	英宗旧封
睦	建德		太宗旧封
涿	威行	宣和四年（1122 年）	开边
幽	卢龙		
檀	镇远		
平	抚宁		

注：（1）舒州何以建节“德庆军”未详。聂崇岐《宋代府州军监之分析》中归为“地望重要”，不知何出。翻检《宋史》《宋会要辑稿》《宋大诏令集》《怀宁县志》等文献，皆仅能追溯至高宗朝改名“安庆军”时取“同安郡”“德庆军”各一字。若以“德、庆”二字命名的习惯考察，应为君主潜藩，然而并无记载何代君主曾以舒州为职封，如“同安郡王”、“舒王”或“舒州团练使”、“舒州防御使”。目前有一种推测为王安石于政和三年被追封“舒王”，作为绍述神宗政治的一部分，也特擢此州为节度州。笔者以为难以成立。靖康之难后，南宋官方将沦亡罪责很大一部分归于王安石变法，高宗也对徽宗朝政治进行了“修正”。在这种环境下，若建节之始因为王安石，那么大概率要被推翻，如温州应道军。此问题，尚待方家解答

表 2　徽宗朝“升府”一览表

升府州	府名	升府时间	原因
曹	兴仁	崇宁三年（1104 年）	徽宗旧封
潞	隆德		
澶	开德	崇宁五年（1106 年）	
瀛	河间	大观二年（1108 年）	地望
定	中山	政和三年（1113 年）	储君封地
苏	平江		徽宗旧封
润	镇江		
端	兴庆		
遂	遂宁	政和五年（1115 年）	
晋	平阳	政和六年（1116 年）	太宗旧封
寿	寿春		真宗旧封
齐	济南		英宗旧封
颍	顺昌		神宗旧封
兴庆府改肇庆府		政和八年，也即重和元年（1118 年）	徽宗旧封
兖	袭庆		太宗旧封
梓	潼川		地望
邢	信德	宣和元年（1119 年）	英宗旧封
郓	东平		哲宗旧封
赵	庆源		国姓
襄	襄阳		真宗旧封
陈	淮宁		神宗旧封
庆	庆阳		仁宗旧封
安	德安		神宗旧封
云	云中	宣和三年（1121 年）	开边
幽	燕山	宣和四年（1122 年）	

资料来源：《宋史》卷 85—卷 90《地理志一》至《地理志六》

笔者认为，徽宗朝的“建节”“升府”活动可分期为“四波浪潮”。

第一波，是徽宗朝初年对其潜藩地位的抬升，以元符三年（1100年）端州升兴庆军，建中靖国元年（1101年）改曹州彰信军、潞州昭德军额为兴仁、隆德始，至崇宁三年（1104年）曹、潞州升兴仁、隆德府，还旧节号为结尾。大体而言，仍在神宗、哲宗时期制度惯性内。即李心传所言："旧制，天子即位，当亦所领州镇自防御州而下，皆升军名，若节镇州则建为府。"①

第二波，是围绕拱卫京师和尊奉皇室的地方改制，崇宁四年至五年（1105—1106年），赵州升庆源军，此后设置四辅郡，升拱州为保庆军，升澶州为开德府，在中央主导下呈现出较频繁的活动。大观至政和初（1107—1112年），是徽宗朝在西北、西南边事上取得较多进展的时期，也是此类活动的低潮期，五年内只有镇、瀛、融、琼、湟州5例建节，瀛州1例升（河间）府。亦可归置于这一阶段之内。

第三波，从政和三年（1113年）起，以元子封地升府为诱因，再度以潜藩为主要借口，为抬高徽宗个人权威，到宣和元年（1119年）方告结束，并从政和五年（1115年）起对祖宗旧封开始大肆加封，共升府18个（定、苏、润、端、汝、遂、颍、晋、寿、齐、兖、襄、邢、安、陈、郓、庆、梓），建节14个（汝、舒、浚、鼎、温、庆、渭、宜、睦、岳、均、宁、光、泸）。

第四波，为宣和四年（1122年），因联金灭辽而取得"平燕"功绩后，数年内先后为燕山路涿、檀、幽、平4州建节或改建，原辽析津府、大同府又改为燕山、云中2府。

第二波与第四波浪潮，已于前两部分中略论，以下我们着重分析第三波浪潮的情况。

真宗自加冠（太平兴国八年，983年）起就封亲王之爵，先后历为韩、襄、寿王。韩为列国号而非州号，襄、寿二州，早冠节号（山南东道与忠正军），不需另建。齐州建节为兴德军节度，既是真宗以来惯例，无疑也符合英宗加恩的意愿，但由徽宗升为济南府，在当时还不能视为宋人的常态化行为。如果认为是英宗短祚，忙于濮议而未遑多事，可是神宗也未曾为乃父潜藩进一步升府，一心绍述神宗之志、维护神宗事业的哲宗也未曾对乃祖乃父的潜藩进行升府活动。对于将"祖宗之法"的"成例"视为天典，且历经了七代有序更替的宋人，认为是有司犯下如此大的政治错漏，显然并不合理。而徽宗通过对祖宗潜藩的大肆升府，淡化了妄自尊大的私心痕迹。从政策时间与相应关系来分析，徽宗的升府、建节，虽以自我为中心，但仍可推出两条原则——先近后远，先亲后疏，如图1所示。

我们从"端王"之爵这一徽宗即位前最重要职封看。端州在元符、政和、重和三次添加与更易，正好是传统惯例主导下的第一波浪潮，以及徽宗发明传统的第二波浪潮的起始与终结。端州于元符三年（1100年）首次建节兴庆军节度，也是徽宗朝第一个建节之州；事隔十三年后，于政和三年（1113年）又升为兴庆府；重和元年（1118年），正好在徽宗大肆加封祖宗旧封的前一年，又改为肇庆府、肇庆军节度。显然，为徽宗张目才是这一系列行动的根源，而对祖宗旧地加封，都是这一逻辑下的扩大化。

① （宋）李心传撰，徐规点校：《建炎以来朝野杂记·甲集》卷9《潜藩州建军府名》，北京：中华书局，2000年，第169页。

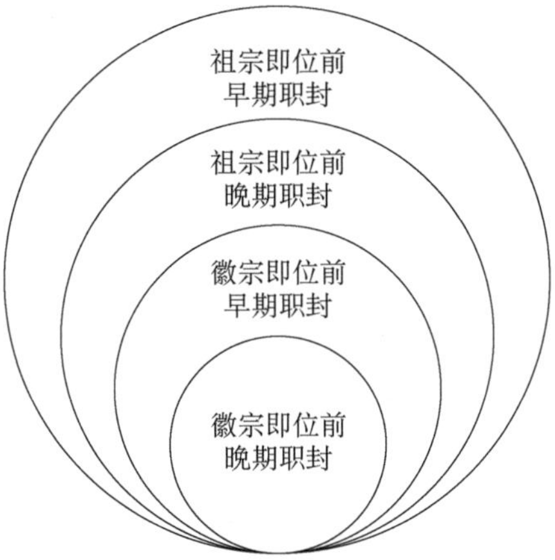

图 1 徽宗朝对“潜藩”加恩顺序逻辑图

四、徽宗朝制度在南宋的余波

清初，顾炎武在对宋代州府进行梳理后，对其芜杂烦冗的体制也大加诟病，复古地赞美唐制除了京都为府，其余地方为州的整齐划一。[①]这是有感于唐宋以来地方区划的紊乱，沉淀至明清之际，仍然在名实之间反复摩荡。而我们从上一部分对徽宗朝情况的梳理中，可以看到“府”建制的扩张与节度州的泛滥，已是一种显而易见的趋势。进入南宋以后，相对于前代的狂热，南宋政府对地方州府的州格调整频数开始明显地下滑，特别是建节的行为大为减少，仅见 6 例，如表 3 所示。

表 3 南宋州府“建节”情况表

建节州府	军额	时间与原因	建节州府	军额	时间与原因
江州	定江	建炎元年（1127 年），升定江军节度。二年，置安抚、制置使……	嘉州 嘉定府	嘉定	庆元二年，以宁宗潜邸升府。开禧元年（1205 年），升嘉定军节度
康州 德庆府	永庆	绍兴元年（1131 年），以高宗潜邸升为府。绍兴十四年（1144 年），置永庆军节度	秀州 嘉兴府	嘉兴	庆元元年，以孝宗所生之地升府。嘉定元年（1208 年），升嘉兴军节度
蜀州 崇庆府	崇庆	绍兴十四年，以高宗潜藩升崇庆军节度。淳熙四年，升府	邵州 宝庆府	宝庆	宝庆元年，以理宗潜藩升府。淳祐六年（1246 年），升宝庆军节度

资料来源：《宋史》卷 88—卷 90《地理志四》至《地理志六》相关州府条目

在上述六例中，高宗朝“建节”数量最多（三，居半）。最早的江州之复建节度，是出于军事目的，江州控扼鄱阳湖口与长江水道，是长江下游的重要战略据点，其升格是南宋时期江防地位关系国命的体现。在江州，与“建节”虚名同时配套的实际，并设安抚使、制置使，抬升江州在长江防御体系中的地位。而江州建节体现出的从务虚回归到务实，是亡国危机对日益虚浮的制度的倒逼。其他五例都属于今上或先帝的“潜藩”“潜邸”“生地”而升格。正如宋人抨击的那样，南宋初君臣不思革新雪耻，依旧延续了北宋

① （清）顾炎武撰，黄汝成集释，栾保群、吕宗力校点：《日知录集释》卷 8，第 467 页。

末年的腐朽风气：

> 盖自靖康虏退之后，犹有宣和之遗风。君臣上下专自佞谀，恶闻忠谠。寇至而不罢郊祀，恐碍推恩，寇至而不告中外，恐妨恭谢，寇迫而不撤采山，恐妨行乐，此宣和之覆辙可戒也。[①]

虽然高宗朝对徽宗朝的一些弊政有所废止，也做出了像停罢温州应道军节度的象征性举措，但就整体而言，南宋政治仍是在徽宗朝体制惯性上继续滑行。

南宋时期共计升府 24 个，故"建节"活动冷却的同时，是"升府"活动的常态化。其中高宗潜藩 3 个（蜀州崇庆府、桂州静江府、康州德庆府）；孝宗潜藩 6 个（秀州嘉兴府、建州建宁府、剑州隆庆府、鼎州常德府、宣州宁国府、洪州隆兴府）；光宗潜藩 1 个（恭州重庆府）；宁宗潜藩 4 个（明州庆元府、英州英德府、舒州安庆府、嘉州嘉定府）；理宗潜藩 4 个（邵州宝庆府、果州顺庆府、黔州绍庆府、成州同庆府）；度宗潜藩 4 个（宜州庆远府、温州瑞安府、严州建德府、忠州咸淳府）；端宗潜藩 1 个（福州福安府）；少帝潜藩 1 个（广州翔龙府）。

我们由此可知，在江州因战略地位而建节的孤例之后，南宋的建节升府活动，彻底回归于"潜藩"逻辑。虽然孝宗朝号称"锐志恢复"，"之将有为也"[②]，但孝宗朝之后建节的减少，其实并非因为朝野围绕宫廷矛盾，或忙于战和之争，未遑纠缠这些大而无当的虚文装饰，而是因为徽宗朝"建节"的普遍化后，这一符号系统已经急剧贬值，徽宗朝中后期就已认识到了这一点，故以"升府"作为一套新的名号之赏。极限思维下，只要宋朝继续苟存，君主的自然更迭也会使"府"与"节度"的范围不停地普及到更多的对象（州）上。府制全面取代州制，节度符号萎缩贬值到昔日州县军镇长官的卑位，也就成了可以想见的必然结局。南宋末年，度宗甫一登基，即连升四府[③]，在其统治的十年内，对于本无节镇的州府也没有再追加建节，已经说明了"建节"在时人心中无足轻重。

"升府"成为主流，进而加速"州格"制度破产，还有两个侧面表现：一为词穷，二为脱节。所谓词穷，指的是州的节度军号、府名、郡名出现大量的重叠。例如，赵州（赵郡），改庆源府、庆源军节度；邵州（邵阳郡），改宝庆府、宝庆军节度；建州（建宁郡），改建宁府、建宁军节度；恭州（巴郡），改重庆府、重庆军节度；舒州（同安郡），改安庆府、安庆军节度。这类案例，取名基本不脱"庆""安""德""宁"等字眼，以讨求口彩，使原有地名的区域特征和原有历史传承变得模糊几不可辨。

更为严峻的是地方行政制度上的脱节，具体指的是地方等第和幕职州县官的配备开始名实乖分。宁宗朝初年，洪迈指出：

> 州郡之名，莫重于府，虽节镇不及焉，固未有称府而不为节度者。比年以来，升蜀州为崇庆府，剑州为隆庆府，恭州为重庆府，嘉州为嘉定府，秀州为嘉兴府，

---

① （宋）陈东：《靖炎两朝见闻录》卷下，《续修四库全书》第 423 册，上海：上海古籍出版社，2002 年，第 366 页。
② 《宋史》卷 35《孝宗本纪三》，第 692 页。
③ （宋）佚名：《咸淳遗事》卷上，《景印文渊阁四库全书》第 408 册，台北：台湾商务印书馆，1986 年，第 805 页。

英州为英德府，蜀、剑既有崇庆、普安军之额，而恭、嘉以下独未然，故幕职官仍云某府军事判官、推官，大与府不相称，皆有司之失也。信阳军一小垒耳，而司户参军衔内带兼节推，尤为可笑。顷在中都时，每为天官主者言之，云亦不必白朝廷，只本案检举改正申知足矣。乃曰：“久例如此。”竟相承到今。①

这种言论体现了在偏安耻辱下有思恢复的南宋人，从制度上尽可能地希望对标北宋典章的愿望。但在徽宗朝前后的碎片化事实影响下，认为“建节而府”存在着一种必然递进的逻辑顺序，其实是构建出来的一种想象。并非升府必须建节，而是在府的建制泛滥之前，作为传统军政重地的前身之州已带节号，而徽宗朝政治的混乱，将真宗、神宗、哲宗三朝的特例全面铺展，导致节度符号系统的全面贬值。靖康后北宋官方档案的流散，使理解与事实渐行渐远，在南宋形成了具有迷惑性的判断，个中典型，就是南宋王明清《挥麈录》中只能线性地将每代君主及其潜藩做一个对应，而不能梳理其中具体时间的关系。②事实上，徽宗朝的“升府”已经是“建节”贬值后的一种递进，进入南宋以后，随着潜藩升府的常态化，朝廷对建节已大不感冒，既然“州郡之名莫重于府”，那么赐建为府，才能匹配新君更新气象的“恩典”。洪迈批评的府而不节，正是滥授名器导致的“通货膨胀”，而非什么失误。

名与实的复杂，最终引发了混乱。回溯州格制度的本意，是依现实的军事地缘价值进行的地方军事等级评估；州、府之等（即“上、中、中下、下”等），则是依照户口数据采取的财政分级。在政区的调整中，“升为府”的重典并不存在一个客观依据，它既不是经济的，也不是军事的，而是尊大皇权的威权意志和纯粹的政治象征意义。地名虚美、词穷单调，地方体制出现名不副实的混乱，这两大症状早于徽宗朝后期就已出现，只是进入南宋之后没有得到遏制，而是变得更为明显，以州制为主体的统县政区体制及其配套的等第制度，也就进入了历史的尾声。

五、小　结

此前学者多有注意到两宋时期大量出现升府的情况并予以总结，这是由于进入明清以后，“府”作为最普遍的统县政区建制，在国家政治运作中有着非常重要的地位。宋元时期作为“州”向“府”转轨的过渡阶段，其中府的扩张与州的见黜，自然令人瞩目。入元以后，“节、防、团、刺”的州格体制即遭废除，前人也就易于忽视两宋在“升府”这一流程外的另一重要制度，即“建节”。元朝史官在回顾宋徽宗时代的政治教训时，认为徽宗存在“狎近奸谀”“溺信虚无”③两大毛病。也正如顾炎武批评的那样，宋以后的

① （宋）洪迈撰，孔凡礼点校：《容斋随笔·容斋四笔》卷12《州升府而不为镇》，北京：中华书局，2005年，第773页。

② （宋）王明清：《挥麈前录》卷1《十五·本朝列圣潜藩升府》，《全宋笔记》第6编第1册，郑州：大象出版社，2013年，第16—17页。笔者按：王明清这段记录为顾炎武《日知录》关于州府变革记载的史源，王明清的线性理解也影响了顾炎武乃至今天对宋代府制发育认识的不全面。

③ 《宋史》卷22《徽宗本纪四》，第418页。

地方行政制度“体统乖而名实淆矣”①。而“建节”“升府”扩大化的始作俑者，正是最终招致靖康之难的徽宗。其滥置名号，虽然有部分政策是依托战争背景下的政治铺展，但仔细推敲，更多的是通过玩弄公器之名号、布施恩信的粉饰，最终严重地造成政区等第系统的贬值与混乱。当“建节”都无法满足政治上的虚荣装饰后，“升府”的活动就在徽宗朝与南宋大行其道。当然，也正因府制扩张的冲击，才推动隋文帝以来州制作为统县政区的基本制度的瓦解，中国的地方行政制度史也由此从“郡县制”到“州县制”的反复，逐步迈进了帝制时代后期的明清“府县制”。

附表 1　北宋君主潜藩建节升府表

<table>
<tr><th>君主</th><th>曾任职封</th><th>州府</th><th>建军额及年代</th><th>升府名及年代</th></tr>
<tr><td rowspan="6">太祖</td><td>严州刺史</td><td>严</td><td colspan="2">州废，无所封[1]</td></tr>
<tr><td>永州防御使[2]</td><td>永</td><td colspan="2">无</td></tr>
<tr><td>匡国军节度使[3]</td><td>同</td><td>唐旧，匡国，太祖改定国</td><td>无</td></tr>
<tr><td>义成军节度使</td><td>滑</td><td>唐旧，太宗朝改武成</td><td>无</td></tr>
<tr><td>忠武军节度使</td><td>许</td><td>唐旧</td><td>颍昌，神宗元丰三年（1080 年）</td></tr>
<tr><td>归德军节度使</td><td>宋</td><td>五代旧</td><td>应天，真宗景德三年（1006 年）</td></tr>
<tr><td rowspan="3">太宗</td><td>睦州防御使</td><td>睦</td><td>建德，宣和元年（1119 年）</td><td>建德，度宗咸淳元年（1265 年）</td></tr>
<tr><td>泰宁军节度使</td><td>兖</td><td>唐旧</td><td>袭庆，政和八年（1118 年）</td></tr>
<tr><td>晋王</td><td>晋</td><td>五代旧</td><td>平阳，政和六年（1116 年）</td></tr>
<tr><td rowspan="3">真宗</td><td>韩王</td><td colspan="3">无</td></tr>
<tr><td>襄王</td><td>襄</td><td>唐旧，山南东道</td><td>襄阳，宣和元年（1119 年）</td></tr>
<tr><td>寿王</td><td>寿</td><td>五代旧，忠正</td><td>寿春，政和六年（1116 年）</td></tr>
<tr><td rowspan="3">仁宗</td><td>庆国公</td><td>庆</td><td>庆阳，政和七年（1117 年）</td><td>庆阳，宣和元年（1119 年）</td></tr>
<tr><td>寿春郡王</td><td>寿</td><td>五代旧，忠正</td><td>寿春，政和六年（1116 年）</td></tr>
<tr><td>昇王</td><td>昇</td><td>建康，真宗天禧二年（1018 年）</td><td>江宁，真宗天禧二年（1018 年）</td></tr>
<tr><td rowspan="4">英宗</td><td>宜州刺史</td><td>宜</td><td>庆远，宣和元年（1119 年）</td><td>庆远，度宗咸淳元年（1265 年）</td></tr>
<tr><td>岳州团练使</td><td>岳</td><td>岳阳，宣和元年（1119 年）</td><td>无</td></tr>
<tr><td>齐州防御使</td><td>齐</td><td>兴德，英宗治平二年（1065 年）</td><td>济南，政和六年（1116 年）</td></tr>
<tr><td>巨鹿郡公</td><td>邢</td><td>五代旧，安国</td><td>信德，宣和元年（1119 年）</td></tr>
<tr><td rowspan="6">神宗</td><td>安州观察使</td><td rowspan="2">安</td><td rowspan="2">五代旧，安远</td><td rowspan="2">德安，宣和元年（1119 年）</td></tr>
<tr><td>安国公</td></tr>
<tr><td>光国公</td><td>光</td><td>光山，宣和元年（1119 年）</td><td>无</td></tr>
<tr><td>忠武军节度使</td><td>许</td><td>如前，唐代</td><td>颍昌，神宗元丰三年（1080 年）</td></tr>
<tr><td>淮阳郡王</td><td>陈</td><td>五代旧，镇安</td><td>淮宁，宣和元年（1119 年）</td></tr>
<tr><td>颍王</td><td>颍</td><td>顺昌，神宗元丰二年（1079 年）</td><td>顺昌，政和六年（1116 年）</td></tr>
<tr><td rowspan="2">哲宗</td><td>天平军节度使</td><td>郓</td><td>如前，唐代</td><td>东平，宣和元年（1119 年）</td></tr>
<tr><td>均国公</td><td>均</td><td>武当，宣和元年（1119 年）</td><td>无</td></tr>
</table>

① （清）顾炎武撰，黄汝成集释，栾保群、吕宗力校点：《日知录集释》卷 8，第 467 页。

续表

君主	曾任职封	州府	建军额及年代	升府名及年代
哲宗	彰武军节度使	延	如前，五代	延安，哲宗元祐四年（1089 年）
	延安郡王			
徽宗	镇宁军节度使	澶	如前，五代	开德，崇宁五年（1106 年）
	宁国公	宁	兴宁，宣和元年（1119 年）	无
	遂宁郡王	遂	武信，十国旧	遂宁，政和五年（1115 年）
	平江军节度使	苏	如前，十国旧	平江，政和三年（1113 年）
	镇江军节度使	润	如前，十国旧	镇江，政和三年（1113 年）
	端王	端	兴庆，元符三年（1100 年） 肇庆，重和元年（1118 年）	兴庆，政和三年（1113 年） 肇庆，重和元年（1118 年）
	昭德军节度使	潞	如前，唐旧昭义，太宗改	隆德，崇宁三年（1104 年）
	彰信军节度使	曹	如前，五代旧	兴仁，崇宁元年（1102 年）
钦宗	韩国公	无		
	京兆郡王	京兆	五代旧，永兴	如前，唐代
	定王	定	唐旧义武，宋太宗改定武	中山，政和三年（1113 年）

注：（1）《宋史·太祖本纪一》记载"（太祖）拜殿前都虞候，领严州刺史"，此处严州应为南汉治下岭南道严州，非后来的两浙睦州。《太平寰宇记》卷 165《岭南道九》记载，开宝七年废严州，并归化入来宾县，属象州。

（2）宋太祖曾任后周永州防御使，未见于《宋史》本纪或《宋会要辑稿》，仅见《旧五代史》卷 117《世宗本纪四》，北京：中华书局，1976 年，第 1559 页记载："（显德四年五月）丁酉……今上（即宋太祖）以三年十月宣授同州节度使，未于正衙宣制，至是移镇滑台，故自永州防御使授焉。"

（3）宋太祖早年曾任后周匡国军节度使，其称帝后，改"匡国军"为"定国军"。史书中为避太祖名讳，均称"定国军"

附表 2　南宋君主潜藩建节开府表

君主	曾任职封	州府	建军额及年代	升府名及年代
高宗	定武军节度使	中山	陷于金，未封	
	蜀国公	蜀	崇庆，绍兴十四年（1144 年）	崇庆，淳熙四年（1177 年）
	广平郡王	洺	陷于金，未封	
	桂州牧 静江军节度使	桂	如前，唐代	静江，绍兴三年（1133 年）
	康王	康	永庆，绍兴十四年（1144 年）	德庆，绍兴五年（1135 年）
孝宗	（出生地）	秀	嘉兴，庆元元年（1195 年）	嘉兴，嘉定元年（1208 年）
	和州防御使	和	无所封	
	贵州防御使	贵	无所封	
	保庆军节度使	拱	陷于金，未封	
	建国公	建	如前，太宗朝	建宁，绍兴三十二年（1162 年）
	普安郡王	剑	普安，隆兴二年（1164 年）	隆庆，绍熙元年（1190 年）
	常德军节度使	鼎	如前，徽宗朝	常德，乾道元年（1165 年）
	宁国军节度使	宣	如前，唐代	宁国，乾道二年（1166 年）
	镇南军节度使	洪	如前，唐代	隆兴，隆兴二年（1164 年）
光宗	荣州刺史	荣	无所封	
	镇洮军节度使	熙	陷于金，未封	
	恭王	恭	未建节	重庆，淳熙十六年（1189 年）

续表

君主	曾任职封	州府	建军额及年代	升府名及年代
宁宗	明州观察使	明	如前，太祖朝（奉国军）	庆元，绍熙五年（1194年）
	英国公	英	未建节	英德，庆元元年（1195年）
	安庆军节度使	舒	如前，徽宗朝	安庆，庆元元年（1195年）
	平阳郡王	晋	陷于金，未封	
	武宁军节度使	徐	陷于金，未封	
	嘉王	嘉	嘉定，开禧元年（1205年）	嘉定，庆元二年（1196年）
理宗	邵州防御使	邵	宝庆，淳祐六年（1246年）	宝庆，宝庆元年（1225年）
	果州团练使	果	未建节	顺庆，宝庆三年（1227年）
	武泰军节度使	黔	如前，唐代	绍庆，绍定元年（1228年）
	成国公	成	未建节	同庆，宝庆元年（1225年）
度宗	贵州刺史	贵	无所封	
	宜州观察使	宜	如前，徽宗朝	庆远，咸淳元年（1265年）
	庆远军节度使			
	益国公	成都	如前，唐代	如前，唐代
	建安郡王	建宁	如前，太宗朝	如前，孝宗朝
	崇庆军节度使	崇庆	如前，高宗朝	如前，孝宗朝
	永嘉郡王	温	未建节	瑞安，咸淳元年（1265年）
	镇南军节度使	南昌	如前，唐代	如前，孝宗朝
	遂安军节度使	严	如前，徽宗朝	建德，咸淳元年（1265年）
	忠王	忠	未建节	咸淳，咸淳元年（1265年）
恭帝	嘉国公	嘉定	如前，宁宗朝	如前，宁宗朝
端宗	建国公	建宁	如前，太宗朝	如前，孝宗朝
	保康军节度使	房	如前，太宗朝	无
	吉王	吉	陷于元，未封	
	益王	成都	如前，唐代	如前，太祖朝
	判福州	福	如前，唐代	福安，景炎元年（1276年）
少帝	永国公	永	陷于元，未封	
	保宁军节度使	婺	陷于元，未封	
	信王	信	陷于元，未封	
	判泉州	泉	如前，太宗朝	陷于元，未封
	广王	广	如前，唐代	翔龙，祥兴元年（1278年）
	卫王	卫	陷于元，未封	

资料来源：《宋史》本纪、地理志，《宋会要辑稿》帝系、方域，《皇宋十朝纲要校正》等

作者简介：陈航杰（1996—），汉族，福建泉州人，扬州大学社会发展学院中国史2019级硕士研究生，主要研究方向为宋代历史地理。

科举制度的改革与永嘉学派士大夫群体的形成

——以宋高宗朝为中心的考察*

赵飞跃[1]　陈安金[2]

（1. 全南国立大学，韩国　光州，500757；2. 温州大学　人文学院，
浙江　温州，325035）

摘　要：在宋高宗统治期间，科举制的发展经历了三个阶段，即建炎元年至绍兴十一年的初步重建阶段、绍兴十二年至二十五年的完成阶段和绍兴二十五年至三十二年的调整阶段。在此期间，宋高宗亲自参与科举改革，科举考试的科目得以完善，各科各级考试也得以恢复和修整，类省试也开始出现。对于作为“次辅郡”的温州来说，宋高宗对科举制度的改革，催生了南宋温州士大夫群体的形成，使温州科举人数大大增加，同榜进士在各地区位于前列，高科举子数量增多，更是开启了宋代温州状元的先河，这些士大夫则成为永嘉学派不断发展壮大的重要推力。自宋高宗朝开始，以郑伯熊、薛季宣、陈傅良、叶适及其门人为代表的永嘉学派成员，以家族为纽带，形成家族士大夫群体；以婚姻为翘板，形成姻亲士大夫群体；以道业为基础，形成师统士大夫群体，成为推动南宋温州文化崛起的重要内在力量。

关键词：宋高宗；科举改革；温州士子；永嘉学派

宋代是我国古代科举考试走向正规化、制度化的重要时期。与隋唐时期相比，宋朝的科举更注重公平公正，虽然制度上沿袭了隋唐五代的旧制，但纠正了五代武人政治的舞弊。例如，唐朝举人中举，依惯例“缀行通名，诣主司第谢”①，注重门生师承，易于

---

* 本文为2019年国家社科基金重点项目“永嘉学派文献整理与研究”（19AZX010）阶段性研究成果。

① 《新唐书》卷44《选举志上》，北京：中华书局，1975年，第1168页。

出现结党流弊。为了防止结党营私，对于泄题、作弊等行为，宋代科举制度制定了严厉的惩罚措施。和前朝相比，宋代的科举更加重视文人政治，鼓励士子读书参加科举考试，对于科举出身的士大夫，朝廷往往寄予厚望。宋代进士科录取人数较隋唐时期大大增多，如北宋宣和六年（1124年），录取人数达805人。

古代温州科举在隋唐之际就有登科记录，但是与两宋时期相比，无论是人数还是仕宦情况，都相差甚远。当时只有《册府元龟》有记载："代宗永泰元年，殿中侍御史、内供奉李钧，钧弟京兆府法曹参军锷，并不守名教。配流钧于施州，锷于辰州，纵会非常之赦，不在免限。钧、锷，温州人也。天宝中州举道举，咸赴京师。既升第参官，遂割贯长安，与乡里绝凡二十余载，母死不举。温州别驾、知州事嗣曹王皋具以事闻，下宪司讯问，钧等具伏罪。帝叹息久之曰：三千之刑莫大于此。"①《弘治温州府志》则记载了温州古代登科盛况："吾瓯登科者，始于唐吴畦、薛正明，而莫盛于有宋。"②直到宋代，随着温州被纳入宋朝版图，温州科举事业一直在快速发展。傅璇琮主编的《宋登科记考》整理了宋登科名录4万多人，其中温州籍进士1307人。因此，虽然两宋时期温州依然偏安一隅，属于蛮夷闭塞之地，却科甲鼎盛，其科举事业在科举史上具有举足轻重的地位。而在南宋高宗一朝，温州在政治上出现了相对稳定的环境，文化上的高峰也开始形成，其中就得益于宋高宗南渡及对科举制度的重建与改革。

一、宋高宗对科举制度的重建与改革

宋高宗作为南宋的第一位皇帝，既面临着收复北方的重任，又承担着重建新朝的担子。除了沿用李纲等旧臣，还迫切需要选拔新的官吏，以重振朝纲。在宋高宗统治的三十多年内，科举制的发展经历了三个阶段，即"建炎元年至绍兴十一年的初步重建阶段、绍兴十二年至二十五年十月的完成重建阶段和绍兴二十五年十一月至三十二年六月的调整阶段"③。在宋高宗的改革下，宋代的科举制进一步完善和发展，在以文治天下的宋代，宋高宗的科举改革为广大士子奠定了更为宽松和公平的科举环境，提供了更多的为官机会，也为南宋选拔了一批德贤兼备的官吏，其中温州籍士子占了很大一部分。

1. 增加解额

南宋科举解试分为流寓试、牒试、国子监试及州郡发解试等多种形式，每一种形式对应的解额是不一样的，国子监试的名额相对较多，"每三年科场，率三人而取一"④。其中，流寓试是特对于宋高宗南渡以后，随着宋室到达南方的士子而言的。他们失去了原有的籍贯，可以在流寓地参加科举考试。这样一来，他们就占据了流寓地的解额。建炎

① （宋）王钦若等编：《册府元龟》卷152《帝王部·明罚一》，北京：中华书局，1989年，第285页。

② （明）王瓒、（明）蔡芳编，胡珠生校注：《弘治温州府志》卷13，上海：上海社会科学院出版社，2006年，第340页。

③ 朱瑞熙：《宋高宗朝科举制度的重建和改革》，《宋代文化研究》2010年第1期，第106页。

④ （宋）李心传撰，徐规点校：《建炎以来朝野杂记》甲集卷13，北京：中华书局，2000年，第278页。

四年（1130年），宋高宗采纳都官员外郎侯延庆的建议，在各郡设置流寓所，下诏："京畿、京东、京西、河北、陕西、淮南路士人……以终场二十解一名，余分或不及二十人处亦解一名。不及五人，附邻州试。"[①]绍兴六年（1136年），宋高宗又下诏放宽流寓士人的解额，规定："每十五人解一名，余分或不及十五人，亦许解一名。不及五人处，预牒本路转运司类聚复试，仍召文臣二员委保，不得过三人。"[②]这些规定保证了流寓士人参加科举考试的公平性，也保证了本贯科举解额的稳定性与公平性。绍兴二十六年（1156年），南迁流民大都得到妥善安置，并在流居地定居。二月七日，宋高宗下诏："诸路州军将绍兴二十三年各州土著进士就试终场人，计若干人取一人……依土著所解人十分为率，及三分亦解一人。若已后发解就试人多，不得过绍兴二十六年所取之数。仍立为定制。"[③]也就是说，流寓士人与本地士人在科举录取比例上不再有差别，一些还有少量流寓士人的地方，名额应当适当地予以增加，但是仍然不能超过绍兴二十六年的名额，这一制度此后逐渐延续下来。除此之外，宋高宗还开创了免解，这是对于部分举人的优待，如一些参加过宋徽宗政和二年（1112年）科考没中的合理举人，可以根据具体情况"特与免将来文解一次"[④]，使他们可以直接参加省试。

宋高宗对于解额的规定，一方面消除了南迁带来的不利影响，另一方面保证了各州郡科举的公平，使士子参加科举考试的积极性提高。同时，通过宋高宗科举改革而获利的士子，对于宋高宗政治发展起到了一定的积极作用。

2. 重定开科和考试时间

宋高宗朝是宋代的一个特殊时期，旧国刚亡，新朝初立，外部面临着金国的步步紧逼，内部又党争迭起。因此，科举考试时间因战乱而不再统一。就解试而言，宋代解试开考时间一般在当年的秋季，史料记载："国朝三岁发解进士，率以秋季引试，初无定日。举子奸计，多占邻近户籍，至有三数处冒试者，冀于多试之中，必有一得，以致争讼纷然，有司多端禁止，率不能革。"[⑤]宋高宗时期基本沿用这一旧例，规定："令天下诸州科场并用八月一日锁院，十五日引试，后期者勿问。不劳施为，无所烦扰，而百年之弊一朝尽去。"[⑥]李心传在《建炎以来朝野杂记》中说："祖宗旧制，诸路州、军科场，并以八月五日锁院。"[⑦]对于离京师较远的地方，如福建、四川等地，则规定："惟福建去京师地远，先期用七月。川、广尤远，又用六月。"[⑧]绍兴十三年（1143年）八月，宋高宗"诏以闽、广去行在不远，并令八月五日锁院。然诸军、州例选日引试，由是举人多冒贯而再试于他州，或妄引亲贤而再试于别路，至有一身而两预荐送者"[⑨]。绍兴二十四年

---

① （清）徐松辑，刘琳等校点：《宋会要辑稿》选举16之2，上海：上海古籍出版社，2014年，第5564页。
② （清）徐松辑，刘琳等校点：《宋会要辑稿》选举16之5，第5565页。
③ （清）徐松辑，刘琳等校点：《宋会要辑稿》选举16之9，第5568页。
④ （清）徐松辑，刘琳等校点：《宋会要辑稿》选举16之4，第5565页。
⑤ （宋）沈作喆：《寓简》卷1，《景印文渊阁四库全书》第864册，台北：台湾商务印书馆，1986年，第112页。
⑥ （宋）沈作喆：《寓简》卷1，《景印文渊阁四库全书》第864册，第112页。
⑦ （宋）李心传撰，徐规点校：《建炎以来朝野杂记》甲集卷13，第265页。
⑧ （宋）李心传撰，徐规点校：《建炎以来朝野杂记》甲集卷13，第265页。
⑨ （宋）李心传撰，徐规点校：《建炎以来朝野杂记》甲集卷13，第265页。

（1154 年）一月，宋高宗“诏太学及诸路并以中秋日引试，惟四川则悉用三月十五日焉”[①]。对不同地区按地域远近划分开科时间，更便利了士子参加科考。

显然，宋高宗早已看到战乱及南迁对科举造成的不良影响，特别是偏安东南以后，宋室地域辽阔，四川等地离临安较远，且交通不便，如果仍按统一的时间进行秋试，那么因为路程的原因，可能会影响举子进京参加殿试。因此，宋高宗特意规定，离京师较远的地区，可以提前举行解试，这样就在一定程度上缓解了举子逐级科考的时间压力。

3. 类省试出现

建炎元年（1127 年），逃亡在扬州的宋高宗受到金人的追击，使本该三年一开科贡举的科举逾期一年没有举行。宋高宗为了笼络士人、选拔官吏，便在扬州下诏：

> 十二月一日，诏：“诸道进士赴京省试……合以一十四人取一名，余分不及一十四人亦取一名。不终场者不计。……应逐场试卷，不得止送一位考校。仍令监试官专切觉察。”[②]

根据这道诏书，南宋诸路于建炎二年（1128 年）的夏季举行了类省试。李心传认为：“省试之有‘类’，盖自此始。”根据诏书可以发现，所谓类省试就是因一些原因而不得不在地方举行的科考，其作用相当于在尚书省举行的省试，所以称为类省试。宋高宗始创类省试，其发展大致经历了三个阶段：第一阶段，建炎元年十二月，开始命各路提刑司在漕司所在的州举行考试，和省试同等效用；第二阶段，绍兴元年（1131 年），专门选择各路主要官员中词学水平高的人来负责类省试的各种事宜；第三阶段，绍兴三年（1133 年），各路类省试弊端暴露，引起人们的不满，人们纷纷主张恢复省试，迫于压力，宋高宗于同年十月下诏废除各路类省试，后来因为地理原因，只有四川保留了类省试。

二、科举改革后温州士子的科举情况

历朝历代的科举改革对士子来说都是比较重要的，一方面需要士子及时了解政策的变化，上行下效；另一方面也需要士子及时根据科举科目、时间的改变而调整学习计划。宋高宗时期的科举改革，提高了温州士子参加科考的热情，使温州士子名扬科场。浙江大学的陈永霖曾对宋代温州科举做过研究，总结了宋代温州科举情况。[③]其中，宋高宗朝温州科举情况如下。

1. 科举人数增加

温州的科举从隋唐时期就已经产生，但是尚不具有规模，只有零散的几个人。到了宋代，因为秉承文人治国及与士大夫共治天下的理念，文人与科举制迎来了比较宽松的环境，科举人数大大增加。产生于隋代的科举制，经过唐代的发展，到宋代已经相当完

① （宋）李心传撰，徐规点校：《建炎以来朝野杂记》甲集卷 13，第 265 页。
② （清）徐松辑，刘琳等校点：《宋会要辑稿》，第 5325 页。
③ 陈永霖：《宋代温州科举研究》，浙江大学硕士学位论文，2011 年。

善。整个唐代290年，共举行268次科考，总共录取进士7448人。五代53年，举行47次科举，共录取653人。宋代科举从北宋建隆元年（960年）到南宋咸淳十年（1274年），共举行了118次科考。据何忠礼《宋史选举志补正》附录中的统计，共录取正奏名进士42 390人，其中北宋19 071人，南宋23 319人。①

在宋代科举高度发展的时期，温州的科举事业蓬勃发展。日本学者冈元司在《南宋科举试官的地域性——以浙东士大夫为中心》一文中统计，两浙东路宋代进士总数为4834人，其中北宋911人，南宋3923人，而温州共计1307名正奏名进士。②随着北宋中后期温州的学者“皇祐三先生”及“元丰九先生”等人对中原文化的引进，温州便迎来了文化发展的重要契机。在宋室南渡，文化重心南移以后，温州的科举真正迎来了高峰期。在整个宋代温州1307名进士中，南宋占了1187人，其中在宋高宗朝就有189名温州籍士子考中进士。楼钥在《温州进士题名序》中赞叹温州：“进士之盛，岂其是欤!”③这证明了当时温州繁荣的科举文化，引世人赞叹。

2. 同榜进士增多

宋代温州科举兴盛主要在南宋，而南宋温州科举之盛始于宋高宗朝。南宋共开科49场，温州共产生进士1187人，平均每场高达24人，其中宋高宗朝共开科11场，录取温州进士189人，平均每场达17人。虽然宋高宗朝温州科举平均每场进士人数低于整个南宋平均人数，但实际上宋高宗朝长期面临着金人的追击，政治、经济长期遭到破坏，前期又面临着南渡所带来的后遗症，科举制度长期被破坏，甚至很长一段时间内没有举行科举考试。因此，宋高宗才对科举制进行改革，从而恢复了南宋科举的秩序，为南宋科举事业的繁荣打下了基础。从宋高宗朝温州科举情况来看，自建炎二年（1128年）温州只有6人考中进士以后，剩下的10次科考中，温州每科人数从来没低于10人，其中每科20人及以上的有5科，而绍兴十二年（1142年）一度达到26人。可见，随着宋高宗朝在南方政局的稳定，以及对科举制度的改革，温州士子开启了在南宋科场的盛况，此后的南宋历代科考中，温州进士登科数始终呈现递增趋势。

3. 高科举子较多

在宋代温州科举史上有许多人中过状元、省元，南宋中后期更有同榜中多位温州籍举子占据廷对前几名，可见温州科举事业的兴盛。整体来看，宋代共产生文科状元118名，其中温州占据了5名，都是南宋时期的温州籍士子。而这5名中宋高宗朝占据了1名，即绍兴二十七年（1157年）的状元王十朋，王十朋以廷对第一名的成绩进士及第，被授承事郎，兼建王府小学教授，仕至龙图阁学士。武举方面，整个宋代温州共产生武状元13名，宋高宗朝就占据了2名，分别是：陈鳌，绍兴八年（1138年）进士及第；陈鹗，绍兴十二年（1142年）进士及第。陈鳌、陈鹗为两兄弟，在诗词方面也颇有造诣，

---

① 何忠礼：《宋史选举志补正》，杭州：浙江古籍出版社，1992年，第291—301页。

② [日]冈元司：《南宋科举试官的地域性——以浙东士大夫为中心》，《宋代史研究会研究报告第六集》，东京：汲古书院，2002年，第251页。

③ （宋）楼钥：《攻媿集》卷53《温州进士题名序》，《景印文渊阁四库全书》第1152册，第825页。

本来打算以文参加科举，但是南宋建立后，面对金人的入侵，两兄弟的父亲教导他们："世治尚文，世乱尚武，建功报国，正此时也。"[①]于是，两兄弟毅然弃文从武，参加武举，先后获得了状元、状元及第，都被任命为修武郎。

宋高宗朝温州籍士子不仅科场进士及第者大增，成绩优异者也不在少数。在宋代温州科举史上，宋高宗朝温州科举开启了南宋中后期温州举子状元先河，此后温州籍士子成绩优异者越来越多，如乾道八年（1172年）的省试中，温州籍士子就包揽了前三名，这也得益于温州越来越浓厚的士风和不断发展的文教事业。

三、科举改革对永嘉学派的影响

宋高宗朝对科举制度的改革，一方面提高了温州籍士子参加科举的热情，另一方面通过科举入仕的温州籍士子也形成了不同的士大夫群体。他们既有宗族士大夫群体，也有姻亲士大夫群体，还有师统士大夫群体，这都得益于宋高宗对科举制度的改革。科举环境的改变，以及温州浓厚的书院学风，使参加科举考试逐渐成为读书人的共同追求，因此往往出现父子、兄弟同中进士的情况，由此形成了宗族士大夫群体。而一些士子考取功名后，往往会得到一些名门望族的青睐，在科举放榜现场攀亲，因此形成了姻亲士大夫群体。当然，因为温州文教事业发达，士子皆群居学校学习，甚至师生一起参加科举考试，所以形成了师统士大夫群体。尽管如此，作为温州籍士大夫来说，他们又是一个统一的士大夫群体。因为按照地域来说，他们属于同乡人；按照师承来说，他们虽然师从不同的学者，但这些学者追根溯源都是永嘉学术的传承者，他们在思想上又属于同一脉，所以他们又被统称为温州士大夫群体。因此，总的来说，宋高宗朝科举改革使温州士大夫形成了一个个紧密的群体，同时他们也因某种关系的存在而紧密地联系在一起。

关于永嘉学派，《宋元学案》中记载道："绍兴以后，言理性之学者，宗永嘉。"[②]也就是说，永嘉学派真正成为理学的一个重要学派，是在宋高宗时期。得益于宋高宗的科举改革，温州籍士子所形成的关系网促使永嘉学派在南宋时期走向鼎盛。

1. 以家族为纽带，形成家族士大夫群体

两宋温州进士繁多，其中一门多进士的现象也比较常见，许多家族通过科举开始壮大起来。"宋时，永嘉之薛、吴、周、戴、王、宋，瑞安之蔡、曹，平阳陈、林，贵盛无比，几与宗室赵氏同，乐清则王氏父子也。"[③]家族进士众多，一方面是因为许多家族比较殷实，另一方面则是因为宋代全国形成的良好文人风气及文人地位的提高。

以薛氏家族薛季宣这一支为例，永嘉薛氏首中进士始于薛强立，于元丰二年（1079

① 萧耘春主编，苍南县地方志编纂委员会编：《苍南县志》，杭州：浙江人民出版社，1997年，第662页。

② （清）黄宗羲著，方祖猷、桂心仪、陈敦伟校点：《宋元学案》卷53《止斋学案》，《黄宗羲全集》第5册，杭州：浙江古籍出版社，2012年，第74页。

③ （清）李琬：乾隆《温州府志》卷30《世家》，《中国地方志集成》第58册《浙江府县志辑》，上海：上海书店出版社，1993年，第655页。

年）进士及第，薛季宣在《先大夫行状》中谈道："[祖]父，强立，少登科，礼部侍郎邹浩尝以学官荐之，历州县，所至有声，清正恬退，终金陵幕官。……先君……再举登建炎二年进士第。"①其中，"先君"指的便是薛季宣的父亲薛微言，薛微言有兄薛嘉言、薛昌言、薛弼。其中，薛昌言是恩荫取士，之后薛季宣又继承了伯父薛昌言的恩荫得以为官。虽然薛微言四兄弟同朝为官，但却分属不同派别。薛季宣的父亲薛微言素来反对和议，多次忤逆秦桧，为秦桧所不容，后来在与秦桧的争论中不幸染上寒疾而去世。这样看来，薛氏家族应该与秦桧有着很深的仇恨，实则不然。薛季宣的伯父薛弼在秦桧居温州时曾游秦桧门下，与秦桧交好。尽管如此，薛氏兄弟之间并没有因此而产生隔阂，而正因为薛弼与秦桧的这层关系，所以薛氏兄弟未被秦桧为难。而薛季宣在父亲去世后，一直跟随着伯父薛弼，因此得以广交名士，博览群书。这对薛季宣思想的形成影响很大。宋高宗朝薛氏家族形成的良好家风也使薛氏家族不断壮大，在宋高宗朝以后又有多人考中进士，成为家族士大夫群体中的一员。

2. 以婚姻为翘板，形成姻亲士大夫群体

除了以血缘关系形成的家族士大夫群体，宋高宗朝的温州士大夫们还通过相互通婚，形成了姻亲士大夫群体。科场的成功使他们成为士大夫阶层，名门望族之间的联姻则成为他们仕途、人脉扩大的翘板，在此基础上形成的姻亲士大夫群体，使他们的声望和影响力也不断壮大。前面所谈到的薛氏家族，也曾通过通婚而保证了家族长久的兴盛不衰。例如，薛微言的女儿嫁给了绍兴五年（1135年）的进士胡褒之子胡序。叶适在《胡夫人薛氏墓志铭》中谈道："胡序少宾夫人曰薛氏，起居舍人徽言之女。二家永嘉望姓，世相婚姻，少宾于夫人实内外兄弟。夫人之弟常州君，博习综练，号有管、葛事业，天下所谓薛士隆者。"②之后，胡序之子胡宗、胡守等人相继进士及第。联姻形成的社会关系网络，使他们的社会威望更加显赫，也促进了士大夫群体的壮大。

宋代士大夫相互联姻已经成为惯习，在宋高宗以前，温州士大夫们就有联姻的历史，这也源于家庭观念。丁昌期的祖父丁世元曾说："男女婚嫁必于儒家，庶可训以善而责以义。"③沈躬行之父沈度曾说："喜儒，男必遣就学，女必归进士。"④也就是说，嫁给儒士成为士大夫家族的传统观念，因此在宋代温州有许多姻亲士大夫群体。陈傅良曾指出："往时吾乡尚名德，贵门地，士大夫不苟为婚友。永嘉如草堂先生张子充氏，经行先生丁某父氏，瑞安如唐奥先生林介夫氏，皆名家也。数家子弟宾客，往往可称数。"⑤因此，温州士大夫之间的联姻，既是门第的对等，也是名门望族之间加强联系的一种方式，而这种方式在宋代温州士大夫中已经屡见不鲜。

---

① （宋）薛季宣撰，（宋）薛旦编：《浪语集》卷33《先大夫行状》，《景印文渊阁四库全书》第1159册，第527—528页。

② （宋）叶适撰，（明）黎谅编：《水心集》卷15《胡夫人薛氏墓志铭》，《景印文渊阁四库全书》第1164册，第297页。

③ （宋）周行己：《浮沚集》卷7《丁世元墓志铭》，《景印文渊阁四库全书》第1123册，第668页。

④ （宋）周行己：《浮沚集》卷7《沈子正墓志铭》，《景印文渊阁四库全书》第1123册，第670页。

⑤ （宋）陈傅良：《止斋集》卷47《冯司理墓志铭》，《景印文渊阁四库全书》第1150册，第871页。

3. 以道业为基础，形成师统士大夫群体

此外，宋高宗朝温州士大夫虽然分属不同的小群体，但从地域和思想方面来看，他们又呈现出一致性，都属于程学一脉，而大多都是元丰九先生的再传，或是学生，或是族亲，所以他们也形成了紧密的师统士大夫群体。例如，周行己传郑伯熊，沈大廉是沈躬行的侄子，宋之才学于杨时，薛季宣师从袁溉，张辉的传人有儿子张孝恺，所以宋高宗朝温州士大夫都是程学的再传，而在他们的基础上又传，温州士子逐渐形成了以永嘉学派为基础的士大夫群体。

以张辉、张孝恺父子为例。张辉，字子充，政和二年（1112年）进士及第，授泰兴主簿，历任洪州教授、国子学录。全祖望在《宋元学案》中谈道："张辉字子充，永嘉人也。自《六经》、诸子、史、百家之说，皆通习而辨析之。性笃孝，居丧哀毁不自胜，筑'霜露堂'于墓侧，栖止其中。有甘露降于庭，学者争请识之，曰：'是自衒也。'与横塘诸公日从事于治气养心之术，学者从之益多。"①张辉曾与周行己等八位温州籍士子一起游太学，得二程学问，属于永嘉程学的第一代。《宋元学案》又谈道："张孝恺字思豫，草堂先生子。传其父学。绍兴庚辰进士，官架阁。止斋先生妇翁也。"②南宋政治家周必大称赞张孝恺："简惠唐苏令，文章汉甲科。满朝空慰藉，漫仕竞蹉跎。有命穷何病，无年理则那。挽讴嗟不及，留与邑人歌。"③张孝恺不仅继承了张辉的家学，还影响了陈傅良，后来陈傅良在与张家其他子女的交流中多次表示对张孝恺的去世感到惋惜，只能以团结妻兄、侍奉妻母来表达敬悼之情。

除沈大廉、张孝恺之外，宋高宗时期温州士大夫还有薛季宣、宋之才、郑伯熊、吴表臣、萧振等人都是二程之学的再传，永嘉诸子之学虽然有异，但都不外乎元丰九先生之学，或者程学其他弟子，因此也形成了师统士大夫群体。

四、结　　语

温州现在作为浙南地区的重要城市，其文化发展真正始于宋代，我们现在所推崇的温州模式发展理念，正是在永嘉学派事功思想指导下形成的创新文化，而温州模式的不断发展也赋予了永嘉学派新的时代内涵。回顾永嘉学派的产生与发展，有一个内部因素是极为重要的，那就是发达的文教事业，而温州文教事业的兴盛正是始于宋高宗朝。宋高宗驻跸温州，给温州带来了机遇，使温州成为次辅郡，为温州文化的崛起提供了必要的政治条件。但是真正使温州文化在历史上出现第一次崛起，则是因为永嘉学派的产生。宋代温州书院、书塾众多，进士群体庞大，发达的文教事业奠定了永嘉学派成员仕宦的基础，也推动了永嘉学派向外扩展，而这些又都源于科举制度的不断完善和发展。

① （清）黄宗羲著，姚延福校点：《宋元学案》卷32《周许诸儒学案》，《黄宗羲全集》第4册，第421页。
② （清）黄宗羲著，姚延福校点：《宋元学案》卷32《周许诸儒学案》，《黄宗羲全集》第4册，第427页。
③ （宋）周必大：《文忠集》卷5，《景印文渊阁四库全书》第1147册，第68页。

宋高宗对科举制度的改革，虽然在历史上影响并不明显，但对于温州来说，使温州士子减少了进京的路程和交通因素带来的不便，增加了温州地区的解额，壮大了温州士大夫群体，而类省试的改革也为温州网罗了更多的人才，省元数量一直以来在各地区中位于前列。这些都对永嘉学派士大夫群体产生了重要影响，在宋高宗朝以后，以薛季宣、陈傅良、叶适及其门人为代表的永嘉学派成员更是迎来了科场的繁荣。

作者简介：赵飞跃（1991—），男，河南驻马店人，韩国全南国立大学历史学博士，研究方向为宋代思想文化史；陈安金（1965—），男，浙江乐清人，温州大学教授，博士，研究方向为中西哲学史、中国思想文化史。

南宋文臣京朝官资序关升历程再探

——以《徐谓礼文书》为考察对象

高　天　苗书梅

（河南大学　历史文化学院，河南　开封，475001）

摘　要：资序是宋代官员除授差遣时的重要标准之一，决定了官员能够担任的最高职位。2012 年出土的《徐谓礼文书》详细记载了其寄禄官阶和差遣名称的变动情况，但资序线索并不明确。资序影响官员差遣的名称，再辅以宋代资序关升制度，可以大致还原出徐谓礼资序关升的全过程。徐谓礼恩荫入官即为京官，两任后由于举主不足，只能在第三任差遣上就任关升。宋代官员由知县资序关升至通判资序需要实历一任知县差遣，徐谓礼知溧阳县未任满三年就丁忧离任，不满足实历要求。根据淳熙年间吏部的进言及《吏部条法》相关规定，不因犯罪罢任者可以理当实历知县一任，但需要通理历任满六年方许关升通判资序。宋代官员通判资序关升知州资序时，也需实历两任方可关升，此后徐谓礼实际在任已满四年，可以关升知州资序。随后被除为福建市舶兼知泉州，但未上任而卒。研究徐谓礼的资序关升历程，有助于重新审视宋代官员的关升制度。

关键词：南宋；徐谓礼；资序；关升

一、引　言

宋代文官选任与管理制度是学界一直关注的重要课题之一，《武义南宋徐谓礼文书》整理的出版对细化、深化相关研究有重要意义，学界已经出现了大量的研究成果，有以文书为主的研究[①]，有利用该文书进行的拓展性研究[②]。由于《徐谓礼文书》记载的文本有限，其所带来的影响也仅限于官员差遣的除授及寄禄官阶的迁转等方面。《徐谓礼文书》有部分缺失，其完整性略有不足，影响了学界对其解读。另外，宋代官员在关升资序时，需要一定的举状，这些举状大多不经官员之手，而由举主直接递交中央。[③]因此，徐谓礼（1202—1254年）并没有直接接触磨勘、关升时的举状，文书不载举状给研究他资序关升的细节带来了一定的困难。束保成《从〈徐谓礼文书〉看〈吏部条法〉所载南宋常调差遣关升制度》一文详细分析了徐谓礼资序的关升情况。然而，徐谓礼资序关升是否如前文论者所述，还有待于进一步讨论。

《吏部条法·关升门》记载了宋代普通官员资序关升的情况："监当人，右满六年，有举主四人，入知县。知县人，右两任，有举主二人，入通判。通判人，右两任，有举主三人，入知州。"[④]学者论及南宋的关升制度时，大多认为官员由监当资序关升知县资序需两任六考，由知县资序关升通判资序需两任五考，由通判资序关升知州资序需两任四考。[⑤]官员在关升过程中是否严格遵循该时限要求，以及该时限要求是否存在变动，仍需重新审视，本文即借助《徐谓礼文书》对其关升历程进行进一步考察。

二、监当资序关升知县资序

宋代官员由监当资序关升至知县资序需要两任六考、举主四人，但是否严格照此执行还需重新考察。宋代官员出身不同，仕宦历程也存在较大的差别。就监当资序关升亲民资序而言，进士出身和恩荫入仕存在不同。熙宁四年（1071年），宋神宗定铨试之制时规定："（任子）若秩入京朝，即展任监当三年，在任有二人荐之，免展。"[⑥]"展任监当三年"即需要多担任一任监当差遣，此时监当差遣的任期为三年。进士出身的官员需要两任（即六考）就可关升至知县资序，恩荫入京朝官者需要增加一任（共三任九考）监

① 如包伟民：《南宋徐谓礼文书概况及其学术价值》，《中国书法》2013年第4期；周佳：《南宋基层文官履历文书考释——以浙江武义县南宋徐谓礼墓出土文书为例》，《文史》2013年第4期；魏峰：《宋代印纸批书试论——以新发现"徐谓礼文书"为例》，《文史》2013年第4期；王杨梅：《徐谓礼告身的类型与文书形式——浙江武义新出土南宋文书研究》，《浙江社会科学》2013年第11期；张祎：《徐谓礼〈淳祐七年十月四日转朝请郎告〉释读》，《中国史研究》2015年第1期；龚延明：《南宋文官徐谓礼仕履系年考释》，《中国史研究》2015年第1期；赵彦昌、朱效荣、朱宝君：《南宋武义徐谓礼文书研究》，《兰台世界》2015年第11期；戴建国：《宋代官员告身的收缴——从武义徐谓礼文书谈起》，《浙江学刊》2016年第4期等。

② 如王宇：《〈武义南宋徐谓礼文书〉与南宋地方官员管理制度的再认识——以知州的荐举和考课为例》，《文史》2013年第4期；马德才：《试析南宋政府公文处理效率——从"徐谓礼告身"说起》，《珞珈史苑》2013年第1期；胡坤：《宋代基层文官的初仕履历——以〈武义南宋徐谓礼文书〉为中心》，《史学月刊》2014年第11期；李全德：《从〈武义南宋徐谓礼文书〉看南宋时的给舍封驳——兼论录白告身第八道的复原》，《中国史研究》2015年第1期；王杨梅：《南宋中后期告身文书形式再析》，《唐宋历史评论》2016年第1期；李全德：《宋代文书行政中的"备申"》，《唐宋历史评论》2020年第1期；束保成：《从〈徐谓礼文书〉看〈吏部条法〉所载南宋常调差遣关升制度》，《浙江学刊》2021年第1期等。

③ 参见胡坤：《宋代荐举改官研究》，上海：上海古籍出版社，2019年，第247—266页。

④ （宋）佚名撰，刘笃才点校：《吏部条法·关升门》，转引自杨一凡、田涛主编：《中国珍稀法律典籍续编》第2册，哈尔滨：黑龙江人民出版社，2002年，第299页。

⑤ 如邓小南：《宋代文官选任制度诸层面（修订本）》，北京：中华书局，2021年，第155—157页；苗书梅：《宋代官员选任和管理制度》，开封：河南大学出版社，1996年，第459—460页。

⑥ 《宋史》卷158《选举志四》，北京：中华书局，1977年，第3705页。

当差遣。如果任内有两人荐举，即可不用增加一任监当差遣。由此可知，恩荫入京朝官者关升知县资序时，要么需要三任九考、举主四人，要么就是两任六考、举主六人。到徐谓礼生活的年代，增加举主予以免展的规定似乎没有太大的变动："诸荫补承务郎以上，不因就试出官，候该关升亲民者，更展一任监当。如有举主六员与免展。"[①]荫补出身者若"就试"通过了铨试，不用"更展"。在常规四员之外，如有两员举主荐举，亦可免展。条法中只明确了展一任监当，但监当差遣的任期在两宋时有所变动，由此造成了制度与实践的冲突。张守（1084—1145年）在高宗朝就已指出该问题："京朝官并替成资，以二年为任。盖以权一时之宜，少慰留滞失职之士也。……知县而下，皆由铨部，则皆替年满，故知县而下，必两任六考而后关升也。今若率以两年为任，则才及四考便可关升，而资序暗升，为患实大。"[②]在徐谓礼之前的乾道三年（1167年），秘书省正字李远由监当资序关升至亲民资序时，便是四考关升："诏正字李远乞将总护使司监犒设钱物库零考五十五日通理今任七个月零二十二日，揍及一年，历任实及四考改官。并特依。"[③]因此，徐谓礼由监当资序关升知县资序时，当时监当差遣的任期应是两年。由监当资序关升知县资序时，有出身者及恩荫就试出官者需两任四考、举主四人，恩荫等非就试出官者则需要三任六考、举主四人或两任四考、举主六人。徐谓礼申请关升时，究竟采取的哪一途径需要进一步明确。

徐谓礼依靠父荫以任子法入仕[④]，其父徐邦宪（1159—1214年）曾任权工部侍郎兼知临安府，因疾而以待制宝谟阁致仕[⑤]。宋制臣僚致仕，曾任尚书、侍郎，可荫补缌麻以上亲一员。[⑥]叶适（1150—1223年）也曾提到"自大中大夫待制以上荫补得京官为一害"[⑦]。由此可知，徐邦宪致仕时可以申请荫补缌麻以上亲一员至京官，这正符合徐谓礼的仕宦经历（徐谓礼荫补后的寄禄官阶为承务郎，是京官的最低阶）。在《武义南宋徐谓礼文书·录白印纸》中我们可以看到，徐谓礼初授的资序为监当资序，初授的差遣为监临安府粮料院、兼装卸纲运、兼监镇城仓。[⑧]《吏部条法》中有关于这一差遣除授标准的记载："临安府粮料院兼装卸纲运兼监镇城仓……注亲民，次监当人。"[⑨]由此可见，这一差遣属于繁剧差遣，所以其首先考虑的是具备亲民资序的官员，其次才是具备监当资序的

① （宋）佚名撰，刘笃才点校：《吏部条法·关升门》，转引自杨一凡、田涛主编：《中国珍稀法律典籍续编》第2册，第298页。

② （宋）张守撰，刘云军点校：《毘陵集》卷5《奏状九首·论资考关升状》，上海：上海古籍出版社，2018年，第66—67页。

③ （清）徐松辑，刘琳等校点：《宋会要辑稿》职官18之25，上海：上海古籍出版社，2014年，第3484页。

④ 包伟民：《南宋徐谓礼文书概况及其学术价值》，《中国书法》2013年第4期，第129页。

⑤ 参见郑嘉励、郑莉莉、龚军，等：《武义南宋徐邦宪墓的发掘》，《东方博物》2020年第1期，第7—8页。

⑥ 参见（宋）谢深甫：《庆元条法事类》卷12《职制门九·荫补》，杨一凡、田涛主编：《中国珍稀法律典籍续编》第1册，第236页。

⑦ （宋）叶适著，刘公纯、王孝鱼、李哲夫点校：《叶适集·水心别集》卷13，北京：中华书局，1961年，第797页。

⑧ 包伟民、郑嘉励：《武义南宋徐谓礼文书》，北京：中华书局，2012年，第206页。

⑨ （宋）佚名撰，刘笃才点校：《吏部条法·差注门三》，转引自杨一凡、田涛主编：《中国珍稀法律典籍续编》第2册，第110页。

官员。恩荫入仕的官员也可担任该差遣，如姚宪以父任补承务郎、监临安府粮料院，张秀㮛用忠简公恩试吏部第一，监临安府粮料院。[①]徐谓礼第一任监当差遣实历2年23日，第一任监当资序已经成资。

徐谓礼第二任差遣为知平江府吴县丞，此时他的寄禄官阶为宣义郎，属京官之列，以京朝官担任县丞时，系衔为知县丞。该任差遣共2年3个月14日，业已成资，属第二任监当资序成资。通计前任考任，徐谓礼此时已担任了两任四考，外加零考4个月17日，从第三任的系衔权知建康府溧阳县、主管劝农营田公事、兼弓手寨兵军正（以下简称“权知建康府溧阳县”）中的“权”字可知，徐谓礼此时还没有满足关升至知县资序的条件，仍为监当资序，所以在除授差遣时，新任差遣以“权”字系衔。

徐谓礼的第三任差遣为权知建康府溧阳县，端平元年（1234年）五月到任时，其官衔为“通直郎、新差权知建康府溧阳县”，交割职事时，官称为“通直郎、差权知建康府溧阳县”，申请出给供给料历时官称仍为“通直郎、差权知建康府溧阳县”[②]，但第一考考状中的系衔已变为“通直郎、知建康府溧阳县”，即少了“权”字。宋代官员系衔，资序下差遣一等为“权”，两等为“权发遣”，该变化必是就任关升带来的。如武臣之中，“诸使臣注授亲民差遣，其资序未正，见带权若关升应落权者，拟钞以闻”[③]。使臣除授亲民差遣，但资序仍是监当的，应以“权”字入衔。在任符合关升要求的，可以就任关升，将“权”字除落，文臣应也是如此。

对比徐谓礼权知信州的考状系衔一直为“权知信州”，我们可以看出徐谓礼在建康府溧阳县任职期间，应该申请了就任关升，并且取得了成功，且关升的时间就在任职的前半年内。《庆元条法事类》有在任前半年关升的规定：“诸文臣监当，少半年以下未应关升而再入监当者，成资日举主足，愿移亲民者，申尚书吏部。”[④]即文臣监当官，因少半年以下时间而不能关升知县资序，再次充任监当差遣者，成资后再加以满足举主员数要求，便可申请关升资序、移任亲民差遣。但此时举主员数不足，按条法规定徐谓礼必须在新任差遣的前半年内凑满，方可关升成功。从他在溧阳县任职的第一考考状中官称已落了“权”字可以看出，他已满足了关升条件。因此我们可以判断，徐谓礼由监当资序关升为知县资序的时间应该在端平元年四月二十六日至端平二年十月二十五日之间。

虽然已经确定徐谓礼关升至知县资序的大致时间段，但他关升资序的在任年限还不能确定，不过无外乎两种可能：①徐谓礼不因就试出官，需要多担任一任监当差遣，他欲以举主六员申请免展，但两任差遣后举主员数不足，不能关升；②徐谓礼就试出官，免展一任监当差遣，两任四考后因举主员数不足，不能关升。以上两种情况都是因举主

---

① （宋）施宿等撰，（宋）张淏撰，李能成点校：《（南宋）会稽二志点校·嘉泰会稽志》卷15《相辅》，合肥：安徽文艺出版社，2012年，第289页；（宋）叶适撰，刘公纯、王孝鱼、李哲夫点校：《叶适集·水心文集》卷26《宋故中散大夫提举武夷山冲佑观张公行状》，第521页。

② 包伟民、郑嘉励：《武义南宋徐谓礼文书》，第220、221、222页。

③ （宋）佚名撰，刘笃才点校：《吏部条法·关升门》，转引自杨一凡、田涛主编：《中国珍稀法律典籍续编》第2册，第311页。

④ （宋）谢深甫：《庆元条法事类》卷13《职制门十·磨勘升改》，转引自杨一凡、田涛主编：《中国珍稀法律典籍续编》第1册，第263页。

不足而无法关升，徐谓礼在第三任差遣前半年内凑满了举主，终得在任关升资序。由此可以确定的是，在徐谓礼所处的时代，有任期为两年的监当差遣，且朝廷的关升条例中只有任数规定（即两任），没有考数规定（即六考），随后在《吏部条法》中，朝廷将“两任”这一模糊的字眼改为“六考”，严格了关升条法。

三、知县资序关升通判资序

宋代始终重视高级文官实际担任县级长官的为官经历，重视中高级官员在基层的为官历练，如要求要关升通判资序、要为郎官等，必须实历知县一职。徐谓礼的知建康府溧阳县就属于实历知县，在关升为知县资序之后，官称中的“权”字就已除落，在丁忧离职之时，其官称仍为“知建康府溧阳县”，该任差遣实际在任2年5个月7日。徐谓礼在关升知县资序成功之后，需要“别理为任”，随后开始为关升通判资序“奔竞”，在关升通判资序的条件中，除“两任，有举主二人”之外，还需实历知县差遣一任。“实历知县一任”经常会被臣僚提及，如庆元四年（1198年），臣僚言：“乞申严乾道二年、淳熙元年指挥，令吏部常切遵守，应理知县资序之人，须要实历知县一任，方得注授通判。如不曾实历知县者，并止得注知县。仍令三省凡于堂除之间，须以体国为心，所有京官出官未曾作县之人，并不得与通判差遣。庶几法意均平，人知奋励，仰副陛下爱抚黎元之意。”从之。① “实历”即实际担任知县差遣，关升通判资序的官员需要实际担任知县差遣一任，否则不能关升。“若不历知县差遣而曾任监司郡守者，许依实历知县关升。”②不考虑关升资序等所有情况，徐谓礼第一任知县差遣没有任满三年，虽已成资，但没有成考，能否理为“实历一任”还不能肯定。

从在任时间来看，徐谓礼知溧阳县不满三考离任，不能理作实历一任。但其并非因犯罪而离任，对于因丁忧而不是因犯罪离任的官员能否理为“实历知县一任”，早在淳熙十一年（1184年）就已言明：

> 吏部言：“乞将京官任知县在任成二考，不因罪犯、偶因忧罢之人，与理当实历知县一任。照对本部京官在法虽知县资序人，须实历一任满，方合理当实历。其注文称‘若在任未满二考改移，或寻医侍养，并不许理为一任’，即是两考实历，便合理当一任。今来承务郎以上官到部注授知县差遣，在任已成二考，偶因丁忧罢任之人，服阕之后再行参部。缘见今知县以三年为任，本部却将似此之人作不曾实历知县一任，复令止注知县差遣，委是未尽。”从之。③

吏部照对本部的条法已经表明，官员需要实历知县一任且任满方可理为“实历知县一

① （清）徐松辑，刘琳等校点：《宋会要辑稿》职官48之44至45，第4343页。
② （宋）佚名撰，刘笃才点校：《吏部条法·关升门》，转引自杨一凡、田涛主编：《中国珍稀法律典籍续编》第2册，第299页。
③ （清）徐松辑，刘琳等校点：《宋会要辑稿》职官10之37，第3298页。

任”。但对于已经成两考、因丁忧等事罢任的知县来说，他们已经成资，但没有满任，因此不能算作两任五考中的一任，需要重新除授知县差遣，这样既有碍官员迁转，又增加了吏部的工作。因此吏部建议，官员在任成两考、不因罪犯等罢任的，可以理为实历知县一任。徐谓礼之后再没有担任过知县差遣，因此可以断定，此任差遣必在实际到任的 5 个月 7 日内就已关升至知县资序。

“诸知县亲民人，两任与关升（内须实历知县一任。宫观岳庙非）。奏补承务郎以上，已关升知县，及宗室换授理亲民人，准此。”按照正常情况，徐谓礼需两任五考方可关升至通判资序，然而出现丁忧这类特殊情况后，“虽历知县，及二考以上，非因罪犯而不满三年离任者，候通历任及六年满替，方许关升”。[①]由此，徐谓礼需前后在任满六年，得替之后方可申请关升资序。

徐谓礼丁忧结束之后，担任了 2 个月 17 日的主管官告院之职。随后，他又被除为添差通判建康军兼管内劝农营田事，在任整 2 年。由于添差官为正常员额之外新增之官，他不需要继任官员接替，任满即可离任。至此，徐谓礼知县资序已历两任四考有余，两年之内便可关升为通判资序。

在添差通判建康军之后，徐谓礼担任监三省枢密院门兼提辖封桩上库，在任 1 个月 20 日之后便被臣僚论列罢黜，随后又主管台州崇道观，历 1 年 5 个月 6 日。随之而来的问题是：祠禄差遣能否作为关升的考任之一？我们来看乾道二年（1166 年）吏部侍郎陈之茂等官员的进言：“‘今来欲乞将初改官人所历两任内须要实历知县一任外，一任如系内外堂除及到部或举辟注授，并与揍理为两任关升（宫观岳庙非）。奏补承务郎以上已关升知县，及宗室换授理亲民人准此。仍自今降指挥日为始。’诏从之。”[②]对于初改为京朝官的选人来说，两任差遣方可关升通判资序。其中一任需为实历知县差遣，另一任可为除宫观岳庙外的其他差遣。而徐谓礼属于上文中的“奏补承务郎以上已关升知县”一类，对于他来说，该条法仍适用。因此，徐谓礼担任祠禄差遣不能当作关升通判资序中的一任。

主管台州崇道观罢任之后，淳祐四年（1244 年）四月，徐谓礼又被除为权通判建康军府兼管内劝农营田事。从“权”字我们可以看出，此时徐谓礼的资序仍为知县资序，还没有关升。徐谓礼待阙一段时间之后，被改差充两浙西路两淮发运副使司主管文字，且不用待阙，直接上任。徐谓礼该任差遣仍有一丝疑问：第一考考状记载徐谓礼淳祐四年七月十六日到任，官称为“浙西两淮发运司主管文字”，但告身上的时间却是淳祐四年八月，官称为“两浙西路两淮发运副使司主管文字”。较为合理的解释应为：徐谓礼在待阙期间，被两淮浙西发运司差辟为“浙西两淮发运司主管文字”，随后两淮浙西发运司长官请求将差辟之人理为资任，并申请朝廷下发告身。在徐谓礼以“浙西两淮发运司主管文字”的官称办理完到任、帮行请给文书之后，朝廷下发告身的官称却称之为“两浙西

---

① （宋）佚名撰，刘笃才点校：《吏部条法·关升门》，转引自杨一凡、田涛主编：《中国珍稀法律典籍续编》第 2 册，第 298 页。

② （清）徐松辑，刘琳等校点：《宋会要辑稿》职官 10 之 31，第 3295—3296 页。

路两淮发运副使司主管文字"。尽管如此，当地长官不以告身的官称为准，仍以"浙西两淮发运司主管文字"批书。徐谓礼该任历1年9个月之后，随司解任。至此，徐谓礼知县关升通判资序中的通历任及六年满替，且实历一任已全部达标，可以申请关升资序。由知县资序关升至通判资序需要有两个举主，从徐谓礼被两淮浙西发运司长官差辟一事中，我们可以推测，他的举主之一很可能就是考状中提到的魏侍郎。徐谓礼在知县资序上已待了十几年，凑够两位举主应该不是难事。从他后任的"权知信州"，我们可以看出，他已关升至通判资序，具体申请关升的时间应是他随司解任，返回行在之际。

四、通判资序关升知州资序

按当时的关升条法，通判两任四考可升任知州资序。在浙西两淮发运司主管文字之后，徐谓礼被除授为行将作监主簿，在任满9个月22日之后，又被除为行太府寺丞，当日上任，在任2个月20日之后又被除为权知信州。从徐谓礼授行太府寺牒文中的"尔生于名儒之家，宜有所法象，而又以材谞称粤，从匠簿正使而涉笔焉，尚敬之哉！其思所以不负丞，可特依前朝请郎，特授行太府寺"①等可以看出，徐谓礼是以嘉赏特授为行太府寺丞的，这也是徐谓礼两任差遣批书只批"在任历过月日"②的原因，而不似主管官告院时的零考批书。徐谓礼在任行太府寺丞期间，又被朝廷任命为"知信州"，敕下职离，徐谓礼从在京职事官变成了待阙官。这几次变动应为朝廷对徐谓礼的嘉赏，属于差任未满而朝廷升移之举，对此《宋会要辑稿》中有类似记载：

> （元符二年）闰九月八日，吏部言："差任未满而朝廷升移者，许通理。前任满日，虽在职，听关升。"从之。③

从元符二年（1099年）的记载我们也可以看出，徐谓礼这三任职任可以前后通理。从行将作监主簿升至行太府寺丞时，朝廷意欲他通理前任，共成一任。但徐谓礼通理前任满一年之后，又被除授为其他差遣，暂且将这"一考"搁置不谈。

从徐谓礼权知信州的系衔可以看出，此时他已关升至通判资序。徐谓礼在权知信州任上共历3年5个月23日，可以说是实历三考。在任第二年期间，朝廷因他"职事修举，特转行一官，令再任"④。他力辞，但没有得到朝廷的允许。在任第四年时，朝廷又除授他为福建市舶兼知泉州。徐谓礼在任连续升移差遣，在行太府寺丞任上被除为"权知信州"，由此我们可以推测，最晚在权知信州时，徐谓礼已关升至通判资序，但具体时间还不能确定。

因此，我们首先分析徐谓礼权知信州的考任，一共3年5个月23日，可视为一任两

---

① 包伟民、郑嘉励：《武义南宋徐谓礼文书》，第196页。
② 包伟民、郑嘉励：《武义南宋徐谓礼文书》，第255页。
③（清）徐松辑，刘琳等校点：《宋会要辑稿》职官10之21至22，第3291页。
④ 包伟民、郑嘉励：《武义南宋徐谓礼文书》，第262页。

考与一年又5个月23日的零考。一任两考之外，还有一考，未成资、未成考，加上前两任的一考，正好凑够两考，但问题在于三任考任能否通理？关于零考的使用，宋代有特殊的规定，即隔任不能通理，这一点在淳熙六年（1179年）的明堂赦文中可以看出：

明堂赦："选人先一任差遣未满，因避亲之类以理去官，第二任授岳庙或不厘务差遣已满，别注第三任，曾于限内陈乞通理，若作隔任，妨碍通理，可特许将第三任补满第一任，理为考第。"①

"以理去官"即官员在任内出现除犯罪之外的其他特殊情况，如避亲、丁忧等，可视为正常的离任。赦文中称"隔任，妨碍通理"，由此可知零考在资序关升中不能随便累计，一般不能隔任通理，只能通理前任考任。而徐谓礼属于差任未满朝廷升移，应该能够通理前两任的考任。通理前两任考任折成一任并非没有先例，早在北宋初期就有两任以上折一任成资的现象，如乾德二年（964年）七月颁布的《少尹幕职官参选条件》规定：若两任以上不成资，但通计月日及二周年，许折一任成资。②虽到南宋没有具体的条文可见，但在没有犯罪的前提下，应该可以折三任合一任成资。以这样的推测，徐谓礼在权知信州第三考结束之时，就已满足关升知州资序的两任四考。于是，在淳祐十一年（1251年）十二月十七日权知信州第三考考满之后，徐谓礼申请在任关升为知州资序。朝廷接到徐谓礼的申状，在淳祐十二年办理了徐谓礼在任关升知州资序的事宜之后，商议任命他为福建市舶兼知泉州。徐谓礼辞免之后，尚书省于该年四月下达札子，予以否决，并派遣朝请郎刘仲房接替信州一职。徐谓礼五月九日接受了福建市舶兼知泉州差遣，六月十二日离任后开始待阙。从福建市舶兼知泉州之称，我们可以看出该任差遣的重要性，且知泉州没有"权"字系衔，我们也可以大致推测出此时的徐谓礼已关升至知州资序。徐谓礼卒于宝祐二年（1254年），而福建市舶兼知泉州的差遣需要有人接替，《宝庆会稽续志》中记载，赵隆孙于"宝祐元年，以朝请大夫六月十三日到任。宝祐二年五月，除直秘阁、知泉州，兼提举福建市舶"③。由此我们可以推测，徐谓礼辞免再任权知信州时，身体已有不适，勉强还能支撑任满，随后又辞免福建市舶兼知泉州未果，在待阙期间身体每况愈下，因此他向朝廷申请另差他官。宝祐二年五月，赵隆孙上任，六月四日，徐谓礼卒于家中。

徐谓礼知泉州官告下发时就已关升至知州资序，关升成功必然满足两任四考的考任限制，权知信州三考再辅以行将作监主簿、行太府寺丞时的"一考"，恰为四考。两任应是将行将作监主簿、行太府寺丞时的"一考"与权知信州的第一考通理，是为第一个"一任两考"，后两年为第二个"一任两考"。徐谓礼在满足关升条件后立即申请关升，朝廷准许他关升至知州资序后，随即任命他为"福建市舶兼知泉州"，新的官称中没有"权"字说明他的知州资序已关升成功。徐谓礼第三考的考状中有自己的押字，官称中尚

① （清）徐松辑，刘琳等校点：《宋会要辑稿》职官10之35，第3297页。

② （宋）李焘：《续资治通鉴长编》卷5，乾德二年七月庚寅条，北京：中华书局，2004年，第129页。

③ （宋）施宿等撰，（宋）张淏撰，李能成点校：《（南宋）会稽二志点校·宝庆会稽续志》卷2《提举题名》，第423—424页。

带“权”字，这说明他关升资序的时间在权知信州第三考结束之后。

五、结　语

综合以上分析，徐谓礼因其父恩荫入官，入官即为承务郎、监当资序，属京官。他初任差遣为监临安府粮料院、兼装卸纲运、兼监镇城仓，任满后又被除为县丞，以京官任县丞称为知县丞，所以他第二任差遣为知平江府吴县丞。他第三任差遣为权知建康府溧阳县、主管劝农营田公事、兼弓手寨兵军正，“权”字表明他此时仍是监当资序，目前可以确定的是他因举主不足而不能关升资序。然而，在他权知建康府溧阳县第一考及之后的考状中，“权”字已消失不见，由此可以断定徐谓礼在溧阳县任上申请就任关升，且关升成功。但不能肯定的是他是否为“就试出官”，若是，则属于满足两任四考，但举主不满四员；反之，则属于用举主六员申请免展，但举主不满六员。无论哪种情况，都是举主不足所致。他在待阙权知建康府溧阳县差遣时，得到了其他举主的允诺，在溧阳县任职的前半年内举状全部凑齐，立即申请在任关升资序，并取得成功，由此则可以在第一考的考状中除落“权”字。徐谓礼由监当资序关升至知县资序表明，此时监当差遣的任期为两年，关升知县资序时只有任数规定（即两任），而没有考数限制（即六考），随后修订的《吏部条法》中便将“两任”改为了“六考”。

由知县资序关升通判资序与之前的关升要求不同，关升至通判资序需要官员实历知县一任，即任满三考方可视为实历。徐谓礼在溧阳县在任共计2年5个月7日，因丁母忧不得不罢任。早在淳熙十一年（1184年）吏部即有进言，因丁忧罢任前任满两考的，可视为实历知县一任。除此之外，徐谓礼还要通历任，任满六年得替后方可申请关升资序。徐谓礼自此任后再没有担任过知县差遣，所以此任差遣必为关升至通判资序中的一任两考，他必在到任5个月7日内关升资序成功。随后别理为任，虽丁母忧辞官，但亦满两考，可以视为实历知县一任。徐谓礼服阕之后，又担任了2个月17日的主管官告院，接着又被任命为添差通判建康军兼管内劝农营田事，任满整两年后即罢任。至此，徐谓礼在关升通判资序的考任中已实历知县一任两考，普通差遣一任两考，后任在职两年内即可关升至通判资序。随后，他被任为监三省枢密院门兼提辖封桩上库，意欲一任后关升资序，但徐谓礼在该任之上被其他官员论列罢黜，在任仅1个月20日，随后又被除为祠禄官，即主管台州崇道观。按当时的条法，祠禄官不能用来关升资序。在任祠禄官期间，也许朝廷并没有找到罢黜徐谓礼的实状，因此他又被除为权通判建康军府兼管内劝农营田事，“权”字表明此时他仍旧没有关升至通判资序。在待阙期间，徐谓礼又被两淮浙西发运司长官差辟为“浙西两淮发运司主管文字”，并申请朝廷理为资任，颁发告身。徐谓礼在该任上在职1年9个月，已满足关升至通判资序的所有要求，在随司解罢返回行在之后申请关升通判资序，并取得成功。

在两淮浙西发运司任职充分展现了徐谓礼的才能，随后他被任命为行将作监主簿，不满一年又升移至可直接上任的行太府寺丞，两任加一起已任满一年。在行太府寺丞的职位上任职不足三个月，他又被除为权知信州军州兼管内劝农营田事。从“权”字我们能够看出，此时徐谓礼已关升至通判资序。徐谓礼权知信州的第二年，朝廷命他再任，在辞免不允的情况下，他继续任职。在任职第四年时，朝廷又任命他为福建市舶兼知泉州，在接替官员到达信州之际，他又变成了待阙官。从知泉州的系衔中我们也可以看出他的资序已关升成功，但还不能十分肯定。在通理考任的条例之中，大多只允许通理前任，隔任通理的情况很少见。徐谓礼是在任期间连续升移，应可以通理。且北宋初期就有将两任以上考任折一任成资的规定，不管做何解释，徐谓礼由通判资序关升至知州资序的两任四考应已完成。从赵隆孙宝祐二年（1254 年）五月除直秘阁、知泉州，兼提举福建市舶及该年六月四日徐谓礼逝世，我们可以推测：徐谓礼在权知信州时辞免其他差遣的理由应是身体不适，在辞免未果后，不得不接受朝廷的安排。宝祐二年，徐谓礼身体每况愈下，朝廷不得以差他官任职。由此，我们可以总结出表 1，更为直观地表述徐谓礼资序关升的过程。

表 1　徐谓礼资序关升简表

序号	差遣名称	考任	资序	备注
1	监临安府粮料院、兼装卸纲运、兼监镇城仓	一任二考有余	监当资序	恩荫入仕
2	知平江府吴县丞	一任二考有余		
3	权知建康府溧阳县、主管劝农营田公事、兼弓手寨兵军正	一任二考有余	知县资序	在任前半年内凑够举主六员，关升资序成功，除落“权”字
4	主管官告院	不足一考		
5	添差通判建康军兼管内劝农营田事	一任二考		
6	监三省枢密院门兼提辖封椿上库	不足一考		论列罢黜
7	主管台州崇道观	不足二考		祠禄差遣不计入关升考任之中
8	权通判建康军府兼管内劝农营田事			未上任，改授他职
9	浙西两淮发运司主管文字	不足二考		在任第 2 年关升
10	行将作监主簿	不足一考	通判资序	在任升移
11	行太府寺丞	不足一考		在任升移，与前任通计 1 考
12	权知信州军州兼管内劝农营田事	二任三考有余	知州资序	在任第 4 年内关升
13	福建市舶兼知泉州			未上任，卒

徐谓礼的仕宦经历大致符合宋代的关升制度，同时说明了宋代的关升制度并非一成不变、一劳永逸，而是在制度与现实的碰撞中不断修改完善的。当制度与现实发生抵牾时，执行者无例可循，只得将这一“难题”上报朝廷，朝廷制定相应的解决措施，以完善相关制度。这也是宋代官制复杂多变的原因之一，既有几乎一成不变的主线，也有时刻变动的细节。制度需要在实践中施行，实践又可以为制度提供最好的参考意见，当下我国一直在完善相关制度，关注制度的具体执行情况可以使制度越来越完善。

作者简介：高天（1993—），男，河南临颍人，河南大学历史文化学院 2021 级在读博士研究生，研究方向为宋史；苗书梅（1963—），女，河南舞阳人，历史学博士，河南大学历史文化学院教授、博士生导师，研究方向为宋史。

信息渠道与战略错位

——端平入洛再研究

张孙小大

（四川大学　历史文化学院，四川　成都，610065）

摘　要：“端平入洛”为一争讼不已的旧题，“归河南地说”对南宋存在战略选择的空间。大约在绍定、端平年间，降人谷（国）用安之议经由淮西抵达临安，南宋意在使河南完全纳入宋土，国用安则试图引南宋一同对抗蒙古。南宋在“和”“战”决策之间出现摇摆。与此同时，京湖方面史嵩之已派邹伸之北上谈判归地，试图借联蒙灭金的假象欺瞒蒙古，谈判归河南地。邹伸之为史嵩之所遣，归途可能与南宋先锋全子才部发生接触，使全子才在汴京滞留半月，错过了最佳时机。南宋曾畅想的收复“四京”也以失败告终。

关键词：端平入洛；和战；归河南地；国用安；史嵩之；赵葵

信息渠道影响战略决策。两宋时代信息量空前膨胀，其中的渠道来源、情报真假皆可成为政治斗争与对外决策的胜负手。[①]掌握可靠的信息源逐渐成为施策的关键。在古代，信息掌握远未全面，如何分辨，作何预案，都考验着战略决策者。具体到“端平入洛”此一“历史争端”[②]，则因信息来源渠道的不同而使南宋在极短时间内陷入了“和”“战”的决策难题，导致战略错位。

探讨此事件的生成，则先因京湖史嵩之奏王檝之来，提出还宋河南，从而使南宋“投鼠忌器”，欲拒还迎，后因淮西接获谷（国）用安来书，意图保障河南纳入宋土，却

① 对信息渠道与施策相关的讨论近年为一热点，相关成果甚多，参见邓小南主编：《过程·空间——宋代政治史再探研》，北京：北京大学出版社，2017年；曹家齐：《宋朝皇帝与朝臣的信息博弈——围绕入内内侍省与进奏院传递诏奏之考察》，《历史研究》2017年第1期。

② 陈世松等：《宋元战争史》，成都：四川省社会科学院出版社，1988年，第28页；黄宽重亦有此语，见氏著《南宋史研究集》，台北：新文丰出版公司，1985年，第20页。

在和议中途仓促出兵，陷入进退两难的绝地。早先诸家聚讼败盟，屡争不下。[①]20 世纪 90 年代陈高华发表了一系列文章，提出蒙古可能会在一定条件下答应给宋河南地，极大地开拓了研究的可能性。[②]相关问题讨论已沉寂多年，有说者以为“蒙古没有允诺将河南地给宋，只允诺将陈、蔡之东南地给宋。……端平之役曲在宋。这一结论已为学界普遍接受”[③]。这一结论是否正确到已为“学界普遍接受”，遽不敢断言，而端平入洛过程疑点重重：史籍中为何会出现归河南地的传闻？宋廷出兵的依据何在？已占领开封的全子才部因何滞留半月之久，导致整个行动因“乏粮”而失败？等等，皆须予一合理解释。理宗绍定、端平年间围绕用兵与否，“和”“战”决策曾反复纠葛，北方局势瞬息万变，错综复杂，牵涉使臣往来与信息传递等一系列问题。本文拟立足于信息渠道，从南宋中枢获悉北方消息来源出发，探讨因何会出现看似荒谬的“摇摆和战”。

一、宋人败盟之说与草原政治文化下的议归河南

宋人“败盟”之说，自张荫麟为宋人辩诬，重起波澜。按诸前史，“宋人败盟”自元明以后各家皆无异词。[④]考其说原始，初见于元末明初人陈桱所著《通鉴续编》[⑤]：

> （端平元年）十二月，蒙古使王檝来，以邹伸之为报谢使。（下注云：）蒙古使王檝来言，曰：“何为而败盟也？”自是淮汉之间无宁日矣。[⑥]

已明确指出端平入洛为宋方败盟。然而，陈桱遍采史传成书，此一性质判断的依据确有可能出自《宋史·贾似道传》：

> 自端平初，孟珙帅师会大元兵共灭金，约以陈、蔡为界。师未还而用赵范谋，发兵据殽、函，绝河津，取中原地，大元兵击败之，范仅以数千人遁归。追兵至，

---

① 首为宋人辩诬者为张荫麟，称蒙古曾许诺归河南地，而宋人出兵只是对蒙古未履约的反应，败盟在蒙不在宋。参见张荫麟：《端平入洛败盟辨》，《大公报》1936 年 11 月 20 日，后收入陈润成、李欣荣编：《张荫麟全集》，北京：清华大学出版社，2013 年，第 1590—1592 页。继之而起为余行迈，一反张氏所说，认为蒙古未答应予河南地，只是“以陈、蔡为界”，故曲在宋而不在蒙，参见余行迈：《金亡前宋蒙的一段交涉》，《东方杂志》1943 年第 9 期，第 50—54 页。稍后则有金毓黻亦力持此说。黄宽重以为宋确乎败盟，而蒙古也只答应了给宋陈、蔡以东地方，参见黄宽重：《辨“端平入洛败盟”》，收入氏著《南宋史研究集》，第 19—30 页。该文最主要的依据材料为陈桱：《通鉴续编》卷 22，《景印文渊阁四库全书》第 332 册，台北：台湾商务印书馆，1986 年，第 912 页记载：“及蒙古以陈蔡为疆，各引师归。陈蔡东南为宋，西北为蒙古。”与黄氏所论合，全文即为证明此条而发。

② 陈高华：《早期宋蒙关系和“端平入洛”之役》，中国社会科学院历史研究所宋辽金元史研究室编：《宋辽金史论丛》第 1 辑，北京：中华书局，1985 年，第 46—64 页。又有《王檝使宋事实考略》一文，初载《刘子健博士颂寿纪念宋史研究论集》，东京：同朋舍，1989 年，后收入陈高华：《元史研究新论》，上海：上海社会科学院出版社，2005 年，第 220—237 页。

③ 乔东山：《20 世纪以来宋蒙（元）关系史中文论著回顾与反思》，《元史及民族与边疆研究集刊》2014 年第 2 期，第 199 页。

④（明）陈邦瞻：《宋史纪事本末》卷 24“二京之复”：“蒙古遣王檝来责败盟。”北京：中华书局，2015 年，第 1041 页。（明）商辂：《续资治通鉴纲目》卷 20，端平元年十二月己卯条，“适足以招蒙古败盟之责耳。若然，则直在蒙古，而曲在宋也明矣”，《景印文渊阁四库全书》第 694 册，第 148 页。另有清人傅恒撰《通鉴辑览》、叶沄撰《纲鉴会编》诸书文字略同，皆主是说。

⑤ 关于《通鉴续编》的史学价值，参见张伟：《陈桱史学再探》，《史学史研究》2000 年第 3 期。

⑥（元）陈桱：《通鉴续编》卷 22，《景印文渊阁四库全书》第 332 册，第 915 页。

问曰："何为而败盟也？"遂纵攻淮、汉，自是兵端大启。[①]

参《宋史·理宗本纪一》，王檝确于是年十二月到访，"十二月己卯，大元遣王檝来。戊子，王檝辞于后殿"[②]。《宋季三朝政要》记"蒙国使人入朝"[③]，《宋史全文》记"十二月戊辰，蒙古国使人入朝"[④]。陈桱之心颇存故国，却首提宋人败盟，此一历史认知延续到明代，成为陈邦瞻撰《宋史纪事本末》的知识来源，源出《通鉴续编》的说法也被明清大量通鉴类史书引用。

"败盟"知识来源大致如上，那么陈桱的判断是否准确？关于宋蒙灭金之约，因两条完全相反的材料而争论不绝。一即前揭《宋史·贾似道传》："孟珙帅师会大元兵共灭金，约以陈、蔡为界。"此为"陈、蔡为界说"。另一则见《宋季三朝政要》卷一绍定五年条："鞑靼国遣使来议夹攻金人。史嵩之以邹伸之奉使草地，报聘北朝。……北朝从之，仍许以河南归本国。"[⑤]此为"归河南地说"。两说俱为前人遍引，因而各执一词，相持不下。

然而，若细绎《宋史·贾似道传》，则会发现先前为众家持论甚坚的"陈、蔡为界说"，很多表述与事实不符。首先，孟珙率师会兵伐金早在绍定末就已展开，无须等到"端平初"。其次，并非"师未还而用赵范谋"，孟珙在完成灭金任务后已率部顺利地回到了襄阳，而并不是"未还"，端平入洛的动议也不是出于赵范，而是"降人谷用安"[⑥]。最后，赵葵的入洛之举，在某种程度上是"全师以归"，主力未经大战[⑦]，先锋遭遇蒙古军队挫败后即班师南返，更不能算是"范仅以数千人遁归"[⑧]。事实上赵范也从未亲临前线。

而"归河南地说"，大有可能源于坊间书贾所纂辑的《宋季三朝政要》[⑨]，其虽非出自正史，却能在很多宋人文集中得到印证，其说并非无根。例如，魏了翁为真德秀所撰神道碑回顾入洛前后称：

> 闻京湖帅臣以陵图来上，上命迩臣集议，将遣使朝谒。或谓鞑以河南归我，而朝廷因有经略中原之谋。[⑩]

在魏了翁看来，归河南地的传闻竟构成了宋廷出兵的逻辑前提。真德秀也说："或谓人以河南归我，而朝廷因有经略中原之谋，审如所传，是将复蹈宣和之辙也。"[⑪]真德秀

---

① 《宋史》卷 474《奸臣列传四·贾似道》，北京：中华书局，1977 年，第 13780 页。

② 《宋史》卷 41《理宗本纪一》，第 804 页。

③ （元）佚名撰，王瑞来笺证：《宋季三朝政要笺证》，北京：中华书局，2010 年，第 84 页。

④ 汪圣铎点校：《宋史全文》卷 32《宋理宗二》，北京：中华书局，2016 年，第 2695 页。

⑤ （元）佚名撰，王瑞来笺证：《宋季三朝政要笺证》，第 60 页。

⑥ （宋）周密撰，张茂鹏点校：《齐东野语》卷 5《端平入洛》，北京：中华书局，1983 年，第 77 页记载："会赵葵南仲、范武仲、全子才三数公，惑于降人谷用安之说，谓非扼险无以为国，于是守河据关之议起矣。"

⑦ 时人李鸣复上奏称："今北兵南来，王师小衄，亦可小警矣。"只称"小衄"，参见（明）黄淮、杨士奇编：《历代名臣奏议》卷 99《经国》，《景印文渊阁四库全书》第 435 册，第 745 页。

⑧ 上述引文俱见《宋史》卷 474《奸臣列传四·贾似道》，第 13780 页。

⑨ （宋）佚名撰，王瑞来笺证：《宋季三朝政要笺证》，第 3—10 页。

⑩ （宋）魏了翁：《重校鹤山先生大全文集》卷 69《参知政事资政殿学士致仕真公神道碑》，《四库提要著录丛书》集部第 101 册，北京：北京出版社，2010 年，第 561 页。

⑪ （宋）真德秀：《西山文集》卷 13《甲午二月应诏上封事》，《景印文渊阁四库全书》第 1174 册，第 199 页。

又称：

臣观鞑靼之在今日，无异昔者金人方兴之时。一旦与吾为邻，亦必祖述金人巳（已）行之故智。盖金人尝以燕城归我矣，今独不能还吾河南之地以观吾之所处乎？受之则享虚名而召实患，不受则彼得以陵寝为词，假大义以见攻。①

将蒙古还南宋河南，与金还北宋燕京联系起来。在“陈、蔡为界说”仅一见且错漏百出，以及“归河南地说”能得到文集印证的情况下，可初步判定在当时“归河南地说”传闻非虚。

在上述所引魏了翁与真德秀的文字中，至少可得出以下结论：其一，在端平入洛出兵前，确有蒙古欲归宋河南地的传闻；其二，南宋近臣对此不可思议，疑蒙古有诈；其三，该传闻或诱发了宋廷的“经略中原之谋”。

关于蒙古欲归宋河南，《宋季三朝政要》卷一绍定五年条记载：

鞑靼国遣使来议夹攻金人。史嵩之以邹伸之奉使草地，报聘北朝。……北朝从之，仍许以河南归本国。②

《宋季三朝政要》此条为“归河南地说”的有力例证。然《宋季三朝政要》为书贾旁采成书，史源存疑，后人视之未免启人疑窦，事实上以北族草原政治文化观察，蒙古此举不足为奇。

蒙古欲归宋河南，宋人深觉不可思议，吴潜以为“鞑能吞十分有九之金，而不能独取蕞尔一隅之蔡，至求我以共济，此可疑者一”③。李鸣复亦云：“决战唐邓，围困汴京，犹螳螂捕蝉，吾未尝敢袭其后也。无故遣一介使掉三寸舌于我，曷为来哉？”④南宋屡疑蒙古言和有诈，是“彼以和误我，我以和自误”⑤，此后研究亦未免受此影响，以为蒙古策略是“以战逼和”，或利用和议拖延、麻痹南宋。⑥20世纪陈高华曾发表《早期宋蒙关系和“端平入洛”之役》一文，以为“蒙古统治者心目中的‘和好’与‘投拜’是同义词。凡投拜者，每遇蒙古出征，都要出兵相助。蒙古统治者要南宋出兵，其本意实际上是考验南宋是否真心投拜”，并分析说：“在南宋方面答应某些屈辱条件的前提下，蒙古大汗是有可能‘赐’给河南地的。”⑦事实上此类情况在蒙古征服进程中俯拾皆是。蒙古习惯在战前遣使游说劝降，利诱对方加入附属行列。志费尼称：“成吉思汗在遣往四

---

① （宋）真德秀：《西山文集》卷5《江东奏论边事状》，《景印文渊阁四库全书》第1174册，第84—85页。

② 王瑞来已指出此条亦见《大金国志》天兴二年（即宋绍定六年）九月，应参《宋史》卷41《理宗本纪一》，绍定五年十二月癸卯，第797页所叙“大元再遣使议攻金”，系于当年年末，参见（元）佚名撰，王瑞来笺证：《宋季三朝政要笺证》，第60页。

③ （宋）吴潜：《许国公奏议》卷1《应诏上封事条陈国家大体治道要务凡九事》，丛书集成初编本，北京：中华书局，1985年，第19页。

④ （明）黄淮、杨士奇编：《历代名臣奏议》卷99《经国》，《景印文渊阁四库全书》第435册，第751页。

⑤ （宋）吴潜：《许国公奏议》卷1《奏论重地要区当豫蓄人才以备患事》，丛书集成初编本，第3—4页。

⑥ 相关研究较集中见于胡昭曦主编：《宋蒙（元）关系史》，成都：四川大学出版社，1992年。

⑦ 陈高华：《早期宋蒙关系和“端平入洛”之役》，中国社会科学院历史研究所宋辽金元史研究室编：《宋辽金史论丛》第1辑，第52、58页。

方召谕各族归降的使信中……他们经常拿他们广阔的领土、大量的甲兵粮草吓唬他们的敌人；相反地，蒙古人最严重的警告是：‘如你们不屈服，也不投降，我们怎知道如何呢？古老的天神，他知道。’”①《史集》载成吉思汗所信任的商人忽辛·哈只奉命劝降速黑纳黑城：“在派出使团后，想靠他（与居民）相熟、是（他们的）同胞，让他劝告这一带居民（不进行抵抗），号召他们投降，让他们保全生命财产。”②在对方承诺出兵，归附以后将某地赐予该政治体也是屡见不鲜。《世界征服者史》记畏吾儿突厥首领巴而术（汗号亦都护）战前决心投靠成吉思汗一事称：

（巴而术）为宣布他背叛哈剌契丹（即西辽），归顺征服世界的皇帝成吉思汗……当大军讨伐屈出律（Küchlüq）时，亦都护奉命率领武士从畏吾儿地出师。……此战归来后，亦都护获允拥有族人、家属及奴仆作扈从。后来，成吉思汗亲征算端摩诃末的国土，亦都护再次奉命带兵出征。③

巴而术审时度势，转投蒙古军一方，从而获得份地，政治地位扶摇直上，成吉思汗甚至打算妻之以女，后因成吉思汗身死未果。④在征讨花剌子模算端进程中，算端麾下的“诸王”阿儿思兰汗亦因事先归附而得到了领土安堵的保证：“阿儿思兰汗在先已纳款臣服，用谦顺、屈己、轻财等法使自己免受成吉思汗的酷刑，由此得到宠信。”⑤大量相关研究指出，蒙古统治者并不在意战后治理，只关心该地新代理人对其是否忠诚，能否按大汗所需交纳贡赋。诚如符拉基米尔佐夫所说，“这个游牧国家，一方面是各文明定居民族的商业资本的同盟者和保护者，而另一方面又以一伙匪帮的资格，长期地和这些文明打交道”⑥。在草原游牧的政治文化中，南宋与其说为一敌国，不如说是另一大潜在“世侯”。代理人与大汗之间结成了战时出兵助粮、平日代收赋税的附属关系。这种关系往往通过胁迫投降与战后封赏土地等方式确立。元初所谓“汉地世侯”如顺天张氏、东平严氏、真定史氏、西京刘氏、益都李氏、巩昌汪氏即是此一模式的产物。传统汉地并不能精准理解其内核，遂以“世侯”一词加以概括。汉人世侯投靠蒙古，有所谓纳质、助军、献户口等六大义务。⑦与之相对，世侯可享有地区之经营特权，“凡纳土及始命之臣，咸令世守”⑧。

绍定六年（1233年），金哀宗逃至归德，窝阔台再遣王檝使宋，《元史·王檝传》载：“癸巳，奉命持国书使宋，以兀鲁剌副之。至宋，宋人甚礼重之，即遣使以金币入贡。”⑨

---

① [伊朗]志费尼：《世界征服者史》，何高济译，翁独健校，呼和浩特：内蒙古人民出版社，1980年，第28—29页。

② [波]拉施特主编：《史集》第1卷第2分册，余大钧、周建奇译，北京：商务印书馆，2009年，第299页。

③ [伊朗]志费尼：《世界征服者史》，何高济译，翁独健校，第49—50页。

④ 成吉思汗经常使用联姻的办法吸纳归附者，扩大政治体范围，史籍所见甚多，兹举一例，《史集》载弘吉剌惕部“他们和他们的子孙，大多数娶成吉思汗氏族的姑娘……他们的官秩很高，因此得以列座诸子之上，他们全都是左翼异密”。[波]拉施特主编：《史集》第1卷第2分册，余大钧、周建奇译，第271页。

⑤ [伊朗]志费尼：《世界征服者史》，何高济译，翁独健校，第96页。

⑥ [苏]B·Я·符拉基米尔佐夫：《蒙古社会制度史》，刘荣焌译，北京：中国社会科学出版社，1980年，第138页。

⑦ 到何之：《关于金末元初的汉人地主武装问题》，《内蒙古大学学报（哲学社会科学版）》1978年第1期。

⑧ （元）苏天爵撰，姚景安点校：《元名臣事略》卷7《平章廉文正王》，北京：中华书局，1996年，第133页。

⑨ 《元史》卷153《王檝传》，北京：中华书局，1976年，第3613页。

姑不论“金币入贡”之粉饰，《元史》此条恰可与《宋季三朝政要》绍定五年条“鞑靼国遣使来议夹攻金人”的记载发明印证。“鞑靼国遣使”之人正是王檝，承诺“仍许以河南归本国”。关于王檝此行，陈高华指出，王檝对宋隐瞒了蒙古提出的成为附属国之要求，只谈出兵助粮，而其却可利用南宋已出兵攻金的假象，诓骗窝阔台南宋已正式归附。[①]唯其以为《宋史·理宗本纪一》中载绍定五年（1232 年）十二月宋军与蒙古军队合围汴京一事有误[②]，白璧微瑕（说详下）。依宋人之说，“鞑使王檝约共攻蔡，且求兵粮，请师期”[③]，全不见归附要求，实则南宋中枢对蒙古所期心知肚明。

早在宝庆三年（1227 年），蒙古使持金牌分别到四川西和州、秦家坝，在未得到答复后实施报复，酿成“丁亥之变”。李鸣复回顾此事称：

> 宝庆丁亥，敌尝遣两金牌至蜀，大书伪号于牌之上，自谓为天所锡。附以幅纸几百有余言，狂僭异常，悖嫚无礼。大概只欲吾投拜，否则厮杀耳。彼所谓投拜，即吾之所谓和也，吾以讲好为和，彼则以投拜为和，金非不通好也，通好而不投拜，其祸卒不可解，于他国亦然。[④]

又称：

> 在丁亥，敌尝遣两金牌议和矣，一至西和州，一至秦家坝，制司以状闻于朝。继承密委，欲正其名曰通好……然讲和也，通好也，皆吾中国婉为之词，而敌之意则不尔也。观其金牌所载，自谓为天所赐，夸张殊甚，总其大略蔽以一言，盖欲臣妾我也，欲使吾国中尽行投拜也。尝闻敌之吞诸国也，不有其土地，不征其税赋，惟许其投拜而已。其不投拜者举无噍类也。既投拜矣，视之若其家然，倏忽往来，必听其驱役，不容拒也。[⑤]

这两段奏文极其重要，是汉地史料中难得一见的对草原政治文化的精准概括，表明南宋对蒙古的认知已经到了很高的层次，又内涵丰富，兹不避烦琐细绎如下。“自谓为天所锡”，自然是指蒙古等北方族群长期信仰上天或“长生天”，与“其常谈，必曰‘托着长生天底气力、皇帝底福荫’；彼所欲为之事，则曰‘天教恁地’；人所已为之事，则曰‘天识著’。无一事不归之天”[⑥]等语皆合。“继承密委，欲正其名曰通好”则泄露天机，表明南宋非常清楚蒙古的目的和要求，只是碍于国史纪录与名分情面，将蒙古的要求称为“通好”。李鸣复也无情戳破门面：“然讲和也，通好也，皆吾中国婉为之词，而敌之

---

① 陈高华：《王檝使宋事实考略》，《元史研究新论》，第 220—237 页。

② 《宋史》卷 41《理宗本纪一》第 797 页记载：“时宋与大元兵合围汴京，金主奔归德府，寻奔蔡州。”

③ （宋）刘克庄：《孟少保神道碑》，曾枣庄、刘琳主编：《全宋文》第 331 册卷 7615，上海：上海辞书出版社，2006 年，第 74 页。

④ （明）黄淮、杨士奇编：《历代名臣奏议》卷 338《御边》，《景印文渊阁四库全书》第 442 册，第 463—464 页。

⑤ （明）黄淮、杨士奇编：《历代名臣奏议》卷 99《经国》，《景印文渊阁四库全书》第 435 册，第 753—754 页。

⑥ 胡逢祥点校，姚景安复校：《黑鞑事略笺证》，《王国维全集》第 11 卷，杭州：浙江教育出版社，2010 年，第 377 页。对“天”崇拜的另一事例又见于《史集》对铁木真即位的描述，转引自[苏]Б·Я·符拉基米尔佐夫：《蒙古社会制度史》，刘荣焌译，第 137 页。

意则不尔也。”点明蒙古的目的是要求南宋归附，成为附属国：“盖欲臣妾我也，欲使吾国中尽行投拜也。”“敌之吞诸国也，不有其土地，不征其税赋，惟许其投拜而已。其不投拜者举无噍类也。既投拜矣，视之若其家然，倏忽往来，必听其驱役，不容拒也”则说明不予归附的后果，与成为属国后的状态，“视之若其家然，倏忽往来，必听其驱役，不容拒也”，蒙古的确对属国视为自家一体，予取予求，唯“不征其赋税”不确。李鸣复的警告显示出南宋对蒙古的认知达到极高水准，南宋政府完全知晓蒙古所言的“和好”内涵。

如何回复王檝成为当务之急。《孟少保神道碑》称：“或谓金垂亡，宜执仇耻，或言鞑贪，宜防后患，议不决。帅（史嵩之）以访公，公言：‘倘国家事力有余则兵粮可勿与，其次当权以济事，不然金灭无厌，将及我矣。’”[①]《宋史·理宗本纪一》载：“大元再遣使议攻金，史嵩之以邹伸之报谢。”[②]南宋“权以济事”，一方面遣孟珙率师与倴盏（塔察儿）合兵攻蔡，委蛇应付，另一方面以史嵩之的名义遣邹伸之偕王檝北返。《宋季三朝政要》谓邹伸之见到窝阔台后，“伸之曰：‘本朝与贵国素无雠隙，宁宗尝遣使臣苟梦玉通和。自后山东为李全所据，河南又被残金所隔。贵国今上顺天心，下顺人心，遣王宣抚来通好，所以伸之等前来’”。在此前提下，“北朝从之，仍许以河南归本国”[③]。《大金国志》记金哀宗听闻消息后，“国主闻宋使（自）[从]唐州回，惊悸无人色”[④]。邹伸之至草原，必不会答应蒙古的依附要求，王檝生长于汉地，“父霆，金武节将军、麟游主簿”，又“入终南山读书，涉猎孙、吴”。[⑤]他熟谙中原、北地两种政治文化，颇晓权变，谅亦不至于逼宋附蒙，倒有可能两方诳骗。金难以久持，在孟珙“权以济事”的思维下，暂时维持与蒙关系并抢占缓冲地带当为南宋首要考量，为何又会在孟珙灭金回襄阳不久后即做出入洛之举呢？

二、信息渠道与和战选择：降人谷用安之议

长期以来，围绕南宋何以突然入洛，学界多以为赵范、赵葵兄弟与史嵩之不合，为争功而开边，端平入洛是内斗引起的外争。[⑥]或以理宗长期受史弥远压迫，亟欲伸张，一反权相时代的绥靖外交所做出的“恢复大志”[⑦]之举。上述诸说皆有一定可能，然皆有意无意忽略了宋人记叙的关键节点：一即魏了翁所说“或谓鞑以河南归我，而朝廷因有经略中原之谋”[⑧]；二即周密《齐东野语》所载“降人谷用安之说”：

---

① （宋）刘克庄：《孟少保神道碑》，曾枣庄、刘琳主编：《全宋文》第331册卷7615，第74页。

② 《宋史》卷41《理宗本纪一》，第797页。

③ 以上俱见（元）佚名撰，王瑞来笺证：《宋季三朝政要笺证》，第60页。

④ （金）宇文懋昭撰，李西宁点校：《二十五别史·大金国志》卷26《义宗皇帝》，济南：齐鲁书社，2000年，第197页。此为《大金国志》仅见。

⑤ 《元史》卷153《王檝传》，第3611页。

⑥ 持此论者甚多，较典型的分析见方震华：《晚宋政争对边防的影响》，《大陆杂志》1994年第5期。又有《转机的错失——南宋理宗即位与政局的纷扰》，《台大历史学报》2014年第6期。

⑦ 陈高华：《早期宋蒙关系和“端平入洛”之役》，《宋辽金史论丛》第1辑，第54页。

⑧ （宋）魏了翁：《重校鹤山先生大全文集》卷69《参知政事资政殿学士致仕真公神道碑》，《四库提要著录丛书》集部第101册，第561页。

> 端平元年甲午，史嵩之子申，开荆湖阃，遂与孟珙合鞑兵夹攻蔡城，获亡金完颜守绪残骸以归。乃作露布以夸耀一时，且绘八陵图以献，朝廷遂议遣使修奉八陵。时郑忠定丞相当国，于是有乘时抚定中原之意。会赵葵南仲、范武仲、全子才三数公，惑于降人谷用安之说，谓非扼险无以为国，于是守河据关之议起矣。[①]

依周密所述，赵葵、赵范、全子才“惑于降人谷用安之说，谓非扼险无以为国，于是守河据关之议起矣”。细思不难得知，“守河拒关”所欲保者自不是江淮，而是河南，宋廷正是在意识到河南即将归入宋土的前提下才会做出此番战略预案的。即使蒙古如约归还河南，若无法“守河拒关”，将最终无险可守，得而复失。实则魏了翁与周密所论初衷为一，魏了翁“或谓鞑人以河南归我，而朝廷因有经略中原之谋”，周密“谓非扼险无以为国，于是守河据关之议起矣”，河南为宋祖陵所在，均表明南宋确实在考量如何收复并实际占有该地。

理解宋廷出兵关键在谷用安。胡昭曦、蔡东洲合著的《宋理宗 宋度宗》一书首次提出，“谷用安”即《金史》列传中的“国用安”。[②]笔者亦赞此说。北方一介降人何以能在入洛中起如此之大的作用，须对国用安进行一番详细考索，以明确其在宋、蒙、金三方并峙时期的地位，勾画“降人谷（国）用安之议”的内容与动机。

《宋史·理宗一》绍定五年十二月癸卯条载：“时宋与大元兵合围汴京，金主奔归德府，寻奔蔡州。”[③]无独有偶，《宋季三朝政要》卷一亦记此事，惟未予系年：“国兵与鞑靼国兵合围汴京，金义宗自汴京突围，出奔归德府。”[④]绍定五年（1232 年），金朝在蒙古大军压境下，形势已极不乐观。此时金蒙双方正围绕汴京城展开殊死攻防，宋何以能突然出兵北上助蒙合围，着实费解，且如此作风与宋廷一贯风格不符。[⑤]吴潜在反对入洛之举时曾说：“夫金虏在河南，我未尝向北发一矢。”[⑥]若宋真曾在绍定五年就与蒙古合兵，共围汴京，那又何须在后来攻蔡灭金的问题上投鼠忌器，大费周章呢？

关于宋蒙早期交涉，前贤研究甚多，诸家于使人行程、前后动机、往返报告皆穷极考索，不知何故皆有意无意回避了这一条关键史料。[⑦]作为宋蒙关系突破性的“合围汴京”，前揭陈高华也只是认为“《宋史》这段记载完全是错误的”，并以此为前提论证金亡后蒙古背约，“是站不住脚的”[⑧]，实则此条史料与国用安大有关系。

国用安，原名国安用，又名完颜用安，《金史》有传，然《金史》本传叙事颠倒，疏

---

① （宋）周密撰，张茂鹏点校：《齐东野语》卷 5《端平入洛》，第 77 页。

② 胡昭曦、蔡东洲：《宋理宗 宋度宗》，长春：吉林文史出版社，1996 年，第 82 页注③。

③ 《宋史》卷 41《理宗本纪一》，第 797 页。

④ （元）佚名撰，王瑞来笺证：《宋季三朝政要笺证》，第 59 页。王瑞来考证此记载与《钱塘遗事》卷 2“夹攻辽金”同源，惟《钱塘遗事》中误将“汴京”作“燕京”。

⑤ 南宋对金方略接近于代理人战争，参见黄宽重：《晚宋朝臣对国是的争议——理宗时代的和战、边防与流民》，台北：台湾大学文学院，1978 年。

⑥ （宋）吴潜：《许国公奏议》卷 1《应诏上封事条陈国家大体治道要务凡九事》，丛书集成初编本，第 22 页。

⑦ 关于宋蒙早期交涉，参见胡昭曦、邹重华主编：《宋蒙（元）关系史研究》，成都：四川大学出版社，1989 年。

⑧ 陈高华：《王檝使宋事实考略》，《元史研究新论》，第 220—237 页。

漏极多，需参《元史》及宋人的文献方能明了。[①]国用安为山东红袄军残部，其先归附李全，终其身在蒙古、宋、金三方徘徊反侧，为一“多属势力”，以南北依违之术求得生存。[②]宝庆二年（1226年），李全被蒙古军围于青州，生死未卜，“朝廷闻李全为蒙古所围，稍欲图之”。而先已叛宋的李全余部，此时被南宋停发钱粮，在江淮之间生计日窘，“李全之党以赡军钱粮不继，屡有怨言”。隶李全帐下的国用安和阎通计划复归南宋，“全将国安用、阎通叹曰：‘我曹米外日受铜钱二百，楚州物贱，可以乐全。’”[③]于是杀李全次子李通、李全妾刘氏，而误以为是李全妻杨妙真[④]，向临安报捷。约同时，被围青州一年多的李全因粮尽而降蒙古，蒙古依汉人世侯惯例授李全为山东淮南行省。

绍定四年（1231年）正月，赵范、赵葵兄弟防守中攻灭李全于扬州城下，强人骤亡，淮北、山东一带出现权力真空。国用安审时度势，在此后数年间多次转换门庭，并在绍定五年（1232年）参与了蒙古围汴。

《通鉴续编》载绍定五年正月，“蒙古太宗皇帝自河清白坡渡河，遂次于郑州。使苏布特（速不台）围金汴京”[⑤]，极易使人误以为绍定五年正月，蒙古已军围汴京。按《金史·哀宗本纪上》仅于该年正月条下记“乙未，大元游骑至汴城”，游骑哨探自不能与大军围城相提并论，况正月一日金已“遣完颜麻斤出等部民丁万人，决河水卫京城”。[⑥]更难想象决河情况下围城该如何开展。细绎陈桱《通鉴续编》，也只谓“使苏布特围金汴京”，命令于正月下达，而围城于时并未展开。《金史·哀宗本纪上》记汴京首次被攻在三月壬寅，“分军防守四城。大元兵攻汴城”[⑦]。《通鉴续编》记此事在癸卯，相差仅一天。[⑧]如此则至少在绍定五年二三月间，汴京方已被蒙古军队重重包围。

《宋史·理宗本纪》则主“十二月说”，认为在绍定五年十二月，宋军与蒙古军队合围汴京。那么在漫长的围城过程中，宋军有无可能北上呢？

《金史·国用安传》一条材料恰可释《宋史》是说之惑，却被往论所忽：

> 明日，用安乃出见使者，跪揖如等夷，坐定，语世英曰：“予向随大兵攻汴……此时大兵病死者众，十七头项皆在京城。若从吾计出军，中兴久矣。朝廷乃无一人

---

① 关于对国用安的研究，较重要的有杨倩描：《端平“三京之役”新探——兼为“端平入洛”正名》，李华瑞、姜锡东主编：《宋史研究论丛》第8辑，保定：河北大学出版社，2007年，第229—250页；曹文瀚：《红袄军首领系列研究四——国用安》，十至十三世纪中国史国际学术研讨会暨中国宋史研究会第十七届年会会议论文，2016年。

② 关于红袄军的生存发展、战略目标，参见姜锡东：《宋金蒙之际山东杨、李系红袄军领导人及其分化考论》，《中国史研究》2015年第1期。

③ 以上俱见（元）陈桱：《通鉴续编》卷21，《景印文渊阁四库全书》第332册，第892页。李全余部军将每日受“铜钱二百”，与在南宋时普通士兵“人仅得交子五贯”形成了鲜明对比，交子币值不稳定，此时淮东地界发行纸币又与中央不同，但无论如何五贯五千钱的面额也优于“铜钱二百”。

④ 关于杨妙真的研究，较早的有陈高华：《〈湛然居士文集〉中“杨行省”考》，《历史研究》2000年第3期；姜锡东：《杨妙真新论——研究现状、基本事迹和评价问题》，《文史哲》2016年第1期。

⑤ （元）陈桱：《通鉴续编》卷21，《景印文渊阁四库全书》第332册，第899页。

⑥ 《金史》卷17《哀宗本纪上》，北京：中华书局，1975年，第385、384页。

⑦ 《金史》卷17《哀宗本纪上》，第386页。

⑧ （元）陈桱：《通鉴续编》卷21，《景印文渊阁四库全书》第332册，第901页记载：“三月癸卯，蒙古主攻具，沿濠列木栅，以薪草填壕，顷刻平十余步。”

敢决者，今日悔将何及。”言竟而起。[①]

则国用安在李全败亡后加入了蒙古军队，并参与了汴京围城，约此时获得了前李全“行山东路尚书省事”的名号，并在围城过程中与金暗通款曲。是月金哀宗即遣使称臣“请和”，“汴京解严”，则此段密议当在围城中二至四月间。至于与国用安密议的侯挚，《金史·侯挚传》叙事多在兴定四年（1220年）以前，因该年侯挚已致仕，忽又于天兴元年（1232年）记：“正月，起复为大司农。四月，归大司农印，复致仕。”[②]则侯挚在情势危急之际出仕，并以朝廷元老、前宰相今大司农的身份与国用安交涉，与蒙古称臣“议和”，完成任务后“复致仕”。

有趣的是，南宋一直以为国用安是宋军。依《通鉴续编》系年，国用安最迟在绍定五年（1232年）十一月前又与南宋取得了联系，“改从宋衣冠”[③]，而国用安先前与蒙古军队合围汴京的经历，理所当然地被认为是宋军与蒙古军一起完成的。例如，洪咨夔《平斋文集》收有除国用安顺昌军承宣使制文，文称国用安：

> 气酣百战，耻委身于戎索，愿归命于王朝。抱志竟酬，乘机斯奋。杖剑而渡涟水，适会风云；搴旗而入汴都，不淹日月。[④]

“杖剑而渡涟水”，指国用安以涟水反正[⑤]，“搴旗而入汴都”则无疑指其曾同蒙古军队围汴。鉴于国用安已经反正，彼时在汴京城下围城的国用安部，自然也就算作了宋军，此即是《宋史》“与大元兵合围汴京”的由来，而又为书贾纂《宋季三朝政要》时所采信。只因在绍定五年十二月发生此事未免太不合情理，故《宋季三朝政要》记此条时并未予系年，如此方能予以《宋史》“十二月说”合理的解释。

此时金在山东征兵救援汴京，而获南宋支持后，本已获封金朝兖王的国用安称兵向汴，于金可称入援，于南宋可称进围。《元史·张子良传》谓：

> 时金受重围于汴，声援尽绝，有国用安者，图以涟水之众入援，道阻，游兵不能进。子良与一偏将，昼伏夜行，得入汴，达用安意。金君臣以为自天降也。[⑥]

可窥知国用安确曾试图入汴，传达给南宋的信号却无疑是积极进取。天兴元年四月，金蒙议和，蒙古军队陆续北返。六月，本已是蒙古军帐下的国用安率部袭杀金所置徐州元帅徒单益都，趁机兼并宿州、邳州，海州也“既而，皆归安用”，短暂形成了地跨四州的

① 《金史》卷117《国用安传》，第2562页。

② 《金史》卷108《侯挚传》，第2389页。

③ （元）陈桱：《通鉴续编》卷21，《景印文渊阁四库全书》第332册，第904页。

④ （宋）洪咨夔：《平斋文集》卷22《忠州团练使淮东路钤辖国用安除顺昌军承宣使右武卫将军制》，《四库提要著录丛书》集部346册，第445页。

⑤ 按《通鉴续编》言国用安曾“退归涟水，以军食不给，乞粮于宋，宋阳许之。用安即改从宋衣冠”，参见（元）陈桱：《通鉴续编》卷21，《景印文渊阁四库全书》第332册，第904页。以中国骈文书写惯例观察，“杖剑而渡涟水”与“搴旗而入汴都”理应存在时间先后对应关系，即国用安在十一月于涟水反正，在绍定五年开始长达一年的汴京攻防中参与围汴。

⑥ 《元史》卷152《张子良传》，第3598页。

割据联盟，红袄军残部在国用安帐下重新整合。山东原本一度蒙强金弱的明朗局面出现了第三方势力。国用安窃取旗号，抢占三州，激怒了蒙古大将阿术鲁。“阿术鲁闻安用据徐、宿、邳，大怒曰：‘此三州我当攻取，安用何人，辄受降。’遣信安、张进等率兵入徐，欲图安用。”

蒙古兵锋已近，国用安迫不得已，又号召大家奉金抗蒙，此前受封蒙古“行山东路尚书省事”的神话不攻自破，结果“既盟，诸将皆散去”，已实际丧失领导力，欲重建权威的国用安攻打不听号令的海州，结果“未至，众稍散去”，窘迫之中只好重新投靠金，“安用亦自知反复失计，事已无可奈何，于是复金朝衣冠”。[①]

正是在此种背景下，国用安先降蒙，再附金，后投宋，最后面临蒙古压力，无可奈何转而又向南宋提出“守河拒关”。其意在引南宋抗衡蒙古，若南宋进屯河南，正与其所据徐州唇齿相依。事实上，国用安作为南宋心目中盘踞四州，“东连沂海，西接徐邳，南扼盱楚，北控淄齐”[②]，又深知蒙、金底细的实力派，已构成了双方合作的前提。出兵不仅可以解决北人南附问题，还能确保河南地的安全，双方各取所需，此即是“降人谷用安之议”的深层内涵。“守河”似稍嫌迂阔[③]，却是国用安依据徐州地形独有的体会[④]，“拒关”亦并非绝无可能。

那么“国用安之议”是何时到达临安，启宋人用兵之心的呢？《宋史·理宗本纪一》于绍定六年（1233年）十一月丙寅条下记：“权工部尚书赵范言：‘宣和海上之盟，厥初甚坚，迄以取祸，其事不可不鉴。’帝嘉纳之。”[⑤]赵范以“知兵”名，对宋、蒙双方和议攻金颇为警惕。《宋史全文》记两天后理宗授予赵葵“如遇缓急，应调遣赏罚等，并听便宜施行”的特权。赵葵亦以为：“自古和戎，鲜不叛盟。目今边事未强，军政未备，只得且与之和。”又对理宗说：“臣到东淮，当修车马，备器械，以为野战之计。固城壁，浚濠湟，以为强边之图。宽民力以固邦本，衍军储以实塞粟。更欲为陛下经理屯田。容臣到官，审计以闻，要须公私两便。”[⑥]而随后赵范、赵葵兄弟顿改初衷，建言兴兵入洛，与收到国用安来书必有关联。合参二史所叙，“国用安之议”最迟在绍定六年十一月尚未为赵氏兄弟所知，国用安来书极有可能是在绍定六年十一月以后。吴潜回顾称：“臣岁在癸巳、甲午，总饷淮右，知朝廷有开边之议，尝因应诏上封事。”[⑦]吴泳说：“若夫进屯开河之策，恐必不能往就。”[⑧]“开边之议”“进屯开河”正是在收到国用安来书下展开的，则最有可能在绍定六年与端平元年（1234年）的冬春之交。国用安提出的“守河拒关”之论对南宋产生了极大吸引力，一时之间蒙古归地，北人纳

① 以上俱见《金史》卷117《国用安传》，第2561—2563页。

② 参见国用安上哀宗书，王鹗撰《汝南遗事》，又见《金史》卷117《国用安传》，第2563页。

③ 金哀宗决河尚未能阻挡蒙古军队围城，已见前论。又哀宗曾于蒙古军队重围之下北渡卫州，“守河”效果可见一斑。

④ 《金史》卷119《完颜仲德传》，第2605页记载：“徐州城东西北三面皆黄河而南独平陆，仲德叠石为基，增城之半，复浚隍引水为固，民赖以安。”

⑤ 《宋史》卷41《理宗本纪一》，第799页。

⑥ 汪圣铎点校：《宋史全文》卷32《宋理宗二》，第2681—2682页。

⑦ （宋）吴潜：《许国公奏议》卷2《奏论和战成败大计襄宜急救备不可阙隐》，丛书集成初编本，第40—41页。

⑧ （宋）吴泳：《鹤林集》卷20《和战集议札子》，《景印文渊阁四库全书》第1176册，第190页。

款，如何处理和、战成了南宋政府的难题。

三、报聘之使与乏粮之说：入洛失利探析

在国用安提议“守河拒关”之前，南宋多讨论蒙古的归河南地即“和”如何应对。此后形势变化，怎样对待“国用安之议”，保障河南地不会得而复失成为施策焦点。

前揭蒙古虽许诺归宋河南，但王檝使宋之时未携国书，理宗给予临轩接见的殊礼，所望甚高，李鸣复称：

> 闻敌使之来，引见有日，都司官条具欲陛下临轩以接之。道路传闻虚实未可尽信，若果有此，恐于礼未安。臣窃以谓更宜商确……今泛使之来，无国书可进，如常仪引见赐之例物足矣。①

真德秀也说：“彼小使也，初无国书，遽索正使之礼。他日和议果成，使介奉书而来，又何以待之乎？”②王檝未携国书，无疑引发了南宋对蒙古归宋河南地诚意的质疑。理宗于端平元年（1234 年）正月一日下诏：“内外小大之臣，悉上封事，朝政得失，中外利病，尽言无隐。”③掀起了和战讨论，在对待蒙古是否归地的问题上，吴潜竟天真地以为：

> 彼如归地，吾应之曰：“中原遗黎，本皆赤子，彼之豪杰，久固归心。但汝方有事于剿除，吾不欲遽许于延纳，今其破灭，悉汝之劳，吾以何名，享其土地。”（贴黄）鞑必与我汴，鞑必不与我河南。④

吴潜以为“鞑必与我汴，鞑必不与我河南”，蒙古若归地，汴京将成为飞地，主张索性对蒙古归地不予接受。吴泳也以为：“不争而分俘玉以遗我，则得俘玉者乃纳侮之兆也。不战而辟土地以待我，则拓土地者乃开衅之端也……主和议者决至败事。”⑤所谓“边臣好功揣摩上意，便为（谓）河广可航，蔡虚可伐，强敌之颈可系而羁，垂瓠之城可蹴而下。此臣所以不能不为国家根本虑也”⑥，直指史嵩之开边生事。吴潜则宽慰理宗可参照耶律德光故事，因“鞑性畏热”，并不能在河南长久，此时朝廷若“密用羁縻之术”，则“中原之地，必自飚驰云扰，彼终不能制，将如耶律德光之患山东，势当北归。吾徐出而收之，非吾有乎？”⑦此次上封事的结果并不能令理宗满意，十二天后理宗又令“于今月十三日赴都堂集议备边待敌和战攻守事宜”⑧。

---

① （明）黄淮、杨士奇编：《历代名臣奏议》卷 350《四裔》，《景印文渊阁四库全书》第 442 册，第 751 页。
② （宋）真德秀：《西山文集》卷 14《十一月癸亥后殿奏己见札子》，《景印文渊阁四库全书》第 1174 册，第 215 页。
③ 汪圣铎点校：《宋史全文》卷 32《宋理宗二》，第 2682 页。
④ （宋）吴潜：《许国公奏议》卷 1《应诏上封事条陈国家大体治道要务凡九事》，丛书集成初编本，第 21 页。封事正为理宗此诏而上。
⑤ （宋）吴泳：《鹤林集》卷 20《和战集议札子》，《景印文渊阁四库全书》第 1176 册，第 190 页。
⑥ （宋）吴泳：《鹤林集》卷 19《论中原机会不可易言乞先内修政事札子》，《景印文渊阁四库全书》第 1176 册，第 187 页。
⑦ （宋）吴潜：《许国公奏议》卷 1《应诏上封事条陈国家大体治道要务凡九事》，丛书集成初编本，第 21 页。
⑧ （宋）吴泳：《鹤林集》卷 20《和战集议札子》，《景印文渊阁四库全书》第 1176 册，第 189 页。

至此出现了京湖主和、淮西主战的情况。史嵩之反对用兵，在完成灭金任务后即"还师屯信阳"，听闻两淮有意进军后上疏切谏，辞兵部尚书不拜，"归养田里"，同时拒绝为两淮宋军提供军粮。①京湖与两淮龃龉，实则是史嵩之深知蒙古军队底细与此次京湖遣邹伸之北上的缘由是用出兵助粮的假象欺瞒蒙古归还河南地，南宋无意成为蒙古附庸。若进军三京则无法"今彼以和款我，我正宜亦以和款之"②，开战势不可免。史嵩之事后也得到了理宗的谅解，"始悔不用嵩之言"③。淮西赵范、赵葵兄弟则因国用安来书而改变初衷，意图与据守徐州一带的国用安部犄角相倚，积极建议理宗兴师入洛，确保河南纳入宋土。细绎"非扼险无以为国，于是守河据关之议起矣"一语，南宋或意识到与蒙古相争势不可免，即使蒙古有意归还河南，不"守河拒关"也会得而复失。或正是在此种考量之下，赵范、赵葵才会坚持进兵。

以后人观之，当时似乎绝大多数朝臣反对入洛，而理宗一意孤行。事实却并非如此。《宋史·叶味道传》中说，"三京用师，廷臣边阃交进机会之说"④，虽不无为理宗开脱意，却可证经过数次大讨论，不少官员站在了支持出兵一方。《宋史全文》记大理评事沈梦谦进对理宗时亦描述道：

> ……读至河南易取处，上曰："今日据关阻河为坚守计，如何？"梦谦奏："使将帅得人，如祖逖，虽摧锋越河可也。……"⑤

经过端平元年（1234年）正月、二月多次集议，必有大量札子赞成兴师，只是日后因开边亡国，或大抵都经过了删汰。

端平元年六月，理宗正式下诏出师，以全子才为先锋从合肥渡寿州（今安徽寿县）趋汴京，整个事件因周密"得之当时随军幕府日记"，在《齐东野语》中得以完整记录。然而，全子才部却因"乏粮"在汴京逗留半月之久，未能按期进兵完成"守河拒关"，启人疑窦。⑥"乏粮"也被诸家一致批判⑦，认为延误军机导致入洛失败。此事近乎不可思议，和战大计讨论日久，南宋在出征前怎会连所需基本后勤都无法保证？全子才所部既然能在"荆棘遗骸，交午道路，止存民居千余家"⑧的汴京一待半月，军粮也应不至于太乏。河南一带赤地千里，吴潜早在端平元年正月就说"河南丘墟，民失耕稼，人无所食"⑨，南宋应对基本情况有所了解。况全子才部进展顺利，仅用二十天就进抵汴京，那

① 并见《宋史》卷414《史嵩之传》，第12424页记载："若夫和好之与进取，决不两立。臣受任守边，适当事会交至之冲，议论纷纭之际。雷同和附，以致误国，其罪当诛；确守不移之愚，上迕丁宁之旨，罪亦当诛。迕旨则止于一身，误国则及天下。"

② （宋）吴潜：《履斋遗稿》卷4《上庙堂书》，下自注："论用兵河南。"《四库提要著录丛书》集部第250册，第54页。

③ 《宋史》卷414《史嵩之传》，第12424页。

④ 《宋史》卷438《儒林列传八》附《叶味道传》，第12987页。

⑤ 汪圣铎点校：《宋史全文》卷32《宋理宗二》，第2689页。

⑥ （宋）周密撰，张茂鹏点校：《齐东野语》卷5《端平入洛》，第78页记载："（赵葵）因谓子才曰：'我辈始谋据关守河，今已抵汴半月，不急趣洛阳、潼关何待邪？'"

⑦ 李天鸣：《宋元战史》第1册，台北：食货出版社，1966年，第216页。

⑧ （宋）周密撰，张茂鹏点校：《齐东野语》卷5《端平入洛》，第78页。

⑨ （宋）吴潜：《许国公奏议》卷1《应诏上封事条陈国家大体治道要务凡九事》，丛书集成初编本，第19页。

究竟是因何故在汴京逗留半月，等到与赵葵淮西所部会合后才进军洛阳呢？

关于此疑问，杨倩描以为是因全子才与赵葵等人“争功”，“矛盾十分深刻”，不满只获封知河南府，未得东京留守一职，即迁延不进，故意失期，并分析说：“开封是北宋都城，政治影响自然比西京洛阳要大得多，因而能担任知开封府、东京留守，自然也就比知河南府、西京留守地位要高。这才是全子才迟迟不进兵洛阳的理由。”[①]实则此说全出于李鸣复的札子：

闻诸道路，子才与葵争，欲得开封为之，故违命不行。仅遣杨义以往。义之败，子才之罪也。[②]

全子才为何失期不进呢？《宋史全文》端平元年七月癸卯条载：

诏奖赵范、赵葵、全子才收复三京。寻以范为端明殿学士、京河关陕宣抚使、知开封府、东京留守兼江淮制置大使，葵权刑部尚书、京河制置使、知应天府、南京留守兼淮东制置使，子才权兵部侍郎、关陕制置使、知河南府、西京留守兼京湖制置副使。[③]

揆诸事理，七月五日全子才复汴京，七月六日即有此诏，应是宋廷在接获七月五日克复三京消息后，将日后发布诏书时间系于七月六日。那么具体应在何时？《宋史全文》（端平元年）八月乙亥条载：“以范用吉为宁远军节度使、左骁卫大将军，和州防御使、忠节诸军都统制李伯渊为保顺军节度使、右骁卫大将军，皆以东京来归故也。”[④]七月五日宋军因李伯渊、范用吉杀崔立反正入汴京，八月七日宋廷颁诏嘉奖，历时一月有余，从信息传递来看方合情理，奖谕赵氏兄弟与李伯渊等人的诏书似应前后发出。又八月初宋军即退师河南，九月六日尚有大臣以为“河南故郡，版籍悉归王土”[⑤]，败归消息未到临安，亦可证信息传递足需一月有余。如此则宋廷发出全子才知河南府诏书的同时，全子才已经在败归途中，又何来不满因官位太低而与赵葵置气，不进兵洛阳呢？

事实上，全子才在汴京延宕半月，等赵葵会合后才决计入洛，或与先前奉使北上的邹伸之有关。

邹伸之曾撰有《使北日录》一书，惜已亡佚，四库馆臣有提要云：

以是岁六月（按：绍定六年），偕王檝自襄阳启行。至明年甲午二月，始见蒙古主于行帐。寻即遣回，以七月抵襄阳。计在途者十三月。[⑥]

① 杨倩描：《端平“三京之役”新探——兼为“端平入洛”正名》，李华瑞、姜锡东主编：《宋史研究论丛》第8辑，第238页。

② （宋）徐自明撰，工瑞来校补：《宋宰辅编年录校补》续编卷12，理宗端平三年丙申条，北京：中华书局，1986年，第1546页。

③ 汪圣铎点校：《宋史全文》卷32《宋理宗二》，第2689—2690页。

④ 汪圣铎点校：《宋史全文》卷32《宋理宗二》，第2691页。

⑤ 汪圣铎点校：《宋史全文》卷32《宋理宗二》，第2693页。

⑥ （清）永瑢等：《四库全书总目》卷52《使北日录》，北京：中华书局，1965年，第472页。

元人白珽撰《湛渊静语》谓：

> 《使燕日录》载：绍定癸巳，北朝遣王檝来通好。朝廷札京湖制司，就差官邹伸之等六员使北朝审实，于次年六月回抵汴。

于后又记降蒙之崔立在汴京招待邹伸之一行："是日（崔）立出城迎酒数行，同入城，馆人使于都堂。"按此段记载则邹伸之在端平元年（1234年）六月，蒙古汴京方面不知全子才出师时即已抵汴。作为投靠蒙古方面的大员，崔立想必也知邹伸之此行的目的，且不知宋蒙即将决裂，否则决不会置酒相迎，领着邹伸之一行遍观汴京宫殿，"入自酸枣门，又入封丘门，经东华门外，循宫墙转东角楼直西行"①，亲为导览。邹伸之也是在相信归河南地可行的心理下，对宫城内外纪录备极详细。《大金国志》亦谓："汴京制度：宣宗所迁，大概依宋之旧。邹伸之奉使时，同官属游故宫。"②而此后不久，全子才即兴兵向洛。按前揭四库馆臣所语，"以七月抵襄阳"，邹伸之七月时已脱离险境，顺利回到襄阳，而在此过程中，行走途中的邹伸之必然听闻宋廷即将出兵的消息。一旦出兵，两国历经十三月之久的谈判将宣告破裂，何况此时蒙古已"从之，仍许以河南归本国"，南宋突然抢占开封，使人极为错愕。在此情形之下，邹伸之与全子才部极有可能曾发生接触，而接获消息的全子才如何把握进退已非一介先锋将官所能掌控，且牵涉和战，事关重大，只有先报告赵葵，原地待命方为上策。而历经半月，等赵葵到达汴京时，粮秣所剩无多，正好给随军日记整个行动"乏粮"的口实。赵葵很有可能考虑到开战无法避免，不如全力西进，再图"守河拒关"，如此方能较合理地解释全子才部停在汴京半月的原因。

南宋期望固守河南，故无论是"战"还是"和"，怎样确保河南不失才是最终着眼点。吴泳《鹤林集》收有《四京守御策问》一文，甚至提出了为保河南进军河北，收复"四京"：

> 虽汉澄三河，唐复两京，殆不过此。则是京邑之四，今已有其三矣……终不能长有中原之土，何也？或曰河北天下根本，定为右臂，沧为左臂，瀛为腹心，京为头角。得魏，则河南山东重；失魏，则河南山东轻。是东西京非得河北又不能以自固也。……今露布星驰，我疆日辟，揆之理势，似难中止……守孰重孰轻，攻孰缓孰急，经理处置之宜孰得孰失，四京之名起于何代，四钜镇之策建于何人，此皆所当讲明者。③

已不限河南三京的战略设想，也可以从李鸣复那里得到证明："乘破竹之势，振拉朽之威，北渡河可举燕赵，西入关可定秦陇。"④而直到八月二日宋军全面退却，临安尚不

① 以上俱见（元）白珽：《湛渊静语》卷2，《四库提要著录丛书》子部第169册，第481页。

② （金）宇文懋昭撰，李西宁点校：《二十五别史·大金国志》卷33《汴京制度》，第249页。

③ （宋）吴泳：《鹤林集》卷33《四京守御策问》，《景印文渊阁四库全书》第1176册，第326—327页。下小注："甲午太学解试。"

④ （明）黄淮、杨士奇编：《历代名臣奏议》卷99《经国》，《景印文渊阁四库全书》第435册，第745页。

知消息，还在往河南新复州县派遣官员："都省言：'河南、山东新复州县，各已委官任责守备，经理屯田，措置防捍。'"[①]随着杨义在洛阳城外失利，南宋最终选择的"战"策也以失败告终。

综览端平入洛前后，南宋先接待从京湖史嵩之处来的王檝，对蒙古"归河南地"提案长期议而不决，是为"和"策；后又收到经两淮国用安的来书，担忧即使归地也容易得而复失，遂与之合作入洛[②]，一同"守河拒关"，是为"战"策。和、战在绍定、端平之交反复动摇，实是南宋先接纳王檝之来，得知蒙古有意归地，再获悉国用安意图南附造成的战略摇摆。王檝从京湖来，故史嵩之主和；国用安在徐州，消息必经淮西抵临安，故赵氏兄弟主战，信息来源渠道的不同使南宋极难在瞬息万变中做出最优决策。邹伸之在奉使议和归地途中，成败未知之际南宋决意进兵，此事在当时已引发议论。吴潜称：

> 鞑之大兵在河北，鞑之宣差在河南。我师一出，彼必告急于河北……又况襄阃方议和而两淮乃进兵。邹伸之辈虽不识事体，冒昧远使，然以身蹈不测之渊，亦曰国事也。彼独何辜而遽置之必死之地乎？[③]

魏了翁事后反思：

> 二三帅臣，乃欲以四十年浊乱之天下，图前人未集之功于指呼叱咤之间。或欲和戎以归境土，或欲兴师以撼关河。[④]

"或欲和戎以归境土"无疑是指史嵩之欲欺瞒作和得河南地，"或欲兴师以撼关河"则是指赵范、赵葵兄弟主战。吴潜亦云："淮西势当与之交兵矣，和于彼而战于此，朝廷即无坚定之规模，边臣又无画一之遵守，悠悠泛泛，莫知所止。"[⑤]出现此种情况，正是王檝虽许诺归地，却未带国书，而国用安愿意合作使固守河南的希望大增之故。摇摆和战事后遭到了猛烈批判，李鸣复称："北向之师，此不以邹伸之未回而止。"[⑥]又说："若曰仗一王檝，可坚两国之新好，凭一邹伸之，可复中原之故境，恐无是理也。"[⑦]魏了翁所论最能表达南宋前后摇摆和战的困境：

> 灭蔡之役，朝陵之使，三京之出师，王檝之入贡，议论错出。……谓之和则有战矣，谓之战则有和矣，窃意庙谟深远，必有弭变之良图也。而报聘之使未返，上

---

① 汪圣铎点校：《宋史全文》卷32《宋理宗二》，第2692页。

② （宋）周密撰，张茂鹏点校：《齐东野语》卷5《端平入洛》，第78页记载："行省李伯渊，先期以文书来降，愿与谷用安、范用吉等结约。"

③ （宋）吴潜：《履斋遗稿》卷4《上庙堂书》，下自注："论用兵河南。"《四库提要著录丛书》集部第250册，第54页。

④ （宋）魏了翁：《重校鹤山先生大全文集》卷19《被召除礼部尚书内引奏事第四札》，《四库提要著录丛书》集部第101册，第186页。

⑤ （宋）吴潜：《许国公奏议》卷1《应诏上封事条陈国家大体治道要务凡九事》，丛书集成初编本，第22页。

⑥ （明）黄淮、杨士奇编：《历代名臣奏议》卷99《经国》，《景印文渊阁四库全书》第435册，第753页。

⑦ （明）黄淮、杨士奇编：《历代名臣奏议》卷338《御边》，《景印文渊阁四库全书》第442册，第463页。

流之忧已急。[①]

“报聘之使未返，上流之忧已急”精准地概括了南宋战略失误的尴尬处境，在和议途中进兵且一败涂地。“谓之和则有战矣，谓之战则有和矣”表面看来是对国是的争论，实际上是信息来源渠道不同，与留给南宋决策的时间太短所致。先“和”后“战”是与北方形势的变化联系在一起的，欲欺瞒蒙古归河南地的“和”最终被“守河拒关”、实际占领的“战”所取代。

四、结　论

端平入洛自宋后各家皆指蒙古归河南地，宋人败盟之说，本无异词。惟赵翼谓“其时宋与蒙古本敦邻好，并无嫌隙，忽焉兴师入洛，规复中原，兵端遂由此起”[②]，认同独见于《宋史·贾似道传》中的“陈、蔡为界”说。而此条“《宋史》各传回护处”亦直接启发张荫麟认为元人修《宋史》，定有回护蒙古而诬宋人处。故而他撰文为宋人辩诬，认为蒙古未兑现归河南地的承诺，宋人出兵夺取，理所当然。实则“小使未回”，南宋是在谈判途中突然兴师的。余行迈为反驳张氏，却认定归河南地为子虚乌有，遂使此议题纠葛不下。蒙古赐地在草原政治文化中屡见不鲜，《宋史·贾似道传》中所叙错漏百出，而归河南地可在大量宋人文集中得到印证。在获悉“降人谷（国）用安之议”之前，南宋对归地一事长期议而不决，对河南欲拒还迎。国用安意在引南宋为援对抗蒙古，“守河拒关”又可确保河南不会得而复失，双方一拍即合，彼此利用，北方军阀愿意合作构成了南宋出兵的前提。从端平元年（1234年）正月到六月，南宋特意选在气候炎热的夏季进军，准备不可谓不充分，全子才部亦有征无战，却极有可能在进军途中与谈判归来的邹伸之发生接触。蒙古已同意归地河南，此时进退殊难把握，等到与赵葵商议后再进兵却给了蒙古调兵遣将的时间，错过了最佳时机，给整个行动留下了“乏粮”的口实。综览前后，南宋因信息渠道来源不同而对“和”“战”摇摆不定，欲短时间内做出最优决策实属不易。最终“恢复”之说占据上风，此一失败行动也为“中原好机会”[③]画上了句号。

作者简介：张孙小大（1995—），男，汉族，陕西韩城人，四川大学历史文化学院博士生，主要研究方向为宋史。

---

① （宋）魏了翁：《重校鹤山先生大全文集》卷26《三辞乞以从官参赞军事从丞相行奏札》，《四库提要著录丛书》集部第101册，第240页。

② （清）赵翼著，王树民校证：《廿二史札记校证》卷23《宋史各传回护处》，北京：中华书局，1984年，第505页。

③ （宋）吴泳：《鹤林集》卷19《论中原机会不可易言乞先内修政事札子》，《景印文渊阁四库全书》第1176册，第185页。

"吕氏安则赵氏危"

——吕氏家族与南宋灭亡

乔东山

（新乡学院　牧野文化研究所，河南　新乡，453003）

摘　要：以吕文德为首的吕氏家族是晚宋权势最大、地位最显赫的武将家族。该家族多人身居南宋军政要职。他们曾率军抵挡蒙古军队的进攻，为保卫南宋做出了贡献。但他们的一些行为加速了南宋的灭亡。他们嫉贤妒能，自毁长城，与人联合逼死大将曹世雄，激起刘整之叛，严重破坏了南宋国防。范文虎等人才能平庸，又胆怯畏战，屡吃败仗。他们贪污腐败，大肆侵吞国家财产，加剧了国家的财政危机。襄樊失陷后，吕氏家族中多人降元，并且转过头来为元朝灭宋效力。他们的这些行为加速了南宋的败亡。南宋亡国，吕氏家族负有重要责任。

关键词：南宋；亡国；吕氏家族；吕文德；范文虎；吕文焕；吕师夔

如今人们常说，做事要从大局着眼，要顾全大局。其实不光现在，历史上每一个朝代都有各自的大局。就南宋王朝而言，张邦炜先生指出，其大局就是"长期处于战时状态或准战时状态。战时状态牵动着、制约着南宋社会的诸多方面"[①]，由此引起南宋政治与北宋政治有诸多不同之处，其中之一便是南宋武将势力的抬头，特别是几个世代为将的家族权倾一时，关系南宋政治军事形势甚重。在这样的家族中，宋末的吕氏家族是权势最大、地位最高的将门之一。该家族的开创者吕文德出身平民，以军功起家，逐渐升至寄方面之任的阃帅。其兄弟、子侄、女婿等均凭借军功或与吕文德及其他大臣的关系而身居军政要职。例如，其弟吕文焕官至京西安抚副使、知襄阳府，是宋元襄樊战役南宋方面的主将。另一弟吕文福为淮西安抚副使兼知庐州。其子吕师夔为广西经略安抚使

---

① 张邦炜：《战时状态：南宋历史的大局》，《光明日报》2013年9月9日，第5版。

兼转运使，知静江府。其婿范文虎[①]，任殿前都指挥使。这些人均是握有一方实权的地方要员或掌管中央禁军的高级将领。当时和后来一些人也注意到吕氏家族权势的显赫和兴盛。例如，元人郑元祐说，吕氏家族“赫然以功名显著于天下”[②]。另一元人魏初认为：“吕氏，彼国大族，与之抗衡者，必因此有所诛杀。”[③]

这样一个强盛的家族自然引起了学者们的关注。综观以往的论著，多是研究该家族是怎样崛起、形成的及其在宋元战争中的军事活动。[④]对于该家族与南宋灭亡的关系，只有宋元战争史之类的著作稍有涉及[⑤]，还没有专门系统的研究成果出现。故此，本文专门探讨这个问题，看看吕氏家族的哪些行为促使了南宋的灭亡，在南宋灭亡的过程中，该家族起了什么样的作用，应负何种责任。希望通过解答这些问题，可以加深人们对吕氏家族及南宋灭亡的认识。

一、嫉贤妒能，自毁长城

吕氏家族是一个具有封闭性、排他性的利益集团。对于集团之外因战功升迁而威胁到自己地位的人，吕族家族中的人持嫉妒和排挤的态度，如他们就因嫉妒曹世雄的军功而逼死了他。《黄氏日抄古今纪要逸编》载：“刘整与曹世雄同断桥，功成，文德深忌之。”[⑥]这里所说的“断桥”，是指开庆元年（1259年）的断桥之役。当时蒙哥汗率军进攻巴蜀，四川告急。宋廷急命吕文德为四川制置副使、兼知重庆府，令其率军前去支援。蒙古知道南宋会派军支援，早已令纽璘在涪州蔺市（今重庆市涪陵区蔺市镇）和铜罗峡架设浮桥，驻扎军队，“以杜宋援兵”[⑦]。吕文德麾下的将领曹世雄、刘整攻破了浮桥，使宋军得以前进。此役中，“曹世雄功第一，整次之”，但吕文德深忌二人的战功，最后“捃世雄罪，逼以死”[⑧]，即找借口给曹世雄安加罪名，逼死了他。

---

① （元）陈桱：《通鉴续编》卷24，《景印文渊阁四库全书》第332册，台北：台湾商务印书馆，1986年，第951页；柯劭忞撰，余大钧标点：《新元史》卷177《范文虎传》，长春：吉林人民出版社，1995年，第2832页；屠寄：《蒙兀儿史记》卷112《范文虎传》，《元史二种》第2册，上海：上海古籍出版社、上海书店，1989年，第692页。以上诸书都记载范文虎是吕文德的女婿，唯（元）陶宗仪著，武克忠、尹贵友校点：《南村辍耕录》卷1《浙江潮》，济南：齐鲁书社，2007年，第13页记载：“文虎，吕文焕婿。”不取。

② （元）郑元祐撰，徐永明校点：《郑元祐集》卷8《送吕惟清序》，杭州：浙江大学出版社，2010年，第186页。

③ （元）魏初：《青崖集》卷4，《景印文渊阁四库全书》第1198册，第760页。关于吕氏家族的强盛状况，参见乔东山：《晚宋吕氏家族初探》，《中国社会历史评论》第16卷（下），天津：天津古籍出版社，2015年。

④ 屈超立：《论吕文德及吕氏军事集团》，胡昭曦、邹重华主编：《宋蒙（元）关系研究》，成都：四川大学出版社，1989年，第340—351页；Cheng-Hua Fang，Military families and the southern Song court—The Lü case，*Journal of Sung-Yuan Studies*，No.33，2003；王茂华：《南宋晚期武将的境遇——围绕吕文德及吕家军的分析》，（韩国）《人文学研究》2007年第12期；申万里：《宋元之际的吕文焕及其家族》，（韩国）《中亚研究》2019年第2期；付鹏、王茂华：《仕元的宋吕氏集团考析》，（韩国）《中国史研究》2014年第2期。

⑤ 主要的宋元战争史论著有：李天鸣：《宋元战史》，台北：食货出版社，1988年；陈世松等：《宋元战争史》，成都：四川省社会科学院出版社，1988年；胡昭曦主编：《宋蒙（元）关系史》，成都：四川大学出版社，1992年；顾宏义：《天平：十三世纪宋蒙（元）和战实录》，上海：上海书店出版社，2012年。其中以《宋元战史》为详。按：1271年，忽必烈建国号大元。本文依据所叙事情发生的时间，相应地称蒙古或元，综合论述时称元。

⑥ （宋）黄震：《黄氏日抄古今纪要逸编》，丛书集成初编本，上海：商务印书馆，1939年，第12页。

⑦ 《元史》卷129《纽璘传》，北京：中华书局，1976年，第3145页。

⑧ 汪圣铎点校：《宋史全文》卷36《宋理宗六》，北京：中华书局，2016年，第2904页。

其后，吕文德与人联合激起了刘整之叛。刘整与贾似道、俞兴、吕文德不和。后几人联合起来迫害刘整。其中，吕文德嫉妒刘整的战功，"所画策辄摈沮，有功辄掩而不白"①，在向朝廷报功时，吕文德与俞兴等人"抑刘整功"②，将本来功为第一的刘整之功定为下等，从而引起了后者的不满。后来，吕文德推荐俞兴为四川制置使，以打击刘整。俞兴欲借朝廷实施"打算法"之机迫害刘整。刘整被逼无奈，于景定二年（1261年）投降了蒙古。如果说此前吕文德逼死曹世雄只是使南宋失去了一员战将，损失还不算太大，那么这次他与人联合促使刘整叛宋降蒙，则给南宋带来了无穷的后患。

第一，南宋失去了泸州大部分地区。虽然景定三年吕文德率军击败刘整，收复了泸州，宋廷改泸州为江安军，但其所隶之州，除泸、叙、长宁、富顺外，其他均为蒙古军队占有。③第二，刘整长期在南宋军中任职，掌握了许多军事情报，"上下数千里间，要害厄塞，深浅远近缓急之势，备御屯战之宜，舟骑粮草之数，纖细不遗"④。军事情报事关战争胜负，乃至国家存亡，其重要性不言而喻。宋廷十分注意情报的保密工作，建立了严格的保密制度，但刘整降蒙古无疑泄漏了南宋大量重要的军事情报，为蒙古攻宋创造了条件。如至元四年（1267年）十一月，刘整向忽必烈建言："攻蜀不若攻襄，无襄则无淮，无淮则江南可唾手下也。"⑤因此，"攻宋方略，宜先从事襄阳"⑥，蒙古军队若"浮汉入江，则宋可平"⑦。忽必烈采纳了这个建议，很快就大举进攻襄樊。事实证明，这一建策是完全正确的。因此，刘整是元灭宋的"关键决策人物"⑧。第三，刘整建议蒙古加强水军建设，并亲自训练水军，"造船五千艘，日练水军，虽雨不能出，亦画地为船而习之，得练卒七万"⑨。元朝灭宋的五场大规模战役——襄樊之战、阳逻堡之战、丁家洲之战、焦山之战、崖山之战，或是水陆协同作战，或是单纯的水战。可见，元朝不采取相应的对策，制服宋朝水军之长，是无法取胜的。⑩刘整为元朝训练水军，大幅度提高了元军的战斗力，为以后灭亡南宋奠定了基础。因此，刘整"对蒙古水军大肆扩张的推动与执行出力最大"，蒙古"水军之壮大，刘整无疑为一枢纽人物"。⑪第四，刘整帮助蒙古取得了襄樊之战的胜利。蒙古军队围襄樊五年不下，张弘范、张禧、阿里海牙、刘整

---

① 《元史》卷161《刘整传》，第3786页。

② （宋）郑思肖著，陈福康校点：《郑思肖集》，上海：上海古籍出版社，1991年，第160页。

③ （元）孛兰肹等著，赵万里校辑：《元一统志》卷5《四川等处行中书省》，北京：中华书局，1966年，第522页。

④ （元）虞集：《刘垓神道碑》，国家文物局主编：《中国文物精华大辞典·书画卷》，上海：上海辞书出版社，1996年，第46页。

⑤ （宋）周密撰，吴企明点校：《癸辛杂识》别集下《襄阳始末》，北京：中华书局，1988年，第306页。

⑥ 《元史》卷6《世祖本纪三》，第116页。

⑦ （元）姚燧：《牧庵集》卷13《湖广行省左丞相神道碑》，丛书集成初编本，上海：商务印书馆，1936年，第153页。

⑧ 王曾瑜：《宋朝军制初探》（增订本），北京：中华书局，2011年，第535页。需要说明的是，刘整并非建此策的第一人，据《元史》记载，早在中统元年（1260年）忽必烈刚即位时，郭侃就正式提出了这样的计划。他说："宋据东南，以吴越为家，其要地，则荆襄而已。今日之计，当先取襄阳，既克襄阳，彼扬、庐诸城，弹丸地耳，置之勿顾，而直趋临安，疾雷不及掩耳，江淮、巴蜀不攻自平。"（《元史》卷149《郭宝玉传附郭侃传》，第3525页）但由于当时忽必烈忙于处理蒙古内部事务，无暇攻宋，郭侃的计划并未立即付诸实施。刘整的建策与郭侃的计划类似，但这时蒙古已稳定了内部，具备了攻宋的实力和条件，所以忽必烈于当年就实施了刘整的建策。刘整的建策可谓恰逢其时。

⑨ 《元史》卷161《刘整传》，第3787页。

⑩ 王曾瑜：《宋朝军制初探》（增订本），第536页。

⑪ 萧启庆：《蒙元水军之兴起与蒙宋战争》，刘道平主编：《钓鱼城与南宋后期历史——中国钓鱼城暨南宋后期历史国际学术讨论会文集》，重庆：重庆出版社，1991年，第221页。

等人分别献计，认为襄阳和樊城联结为一体，互为犄角，要想攻下襄阳，宜先取得樊城。蒙古采纳他们的建议，“令善水者断木沉索，督战舰趋城下，以回回炮击之，而焚其栅。十年正月，遂破樊城”[①]。献计攻樊城，虽非刘整一人之策，但他在其中发挥了作用。

以上是吕文德等人激起刘整之叛所带来的危害。刘整叛乱固然有诸多因素[②]，但吕文德的嫉妒和压制与之不无关系。吕文德的所作所为令亲者痛、仇者快，严重损害了南宋国防。

二、作战失利，“总师无功”

吕氏家族以军功起家，最后成为世家大族。对于该家族成员的战绩，前人已有论述。但吕氏家族中并非个个才华出众、功勋卓著，也有人才能平庸、贪生怕死，率军作战连连失利。这可以范文虎为代表。

1267年至1273年，宋元进行了关系南宋命运的襄阳战役。蒙古军队围困了襄阳，宋廷派范文虎率军前去救援，但他的表现令人失望。下面是他救援襄阳的情况。

咸淳五年（1269年）七月，大雨滂沱，汉水溢涨，宋军乘有利时机，派夏贵、范文虎相继率兵救援，“复分兵出入东岸林谷间”，迷惑敌军。但蒙古军队将领阿术识破了宋军的计谋，“谓诸将曰：‘此张虚形，不可与战，宜整舟师备新堡。’诸将从之”。第二天，“宋兵果趋新堡”，蒙古军队“大破之，杀溺生擒五千余人，获战船百余艘”。[③]

咸淳六年（1270年）元月，刚刚出任荆湖制置大使、兼夔路策应大使兼知江陵府的李庭芝，命范文虎提御前精兵八千余人往荆、襄应援。范文虎大败而归，仅以身免。[④]

同年六月，汉水再次溢涨，范文虎在李庭芝的催促下出师援襄，但“未至鹿门，中道遁去”[⑤]。

同年九月，“范文虎以兵船二千艘来援襄阳，阿术、合答、刘整率兵逆战于灌子滩，杀掠千余人，获船三十艘，文虎引退”[⑥]。

咸淳七年四月，范文虎等人乘汉水暴涨之机，再次率军救援，这次救援比较成功，他与其他宋将“督促粮运，输之襄阳，昼夜不绝”[⑦]。但好景不长，“阿术率万户阿剌罕等与宋将范文虎等战于湍滩”，蒙古军队胜，“获统制朱胜等百余人”，并夺取宋军军器。[⑧]另一蒙古军队将领“百家奴乘战船顺流至鹿门山，欲塞宋粮道，出击范文虎军，累获战功”[⑨]。

---

① 《元史》卷161《刘整传》，第3788页。

② ［日］衣川强：《刘整的叛乱》，刘俊文主编：《日本中青年学者论中国史（宋元明清卷）》，上海：上海古籍出版社，1995年，第167—208页；陈世松、喻亨仁、赵永康编著：《宋元之际的泸州》，重庆：重庆出版社，1985年，第71—87页。

③ 《元史》卷128《阿术传》，第3120页。

④ （宋）周密撰，吴企明点校：《癸辛杂识》别集下《襄阳始末》，第308页。

⑤ 《宋史》卷421《李庭芝传》，北京：中华书局，1977年，第12601页。

⑥ 《元史》卷7《世祖本纪四》，第131页。

⑦ 《元史》卷129《唆都传》，第3153页。

⑧ 《元史》卷7《世祖本纪四》，第135页。

⑨ 《元史》卷129《唆都传》，第3153页。

咸淳七年（1271年）六月，范文虎率苏刘义、夏松等舟师十万，战舰千余艘，救援襄阳。蒙古军队将领阿术即命张禧率四翼水军进战。结果，蒙古军队大胜，夺宋军战舰七十余艘。①

以上是范文虎救援襄阳的情况，几乎没有胜绩可言。如果说上述失利还与宋军战斗力弱有关，不能将责任全归于范文虎，那么他在战役中不听上级节制，擅自撤退，置友军于不顾的行为是不可原谅的。

咸淳五年（1269年）冬，吕文德逝世，宋廷任命李庭芝为京湖制置大使。范文虎得知此事后，写信给贾似道，称：“将兵数万入襄阳，一战可平，但无使听命于京阃，事成则功归恩相矣。”贾似道“即除文虎福州观察使，其兵从中制之”。有了贾似道的支持，范文虎每天“携美妾，走马击球军中为乐”。李庭芝屡次催促他进兵，他就以“吾取旨未至”为借口，拒不发兵。②

咸淳八年（1272年），李庭芝派民兵首领张顺、张贵乘江水上涨之机救援襄阳。二张在进军途中遭到元军的阻击，张顺英勇战死，张贵进入襄阳城中。九月，张贵返回郢州。他在出兵之前，“先遣死士泅水达郢，约文虎发兵驻龙尾洲为应”。而当张贵按约定拼死战至龙尾洲时，却见元军在此守候。原来，范文虎等人早在二日前“以风水惊疑，退屯三十里”了。③元军截获了宋军的情报，所以在此守株待兔。张贵拼死战斗，无奈双方实力悬殊，张贵全军覆没。

范文虎的这些行为严重影响了襄阳战局。此战南宋失败的原因固然很多，但范文虎作为援襄统帅，不仅屡战屡败，而且不顾大局，“闻难怯战”④，对此负有不可推卸的责任。正如方回所说：“范文虎以殿岩援襄，逗遛不受阃公节制，并不以闻。非欺君而玩寇乎？襄病深矣。”⑤监察御史陈文龙说“范文虎总师无功”⑥，是对他在襄阳战役中表现的准确评价。若用这句话来概括范文虎在整个抗元作战中的表现⑦，也是恰当的。

三、贪污腐败，加剧危机

随着地位的提高，权势的增大，吕氏家族的人逐渐利用手中的职权贪污腐败，侵吞国家财产。据刘克庄记载，淳祐初，吕文德前往朝廷，赵希漛暂时接替吕文德的职位。赵希漛到吕文德的军营里，发现“军无宿储，万口籍籍，愤吕掊克”，便“密劾其不

① 《元史》卷165《张禧传》，第3866页。

② 《宋史》卷421《李庭芝传》，第12601页。

③ 屠寄：《蒙兀儿史记》卷112《范文虎传》，《元史二种》第2册，第692页；（宋）周密撰，张茂鹏点校：《齐东野语》卷18《二张援襄》，北京：中华书局，1983年，第342页载，张贵约定的是夏贵。孰是待考。

④ 《宋史》卷46《度宗本纪》，第915页。

⑤ （元）方回：《桐江续集》卷32《钱纯父西征集序》，《景印文渊阁四库全书》第1193册，第666页。

⑥ 《宋史》卷451《忠义列传六·陈文龙传》，第13278页。

⑦ 关于范文虎在宋元战争中的事迹，参见董涛：《宋元之际水军将领范文虎的事迹与相关问题探析》，四川师范大学硕士学位论文，2008年。

法”，最后吕文德受到“夺帅权，移马司”的处分。[①]当时吕文德地位还不高，就已开始克扣军饷，日渐腐败。他身居高位后，更是利用职权大肆贪污国家财产。黄震记道：

> 京湖兵，在岳鄂王时，额三十万，史嵩之初为帅时，尚二十五万，似道自为帅时，尚二十万，李芝庭（应为李曾伯——引者）自淮东为帅时，尚十七万，至文德减至七万，而掩取六十四州，养三十万兵之赋，入为己有，又用私人戴埙者，名总领岁科，降朝廷金帛钱楮三十万，瓜分为己私，以至宝货充栋宇，产遍江淮，富亦极矣。[②]

这段记载说吕文德为京湖安抚制置使时，将收取的赋税和朝廷科降的金帛钱楮瓜分，据为己有，中饱私囊。另外，《宋季三朝政要》卷三载：

> （吕）文德号“黑灰团”，（刘）整叛，遂献言曰：“南人惟恃一黑灰团，可以利诱也。”乃遣使献玉带于文德，求置榷场于襄城外，文德许之。[③]

结合当时历史情况，可知此段记载说的是蒙古军队围困襄阳之事。蒙古军队欲围困荆襄重镇襄阳，但南宋在此地有重兵把守，蒙古军队一时无计可施。这时，降蒙的刘整向蒙廷献言，可以通过贿赂京湖安抚制置使吕文德达到目的。蒙古便派人送给吕文德一条玉带，表示想在襄阳城外设置榷场，希望得到允许。吕文德接受了玉带，便同意了蒙古的请求。这样一来，蒙古在襄阳城外有了立足点，为以后全面围困襄阳奠定了基础。刘整原为宋朝将领，曾与吕文德共事，深知吕贪财。吕文德果然为了玉带而答应了蒙古的请求。其贪心可见一斑。不光吕文德，吕师夔也同乃父一样，聚敛了大量财富。杨瑀《山居新话》载：

> 江西吕道山师夔至元间分析家私作十四分：本家十分，朝廷一分，省官一分，每分金二万两，银十万两，玉带十八条，玉器百余件，布二十万匹，胆矾五瓮。只此是江州府库见管鄂州，他处者又不预焉。以此观之，石崇又何足数也？[④]

此事说的是吕师夔降元后分配自己财产的情况。其财富之多，难怪杨瑀感叹“石崇又何足数也？”这么多的财富，恐怕不会全是吕师夔投降元朝后聚敛的，况且他作为降将，在新朝也不敢搜刮巨额财富。这应是他在南宋时积累的，而如此巨额的财富，恐怕并非全是合法所得。

有学者认为：“吕文德不仅战功卓著，而且在当时武将中可以称得上是最廉洁奉公的一员。”并举出了《宋史全文》卷三六记载的吕文德派吕师夔将府库所积多余钱财上交国库的事情以为例证。[⑤]笔者认为，只凭借这一件事恐怕不足以说明吕文德廉洁奉公，相反，由上述可知，吕氏家族贪污腐败的事迹屡见记载，班班可考。黄震说吕文德“性尤

---

① （宋）刘克庄：《安抚殿撰赵公墓志铭》，曾枣庄、刘琳主编：《全宋文》第331册卷7630，上海：上海辞书出版社，2006年，第323页。

② （宋）黄震：《黄氏日抄古今纪要逸编》，丛书集成初编本，第12页。

③ （元）佚名：《宋季三朝政要》卷3，《景印文渊阁四库全书》第329册，第1007页。

④ （元）杨瑀：《山居新话》卷4，《景印文渊阁四库全书》第1040册，第372页。

⑤ 何忠礼：《南宋全史》第2册《政治、军事和民族关系卷（下）》，上海：上海古籍出版社，2016年，第216页。

忌切而贪宝”①，明人郑真说吕文德是一名“贪将”②，倒是符合实际的看法。

南宋晚期，国家本就处于严重的财政危机中。③吕氏诸人大肆贪污，侵吞国家财产，无疑加剧了这一危机。

四、投降元朝，助元灭宋

吕氏家族的人在元军占领襄阳后大举攻宋时，纷纷投降。其中，咸淳九年（1273年）二月，襄阳主将吕文焕降元。吕文焕是在守卫襄阳数载，走投无路的情况下投降的，但其他人的投降，却不是这样。

元军占领襄阳后，不断集结力量，为全面攻宋做准备。至元十一年（1274年），忽必烈决定大举攻宋。是年九月，伯颜大军正式出发。元军一路势如破竹，先是绕过宋朝重兵把守的郢州，然后下沙洋、破新城、占复州，之后在阳逻堡击败宋军，渡过长江。接着，元军又占领了鄂州。然后，元军顺流东下，黄州、蕲州相继降元。至元十二年正月十三日，元军到达江州。宋兵部尚书吕师夔、江西安抚使兼知江州钱真孙、江州都统管如德以城降。

就在伯颜大军进入江州后，正月十六日，知安庆府“范文虎遣人持酒果来迎”。次日，“范文虎遣其侄机宜请丞相（伯颜）速来”，表示愿意投降。二十六日，范文虎又遣使向伯颜报告：“安塔哈、刘整等行枢密院遣军临城招谕，我辈不从，众心愿俟丞相。”④伯颜遂命阿术率舟师先到安庆。阿术到后，范文虎果然以城降。

德祐元年（1275年）三月，宋廷“加吕文福保康军承宣使，趣入卫。文福至饶州，杀使者，入江州降大元”⑤。

如果说，吕文焕投降是在无路可走的情况下的被迫无奈之举，那么吕师夔、范文虎、吕文福则是主动迎降，令人难以原谅。他们投降后，还积极为元朝灭宋服务。他们助元灭宋的行径大致可分为以下几个方面：

1. 劝降

吕氏家族多人长期在南宋军中身居要职，许多南宋将领是他们的相识或部下。因此，他们凭借自己的关系，劝南宋将领降元。

至元十一年九月，元军至沙洋，派杨仁风招降南宋守军，但被拒绝，后又派吕文焕前往招降，又不应。最后元军以武力攻陷了城池。⑥

接着，元军进至沙洋南的新城。吕文焕认为“其小垒可不攻而破”，带着沙洋守军的

---

① （宋）黄震：《黄氏日抄古今纪要逸编》，丛书集成初编本，第12页。
② （明）郑真：《荥阳外史集》卷92《送陈君祥上任襄阳府照磨》，《景印文渊阁四库全书》第1234册，第549页。
③ 张金岭：《晚宋时期财政危机研究》，成都：四川大学出版社，2001年。
④ （元）刘敏中：《平宋录》卷上，《景印文渊阁四库全书》第408册，第1045—1046页。
⑤ 《宋史》卷47《瀛国公本纪》，第928页。
⑥ 《元史》卷127《伯颜传》，第3101页。

头颅到城下招降。南宋守军拒降。第二天，他又带着沙洋守将王大用至城下，对新城守将说："边都统急降，不然祸即至矣。"守将边居谊不答，后对元军说："吾欲与吕参政语耳。"吕文焕"以为居谊降己"，便骑马至城下。突然城上乱箭齐发，"中文焕者三，并中其马，马仆"，吕文焕几为宋军"钩得"，幸被元军及时救回。后元军攻占了城池。①

至元十一年（1274 年）十二月，元军进至鄂州，派吕文焕、杨仁风、杨春劝降。吕文焕等人说："汝国所恃者，江、淮而已，今我大兵飞渡长江，如履平地，汝辈何不速降。"结果，"知鄂州张晏然、知汉阳军王仪、知德安府来兴国，皆以城降，程鹏飞以其军降"。②元军占领鄂州后，以吕文焕为向导，顺流而下。至元十二年（1275 年）正月，元军令吕文焕、陈奕写信给蕲州安抚使管景模，劝其投降。当伯颜率军进至蕲州时，管景模出降。

元军占领蕲州后，继续顺流而下。宋江州（今江西九江）、安庆守军先后投降。至元十二年二月七日，伯颜从安庆出发，前往池州。先是，伯颜在蕲州时，吕文焕、陈奕就遣使致书池州都统张林，劝其投降。池州知州王起宗在元兵渡江后就弃官逃跑了，当时摄州事的是通判赵卯发。他"缮壁聚粮，为守御计"。张林接到吕文焕等人的书信后，打算投降。他劝赵卯发跟自己一同投降，赵卯发坚决拒降。但兵权在张林手中，赵卯发拿张林没有办法。伯颜到池州后，张林投降，赵卯发自缢而死。③

范文虎投降后，与吕文焕一样，积极招降南宋守将。

至元十二年，元朝"遣两浙大都督范文虎，持诏往谕安丰、寿州、招信、五河等处镇戍官吏军民"④。

同年，元军取得丁家洲大捷后，忙兀台"与宋降将范文虎以兵五百，谕降和州及无为、镇巢二军"⑤。

是年十一月，元军进至常州，元军先派张彦到城下招降，不成，又派范文虎诏谕，宋守将刘师勇"伏弩射走之"⑥。

至元十三年正月，伯颜分兵围安吉州。安吉州牛监军逃跑。范文虎、程鹏飞、管景模等遣使持诏书招降，浙西提刑徐道隆"焚书斩使"，拒绝投降。⑦当时元军兵临皋亭山，宋廷令徐道隆间道入援。徐道隆赶紧赴临安增援，他走后元军占领了安吉州。

面对吕氏的劝降，虽有一些南宋将领拒绝投降，但也有许多守将倒向了元朝阵营，

---

① 《宋史》卷 450《忠义列传五·边居谊》，第 13251 页。

② 《元史》卷 127《伯颜传》，第 3103 页。

③ 《宋史》卷 450《忠义列传五·赵卯发》，第 13259 页。

④ 《元史》卷 8《世祖本纪五》，第 167 页。

⑤ 《元史》卷 131《忙兀台传》，第 3188 页。

⑥ 《宋史》卷 451《忠义列传六·刘师勇》，第 13274 页。

⑦ 《宋史》卷 451《忠义列传六·徐道隆》，第 13267 页。《宋史》卷 451《忠义列传六·赵良淳》，第 13266 页记载："范文虎遣使持书招降，良淳焚书斩其使。"与《宋史·徐道隆传》记载不同，（元）佚名：《昭忠录·徐道隆传》，《景印文渊阁四库全书》第 451 册，第 240 页记载："时范文虎、程鹏飞、管景模俱遗书诱降，道隆焚书斩使……良淳唯倚道隆。道隆既去，或告赵总领与可欲挟知州以降，良淳闻之，与妇同缢于州治之碧兰堂，乙亥除夕也。"可知焚书斩使的是徐道隆。赵良淳虽道德高尚，但没有什么才干，在得知赵与可欲降后，没有采取措施就自缢而死。

正如史书所说：“时沿江诸将，多吕氏旧部，争望风款附。”[①]吕氏的招降，瓦解了宋军军心，使元军不费一兵一卒就占领了许多重要地区，加快了元军前进的速度。

2. 献策

吕氏家族诸人曾长期任职于南宋，对南宋的地理、军情十分了解，因此在元军攻宋的过程中，他们献计献策，帮助元军。

至元十一年（1274 年）十月，吕文焕导元军进攻汉水中游重镇郢州。郢州城高池深，不易攻取。吕文焕建议绕过郢州，从旁边的湖中渡过，进入长江。元军统帅采纳了这个建议，顺利进入长江。[②]吕文焕的建议避免了元军再次顿兵于坚城之下，加快了灭宋的步伐。

绕过郢州后，元军一路南下，破沙洋、下新城、降复州，十二月初到达长江北岸的沙武口。南宋夏贵率汉鄂舟师顺下流迎敌。晚上，宋军偷袭元军，但被元总管张当看见，宋军战败而还。当日，诸将对伯颜说：“沙武口南岸，彼屯战舰一队，可以攻取。”伯颜不听。吕文焕又建议：“彼船攻之必获。”伯颜答道：“吾亦知其必获。吾之所虑，诸将获小功，骄惰其志，有失大事。吾自料之，可一鼓而渡江，获其全功，无贪小利。”诸将皆以为是。[③]虽然这次伯颜没有采纳吕文焕的建议，但可以看出吕文焕为元军献计献策之积极。

元军占领安庆后，伯颜问南宋降将：“（南宋）行在何时可得？”吕文焕说：“内地虽近，有军有粮，非三四年攻击不可得。”范文虎则认为：“内地虚弱，不足应敌，驱兵而入，可即得之。”“伯颜乃信用范文虎。”[④]吕文焕虽曾是南宋将领，但困守襄阳多年，对宋军的了解显然不如范文虎。后来事实证明，范文虎的估计是准确的。范文虎的建言，坚定了伯颜灭宋的决心。

至元十二年（1275 年），元廷派往南宋的使者被宋军所杀。宋廷向伯颜解释，杀使者是宋军的擅自行动，朝廷并不知情。伯颜认为：“彼为谲诈之计，以视我之虚实。当择人以同往，观其事体，宣布威德，令彼速降。”[⑤]打算再派使者到宋廷劝降。在使者人选问题上，吕文焕说：“议事官张羽，为人端悫刚决，兼有才略，其人可往。”[⑥]伯颜采纳了这个建议，“乃命议事官张羽等持王荣答书”前往临安。[⑦]

吕氏诸人对南宋的虚实十分了解，“宋君臣之孰贤孰愚，宋河山城郭之何瑕何坚，宋兵民之多寡虚实，宋兵刑政之得失巧拙，不为不知”[⑧]。他们的计策，往往深中南宋要

---

① 柯劭忞撰，余大钧标点：《新元史》卷 177《吕文焕传》，第 2831 页。

② （元）刘一清：《钱塘遗事》卷 6《下郢复州》，上海：上海古籍出版社，1985 年，第 137 页。《元史》卷 128《阿术传》，第 3121 页记载：“秋九月，师次郢之盐山，得俘民言：‘宋沿江九郡精锐，尽聚郢江东、西两城，今舟师出其间，骑兵不得护岸，此危道也。不若取黄家湾堡，东有河口，可由其中拖船入湖，转以下江为便。’从之。遂舍攻郢而去。”与《钱塘遗事》记载不同，没有提到吕文焕。孰是待考。

③ （元）刘敏中：《平宋录》卷上，《景印文渊阁四库全书》第 408 册，第 1043 页。

④ （宋）郑思肖：《铁函心史 · 大义略叙》，陈福康：《井中奇书考》，上海：上海文艺出版社，2001 年，第 507 页。

⑤ 《元史》卷 127《伯颜传》，第 3106 页。

⑥ （元）刘敏中：《平宋录》卷上，《景印文渊阁四库全书》第 408 册，第 1047 页。

⑦ 《元史》卷 127《伯颜传》，第 3106 页。

⑧ （元）胡祗遹：《紫山大全集》卷 12《寄张平章书》，《景印文渊阁四库全书》第 1196 册，第 229 页。

害，使元军少走了许多弯路。

3. 抚谕

元军占领城池后，需要抚谕当地军民，稳定元朝统治。吕氏家族诸人也做了这方面的工作。

至元十二年（1275年）二月，南宋建康守将弃城而逃。元“丞相先遣吕文焕及招讨索多，按察副使焦宽甫等赍榜文往建康抚谕军民”①。

是年十二月，伯颜率军驻扎于望亭东，“令张惠、吕文焕先赴平江，同游显等入城”②，抚谕军民。

至元十三年（1276年）正月丙戌，伯颜“遣吕文焕持黄榜谕临安中外军民，俾安堵如故”③。

同年二月，右丞张惠、参政阿剌罕、董文炳、吕文焕入见南宋谢后，宣布德意，以慰谕之。后张惠、阿剌罕、董文炳、吕文焕等入城，核查南宋军民户籍，清点仓库，罢南宋各官府，收百官诰命，接收宋廷符印图籍。④

元军占领临安后，以此为两浙大都督府，令“忙古歹、范文虎入治府事”⑤。范文虎治府事时，处理了一件南宋宗室反元复宋的事，史载：

> 方大军驻绍兴，福王与芮从子曰孟松，谋举兵，事泄，被执至临安。范文虎诘其谋逆，孟松诟曰：“贼臣负国厚恩，共危社稷，我帝室之胄，欲一刷宗庙之耻，乃更以为逆乎？”文虎怒，驱出斩之，过宋庙，呼曰：“太祖、太宗列圣之灵在天，何以使孟松至此？”都人莫不陨泪。既死，雷电昼晦者久之。⑥

吕氏家族抚谕军民，维持占领区秩序，消除了元军的后顾之忧，使元军能集中精力对付残宋势力。

4. 作战

吕氏家族还直接带兵作战，镇压南宋军民的反抗。这可以范文虎和吕师夔为代表。

在元军进入临安前夕，宋益王与广王在驸马都尉杨镇、杨亮节、俞如圭等人的拥护下仓皇出逃。是夜，丞相陈宜中也出逃南下。当时，驻军离临安十五里的元军统帅伯颜得知此事后，“亟使谕阿剌罕、董文炳、范文虎率诸军先据守钱塘口，以劲兵五千人追陈宜中等”⑦。伯颜入临安后，“遣范文虎将兵趣婺，召镇以王还，镇得报即去，曰：‘我将就死于彼，以缓追兵。’”后杨亮节等人背负二王徒步藏匿于山中七日，终于躲开了元军的追击。⑧

---

① （元）刘敏中：《平宋录》卷上，《景印文渊阁四库全书》第408册，第1046页。
② （元）刘敏中：《平宋录》卷中，《景印文渊阁四库全书》第408册，第1051页。
③ 《元史》卷127《伯颜传》，第3109页。
④ 《元史》卷127《伯颜传》，第3110页。
⑤ 《元史》卷127《伯颜传》，第3110页。
⑥ 《宋史》卷454《忠义列传九·赵孟垒》，第13357页。
⑦ 《元史》卷9《世祖本纪六》，第177页。
⑧ 《宋史》卷47《瀛国公本纪附二王》，第939页。

吕师夔降元后，至元十二年七月，元廷命蒙古万户宋都带、汉军万户武秀、张荣实、李恒和吕师夔行都元帅府，取江西。元军一路进展神速。十一月，元军进攻隆兴府（今江西南昌）。宋江西制置使黄万石命江西都统密佑率兵二千前去救援。但密佑尚未到达隆兴府，南昌守军已降。元军进而向抚州进军。密佑的军队与张荣实、吕师夔率领的元军在进贤坪相遇，双方激战多时。由于实力悬殊，密佑被元军抓获，最后不屈而死。①

至元十二年（1275 年）十二月，吕师夔向信州索要衣粮。谢枋得看透了吕师夔卖国求荣的本质，回信拒绝。次年正月，吕师夔与武万户率兵进攻江东。时为江东提刑、江西招谕使、知信州的谢枋得率军迎战。谢枋得败退至安仁。他调淮士张孝忠率军与吕师夔军逆战于团湖坪。宋军一度占优势，但元军绕出张孝忠后，袭击宋军。张孝忠中流矢而死。吕师夔下安仁，进攻信州，宋军不守奔逃。②

至元十三年（1276 年）三月，元军到达大庾岭，越过岭就进入广东了。五月，宋广东制置使徐直谅见大势已去，便派梁雄飞至江西求降。吕师夔命梁雄飞、黄世雄带一支元军逾岭入粤。这支元军一路连下，连克南雄、韶州，直下广州。③这时，徐直谅得知南宋行朝建立的消息，便不再投降。他派提刑李性道、摧锋军首领黄俊、陈实和水军将领谢贤率军抵御元军。在石门（今广东广州郊区），宋、元两军相遇。李性道等人惧怕元军，畏缩不前，只有黄俊率军奋战，但由于双方力量悬殊，结果战败，黄俊不屈而死。④六月十三日，元军进入广州城。这时，一度降元的熊飞反正，举兵攻向广州城。与此同时，"新会令曾逢龙亦帅乡兵至"。经过激战，宋军获胜，元军撤退，宋军收复了广州。但元军并不甘心。十月，吕师夔、张荣实亲自带兵进入梅岭。宋将赵溍遣曾逢龙、熊飞往南雄抵御，后又遣将校刘自立守韶州。曾逢龙战死于南雄，熊飞退保韶州。吕师夔、张荣实复围韶州，熊飞守城力战，巷战死，刘自立降。⑤吕师夔、张荣实占领韶州，然后取英州，直奔广州。十二月初，宋广州守将赵溍、方兴出逃，将守城事宜交给了郡人赵若冈。赵若冈与忠勇军陈勇在元军到来后开城门投降。元军再次占领广州。广州第二次失陷后，宋流亡朝廷任命张镇孙为龙图阁待制、广东制置使、兼经略安抚使。张镇孙与都统凌震率军进攻广州。吕师夔、张荣实得知宋军来攻后，因军饷不继而退走。宋军再次收复广州。但至元十四年（1277 年）十月，塔出、吕师夔卷土重来，分路会攻广州。张镇孙与塔出、吕师夔战于海珠寺，张镇孙败绩，元军第三次占领了广州。⑥吕师夔执张镇孙及其妻子械送京师，但张镇孙在赴京的路上自经死。⑦

如果说之前吕氏诸人助元灭宋的行为还是间接的，那么他们带兵与南宋军民作战就

---

① 《宋史》卷 451《忠义列传六·密佑》，第 13271—13272 页。

② 《宋史》卷 425《谢枋得传》，第 12688 页。

③ （元）黄溍：《金华黄先生文集》卷 35《中大夫延平路总管韩公墓志铭》，胡氏梦选廔本。

④ （明）黄佐著，陈宪猷疏注、点校：《广州人物传》卷 17《宋摧锋军将黄公俊》，广州：广东高等教育出版社，1991 年，第 421 页。

⑤ （明）黄佐著，陈宪猷疏注、点校：《广州人物传》卷 17《宋义士熊公飞》，第 425 页。

⑥ （清）郝玉麟：《广东通志》卷 6《编年志一》，《景印文渊阁四库全书》第 562 册，第 261 页。

⑦ 柯劭忞撰，余大钧标点：《新元史》卷 177《吕师夔传》，第 2832 页。

是直接灭亡南宋的行为了。特别是吕师夔率领元军征战于江西、广东，打击了许多抗元势力，占领了大片地区，可以说是充当了元军剿灭南宋残余势力的急先锋。

五、结　　语

吕氏家族是晚宋权势最大、地位最显赫的武将家族。该家族多人身居南宋军政要职，掌握很大的权力，“沿边数千里，皆归其控制，所在将佐列戍，皆俾其亲戚私人”[①]。宋廷和贾似道对吕氏族人颇为倚重，将他们放在自己所构建的防卫蒙古体系中的“枢要位置”。[②]吕氏族人带兵与蒙古军队作战，为保卫南宋做出了贡献，但他们也做了许多消极之事。他们嫉贤妒能，自毁长城，与人联合逼死大将曹世雄，激起刘整之叛，严重破坏了南宋国防；范文虎等人才能平庸，又胆怯畏战，屡吃败仗；他们贪污腐败，大肆侵吞国家财产，加剧了国家的财政危机；襄阳失陷后，族中多人降元，并且转过头来为元朝灭宋效力。这些所作所为，将南宋推到了悬崖边上。南宋亡国的原因固然很多，但吕氏家族是难脱干系的。当时的南宋监察御史李旺感慨地说：“吕氏安则赵氏危矣。”[③]这是当事人对吕氏家族和南宋政权关系的准确揭示。

作者简介：乔东山（1986—），男，新乡学院讲师，历史学博士，主要研究方向为宋元史。

① （宋）黄震：《黄氏日抄古今纪要逸编》，丛书集成初编本，第12页。
② ［日］寺地遵：《贾似道的对蒙防卫构想》，《国际社会科学杂志（中文版）》2009年第3期。
③ 《宋史》卷474《奸臣列传四·贾似道》，第13785页。

宋代经济史研究

论宋代以绢计赃的折价变化*

李金闯

（河北大学　宋史研究中心，河北　保定，071002）

摘　要：宋代以绢帛为价值尺度来衡量经济犯罪中的赃值，以绢帛数量记录赃值并对照律条量刑定罪。铜钱和铁钱两种铸币与绢帛的折算价格有过多次调整，铸币与绢帛折价的变化基本上反映了物价变化的趋势。

关键词：以绢计赃；绢帛；铜钱；铁钱；白银

作为服装原料，绢帛属于基本生活物资，与铜钱和铁钱相比，它的价值含量更大，因此可以作为轻赍用于长途贸易中的财富转移。同时因为宋代存在铜钱和铁钱两种货币区，跨区域贸易出现兑换难题，绢帛因其具有广泛的使用价值而成为交易中的硬通货，也可以充任一般等价物，所以绢帛在大额度跨区域贸易中部分地承担着货币的角色。在绢帛品类相对单一的时期，不同地区的绢帛价格相对于其他物价来说具有更好的一致性。同时绢帛价值的构成中劳动力价值占比较大，起决定性作用，绢帛的价格变化体现着一般社会劳动的价格变化，绢帛的价格成为所在区域的基础物价之一。基于以上两点因素，绢帛价格在时间上相对稳定，在空间上相对统一，并且体现了所在地区的物价水平，因此在某些领域，绢帛被接受为价值尺度，用来衡量其他商品的价值。最典型的是宋代以绢帛作为经济犯罪量刑计赃的价值标准。宋代以绢帛作为经济犯罪量刑计赃的价值标准，是继承和延续唐代法律制度。唐代钱帛兼行，绢帛具有一定的货币职能，唐律中往往以绢帛计赃定罪。随着历史的发展，绢帛的货币职能逐渐弱化，但是律法的调整往往相对滞后，因此仍然以绢帛计赃。在两宋时期，有以绢计赃向以钱和以银计赃转变

* 本文为用友基金项目“宋代货币比价史料整理与研究”（2019—Y02）阶段性研究成果。

的趋势，尤其是转向以铜钱计赃。学界关于以绢计赃的研究较多关注制度流变及适用范围[①]，本文主要关注宋代以绢计赃的实际运行过程中，铜钱和铁钱两种铸币折算绢帛的价格变化，并以此为观测点考察两种铸币的购买力变化趋势。

一、宋代铜钱区以绢计赃的折价变化

宋代以绢计赃是延续唐五代的传统做法。在法律条文中，往往以相当于几匹绢来衡量价值多少，以绢帛数量来量刑定罪。例如，《唐会要》卷四〇《定赃估》中记载，开元十六年（728 年），“请天下定赃估，绢每匹计五百五十价为限”[②]。这是说唐开元十六年规定的折算标准是每 550 文铜钱相当于一匹绢。后周时期规定为“所犯赃满绢三匹坐死”[③]，则涉赃三匹绢要处死。北宋开国之初，以绢计赃执行的是灵活定价，根据当时当地绢的实际交易价格来折算，需要长吏、通判、判官等一众官员面勒行户负责人确定实价，然后再进行折算。

> 国朝之制，凡犯赃者，据犯处当时物准上估绢平赃。如所犯赃去见禁处千里外及赃已费用者，皆于事发处依犯时中估物价约估，亦依上估绢平赃，兼具赃物已费、见在，其生产之类有无蕃息，及以赃转易得物，皆具言之。内有经赦，即言在赦前、后赃钱绢匹入案。估时，皆长吏、通判、本判官面勒行人估定实价，其制勘推期者，亦勘官监估。[④]

定赃原则是按照案件发生地的上等绢估价进行折算，估价的形成机制是长吏、通判和本判官共同约见行会负责人确定价格，同时接受监督。这样的灵活定价机制考虑到了不同地区和不同时期的物价差异，使量刑定罪更加准确、合理。此定价机制实行了较长时间，文献中有具体执行情况的零星记载。

> （皇祐年间，李冕任舒州司理参军。）是时临川王介甫为州通判……司理院月平物价，君持绢直高于市平，同僚患之。会庆朔，介甫对众诘君，君曰：“有之。今岁凶饥，民为盗无数。诚知市卖一绢钱七百，然必高之为千二百者，以计赃难满匹，可以缓穷人之死故也。不然三绢杀一人矣。吾僚有禄俸，欲得绢则准市平取之，谁敢厚求于官？今何用患吾平乎！”[⑤]

---

① 陈玺：《绢帛与钱贯：唐代赃估规则之嬗变与运行》，《学术月刊》2019 年第 4 期，第 149—158 页；汪圣铎、马元元：《论中国古代的“以绢计赃”现象》，《兰州学刊》2016 年第 6 期，第 50—56 页；汪圣铎：《试论宋代绢帛的货币功能》，《中国经济史研究》2004 年第 9 期，第 139—146 页；王文成：《南宋银绢关系的演变与白银货币化》，《云南社会科学》2001 年第 3 期，第 61—66 页；王文成：《从银绢并用到银绢分离——北宋时期的银绢关系试探》，《思想战线》2001 年第 2 期，第 121—124 页。

② （宋）王溥：《唐会要》卷 40《定赃估》，上海：上海古籍出版社，1991 年，第 851 页。

③ （清）徐松辑，刘琳等校点：《宋会要辑稿》刑法 3《定赃罪》，上海：上海古籍出版社，2014 年，第 8393 页。

④ （清）徐松辑，刘琳等校点：《宋会要辑稿》刑法 3《定赃罪》，第 8393 页。

⑤ 汪圣铎编：《两宋货币史料汇编》，（宋）吕南公：《灌园集》卷 20《故袁州李君墓志铭》，《景印文渊阁四库全书》第 1123 册，台北：台湾商务印书馆，1986 年，第 183 页。

李冕任舒州司理参军，司理院每月给出绢价标准。当时，王安石担任舒州通判，当众对每匹绢 1200 文的价格提出了质疑，因为当时的市价是每匹绢 700 文。李冕解释高估绢价的动机是在灾荒年份减轻刑罚。司理院在绢帛定价方面具有主导权，按照长吏、通判、判官共同定价的工作机制，时任舒州通判的王安石在这项工作中具有发言权，同时需要承担一定的责任，因此提出了质疑。从这则事例可以看出，灵活定价机制提高了估赃定罪的精确性，但也增大了执行难度，存在较大弹性，容易产生弊端。

北宋初在盗窃类案件中，已经由以绢定赃转向了以钱定赃。太祖建隆二年（961 年）进行政策调整，以铜钱为价值标准，赃满三贯文铜钱者坐死，调整的原因是各地绢价不等。定罪轻重程度与后周“犯赃满绢三匹坐死”相对应，一匹绢对应一贯文铜钱。

> 太祖建隆二年二月二十五日，诏：“自今犯窃盗，赃满三贯文坐死，不满者节级科罪。其钱八十为陌。”先是，周广顺中敕，窃盗计赃，绢三匹以上者死，绢以本处上估为定，不满者等第决断。至是以绢价不等，故有是诏。①

建隆二年二月二十五日的诏书内容提到了其钱八十为陌（佰），定罪时一匹绢与一贯文铜钱相当，即相当于铜钱 800 文足。太平兴国四年（979 年）九月二十六日诏曰：“先是江浙诸州所定法，以绢计赃物，绢价钱每二匹当江北之一，今宜以千钱为绢一匹计赃论其罪。”②在此之前江浙诸州以绢计赃确定的折价比较低，两匹绢折算的钱数是江北一匹绢折算的钱数，现在确定 1000 文钱折绢一匹。以此倒推，原来江浙地区一匹绢折算是 500 文钱左右，这和前文《唐会要》中记载一匹绢折合 550 文铜钱基本一致。

太平兴国五年（980 年）三月二十一日，诏：“荆湖、岭南等处绢价钱，自今所定法如江浙例，悉以千钱为绢一匹论其罪。”③这是将荆湖和岭南地区论罪时钱绢的折算数额也确定为每匹绢折合 1000 文铜钱。

这一标准在铜钱区执行了较长时间。哲宗元符年间，每匹绢的折价调整为一贯三百文铜钱。徽宗建中靖国元年（1101 年），刑部提出仍需要调整折价，因为当时绢价已经比元符时期高出许多，建议在量刑定罪时，如果当时当地绢价较高，就以上等绢的价格进行折算。这次只是在条文中增加了执行的弹性：

> 徽宗建中靖国元年九月六日，刑部言：“《元符令》，定罪以绢者，每绢一匹准钱一贯三百。近岁物价踊贵，非昔时比，一绢之直多过于旧价，乞于令文添入‘若犯处绢价高者，依上绢计直’。”从之。④

大观元年（1107 年），则统一调整为一贯五百文铜钱折绢一匹，这一比例执行到北宋灭亡时。

---

① （清）徐松辑，刘琳等校点：《宋会要辑稿》刑法 3《定赃罪》，第 8393 页。
② （清）徐松辑，刘琳等校点：《宋会要辑稿》刑法 3《定赃罪》，第 8393 页。
③ （清）徐松辑，刘琳等校点：《宋会要辑稿》刑法 3《定赃罪》，第 8393 页。
④ （清）徐松辑，刘琳等校点：《宋会要辑稿》刑法 3《定赃罪》，第 8394 页。

大观元年闰十月二十日，诏："计赃之律，以绢论罪，绢价有贵贱，故论罪有重轻。今四方绢价增贵，至两贯以上，而计绢之数独循旧例，以一贯三百足为率。计价既少，抵罪太重，可以一贯五百足定罪。"①

南宋初年物价上涨的趋势仍然存在，高宗建炎元年（1127年）六月七日，大理正、权尚书刑部郎中朱端友提出，绢价上涨，各地价格不一，建议州县在以绢定罪的执行中，按照当时当地的市场交易价格，折算成绢的数量，定罪量刑，在流通铁钱的地方，折算成铜钱数额量刑。朱端友还回顾了之前绢价折算从一贯三百文到一贯五百文的演变历史，这也说明从大观元年（1107年）确定一贯五百文到高宗建炎元年，其间没有调整。

建炎元年六月七日，大理正、权尚书刑部郎中朱端友言："看详见今犯罪计绢定罪者，旧法以一贯三百足准绢一匹，后以四方绢价增贵，遂增至一贯五百足。州县绢价比日前例皆增贵，其直高下不一，欲应州县犯赃，合计绢定罪者，随当时在市实直价计贯伯（佰）纽计绢数科罪。其铁钱地分，并以铜钱计数科罪。"诏自今计绢定罪，并以二贯为准。②

针对朱端友的建议，朝廷做出的最终决定是：计绢定罪，并以两贯为准。原则明确，以绢定罪；折价标准也明确，不是按照市价而是确定一匹绢折算铜钱二贯文。这样的法律规定清晰明了，便于执行，比按照当时市价折算缺少弹性，但减少了争议和弊端。每匹绢折两贯文铜钱的标准没有执行太久，绍兴三年（1133年）就调整为三贯文铜钱，原因是物价上涨太快。绍兴三年九月八日的诏书中说："目今绢价不下四五贯，岂可尚守旧制耶？可每匹更增一贯，通作三贯足，俟戎马平定，绢价低小，别行取旨。而今而后，赃吏犯法，夫复何言！"③九月八日的诏书是围绕惩戒贪官污吏而言的。当年十月十四日，则将这一规定扩大到了其他犯罪的量刑上：

"……乞将《绍兴敕》犯盗定罪者递增其数，庶使无知穷民免致轻陷重宪。"诏令刑部勘当。"契勘计绢定罪者，元估每匹价钱二贯足。近承今年九月八日手诏，每匹增钱一贯足，通作三贯足，即是二贯以十分为率，增及五分。……"④

自绍兴三年十月，以绢定罪，每匹绢折钱三贯足。孝宗乾道六年（1170年）闰五月甲申，"准敕节文，今后权将敕律内应以绢定罪之法，更处增一贯，通四贯足断罪外，有敕内以钱数定罪，拟欲一例处增一贯"⑤。乾道六年调整为四贯足以后，这一标准终南宋一朝不见改动，或者是缺失了相关记载，或者是此后铜钱的购买力实际变动不大。

① （清）徐松辑，刘琳等校点：《宋会要辑稿》刑法3《定赃罪》，第8394页。
② （清）徐松辑，刘琳等校点：《宋会要辑稿》刑法3《定赃罪》，第8395页。
③ （清）徐松辑，刘琳等校点：《宋会要辑稿》刑法3《定赃罪》，第8395页。
④ （清）徐松辑，刘琳等校点：《宋会要辑稿》刑法3《定赃罪》，第8395—8396页。
⑤ 汪圣铎点校：《宋史全文》卷25上《宋孝宗三》，北京：中华书局，2016年，第2086页。

二、宋代铁钱区以绢计赃的折价变化

北宋时期川蜀、陕西地区因为流通货币不同，定赃折价也有所不同。川蜀地区行用铁钱，太祖朝“开宝六年六月丁亥诏书，剑南西川吏民犯窃盗赃以铁锡钱计之，满万钱者抵罪，犯强盗赃满六千者亦抵法”①，规定川蜀地区以铁钱数额为标准定赃罪，此时流通使用的是小铁钱，定赃也是以小铁钱为标准。太宗太平兴国二年（977年）八月二十五日，知资州，著作佐郎成肃提出因为铁钱贬值，四文铁钱才相当于一文铜钱，以铁钱定罪处罚过重，应当调整标准。这件事交付司法部门进行讨论，给出的调整意见是：

> 事下有司，法寺言：“剑南诸州官市金银、丝绢、茶盐，悉以铁锡钱四当铜钱之一，他物价随时高下，不可以为准。自今本犯窃盗、强盗及他赃，并望以铜钱一千为银一两定其罪，亦犹内郡国以绢论。”从之。②

剑南诸州丝绢和茶、盐等物资的价格波动较大，不能作为标准，但是铜铁钱的比价是1∶4，最后确定以铜钱一千文、白银一两作为量刑定罪标准。在绢、钱和银之中选择以铜钱和白银作为量刑定罪标准，参考了内地以绢定赃的标准，相对以前降低了处罚力度。将铁钱折算为铜钱，然后再折绢定罪是更普遍的做法，“至道三年七月二十二日，诏逐处将铁钱依时价准折铜钱实数定罪施行”③。“大中祥符六年二月一日，诏川陕四路赃钱、赏罚钱以小铁钱十当一。”④将用于计赃和赏罚的铜铁钱比价调整为1∶10，史料中记为“川陕四路”，容易让人理解为四川和陕西，汪圣铎先生在《两宋货币史》中详细考证“川陕四路”实为“川峡四路”。此处调整两种钱币的折算比例，明确指出是铜钱和小铁钱，因为景德年间铸造了每贯重25斤6两的大铁钱，大铁钱和小铁钱的比价也是1∶10。

> 神宗元丰二年十二月四日，成都府、利州路钤辖司言：“往时川峡绢匹为钱二千六百，以此《编敕》估赃两铁钱得铜钱之一。近岁绢匹不过千三百，估赃二匹乃得一匹之罪，多不至重法，盗贼浸多。”法寺乞以一钱半当铜钱之一，从之。⑤

元丰二年（1079年），成都的官员提出：以前川峡绢价是每匹2600文钱，估赃定罪时二铁钱当一铜钱，近年来绢价只有1300文钱，估赃定罪时，涉案两匹绢受到的处罚只相当于过去一匹绢的处罚，惩处太轻，盗贼增多，希望把二文铁钱当一文铜钱的标准调整为铁钱一钱半当铜钱一。朝廷批准了这一建议。此处调整的是铜钱和铁钱的比价，原因是绢的铁钱价格下跌为原来的一半，铁钱购买力上升，犯罪处罚力度过轻。因为川峡

① （清）徐松辑，刘琳等校点：《宋会要辑稿》刑法3《定赃罪》，第8393页。
② （清）徐松辑，刘琳等校点：《宋会要辑稿》刑法3《定赃罪》，第8393页。
③ （清）徐松辑，刘琳等校点：《宋会要辑稿》刑法3《定赃罪》，第8393页。
④ （清）徐松辑，刘琳等校点：《宋会要辑稿》刑法3《定赃罪》，第8393页。
⑤ （清）徐松辑，刘琳等校点：《宋会要辑稿》刑法3《定赃罪》，第8394页。

以铜钱一千为银一两定赃，相当于绢一匹。但实际涉案往往是铁钱，铁钱二当铜钱一，若涉案 2000 文铁钱，则折为 1000 文铜钱，对应的处罚和内地涉案绢一匹处罚相当。当绢的铁钱价格下跌为 1300 文铁钱一匹，2000 文铁钱可以购买约 1.5 匹绢，却只领受了一匹绢的处罚，处罚力度比之于川峡以外的铜钱区是较轻的，当把铜钱和铁钱的比价调整为 1 : 1.5 以后，涉案 2000 文铁钱折算铜钱 1333 文，领受的处罚和绢 1.3 匹相当，便与其他地区一致了。

调整的起点是铁钱二当铜钱一，推断在此之前应该还有一次调整，因为太平兴国二年（977 年）确定的比价是铁钱四当铜钱一，大中祥符六年（1013 年）确定以小铁钱十当铜钱一。什么时间调整为铁钱二当铜钱一的呢？虽然没有找到明确的文献记载，但是其间的发展变化我们可以尝试做出推断。大中祥符七年（1014 年）川蜀铸造了每贯重 13 斤 8 两的大铁钱，与小铁钱的折算比价是 1 : 10，与小铜钱的比价是 1 : 1，之后小铁钱被官私销毁改铸，逐渐退出了流通领域，大铁钱也逐渐贬值，很可能在某一个时间点，朝廷确定了赏罚中大铁钱二当铜钱一。神宗元丰二年（1079 年）则是从大铁钱二当铜钱一调整为一钱半当铜钱一，元丰二年的调整目的是加重处罚力度，这在历次调整中是较为少见的。一般随着物价的上涨，原有的定赃标准处罚力度会加大，所以要降低处罚力度。元丰二年则是四川地区铁钱物价下跌一半，铁钱购买力大幅度提升，所以才是加重处罚力度的调整。南宋初年物价大幅度上涨，则有一次减轻处罚力度的调整。

（绍兴）二十七年三月七日，权尚书刑部侍郎张杓奏言："法者，天下之平。今泉货之用，铜铁相准，在法有制。然四川郡县俗行钱引，以引定价，准之铜钱以定罪犯，遂致不侔，则有自笞入杖、入徒，或应徒而流，或应流而死者。谓如强盗持杖，铜钱五贯，铁钱十贯，俱坐绞刑。若盗钱引十道，便以十贯为罪，市价止八贯，比之铜钱止是四贯，少一贯，遂处以死。又如枉法二十匹绞，计铜钱六十贯，铁钱一百二十贯，若受钱引一百二十道，便以一百二十贯计罪，市价止计九十六贯，比之铜钱止是四十八贯，少一十二贯，亦处以死。由是言之，四川之法偏重，极可悯恤。欲望行下四川州县，凡以钱引定价科罪者，并依犯处市价为数。"从之。①

在法律条文贯彻实施过程中，把一贯钱引等同于一贯铁钱，把二贯铁钱等同于一贯铜钱，和实际的兑换价格偏差较大。以 120 道钱引为例，按条文折算为 60 贯铜钱，要被处以死刑，但实际价值只有 48 贯铜钱，比定罪标准少了 1/5，处罚力度相对于其他地区是偏重了，因此申请调整。朝廷批准了这一请求，之后要按照当时的市场交易价格进行折算，没有确定折算数值。

陕西地区北宋前期行用铜钱，后来铜铁钱兼用，哲宗时期铁钱贬值严重，也涉及统一价值尺度的问题。"绍圣二年四月二十三日，诏：'陕西杂用铜钱、铁钱地分，计赃者

① （清）徐松辑，刘琳等校点：《宋会要辑稿》刑法 3《定赃罪》，第 8396 页。

以铜钱为准。如只用铁钱处，即纽计铜钱定罪。'"[①]确定的原则是折算铜钱量刑定罪。到了南宋初，高宗建炎三年（1129年）对陕西地区的计赃折算做出了新的调整。

（建炎）三年八月二十三日，大理寺言："陕西路旧法唯许行铁钱，不许私用铜钱，所以计赃以钞面为准，纽铜钱定罪。今来本路既得通使铜钱，即计赃者合据犯处以铜钱估价为准，如元赃即以铜钱计绢价准赃。"从之。谓如犯时本处绢每匹铁钱三十贯文，铜钱三贯足，即元赃铁钱一十贯足准铜钱一贯足计赃之类。[②]

陕西在不流通铜钱的时期，按照钞面价格折算铜钱定罪，南宋初又开始铜铁钱兼行，计赃还以铜钱为准，如果具体涉案就是铜钱，则以铜钱数额对应绢价量刑定罪（很可能是按照北宋大观元年闰十一月的规定，一匹绢准一贯五百文铜钱），如果原赃不是铜钱，就按照案件发生地铜钱的比价进行折算，如案件发生时当地一匹绢价值铁钱三十贯，价值铜钱三贯，那么就以此确定铜铁钱的比价，然后进行折算。这里是以当时当地每匹绢的价格及铜铁钱不同钱币标识的不同价格来确定铜铁钱的折算比例。通过这则材料，我们能准确理解以绢定罪的具体含义，以及背后蕴含的衡量原则。

南宋乾道年间江北铁钱区逐渐形成，铁钱贬值趋势明显，当铁钱绢价达到每匹十千左右时，以绢定赃的折价标准仍是按铜铁钱等值，即铁钱四贯足等同铜钱四贯足折绢一匹，赃轻罪重，实际处罚标准高于其他地区。

（嘉定）五年十月八日，知通州乔行简言："窃观见行条法，计赃定罪元以二贯成匹，至绍兴而增为三贯，至乾道又增为四贯，且令候绢价低平日别行取旨。仰见祖宗达权适变，不惮弛法以便民，惟恐置人于深宪。今江北专用铁钱，近年以来，比之内郡铜钱，数轻三倍，匹绢之直，为钱十千。而犯赃者以绢定罪，亦如铜钱以四贯为匹。赃轻罪重，犯者易入，深可悯恻。"事下大理寺，申："四川专法，以钱计赃定罪者，铁钱二文当铜钱一文。今两淮用铁钱，与川郡事体一同，合行下应用铁钱去处，并照应四川专法施行。"刑部以闻，从之。[③]

嘉定五年（1212年）乔行简等官员提出了调整意见，大理寺认为可以参照四川地区的做法，铁钱二文当铜钱一文，先将涉案铁钱折算为铜钱，然后再折绢定罪，大约是八贯足铁钱折绢一匹。

三、小　结

以上是两宋以绢定赃的折价变化，虽然曾经在某些时期是按照当时的市场价格进行

① （清）徐松辑，刘琳等校点：《宋会要辑稿》刑法3《定赃罪》，第8394页。
② （清）徐松辑，刘琳等校点：《宋会要辑稿》刑法3《定赃罪》，第8395页。
③ （清）徐松辑，刘琳等校点：《宋会要辑稿》刑法1《格令三》，第8271—8272页。

折算，并且明确了折算价格的形成机制，即由长吏、通判和判官共同确定，但也在某些时期确定铁钱或者钱引按照当时当地的市场兑换价格折算，更多历史时期则是明确规定了用于估赃定罪时铜钱折绢的具体标准，以及其他货币折算铜钱的具体比价。为了更直观地呈现折算价格的变化趋势，汇总如表 1：

表 1　两宋以绢计赃折价变动表

时间	折价	文献及出处
建隆二年 （961 年）	一贯，八十为佰 800 文	太祖建隆二年二月二十五日，诏："自今犯窃盗，赃满三贯文坐死，不满者节级科罪。其钱八十为陌（佰）。"先是，周广顺中敕，窃盗计赃，绢三匹以上者死，绢以本处上估为定，不满者等第决断。至是以绢价不等，故有是诏（《宋会要辑稿》刑法 3《定赃罪》，第 8393 页）
太平兴国五年 （980 年）	一贯足 1000 文	荆湖、岭南等处绢价钱，自今所定法如江浙例，悉以千钱为绢一匹论其罪（《宋会要辑稿》刑法 3《定赃罪》，第 8394 页）
至道三年 （997 年）	铁钱区 随铁钱市价折铜钱	至道三年七月二十二日，诏逐处将铁钱依时价准折铜钱实数定罪施行（《宋会要辑稿》刑法 3《定赃罪》，第 8393 页）
大中祥符六年 （1013 年）	四川 十小铁钱准铜钱一 10 贯小铁钱	大中祥符六年二月一日，诏川陕四路赃钱、赏罚钱以小铁钱十当一（《宋会要辑稿》刑法 3《定赃罪》，第 8393 页）
元丰二年 （1079 年）	四川 铁钱一钱半准铜钱一 1.5 贯大铁钱	"往时川峡绢匹为钱二千六百，以此《编敕》估赃两铁钱得铜钱之一。近岁绢匹不过千三百，估赃二匹乃得一匹之罪，多不至重法，盗贼浸多。"法寺乞以一钱半当铜钱之一，从之（《宋会要辑稿》刑法 3《定赃罪》，第 8394 页）
元符年间 （1098—1100 年）	一贯三百足 1300 文	"《元符令》，定罪以绢者，每绢一匹准钱一贯三百。近岁物价踊贵，非昔时比，一绢之直多过于旧价，乞于令文添入'若犯处绢价高者，依上绢计值'。"从之（《宋会要辑稿》刑法 3《定赃罪》，第 8394 页）
大观元年 （1107 年）	一贯五百足 1500 文	今四方绢价增贵，至两贯以上，而计绢之数独循旧例，以一贯三百足为率。计价既少，抵罪太重，可以一贯五百足定罪（《宋会要辑稿》刑法 3《定赃罪》，第 8393 页）
建炎元年 （1127 年）	2 贯足 2000 文	"……随当时在市实直价计贯伯（佰）纽计绢数科罪。其铁钱地分，并以铜钱计数科罪。"诏自今计绢定罪，并以二贯为准（《宋会要辑稿》刑法 3《定赃罪》，第 8393 页）
建炎三年 （1129 年）	陕西 铜钱 3 贯足 铁钱 30 贯足	谓如犯时本处绢每匹铁钱三十贯文，铜钱三贯足，即元赃铁钱一十贯足准铜钱一贯足计赃之类（《宋会要辑稿》刑法 3《定赃罪》，第 8395 页）
绍兴三年 （1133 年）	3 贯足 3000 文	契勘计绢定罪者，元估每匹价钱二贯足。近承今年九月八日手诏，每匹增钱一贯足，通作三贯足（《宋会要辑稿》刑法 3《定赃罪》，第 8395—8396 页）
绍兴二十七年 （1157 年）	四川 随钱引市价折钱	如强盗持杖，铜钱五贯，铁钱十贯，俱坐绞刑。若盗钱引十道，便以十贯为罪，市价止八贯，比之铜钱止是四贯，少一贯，遂处以死。……欲望行下四川州县，凡以钱引定价科罪者，并依犯处市价为数。从之（《宋会要辑稿》刑法 3《定赃罪》，第 8396 页）

续表

时间	折价	文献及出处
乾道六年（1170 年）	四贯足	准敕节文，今后权将敕律内应以绢定罪之法，更处增一贯，通四贯足断罪外，有敕内以钱数定罪，拟欲一例处增一贯。(《宋史全文》卷 25 上，第 2086 页）
嘉定五年（1212 年）以前	江北铁钱区四贯足铁钱	今江北专用铁钱，近年以来，比之内郡铜钱，数轻三倍，匹绢之直，为钱十千。而犯赃者以绢定罪，亦如铜钱以四贯为匹。赃轻罪重，犯者易入，深可悯恻（《宋会要辑稿》刑法 1《格令三》，第 8271 页）
嘉定五年	江北铁钱区八贯足铁钱	事下大理寺，申："四川专法，以钱计赃定罪者，铁钱二文当铜钱一文。今两淮用铁钱，与川郡事体一同，合行下应用铁钱去处，并照应四川专法施行。"刑部以闻，从之（《宋会要辑稿》刑法 1《格令三》，第 8271—8272 页）

总体来看，从唐朝开元年间以绢定赃每匹折钱五百五十文到南唐，江南诸州仍执行此标准，北宋太祖朝调整为每匹绢折铜钱八百文足，太宗太平兴国年间调整为一千文足，哲宗元符年间调整为一贯三百文足，徽宗大观元年（1107 年）再改为一贯五百文足，南宋建炎元年（1127 年）改为二贯足，绍兴三年（1133 年）再次调整为三贯足，乾道六年（1170 年）调整为四贯足，此后到南宋末都未再调整。北宋四川地区使用铁钱，很长时期陕西地区铜铁钱兼用，南宋四川地区仍使用铁钱，又出现了江北铁钱区。在流通铁钱的地区，一般是将铁钱折算为铜钱，然后再折绢定罪，体现在估赃定罪政策调整方面，往往是调整铜钱和铁钱的比价关系。北宋四川地区使用小钱钱时，估赃定罪的比价是小铁钱十当铜钱一，流通大铁钱以后是大铁钱一当小铜钱一，之后调整为大铁钱二当小铜钱一，元丰年间铁钱购买力大幅度提升，铁钱物价下跌了一半，因此调整为铁钱一钱半当铜钱一。北宋西北地区铜铁钱兼用和专用铁钱的地方，铁钱折算为铜钱。南宋纸币使用广泛，在四川地区最初把钱引和铁钱等值对待，考虑到实际流通中二者不等值，绍兴二十七年（1157 年）调整为按照案发当地钱引市价折算。江北铁钱区形成之初，在估赃定罪时将铜铁钱等值对待，嘉定五年（1212 年）参照四川标准，调整为铁钱二当铜钱一，当时铜钱区是四贯足铜钱折绢一匹，换算以后是八贯足铁钱折绢一匹。用于量刑定罪的绢价和市场交易中的绢价存在着差距，但折价变化仍体现出绢价上涨和货币购买力下降的趋势，定赃绢价持续上涨代表着整体物价的持续上涨，绢价上涨幅度也与物价整体上涨幅度基本一致。

作者简介：李金闯（1979— ），男，河南南阳人，博士，河北大学宋史研究中心教师，主要研究方向为宋史。

“医药分家”与宋代及以前药商的行业身份演变

杨小敏

（河北省社会科学院　历史研究所，河北　石家庄，050051）

摘　要：中国古代药商力量的积聚，有赖于商品经济发展基础上医药活动主体之间的相互联结。在宋代及以前的社会发展中，药商经历了三个阶段的演变才获得了比较稳定的行业地位。一是秦汉时期商人兼营药材买卖，受社会用药风潮的影响，开始主要贩卖补益类药物。二是随着魏晋隋唐时期“医药分家”，许多炮制方剂的药家逐步转变为专门制售药品的商家。以“药家”“市人”等文本形象为代表的药商力量加速发展起来。三是唐宋以后的药商活动日益专业化、规模化，特别是在宋代，无论是固定在城镇商业街区的“药家”“药铺”，还是流动贩卖生药的“市人”，都得到了官方的政策鼓励和医家的专业关注。药商与医家、药家的相互联结，表明中国古代的“医药分家”实际上是分家而不分业。药商作为行业发展必不可少的“润滑剂”，至宋代形成了既与医药家紧密联系又相对独立的自我发展之路。

关键词：宋代；市人；药家；药商；医药分家

在宋代及以前的文献材料中，“药商”一词未见明确记载。与古代粮商、盐商等行业商人颇受统治集团关注不同，药商的社会身份在明清以前长期处于模糊状态。由于宋代以前关于药商专门从事药材买卖的文献资料很少，已有研究成果大都重在讨论唐宋时期的药肆、药市，明清以后的地域性商帮等药材市场形成后的问题。例如，在史学领域，漆侠先生最早专门将药物问题独立设置在农业商品化发展中进行论述，强调北宋时部分药材种植就已与粮食生产相脱离并具有独立发展特点。[①]在医药学领域，马继兴先生最早讨论宋代私人经营的药铺、药商的行市、市集上的药贩、酒楼上的卖药人及食物药、香

① 漆侠：《宋代经济史（上册）》第四章第六节“药物的种植及其发展”，上海：上海人民出版社，1987年，第161—162页。

药商人等类别。[①]此后依据商人经营药材的种类和地点，间接反映唐宋时期药商问题的研究著述，在医药学和历史学领域不断出现。[②]这些已有研究成果对理解药材市场的形成及发展具有重要参考价值，但在追溯药材市场的经营主体——药商的社会身份演变方面尚留有讨论余地。

从社会层面来说，中医学具有草根性、普及性的特征，并无主体的独立地位。[③]药物利用的主体身份也很宽泛。无论是权贵阶层还是平民百姓，都是追求延续生命、自觉利用药物的社会主体。从专业发展来看，虽然行医者随诊售药的"医药结合"[④]特点长期存在，但商人早已介入医药活动领域，如战国时期的商品市场上就已出现给药物标有定价的情况。[⑤]至于进入药材市场的商人是如何从兼营药材生意向专门经营的行业化方向发展的，则与魏晋隋唐时期诊疗环节与用药环节的分化（"医药分家"）紧密相关。由此，以"医药分家"为线索，利用史学、医药学文献记载，既可以梳理宋代及以前商人与其他医药活动主体的互动关系，阐释药商社会身份的阶段性发展情况，也可以对理解中外医药业发展初期的主体差异有所裨益。

一、秦汉时期的行医者"卖药"与商人兼营

由于药材买卖的门槛较高，早期商人的贩卖活动受行医者"卖药"活动的影响很大。商人从事药材买卖时不可避免地会面临双重挑战，既要承受行医者掌控话语权的压力，又要应对社会用药需求难以拓展的风险。

就行医者而言，卖药活动从属于诊疗行为，名为"卖药"，实则行医。自古以来，行医者的社会身份多种多样。除少数专业医者以外，巫觋、佛道、儒士等都是从事社会医药活动的重要主体。特别是秦汉时期的方士和儒生，不仅掀起了中国古代最早的服石之风，还因擅于阐释医经、炮制丹药而直接影响着统治集团及上层社会的用药方向。例如，方士们鼓吹神仙之说，游走于"燕国东边和齐国北边的渤海"[⑥]，留下了许多卖药活动的记载。汉魏方士托名所著《列仙传》中就描述了8位"卖药"人，即范蠡于"兰陵卖药"、安期先生"卖药于东海边"、瑕丘仲"卖药于宁"、崔文子"卖药都市"、东方朔"卖药五湖"、鹿皮公"卖药于[齐]市"、黄阮丘"时下卖药"、玄俗"卖药都市"。[⑦]以上

---

① 马继兴：《宋代的民营药商》、《宋代的官办药铺》，《马继兴医学文集》，北京：中医古籍出版社，2009年，第576—602页。

② 著作如朱德明：《南宋时期浙江医药的发展》，北京：中医古籍出版社，2005年；唐廷猷：《中国药业史》（第2版），北京：中国医药科技出版社，2007年。论文如刘顺安：《从〈清明上河图〉谈北宋东京的药铺》，《河南大学学报（社会科学版）》1993年第4期；周左锋：《唐代药肆新探》，《唐史论丛》第16辑，西安：陕西师范大学出版总社有限公司，2013年；刘术：《宋代成都药市考》，《农业考古》2015年第6期。

③ 马伯英：《中国医学文化史》，上海：上海人民出版社，2010年，第808页。

④ 唐廷猷：《中国药业史》（第3版），北京：中国医药科技出版社，2013年，第1—2页。

⑤ 赵九洲、杨娟：《〈范子计然〉中的物产记载初探》，《农业考古》2014年第1期。

⑥ 顾颉刚：《秦汉的方士与儒生》，上海：上海古籍出版社，2005年，第8页。

⑦ 李剑雄译注：《列仙传全译 续仙传全译》，贵阳：贵州人民出版社，1999年，第47、55、58、72、76、87、116、126页。

文本记载除去某些虚幻的描述，基本反映了东汉及以前药材买卖的三个特点。其一，“卖药”活动主要出现在关中至东部沿海及相传黄老之地，如今山东、河北、安徽、浙江等地。这既是迎合秦始皇出海寻药和汉武帝痴迷炼丹的体现，也从侧面表明统治集团及上层人士的用药风尚直接加速了补益类药物的流通。其二，流行剂型与应疫剂型之间差距明显。在以上“卖药”活动中，方士们多以使用丸散剂型为主。丸散剂型是补益方药的常用剂型，因受上层人士追捧而最为流行。但其炼制复杂、用药浪费，难以满足民众在日常生活中应对疫病的需要。这也是东汉末年张仲景开始倡导辨证论治和汤剂配伍的主要原因。其三，以上“卖药”者与普通百姓的关联很少。描述中的范蠡、安期先生、崔文子、东方朔等人虽然时常“卖药”于民间，但主要活动在上层人士汇聚的都邑市镇附近。普通百姓往往既不知其人，也无从寻找。类似的还有“悬壶于市”的费长房、“口不二价”的韩康[①]，也都是神秘化的医家或方士，与贩卖药材的商人的社会身份迥然不同。

就商人而言，从事药材买卖看似与行医者的“卖药”活动有所抵牾，实则不然。因为与粮、盐等日常用品可由商人直接贩卖不同，药材产品种类众多、价值不一、用法各异，商人只有参照用药群体的需求风尚，适时选择某些药物进行贩卖才有可能获利。而在社会自疗传统[②]长期存在的情况下，秦汉时期的巫、医、方士等专业群体既具有药物利用的话语权优势，也直接影响着社会用药风潮的形成。商人无力也无意挑战这种用药话语权，而是注重通过适应用药环境、贩卖社会上需求量较大的药物以实现财富增值。由此，商人起初关注的药物种类比较有限。例如，秦始皇专门修筑“怀清台”表彰的巴郡女商“清”[③]，大抵是与当地盛产水银有关。在市场交易中，商人贩卖的药材种类也是以补益类药物为主，如在西汉大都邑的流通货物清单中，记载有“醯酱千瓨，浆千甔……筋角、丹沙千斤……蘖麹、盐豉千荅，鲐鮆千斤，鲰千石，鲍千钧，枣栗千石者三之”[④]，其中具有药用价值的筋角、丹砂等，都是流行于上层社会的补益丹药的炼制原料。因此，统治集团及上层人士对补益类药物的需求，是当时商人贩卖药材的主要动力。与其他药物相比，补益类药物也就更早地进入了市场流通环节。然而，社会流行的药物种类却并不适应普通民众祛病求生的基本用药需求。面对这种矛盾，早期商人缺乏自觉拓展药材市场的能力和动力，未见进一步作为。毕竟“用贫求富，农不如工，工不如商”[⑤]，商人从事药材买卖的初衷就是追求财富，这与其选择经营其他产品的活动并无本质区别。结合相关史料来看，秦汉时期大商人的商业资本与国有资本长期密切联系，其经营活动主要还是集中在盐、铁、渔等重要经济行业。贩卖药材的中小商人主要应是在日常用品的交易中兼而出售药材产品。

可以说，早期商人与行医者的售药对象虽然都是统治集团及上层人士，但两者的活

① 《后汉书》卷82下《方术列传·费长房传》、卷83《逸民列传·韩康传》，北京：中华书局，1965年，第2743、2770页。

② 杨勇：《简牍所见战国秦汉时期的自疗传统》，《社会科学战线》2020年第6期。

③ 《史记》卷129《货殖列传》，北京：中华书局，1963年，第3260页。

④ 《史记》卷129《货殖列传》，第3274页。

⑤ 《史记》卷126《货殖列传》，第3274页。

动目的和实现途径都截然不同。行医者以方技为生，具有官方认可的社会地位。汉成帝时御医李柱国就将"方技"阐释为"生生之具，王官之一守"①。相比之下，受工商末技思想影响，商人贩药为求私财，远不会对行医者随诊售药的专业活动造成真正影响。不过，当统治集团将所需药物纳入官方土贡管理范畴后，商人通过贩卖上层社会用药盈利的空间逐步被政府限制，其买卖药材的种类便只能向民间日常疫病所需的、使用范围更广的普通药材拓展。在这种变化中，商人不断加强对常用药材的经营和运输，不自觉地加速了社会医药活动中诊疗环节和售药环节的分离。

二、魏晋隋唐时期的"医药分家"与药家身份变化

秦汉以后国有商业资本明显萎缩，许多商人转而投入其他产品的经营活动，包括从事药材买卖。同时，专业用药理论及炮制方法也出现了关键性进展。东汉末张仲景改变以往配伍所需药物一并炮制的旧法，主张将其中单味药先行加工，再配伍使用。为了缓解民众缺医少药的困窘，张仲景在用药过程中还注重使用甘草、桂枝、生姜、大枣、半夏、芍药等比较常见的单味药。②这不仅为社会中诊疗环节和用药环节的分离（"医药分家"）积累了必要条件，也为商人直接参与行业内的药材交易活动提供了专业化发展契机。

"医药分家"不是局限于医药领域内部的专业性问题，而是牵动着社会经济发展的社会分工问题。作为学术讨论用语，学者们大都认为其发生在魏晋隋唐时期，仅在若干细节方面略有分歧。李经纬、郑金生较早以"医药分家"③一词描述魏晋以后的医药分化现象，通过对陶弘景《本草经集注》的制药专论和雷敩《雷公炮炙论》的炮制法则进行分析，讨论了传统药物的炮制发展，指出药物炮制与药业独立发展之间联系密切。李经纬强调"医药分家"从南北朝开始，到宋代形成了不可逆转的趋势。郑金生则从孙思邈记录的唐代雇人加工炮制药物的角度，认为六朝至隋唐时期的医与药开始分家，但古代药业规模在宋代以前还比较有限。有的学者是以"医药分业"一词讨论类似问题。例如，朱晟、何端生认为"医药分业"于唐末宋初开始出现，是炼丹术士转业制药才促使了宋代成药的繁盛，药业规模越来越大。④唐廷猷则将"医药分业"与"医药分家"基本等同，用"医药分业"一词表达了与李经纬、郑金生"医药分家"相近的看法，认为随着医学的分科发展、药物炮制需求与日俱增，首先在南梁建康自发形成了医师和药商各有侧重的规模化药业。⑤此外，历史学者边和指出，儒医合流与医药分业是同一历史过程的两面，体现了医者社会地位的向上流动性和药物炮制及发售的市井工匠化之间的对比，

---

① 《汉书》卷30《艺文志》，北京：中华书局，1962年，第1780页。

② 陈丽平、蔡永敏：《仲景经方药物使用规律双向强关联规则》，《中国实验方剂学杂志》2015年第2期，第224页。

③ 李经纬：《中医史》，海口：海南出版社，2007年，第101页；郑金生：《药林外史》，桂林：广西师范大学出版社，2007年，第169页。

④ 朱晟、何端生：《中药简史》，桂林：广西师范大学出版社，2007年，第91页。

⑤ 唐廷猷：《中国药业史》（第3版），第75页。

反映了宋代以后药业发展的繁盛面貌。[①]可以说，围绕“医药分家”问题，这些学者虽然在具体阐释中存在差异，但都认同在魏晋隋唐时期的社会中出现了诊疗环节与用药环节的分化现象，并有两点共识：一是魏晋以后的药物炮制环节逐步独立发展，简单药物的加工或炮制环节开始从医家转移至药家手中；二是药家作为诊疗与用药环节逐步分化的关键一方，是从专业炮制者向药物贩卖者过渡的活动主体。

由此，魏晋隋唐时期的“医药分家”不是指“医家”与“药家”两个专业身份的严格分离，而是强调在日常生活中医家的诊疗环节和药家的制售环节的分化现象。“医药分家”作为中肯的学术用语，既在理论上反映了魏晋隋唐时期的社会医药发展问题，也体现出医家与药家的分家而不分业的行业发展特点，不宜使用西方“医药分业”[②]的说法。

值得注意的是，魏晋隋唐时期的“药家”，还不能直接等同于“药商”，两者的社会身份仍存在一定差别。“药家”一词原是魏晋以后炮制丹药的道家人士的俗称。在医药典籍中，“药家”作为专业炮制者的形象最早见于陶弘景《本草经集注》的序录中，而其中的“市人”才是指商人，两者的身份表达明显不同。

> 众医睹不识药，唯听市人，市人又不辨究，皆委采送之家。采送之家，传习治拙，真伪好恶莫测，所以有钟乳酢煮令白，细辛水渍使直，黄耆蜜蒸为甜，当归酒洒取润，螵蛸胶著桑枝，吴公（蜈蚣）朱足令赤。……凡去皮除心之属，分两皆不复相应，病家唯依此用，不知更称。又王公贵胜，合药之日，悉付群下。其中好药贵石，无不窃遣。乃言紫石、丹沙（砂）吞出洗取，一片经数十过卖。诸有此等例，巧伪百端，皆非事实。虽复鉴检，初不能觉。以此治病，理难即效，斯并药家之盈虚，不得咎医人之浅拙也。[③]

引文中出现了四种人物身份：“市人”，即贩卖生药者；“采送之家”，即药材采摘或种植者；“药家”，即加工炮制者；“医人”，即行医者。而且陶弘景在阐述中尤为凸显两组主体关系：一是“市人”与“采送之家”，二是“药家”与“医人”。一方面，“采送之家”为了在与“市人”交易时获得更多回报，常以特殊方法改变石钟乳、细辛、黄耆、当归、桑螵蛸、蜈蚣等药材的辨别性状，使之在交易时更受商人青睐。这两者之间无疑是供给与收购的关系。其中的“市人”即为药商。另一方面，陶弘景提到病患用药未见成效时，不应只追究“医人”的技术水平问题，还应该注意查验“药家”在炮制药品时是否原料齐备、用量得当。这无疑反映的是医者诊疗与药家制药的分工发展情况。从这两组主体关系来看，“采送之家”与“市人”能够促进药材产品的交易和流通，是战国秦汉以来传统商人从事药材买卖的已有发展模式。“药家”与“医人”的关系，则反映出魏晋以后药物炮制环节独立化发展的新现象。不过，此时的“药家”是否会经常出售药物，

① 边和：《谁主药室：中国古代医药分业历程的再探讨》，余新忠主编：《新史学·第九卷·医疗史的新探索》，北京：中华书局，2017年，第38页。

② 吴永佩、颜青：《论“医药分业”与“医药分家”》，《中国药房》2004年第2期，第68—71页。

③ （南朝梁）陶弘景编，尚志钧、尚元胜辑校：《本草经集注（辑校本）》，北京：人民卫生出版社，1994年，第33页。

在相关记载及陶弘景的描述中还没有明确提及。

隋唐以后，“药家”一词开始引申为贩卖或制售药材产品的商家。陈藏器有载：“今药家所卖，亦以蟾蜍当虾蟆。”[①]此处“药家”就是不甚专业的、混淆蟾蜍和泽蛙的卖药者。这与上文陶弘景描述的“市人”（商人）的社会身份基本相同。此外，唐宋时期的“药家”还开始指代具有固定交易地点的药商经营的店铺，如唐代长安西市有“卖饮子”的“药家”[②]，北宋东京有“相国寺东宋药家”[③]。正是在“医药分家”的发展趋势中，传统药商的群体形象才日渐显现。有传统商人（“市人”）继续从事药材买卖，也出现了许多既炮制药物又贩卖药品的“药家”。因此，即使明清以前的文本记载中未见“药商”一词，商人专门从事药材买卖的经济活动实际上也早已兴盛起来。

三、宋代药商的经营活动

就整体商人而言，姜锡东先生依据资本所有权将宋代商人分为官商、准官商和民间商人。[④]在医药行业中，兴盛一时的官办药局即为官商，参与贩卖政府禁榷品（如香药）的商人是准官商，其余大部分药商属于民间商人。由于大多数药材可以自由买卖，民间商人在社会医药活动中发挥着基础性作用，甚至官办药局也主要是从民间药材市场购买原料。宋政府曾一度委托“杂买务”集中采购药材，结果却出现了强取豪夺、商人不愿与官方交易的情况：“惟和剂局专领往时药物，取诸杂买场，不即与直。商人惮与官市，故药多阙，阙而求之，其价辄倍。”[⑤]甚至吏人恣意收售假药，“为奸盖久”[⑥]。官员对此指出：“大府（太府）布药材于杂买务得不以时，公（苏岘）曰：‘药以治病，兹实惠及民者也，请用旧法市于外。’戒监司郡官，不得以私意易置县令。”[⑦]苏岘提议“用旧法市于外”，就是要恢复官药局采购于民间药材市场的方式，认可民间商人在药材市场中的社会地位。虽然后来官药局不免走入颓势，民间药商的专业化、规模化发展力量却依然能够不断积聚。

城郭县镇的商业街区是民间药商固定经营的首选场所，形成了专门的药行、药市、药肆、药铺等。“行”的记载始见于隋，通常是指同行业商人的自然组织团体。[⑧]在唐代医药行业中，长安西市有擅于经营的“宋清”[⑨]，东市有“药行人阿容师”[⑩]，洛阳北市

---

① （唐）陈藏器撰，尚志钧辑释：《〈本草拾遗〉辑释》，合肥：安徽科学技术出版社，2002 年，第 429 页。

② （宋）李昉等：《太平广记》卷 219《田令孜》，北京：中华书局，1961 年，第 1680 页。

③ （宋）袁褧撰，袁颐续，尚成校点：《枫窗小牍》，上海：上海古籍出版社，2012 年，第 21 页。

④ 姜锡东：《宋代商人和商业资本》，北京：中华书局，2002 年，第 353 页。

⑤ （宋）袁燮：《絜斋集》卷 14《秘阁修撰黄公行状》，《景印文渊阁四库全书》第 1157 册，台北：台湾商务印书馆，1986 年，第 196 页。

⑥ （宋）孙应时：《承议郎淮南西路转运判官方公行状》，曾枣庄、刘琳主编：《全宋文》第 290 册卷 6592，上海：上海辞书出版社，2006 年，第 117 页。

⑦ （宋）韩元吉：《南涧甲乙稿（附拾遗）》卷 21《朝散郎秘阁修撰江南西路转运副使苏公墓志铭》，北京：中华书局，1985 年，第 442 页。

⑧ 全汉升：《中国行会制度史》，天津：百花文艺出版社，2007 年，第 32 页。

⑨ （唐）柳宗元：《柳宗元集》卷 17《宋清传》，北京：中国书店，2000 年，第 256 页。

⑩ （唐）法藏：《华严经传记》卷 5《书写第九》，《大正新修大藏经》第 51 册，东京：东京大藏经刊行会，1924—1934 年，第 171—172 页。

有胡汉商人共同组成的香药贸易行[①]。到宋代，药商的个体活动更加专业，药肆、药铺更为常见。北宋慈溪的冯氏万金楼应当是我国最早的综合性药铺，时称“药肆万金饶”[②]，财力十分雄厚。汴京报慈寺街还有许多专科药铺，或以医家命名的药铺，如“百钟圆（丸）药铺”[③]；潘楼东街巷有“李生菜小儿药铺”“仇防御药铺”“下马刘家药铺”[④]；马行街北有“大骨传药铺”“两行金紫医官药铺”[⑤]；大内西右掖门外有“张戴花洗面药”“丑婆婆药铺”，“近西去金梁桥街，西大街荆筐儿药铺……西去盖防御药铺”[⑥]；相国寺东门街巷“孙殿丞药铺”“宋家生药铺”[⑦]等。南宋临安有“潘节干熟药铺”“张家生药铺”“观复丹室”“讷庵丹砂熟药铺”“陈直翁药铺”“梁道实药铺”“杨将领药铺”“官巷前仁爱堂熟药铺”“修义坊三不欺药铺”“官巷北金药臼楼太丞药铺”“外沙皮巷口双葫芦眼药铺”“陈妈妈泥面具风药铺”“大佛寺疳药铺”“保和大师乌梅药铺”“三桥街毛家生药铺”“张省干金马杓小儿药铺”“郭医产药铺”等。[⑧]这些药铺有的专售生药或熟药，有的按分科售药，有的是医家坐堂售药，有的是借医家之名经营。从这些招牌名称来看，“药家”“药行”的用法越来越少，“药铺”越来越常见。魏晋以来“药家”独立化发展的结果是不断向商人群体靠拢，许多“药家”转变为具有固定经营场所的药商。因此到宋代，专业上的“医药结合”与社会中的“医药分家”同时存在，医家开设的药铺与商人经营的药铺各有侧重，互不干扰。

对于流动的行商来说，贩卖生药不仅有利可图，还能直接参与和影响社会上人们对常用药物的性状辨别。一方面，政府支持并鼓励药商跨地域转运生药。北宋初，政府在药材丰富的地区边缘地界实行药材货运免税或减税的优惠政策。太祖开宝八年（975年）有诏“商人以生药度岭者免算”[⑨]，商人贩卖生药途经五岭边界时免收过路税。元代笔记小说中，亦见南宋时专门贩卖生药的药商实力已不可小觑：“宋淳祐癸丑年间，端阳有陈其姓者，谋杀一贩生药商人，席卷一船生药。盖与商仆共图之。归则自以开张药局。”[⑩]另一方面，宋代医药学家常以“市人”指代贩卖生药者。具体参见表1：

表1 宋代医药文献中“市人”例举

序号	“市人”活动	涉及药物名称	文献出处
1	又谓之寒水石，纹理通彻，人或磨刻为枕，以备暑月之用。入药须烧过，或市人烧入腻粉中以乱真，不可不察也	凝水石	《本草衍义》卷5，第31页

---

① 陈明：《“商胡辄自夸”：中古胡商的药材贸易与作伪》，《历史研究》2007年第4期，第6页。
② （宋）舒亶：《和马粹老四明杂诗，聊记里俗耳，十首（其四）》，《宋元浙江方志集成》第7册，杭州：杭州出版社，2009年，第2943页。
③ （宋）孟元老著，王莹注译：《东京梦华录》卷2《宣德楼前省府宫宇》，北京：中国画报出版社，2016年，第40页。
④ （宋）孟元老著，王莹注译：《东京梦华录》卷2《潘楼东街巷》，第53页。
⑤ （宋）孟元老著，王莹注译：《东京梦华录》卷3《马行街北诸医铺》，第69页。
⑥ （宋）孟元老著，王莹注译：《东京梦华录》卷3《大内西右掖门外街巷》，第70、71页。
⑦ （宋）孟元老著，王莹注译：《东京梦华录》卷3《寺东门街巷》，第79页。
⑧ （宋）吴自牧著，张社国、符均校注：《梦粱录》卷15《铺席》，西安：三秦出版社，2004年，第193—194页。
⑨ （宋）李焘：《续资治通鉴长编》卷16，开宝八年五月辛丑条，北京：中华书局，1995年，第340页。
⑩ （元）无名氏撰，金心点校：《湖海新闻夷坚续志》前集卷2《冤鬼现形》，北京：中华书局，2006年，第121页。

续表

序号	"市人"活动	涉及药物名称	文献出处
2	今川蜀皆以平地作畦种，尤肥好多脂肉。不以平地、山中为等差，但肥润不枯燥者佳。今医家用此一种为胜。市人又以薄酒洒，使肥润，不可不察也	当归	《本草衍义》卷 9，第 57 页
3	初春留花稍多，来年花枝并叶便瘦，多是开不成。市人或以枝梗皮售于人，其乖殊甚	牡丹	《本草衍义》卷 10，第 62 页
4	嵩阳子曰：酸枣县，即滑之属邑。其木高数丈，味酸，医之所重。今市人卖者，皆棘子，此说未尽。殊不知小则为棘，大则为酸枣，平地则易长，居崖堑则难生	酸枣	《本草衍义》卷 13，第 83 页
5	欧阳文忠公常得暴下，国医不能愈。夫人云："市人有此药，三文一贴，甚效。"公曰："吾辈脏腑，与市人不同，不可服。"夫人使以国医药杂进之，一服而愈	车前子	《苏沈内翰良方》卷 4《暴下方》，第 121 页
6	（图经曰）今且依市人用方解石，然博物者亦宜坚考其实也	石膏	《证类本草》卷 4，第 258 页
7	（图经曰）市人多取洁白石当之，烧即为灰也。此药攻击积聚痼冷之病为良，用之须真者乃佳	矾石	《证类本草》卷 5，第 302 页
8	若今市人通货者，即取山中夹砂石者，烧烟飞作白霜，乃碎屑而芒刺，其伤火多者。块大而微黄，则《图经》所谓如鹅子色明澈者此也	砒霜	《证类本草》卷 5，第 305 页
9	（图经曰）今市人多以鍮石为自然铜，烧之皆成青焰如硫黄者是也。……今药家多误以此为自然铜，市中所货往往是此	自然铜	《证类本草》卷 5，第 331 页
10	今又有独活亦自蜀中来，形类羌活，微黄而极大，收时寸解干之，气味亦芳烈，小类羌活，又有槐叶气者，今京下多用之，极效验，意此为真者，而市人或择羌活之大者为独活，殊未为当	独活	《证类本草》卷 6，第 396—397 页
11	别说云谨按：柴胡，唯银夏者最良，根如鼠尾，长一二尺，香味甚佳。今虽不见于《图经》，俗亦不识其真，故市人多以同华者代之，然亦胜于他处者，盖银夏地多沙，同华亦沙苑所出也	柴胡	《证类本草》卷 6，第 393 页
12	今市人皆取苗用之。俗中取根，名鹿骊根，苦酒摩，以疗疮疥。……（图经曰）南方用苗，北土多用根	漏芦	《证类本草》卷 7，第 463—464 页
13	（陶隐居云）今市人惟合茎、叶用，而实正空壳无复子尔	瞿麦	《证类本草》卷 8，第 525 页
14	按：今市人皆以叶似黄精者为钩吻。按：《雷公炮炙方》云：黄精勿令误用钩吻，钩吻叶似黄精，而头尖处有两毛若钩是也	钩吻	《证类本草》卷 10，第 668 页
15	（臣禹锡等谨按蜀本）终南斜谷近石处甚饶。今市人多以瓦韦为石韦，以石韦为石南，不可不审之	石南	《证类本草》卷 14，第 952 页
16	今市人货之云：久服促寿，当是其逐风损气故也	小天蓼	《证类本草》卷 14，第 959 页
17	今市人皆削，乃似厚朴，而无正纵横理，不知此复是何物，莫测真假，何者为是也	占斯	《证类本草》卷 30，第 1513 页

资料来源：（宋）寇宗奭撰，颜正华等点校：《本草衍义》，北京：人民卫生出版社，1990 年；（宋）沈括、（宋）苏轼撰，宋珍民、李恩军点校：《苏沈内翰良方》，北京：中医古籍出版社，2009 年；（宋）唐慎微等：《重修政和经史证类备用本草》，北京：中国中医药出版社，2013 年

在以上记载中，虽然专业医家主要是在批判药商作伪逐利，但也对某些药商的实践经验持有一定肯定态度，如在车前子、石膏、柴胡、漏芦、瞿麦、小天蓼的用法中，都

显示出专业医家对药商从业经验的认可。

诚然，在“医药结合”的专业特点下，医家一直是用药、售药的关键主体，在诊疗技术和配伍用法方面拥有不可撼动的话语权。不过，唐宋以后“医药分家”的趋势不可逆转，形成了愈发活跃的药商力量。特别是在民间药材市场，具有固定交易地点的“药家”、“药铺”和贩卖生药的“市人”已经成为不容忽视的医药活动主体。然而，在传统工商末技思想的影响下，药商比其他行业商人的社会身份更加难以得到认同。在某些专业医家看来，质疑药商、药农的活动价值是维护自身话语权优势的一种手段。例如，对于药物桑上寄生，专业医家仍在大力倡导要亲自采摘和配伍，强调“惟桑上者堪用。……非自采不敢用”①。此外，对于专制统治集团来说，他们绝不允许医药行业的发展对国库钱粮造成任何威胁。明清以后，地方政府更是限制药材种植业发展，苛责药商只顾牟取私利，逐步取消了给予药商的合理关注和政策引导。例如，在湖北恩施，清政府曾公开宣扬：“药种分贻不货牛，药苗倒插能辟暑。板桥蒿坝百余家，大半药师兼药户。刀耕火耨笑人忙，抛却农书翻药谱……药贩居然列市廛，药租且免输官府……偶然疾病跳师巫，画符捣鬼无药愈。荡田还可栽麦苗，百药何如谷有五。”②这种以保障粮食生产为名，诱导农户放弃种植药材、歧视商人从事药材生意的做法，最终使传统药商只能抱团取暖，向依靠商帮的地缘和业缘的行业自我管理的方向发展。

四、余　论

中国古代药商是不可忽视的医药活动主体，他们在魏晋以后“医药分家”的过程中逐步形成了具有行业影响的主体发展特点。

一是药商与医家共存、与药家结合，具有相对独立的社会地位。魏晋隋唐时期的“医药分家”是分家而不分业，表现的是医家与药家在行业发展中的合作及在社会形象上的分离。不过，医家拥有话语权优势，其随诊售药的“医药结合”特点依然存在。药商也从未获得与医家相提并论的行业地位，一直处于“有实无名”的发展状态。由此，宋代医家开设的药铺与商人经营的药铺是各有侧重、互不干扰的。此外，药商的专门化发展与药家的世俗化发展互相结合，提升及廓清了药商的社会形象和医药活动地位。唐宋以后，“药家”更是成为药商固定经营的代名词，如唐代长安西市卖饮子的“药家”、北宋东京相国寺东边的“宋家生药铺”，这些“药家”与“药行”“药铺”的经营活动都集中在城郭县镇的商业街区。同时，贩卖生药的“市人”在宋代也得到了政府和专业医家的普遍关注。南宋临安更是出现了固定交易地点与跨地域流通相结合的、以药材产地命名的“川广生药市”③。从此，药商既在医家主导下获得了相对独立的发展空间，又承袭了药家在炮制方面的专业影响，逐步构建起群体性的医药活动形象。

① （宋）唐慎微等：《重修政和经史证类备用本草》卷12，第819页。
② （清）多寿等：《恩施县志》，台北：成文出版社，1975年，第513—514页。
③ （宋）孟元老等：《西湖老人繁胜录》之《诸行市》，北京：中国商业出版社，1982年，第18页。

二是中国古代药商走出了一条平民化自我发展之路。中国古代商人早在传统医药理论初具雏形时就介入医药领域，后来随着民间药材市场的兴起和魏晋隋唐时期的“医药分家”而获得了独立化发展契机。早在 11 世纪以前，中国药商就聚集为市、专营药铺。这与西方中世纪“医药分业”后救助性的宗教医院与营利性的世俗药房的行业分离完全不同。因为西方最早的医院是基督教徒建立的旅店，用以庇护朝圣者及缓解其突发的病痛。①这种教会式医院在中世纪欧洲大量出现。13 世纪初，这些医院逐渐从教会手中转移到城市管理当局。而西方第一所药房出现在 13 世纪末的意大利，最初是从修道院和法庭中发展而来的，后来演变为私人性质的药房。②因此，西方中世纪“医药分业”的结果是医院具有浓厚的宗教色彩，药房则是医生交流会面、诊疗售药的世俗场所。对比来看，西方在 13 世纪以后出现的医生主导的药房，类似于中国在 11 世纪普遍存在的医家经营的药铺。不同的是，西方的“医药分业”是宗教与世俗两种力量分别确立各自话语权的过程，其间没有其他社会群体包括商人的明显介入。而中国的“医药分家”是在医家主导下，相关医药活动主体参与演变的社会性分工。这就促使中国古代药商的群体力量不断积聚，向注重自我管理的行业方向发展。因此，我们应避免将西方的“医药分业”观念直接转嫁于中国的历史与现实，同时要充分认识药商群体对中国传统药物资源利用及民众日常防治疫病的社会作用。而对药商作伪谋利行为的纠正，不应将规范尺度完全交由行业内的某些专业医家掌控，还是需要吸引政府力量及更加广泛的医药活动主体的参与。

作者简介：杨小敏（1979— ），女，河北定州人，河北省社会科学院历史研究所副研究员，主要研究方向为宋史、医疗社会史。

① [美]施密特：《基督教对文明的影响》，汪晓丹等译，上海：上海人民出版社，2013 年，第 124 页。
② [英]玛格塔：《医学的历史》，李城译，太原：希望出版社，2003 年，第 71 页。

巧夺天工，灼灼其华

——宋元时期水晶的产地及其在社会生活中的用途*

孙 斌

（河北大学 宋史研究中心，河北 保定，071002）

摘 要：从传世文献与出土文物来看，宋元文献对水晶的记载不少。多种文献都对宋元时期的水晶有细致描述，如介绍宋元时期的水晶产地极为广阔，主要在东北亚地区、东南亚地区、西亚地区和中亚的部分地区产出，并进一步在中原王朝的宫廷和民间流通；分析水晶在宋元时期日常生活、居住装饰、医疗医药和宗教生活中均有广泛用途，是人们社会生活中的重要物资。通过对宋元时期关于水晶的记载、产地和用途的梳理，我们可以对这一时期作为宝石材料的“水精”有更为全面、深刻的认识，为我们今后对这一历史时期的珠宝玉石研究奠定基础。

关键词：宋代；元代；水晶；产地；用途

张星烺先生的《中西交通史料汇编》①是一部介绍中西交通史料的专著，对外来矿石资料进行了简单的汇编。其中有不少关于外来水晶的资料。该著的局限性在于缺乏对水晶产地及水晶用途做进一步探讨。林梅村《珠宝艺术与中外文化交流》②一文，对于宋代的水晶有少量涉及，作者将全文的重点放在元明时期外国输入的宝石研究方面。查迪玛（A. Chandima）的《斯里兰卡藏中国古代文物研究——兼谈古代中斯贸易关系》③则提

* 本文为2016年度教育部人文社会科学重点研究基地重大项目“宋史普查工程数据库”（16JJD770018）、2019年国家社会科学基金重点项目“生产力发展与‘唐宋中国变革’研究”（19AZS006）、2022年河北省博士在读研究生创新能力培养资助项目“北方地区宋元时期金属货币文物研究”（CXZZBS2022006）阶段性研究成果。

① 张星烺编注，朱杰勤校订：《中西交通史料汇编》，北京：中华书局，2003年。

② 林梅村：《珠宝艺术与中外文化交流》，《考古与文物》2014年第1期。

③ [斯]查迪玛：《斯里兰卡藏中国古代文物研究——兼谈古代中斯贸易关系》，山东大学博士学位论文，2011年。

出，斯里兰卡珍贵的宝石、珍珠和象牙吸引着宋元时期的中国商人前来贸易，并且斯里兰卡作为一个珠宝贸易的中转站在“海上丝绸之路”上处于重要地位。丁宁的《汉至宋代玛瑙制品研究》①则涉及宋代的玛瑙制品研究而没有涉及水晶的研究。邓莉丽的《民俗学视域下的宋代金银饰品研究》②从民俗学角度分析了宋代的金银饰品，其中部分饰品镶嵌有水晶。宋岘的《“回回石头”与阿拉伯宝石学的东传》③主要分析了元代陶宗仪的《南村辍耕录》所记载的十余种“回回石头”即阿拉伯宝石的名称及色泽、质地等，表明阿拉伯宝石学在元代就传到了亚洲东部。元人在社会生活中不仅学阿拉伯人佩戴宝石，也接受了关于外国宝石的科学知识。冯方涛在《元代金银首饰的初步研究》④中将元代金银首饰划分为头饰、耳饰、颈饰、手饰与臂饰、佩饰五类，并对元代金银首饰中所蕴含的祥瑞题材、仿生题材和宗教题材进行了特征分析，探讨了元人选择这些造型与纹样的缘由。

从宝石学研究来看，张蓓莉主编的《系统宝石学》⑤在第三篇“宝石各论”里第一章“常见宝石”中就介绍了水晶。该书从水晶的基本性质、品种及鉴定特征、与相似宝石的鉴别、合成宝石、优化处理、仿制品和产状、产地等方面做了介绍分析。由李娅莉、薛秦芳、李立平等编著的《宝石学教程》⑥则通俗易懂地介绍了水晶的相关性质及鉴别，堪称经典之作。

对宋元时期作为宝石的水晶的研究，学界几乎没有，并且少有涉及宋元时期水晶的产地及其用途的研究成果问世。因此，通过历史学和宝石学相结合的方法来研究宋元时期水晶的产地及其在社会生活中的用途就成为具有重要科研价值的课题。

一、宋元时期关于水晶的史料来源

从广义上讲，宝石包括一切可琢磨或雕刻成首饰或工艺品的材料，包括人工和天然材料。水晶作为天然宝石的常见品种，具有美丽、耐久、稀少和无害的特性。《宋史》中有关于“宝石”的记载，该类奢侈品属于太府寺所辖香药库掌管。《宋史》卷一六五《职官志五·太府寺》云：“香药库，掌出纳外国贡献及市舶香药、宝石之事。”⑦可见，香药库所掌管的是通过朝贡贸易渠道或者市舶（民间）贸易渠道进口的香药和宝石。在张蓓莉主编的《系统宝石学》中，天然宝石按组成结构及成因的不同这一标准，分为“天然（单晶）宝石、天然玉石和天然有机宝石”⑧。水晶就属于天然单晶或双晶宝石。“水精”是水晶的古称，是具有悠久历史传统的宝石之一，有时又被称作“水玉”、“千年冰”或

① 丁宁：《汉至宋代玛瑙制品研究》，陕西师范大学硕士学位论文，2016年。
② 邓莉丽：《民俗学视域下的宋代金银饰品研究》，江南大学博士学位论文，2016年。
③ 宋岘：《“回回石头”与阿拉伯宝石学的东传》，《回族研究》1998年第3期。
④ 冯方涛：《元代金银首饰的初步研究》，吉林大学硕士学位论文，2018年。
⑤ 张蓓莉主编：《系统宝石学》（第2版），北京：地质出版社，2006年。
⑥ 李娅莉、薛秦芳、李立平等编著：《宝石学教程》（第2版），武汉：中国地质大学出版社，2011年，第206—211页。
⑦ 《宋史》卷165《职官志五·太府寺》，北京：中华书局，1977年，第3908页。
⑧ 张蓓莉主编：《系统宝石学》（第2版），第3页。

“玉晶”①，是“无色透明的纯净的二氧化硅晶体”②。

宋元时期文献对“水精”的记载颇多，在史书、类书、语录汇编、宗教书、诗词书、文集、笔记小说中都可以找到相关记载（表1）。从史书来看，《宋史》五卷、《元史》三卷、《新元史》三卷、《资治通鉴》两卷、《续资治通鉴长编》一卷、《建炎以来系年要录》一卷、《宋会要辑稿》五册、《文献通考》一卷中皆有“水精”的记载，或曰“水精面火珠”③，或曰“水精盆”④；从类书和语录汇编来看，《太平御览》十一卷、《太平广记》两卷、《册府元龟》四卷、《朱子语类》一卷中有“水精”的相关记载，多指出“水精”的用途和产地；从宗教书来看，《禅林僧宝传》一卷、《景德传灯录》两卷、《五灯会元》两卷、《宋高僧传》两卷、《云笈七签》一卷记载了“水精”，多是“水精数珠”等佛教用品，并有“紫水精数珠”⑤的记载；从诗词书看，《全宋词》中有十多首词对“水精”有记载，《宋诗钞》中的《小畜集钞》《宛陵诗钞》《荆溪集钞》《西归集》《南海集钞》《朝天续集钞》有对“水精”的描述；从文集和笔记小说来看，梅尧臣曾用“天如青玻璃，月若黑水精”⑥来形容月食现象，欧阳修亦云“深殿未尝知暑气，水精帘拂砌琉璃”⑦，可见“水精”作为一种较珍贵的奢侈品在宋元时期的社会中使用范围较广。

表1　宋元时期文献对“水精”记载统计表

序号	文献名称	文献类型	记载卷、册数
1	《宋史》	史书	卷142、卷185、卷186、卷480、卷491
2	《元史》	史书	卷3、卷78、卷80
3	《新元史》	史书	卷6、卷96、卷97
4	《资治通鉴》	史书	卷118、卷149
5	《续资治通鉴长编》	史书	卷150
6	《建炎以来系年要录》	史书	卷168
7	《宋会要辑稿》	史书	第8册、第38册、第57册、第197册、第199册
8	《文献通考》	史书	卷324
9	《太平御览》	类书	卷173、卷178、卷179、卷344、卷367、卷794、卷796、卷803、卷871、卷971、卷982
10	《太平广记》	类书	卷402、卷419
11	《册府元龟》	类书	卷943、卷960、卷971、卷972
12	《朱子语类》	语录汇编	卷128
13	《禅林僧宝传》	宗教书	卷9
14	《景德传灯录》	宗教书	卷15、卷26
15	《五灯会元》	宗教书	卷6、卷10

① 张晓艳：《唐代外来宝石研究》，西南大学硕士学位论文，2016年。
② 张蓓莉主编：《系统宝石学》（第2版），第262页。
③ 《元史》卷78《舆服志一》，北京：中华书局，1976年，第1944页。
④ 柯劭忞：《新元史》卷6《宪宗本纪》，《元史二种》上册，上海：上海古籍出版社，2012年，第30页。
⑤ （宋）赞宁撰，范祥雍点校：《宋高僧传》卷28《大宋钱塘永明寺延寿传》，北京：中华书局，1987年，第709页。
⑥ （宋）梅尧臣著，朱东润编年校注：《梅尧臣集编年校注》卷28《月蚀》，上海：上海古籍出版社，2006年，第1063页。
⑦ （宋）欧阳修著，李逸安点校：《欧阳修全集》卷87《皇后阁五首》，北京：中华书局，2001年，第1270页。

续表

序号	文献名称	文献类型	记载卷、册数
16	《宋高僧传》	宗教书	卷1、卷28
17	《云笈七签》	宗教书	卷71
18	《全宋词》	诗词书	008张先，015欧阳修，045李之仪，054黄裳，082毛滂，088谢逸，113朱敦儒，116邵博、赵佶，129胡世将、赵鼎，219葛郯，229游次公，232沈瀛，248梁安世，315史达祖，325林正大
19	《宋诗钞》	诗词书	《小畜集钞》《宛陵诗钞》《荆溪集钞》《西归集》《南海集钞》《朝天续集钞》
20	《梅尧臣集》	文集	卷17、卷19
21	《欧阳修集》	文集	卷87、卷133
22	《苏轼集》	文集	卷33
23	《王安石集》	文集	卷22
24	《铁围山丛谈》	笔记小说	卷6
25	《梦粱录》	笔记小说	卷1
26	《癸辛杂识》	笔记小说	后集
27	《夷坚志》	笔记小说	《夷坚志》夷坚支景卷3、《夷坚志》夷坚支丁卷第7

二、宋元时期水晶的产地

宋元时期水晶的产地主要有东北亚地区、东南亚地区、西亚地区、中亚地区等。

1. 东北亚地区

宋元时期东北亚地区水晶的产地主要在中国境内。当时，中国水晶产量大，使用量也大。《宋史》卷一八五记载：

（政和）七年，提举东南九路坑冶徐禋奏："太平瑞应，史不绝书。今部内山泽、坑冶，若获希（稀）世珍物及古宝器，请赴书艺局上进。"盖自政和初，京西漕臣王琦奏太和山产水精。[①]

这条史料反映出距离开封不远的京西路太和山就有水晶产出。

《夷坚志》夷坚支丁卷七中记载：

水精出于信州灵山之下，唯以大为贵，及其中现花竹象者。朱彦才家在彼，旧颇赡足，十余年来，浸浸衰落。尝因寒食拜扫先墓，小民百十为群，入山寻采水精，且斗百草为戏。朱独行院径间，忽见一石块，光辉射人。……高阔如大翁……赖以小康。[②]

信州就是今天的江西省上饶市，这说明江西上饶宋代就出产水晶，且名声在外。

《宋高僧传》卷二八记载：

---

① 《宋史》卷185《食货志下七》，第4528页。

② （宋）洪迈撰，何卓点校：《夷坚志》夷坚支丁卷7《灵山水精》，北京：中华书局，1981年，第1023—1024页。

> 高丽国王览其《录》，遣使遗金线织成袈裟、紫水精数珠、金澡罐等。①

可见，东北亚地区的朝鲜半岛可能有紫水晶出产，并流入当时的宋朝境内。

《太平御览》卷七九六记载：

> （劫国）遣使贡宝带、金锁、颇梨、水精杯各一，颇梨四百九十枚，大小有差。②

劫国，古西域国名。《汉书·劫国传》记载："劫国，王治天山东丹渠谷，去长安八千五百七十里。户九十九，口五百，胜兵百一十五人。辅国侯、都尉、译长各一人。"③劫国在卑陆后国西，治所丹渠谷在今乌鲁木齐市东北部的阜康市内。

《宋会要辑稿》第199册蕃夷七太平兴国元年条记载：

> 二年正月八日，俶进贺登极御衣、通犀带及绢万匹，又黄金并玳瑁器、金银棱器、涂金银香台、龙脑、檀香、龙床、银果子、水精花等。④

"俶"指钱俶，是五代十国末期的吴越国王，他向宋太宗进献"水精花"，说明当时江浙地区很可能有水晶产地。

《宋史》卷四九一记载：

> 熙宁五年，有僧诚寻至台州，止天台国清寺，愿留。州以闻，诏使赴阙。诚寻献银香炉，木槵子、白琉璃、五香、水精、紫檀、琥珀所饰念珠，及青色织物绫。⑤

两条史料对比看，江浙地区产水晶的可能性大大增加。不过，该水晶念珠也有可能是诚寻从日本带至浙江的。

《宋会要辑稿·崇儒七》景德元年条记载：

> 十二月五日，召辅臣于龙图阁，觐契丹礼物。国母所致御衣缀珠银貂鼠裘，细锦刻丝透背、合线御绫、罗绮纱谷御样，皆百匹，金银饰箱缄之；果实、杂粆、腊肉凡百品，贮于栋棂器；水精鞍勒、新罗酒、青白盐。⑥

契丹在宋真宗景德元年（1004年）向宋朝赠送的礼物中有"水精鞍勒"，当是一种用水晶制作的马具，可能契丹境内亦有水晶矿产出。

《元史》卷三记载：

> 回鹘献水精盆、珍珠伞等物，可直（值）银三万余锭。⑦

---

① （宋）赞宁撰，范祥雍点校：《宋高僧传》卷28《大宋钱塘永明寺延寿传》，第708—709页。
② （宋）李昉等：《太平御览》卷796《四夷部一七·劫国》，北京：中华书局，1960年，第3534页。
③ 《汉书》卷96下《西域传第六十六下·劫国》，北京：中华书局，1962年，第3920页。
④ （清）徐松辑，刘琳等校点：《宋会要辑稿·蕃夷七》，上海：上海古籍出版社，2014年，第9936页。
⑤ 《宋史》卷491《外国列传七·日本国》，第14137页。
⑥ （清）徐松辑，刘琳等校点：《宋会要辑稿·崇儒七》，第2905页。
⑦ 《元史》卷3《宪宗本纪》，第50页。

这反映出回鹘境内也有可能产水晶。

2. 东南亚地区

宋元时期东南亚地区也产水晶，并大量流入中原王朝。

《宋史》卷一八六记载：

（开宝）四年，置市舶司于广州，后又于杭、明州置司。凡大食、古逻、阇婆、占城、勃泥、麻逸、三佛齐诸蕃并通货易，以金银、缗钱、铅锡、杂色帛、瓷器，市香药、犀象、珊瑚、琥珀、珠琲、镔铁、鼊皮、玳瑁、玛瑙、车渠、水精、蕃布、乌樠、苏木等物。①

上文中提到的阇婆，古地名与国名，地名又称“阇婆洲”“阇婆娑州”，国名又称“阇婆婆达”、“阇婆达”、“诃陵”或“有莆家龙”，地理位置大约在今印度尼西亚爪哇岛或苏门答腊岛。占城，即占婆补罗（“补罗”梵语意为“城”），简译“占婆”、“占波”②或“瞻波”③，位于中南半岛东南部，北起今越南河静省的横山关，南至平顺省潘郎、潘里地区。勃泥是亚洲加里曼丹岛北部文莱一带的古国，中国史籍又称“婆利”“佛泥”“婆罗”。麻逸，宋元时代史籍对菲律宾民都洛岛（或兼指吕宋岛的一部分）的称呼，麻逸（一作“摩逸”“麻叶”）是民都洛古称“Mait”的音译，意为黑人的国土。三佛齐，简称“佛逝”，存在于巽他群岛的一个信奉大乘佛教的海上强国。上述国家大多位于东南亚范围内，水晶作为这些国家重要的出口产品流入宋元时期的中国。

《太平御览》卷八〇三记载：

婆利东有罗刹国，其人极陋，朱发黑身，兽牙鹰爪。时与林邑人作市，以夜而来，自掩其面。其国出火珠，状如水精。日午时以珠承影，取艾依之即火出。④

《洛阳伽蓝记》卷四记载：

（扶南国）方五千里，南夷之国，最为强大。民户殷多，出明珠金玉及水精珍异，饶槟榔。⑤

《太平御览》卷九八二记载：

《南夷志》曰：昆仑国，正北去蛮界西洱河八十一日程。出象及青木香、旃檀

---

① 《宋史》卷186《食货志下八》，第4558—4559页。

② （唐）义净：《大唐西域求法高僧传》卷下《荆州慧命禅师》条有“泛舶行至占波，遭风而屡遘艰苦。适马援之铜柱，息匕景而归唐”之句。学者王邦维指出，“占波”是“梵文Campā的音译，即指林邑”。参见（唐）义净原著，王邦维校注：《大唐西域求法高僧传校注》，北京：中华书局，1988年，第143页。

③ （唐）义净：《大唐西域求法高僧传》卷下《荆州法振禅师》条有“遂附舶东归，有望交趾。覆至瞻波（原注：即林邑国也）”之句。学者王邦维指出瞻波“即占波”。参见（唐）义净原著，王邦维校注：《大唐西域求法高僧传校注》，第206页。

④ （宋）李昉等：《太平御览》卷803《珠下》，北京：中华书局，1960年，第3564页。

⑤ 尚荣译注：《洛阳伽蓝记》卷4《永明寺》，北京：中华书局，2012年，第331页。

香、紫檀香、槟榔、琉璃、水精、蠡杯。[①]

罗刹国相传为"海上恶鬼之国"，大致位于东南亚林邑国附近，"其国出火珠"，就是出产水晶球的意思。扶南国具体位置不详，或位于东南亚一带。昆仑国是南海诸国的总称，原指位于中南半岛东南方向的岛国。

3. 西亚地区

宋元时期西亚也有部分水晶流入中国。

《宋史》卷一八六记载：

（开宝）四年，置市舶司于广州，后又于杭、明州置司。凡大食、古逻、阇婆、占城、勃泥、麻逸、三佛齐诸蕃并通货易，以金银、缗钱、铅锡、杂色帛、瓷器，市香药、犀象、珊瑚、琥珀、珠琲、镔铁、鼊皮、玳瑁、玛瑙、车渠、水精、蕃布、乌樠、苏木等物。[②]

大食一般是指中古时期的阿拉伯人建立的伊斯兰帝国，宋元时期的阿拉伯帝国较长时期处于分裂状态，但一直承担着"丝绸之路"中转站的角色，大食所产的水晶及其制品在中原王朝内部占有一席之地。

4. 中亚地区

中亚也是宋元时期中原王朝的水晶供应地，是中原王朝水晶原料来源的重要支撑。

《册府元龟》卷九七一记载：

是年，康国遣使贡献锁子甲、水精杯、马脑（玛瑙）瓶、驼鸟卵及越诺之类。（史不书月）[③]

康国，又称"康居国"，位于中亚，西汉时臣服于匈奴和大月氏，东汉时成为西域大国，宋元时期早已灭亡，但中原王朝仍习惯性地把位于康国故地的民族政权称为"康国"。

三、宋元时期水晶在社会生活中的用途

宋元时期水晶在日常生活、居住装饰、医疗医药和宗教生活中均有广泛用途，上至达官显贵，下至寻常百姓，都有使用"水精"的记录。

（一）水晶在日常生活中的用途

宋元时期水晶在日常生活中的用途主要体现在生活器皿、文具娱乐、首饰配饰、床

---

① （宋）李昉等：《太平御览》卷982《青木》，第4347页。
② 《宋史》卷186《食货志下八》，第4558—4559页。
③ （宋）王钦若等：《册府元龟》卷971《朝贡第四》，北京：中华书局，1989年，第3848页。

上用品及身份表征、交通用具、商品贸易等方面。

1. 生活器皿

宋元时期的匠人将水晶制作成杯、盘、碗、盆等各种精美的器物，这不仅显示了器物本身的珍贵豪华，更能反映出使用器物的主人的身份阶层和文化认同。

在元代，“回鹘献水精盆”[①]价值达银万锭。《太平御览》卷八七一就有“作水精碗”[②]的记载。《水调歌头·和董弥大中秋》中有“水精盘，鲈鱼脍，点新橙。鹅黄酒暖，纤手传杯任频斟”[③]的词句。《多丽》中有“寿觞举、器舟斟海，不用水精钟”[④]的句子。《宋诗钞·小畜集钞》中《拍板谣》一诗中也写道：“鲛人泣对水精盘，满把珠玑连泻入。”[⑤]大文豪苏轼在《浣溪沙》中提到：“料峭东风翠幕惊。云何不饮对公荣。水晶盘莹玉鳞赪。”[⑥]可见，水晶盘在宋元时期的社会生活中已不罕见。此外，水晶杖也在宋人的生活中开始使用了，《梦粱录》记载：“驾前有执金香座、玉斧、玉拂，及水精珠杖迎驾，高低弄把引行，如龙弄珠也。”[⑦]《夷坚志》引《邵氏见闻录》中，还有关于“水精条环”的记载：“钱塘关子东博士家于秀州，其孙出乃祖所藏水精条环，表里莹彻，中有生竹叶一片。”[⑧]盂是中国古代一种盛液体的器物，《宋诗钞·宛陵诗钞》中有《送刘成伯著作赴弋阳宰》一诗，其诗句“水精制盘盂，冰莹产郊甸”[⑨]就是对水晶盂这一器物的记载。

2. 文具娱乐

据《宋史》卷四八〇记载，最早在宋太宗时，“上遣中使赐俶文楸棋局、水精棋子”[⑩]，至于是哪种棋子还有待考证，但确实水晶已被用于宫廷娱乐之中。《宋诗钞·南海集钞》中《过乌沙望大唐石峰》一诗有“大唐六峰争出迎，水精笔架琉璃屏”的诗句[⑪]，反映出水晶已经被用于文房四宝这些当时常用的文具之中。

3. 首饰配饰

在宋元时期以水晶为主要材料制作的首饰配饰中，数量最多的当数水晶珠，《续资治通鉴长编》卷一五〇载：“今朽木腐草皆有光，水精及珠之圆者，夜亦有光，况舍利本胡中怪异之物，有光亦非今日之瑞。”[⑫]《太平御览》卷三六七引王子年《拾遗录》曰：“孙和月下舞水精如意，误伤邓夫人颊。”[⑬]水晶如意摆件在宋元时期也不鲜见。《送裴虞部知

---

① 《元史》卷3《宪宗本纪》，第50页。

② （宋）李昉等：《太平御览》卷871《火部四》，第3862页。

③ 朱敦儒：《水调歌头》，唐圭璋编纂，王仲闻参订，孔凡礼补辑：《全宋词》第2册，北京：中华书局，1999年，第1079页。

④ 富捕：《多丽》，唐圭璋编纂，王仲闻参订，孔凡礼补辑：《全宋词》第3册，第2286页。

⑤ （清）吴之振、吕留良、吴自牧选，管庭芬、蒋光煦补：《宋诗钞·小畜集钞·拍板谣》，北京：中华书局，1986年，第66页。

⑥ 苏轼：《浣溪沙》，唐圭璋编纂，王仲闻参订，孔凡礼补辑：《全宋词》第1册，第406页。

⑦ （宋）吴自牧：《梦粱录》卷1《车驾诣景灵宫孟飨》，杭州：浙江人民出版社，1984年，第5页。

⑧ （宋）洪迈撰，何卓点校：《夷坚志》夷坚支景卷3《水精环》，第899页。

⑨ （清）吴之振、吕留良、吴自牧选，管庭芬、蒋光煦补：《宋诗钞·宛陵诗钞·送刘成伯著作赴弋阳宰》，第224页。

⑩ 《宋史》卷480《世家列传三》，第13905页。

⑪ （清）吴之振、吕留良、吴自牧选，管庭芬、蒋光煦补：《宋诗钞·南海集钞·过乌沙望大唐石峰》，第2182页。

⑫ （宋）李焘：《续资治通鉴长编》卷150，北京：中华书局，1995年，第3634页。

⑬ （宋）李昉等：《太平御览》卷367《人事部八》，第1689页。

信州》一诗中还提到有水晶璞玉的存在："楚人竟掘水精璞，汉女买作月珮环。"[①] "一日内宴后，以水精双莲花一枝，命王亲为夫人簪之，且戒其夫妇和睦"[②]则反映出水精簪子在日常饰品佩戴中的重要地位。以下是江西省博物馆收藏的几件水晶饰物。

南宋水晶球（图 1），直径 2.5 厘米，1956 年江西省文物管理委员会在上饶市茶山寺南宋建炎四年（1130 年）赵仲湮墓发掘出土，现藏江西省博物馆，呈圆球形，造型规整，精工细作，透明光亮。[③]

图 1　南宋水晶球

资料来源：彭明瀚、李宇：《江西出土水晶鉴赏》，《收藏界》2007 年第 4 期，第 98 页

南宋水晶璧（图 2），直径 5.9 厘米，孔径 1.9 厘米，厚 0.8 厘米，1956 年江西省文物管理委员会在上饶市茶山寺南宋建炎四年赵仲湮墓发掘出土，现藏江西省博物馆。该璧光洁明亮，呈圆环形，中间一圆孔，采用双面旋削，有抛光纹痕。[④]

图 2　南宋水晶璧

资料来源：彭明瀚、李宇：《江西出土水晶鉴赏》，《收藏界》2007 年第 4 期，第 98 页

① （宋）梅尧臣著，朱东润编年校注：《梅尧臣集编年校注》卷 23《送裴虞部知信州》，第 667 页。

② （宋）周密撰，吴企明点校：《癸辛杂识》后集《济王致祸》，北京：中华书局，1988 年，第 86 页。

③ 彭明瀚、李宇：《江西出土水晶鉴赏》，《收藏界》2007 年第 4 期，第 98 页。

④ 彭明瀚、李宇：《江西出土水晶鉴赏》，《收藏界》2007 年第 4 期，第 98 页。

南宋茶晶狮形佩（图3），长4.5厘米，1956年江西省文物管理委员会在上饶市茶山寺南宋建炎四年（1130年）赵仲湮墓发掘出土，现藏江西省博物馆。该佩呈茶色，或为茶晶。俯卧式雌狮子头部和尾部向左侧偏移。阔嘴，宽鼻，张口露齿，长耳前披。此佩刀法精炼，磨工考究，阴刻流畅，虚实相间，形象生动，小巧玲珑，是两宋时期水晶圆雕制品中的上乘之作。①

图3　南宋茶晶狮形佩

资料来源：彭明瀚、李宇：《江西出土水晶鉴赏》，《收藏界》2007年第4期，第98页

北宋水晶项链（图4），其中水晶牌长10.5厘米、宽6.9厘米，大珠直径1.4厘米，小珠直径0.9厘米，1972年江西省博物馆在波阳县（今鄱阳县）团林公社东湖生产队宋墓发掘出土，现藏江西省博物馆。水晶牌有残缺，一面光素整齐，另一面阴刻弧形羽状纹。水晶珠共有66颗，其中大珠1颗。②

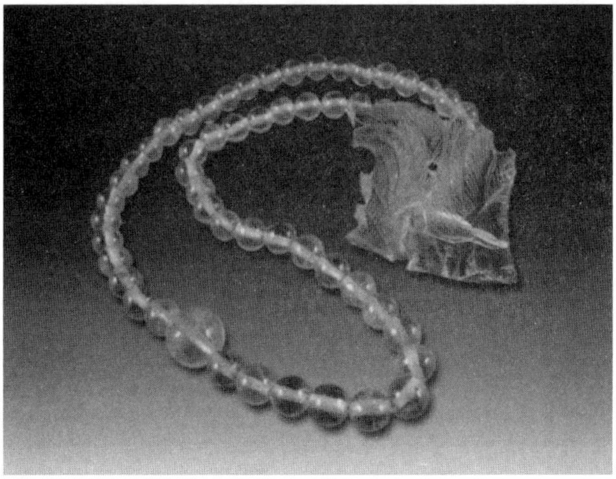

图4　北宋水晶项链

资料来源：彭明瀚、李宇：《江西出土水晶鉴赏》，《收藏界》2007年第4期，第99页

① 彭明瀚、李宇：《江西出土水晶鉴赏》，《收藏界》2007年第4期，第98页。
② 彭明瀚、李宇：《江西出土水晶鉴赏》，《收藏界》2007年第4期，第98—99页。

4. 床上用品及身份表征

欧阳修在《临江仙》中写道："水精双枕，傍有堕钗横。"[①]这表明，水晶枕已在宋元时期出现，并且常成对出现。《元史》卷八〇记载："舍人授以骨朵而易笏，都点检以玉，右点检以玛瑙，左点检以水精。"[②]这反映在元代已经开始以水晶作为武官身份的表征之一。又《朱子语类》卷一二八记载："祖宗时，升朝官出入有柱斧，其制是水精小斧头子，在轿前。"[③]这反映出水晶制品在朝官仪仗上的应用。

5. 交通用具

《宋会要辑稿》记载："(景德元年)十二月五日，召辅臣于龙图阁，觐契丹礼物。国母所致御衣缀珠银貂鼠裘，细锦刻丝透背、合线御绫、罗绮纱谷御样，皆百匹，金银饰箱缄之；果实、杂粆、腊肉凡百品，贮于栋梂器；水精鞍勒、新罗酒、青白盐。"[④]水晶已经被用在马具上，并作为一种外交礼品在各国之间流通。

6. 商品贸易

宋元时期水晶亦被作为商品在民间进行交易，是一种高档商品。《夷坚志》卷一〇〇记载："上饶朱氏得一水精石，而苑匠与钱九千缗。"[⑤]一块水晶石可以换钱九千缗，可见其货值高昂。

(二)水晶在居住装饰中的用途

水晶在居住装饰中的作用首先体现在作为建筑配件和建筑主体材质方面。《太平御览》卷一七八中有"名曰辟寒台，皆用水精为户牖"[⑥]的记载。《太平御览》卷一七九引《十洲记》曰："昆仑山有水精阙。"[⑦]王安石在《信都公家白兔》中形容用水晶装饰宫殿时说："水晶为宫玉为田，常(嫦)娥缟衣洗朱铅。"[⑧]"水精宫"也是文献中对水晶用法提到最多的词。水晶还主要被制作成帘子装饰屋子。《宋诗钞·荆溪集钞》中有《郡中上元灯减旧例三之二而又迎送使客》一诗，诗中写道："忆昔三衢看上元，玉虹横贯水精帘。"[⑨]足见当时水晶帘的使用已经十分广泛。

(三)水晶在医疗医药中的用途

《云笈七签》卷七一记载了用水晶治疗眼病的秘方，名"造玉泉眼药方"，其中记载：

---

① (宋)欧阳修著，李逸安点校：《欧阳修全集》卷133《临江仙二首》，第2034页。

② 《元史》卷80《舆服志三·殿上执事》，第1998页。

③ (宋)黎靖德编，王星贤点校：《朱子语类》卷128《本朝二》，北京：中华书局，1986年，第3067页。

④ (清)徐松辑，刘琳等校点：《宋会要辑稿·崇儒七》，第2905页。

⑤ (宋)洪迈撰，何卓点校：《夷坚志》夷坚支丁序，第967页。

⑥ (宋)李昉等：《太平御览》卷178《居处部六》，第866页。

⑦ (宋)李昉等：《太平御览》卷179《居处部七》，第871页。

⑧ (宋)王安石著，秦克、巩军标点：《王安石全集》卷49《信都公家白兔》，上海：上海古籍出版社，1999年，第407页。

⑨ (清)吴之振、吕留良、吴自牧选，管庭芬、蒋光煦补：《宋诗钞·荆溪集钞·郡中上元灯减旧例三之二而又迎送使客》，第2142页。

“取水精二两末之，乳半合和，瓷瓶中盛之，蜜固济，勿泄气。”①另外，北宋的刘跂在《暇日记》中说，北宋史沆在判案时，因看不清案牍上的字迹，曾取水晶用于看案卷上的文字。可见，北宋时已经开始用水晶来帮助提高视力。②

（四）水晶在宗教生活中的用途

在宋元时期的宗教生活中，常见的水晶制宗教用品有水晶念珠、紫水晶珠和水晶瓮。《宋高僧传》卷一记载：“乃以五股金刚铃杵先师所传者，并银盘子、菩提子、水精数珠留别，附中使李宪诚进。”③《五灯会元》卷十记载：“奉金线织成袈裟、紫水精珠、金藻罐等。”④这些典籍中的记载都是很好的例证。

四、结　语

从传世文献与出土文物来看，宋元时期文献对水晶的记载极多。史书、类书、语录汇编、宗教书、诗词书、文集和笔记小说都对宋元时期的水晶描述颇多。宋元时期的水晶产地极为广阔，主要包括：东北亚地区的中原王朝境内和北方民族政权地区；东南亚地区的阇婆、占城、勃泥、麻逸、三佛齐诸国；西亚地区的大食和中亚的部分地区。水晶在宋元时期日常生活、居住装饰、医疗医药和宗教生活中均有广泛用途，水晶器物是人们社会生活中的重要器物。通过对宋元时期关于水晶的记载、产地和用途的梳理，我们可以对这一时期作为宝石的“水精”有更为全面、深刻的认识，从而为进一步分析和研究宋元时期其他单晶宝石打下良好的基础。

作者简介：孙斌（1988—），男，河北石家庄人，河北大学宋史研究中心博士生，中国宋史研究会会员，主要研究方向为社会经济史、历史地理、文化产业和文物文化遗产。

① （宋）张君房：《云笈七签》卷71《金丹部九》，济南：齐鲁书社，1988年，第400页。
② 参见王吴军：《北宋刘跂〈暇日记〉：时人用水晶提高视力》，《宜宾晚报》2013年12月9日，第7版。
③ （宋）普宁撰，范祥雍点校：《宋高僧传》卷1《唐京兆大兴善寺不空传》，第10页。
④ （宋）普济辑，朱俊红点校：《五灯会元（中）》卷10《杭州慧日永明延寿智觉禅师》，海口：海南出版社，2011年，第832—833页。

婺源砚山宋代戴家砚坊遗址及其出土藏品研究

江进民　张　婷　宋　君

（上饶市博物馆，江西　上饶，334000）

摘　要：婺源县溪头乡砚山是歙砚发源地。其制砚历史悠久，距今有1300余年。近年来，婺源砚山先后发现宋代砚坊遗址6处，其中2019年12月发现的宋代戴家砚坊遗址规模最大，出土物品有近万件，不仅有残砚、残坯和砚料，还有众多与制砚有关的物品。这一发现，不仅佐证了砚山在中国砚史上的地位，而且为研究宋代歙砚历史提供了大量的实物证据。

关键词：砚山；宋代；歙砚；戴家砚坊遗址

江西省上饶市婺源县溪头乡砚山是歙砚发源地。歙砚原名龙尾砚，因婺源历史上曾属歙州管辖，物以州名，故龙尾砚又称歙砚。砚山砚石资源丰富，制砚历史悠久，迄今已有1300余年的历史。近年来，婺源县砚山村（图1）先后发现多处宋代砚坊遗址。其中2019年12月发现的宋代戴家砚坊遗址规模最大，出土物品多达近万件，不仅有残砚、残坯和砚料，还有众多与制砚有关的工具。这一发现，对研究宋代歙砚石质、砚式和制砚工序等具有很高的价值，同时以大量的实物佐证了砚山在中国制砚史上的突出地位。

图1　婺源县砚山村全景

注：本文中全部图片均由江进民摄制

一、婺源砚山砚矿特点及制砚历史

（一）砚山地质及砚矿特点

砚山位于江西省上饶市婺源县溪头乡境内，又名龙尾山、罗纹山，主峰海拔 695 米，面积约 12 平方千米。其地层属扬子地层区江南分区障公山台拱东南部，白际岭断裂带的西南端。“砚石赋存在前震旦系木坑组地层中。……砚石层岩性为含粉砂板岩、含砂粉砂质板岩和砂质板岩。其中适于制砚的板岩占 30%左右。”①砚石矿呈淡灰色、灰黑色和黑色。砚石矿物成分为绢云母、石英、绿泥石、黄铁矿、褐铁矿、炭质等。砚石摩氏硬度在 4 左右，比端砚石要硬一些。其石质坚润、纹理缜密、声音清越、色泽瑰丽；成砚后，发墨如油、贮墨不涸、易于洗涤、不损笔毫。北宋大文豪苏轼在《孔毅夫龙尾砚铭》中赞曰：“涩不留笔，滑不拒墨。瓜肤而縠理、金声而玉德。”②

砚山唐宋以来开发的砚坑，主要有眉子坑、罗纹坑、水舷坑、金星坑等 10 余处。

（二）砚山制砚历史

婺源砚山是歙砚的发源地，因砚山又名龙尾山，其产之砚最早称龙尾砚。婺源历史上曾属歙州管辖，物以州（县）名，故龙尾砚又称歙砚、婺源砚。歙砚与端砚、洮河砚、澄泥砚并称中国四大名砚。

砚山制砚始于唐。北宋婺源县县令唐积《歙州砚谱》记载：“婺源砚，在唐开元中，猎人叶氏逐兽至长城里（即今砚山），见叠石如城垒状，莹洁可爱，因携以归，刊粗成砚，温润大过端溪。”③《歙州砚谱》又载：“眉子坑在罗纹山（即砚山），开元中发，属程于地。”④砚山制砚距今已有 1300 余年的历史。

砚山制砚显于南唐。北宋唐积《歙州砚谱》记载：“至南唐，元宗精意翰墨，歙守又献砚，并蒸（斫）砚工李少微，国主嘉之，擢为砚官。今石工周全师之，尔后匠者增益颇多。”⑤宋《歙砚说》记载：“李后主留意翰墨，用澄心堂纸、李廷珪墨、龙尾砚。三者为天下冠，当时贵之。”⑥南唐砚山开采砚坑有罗纹坑、水舷坑和里山罗纹坑。

砚山制砚盛于宋。宋代砚山不仅砚石开采规模大、制砚作坊多，而且在宋代众多砚史中均有浓墨重彩的文字记载。《歙砚说》记载：“景祐中，校理钱仙芝守歙，始得李氏

---

① 程明铭：《中国歙砚大观》，北京：北京大学出版社，2012 年，第 36 页。

② 陈国源编著：《砚台收藏指南》第 3 册，北京：文化发展出版社，2015 年，第 108 页。

③ （宋）左圭、（明）吴永、冯可宾辑，中国社会科学院历史研究所文化史研究室编：《百川学海·续百川学海·广百川学海》第 2 册，北京：人民出版社，2012 年，第 308 页。

④ （宋）左圭、（明）吴永、冯可宾辑，中国社会科学院历史研究所文化史研究室编：《百川学海·续百川学海·广百川学海》第 2 册，第 308 页。

⑤ （宋）左圭、（明）吴永、冯可宾辑，中国社会科学院历史研究所文化史研究室编：《百川学海·续百川学海·广百川学海》第 2 册，第 308 页。

⑥ （宋）左圭、（明）吴永、冯可宾辑，中国社会科学院历史研究所文化史研究室编：《百川学海·续百川学海·广百川学海》第 2 册，第 311 页。

取石故处。其地本大溪也，常患水深，工不可入。仙芝改其流，使由别道行，自是方能得之。其后县人病其须索，复溪流如初，石乃中绝。后邑官复改溪流，遵钱公故道。而后所得尽佳石也，遂与端石并行。”①

宋代文人墨客爱砚成风，许多名家不惜笔墨赋诗赞誉砚山歙砚。欧阳修在《砚谱》中云：“歙石出于龙尾溪，以金星为贵，予少时得金坑矿石，坚而发墨。端溪以北岩为上，龙尾以深[溪]为上。龙尾远于端溪上，而端石以后出见贵尔。”②苏轼《龙尾砚歌》云：“君看龙尾岂石材，玉德金声寓于石。”③黄庭坚亲临砚山并赋长诗《砚山行》曰：“新安出城二百里，走峰奔峦如斗蚁。陆不通车水不舟，步步穿云到龙尾。”④蔡襄《徐虞部以龙尾石邀余品笔》云：“玉质纯苍理致精，锋芒都尽墨无声。相如闻道还持去，肯要秦人十五城。”⑤

元、明、清三代，砚山砚石开采亦有史料记载，但开采次数和规模远不如宋代。

元代有史记载，砚山先后开采砚坑有庄基坑和紧足坑。元代江光启《送侄济舟售砚序》记载：“至元十四年辛巳，达官属婺源县尹汪月山求砚，发数都夫力，石尽山颓，压死数人乃已。”该文记载砚山庄基坑在元代至元十四年（1277年）因发生采石伤人事故而停止开采。该文还记载：“今至元五年十月二十八日夜，堙声如惊雷，隔溪屋瓦皆震，禽惊兽骇。数年前工人告予，紧足石斫凿已尽，予不之信，至是果然。”⑥紧足坑在元代至元五年（1268年）因坍塌而荒废。

明代砚山仍在开采制砚。据清康熙《徽州府志》记载，明初砚山外庄砚工叶瓌“巧悟天授，制多独创，精妙绝伦……诸工皆师其琢”⑦。20世纪90年代，当地村民在砚山古砚坑旁发现锈蚀的采石铁钎，其岩石上刻有朱元璋诗：“朝为田舍郎，暮登天子堂。将相本无种，男儿当自强。”落款为“大明万历”。近年来，砚山先后在外庄和戴家发现明代制砚作坊遗址，并曾出土刻有“天启”年号的砚石。

清代程瑶田《纪砚》中记载：“乾隆丁酉夏五月，余从京师归于歙时，方采龙尾石，琢砚以供方物之贡。”⑧“据《歙县志》载，道光时充贡之物唯砚与墨为最，每年三贡（春贡、万寿贡、年贡），每贡砚二份（六方者四匣、两方者两匣，共二十八方），歙县墨海二方。”⑨

---

① （宋）左圭、（明）吴永、冯可宾辑，中国社会科学院历史研究所文化史研究室编：《百川学海·续百川学海·广百川学海》第2册，第311页。

② （宋）左圭、（明）吴永、冯可宾辑，中国社会科学院历史研究所文化史研究室编：《百川学海·续百川学海·广百川学海》第2册，第305页。

③ （清）王文浩辑注，孔凡礼点校：《苏轼诗集》卷23《龙尾砚歌》，北京：中华书局，1982年，第1236页。

④ （宋）黄庭坚：《砚山行》，熊良华主编：《上饶历史文化丛书·历代诗词选集》，北京：中国文联出版社，2006年，第118页。

⑤ （宋）蔡襄：《徐虞部以龙尾石邀余品笔》，熊良华主编：《上饶历史文化丛书·历代诗词选集》，第111页。

⑥ （明）程敏政辑撰，何庆善、于石点校：《新安文献志》卷19《送侄济舟售砚序》，合肥：黄山书社，2004年，第454、455页。

⑦ 转引自张占鳌编著：《砚台》，沈阳：辽宁教育出版社，1998年，第156页。

⑧ （清）程瑶田：《纪砚》，转引自谷泉、吴锦华：《龙尾石谱》，北京：荣宝斋出版社，2012年，第17页。

⑨ 谷泉、吴锦华：《龙尾石谱》，第4页。

民国初期，安徽督军马联甲令婺源驻军为他采掘砚石，但由于没有当地百姓支持，只掘取了一些残石，并未正规开采。

1975 年，婺源县成立龙尾砚厂，恢复生产。2006 年，歙砚传统制作技艺获国务院批准，列入第一批国家级非物质文化遗产名录。歙砚迎来了新的发展阶段。仅婺源一县，目前全县有制砚企业或作坊已近 500 家，国家和省市县各级歙砚传统制作技艺传承人 200 余人，从业人员 2 万余人。婺源朱子艺苑先后被评为国家级文化产业示范基地和国家级非物质文化遗产（歙砚）生产性保护示范基地。

二、砚山宋代戴家砚坊遗址概况及主要出土藏品分析

（一）砚山发现宋代戴家砚坊遗址

2019 年 12 月，婺源县溪头乡砚山村村民在该村戴家（今名汪家）改造茶园时挖出大量残砚、砚坯、砚料和相关制砚物品等（图 2）。上饶市博物馆获悉后，当即组织人员赶赴砚山村，主动上门做好村民的宣传教育工作，讲解相关文物保护政策，要求村民保护好挖掘现场，并动员村民上交遗址挖出的物品。同时，上饶市博物馆的工作人员向市文物局汇报情况，在征得市文物局研究同意进行抢救性保护征集意见后，及时将散落在村民家中的出土物品集中打包，运至上饶市博物馆。随后，该馆组织专业人员进行清理、分类和上架等保护性措施。

图 2　村民改造茶园时发现宋代戴家砚作坊遗址

2020 年 5 月，上饶市博物馆对遗址进行实地调查考证。该遗址南北长 51 米，东西宽 15 米，面积达 765 平方米，出土物品大部分在离地表 0.5 米至 2.5 米深处的堆积土层中挖出。土层为灰褐色，其中部分土层还掺杂有碎砚石块、石粉和石浆等。遗址还发现一处蓄水古井，用砖砌成，高 1 米左右，井口直径约 40 厘米。

同时，经实地调查发现，近年来当地村民曾先后在该村水岭脚、下山虎、李氏街、

上碓碣、学堂背这5处发现宋代砚坊遗址，并发现刻有北宋“淳化”“嘉祐”和南宋“绍兴”“淳熙”年款的老砚石（图3）。另外，在该村上碓碣还发现1处唐代砚坊遗址，曾出土唐代簸箕砚、风字砚、莲瓣砚（又称抄经砚）等残砚和砚坯。

图3 刻有宋代年号的砚石

经江西省景德镇市考古研究所江建新所长和安徽中国徽州文化博物馆章望南馆长等专家组成员实地考察认定，2019年12月砚山村民改造茶园时挖出的物品均为宋代砚坊遗存物品。因该遗址在宋代为戴家居住地，另据北宋《歙州砚谱·匠手第九》记载：“灵属里（即今砚山）一姓三家六人：戴二，名义和；第三；第五；第六。戴大，名文宗。戴四名义诚。”[①]黄庭坚《砚山行》诗中记载：“居民山下百余家，鲍戴与王相邻里。凿砺磨形如日生，刻骨镂金寻石髓。”[②]故定名为宋代戴家砚坊遗址。

（二）遗址出土藏品基本情况及分析

宋代戴家砚坊遗址出土藏品共计9927件，其中，宋式箕形砚、风字砚、抄手砚等残砚72件，风字形、长方形、圆形、椭圆形和琴形砚坯550件，乳钉足、水滴足、圆足、方足和弧形足等练习石81件，磨凿石等20件，陶瓷残件18件，古砖9件，刻有鸟图砚石和“王”字砚石各1件，铁凿和铁斧各1件，淬火石3件，磨砚石条1件，石杵1件，石锤1件，陶水笕1件，古凿痕砚料3120件，其他一般砚料6046件。

第一，从遗址出土残砚样式来看，有箕形砚、风字砚、抄手砚、琴砚、双池砚、只履砚、石渠砚、马蹄砚和新月砚等十余种，与北宋唐积《歙州砚谱》和米芾《砚史》等记载的主要砚式一致。

（1）箕形残砚1件。箕形砚因形似簸箕而得名，为唐代流行砚式之一，砚尾较宽，

① （宋）左圭、（明）吴永、冯可宾辑，中国社会科学院历史研究所文化史研究室编：《百川学海·续百川学海·广百川学海》第2册，第310页。

② （宋）黄庭坚：《砚山行》，熊良华主编：《上饶历史文化丛书·历代诗词选集》，第119页。

砚面淌池，砚背箕口一般有两足。宋代砚式中亦有箕形砚。宋《端溪砚谱》记载：“砚之形制：曰平底风字，曰有脚风字，曰垂裙风字，曰古样风字，曰凤池，曰四直，曰古样四直，曰双锦四直，曰合欢四直，曰箕样……”[①]图 4 便是此次出土的箕形砚，此砚较完整，砚长 14.5 厘米，砚首宽 9 厘米，砚尾宽 12.9 厘米，砚高 2.5 厘米。此砚制作较粗糙，尚未打磨，砚形不规整，砚堂未制好，砚底箕口两足形状不统一，一高一低。

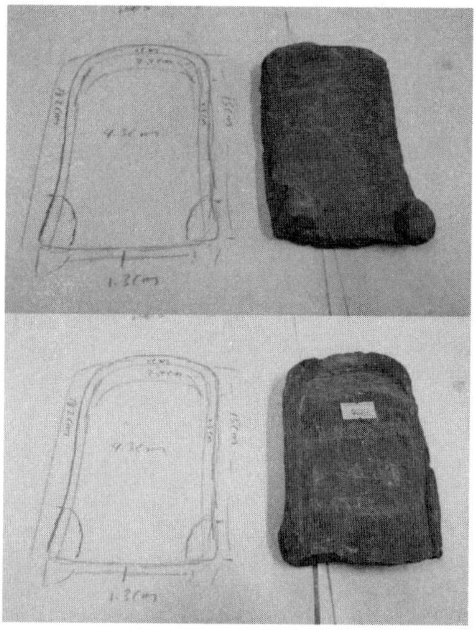

图 4　出土箕形砚

（2）风字残砚 2 件。风字砚因其形似“风”字而得名，是唐宋典型砚式之一，北宋米芾在《砚史》中记载风字砚：“至本朝变成穹高、腰瘦、刃阔，如钺斧之状。”[②]图 5 便是此次出土的风字残砚，此砚残缺，砚长 17.5 厘米，砚首（残）宽 8.3 厘米，砚尾（残）宽 12.3 厘米，砚高 2.5 厘米。

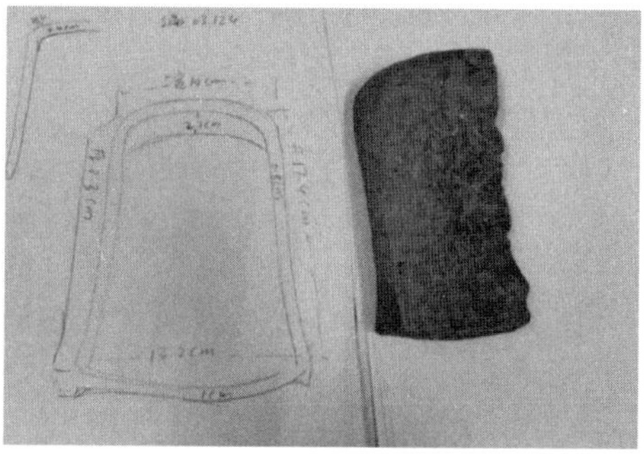

图 5　出土风字残砚

① （宋）左圭、（明）吴永、冯可宾辑，中国社会科学院历史研究所文化史研究室编：《百川学海·续百川学海·广百川学海》第 2 册，第 302 页。

② （宋）左圭、（明）吴永、冯可宾辑，中国社会科学院历史研究所文化史研究室编：《百川学海·续百川学海·广百川学海》第 2 册，第 318 页。

（3）抄手残砚54件。抄手砚又名手抄砚、插手砚，是宋代典型砚式。它是从唐代箕形砚、风字砚演变而来的，其显著特点是形状多为梯形，前窄后宽，砚池有淌池或一指池等，砚尾作开口状或设拦水线，砚背挖空或部分挖空，可用手抄底托起，砚首落地，砚尾两侧为墙足，四侧壁内敛。

遗址出土抄手残砚样式有10余种，图6所示为一指池抄手砚，此砚残缺，砚长19.5厘米，砚宽（残）5厘米，砚高3.5厘米，砚尾设拦水线，砚背为抄手。

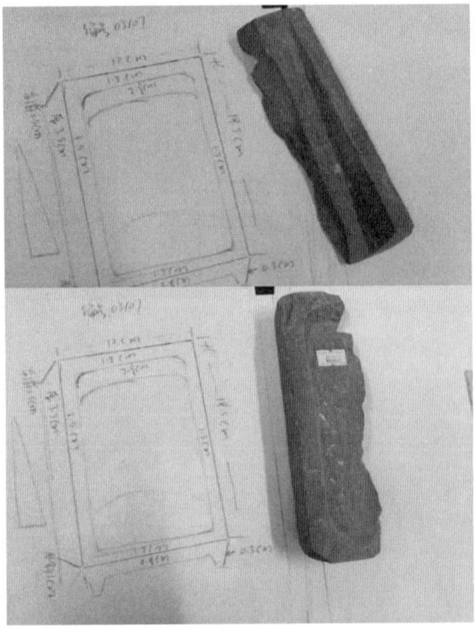

图6　出土一指池抄手残砚

图7中是淌池抄手砚，此砚较完整，砚长12.1厘米，砚首宽8.7厘米，砚尾宽9.4厘米，砚高2.7厘米。砚面为淌池，砚尾作开口状，未设拦水线，砚背为抄手。

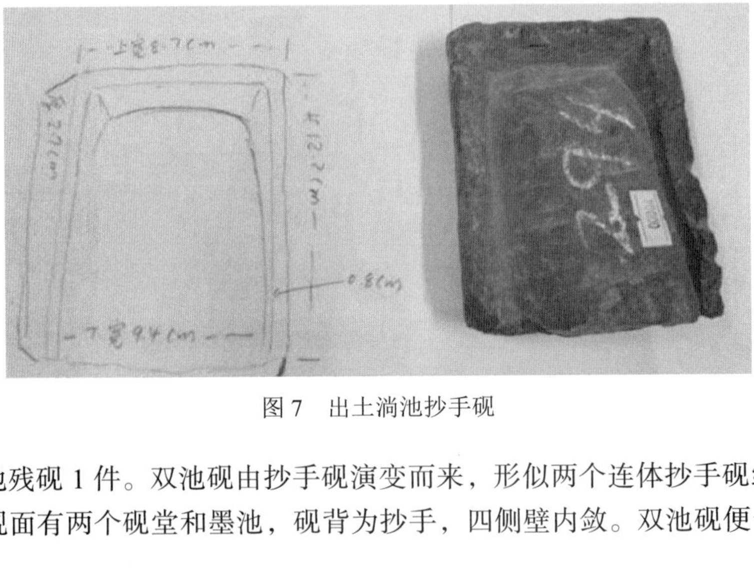

图7　出土淌池抄手砚

（4）双池残砚1件。双池砚由抄手砚演变而来，形似两个连体抄手砚组成，是宋代典型砚式。砚面有两个砚堂和墨池，砚背为抄手，四侧壁内敛。双池砚便于朱墨两用，一般多为公堂官砚或民间账房、当铺所用。图 8 所示便为双池砚，此砚为残砚，只有砚首部分、两个砚池较完整。砚长（残）6.8 厘米，砚宽 16 厘米，砚高 2.4 厘米。

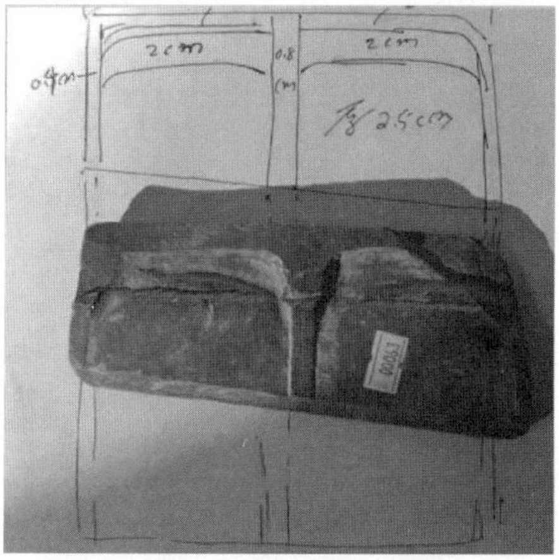

图 8　双池残砚

（5）琴砚 4 件。因砚形狭长如琴而得名，是宋代典型文人砚。砚形修长，古雅静美，砚背一般有两足。砚首窄于砚尾，砚面设有砚堂与砚池，四侧壁内敛。北宋琴砚多为写意形，南宋后期趋于写实形。如图 9 所示，此砚较完整，砚形修长，砚背有两足，砚长 18 厘米，砚首宽 7 厘米，砚尾宽 8 厘米，砚高 2.3 厘米。

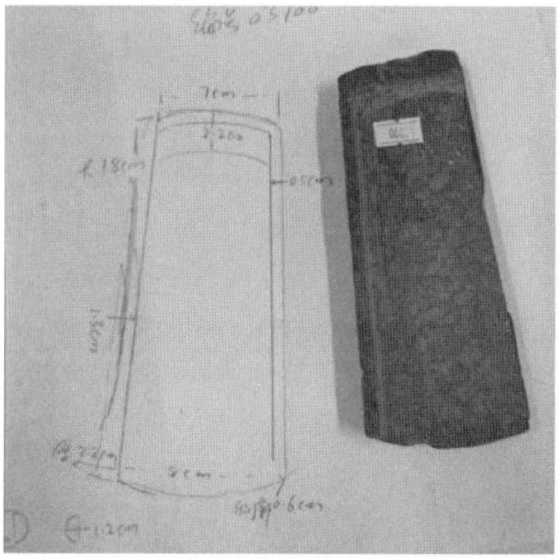

图 9　琴形残砚

（6）马蹄砚 2 件。因形似马蹄而得名，且有“千里之行，始于足下”和“春风得意马蹄疾”之寓意，是宋代典型砚式。砚形多为圆形或椭圆形，砚外侧内敛，砚堂似马蹄，多为淌池，砚背为抄手式圆形腹池。图 10 中便是此次出上的马蹄砚，砚长 8.5 厘米，砚宽 6 厘米，砚高 2.2 厘米。

（7）只履砚 2 件。因砚堂形似履（古时的鞋）而得名。只履砚，典出达摩祖师“只履西归”，是宋代典型砚式。砚形呈梯形，砚堂似只履，砚背为抄手，四侧壁内敛。图 11 中便是此次出土的只履砚，此砚残缺，砚长 8.8 厘米，砚宽（残）6 厘米，砚高 2.5 厘米。

图 10　出土马蹄砚

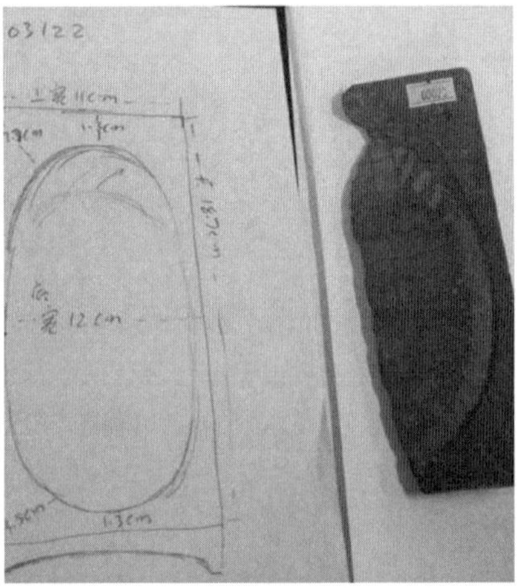

图 11　出土只履残砚

（8）新月砚 5 件。砚池如月，寓意“攀月折桂”，是宋代典型砚式。砚多为圆形或椭圆形，砚堂、砚池分设，砚堂微凸，砚池如新月，砚背为抄手，四侧壁内敛。图 12 所示为椭圆形新月残砚，砚长 12.3 厘米，砚宽（残）7 厘米，砚高 2 厘米。

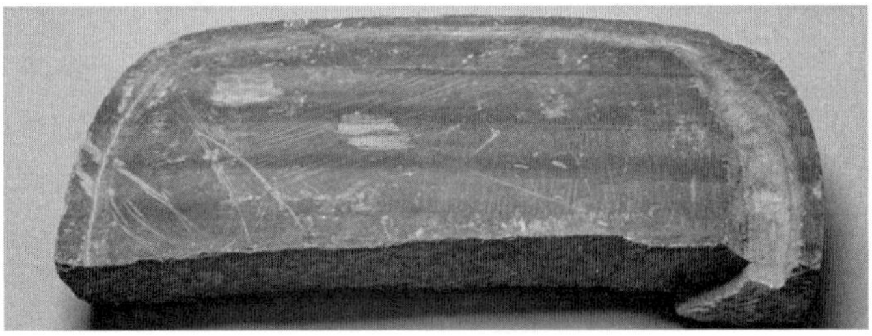

图 12　新月残砚

（9）石渠砚 1 件。因砚堂四周环渠，故称“石渠砚”，是宋代典型砚式，由汉唐多足渠砚演变而来。石渠砚多呈长方形，砚面中央为砚堂，微凸，砚堂四周环渠，与砚池相通。砚背为抄手，四侧壁内敛。图 13 所示便是石渠砚，此砚右下角残缺，砚长 16.8 厘米，砚宽 11.4 厘米，砚高 2.7 厘米，砚堂四周环渠，砚背部分挖空，为小抄手。

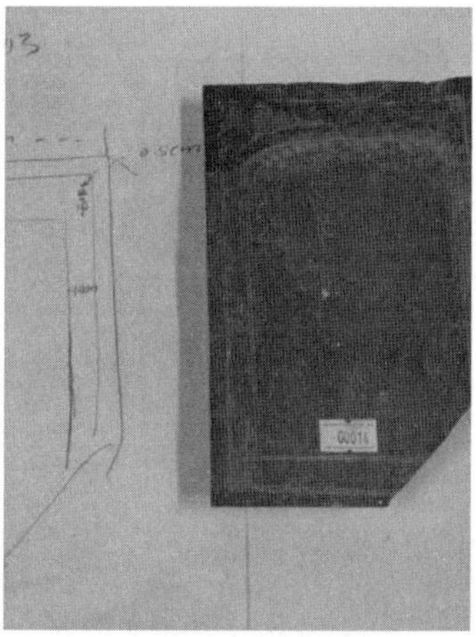

图 13　石渠残砚

第二，从遗址出土砚料的石品来看，有眉纹、罗纹、金星、鱼子、天璜等五十余种，其中眉纹、罗纹和金星等砚石纹理最丰富。遗址出土的砚料涵盖了宋唐积《歙州砚谱》和曹继善《歙砚说》《辨歙石说》等文献记载的主要砚石品种。

（1）出土眉纹类砚石（图 14）有雁湖眉、对眉、线眉、枣心眉、针叶眉、紧蹙眉、鱼子眉、虎皮眉等十余种。

图 14　出土眉纹类砚石

（2）出土罗纹类砚石有粗罗纹、细罗纹、暗细罗纹、水波罗纹、刷丝罗纹、松皮罗纹、古犀罗纹、乌丁罗纹、龙鳞纹、算子罗纹、泥浆罗纹等二十余种。

（3）出土金星（晕）类砚石有雨点金星、粟米金星、谷粒金星、玉带金星、绿豆金星、罗纹金星、金星金花、金星金晕等十余种。

（4）出土其他砚石品种还有天璜、龙眼、鱼子、银晕等。遗址出土的砚石不仅涵盖了砚山眉纹坑、罗纹坑、金星坑等古代主要名坑石品，还发现大量砚山樟树背砚石。其石质细腻，石品丰富，有罗纹、眉纹、金星、天璜等。这一发现可以佐证樟树背砚坑群最迟在北宋就已大量开采，应列入古代歙砚名坑行列。

第三，从遗址出土的砚料、砚坯和残砚等藏品来看，宋代制砚工序较为复杂，主要工序有选料、平坯、整形、磨坯、设计、雕刻、打磨等。遗址出土众多两面凿平砚石，证实宋代制砚有平坯工序。平坯即由砚工用铁凿把砚料正反两面凿平，然后根据砚石形状、大小、纹理等进行设计整形。同时，遗址发现有打磨过的砚坯（图 15），可以考证宋人制砚有磨坯工序。磨坯即把凿好的粗坯用磨石打磨成比较光滑平整的砚坯，便于设计雕刻。另外，还发现所有砚坯均为人工凿成，可以佐证宋代制砚尚未使用古人砂绳割玉石的方法，而是用铁凿人工凿砚坯。

图 15　出土打磨过的砚坯

第四，从遗址出土的雕刻砚足和图案来看，砚足主要有水滴足（图 16）、乳钉足、弧形足、方足、圆足等，雕刻图案有鸟兽（图 17）和人物等。这一发现不仅可以证实唐代足砚向宋代抄手砚演变的过程，还可以证实宋代砚工制砚，必先学雕刻砚足，并有砚工学习雕刻图案。

图 16　出土水滴足砚石

图 17　出土雕刻鸟形图案砚石

第五，从遗址出土的刻有“王”字砚石来看（图 18），宋代戴家砚坊中有“王”姓砚工。虽然北宋唐积《歙州砚谱 · 匠手第九》中没有记载“王”姓，但黄庭坚《砚山行》诗中记有“王”姓居民。“王”字砚石可以佐证黄庭坚《砚山行》所说砚山村“王”姓居民从事制砚的历史事实。

图 18　出土“王”字砚石

第六，从遗址出土少量子料砚石来看，宋人制砚选料除砚坑挖出的山料砚石外，还选用了砚山芙蓉溪中的子料砚石。这一发现证实了苏轼《张近几仲有龙尾子石砚以铜剑易之》诗中记载的龙尾子石砚是砚山芙蓉溪中的眉纹子料砚石制成的。从遗址出土的磨砚条石来看，宋人制砚已使用打磨砚台的条石。出土的磨砚条石没有杂质，比砚石坚硬。磨砚条石的形状与现代磨石条相似，主要用于打磨砚台线条（图 19）。

图 19　出土磨砚条石

第七，从遗址出土的磨凿石来看（图 20），宋代制砚工具有尖凿和平凿之分。另外，还发现制砚用的石锤，石锤上部两面留有敲击铁凿的痕迹，可以考证宋代有砚工使用石锤敲凿制砚。

图 20　出土磨凿石

三、遗址佐证砚山在中国砚史中的地位

近年来，砚山村先后发现有唐宋砚坊遗址7处，并出土刻有宋代“淳化”“嘉祐”“绍兴”“淳熙”年号的砚石。特别是戴家砚坊遗址出土近万件藏品，足以证实唐宋时期砚山不仅是歙砚砚石的主要开采地，还是唐宋朝廷贡砚的主要生产地。

从样式来看，遗址出土的72方残砚和550方砚坊涵盖了唐积《歙州砚谱》记载的大部分砚式。唐积在北宋英宗治平三年（1066年）担任婺源县县令时撰写的《歙州砚谱》记载的砚式应为当时北宋朝廷主要贡砚样式。故宫博物院研究馆馆员林欢和上海博物馆研究馆馆员华慈祥等古砚专家一致认为，遗址出土的宋砚样式极其丰富，工艺素简，雅致大气，与故宫博物院和上海博物馆等收藏的宋砚样式相似，是今后业内研究和鉴定宋砚的重要标准器，学术研究价值极高。

遗址出土的9166件废弃砚料涵盖了宋代《歙州砚谱》、《歙砚说》和《辨歙石说》等古籍记载的主要歙砚石品。景德镇陶瓷考古研究所原所长江建新认为，遗址出土大量废弃砚料，说明当时制砚选料标准要求极高。只有制作朝廷贡砚才会不计成本，才能留下如此大量废弃的砚坯和砚料。

再看遗址出土的残砚、砚坯、砚料、练习石和制砚工具等，中国民间艺术家协会砚文化专业委员会主任吴笠谷和婺源歙砚传统制作技艺国家级传承人汪鸿欣等人认为，这是目前国内唯一发现能全面反映宋代制砚工序流程的实物佐证，对研究和传承中华砚文化具有极高的历史价值。

戴家砚坊遗址的发现，不仅佐证了宋代《歙州砚谱》、《歙砚说》和《辨歙石说》等相关古籍文献所记载的歙砚历史，而且证实了宋代欧阳修、苏轼、黄庭坚、蔡襄等名家赞美砚山歙砚诗词中的内容不虚。

砚山宋代戴家砚坊遗址是目前唯一发现的中国四大名砚中宋代较大规模的砚坊遗址，不仅出土藏品数量多，残砚款式丰富，砚料材质优良，而且有许多与砚工生产生活有关的文物，对研究宋代歙砚开采、选料、制作和歙砚样式等，具有很高的历史文化科研价值。同时，这进一步佐证了砚山在中国制砚史上的突出地位。

婺源砚山宋代戴家砚坊遗址及出土藏品为研究我国宋代歙砚历史提供了极为丰富的实物证据，进一步佐证了宋代砚山是朝廷贡砚的主要生产地之一，以及宋代相关歙砚著述及诗词记载的历史事实，极大地丰富了我们对宋代歙砚的制砚工序和砚式的认识，为传承和发展歙砚文化提供了更加充分的历史依据。

作者简介：江进民（1968—），男，江西婺源人，上饶市博物馆馆长，文物博物研究馆员，研究方向为文房用器研究与鉴定；张婷（1984—），女，江西上饶人，上饶市博物馆文物博物副研究馆员，研究方向为中国砚文化研究与古籍考证；宋君（1975—），男，江西上饶人，江西师范大学历史教育硕士，现任职于上饶市博物馆，研究方向为文物宣传教育。

宋代文化史研究

《钱忠懿王神道碑》的道德文辞和宋初的政治叙事*

张映晖

（成都大学　文学与新闻传播学院，四川　成都，610106）

摘　要：《钱忠懿王神道碑》以装本形式流传于世，内容残缺，碑主系吴越国君钱俶。结合神道碑文及书丹者王著的生平，能够推断出神道碑的撰文时间、书丹时间和立碑时间。从叙事体例来看，《钱忠懿王神道碑》注重从社会视角或朝廷视角对碑主的功德进行表彰，目的在于道德教化。将神道碑文与相关史家叙述进行对照，能发现区别于后者，前者将道德和文辞结合起来进行叙述时，有意去除部分历史事实。究其原因，服务于宋初的政治统一，《钱忠懿王神道碑》中歌颂的碑主具有“忠”的品性成为宋朝皇帝和钱俶之间确立君臣名分的关键，这成为神道碑文撰写的主线条。

关键词：钱俶；神道碑；文辞表述；宋初政治

《钱忠懿王神道碑》收录于《金石萃编补正》，以装本形式流传于世。碑主系吴越国君钱俶。有学者对钱俶墓志进行考释，介绍了他的生平。①按照《金石萃编补正》的记述，清代方履篯看到的该碑文并非拓本，而是从清代金石学家刘师陆（号青园）那里得到的装本一册，碑文内容残缺，“未知原石尚存否”②。可见，18世纪末的金石学家们并未见过该神道石碑。有学者猜测，钱俶神道碑“不在墓葬之内，故更易被毁”③。前述装本可能是碑文书丹者的手写稿，稿件上能够明显看出书丹者的运笔。方履篯说：“文甚瑰丽，王著行书深得晋人遗矩，余惊喜录之，不敢以其宋残碑而忽之。”④可以认为，书丹

* 本文为国家社科基金重点项目“西夏文学作品选、译、注和西夏文学史研究”（17AZW011）阶段性研究成果。

① 参见吴建华：《吴越国王钱俶墓志考释》，《中原文物》1998年第2期。

② 国家图书馆善本金石组编：《宋代石刻文献全编》第3册，北京：北京图书馆出版社，2003年，第571页。

③ 胡耀飞：《传世与出土——吴越国、两宋时期吴越钱氏家族碑志整理》，姜锡东主编：《宋史研究论丛》第23辑，北京：科学出版社，2018年，第213页。

④ 国家图书馆善本金石组编：《宋代石刻文献全编》第3册，第571页。

者书法的“瑰丽”成为方履篯收录该文的直接原因。在方履篯看来，该神道碑碑文的价值在于，能够确证湖州府《长兴县志》和钱氏旧谱中提到的钱氏祖先——“钱让”是存在的。①此外，与钱俶的墓志进行内容上的比对能够推断出其丧葬的准确时间，澄清墓志相关表述的疑点②，结合碑文撰写体例不难发现，区别于墓志的个体叙事形式，神道碑文承载着宋初社会的根本价值，这些文辞背后也有着明确的政治指向。

一、《钱忠懿王神道碑》及其基本信息考证

按照神道碑文的内容体例，《金石萃编补正》中收录文本《钱忠懿王神道碑》（以下简称《神道碑》）可校录如下③：

□□□□□国崇文耀武宣德守道中正功臣、武胜军节度使、开府仪同三司、守太师、尚书令兼中书令、使持节邓州诸军事、行邓州刺史、上柱国、邓王，食邑□万七千户，食实封□万六千九百户，赐剑履上殿，书诏不名，追封秦国王，谥曰忠懿，神道碑铭并序。

推忠同德佐理功臣、银青光禄大夫、尚书吏部侍郎兼秘书监、上柱国、陇西县开国伯、食邑七百户，臣李至奉敕撰。

翰林侍书朝奉郎、行殿中侍御史赐绯鱼袋，臣王著奉敕书并篆额。

□□□人之兴也，有开必先，故能成天下之务。君子之动也，见机而作，故能通天下之变。在昔高祖造汉，始构大象，有若吴芮以百越佐帝，共攻崤函。萧王中兴，用显丕业，有若窦融以河西归国，预平汧陇。我国家率服夷夏，惠绥黎元，交三神之欢，接千岁之统，鸟兽鱼鳖，罔不咸若，山川鬼神亦□□□。又其有历祀百载，三世五王，霸有东南，代修职贡。在天成象，冠三台之位，在地成形，视列岳之秩。极人臣之宠数，兼文武之雄才。遭我盛明，益推诚节。助建业之薄伐，献全吴之旧地，尽室归朝，束身向伐。生则国封王爵，焜耀于一时，殁则美谥追荣，穹崇其九德。有始有卒，知微知章。

□□见之于秦国王矣。王讳俶，字文德。唐武德中陪葬功臣、潭州大都督、巢国公九陇，王之十一代祖也。威胜军节度推官，累赠太师讳宽，秦国太夫人丘氏，王之曾祖父母也。天下兵马都元帅、尚父、守尚书令、吴越国王，谥曰武肃，讳镠，晋国昭懿大夫陈氏，王之祖父母也。天下兵马□□元帅、守尚书令、吴越国王，谥曰

① 参见国家图书馆善本金石组编：《宋代石刻文献全编》第3册，第571页。

② 例如，学者考释《吴越国王钱俶墓志》后认为，“钱俶卒后数月却馆葬于东京，一年后改葬洛阳，个中必有隐”。参见吴建华：《吴越国王钱俶墓志考释》，《中原文物》1998年第2期，第90页。

③ 学者在提到《钱忠懿王神道碑》的相关内容时皆以《金石萃编补正》收录文本为准。参见[日]榎并岳史：《宋代神道碑目录》，贾桢译，《吐鲁番学研究》2018年第2期；胡耀飞：《传世与出土——吴越国、两宋时期吴越钱氏家族碑志整理》，姜锡东主编：《宋史研究论丛》第23辑，北京：科学出版社，2018年，第206—225页；曾枣庄、刘琳主编：《全宋文》第7册卷131《大宋故安时镇国崇文耀武宣德守道中正功臣武胜军节度使开府仪同三司守太师尚书令兼中书令使持节邓州诸军事行邓州刺史上柱国邓王食邑九万七千户食实封一万六千九百户赐剑履上殿书诏不名追封秦国王谥曰忠懿神道碑铭并序》，上海：上海辞书出版社，2006年，第37—39页。

文穆，讳元瓘，吴越国恭懿大夫吴氏，王之考妣也。惟王为吴越国王三十载，任太师、守尚书令兼中书令四十载，为元帅五十□载。归朝之后，封国王者五，领节制者□□。后八换功臣名，奉邑通真食□□七万三千九百户。带剑不名，自存及殁，三膺册封之命。以后唐天成己丑岁八月二十四日生于余杭之功臣堂，皇朝端拱戊子岁八月二十四日薨于南阳之正寝，春秋六十。

呜呼哀哉！鳌柱中摧，虹梁忽圮，日边之楚子云飞，天上之武侯星坠。舂者为辍相，邦人为罢市，草树凄色，儿童陨泪，无邵父兮何怙，□□母兮何恃。上闻讣测然出泪沾袂。虽梁武惊任昉之谢，投瓜以悲，太宗哭张谨之丧，辰日无避。嗟乎！君臣之情，曾不过是。诏废朝七日，示震悼之深也。是岁孟冬五日，自邓徂梁，权殡于京城之东墅。诏大鸿胪营葬，中谒者祭奠，赠赙加等，涂刍备仪，襄事所须，县官咸给。乃命有司撰日，贰卿持节，追封为秦国王。文昌会议，曲台稽□，谥曰忠懿。惟幽惟显，以哀以荣。御盖重茵，方念祭遵之疾；画棺玉匣，遽宁梁竦之神。越明年正月望日，以卤簿鼓吹，导王黼翣，归全于西京洛阳县贤相里陶公原，礼也。王芬至论，止窆京畿；崔瑗遗言，勿归乡里。异代同达，不亦贤乎？上乃永怀懿铄，虑或湮灭，诏臣论次其事，榻为丰碑。臣拜命周章，罔知攸措，惧不能彪炳徽烈，游扬好词，副圣君之知，效良吏之作。然而获在天禄，得游书林，览太史公之传记久矣，阅诸侯王之事迹多矣。夫金石之刻，所以垂劝来代，彰明往懿，故无过实，无虚美。斯令戒之所式，亦微臣之所耻。谨按家牒详国史，拜手直书，将传信乎刊记。

粤若钱氏之先也，尧封彭城，其裔曰孚，在宗周时实司圜府，因而命氏。丹，则战国之隐士；产，则嬴秦之亚相；让，则汉庭之良牧；凤，则晋室之名臣。椒聊蕃衍，庆流天下，凭高积厚，宜生闲杰。顷者天厌唐祚，盗起中原。王室衰微，不能专国之征伐。方隅叛换，而敢问鼎之轻重。内则岐梁跋扈，置宗庙于印墟；外则巢蔡横行，坠生灵于涂炭。龙蛇起而英杰出，干戈寻而区宇裂。武肃王蕴经济之略，属艰虞之运，鹊起豹变，颐指气使，料敌制圣（胜），神授其谋。尊主□民，天与其德。蚩蚩薛郎，莫逭膏原，龊龊董昌，旋从伏锧。或以少击众，败黄巢于临安，或仗顺讨逆，平汉宏于欧越。遂成霸业，实启孙谋。于时宇县罹灾，奸雄乐祸，或负固于岭表，或假息于闽中，或窃号于邗沟，或僭称于庸蜀，皆屡驰单介，劝以自尊。王皆拒而不答，慷慨增愤。及理命之际，手书以戒子孙，且曰：“吾生平所受数异□□之后，当悉去之，以守藩臣之礼。”故得尊莫尊于尚父，屈珠旒以崇之，贵莫贵于真王，降玉册以封之。五庙之蒸尝不绝，弈叶之富……[1]

从碑文内容看，《神道碑》的撰文者是李至，书丹者为王著。从两者的履历来看，李至当时在宋廷“秘阁”担任秘书监[2]，在这之前，他还担任过宋廷“右谏议大夫、参知政

① 国家图书馆善本金石组编：《宋代石刻文献全编》第3册，第569—571页。
② 《宋史》卷266《李至传》，北京：中华书局，1977年，第9176页。

事”“知制诰”“著作郎、直史馆”等官职。[①]他的主要工作是起草诏令、编修国史。王著当时担任“翰林侍书与侍读”，兼任中央书法研究机构——“御书院”的“首席专家”，他的书法深得宋太宗的赏识。[②]

结合王著的生平能够推断出，《神道碑》的撰文和书丹时间应该是端拱元年（988年），立碑时间是端拱二年（989年）。从碑文内容看，王著在书写《神道碑》时，身兼“翰林侍书朝奉郎、行殿中侍御史”，并“赐绯鱼袋”。按照《宋史·王著传》的记述，王著于淳化元年（990年）去世，在太平兴国六年（981年）被赐绯鱼袋，“召见，赐绯，加著作佐郎、翰林侍书与侍读”，于端拱初（988年）“加殿中侍御史”，端拱二年“赐金紫”。[③]这些史料表明，王著在端拱二年以前完成了《神道碑》的书写。当然，王著的书丹工作也有可能在端拱二年完成，但是这种可能性很小，因为在李至撰文和王著书丹、篆额以后，还需要经过篆刻碑文的程序。这也印证了《宋史·吴越钱氏》和《吴越国王钱俶墓志》中记述的钱俶丧葬时间。《宋史·吴越钱氏》记述，钱俶于端拱元年八月二十四日卒[④]，与墓志记载吻合[⑤]。但是，钱俶的丧葬时间目前存在疑问。学者根据墓志记述认为，钱俶卒于端拱元年，越二年（淳化元年，即公元990年）葬于河南府洛阳县贤相乡陶公里，“钱俶卒后数月却馆葬于东京，一年后改葬洛阳，个中必有隐”。[⑥]其实，《神道碑》与墓志铭中说得很明确，在端拱二年正月下葬以前，钱俶“殡”于开封东部郊区。从《金石萃编补正》中收录的《邓王钱俶墓志》可以发现，墓志铭中提到的是“馆丧”，而并非“馆葬”，“孟冬（十月）十一日启柩于邓”，“（十月）二十有五日馆丧于京师之东墅，越二年，正月十五日，葬于河南府洛阳县贤相乡陶公里”。[⑦]这与《神道碑》的记述相合，“是岁孟冬五日，自邓徂梁，权殡于京城之东墅”，“越明年正月望日，以卤簿鼓吹，导王鬴翣，归全于西京洛阳县贤相里陶公原”。[⑧]墓志铭中提到的“越二年”与《神道碑》表述的“越明年”同义，指的是钱俶去世的第二年即端拱二年，这也是《神道碑》树立的时间。

二、《神道碑》的叙事体例与文辞特征

虽然说《神道碑》的内容残缺，但是从中能够看出其叙事体例。碑文内容可分为四部分，包括道德前提、社会功德、社会影响和道德表彰。具体而言，“……有开必先，故能成天下之务。君子之动也，见机而作，故能通天下之变”是一个道德前提，也是对碑

① 《宋史》卷266《李至传》，第9176、9177页。
② 《宋史》卷296《王著传》，第9872、9873页。
③ 《宋史》卷296《王著传》，第9872、9873页。
④ 《宋史》卷480《世家列传三·吴越钱氏》，第13906页。
⑤ 参见吴建华：《吴越国王钱俶墓志考释》，《中原文物》1998年第2期。
⑥ 吴建华：《吴越国王钱俶墓志考释》，《中原文物》1998年第2期，第90页。
⑦ 国家图书馆善本金石组编：《宋代石刻文献全编》第1册，北京：北京图书馆出版社，2003年，第65页。
⑧ 国家图书馆善本金石组编：《宋代石刻文献全编》第3册，第570页。

主生平的高度概括。历史上的典故诸如西汉初年“吴芮以百越佐帝”与西汉末年“窦融以河西归国”是这一道德前提的具体化表达。这些典故与碑主生平事迹类似。“我国家率服夷夏，惠绥黎元……”到“……皇朝端拱戊子岁八月二十四日薨于南阳之正寝，春秋六十”表明了碑主生平的社会功德，即助力于实现天下一统，“助建业之薄伐，献全吴之旧地，尽室归朝，束身向伐”。碑文中还描述了钱俶去世后的社会影响，由于碑主生前就像汉代的“邵父”与“杜母”，政绩显赫，造福地方百姓，因此，在碑主去世以后，农人停止劳作，商人罢市，“草树凄色，儿童陨泪”。当朝皇帝宋太宗听闻碑主去世的消息以后，比之历史上“梁武惊任昉之谢”和“太宗哭张谨之丧”，有过之而无不及。碑文介绍了钱俶的丧葬情况，并对其道德进行表彰。值得强调的是，这里的道德表彰并非出自撰文者的个人意愿，而是朝廷的旨意。《神道碑》中明确说：“上乃永怀懿铄，虑或湮灭，诏臣论次其事，楬为丰碑。”最后，撰文者明确了碑文撰写的社会功能、文辞特征和历史功能。在社会功能方面，碑文具有“垂劝来代，彰明往懿”的作用；在文字表述方面，碑文撰写遵循“无过实，无虚美”的原则；在历史功能方面，撰文者梳理碑主家族世系也是国史叙述的一部分。在李至看来，碑文的文辞仅仅是历史的载体，介于“过实”和“虚美”之间的文字表述具有道德教化的功能。这里的问题在于，钱俶的墓志碑文也具有前述特征，由此，墓志内容和神道碑文看上去似乎多有重复。例如，钱俶墓志撰文者慎知礼写道：“若夫世族之始，命官之次，则总列于庙碑，具存于国史。约莫京之德，恭述叙焉；申无愧之辞，泣为铭尔。”①

其实，区别于墓志铭侧重于个体叙事，《神道碑》注重从社会视角或朝廷视角对碑主的功德进行表彰，目的在于道德教化。当然，前者也具有道德教化的功能，只是没有后者明显。按照清代姚鼐的说法，碑志文体“本于《诗》，歌颂功德，其用施于金石”，对于墓志铭来说，“志”主要是标识的意思，“或立石墓上，或埋之圹中，古人皆曰志”，“铭”是标识上的文辞。②同样是歌颂功德，墓志铭主要是撰文者以个人的名义对碑主的生平和道德进行歌颂，也是撰写者对于碑主纯正情感的表达。墓志铭的撰写者多是碑主的故交。例如，钱俶墓志铭侧重记述碑主私人的事迹，撰文者是前吴越国钱俶的“掌书记”慎知礼。他是钱俶的旧臣，后来“随俶归（宋）朝。授鸿胪卿”③。钱俶墓志铭正文内容分为五部分，包括道德前提、碑主生平、君臣关系、家属成员和道德表彰。同样，南唐后主李煜的墓志铭也是其旧臣徐铉撰写的。④与墓志铭记述的内容对比可以发现，《神道碑》对于碑主私人事迹方面没有多少笔墨。这与树立神道碑的文化传统有关。按照宋代高承的说法，立神道碑的传统可以追溯到秦汉，是对“死有功业，生有德政者”的一种表扬，魏晋南北朝时期，才出现了刻文于碑的“神道碑”，碑主大多是“天子与诸侯”，该碑通常立在“葬兆”的东南方向，“东南为神道，故以碑名尔”，最初的碑文仅有

---

① 国家图书馆善本金石组编：《宋代石刻文献全编》第1册，第65—66页；陈尚君辑纂：《旧五代史新辑会证》第11册，上海：复旦大学出版社，2005年，第4071页。

② （清）姚鼐纂集，胡士明、李祚唐标校：《古文辞类纂》，上海：上海古籍出版社，2016年，“序目”，第12页。

③ 《宋史》卷277《慎知礼传》，第9445页。

④ 曾枣庄、刘琳主编：《全宋文》第2册卷36《大宋左千牛卫上将军追封吴王陇西公墓志铭并序》，第366—368页。

“某帝或某官神道之碑”，魏晋南北朝以后，形成了“以碑刻文”的传统。①但是，宋代的神道碑并非都是由朝廷组织撰写的，也存在由私人撰写并树立神道碑的情况。②可以说，神道碑的功能定位决定了其文化传统，由此，神道碑文尝试将历史叙述与道德叙述融为一体。然而，结合史料能够发现，钱俶的神道碑文与史家的相关论述存在一定的差距。

当神道碑的叙事体例定位于社会视角下的道德说教，其文辞必然走向李至所说“无过实，无虚美”的反面，具体的历史事例被湮没在了宏大的道德叙事中。《神道碑》中记述了一个政绩卓著且造福百姓的钱俶形象，这与《宋史·吴越钱氏》的相关记述吻合：

> 自镠至俶世有吴越之地仅百年，管内诸州皆子弟，将校授任而后请命于朝，有至使相者。俶任太师、尚书令兼中书令四十年，为元帅三十五年。及归朝卒，子惟演、惟济皆童年，召见慰劳，并起家诸卫将军。善始令终，穷极富贵，福履之盛，近代无比。然甚俭素，自奉尤薄，常服大帛之衣，帏帐茵褥皆用紫絁，食不重味。颇知书，雅好吟咏。在吴越日，自编其诗数百首为《正本集》，因陶谷奉使至杭州，求为之序。性谦和，未尝忤物。在藩日，每朝廷使至，接遇勤厚。所上乘舆、服物、器玩，制作精妙，每遣使修贡，必罗列于庭，焚香再拜，其恭谨如此。③

然而，在欧阳修眼中，包括钱俶在内的钱氏统治者是“喜淫侈”“偷生工巧”“重敛其民”的形象。《新五代史·吴越世家》中记载：

> 钱氏兼有两浙几百年，其人比诸国号为怯弱，而俗喜淫侈，偷生工巧，自镠世常重敛其民以事奢僭，下至鸡鱼卵鷇，必家至而日取。每笞一人以责其负，则诸案史各持其簿列于廷，凡一簿所负，唱其多少，量为笞数，以次唱而笞之，少者犹积数十，多者至笞百余，人尤不胜其苦。又多掠得岭海商贾宝货。④

欧阳修还认为，钱氏在治理吴越国期间，假托“妖祥”以“欺惑愚众”：

> 呜呼！天人之际，为难言也。非徒自古术者好奇而幸中，至于英豪草窃亦多自讬于妖祥，岂其欺惑愚众，有以用之欤？盖其兴也，非有功德渐积之勤，而黥髡盗贩，倔起于王侯，而人亦乐为之传欤？考钱氏之始终，非有德泽施其一方，百年之际，虐用其人甚矣，其动于气象者，岂非其孽欤？是时四海分裂，不胜其暴，又岂皆然欤？是皆无所得而推欤？术者之言，不中者多，而中者少，而人特喜道其中者欤？⑤

欧阳修的上述评价可能针对的是《五代史补》中的事迹。例如，钱俶的祖父钱镠

① （宋）高承撰，（明）李果订，金圆、许沛藻点校：《事物纪原》卷9《神道碑》，北京：中华书局，1989年，第483页。

② 参见[日]榎並岳史：《宋代神道碑目录》，贾桢译，《吐鲁番学研究》2018年第2期，第134—156页。

③ 《宋史》卷480《世家列传三·吴越钱氏》，第13907页。

④ 《新五代史》卷67《吴越世家第七·钱镠》，北京：中华书局，1974年，第843页。

⑤ 《新五代史》卷67《吴越世家第七·钱俶》，第844页。

“大兴府署……士卒怨嗟”，遂“以白土书数字”假托“神辅”，后来“怨嗟顿息”。[①]又如，钱镠的国师以“钱”喻“社稷”，牛（钱俶属牛）踏破钱，表示“国除”。[②]从这里看出，欧阳修意义上的“道德”不是超越经验的事物，而是与可观察的事物严格对应，相为表里。也可以说，在欧阳修这里，抽去了内容的道德形式，徒具道德说教功能，这容易导致社会道德的客观评判标准不复存在。

三、《神道碑》与宋初的政治取向

在欧阳修的记述中，钱俶并非如神道碑文描述的那样，恪守“藩臣之礼”，而是迫于历史形势，不得不向宋称臣。《新五代史·吴越世家第七·钱俶》中记载：

> 当五代时，常贡奉中国不绝，及世宗平淮南，宋兴，荆、楚诸国相次归命，俶势益孤，始倾其国以事贡献。太祖皇帝时，俶尝来朝，厚礼遣还国，俶喜，益以器服珍奇为献，不可胜数。太祖曰：“此吾帑中物尔，何用献为！”[③]

司马光也认为，钱俶的祖父钱镠在唐末曾“改元宝正，其后复通中国，乃讳而不称”[④]。王夫之在《宋论》中也提到，表面上看，钱俶归宋与窦融归汉性质类似，但实际上两者存在很大的差别，窦融“陇土归汉”，“无私焉”，“而钱氏异矣。乘唐乱以起于草泽，心固董昌之心也……及宋之兴，虽曰奉朔，亦聊以事朱、李、石、刘者事宋，观望其兴衰而无固志”。[⑤]宋太祖可能已经觉察到了钱俶“观形势而动”的政治心理。《续资治通鉴长编》中记载：

> （开宝七年二月，周广）尝白上曰：“朝廷每遣使吴越，钱俶南面坐，旁设使者位。俶虽贵极人臣，然尊无二上，而奉使者不能正其名，此大辱国。”上曰：“汝颇能折之否？”广请行。俶生辰，即遣广为使，俶犹袭故态，广曰：“比肩事主，不敢就席。”俶乃移床西向，为宾主礼。广复命，气骄甚，将希宠赏。上曰：“汝盖倚朝廷威势，不然则俶何有于汝哉。”广大惭。[⑥]

在政治家眼中，相比文辞表述和客观历史来说，摆正君臣名分更为重要。《神道碑》内容与诸史家论述之间的出入表明，政治家与史学家的道德判断标准存在差别。在历史学家眼中，客观历史、文辞表述和道德（外化为君臣名分）严格对应，文辞在描述客观历史的过程中，也进行着道德判断。例如，欧阳修曾评价《白敏中碑》：

---

① 《旧五代史》引《五代史补》，《旧五代史》卷133《世袭列传二》，北京：中华书局，1976年，第1775页。

② 《旧五代史》引《五代史补》，《旧五代史》卷133《世袭列传二》，第1775页。

③ 《新五代史》卷67《吴越世家第七·钱俶》，第843—844页。

④ （宋）司马光编著，（元）胡三省音注：《资治通鉴》卷275《后唐纪》，明宗天成元年十月庚子条，北京：中华书局，1956年，第8997页。

⑤ 刘韶军译注：《宋论》卷2《太宗》，北京：中华书局，2013年，第115—116页。

⑥ （宋）李焘：《续资治通鉴长编》卷15《太祖》，太祖开宝七年二月庚辰朔条，北京：中华书局，1995年，第317页。

其事与《唐书》列传多同。而传载“敏中由李德裕荐进以获用，及德裕贬，抵之甚力”，以此为甚恶。而碑云“会昌中，德裕起刑狱，陷五宰相，窜之岭外。公承是之后一年，冤者皆复其位”，以此为能。其为毁誉难信盖如此，故余于碑志，惟取其世次、官、寿、乡里为正，至于功过善恶，未尝为据者以此也。碑又言桑道茂事，云“桑道慕”，不知孰是？①

欧阳修在这里强调的是，碑刻资料中的道德叙事掩盖了客观的历史真相。在政治家看来，钱俶能够助力实现天下一统是一种可以歌颂的功德。《续资治通鉴长编》记载，太平兴国四年（979年）五月，宋太宗灭北汉，北汉刘继元降后，“顾谓淮海国王钱俶曰：‘卿能保全一方以归于我，不致血刃，深可嘉也。’”②元末明初，钱俶的这种功德仍然有政治家在歌颂。至正二十六年（1366年）十一月，明太祖尝试招降张士诚，让他效法“汉窦融、宋钱俶”③。可以说，《神道碑》的撰写是站在朝廷（皇帝）的立场上完成的。在撰文者李至看来，与客观历史和“无过实，无虚美”的文辞相比，“垂劝来代”和“彰明往懿”更为重要，这也是《神道碑》撰写的出发点和主线条。在宋朝两位开国皇帝看来，吴越国王钱俶之“往懿”不一定是勤政爱民，“代修职贡”和“尽室归朝”迎合了宋初南北一统的政治需要，这也是宋朝皇帝“永怀懿铄，虑或湮灭”的根本原因。

《神道碑》中提到的“代修职贡”和“尽室归朝”描述的是钱俶及其家族“忠”的品性。在宋朝初年，这是宋朝皇帝和钱俶之间确立君臣名分的关键环节。《神道碑》通篇论述的主题是，钱俶及钱氏家族与宋廷之间的亲和关系。例如，“有若吴芮以百越佐帝……有若窦融以河西归国”，“带剑不名，自存及殁，三膺册封之命”，“君臣之情，曾不过是”等。这种关系与孔子所说的“君使臣以礼，臣事君以忠”④相差无几。但是，结合《宋史·吴越钱氏》记载可以看出，这种关系的确立并非如《神道碑》记述的那样简单。有学者把宋朝统一吴越国的方式概括为“控御”和“柔服”。的确，在宋初，吴越的战略作用、吴越“事大”的战略举措及宋太祖的政治性格相互配合，共同成就了一段“君臣佳话”。⑤在笔者看来，宋廷与钱俶在朝贡关系中逐渐建立起的信任结合吴越的“事大”战略加深了双方对于君臣身份的确信。例如，宋太祖开宝五年（972年），钱俶“遣幕吏黄夷简入贡”，宋太祖让黄夷简回去转告钱俶：“常训练兵甲，江南强倔不朝，我将发师讨之，元帅当助我，无惑人言云‘皮之不存，毛将安傅’。”宋太祖还花重金建造了“礼贤宅”，等待李煜和钱俶来朝，“先来朝者以赐之”。开宝七年（974年），钱俶助宋太祖讨伐李煜，李煜贻书于钱俶：“今日无我，明日岂有君？一旦明天子易地酬勋，王亦大梁一布衣耳。”钱俶将这封信交给了宋太祖，以示忠诚，开宝八年（975年），宋太祖下谕旨于钱俶：“元帅克毗陵有大功，俟平江南，可暂来与朕相见，以慰延想之意。即当遣还，不

① （宋）欧阳修著，李逸安点校：《欧阳修全集》卷142《集古录跋尾卷九》，北京：中华书局，2001年，第2301页。
② （宋）李焘：《续资治通鉴长编》卷20《太宗》，太平兴国四年五月甲申条，第451页。
③ 《明史》卷123《张士诚传》，北京：中华书局，1974年，第3695页。
④ 张燕婴译注：《论语·八佾第三》，北京：中华书局，2006年，第34页。
⑤ 何灿浩：《控御与柔服：赵宋兼并吴越国的特殊方式》，《史学月刊》2008年第9期。

久留也。朕三执圭币以见上帝，岂食言乎？”[①]开宝九年（976年），钱俶朝见宋太祖，宋太祖兑现了“礼贤宅”的承诺。[②]包括后来“赐剑履上殿，书诏不名”等特殊的礼遇使钱俶更加明确了自身作为臣下的身份。

四、结　语

树立神道碑的功能定位——表彰功德决定了碑文的道德叙事体例和独特的文辞表述方式，这里的“道德”可能仅仅具有形式意义，与部分史家（如欧阳修、司马光、李焘等）意义上的可以体认的道德事例存在很大的差别。基于唐末宋初政治局势的需要，钱俶在《神道碑》中被塑造成忠君爱民的形象，成为垂劝来代的政治榜样。唐末宋初的古文运动中，“文由道出”成为其中的一项文化号召。[③]不可否认的是，《神道碑》中赞扬的钱俶“忠”的品格当然属于“圣人之道”的重要方面，但是，在宋初古文学者那里，“道”在外化为“文辞”的同时，也对客观事实进行判断，这并不妨碍文学的道德教化作用。相对而言，钱俶《神道碑》的道德叙事中，文辞和道德被有意“掏空”了部分实质，成为政治宣传的作品。

作者简介：张映晖，女，河南濮阳人，中国社会科学院研究生院博士，成都大学文学与新闻传播学院讲师，主要从事宋史、西夏史研究。

---

① 《宋史》卷480《世家列传三・吴越钱氏》，第13899页。

② 《宋史》卷480《世家列传三・吴越钱氏》，第13899—13900页。

③ 张毅：《宋代文学思想史》，北京：中华书局，2016年，第32—38页。

圣人何以可学

——周敦颐圣人观的理论来源和创新

李筱艺

（北京师范大学　历史学院，北京，100875）

摘　要： 在宋代学术新风的影响下，周敦颐通过重新阐发先秦时期的“圣人”观念，首倡“圣人可学”，破除了汉唐以来的“凡圣两隔论”，并由此建立起一套完整的理论体系。他通过对《中庸》中“诚”这一概念的再发掘、再阐释，论证了圣人与凡人在本质与本性上的一致性，又引入《易传》中“几”的概念，进一步指出了“圣人可学”的可行性。基于此，他构设出一套包含“无欲”和“思”两方面的践履工夫，由此确立起由士及贤、由贤及圣的道德修养路径。周敦颐“圣人观”所提出的一系列重要命题，为此后宋明理学的发展奠定了重要的思想基础。

关键词： 周敦颐；圣人观；诚；几；工夫

周敦颐在宋代思想史、理学史上占有重要地位，朱子推尊其为“理学开山”。周敦颐首倡“圣人可学”的口号[①]，揭开了宋代思想界讨论以道德修养成贤成圣的序幕。二程、张载亦持类似观点，时至南宋，“圣人可学”论几成儒林共识，此后更是被历代学者不断阐发，以至被推为“宋代道学的思想特征之一”。[②]关于此，学界历来不乏高论，但就笔

① 《通书·圣学第二十》记载：“圣可学乎？曰：可。”参见（宋）周敦颐撰，梁绍辉、徐荪铭等校点：《周敦颐集》卷4，长沙：岳麓书社，2007年，第75页。需要说明的是，目前《周敦颐集》主要有1990年中华书局“理学丛书”版及2007年岳麓书社“湖湘文库”版两个版本。前者据底本为明、清五个版本的《周敦颐文集》相互校勘而成，但其中内容已羼入不少后人修改，因此本文选择以宋版《元公周先生濂溪集》为底本的湖湘文库版《周敦颐集》为引文依据。关于《周敦颐文集》的版本问题，可参见粟品孝：《中华书局点校本〈周敦颐集〉考辨三则》，四川大学古籍整理研究所、四川大学宋代文化研究中心编：《宋代文化研究》第18辑，成都：四川文艺出版社，2010年，第149—152页；粟品孝：《历代周敦颐文集的版本源流与文献价值》，《河北大学学报（哲学社会科学版）》2020年第1期。

② ［日］吾妻重二：《道学的“圣人”观及其历史特色》，［日］吾妻重二：《朱子学的新研究：近世士大夫思想的展开》，傅锡洪等译，北京：商务印书馆，2017年，第96页。

者目力所及，相关研究主要聚焦于周敦颐“圣人可学”论的理论内涵，主要集中在“诚”与圣人道德境界之间的内在联系上①，而就其理论出现的历史背景、思想渊源及其创新之处，却少有专论。有鉴于此，本文在梳理先秦、汉唐以来典籍中圣人内涵发展与演变过程的基础上，试图以历时性的视角考察周敦颐“圣人可学”论背后的理论渊源和思想脉络，以及其理论在宋代思想史中的重要价值。本文所论不周之处，祈请方家不吝指正。

一、宋代以前“圣人观”的嬗变

“圣人”自古以来就被尊奉为理想中最高道德境界的化身，但世殊时异，不同时代对于“最高道德境界”的要求不尽相同，这也导致“圣人”内涵及人们对其形象的理解（即“圣人观”）存在差异。可以说，“圣人观”的嬗变在一定程度上展示了各历史时期思想界的不同状态。而在每一次嬗变中，都伴随着对前代学说的接受与批判。周敦颐“圣人观”的出现也不例外，因此，对于“圣人观”的历史追溯就显得十分必要。

（一）先秦儒家圣人内涵的演变

先秦时期儒家言论中的“圣人”大致可以分为两类②，一类是具象化的个体，这些人物均被认为拥有崇高的道德品格，如尧、舜、禹、商汤、周文王、周武王、周公等历史中的圣君、圣王；另一类则是儒家理想化、抽象化的圣人形象，是儒家“尚德治”的产物，可以容纳一切至高的道德品格和政治素养，如孔子言圣人“博施于民而能济众”③，孟子以圣人为“人伦之至”④，均是如此。由此可见，先秦时期儒家理想中的“圣人”，从某种程度上讲就是“圣王”，是对最高统治者的期许，其必须兼具外王与内圣，即治德与道德的统一。但儒家也不排斥普通人成“圣”的可能性，孟子言“人皆可以为尧舜”⑤，荀子曰“涂之人百姓，积善而全尽谓之圣人”⑥，都肯定了普通百姓在本质上与圣人并无绝对差别，他们之间也不存在无法逾越的鸿沟，百姓只要行圣人之事，积善行德，均有

① 相关研究成果主要包括周敦颐思想研究专著，如梁绍辉《周敦颐评传》（南京：南京大学出版社，1994 年）、杨柱才《道学宗主——周敦颐哲学思想研究》（北京：人民出版社，2004 年）；理学史方面的著作，如钱穆《宋明理学概述》（收录于《钱宾四先生全集》第 9 册，台北：联经出版事业股份有限公司，1998 年）、牟宗三《心体与性体》（收录于《牟宗三先生全集》第 5 卷，台北：联经出版事业股份有限公司，2003 年）、侯外庐等主编《宋明理学史》（北京：人民出版社，1984 年）、朱伯崑《易学哲学史（第 2 卷）》（北京：昆仑出版社，2005 年）、张立文《宋明理学研究（增订本）》（北京：中国人民大学出版社，2016 年）、陈来《宋明理学》（北京：生活·读书·新知三联书店，2011 年）等。除此之外，还有大量学术论文对这个问题都有专门论述，此不赘举。

② 学界对于“圣”的本义和“圣人”概念的产生及演变已有较为成熟的研究，本文在此就已有成果，根据论述需要进行大致总结。关于先秦时期圣人观念的起源和变化，详参王中江：《儒家“圣人”观念的早期形态及其变异》，《中国哲学史》1999 年第 4 期。

③ （清）刘宝楠撰，高流水点校：《论语正义》卷 7《雍也第六》，北京：中华书局，1990 年，第 248 页。

④ （清）焦循撰，沈文倬点校：《孟子正义》卷 14《离娄章句上》，北京：中华书局，1987 年，第 490 页。

⑤ （清）焦循撰，沈文倬点校：《孟子正义》卷 24《告子章句下》，第 810 页。

⑥ （清）王先谦撰，沈啸寰、王星贤点校：《荀子集解》卷 4《儒效篇第八》，北京：中华书局，1988 年，第 144 页。

成为圣人的可能性。

此外，与儒家有密切联系的《易传》也对“圣人”有过阐释，对后世影响较大。书中言及“圣人”，一方面与儒家治德与道德相统一的思路契合，认为圣人应“崇德而广业”。[①]另一方面，它又将“圣人”推向玄远的天道，抬升至法天象地的高度，认为圣人是天道运行的人格化载体，能够“与天地合其德”[②]，更有将“圣人”形象神圣化乃至神秘化的倾向，如《观卦·彖传》曰“圣人以神道设教”[③]，即此之谓。

（二）汉唐儒家圣人内涵的演变

随着秦汉帝国的建立与巩固，中国历史进入了大一统王朝时代。为巩固皇权，汉唐君主在强化治统的前提下，开始谋求对道统的掌控。这样的意识反映在学术上，则体现为皇帝对于儒家学说中“圣人”形象的独占。在这样的背景下，汉唐学者对于“圣人”的诠释较之先秦发生了微妙的变化。[④]例如，“圣人与‘天地合德’”的一面被片面拔高，信奉“春秋大一统”学说的董仲舒就曾言“孟子以为万民性皆能当之，过矣”，并指出“以性为善，此皆圣人所继天而进也，非情性质朴之能至也”。[⑤]他否定了孟子“人皆可以为尧舜”的看法，明确提出圣人之性乃承自于天，非“情性质朴”的凡人所能及，斩断了由“凡”及“圣”的道路。此外，董仲舒还强调圣人与天道的一体性，主张圣人“神道设教”，将圣人地位无限抬高，形成“凡”“圣”之间天人两隔的局面。这种观念奠定了汉唐学者对于圣人形象的基本认识，如郑玄笺注《诗经·豳风·九罭》“鸿飞遵渚，公归无所”一句时指出：“鸿，大鸟也，不宜与凫鹥之属飞而循渚，以喻周公今与凡人处东都之邑，失其所也。”认为周公作为圣人，与凡人共处于东都是不合时宜的，透露出了“凡”“圣”两隔的看法深入人心。至唐代孔颖达作《毛诗正义》，仍引王肃“以其周公大圣，有定命之功，不宜久处下土，而不见礼迎”之说[⑥]，可见这种观点到了唐初仍有市场，生活在晚唐时期的著名文人皮日休就曾发出感慨：“圣人者，天资也，非修而至也。”[⑦]

这种状况到唐代中后期古文运动时有所改观。这一时期，以韩愈、李翱为代表的一批学者批判汉唐注疏旧说，开始关注儒典中的义理，《中庸》《孟子》因多言天道、心性，尤为受到关注。入宋以来，胡瑗、范仲淹、欧阳修等学者承古文运动之余绪，对相

---

① （魏）王弼、（晋）韩康伯注，（唐）孔颖达疏，于天宝点校：《宋本周易注疏》卷10《周易系辞上》，北京：中华书局，2018年，第398页。

② （魏）王弼、（晋）韩康伯注，（唐）孔颖达疏，于天宝点校：《宋本周易注疏》卷1《乾》之《文言》，第36页。

③ （魏）王弼、（晋）韩康伯注，（唐）孔颖达疏，于天宝点校：《宋本周易注疏》卷4《观》之《彖》，第150页。

④ 参见邢义田：《秦汉皇帝与“圣人”》，原刊《国史释论——陶希圣先生九秩荣庆祝寿论文集》，台北：食货出版社，1988年，第389—406页，后收于其著《天下一家：皇帝、官僚与社会》，北京：中华书局，2011年，第50—83页；沈顺福：《从半神到人到神：儒家圣人观的演变》，《江西社会科学》2013年第12期，第21—27页。

⑤ （清）苏舆撰，钟哲点校：《春秋繁露义证》卷10《实性第三十六》，北京：中华书局，1992年，第311页。

⑥ （汉）毛亨传，（汉）郑玄笺，（唐）孔颖达疏，龚抗云等整理，刘家和审定：《毛诗正义》卷8《九罭》，北京：北京大学出版社，1999年，第534页。

⑦ （唐）皮日休著，萧涤非、郑庆笃整理：《皮子文薮》卷9《鹿门隐书六十篇（并序）》，上海：上海古籍出版社，1981年，第93页。

关问题做了进一步发挥。可以说，唐宋古文运动是对汉唐时期章句训诂之学的反动，为重新讨论“圣人”相关问题提供了契机。此外，当时佛、道二教大兴，其学说在社会上广为流布，其中“众生皆有佛性”“皆可成仙”的观点冲击着汉唐儒学对于“圣人”的解释，迫使儒家学者不得不重新思考“圣”与“凡”的关系，先秦儒家经典中“由凡及圣”的理念重新得到挖掘。在这样的思想背景下，周敦颐的新“圣人观”应运而生。

二、“圣人可学”的理论来源

在宋代疑经破注、重视义理的学术新风影响下，周敦颐大胆提出了“圣人可学”的理论，他试图打破汉唐学者关于圣人神圣化、神秘化的旧说，从两个方面循序渐进地展开论述：其一，从宇宙生成的角度揭示圣人与凡人在形体及人性上的一致性，他认为“凡”“圣”均由阴阳化生，在人性层面上没有差异，均以“诚”为本，从而消解了圣人的神秘性，突出其作为“人”的一面；其二，在确定“凡”“圣”一致性的基础上，进而探究二者的差异，并将这种差异归之于“几”这一关键阶段，以此重新解释圣人何以成“圣”的本质原因。

（一）“诚”为本——圣与凡的内在一致性

周敦颐论圣人，与汉唐学者最大的区别在于消弭了圣人的先天性因素。他在《太极图说》篇首探讨人类的起源时，提纲挈领地说道：

> 无极之真，二五之精，妙合而凝。乾道成男，坤道成女，二气交感，化生万物。万物生生，而变化无穷焉。惟人也，得其秀而最灵。形既生矣，神发知矣，五性感动而善恶分，万事出矣。①

可见在周敦颐构设的宇宙生成图式中，一切生命都是乾坤交感而生的产物，人类作为万物灵长，秉承天地灵秀之气，与其他生物有别，但是人与人之间从初始形体而言并无本质区别，到了形体成（“形既生矣”）而意识生（“神发知矣”）的阶段，差异才通过人性善恶表现出来，品行至高至洁的圣人也就诞生于这个阶段。

关于圣人与天道的关系，周敦颐在《太极图说》中说道：

> 圣人定之以中正仁义而主静，立人极焉。故圣人与天地合其德，日月合其明，四时合其序，鬼神合其吉凶。②

他认为圣人是“人极”，为人伦社会确立了“中正仁义”的最高准则，其后又言“圣人与天地合其德，日月合其明，四时合其序，鬼神合其吉凶”，似乎是在重蹈汉唐学者天道与

---

① （宋）周敦颐撰，梁绍辉、徐荪铭等校点：《周敦颐集》卷1《太极图说》，第6—7页。
② （宋）周敦颐撰，梁绍辉、徐荪铭等校点：《周敦颐集》卷1《太极图说》，第7页。

圣人合一的旧路，但其实不然。结合前句看，此句的重点是在强调圣人作为秉承天道的“人极”，对人间秩序具有决定性意义。这一点在《通书》中说得很明白，“古者圣王制礼法，修教化，三纲正，九畴叙，百姓大和，万物咸若”①，即是此意。周敦颐意在将圣人的人性与天道分而观之，指出圣人虽秉承天道，但终究与天有隔，《通书》所说“圣希天，贤希圣，士希贤”②就明确规定了天、圣、贤、士的阶梯式关系，将圣人从天道的化身拉回到人道的极致。因此周敦颐称圣人为“人极”，实际上是在强调圣人在“人”这一序列中的位置，否认圣人是超越性的存在。

在此基础上，周敦颐进一步指出圣人与凡人在本性上的一致性，为此，他回归先秦经典，从《中庸》中拈出一个“诚”字，以此来讨论人性的本质。《中庸》关于“诚”的文字颇多，但表述却不尽相同，其中云“诚者，天之道也。诚之者，人之道也。诚者不勉而中，不思而得，从容中道，圣人也”③，是讲“诚”对于圣人来说可以“不思而得”，强调圣人之于“诚”的先天性。但《中庸》其后又说“自诚明谓之性，自明诚谓之教”④，似言除了先天因素，众人如果“明诚”还可通过“教”的方式进行。但这里也是仅就途径而言，至于通过“教”最终能否达到与圣人一致的“诚”，《中庸》并未明言。正如余敦康先生所言：“《中庸》虽然树立了一个‘圣人之德’的理想目标，却没有指出一条登堂入室的具体途径，结果这个目标就变得高不可攀，使人望而生畏，产生一种震惊恐惧的‘悚然’之感。”⑤这就为汉唐“凡圣有别”论的盛行提供了契机。

郑玄和孔颖达在疏解《中庸》文意时，均从“圣人不可至”这一角度进行阐释。郑玄注“自诚明”一句说：“由至诚而有明德，是圣人之性者也。由明德而有至诚，是贤人学以知之也。”⑥他认为“至诚”是圣人的本性，普通人通过道德的修养，只能明了这个道理，最多成为“贤人”。孔颖达疏也表达了类似的观点：“‘诚者，天之道也’。唯圣人能然……以圣人性合于天道自然，故云‘圣人也’。”⑦可见，在汉唐学者眼中，“诚”是圣人专属之“性”，普通人难以真正企及，圣、贤之间由此产生了一条不可逾越的鸿沟，更遑论道德修养不如贤人的普罗大众。

周敦颐则另辟蹊径，在论证了圣人与凡人在初始状态一致的基础上，重新解读《中庸》中“诚”的范畴。他在《通书》开篇《诚上第一》中就说：

---

① （宋）周敦颐撰，梁绍辉、徐荪铭等校点：《周敦颐集》卷4《通书·乐上第十七》，第74页。

② （宋）周敦颐撰，梁绍辉、徐荪铭等校点：《周敦颐集》卷4《通书·志学第十》，第70页。

③ （汉）郑玄注，（唐）孔颖达疏，龚抗云整理，王文锦审定：《礼记正义》卷53《中庸》，北京：北京大学出版社，1999年，第1446页。

④ （汉）郑玄注，（唐）孔颖达疏，龚抗云整理，王文锦审定：《礼记正义》卷53《中庸》，第1447页下。《孟子·离娄上》亦有此句，但“明诚”作“思诚”，其曰：“是故诚者，天之道也。思诚者，人之道也。”参见（清）焦循撰，沈文倬点校：《孟子正义》卷15，第509页。《孟子》该部分文本与《中庸》极其类似，仅有个别字句不一。学界就二者的文本思想和成书问题进行过讨论，目前尚有争议，但争议内容与本文论述关系不大，此不赘言。

⑤ 余敦康：《汉宋易学解读》，北京：中华书局，2017年，第331页。

⑥ （汉）郑玄注，（唐）孔颖达疏，龚抗云整理，王文锦审定：《礼记正义》卷53《中庸》，第1447页。

⑦ （汉）郑玄注，（唐）孔颖达疏，龚抗云整理，王文锦审定：《礼记正义》卷53《中庸》，第1447页。

诚者，圣人之本。“大哉乾元，万物资始”，诚之源也。“乾道变化，各正性命”，诚斯立焉。纯粹，至善者也。故曰：“一阴一阳之谓道，继之者善也，成之者性也。”元亨，诚之通；利贞，诚之复。大哉易也，性命之源乎！①

他通过《易传》《中庸》互训的方式，将“诚”纳入万物生化的过程，指出“诚”自世界诞生之初就已经存在，它是人性的根本。他还利用《易传》“继善成性”说作为理论依据，强调凡人与圣人一样，本性都是源于“诚”。由此，周敦颐重新阐释了《中庸》之“诚”，并且利用《易传》的学说申明其作为人性之本的普遍性，从根本上弥合了凡圣之间不可逾越的隔阂。

（二）“几”善恶——凡圣之别的“最紧要处”

虽然“诚”为“人皆能成圣”提供了理论上的可能性，但凡、圣毕竟有别，人性的复杂造成了“圣贤非性生”的现实。②周敦颐引入“几”的概念对此进行解释。他在《通书·诚几德第三》中说：

诚无为，几善恶。德：爱曰仁，宜曰义，理曰礼，通曰智，守曰信。性焉安焉之谓圣。复焉执焉之谓贤。发微不可见，充周不可穷之谓神。③

《通书·圣第四》中的说法与之类似：

寂然不动者，诚也；感而遂通者，神也；动而未形，有无之间者，几也。诚精故明，神应故妙，几微故幽。诚、神、几，曰圣人。④

此二章讨论的内容近似，可以对读。周敦颐认为“诚”作为人性的依据和根源，是“无为”“寂然不动”的，它超脱于世间，不主动与人伦产生直接关系。之所以会有五常之“德”，则是一个人性有感于“诚”的结果，即“感而遂通”。而在寂与感、动与静的瞬间即为“几”。然而，这一阶段幽微不明，难以把握。圣人以“诚”为本，所想所行全然符合五常之“德”，对其洞若明火，但普通人无法准确把握，或善或恶全在一念之间，人性所表现出的善恶就在这一刻分化。

那么这个“几”的阶段究竟是什么？“几”出自《易传》，它本是就卜筮而论，以其为吉凶之征兆，故《系辞下》曰：“几者，动之微，吉之先见者也。”⑤韩康伯注《周易》时，借助玄学中“有”和“无”这一对命题，将“几”解释为有无之间相互转化的微妙阶段，他说：“几者去无入有，理而未形，不可以名寻，不可以形睹者也。”孔颖达作疏解时，又将其进一步落实在意识层面，曰：“几，微也，是已动之微。动谓心动、事动。

① （宋）周敦颐撰，梁绍辉、徐荪铭等校点：《周敦颐集》卷4《通书·诚上第一》，第64—65页。
② 参见王新春：《周敦颐的人性论与德性修养理路》，《道德与文明》2014年第5期。其中，作者指出周敦颐在论述人性之“本然”时，以“诚”论之，而论及“实然”时，以“性”论之。
③ （宋）周敦颐撰，梁绍辉、徐荪铭等校点：《周敦颐集》卷4《通书·诚几德第三》，第66页。
④ （宋）周敦颐撰，梁绍辉、徐荪铭等校点：《周敦颐集》卷4《通书·圣第四》，第67页。
⑤ （魏）王弼、（晋）韩康伯注，（唐）孔颖达疏，于天宝点校：《宋本周易注疏》卷12《周易系辞下》，第451页。

初动之时，其理未著，唯纤微而已。若其已著之后，则心事显露，不得为几。”①

周敦颐言“动而未形，有无之间”即是在韩、孔观点的基础上，将“几”引入人性论，解释善恶产生的原因：

> 或问曰：“曷为天下善？”曰：“师。”曰：“何谓也？”曰：“性者，刚柔善恶，中而已矣。”不达，曰刚善：为义，为直，为断，为严毅，为干固；[刚]恶：为猛，为隘，为强梁。柔善：为慈，为顺，为巽；[柔]恶：为懦弱，为无断，为邪佞。惟中也者，和也，中节也，天下之达道也，圣人之事也。故圣人立教，俾人自易其恶，自至其中而止矣。故先觉觉后觉，暗者求于明，而师道立矣。师道立，则善人多；善人多，则朝廷正，而天下治矣。②

他指出人性虽然都本之于“诚”，但是它在每个个体身上有不同的表现形式，大致可以分为刚善、刚恶、柔善、柔恶、中五种，它们都产生于“几”这一阶段。由于普通人难以判断是非，可能会产生或善或恶的选择，善、恶又会产生或刚或柔的偏颇，故而即使选择了善却偏于刚柔之一隅，也都不是真的善，即孔子所强调的“过犹不及”。③圣人之所以为“圣”，正是因为他们能在“几”的阶段不偏不倚，选择刚柔、善恶之间的“中”，并以此为本性，展现出“中正仁义”的道德境界。

周敦颐还进一步指出，圣人应当教导众人如何通过后天德性修养，“自易其恶”，逐渐向“中”的道德境界靠拢。如此一来，圣人不再是高不可攀的神圣权威，而是化身为“师道”的代名词，要担负起“先觉觉后觉”的教化之责。④普通人则能够通过道德层面的学习和实践，最后达到与圣人同的境界。“圣人可学”之说由此成立。

周敦颐以“诚”为人性之本，凡、圣之别仅存在于“几”发生作用之后的观点，一定程度上摆脱了汉唐“性三品论”的“不平等观”和“不可变性”。⑤明儒罗钦顺总结道：“周子之言性，有自其本而言者，诚源诚立，纯粹至善是也；有据其末而言者，刚善刚恶、柔亦如之、中焉止矣是也。”⑥事实上，周敦颐这种以本末言人性的思维方式影响甚为深远。后来二程以“诚”言“性”⑦、以“诚”言“理”⑧，与周敦颐此说不无关系。

---

① 韩注、孔疏分别见于（魏）王弼、（晋）韩康伯注，（唐）孔颖达疏，于天宝点校：《宋本周易注疏》卷12《周易系辞下》，第451、452页。

② （宋）周敦颐撰，梁绍辉、徐荪铭等校点：《周敦颐集》卷4《通书·师第七》，第68—69页。

③ （清）刘宝楠撰，高流水点校：《论语正义》卷14《先进第十一》，第454页。

④ 参见钱穆：《宋明理学概述》，《钱宾四先生全集》第9册，台北：联经出版事业有限公司，1998年，第2页。

⑤ “性三品论”的内容及其在历史上的发展及流变参见[日]池田知久、[日]西山尚志：《〈论语〉之〈公冶长〉〈阳货〉〈雍也〉等出现的性说——兼论与“性三品说”的关系》，《孔子研究》2020年第1期，第7—15页。

⑥ 沈善洪主编：《宋元学案》第3册，卷12《濂溪学案下·附录》，杭州：浙江古籍出版社，1992年，第632页。

⑦ 《河南程氏外书》卷2《朱公掞问学拾遗》记载：“荀子曰：‘养心莫善于诚。’周茂叔谓：‘荀子元不识诚。’伯淳曰：‘既诚矣，心焉用养邪？荀子不知诚。’”收录于（宋）程颢、（宋）程颐著，王孝鱼点校：《二程集》，北京：中华书局，1981年，第365页。

⑧ 《河南程氏经说》卷8《中庸解》云：“诚一于理，无所闲杂，则天地人物，古今后世，融彻洞达，一体而已。”收录于（宋）程颢、（宋）程颐撰，王孝鱼点校：《二程集》，第1160页。

至南宋，陈淳向朱子问学《通书》，朱子回答“紧要处在几”[①]，亦是顺着这一思想脉络而言的。也正是通过论“诚”与“几”，周敦颐构筑起了由凡及圣的理论基础。

三、学而为圣的践履工夫

周敦颐在搭建起一幅论证“圣人可学”的理想愿景之后，还依据“诚”与“几”对道德境界的要求，从内圣、外王两方面提出了一系列如何去“学为圣人”的践履工夫。

（一）圣学之要：无欲

基于“诚”寂然不动的内在要求，周敦颐直言“无欲”为“圣学之要”，他说：

> 圣可学乎？曰：可。曰：有要乎？曰：有。请闻焉。曰：一为要。一者，无欲也。无欲。则静虚动直。静虚则明，明则通；动直则公，公则溥。明通公溥，庶矣乎！[②]

周敦颐在这里强调“无欲”看上去与佛、道类似，但其实有本质的不同。佛教讲“无欲”是要了却所有念虑，如禅宗经典《坛经》曰：“是以立无念为宗。即缘迷人于境上有念，念上便起邪见，一切尘劳妄念，从此而生。”[③]道教仿照佛教理论，亦倡导要“心不著物”，因为“若执心住空，还是有所，非谓无所。凡住有所，则自令人心劳气发，既不合理，又反成疾”。[④]二者均以“无欲”之“欲”为意识活动，认为“无欲”的想法本身还是一种“欲”，故而只有完全舍弃思虑，才有可能成佛、成仙。由此可见，佛、道二教与周敦颐思想最大的不同就在于，佛、道的终极目标是超脱人间，故而可以要修炼者完全摆脱人间的思虑；而周敦颐认为圣人与凡人同在“人”这一范畴内，这与佛、道存在着根本性的差异，这也决定了其所倡导的“无欲”与佛、道的“清净无欲”的不同取向。

周敦颐以“无欲”为目标的为圣工夫讲求的是摒弃不合理的欲望，即“物欲”。以颜渊为例，他说：

> 夫富贵，人所爱者也。颜子不爱不求，而乐乎贫者，独何心哉？天地间有至贵至爱可求，而异乎彼者，见其大而忘其小焉尔。见其大则心泰，心泰则无不足，无不足则富贵贫贱处之一也。处之一则能化而齐，故颜子亚圣。[⑤]

---

① （宋）黎靖德编，王星贤点校：《朱子语类》第6册，卷94《周子之书》之《通书·圣》，北京：中华书局，1986年，第2398页。

② （宋）周敦颐撰，梁绍辉、徐荪铭等校点：《周敦颐集》卷4《通书·圣学第二十》，第75页。

③ （唐）慧能著，郭朋校释：《坛经校释》第“一七”章，北京：中华书局，1983年，第32页。

④ 蒋力生等校注：《云笈七签》卷94《仙籍语论要记部》之《坐忘论·收心》，北京：华夏出版社，1996年，第568页。

⑤ （宋）周敦颐撰，梁绍辉、徐荪铭等校点：《周敦颐集》卷4《通书·颜子第二十三》，第76—77页。

周敦颐之所以推崇颜渊，便是因为颜渊明白人间真正的“至贵至爱可求”者，乃是道德层面的高尚，故而能够超脱于物质束缚，视富贵、贫贱如一，孔子因此赞叹颜渊“三月不违仁”。[①]周敦颐要求人们不去贪图“小”富贵，而去追求“大”道德，就能在精神层面“无不足”，得到真正的快乐。

后来二程回忆少年从学周敦颐时说：“昔受学于周茂叔，每令寻颜子、仲尼乐处，所乐何事。”[②]便是启发他们理解颜渊的道德境界。又程颢曾回忆自己当初向周敦颐表明不再喜好田猎之事，周敦颐告诫说：“何言之易也！但此心潜隐未发，一日萌动，复如前矣。”[③]便是提醒他要时刻警醒，时刻做“无欲”的工夫，才能防止物欲侵染己心。由此亦颇能看出此后程朱一脉“私欲”“人欲”之论的一点端倪。

（二）圣功之本：思

周敦颐还提出了“思”为“圣功之本”，他说：

> 《洪范》曰：“思曰睿，睿作圣。”无思，本也；思通，用也。几动于彼，诚动于此。匪思而无不通，为圣人。不思，则不能通微；不睿，则不能无不通。是则无不通生于通微，通微生于思。故思者，圣功之本，而吉凶之机也。《易》曰：“君子见几而作，不俟终日。”又曰：“知几，其神乎！”[④]

孔疏引王肃语云：“睿，通也。思虑苦其不深，故必深思使通于微也。”[⑤]在此章中，这种“思虑”不是知识性的思考，而是对社会道德规范的认知，“思”就是要人去考量所行、所为是否符合道德的要求。普通人应该锻炼这种自己“思”的能力，最终像圣人“匪思而无不通”，而“思”的最终目的也是要像圣人一样“知几”。

至于如何锻炼“思”的工夫，周敦颐说：“君子慎动。”[⑥]他希望人在发念、行事之先，思考是否出于或符合儒家五常的规范，明是非、正善恶之后再去行事。那么如何才能具备正确的道德价值观念？周敦颐认为，一要“亲师友”，他说：“人生而蒙，长无师友则愚，是道义由师友有之。”[⑦]又说：“童蒙求我，我正果行，如筮焉。”[⑧]可见师友在劝导人做出正确选择的过程中有相当重要的作用。二要“喜闻过”，周敦颐认为人如果能够知道自己的过错，“闻过，则可贤”。[⑨]由此，通过不断修正错误，积累经验，就能提高道德境界。

---

① （清）刘宝楠撰，高流水点校：《论语正义》卷7《雍也第六》，第221页。

② （宋）程颢、（宋）程颐撰，王孝鱼点校：《二程集·河南程氏遗书卷二上》，第16页。

③ （宋）程颢、（宋）程颐撰，王孝鱼点校：《二程集·河南程氏遗书卷七》，第96页。

④ （宋）周敦颐撰，梁绍辉、徐荪铭等校点：《周敦颐集》卷4《通书·思第九》，第69—70页。

⑤ （汉）孔安国传，（唐）孔颖达疏，廖名春、陈明整理，吕绍纲审定：《尚书正义》卷12《洪范第六》，北京：北京大学出版社，1999年，第304页。

⑥ （宋）周敦颐撰，梁绍辉、徐荪铭等校点：《周敦颐集》卷4《通书·慎动第五》，第67页。

⑦ （宋）周敦颐撰，梁绍辉、徐荪铭等校点：《周敦颐集》卷4《通书·师友下第二十五》，第77页。

⑧ （宋）周敦颐撰，梁绍辉、徐荪铭等校点：《周敦颐集》卷4《通书·蒙艮第四十》，第83页。

⑨ （宋）周敦颐撰，梁绍辉、徐荪铭等校点：《周敦颐集》卷4《通书·幸第八》，第69页。

总之，在周敦颐看来，学而为圣是一个由士及贤，由贤及圣渐次上升的过程，他说：

> 伊尹、颜渊，大贤也。伊尹耻其君不及尧、舜，一夫不得其所，若挞于市。颜渊不迁怒，不贰过，三月不违仁。志伊尹之所志，学颜子之所学。过则圣，及则贤，不及则亦不失于令名。①

“志伊尹之所志”是就外王层面而言，“学颜子之所学”是就“内圣”层面而说。周敦颐以伊尹、颜渊为标杆，激励广大士人在道德境界层面有所精进，学而为贤、由贤及圣。至南宋朱熹与吕祖谦共修《近思录》，便将周敦颐此语置于《论学》卷之首，认为治学的目的正是成为圣人，并展开了一系列关于“圣贤气象”的论述。可见，到了南宋时期，学者已经普遍接受“圣人可学”的观念，并在赓续的过程中，不断丰富其内涵。②

四、结　语

唐君毅先生曾指出：“宋明儒之共同信仰，则劈头一句，便是圣人人人可学。”③作为倡导“圣人可学”的先驱，周敦颐敢于打破汉唐以来被“神化”的圣人形象，重塑“圣人”作为“人”的一面，为普罗大众由凡入圣提供了可能。他重新发明《中庸》之“诚”，论证圣人与凡人在本性上的一致性，又通过对《易传》之“几”概念内涵的延展，解释了圣、凡所以分别的原因，从根源上申明了“圣人可学”理论上的可能性。最后，他依照“诚”与“几”的特性，设立了一系列与之相适应的具体践履功夫，从实践层面为“为圣”提供了切实可行的方法引导。周敦颐此论虽不显于生前，但至身后却深受推崇，二程、朱子甚至元明诸儒都纷纷缘饰其说。④因此，从宋明理学本身的发展理路来看，周敦颐“理学开山”之地位不言而喻。

作者简介：李筱艺（1993—），女，彝族，云南昆明人，北京师范大学历史学院博士研究生，主要研究方向为历史文献学、易学文化。

---

① （宋）周敦颐撰，梁绍辉、徐荪铭等校点：《周敦颐集》卷4《通书·志学第十》，第70页。

② 关于《近思录》中“圣贤气象”的思想，参见姜锡东：《〈近思录〉研究》第十四章“论‘圣贤气象’——《近思录》卷十四之研究”，北京：人民出版社，2010年，第389—407页。

③ 唐君毅：《中国人文精神之发展》，桂林：广西师范大学出版社，2005年，第17页。

④ 学者吴震《中国思想史上的“圣人”概念》一文梳理了从先秦至明代“圣人”概念的演变，并指出周敦颐的“圣人可学而至”论之于宋代道学及其之后思想史发展的重要意义。参见吴震：《中国思想史上的“圣人”概念》，《杭州师范大学学报（社会科学版）》2013年第4期。

从“非溺于释氏”到“曾亲佛座”

——宋代史籍对宋太宗与佛教关系的书写及塑造

周　荣

（西北大学　历史学院，陕西　西安，710127）

摘　要：当前学界一般认为宋太宗是一位崇佛的君主。考察宋代史籍、佛教文献，不难发现有宋太宗与佛教相关事迹的大量记载。但在不同的史料记述中，宋太宗与佛教的关系又呈现出差异，甚至是截然不同的面貌。《宋太宗皇帝实录》称宋太宗“非溺于释氏”，呈现的是其理性对待佛教发展的形象。《宋史·太宗本纪》塑造的是宋太宗更重道教的形象。在《续资治通鉴长编》中，宋太宗似乎是一位“崇尚释教”的崇佛皇帝。而在《佛祖统纪》的记载里，宋太宗是一位“曾亲佛座”的佛教转世弟子形象。实际上，史料中呈现出“清静无为”“非溺于释氏”“崇尚释教”，抑或是“曾亲佛座”这些截然不同的形象，是著史者出于不同目的对宋太宗在不同时期与佛教关系进行放大的结果。通过对比分析这几部重要文献中宋太宗与佛教关系的史料，既有助于厘清宋太宗与佛教的真实关系，也可以了解宋太宗对待佛教的态度变化及其背后动因。

关键词：宋太宗；崇佛；形象；书写

宋太宗是宋太祖的胞弟，也是宋朝的第二位皇帝。历史上宋太宗被认为是“得乎丘民而为天子”[①]的贤君。除帝王功业外，宋太宗还非常留心释道两教。翰林学士宋白在为拟定宋太宗谥号的奏议中提到：“（太宗）释老之教，崇奉为先，名山大川，灵踪胜境，神祠仙宇，经之营之。”[②]对释道两教的尊崇被大臣写入拟定谥号的奏议，说明当时的北宋官方认为崇奉释道是宋太宗的统治功绩之一。目前，诸多学者综合不同史料的记载，

① 《宋史》卷5《太宗本纪二》，北京：中华书局，1977年，第101页。
② （清）徐松辑，刘琳等校点：《宋会要辑稿》礼29之10，上海：上海古籍出版社，2014年，第1323页。

围绕宋太宗与佛教关系、宋太宗的佛教见解等议题进行了深入研究。[①]还有学者对史料中宋太宗崇佛记载的传说进行辨伪。[②]虽然对于宋太宗崇佛问题已经形成了大量研究成果，但对不同史料中宋太宗与佛教关系差异的关注较少。记载宋太宗与佛教关系较为集中的文献，除了《宋太宗皇帝实录》《续资治通鉴长编》《宋史》等由儒家文人撰写的基本文献，还有由僧人撰写的《佛祖统纪》等佛教史书。受到政治立场、现实需要等诸多因素的影响，各书呈现出的宋太宗与佛教关系并不是一致的。因此，本文拟从以上史书所塑造的宋太宗与佛教关系出发，探讨宋太宗崇佛形象的变化，力求把握这一变化背后隐含的历史真相。

一、官修文献中的宋太宗与佛教关系

《宋太宗皇帝实录》《宋史》是对宋太宗与佛教关系记载较多的官修史书。此外，《续资治通鉴长编》也保存了大量宋太宗与佛教关系的记载。虽然《续资治通鉴长编》是私家所修史籍，但与一般的野史不同，李焘曾分四次将《续资治通鉴长编》上呈朝廷。宋孝宗“诏藏秘阁”，还称赞“其书无愧司马迁”。[③]除了高度评价《续资治通鉴长编》，宋孝宗还“许焘大书‘续资治通鉴长编’七字，且用神宗赐司马光故事，为序冠篇，不谓其止此”。[④]这充分说明了《续资治通鉴长编》记载的权威性和真实性得到了南宋政府的认可。因此，我们可以将其视为官修史书。

《宋太宗皇帝实录》《续资治通鉴长编》《宋史》虽同为官修史书，但其中所呈现出的宋太宗与佛教关系却各不相同。

（一）《宋太宗皇帝实录》对宋太宗与佛教关系的书写

现存《宋太宗皇帝实录》所记载的宋太宗与佛教关系史料，主要包括三个方面。一是对佛教徒的管理。如宋太宗下诏加强对僧人度牒的管理：“先是，祠部给僧、尼牒，并传送诸处，州长吏亲给，如闻吏为奸，募人以缗钱市取，赍以至外郡卖焉，得善价，即付与之。自今所在，宜奉行前诏，违者重致其罪。”[⑤]二是对修建寺庙的记载。《宋太宗皇

---

① 竺沙雅章先生认为宋太宗“崇佛”是服从于政治需要而非“溺佛”（[日]竺沙雅章：《宋初政治与宗教》，淮沛译，《历史文献与传统文化》第3集，广州：广东人民出版社，1994年，第125—152页）。李裕民先生认为，虽然宋太宗与太祖“都信崇佛教”，但佛教在宋太宗心中处于儒释道三教之末（李裕民：《论宋初的佛教政策》，《宋史新探》，西安：陕西师范大学出版社，1999年，第136—146页）。黄启江先生认为虽然宋太宗奠定了“北宋皇室崇佛的‘祖宗之制’”，但其目的是建立其“现在佛与转轮王”形象，为实现他“使大宋帝国重振汉、唐雄风”的政治抱负服务（黄启江：《宋太宗与佛教》，《北宋佛教史论》，台北：台湾商务印书馆，1997年，第31、57页）。汪圣铎先生认为宋太宗崇佛是“利用佛教为巩固自己统治服务”（汪圣铎：《宋代政教关系研究》，北京：人民出版社，2010年，第18页）。闫孟祥认为虽然宋太宗对佛教“有所管制”，但都是为了佛教更好地发展，而且宋“太宗崇佛影响及于家人出家、归佛……不仅仅是一般的‘利用’”（闫孟祥：《宋代佛教史》，北京：人民出版社，2013年，第68页）。

② 闫孟祥、李清章：《宋太宗“受佛记”传说考》，《河北大学学报（哲学社会科学版）》2014年第1期。

③ 《宋史》卷388《李焘传》，第11918页。

④ 《宋史》卷388《李焘传》，第11919页。

⑤ （宋）钱若水修，范学辉校注：《宋太宗皇帝实录校注》卷26，太平兴国八年六月壬子条，北京：中华书局，2012年，第43页。

帝实录》中记载宋太宗所修建的寺庙大致分为两种，一种是新建寺庙，如在自己出生之地修建启圣禅院，“六年而功毕，所费巨数千万，计殿宇凡九百余间，皆以琉璃瓦覆之”[①]。另一种则是应地方官员和百姓请求由宋太宗批准修建的寺庙。三是前往寺院祭拜。每逢中元节，宋太宗都会前往寺观进行参拜，如太平兴国九年（984年）三月宋太宗就专程“驾幸相国寺”[②]。

检视《宋太宗皇帝实录》中的这些记载，能够发现该书在记录相关史料时进行了文本处理，从而展现出宋太宗“非溺于释氏”的形象。从以下几则史料可见一斑。

《宋太宗皇帝实录》记载，雍熙二年（985年）正月宋太宗下诏：“应天下佛寺、道宫，自来累有诏书约束，除旧有名籍者存之，所在不得上请建置。”仅从诏书内容来看，似乎对佛道两教都进行了限制。但史官在诏令之后对出台背景进行了解释：“初，有僧乞于近城之地积薪自焚，上以其惑众，令配流远恶处，仍毁其所居院舍。”宋太宗还就僧人要求增建寺庙对宰相进一步解释：“近日多奏请建置僧院，有十余间屋宇，便求院额，甚无谓也。多是诳惑闾阎，藏隐奸弊，宜申明禁止之。”[③]《宋太宗皇帝实录》希望通过这一记录来说明宋太宗限制释道的诏书主要是针对寺庙，尤其是对希望通过新建寺庙扩大影响力的僧人给予严格管控。

《宋太宗皇帝实录》在处理宋太宗前往寺观祈福的记载时仍不忘平衡释道关系。如太平兴国九年的中元节，宋太宗就分别前往建隆观和太平兴国寺。宋太宗在建隆观还专门对宰相说：“道门以冲澹为本，夫道者，天地万物之祖，而其教终微，岂主之者非其人乎？”[④]从史官的记录来看，宋太宗对于道教的定位是“天地万物之祖”。

《宋太宗皇帝实录》还有意将宋太宗亲近佛教与亲近道教的行为放在一处，而且明显表现出在两教中太宗对于道教的支持规格略高，如宋太宗“御制《莲花心轮回文偈颂》十部，共二百五十卷，回文图十轴，以示宰相、近臣”。其后文记录了“城南太一宫成，命枢密直学士张齐贤、司天春官正楚芝兰祠五福太一”。张齐贤请求用“祀天之礼”，“杀其半，又小损之”，宋太宗在此基础上增加“教坊伶官百人”，“如汉祀之制”。[⑤]相较于将御制偈颂和图给宰相、近臣阅看的私人行为，宋太宗用“祀天之礼”祭拜太一神，展现出宋太宗对待道教要更加重视。再如至道二年（996年），内侍裴愈按照宋太宗旨意探访到了王羲之兰亭旧迹，上奏“僧子谦状欲建佛庙殿阁，以藏所赐御札，望赐名额”。宋太宗遂赐名天章寺。紧跟着裴愈又上言称：“茅山道观凡九处，有水田三百顷，并免租税，令金坛、句容两县籍入之，岁量供给外，余蓄藏以备修葺及三元斋醮。”[⑥]宋太宗也准奏了。一边是允许新建佛寺并赐名，另一边又为茅山道馆的三百顷水田免租税，《宋太宗皇帝实录》希冀通过文本平衡释道的意图非常明显。

---

① （宋）钱若水修，范学辉校注：《宋太宗皇帝实录校注》卷33，雍熙二年四月己卯条，第318页。
② （宋）钱若水修，范学辉校注：《宋太宗皇帝实录校注》卷29，太平兴国九年三月丁巳条，第136页。
③ （宋）钱若水修，范学辉校注：《宋太宗皇帝实录校注》卷32，雍熙二年二月丙申条，第278—279页。
④ （宋）钱若水修，范学辉校注：《宋太宗皇帝实录校注》卷30，太平兴国九年七月壬戌条，第198页。
⑤ （宋）钱若水修，范学辉校注：《宋太宗皇帝实录校注》卷27，太平兴国八年十一月己未条，第74页。
⑥ （宋）钱若水修，范学辉校注：《宋太宗皇帝实录校注》卷76，至道二年二月壬辰条，第671页。

除了平衡释道，《宋太宗皇帝实录》还有意消解宋太宗的崇佛行为。以泗州僧伽塔为例，《宋太宗皇帝实录》里仅有泗州向皇帝报告“僧伽塔白昼有光，民燃顶及焚指、断臂者数千人，吏不能禁”的记载。①这条记载呈现出官吏没能够有效地制止民众“燃顶及焚指、断臂”等狂热的崇佛行为，刻意规避了僧伽塔乃是由宋太宗授意修建的背景。

除在史料编排上进行文本处理之外，《宋太宗皇帝实录》还通过删减、篡改宋太宗话语来淡化宋太宗的崇佛行为。宋太宗在太平兴国八年（983年）和雍熙二年（985年）分别向大臣解释了自己翻译佛经和建内道场的目的。宋太宗的这两段言论在《宋太宗皇帝实录》、《续资治通鉴长编》与《佛祖统纪》中均有记载。不过，三种史料却通过文本处理让宋太宗言论的意思截然不同，具体记载详见表1：

表1　太平兴国八年宋太宗翻译佛经记载对比表

文献	《宋太宗皇帝实录》	《续资治通鉴长编》	《佛祖统纪》
记载内容	浮屠氏之教，有裨政治，而梁武舍身为寺家奴，布发于地，令桑门践之，此真大惑，朕甚不取也。先是，胡僧自西域赍贝多叶经至，朕因令以华语译之，殆百余卷。虽小道，亦有可观，卿等试之。盖存其教耳，非溺于释氏者也	浮屠氏之教有裨政治，达者自悟渊微，愚者妄生诬谤，朕于此道，微究宗旨。凡为君治人，即是修行之地，行一好事，天下获利，即释氏所谓利他者也。庶人无位，纵或修行自苦，不过独善一身。如梁武舍身为寺家奴，百官率钱收赎，又布发于地，令桑门践之，此真大惑，乃小乘偏见之甚，为后代笑。为君者抚育万类，皆如赤子，无偏无党，各得其所，岂非修行之道乎？虽方外之说，亦有可观者，卿等试读之，盖存其教，非溺于释氏也	佛氏之教有裨政理，普利群生，达者自悟渊源，愚者妄生诬谤。朕于此道，微识其宗，凡为君而正心无私，即自利行也；凡行一善以安天下，即利他行也。如梁武舍身为奴，此小乘偏见，非后代所宜法也

资料来源：（宋）钱若水修，范学辉校注：《宋太宗皇帝实录校注》卷26，太平兴国八年十月甲申条，第56页；（宋）李焘：《续资治通鉴长编》卷24，太平兴国八年冬十月甲申条，北京：中华书局，2004年，第554页；（宋）志磐撰，释道法校注：《佛祖统纪校注》卷44《法运通塞志》，上海：上海古籍出版社，2012年，第1033页

从表1中可以看出，对宋太宗在太平兴国八年的言论以《续资治通鉴长编》的记载最为翔实和准确。这从南宋曹彦约《经幄管见》中可以得到佐证：“此番僧新献贝叶，今以华言译之，无所增减。朕于此教深悟宗旨，凡为君治人，却以修行之地，行一好事，天下获利，即释氏所谓利他者也。凡庶之人无权无位，纵或修行自苦，不过独善一身。如梁武帝舍身为寺家奴，此真大惑。书之史册，为后代笑。为君抚育万类，皆如赤子，无党无偏，各得其所，岂非修行之道乎？方外之说，亦有可观者。盖行其教，非溺于释氏也。”②对照《续资治通鉴长编》和《经幄管见》的记载，可以清楚地看到史官在修《宋太宗皇帝实录》时有意对宋太宗的言论进行了处理。一方面将宋太宗对于大小乘佛教自利、利他理论的理解全部予以删除；另一方面将“虽方外之说”修改为“虽小道”。《宋太宗皇帝实录》的编撰者通过对宋太宗言论进行修改的方式，希望营造出宋太宗虽然翻译佛经，但认为此举实为“小道”的印象，以此消解因翻译佛经而形成的宋太宗崇佛的形象。

---

① （宋）钱若水修，范学辉校注：《宋太宗皇帝实录校注》卷27，太平兴国八年十一月癸丑条，第65—66页。
② （宋）曹彦约：《经幄管见》卷4，《丛书集成续编》第276册，台北：新文丰出版公司，1988年，第475—476页。

《宋太宗皇帝实录》通过选择史料和文本处理等方式，希望营造出一个致力于平衡释道，“非溺于释氏”的宋太宗形象。

（二）《宋史·太宗本纪》对宋太宗与佛教关系的书写

《宋史》虽是官修史书，但就记载宋太宗与佛教关系史料的丰富程度而言，远不及《宋太宗皇帝实录》和《续资治通鉴长编》。《宋史·太宗本纪一》对于宋太宗与佛教关系记录较少，主要集中在四个方面：一是宋太宗修建寺庙，如修建平晋寺、启圣院等；二是前往佛寺祈雨雪；三是置译经院；四是对僧人的管理，如太平兴国七年（982年）九月，令西京诸道给沙弥度牒。[①]

这些内容虽然并不丰富，但在《宋史·太宗本纪一》中仍能看到史官有意营造宋太宗更重道教形象的意图。例如，《宋史·太宗本纪一》有六处宋太宗下令修建道观的记载，分别是“诏作北帝宫于终南山”[②]，“诏作苏州太一宫成”[③]，“诏作太一宫于都城南”[④]，“诏作上清宫成”[⑤]，“以宣祖旧第作洞真宫成”[⑥]，以及“诏作寿宁观成”[⑦]。可以看到，史官在记录宋太宗修建道观时，除以宣祖第为洞真宫外，其余均使用了“诏作”二字。文字上传达出这些道观是以皇帝诏令的形式进行修建的，说明宋太宗对于修建道观的重视和对道教的崇敬。而对宋太宗修建佛教建筑的记载就是另外一种处理方式。例如，“丁酉，以行宫为平晋寺，帝作《平晋记》刻寺中”[⑧]，“丙子，置译经院”[⑨]，“诏以帝所生官舍作启圣院”[⑩]，“诏作开宝寺舍利塔成”[⑪]。两者对比能够看到，相比修建道观的六处记载，修建佛教建筑的记载只有四处，而这四处记载中只有两处为“诏作”。除了措辞上的差别，以上所有新建寺观，只有道教的太一宫多次在《宋史·太宗本纪一》中出现，如“甘露降太一宫庭”[⑫]，“八月丁酉，亲祠太一宫”[⑬]。这些记录都营造出宋太宗与道教的关系远比与佛教的关系密切。

除以上区别之外，《宋史·太宗本纪一》在记载宋太宗与释道人物交往方面也有很强的倾向性。《宋史·太宗本纪一》记载了三则宋太宗与道士丁少微往来的事例：太平兴国三年（978年），宋太宗“召华山道士丁少微”[⑭]；太平兴国四年（979年）九月，“华山道士丁少微诣阙献金丹及巨胜、南芝、玄芝”；同年“十一月庚辰，放道士丁少微归华山”[⑮]。

---

① 《宋史》卷4《太宗本纪一》，第69页。
② 《宋史》卷4《太宗本纪一》，第56页。
③ 《宋史》卷4《太宗本纪一》，第67页。
④ 《宋史》卷4《太宗本纪一》，第70页。
⑤ 《宋史》卷5《太宗本纪二》，第96页。
⑥ 《宋史》卷5《太宗本纪二》，第97页。
⑦ 《宋史》卷5《太宗本纪二》，第99页。
⑧ 《宋史》卷4《太宗本纪一》，第62页。
⑨ 《宋史》卷4《太宗本纪一》，第68页。
⑩ 《宋史》卷5《太宗本纪二》，第75页。
⑪ 《宋史》卷5《太宗本纪二》，第84页。
⑫ 《宋史》卷4《太宗本纪一》，第72页。
⑬ 《宋史》卷4《太宗本纪一》，第72页。
⑭ 《宋史》卷4《太宗本纪一》，第58页。
⑮ 《宋史》卷4《太宗本纪一》，第63页。

而《宋史·太宗本纪》中与僧人有关的记载仅有“以天竺僧天息灾、施护、法天并为朝请大夫、试鸿胪少卿”[①]一则。两相对比能够明显看到，《宋史·太宗本纪》中呈现出宋太宗与道教人物来往更加密切，迎来送往间关系非常亲近，而与僧人交往仅记事，没有提及封赏是因译经而起。

虽然《宋史·太宗本纪》中对宋太宗处理释道事务的记录不多，但从有限的记载中依然能够发现史官保持了与《宋太宗皇帝实录》大体一致的编撰方向，即塑造一个平衡释道关系，更重道教的皇帝形象。

（三）《续资治通鉴长编》对宋太宗与佛教关系的书写

相较于《宋太宗皇帝实录》和《宋史·太宗本纪》，《续资治通鉴长编》中对宋太宗从事佛教活动的记载更加丰富和全面。其中尤以太平兴国五年（980年）到雍熙三年（986年）最为频繁。这段时间也是宋太宗大规模译经的时期。因此，通过译经活动可以管窥《续资治通鉴长编》对于宋太宗崇佛行为的记载。

第一阶段，译经启动。太平兴国五年，北天竺迦湿弥罗国僧天息灾、乌填曩国僧施护相继来到汴梁。听到天息灾到来的消息，受过太祖赐紫方袍的中天竺摩伽陁国和尚法天随即返回京师。众多域外高僧是自发聚集还是宋太宗有意邀约已不可考，但是外僧齐聚京师使译经成为可能。于是，宋太宗下诏在“太平兴国寺建译经院”，准备翻译佛经。[②]宋太宗对此事非常重视，太平兴国七年（982年）译经院建成不久后便专程前往。宋太宗还把禁中所收藏的“梵夹”也都给了天息灾，让他们“视藏录所未载者翻译之”。为了进一步壮大译经的声势，宋太宗于同年九月下诏“系籍童行长发，并特许剃度”。在诏书中宋太宗特意提到“朕方隆教法，用福邦家”，凸显出自己潜心向佛的形象。[③]三个月后宋太宗第二次前往译经院。[④]除此之外，宋太宗还“遣使取杭州释迦佛舍利塔置阙下”，修建“巨丽精巧”的开宝寺佛塔。[⑤]修建舍利佛塔、两次前往译经院、大规模度僧，这些记述描绘出宋太宗尊崇佛教的形象。

第二阶段，译经。在佛经翻译过程中，宋太宗依旧保持着对这项活动的热情。太平兴国八年（983年），宋太宗赐译经院额“传法”，同意了天息灾增加翻译学生的请求，“令两街选童子五十人，就院习梵学、梵字”。[⑥]当年十月，宋太宗以新译经五卷示宰相。[⑦]十一月，“上撰《莲华心轮回文偈颂》十部二百五十卷、《回文图》十轴，示近臣”[⑧]。值得注意的是，《续资治通鉴长编》的记录与《宋太宗皇帝实录》不同，并没有把太一宫成与此事记录在一起。但有一处与《宋太宗皇帝实录》相同，即《续资治通鉴长编》也记

① 《宋史》卷5《太宗本纪二》，第76页。
② （宋）李焘：《续资治通鉴长编》卷23，太平兴国七年六月条，第523页。
③ （宋）李焘：《续资治通鉴长编》卷23，太平兴国七年九月己丑条，第527页。
④ （宋）李焘：《续资治通鉴长编》卷23，太平兴国七年十月壬申条，第528页。
⑤ （宋）李焘：《续资治通鉴长编》卷30，端拱二年八月丁巳条，第686页。
⑥ （宋）李焘：《续资治通鉴长编》卷24，太平兴国八年十二月条，第566页。
⑦ （宋）李焘：《续资治通鉴长编》卷24，太平兴国八年十月甲申条，第555页。
⑧ （宋）李焘：《续资治通鉴长编》卷24，太平兴国八年十一月条，第556页。

录了宋太宗在这两次活动时发表的言论。通过前文的对比分析能够清楚地看出，《续资治通鉴长编》并未对这段文字有所加工。宋太宗希望通过宰相向官员们传达佛教对王朝统治有积极的作用，另外表明自己并不是要崇佛，即佛教“有俾政治”，“有可观者”，自己也“非溺于释氏”。而赵普的回答“陛下以尧、舜之道治世，以如来之行修心”从侧面点明了宋太宗此番言论的目的。十一月，宋太宗又对宰相宋琪解释他崇佛不是为了自己而是为了天下：“朕夙夜孜孜，固不为己，每焚香，惟愿民庶安辑，不近理之事，断不为也。”[①]除了不断向宰相表明心迹，宋太宗还在十二月“令诸州禁还俗僧道赴举”，即禁止僧道还俗参加科举以保证儒家士人的核心利益不被侵害。宋太宗在这道诏书颁布前对宰相解释了诏令出台的目的，“进士先须通经，遵周、孔之教，或止习浮浅文章，殊非务本之道，当下诏切戒之”。[②]宋太宗的这道诏令为儒释道三教划分了明确的界线，将释道两教弟子隔离在官僚体系之外。

第三阶段，翻译完成。为了扩大译经的影响，宋太宗先于雍熙二年（985年）按照唐制恢复内道场，并向宰相解释此举“未必便能获佑”，稳定文官集团的情绪。雍熙三年（986年），译经成果已成规模，宋太宗撰写了“御制《新译圣教序》赐宰相李昉等”。为了庆祝这一盛事，宋太宗第二次度僧，“诏祠部，凡僧尼籍有名者，悉牒度之”。[③]在这次度僧后不久，宋太宗即提高僧人系籍的标准，要求“须经业精熟，阅试及三百者乃许系籍”[④]。端拱二年（989年），开宝寺塔竣工。该塔“造浮图十一级以藏之，上下三百六十尺，所费亿万计，前后逾八年”，且“巨丽精巧，近代所无”。[⑤]考虑到开宝寺塔修建开始于太平兴国七年（982年），端拱二年的这次活动也可以看作译经活动的余韵。

除了译经活动，《续资治通鉴长编》对宋太宗与佛教关系的记载少且分散，主要包括以下内容：一是宋太宗不断规范僧籍管理和提高僧人系籍要求。太平兴国二年（977年），应工部郎中侯陟上奏之请，宋太宗要求“岁令诸州上僧尼之籍于祠部，下其牒，俾长吏亲给之”。[⑥]宋太宗的这次诏令进一步规范了僧人度牒的管理，将自唐代开始各地方“三年一造”僧籍上报中央的管理制度调整为“三年一供，每一供全帐，三供剌帐”的“全帐”“剌帐”管理制度。[⑦]二是修建寺院，如修建平晋寺，“号平晋，上自记之，刻石寺中”[⑧]。三是僧人干政的记载。淳化五年（994年），有僧人向宋太宗进言称赴成都的赵昌言“鼻折山根，此反相也，不宜委以蜀事”。此事记载版本较多，李焘也对此进行了考

① （宋）李焘：《续资治通鉴长编》卷24，太平兴国八年十月甲申条，第555页。
② （宋）李焘：《续资治通鉴长编》卷24，太平兴国八年十二月癸卯条，第560页。
③ （宋）李焘：《续资治通鉴长编》卷27，雍熙三年十月戊午条，第624页。
④ （宋）李焘：《续资治通鉴长编》卷27，雍熙三年十月戊午条，第624页。
⑤ （宋）李焘：《续资治通鉴长编》卷30，端拱二年八月条，第686页。
⑥ （宋）李焘：《续资治通鉴长编》卷18，太平兴国二年三月癸亥条，第400页。
⑦ （唐）李林甫等撰，陈仲夫点校：《唐六典》卷4，北京：中华书局，1992年，第126页；（清）薛允升等编：《唐明律合编·宋刑统·庆元条法事类》，北京：中国书店，1990年，第380页。《宋会要辑稿》在“释道门”开篇也记录了“凡僧道童行，每三年一造帐上祠部，以五月三十日至京师”的僧籍管理制度，参见（清）徐松辑，刘琳等校点：《宋会要辑稿》释道1，第9979页。除了三年一造帐，《庆元条法事类》卷51《道释门·供帐·道释令》，第380页中还规定“诸僧道及童行帐三年一供，每一供全帐，三供剌帐，周而复始”，这里的剌帐制度应当就是来源于宋太宗太平兴国二年的这次诏令。
⑧ （宋）李焘：《续资治通鉴长编》卷20，太平兴国四年五月庚子条，第453页。

释，认为此事“未可信也”。[①]

通过以上对于宋太宗度僧、译经、修佛塔等活动的记载，《续资治通鉴长编》呈现出“素崇尚释教”的宋太宗形象，并且相比于《宋太宗皇帝实录》《宋史・太宗本纪》为了消解宋太宗崇佛形象而表现出的强烈政治性，《续资治通鉴长编》的记载更加全面和详细。

二、僧史对宋太宗与佛教关系的书写

对于宋太宗与佛教关系的记载，《佛祖统纪》《历朝释氏资鉴》《广清凉传》《指月录》等佛教史书和典籍中也有所涉及。宋代天台宗与禅宗对于佛教正统之争旷日持久，两派为此撰写了大量著作。其中志磐撰写的《佛祖统纪》是天台宗史学著述的集大成者。《佛祖统纪》参考和延续《史记》、《资治通鉴》及天台宗史学著作《宗源录》、《师门正统》等的编写体例撰写而成，“依放（仿）史法，用成一家之书”。《佛祖统纪》中的《法运通塞志》对自周昭王至宋理宗各朝帝王与佛教相关的历史记载进行了收集和整理，其目的在于“列三教之迹，究一理之归，系以编年，用观通塞之相”[②]。《佛祖统纪》对宋代皇帝与佛教关系的记载尤为详细。志磐选取国史、笔记等相关资料，按时间顺序记录宋代诸帝与佛教相关的言行，使该书成为研究宋代统治者与佛教关系的重要参考资料。有学者甚至认为“此二书（《佛祖统纪》《历朝释氏通鉴》）都注重材料的可靠性，尤其《佛祖统纪》选用资料有根据，这一点史家亦承认”[③]，“该书采择史料面广，资料翔实，编选精当，在中国佛教史上具有很高的史料和思想价值”[④]。《佛祖统纪》中呈现出与《宋太宗皇帝实录》和《续资治通鉴长编》完全不同的宋太宗与佛教关系。

《佛祖统纪》中记载的宋太宗与佛教相关活动与《宋太宗皇帝实录》和《续资治通鉴长编》各有异同。比如在度僧、修建佛寺、翻译佛经等方面，《佛祖统纪》与《宋太宗皇帝实录》、《续资治通鉴长编》记录基本一致。但对于宋太宗所说不利于佛教的言论，《佛祖统纪》则会通过文本书写予以消解。如上文提到的宋太宗在太平兴国八年（983年）言论，《宋太宗皇帝实录》希望通过文本处理消解宋太宗的崇佛形象。而《佛祖统纪》反其道而行之，通过对文本处理以营造宋太宗尊崇佛教的形象。《佛祖统纪》对宋太宗的言论进行了以下修改：一是添加了“普利群生”这样赞美佛教的语句；二是将宋太宗原本谈到的帝王如何“利他”，按照佛教义理修改为兼谈“自利行”和“利他行”，从而彰显宋太宗对于佛教义理理解之深；三是将“梁武舍身为寺家奴”删改为“梁武舍身为奴”，还将百官“率钱收赎”和“布发于地”、“令桑门践之”等言语予以删除，从而将宋太宗对于梁武帝佞佛的批评完全隐匿；四是将宋太宗这段话里最核心的“盖存其教，非溺于释氏也”予以删除。志磐通过文本处理，将这段原本宋太宗对自己并非崇佛的辩解处理成

---

① （宋）李焘：《续资治通鉴长编》卷36，淳化五年九月条，第796页。

② （宋）志磐撰，释道法校注：《佛祖统纪校注》卷35，第766页。

③ 闫孟祥、李清章：《宋太宗“受佛记”传说考》，《河北大学学报（哲学社会科学版）》2014年第1期，第16页。

④ 韩毅：《〈佛祖统纪〉与中国宋代僧人的史学思想》，《河北学刊》2003年第5期，第167页。

对佛教“有裨政理，普利群生”的推崇，营造出宋太宗认为佛教有助于治国的崇佛形象。

再如，《佛祖统纪》还对宋太宗恢复内道场的记载进行了改写。《宋太宗皇帝实录》《续资治通鉴长编》《佛祖统纪》对于宋太宗恢复内道场的记载详见表 2：

表 2　雍熙二年宋太宗设内道场言论对比表

文献	《宋太宗皇帝实录》	《续资治通鉴长编》	《佛祖统纪》
记载内容	己卯，诏两街供奉僧于内殿建道场，上谓宰相曰：“今夏麦丰登，比闻岁稔则民多疾疫，朕恐百姓有灾患，今建此为民祈福，未必便能获祐，且表朕请祷之意。”	六月己卯，诏两街供奉僧于内殿建道场。上谓宰相曰：“今兹夏麦丰稔。比闻岁熟则民多疾疫，朕恐百姓或有灾患，故令设此，未必便能获佑，且表朕勤祷之意云。”	诏两街供奉僧于内殿建道场，为民祈福，岁以为常

资料来源：（宋）钱若水修，范学辉校注：《宋太宗皇帝实录校注》卷 33，雍熙二年六月己卯条，第 338 页；（宋）李焘：《续资治通鉴长编》卷 26，六月己卯条，第 596 页；（宋）志磐撰，释道法校注：《佛祖统纪校注》卷 44《法运通塞志》，第 1036 页

这段宋太宗向宰执解释自己恢复内道场并非因为崇佛，而是“为民祈福”的言论，《宋太宗皇帝实录》与《续资治通鉴长编》基本一致。《佛祖统纪》仅保留建内道场的记载用以说明宋太宗与佛教的紧密关系，将宋太宗“未必便能获祐”的言论予以删去。

除了官修史书，宋人笔记也是《佛祖统纪》取材的重要来源。出于相同的目的，《佛祖统记》根据需要也对部分内容进行了删改。以宋太宗在开宝寺塔安放舍利时的言行记录为例。端拱二年（989 年），开宝寺塔建成，宋太宗参加了安放舍利的仪式，《佛祖统纪》的记载如下：

> 安舍利日，上肩舆微行，自手奉藏。有白光起小塔一角，大塔放光洞照天地，士庶焚香献供者盈路，内侍数十人求出家扫塔。上谓近臣曰：“我宿世曾亲佛座，但未通宿命耳。”诏直学士院朱昂撰塔铭，谓曰：“儒人多薄佛，向中竺僧法遇乞为本国佛金刚座立碑，学士苏易简为之，指佛为夷人。朕恶其不逊，遂别命制之。卿宜体此意。”①

这段记载中宋太宗亲口说出“宿世曾亲佛座”，呈现出宋太宗是佛教转世弟子的形象。除此之外，宋太宗还认为“儒人多薄佛”，因“学士苏易简为之，指佛为夷人”，“朕恶其不逊”。厌恶苏易简这样不尊敬佛教的人，更说明宋太宗对于佛教的虔诚态度。这样的记载对于树立宋太宗崇佛形象尤具说服力。考察这段记载的来源，分别来自杨亿《谈苑》和释文莹《玉壶清话》。

《谈苑》对于此事的记载如下：

> 葬日，上肩舁微行，自安置之，有白光由塔一角而出。上雨涕，其外都人万众皆洒泣，燃指焚香于臂掌者无数。内侍数十人，愿出家扫洒塔下，悉度为僧。上谓近臣曰：“我曩世尝亲佛座，但未通宿命，不能了了见之耳。”②

---

① （宋）志磐撰，释道法校注：《佛祖统纪校注》卷 44，第 1037—1038 页。

② （宋）杨亿：《杨文公谈苑》卷 6《喻浩造塔》，《全宋笔记》第 8 编第 9 册，郑州：大象出版社，2017 年，第 107 页。

《玉壶清话》的记载如下：

> 开宝塔成，欲撰记，太宗谓近臣曰：“儒人多薄佛典，向西域僧法遇自摩竭陁国来，表述本国有金刚座，乃释迦成道时所踞之座，求立碑坐侧。朕令苏易简撰文赐之，中有鄙佛为夷人之语，朕甚不喜，词臣中独不见朱昂有讥佛之迹。”因诏公撰之。[①]

对照《谈苑》和《玉壶清话》，可以看到志磐对两则史料进行了文本加工。对《谈苑》的修改主要在于将“有白光由塔一角而出”修改为“有白光起小塔一角，大塔放光洞照天地”。修改后的舍利佛光更加璀璨夺目，也更能表现佛法普照天地。此外，志磐将“上雨涕，其外都人万众皆洒泣，燃指焚香于臂掌者无数”修改为“士庶焚香献供者盈路”。志磐可能是觉得“上雨涕”的记载不符合宋太宗的身份，而将此删去。另一处是将“燃指焚香于臂掌”修改为“焚香献供”。虽然宋太宗时期伤害肢体礼佛的行为被官方禁止，但依然普遍流行。上文提到的《宋太宗皇帝实录》对僧伽塔建成的记载中也提到有数千人燃顶、焚指。此外，杨亿也不认为此举有何不妥之处，所以才会特意写明。而《佛祖统纪》将这一记载进行改写，与徽宗时禁止毁伤肢体礼佛的诏令有关。宋徽宗在政和元年（1111 年）下诏：“毁伤支体，有害风教。况夷人之法，中华岂可效之？累有处分，终未能革。可遍行下，违者以大不恭论。”[②]大不恭是“十恶”的第六条[③]，宋政府将燃指等毁伤身体礼佛的行为作为重罪进行惩处。因此，南宋人志磐在编修史书时特意避免宋太宗安放舍利时出现“大不恭”的行为，删除了原文中“燃指”的记载。

对于《玉壶清话》的文本处理主要有两处，一处是将“太宗谓近臣”修改为“诏直学士院朱昂撰塔铭，谓曰”。《佛祖统纪》通过文本处理将原记载中一段宋太宗与近臣的私下话语改造成皇帝诏书的文字。而改造后文本无论从意义和权威性上都更能证明宋太宗尊崇佛教。另一处是将宋太宗的“朕甚不喜”修改为“朕恶其不逊”。从“不喜”变成“恶其不逊”，经过志磐的改写，文本中展现出的宋太宗对于大臣们不尊佛的反对态度更加激烈。

从这两段史料来看，《谈苑》的记载是唯一一则记载宋太宗说出“我宿世曾亲佛座”的材料[④]。《玉壶清话》中对于宋太宗厌恶苏易简对佛不逊的记载也存在问题。仅从《佛祖统纪》中摘编其他有关苏易简的史料中就能看到与此的抵牾之处。《佛祖统纪》在此事之后的淳化元年条记载：“诏参政苏易简撰三教圣贤录。”[⑤]假设《玉壶清话》记载属实，苏易简因“指佛为夷人”而被宋太宗“不喜”，那么宋太宗怎么可能在此事发生后的第二年让其领衔撰三教圣贤录呢？另外，《佛祖统纪》在淳化二年（991 年）载：“杭州西湖昭

① （宋）文莹撰，黄益元校点：《玉壶清话》卷 2，上海古籍出版社编：《宋元笔记小说大观》第 2 册，上海：上海古籍出版社，2001 年，第 1460 页。

② （清）徐松辑，刘琳等校点：《宋会要辑稿》，刑法 2《禁约二》，第 8318 页。

③ （宋）窦仪等撰，吴翊如点校：《宋刑统》卷 1《名例律》，北京：中华书局，1984 年，第 9 页。

④ 闫孟祥、李清章先生在《宋太宗“受佛记”传说考》一文中对宋太宗曾亲佛座传说进行了详细梳理和分析。此文中列举了宋代各个时期对于宋太宗“受佛记”的记载，但除杨亿一文外，再无其他资料有宋太宗承认“曾亲佛座”的文字。因此，杨亿和志磐记录的宋太宗自称“曾亲佛座”说法难以令人信服。

⑤ （宋）志磐撰，释道法校注：《佛祖统纪校注》卷 44，第 1038 页。

庆寺沙门省常刺血书《华严净行品》。结社修西方净业，宰相王旦为之首，参政苏易简百三十二人，一时士夫皆称净行社弟子。”[①]对于此事有苏易简撰写的《施华严经净行品序》传世。苏易简在序中说：“彼上人者果能立是见解，成是功德，予当布发以承其足，剜身以请其法，犹无嗔恨，何况陋文浅学，而有吝惜哉！即时预千人之受持，同诸佛之赞叹。”[②]除此之外，《宋史》苏易简本传中也记载他“旁通释典”[③]。一个“旁通释典”，愿意为僧人“布发以承其足，剜身以请其法”的人又怎么可能说出“鄙佛为夷人”的话语？

这段对苏易简“指佛为夷”的记载存在明显错误，志磐在编辑史料时怎么会没有发现？那么是否存在志磐看到的是已经被修改过的《玉壶清话》，而志磐只是疏于考校而误引其文？答案是否定的。因为在同书五十二卷的《圣君护法》中，再次出现了苏易简“指佛为夷”的记载：“太宗谓近臣曰：‘儒人多薄佛，向为中竺佛金刚座令苏易简作碑，指佛为夷，遂别命为之。’”[④]此处“指佛为夷”又记载为“太宗谓近臣”。由此可见，志磐所用的《玉壶清话》与今天能够看到的版本并无二致。而《佛祖统纪》前文提到的几处修改就是出自志磐之手。将这段明显不可信的史料选入书中，志磐有其特殊目的。因为在这段文字之后，志磐特意进行了总结：

> 人无通识，不足以知佛，故韩愈夷其佛，欧阳修亦夷其佛。太宗以苏易简指佛为夷而恶之，自古人君莫如太宗之有通识也。佛圣人也，五天中土也，此方即五天之东境也，今称中国者，此方自称尊也，称四夷者，且约此方四境之外论之也。儒家乏通识，即目睫以言之，故多失言。[⑤]

志磐这段话表达了两层意思：一是儒家所说的“中国”是以自身所在地作为大地中心，将所处之地以外称为四夷。而在更为宏大的“五天中土”看来，中国不过是五天中土的东境而已。儒家因为没有这样的“通识”所以才会认为佛是夷人。二是宋太宗是所有人君中最有“通识”的，因此他才会“以苏易简指佛为夷而恶之”。志磐修改史料的目的在于反驳儒家所谓“夷其佛”看法的同时，将宋太宗作为支持自己理论的强大后盾，让人不敢轻易反驳。由此可见，志磐选取这段存在明显抵牾之处的史料还进行二次加工，就是为了后面的这段论述。宋代随着“崇文抑武”国策的不断加强，“儒家思想文化广为传播，对社会产生深刻的影响”[⑥]。在这样的背景下，文人士大夫对于佛教的攻击也持续不断。“本朝之欧阳公，以及闽洛诸公，既皆阐明正道以排释氏。”[⑦]在此过程中，“指佛为夷人”是其中的重要观点。北宋文坛领袖欧阳修在《本论中》就提出“佛为夷

① （宋）志磐撰，释道法校注：《佛祖统纪校注》卷44，第1039页。
② （宋）苏易简：《施华严经净行品序》，曾枣庄、刘琳主编：《全宋文》第8册卷168，上海：上海辞书出版社，2006年，第314页。
③ 《宋史》卷266《苏易简传》，第9173页。
④ （宋）志磐撰，释道法校注：《佛祖统纪校注》卷52，第1219页。
⑤ （宋）志磐撰，释道法校注：《佛祖统纪校注》卷44，第1038页。
⑥ 陈峰：《文治之路》，北京：人民教育出版社，2019年，第56页。
⑦ （宋）黎靖德编，王星贤点校：《朱子语类》卷126《释氏》，北京：中华书局，1986年，第3009—3010页。

狄，去中国最远”[①]。南宋大儒朱熹也说“佛祖是西域夷狄人”[②]。如果说文人所论不过是各家观点，那么宋徽宗在禁绝自残礼佛的诏书中提到的“况夷人之法，中华岂可效之”给佛教带来的负面影响更为巨大。“自古人君莫如太宗之有通识”，既表扬了宋太宗，又不点名地批评了如宋徽宗一样“缺少通识”的皇帝。另外，志磐制造的宋太宗诏书中提出“指佛为夷人，朕恶其不逊”。这对于将尊崇祖宗家法作为政治生活重要原则的宋朝人而言，借宋太宗的诏书去批评宋徽宗“指佛为夷人”的诏令则无疑更具合理性。

三、不同史料书写中的宋太宗与佛教形象分析

《宋太宗皇帝实录》、《宋史·太宗本纪》、《续资治通鉴长编》和《佛祖统纪》分别塑造了平衡释道、以道为重、崇尚释教和佛教转世弟子这四种不同的宋太宗形象。之所以会有差异化的宋太宗形象，既与宋太宗统治时期对待佛教态度的变化有关，也离不开史家因自身立场和政治需要而对宋太宗形象的改造。

宋太宗与佛教关系展现出的不同形象与其统治策略改变紧密相关。继位之初，宋太宗迫切希望掩盖篡位得权的不光彩经历，因此将唐太宗作为自己执政的榜样。宋太宗希望通过学习和借鉴唐太宗的成功经验，让自己能够成为彪炳史册的明君。比如在文治方面，宋太宗学习唐太宗的统治策略，扩大科举录取人数，编写大型类书，练习飞白书；在武功方面，太平兴国三年（978年）南方的陈洪进和钱俶先后纳土归降，宋太宗兵不血刃就平定了南方割据势力，太平兴国四年（979年），宋太宗御驾亲征消灭北汉，虽然此后的高梁河之战让宋太宗大败而归，但宋太宗业已实现了政权统一。

消灭北汉的成功让宋太宗对自己能够成为一代英主充满信心。他希望通过译经、度僧的行为，自己能成为宗教领袖，进而能够如唐太宗那样抚远万方。太平兴国五年（980年），宋太宗开始修建译经院。此后，他修建佛寺、大规模度僧、在开宝寺修建佛塔、多次前往译经院。在这背后都有唐太宗当年作为的影子。宋太宗甚至问过大臣们“朕何如唐太宗？”这样的问题。[③]可见，此时的宋太宗一直都将唐太宗作为自己比较、学习的对象。大臣们也非常清楚宋太宗的想法，主动配合加强这一联系。比如赞宁在《进高僧传表》中就将宋太宗安排翻译佛经并作序一事与唐太宗进行了类比，认为宋太宗“翻译成经，制甚深之御序”的举动“属此雍熙之运，伸其贞观之风”。[④]赞宁作为与宋太宗关系紧密的僧人，他的这一举动也从侧面证明宋太宗有学习唐太宗的想法。就连宋白在为宋太宗拟定谥号的奏文中也多次将宋太宗与唐太宗进行类比，如“天下英雄，落吾彀中”“著治化之书，贞观之风也”等语句都与唐太宗紧密相关。[⑤]可见当时的官方都将宋太宗比作唐太宗。

---

① （宋）欧阳修著，李逸安点校：《居士集》卷17《本论中》，《欧阳修全集》，北京：中华书局，2001年，第288页。
② （宋）黎靖德编，王星贤点校：《朱子语类》卷126《释氏》，第3007页。
③ （宋）王称撰，孙言诚、崔国光点校：《二十五别史·东都事略》，济南：齐鲁书社，2000年，第258页。
④ （宋）赞宁撰，范祥雍点校：《宋高僧传》，上海：上海古籍出版社，2017年，第1页。
⑤ （清）徐松辑，刘琳等校点：《宋会要辑稿》礼29之10至11，第1323页。

对于这一时期宋太宗大张旗鼓的崇佛行为，虽然史料没有记载士大夫的反对声音，但应考虑到宋太宗对赵普、宋琪不断解释自己的崇佛行为，“不近理之事，断不为”，“非溺于释氏也”，还有佛教系“小道”，崇佛“未必便能获祐”等。这些言论作为塑造宋太宗崇佛与否的关键性证据，被《宋太宗皇帝实录》《佛祖统纪》分别进行了修改。但是抛开著史者如何裁剪史料不谈，宋太宗此时不断向宰执解释自己并“非溺于释氏也”，也能从侧面说明当时有不少士大夫对宋太宗崇佛是持反对意见的。这时的赵普方因积极配合宋太宗贬斥秦王廷美而重获信任。而宋琪是宋太宗的潜邸之臣，是“周知人情，尤通吏术”之人。[①]宋太宗根本不必向他们多次解释自己的行为。而史料中所记载的诸多辩解之语，应当是宋太宗通过宰相向文官集团解释自己并非沉溺于佛教，以平息文人士大夫们对此事的反对。当然，对于此时的宋太宗而言，崇佛是实现自己伟业的重要组成部分。如果能够在即将开始的北伐中取得胜利，那么所有反对之声将会消失不见。

然而，事与愿违，随着雍熙三年（986年）北伐失败，宋太宗失去了成为天下雄主的可能。当局势稳定后，宋太宗便开始调整执政策略。端拱二年（989年）初，宋太宗“诏文武群臣各陈备边御戎之策”[②]。王禹偁就在上奏中直接指出“望陛下少度僧尼，少崇寺观，劝风俗，务田农，则人力强，而边用实也”[③]。这是目前能够看到的第一篇反对宋太宗崇佛的奏疏。《续资治通鉴长编》还记载王禹偁上奏的效果，“上览奏，深加叹赏。宰相赵普尤器之”[④]。宋太宗和赵普都非常赞赏王禹偁的批评，这反映了宋太宗开始反思调整执政策略。同年八月，当开宝寺塔建成时，田锡上奏反对此事，田文中有“众以为金碧荧煌，臣以为涂膏衅血”这样严厉的反对声音。[⑤]到了年末，宋太宗将尊号由太平兴国六年（981年）雄心勃勃时确定的“应运统天睿文英武大圣至明广孝”[⑥]修改为“法天崇道”[⑦]。这说明宋太宗开始以“清静无为”的道家思想作为自己的执政理念。“清静治远，黄、老之深旨也。夫万务自有为以至于无为，无为之道，朕当力行之。”[⑧]将“无为”作为自己的统治策略之后，之前心心念念想要模仿的唐太宗就成了反面典型。宋太宗先是批评唐太宗征辽：“炀帝昏暗，诚不足语。唐太宗尤如此，何失策之甚也。且治国在乎修德尔，四夷当置之度外。”[⑨]此后，宋太宗更是直接指责唐太宗“好虚名”，“大凡帝王举动，贵其自然。朕览唐史，见太宗所为，盖好虚名者也。每为一事，必豫张声势，然后行之，贵传简册，此岂自然乎！”[⑩]随着将执政策略转为“清静”，宋太宗也调整了对待佛教的态度。自雍熙三年以后，除端拱二年外宋太宗基本再没有举办大规模的崇

① 《宋史》卷264《宋琪传》，第9131页。
② （宋）李焘：《续资治通鉴长编》卷30，端拱二年正月癸巳条，第666页。
③ （宋）李焘：《续资治通鉴长编》卷30，端拱二年正月条，第674—675页。
④ （宋）李焘：《续资治通鉴长编》卷30，端拱二年正月条，第675页。
⑤ （宋）李焘：《续资治通鉴长编》卷30，端拱二年八月条，第686页。
⑥ （宋）李焘：《续资治通鉴长编》卷22，太平兴国六年十月癸酉条，第503页。
⑦ （宋）李焘：《续资治通鉴长编》卷30，端拱二年十二月庚申条，第692页。
⑧ （宋）李焘：《续资治通鉴长编》卷34，淳化四年十一月条，第758页。
⑨ （宋）李焘：《续资治通鉴长编》卷34，淳化四年十一月条，第758页。
⑩ （宋）李焘：《续资治通鉴长编》卷35，淳化五年四月丁酉条，第779页。

佛活动。

除因宋太宗调整执政策略而使他与佛教的关系不断改变之外，著史者的立场是形成宋太宗与佛教关系的形象多样化的根本原因。

宋真宗刚继位就安排钱若水主持修撰《宋太宗皇帝实录》。①九个月后“工部侍郎、集贤院学士钱若水等上《太宗实录》八十卷”②。虽然现在的《宋太宗皇帝实录》只保存了八十卷中的二十卷，但是透过这二十卷依旧能够看出史官希望营造宋太宗“非溺于释氏”的形象。

《宋史》虽于元末修成，但实际上是对宋代史馆记注进行加工而成的。③真宗景德四年（1007 年）“诏修太祖、宋太宗正史”④。真宗大中祥符九年（1016 年）“监修国史王旦等上两朝国史一百二十卷”⑤。《国史》中有“帝纪六（太祖太宗各三）”记载太祖、太宗史事⑥。《宋史·太宗本纪》就是以《国史·太宗纪》三卷为基础删减为两卷的。相比于真宗初年修撰的《宋太宗皇帝实录》所呈现出的平衡释道关系的宋太宗形象，成书于大中祥符九年的《宋史·太宗本纪》呈现出一位更重道教的宋太宗形象。这背后的变化无疑是为了配合真宗“圣人以神道设教”⑦，大搞封禅、天书的政治需要。《宋太宗皇帝实录》与《宋史·太宗本纪》塑造的宋太宗与佛教关系的形象的不同，体现了真宗朝“天书降”“圣祖临”前后官方对于释道两教态度的变化。

修撰于南宋的《续资治通鉴长编》，成书虽距宋太宗朝已一百多年，但李焘坚持司马光“宁失于繁，无失于略”的撰史思想，内容比《宋太宗皇帝实录》《宋史·太宗本纪》更加丰富和翔实⑧，而且《续资治通鉴长编》无须如《宋太宗皇帝实录》和《国史》一样考虑宋真宗的政治需要。因此，《续资治通鉴长编》反映出的宋太宗与佛教关系和《宋太宗皇帝实录》《宋史·太宗本纪》相比出现了巨大的改变。李焘通过考察各种史料，得出了“上素崇尚释教”的判断。⑨

《佛祖统纪》对宋太宗与佛教关系的记载，通过有目的地选取特定资料、改写、剪裁文本，塑造出宋太宗“曾亲佛座”的崇佛形象，再借助宋太宗之口反驳徽宗诏书和儒家“指佛为夷人”观点。虽然志磐在《佛祖统纪》中批评欧阳修撰写《新唐书》《五代史》删除有关释道记载时说：“夫《唐书》，唐家之正史，非欧阳之私书也，借使不足法，论之可也，岂当以己所不好而悉删之邪？”⑩但具有讽刺意味的是，为了反击“指佛为

---

① （宋）李焘：《续资治通鉴长编》卷 42，至道三年十一月己巳条，第 889 页。
② （宋）李焘：《续资治通鉴长编》卷 43，咸平元年八月乙巳条，第 915 页。
③ （清）赵翼著，王树民校证：《廿二史札记校证》卷 23，宋辽金三史条，北京：中华书局，1984 年，第 494 页。
④ （宋）李焘：《续资治通鉴长编》卷 66，景德四年八月丁巳条，第 1485 页。
⑤ （宋）李焘：《续资治通鉴长编》卷 86，大中祥符九年二月丁亥条，第 1972 页。
⑥ （宋）王应麟撰：《玉海》卷 46，扬州：广陵书社，2016 年，第 908 页。
⑦ （宋）李焘：《续资治通鉴长编》卷 67，景德四年十一月庚辰条，第 1507 页。
⑧ （宋）李焘：《续资治通鉴长编》，《进续资治通鉴长编表》，第 6 页。
⑨ （宋）李焘：《续资治通鉴长编》卷 23，第 523 页。
⑩ （宋）志磐撰，释道法校注：《佛祖统纪校注》卷 40，第 910 页。

夷”，志磐放弃了对于“信史”的理解和坚持。他不但特意选取存有抵牾的记载，还按照自己的需要对史料进行了剪裁和修改。这种肆意篡改史料的行为远比他所批评的“以己所不好而悉删之”更加背离“信史”的要求。

四、结　语

宋太宗与佛教关系的变化与其统治策略改变紧密相关。当他将“削平天下”作为目标时，佛教成为实现理想的重要工具。度僧、译经等崇佛行为能够帮助他建立“现在佛”的形象笼络四夷。而当他以“清净”作为统治目标时，更能够被士大夫接受的道家思想成为他的选择，与佛教的互动也随之趋于平淡。正是宋太宗与佛教关系的亲疏变化，为史书撰写者能塑造截然不同的宋太宗形象提供了素材。历史记录者从价值取向和现实需求出发，将宋太宗与佛教的关系书写成自己需要的样子。

作为奠定宋代执政策略的关键性人物，宋太宗与佛教关系的形象由书写者以史实为基础构建而成。无论是“清静无为”“非溺于释氏”“崇尚释教”，还是“曾亲佛座”，都是宋太宗在不同时期与佛教关系的写照。因此，对于历史研究者而言，需要跳出将同一人物从不同文献记载中剥离出来进行研究的方法，而应充分认识到人的复杂和多变，发现不同历史文献记载中的差异及形成原因，以求能够更加真实地反映历史人物。

作者简介：周荣，西北大学历史学院博士研究生，西安市社会科学院历史文化与旅游研究所副研究员。

论《侯鲭录》中的苏轼形象

海　丽

（兰州大学　文学院，甘肃　兰州，730000）

摘　要： 宋人赵令畤的笔记作品《侯鲭录》中记载了很多文人轶事，苏轼是其中着墨最多的形象。该书展现了苏轼形象的不同方面：文才出众、聪明灵慧；诲人不倦、善评诗文；见多识广、爱好广泛；风趣幽默、善于戏谑；乐观开朗、豁达从容；勤政爱民、造福一方。其中对于苏轼文才出众、诲人不倦的形象刻画得非常突出，这也是《侯鲭录》中苏轼形象较为独特的地方。苏轼对赵令畤有过举荐之恩；二人在文学创作、性情志趣、贬谪经历方面有着相似之处；苏轼在宋代有着巨大的影响力等，这些因素共同铸就了光辉的苏轼形象。《侯鲭录》中的苏轼形象有实录价值、参考价值、启发借鉴价值。这对于研究苏轼其人、苏门群体、北宋士大夫群体及后世文学中的苏轼形象都有很大的意义。

关键词：《侯鲭录》；赵令畤；苏轼形象

《侯鲭录》是南北宋之交的宗室文人赵令畤的笔记著作。赵令畤（1064—1134 年）[①]，初字景贶，后苏轼为其改字德麟，号聊复翁、藏六居士。他是宋太祖次子燕懿王德昭玄孙，被称为“宋代宗室文学第一人”。《侯鲭录》的成书年代在靖康元年（1126 年）至赵令畤去世（1134 年）期间，涉及的内容十分驳杂，包括前朝及当时的文人轶事、文学创作、字词训诂、历史制度、生活器物等，其中文人轶事是其内容的主体。

目前学界对赵令畤的研究主要围绕赵令畤的生平、交游和作品进行。骆晓倩的《两宋宗室文学研究》[②]介绍了两宋宗室制度与宗室文化、两宋宗室的宗族文化传统、两宋宗室文人生平及著作考论、两宋宗室文学概述、赵令畤与元祐文坛等。第五章“赵令畤与

---

① 关于赵令畤的出生年份具有争议，有 1051 年、1061 年及 1064 年三种说法，这里采用孔凡礼《赵令畤的生年》(《文学遗产》1994 年第 5 期，第 33 页）一文中 1064 年的说法。

② 骆晓倩：《两宋宗室文学研究》，北京：中华书局，2012 年。

元祐文坛”中有赵令畤的生平；“赵令畤重要交游考述”，其中有苏轼、李廌等；赵令畤的文学创作及其成就。这里的文学创作主要指赵令畤的诗词，没有涉及《侯鲭录》。李霞的硕士学位论文《赵令畤及其〈侯鲭录〉研究》内容包括赵令畤生平及其交游、《侯鲭录》的文学史料价值和《侯鲭录》的其他史料价值。[①]关于书中苏轼形象仅在“乐观旷达的宋代文人”群体形象中有所提及。李丹的《赵令畤〈侯鲭录〉诗学思想研究》研究了赵令畤其人和《侯鲭录》的成书情况，分析了《侯鲭录》中的诗歌内容观、诗歌审美观、诗歌创作观，总结了《侯鲭录》和赵令畤的评价及影响，对于苏轼形象并未提及。[②]孙巧莲的《两宋宗室词人群体研究》研究了两宋宗室词人群体的创作，涉及赵令畤与以苏轼为中心的元祐词坛的唱和，并未将苏轼形象作为研究对象。[③]《侯鲭录》中的苏轼形象有很大的挖掘空间。

赵令畤与苏轼交集很多。《侯鲭录》全书共八卷，共记372则[④]，记载文人轶事的有128则，其中记载宋代文人轶事的有91则，专门记载苏轼轶事的就有39则，在文人轶事中苏轼轶事数量居于榜首。记载唐五代文人轶事的条目比重不多，苏轼形象在书中的出场次数远远超过前代著名文人贺知章、李白、杜甫、李商隐、杜牧等。其他记载较多的宋代文人也都或多或少与苏轼有过交集，其中记载黄庭坚的有11则，记载欧阳修的有7则，张耒5则，王安石4则，晁补之4则，梅尧臣、释道潜和秦观各3则。苏轼形象不仅出现在专门记载苏轼轶事的39则中，也出现在记载其他宋代文人的条目中，涉及苏轼形象的共有74则，约占全部条目的20%，涉及苏轼为人、为政、为学、交游等各个方面，生动地展现出苏轼其人的性情、面貌，大致可分为日常交往类、诗文鉴赏类、诗文辑录类、文学创作类、他人评价类、东坡论人论事类、提及东坡类（表1）。其中有12条涉及苏轼与赵令畤的交往。苏轼其人在《侯鲭录》中形象突出，分量极重，具有很大的挖掘空间和研究价值。

表1 《侯鲭录》中涉及苏轼形象的条目

类别	条目
日常交往类	**卷一·古镜** **卷一·东坡使欧公诗** **卷一·孙公素巧对东坡** 卷一·坡公戏孙公素 卷一·东坡戏韩宗儒 卷三·东坡席上参寥应妓求口占 卷三·东坡戏答王晋卿治耳疾方 卷三·司马温公言所为皆可对人言 卷三·刘贡父苏东坡戏论李公择书 卷三·东坡与毛国镇书 卷三·东坡代吴凭答皎然禅师

① 李霞：《赵令畤及其〈侯鲭录〉研究》，华中师范大学硕士学位论文，2011年。
② 李丹：《赵令畤〈侯鲭录〉诗学思想研究》，暨南大学硕士学位论文，2012年。
③ 孙巧莲：《两宋宗室词人群体研究》，华东师范大学硕士学位论文，2008年。
④ 依据版本为孔凡礼点校，2002年中华书局版。

续表

类别	条目
日常交往类	卷四·东坡戏遵老诗 **卷四·东坡与司马温公论茶墨** **卷四·东坡汝阴赈饥寒** **卷四·东坡州堂前召饮** 卷六·当官三乐居家三乐 卷七·张安道苏东坡悟前生 卷七·东坡戏米元章 卷七·东坡在昌化 **卷八·东坡与二郎侄书**
诗文鉴赏类	**卷一·东坡论对偶** **卷一·东坡评余诗** 卷一·荆公博学 卷二·东坡言鬼诗 卷二·秦少游游仙词 卷二·李白物外诗 卷三·张文潜七夕歌 **卷三·西王母穆王所作歌** 卷七·东坡想当然 卷七·东坡爱梅圣俞和宋次道紫宸早朝诗 卷七·东坡云柳耆卿词不俗 卷八·东坡论和靖梅花诗
诗文辑录类	卷二·东坡与鲁直等录鬼诗 卷三·关中驿舍姚嗣宗诗 卷四·苏州僧自祭文 卷六·林酒仙诗
文学创作类	卷一·东坡十余岁拟谢对衣并马表 卷一·东坡送郑彦能还都下词 卷三·东坡变琴曲瑶池燕作闺怨 卷三·东坡戏老举人生子 卷四·东坡戏题韩子华新宠鲁生诗 卷四·东坡游飞英寺诗 卷四·东坡梦中作靴铭 卷七·东坡戏张子野八十五买妾 卷八·东坡过金陵作渔家傲词 卷八·东坡戏献张从惠寿诗 卷八·东坡云醉梦中应广利王召赋诗 **卷八·东坡作韩干马诗** 卷八·东坡书桃黄事
他人评价类	卷二·鲁直评东坡书 卷八·鲁直评东坡词 卷八·山谷题东坡水石 **卷八·东坡诗妙于使事**
东坡论人论事类	卷三·东坡云万事难兼美 卷三·东坡称滕元发为伟人 卷三·东坡题鲁直草书尔雅后 卷四·东坡黄州自约

续表

类别	条目
东坡论人论事类	卷四·东坡论茶 卷四·东坡评美砚 卷四·东坡评诸葛氏笔 卷四·东坡妙语 卷四·茶新旧交则香味复 卷六·杨朴妻送朴应召诗 卷七·东坡论沈传师书 卷七·东坡云白公晚年诗极高妙 卷七·东坡云荆公暮年诗五字最胜 卷七·东坡云古人以将为初 卷八·东坡云刘凝之沈麟士认屐 卷八·东坡嘲张父政 卷八·东坡判官妓一从良一不允 卷八·东坡谓章子厚学书乃从门入
提及东坡类	卷二·临江军驿舍题诗 卷五·辨传奇莺莺事 卷七·东坡叙周韶落籍帖

注：共计74条，其中加粗条目为涉及苏轼与赵令畤交往的条目

一、《侯鲭录》中苏轼形象分析

《侯鲭录》中展现了苏轼的多方面形象，他出众的文才、广泛的爱好、乐观开朗的性格、善于戏谑的口才等，在其他宋人笔记中也多有提及，如叶梦得的《避暑录话》、王辟之的《渑水燕谈录》、朱弁的《曲洧旧闻》、胡仔的《苕溪渔隐丛话》等。一些故事甚至多次被不同的作者记载，故事主体相似，只有个别细节略有差别。《侯鲭录》中的苏轼形象既是多方面的，也有明确的偏重，即苏轼是一位文采出众、善评诗文、循循善诱的长者和良师形象。他与苏门文人品评诗文的轶事是书中重点着墨的内容。

（一）文才出众、聪明灵慧

苏轼青年时期就与其弟苏辙一同名震京师。苏轼尤其文才出众、聪明灵慧。《侯鲭录》卷七中有一则关于"东坡想当然"的内容：

> 东坡先生召试直言极谏科时，答《刑赏忠厚之至论》有云："皋陶曰杀之三，尧曰宥之三。"诸主文皆不知其出处。及入谢曰，引过，诣两制幕次，欧公问其出处，东坡笑曰："想当然尔。"数公大笑。①

苏轼"想当然"地创造典故这件事更为细节完整的记载是，欧阳修询问苏轼典故的

① （宋）赵令畤撰，孔凡礼点校：《侯鲭录》卷7，中华书局，2002年，第178页。

出处，苏轼回答是在《三国志·孔融传》中，欧阳修没有找到，又一次询问，苏轼讲了古代一件“想当然”的事：曹操灭袁绍后将袁熙的妻子赐给曹丕，孔融说，周武王伐纣后将妲己赐给了周公，曹操问其出处，孔融回答：“以今日之事观之，意其如此。”苏轼用的“典故”也是如此，大胆创造又合情合理，不拘泥于史实，能够做到活学活用。欧阳修赞赏道：“此人可谓善读书，善用书，他日文章必独步天下！”①欧阳修可谓慧眼识人，后来苏轼的才名果然超过了欧阳修。古代文人士子用功读书者不可谓不多，但容易被书籍的观点所拘囿，以至缺乏创造力和想象力，而苏轼为文却有自己的风格，能够做到举一反三。

（二）诲人不倦、善评诗文

苏轼作为宋代著名的文坛领袖，声名远播，诲人不倦、善评诗文是其形象的突出特点。他文采高妙又乐于与门人、友人交流。他有一双慧眼，能够发现诗文中的闪光之处，从不吝惜对他人诗文的赞赏。《侯鲭录》卷一中有一则题名为“东坡论对偶”的内容：

> 东坡云：“世之对偶，如‘红生’、‘白熟’，‘手文’、‘脚色’，二对无复加也。”又云：“‘与我周旋宁作我’，‘为郎憔悴却羞郎’，亦的矣。”予诗中有“青州从事”对“白水真人”，公极称之，云：“二物皆不道破为妙。”②

苏轼推崇天然的对偶，即不仅从字面上对偶，而且在义理上相关，做到词性、意义、典故上都有着关联的工对，有不说透却韵味无穷的妙处。这里所举的“红生”和“白熟”是烹饪的方法，前者是指生炒，后者是指清汤久煮。“手文”也作“手纹”，是指手上的纹理，是算命时的依据之一。“脚色”的意义较多，古代举行科举，初入仕的人必须开具乡贯三代的名衔、家口、年岁，这几项内容被称为“脚色”，也指履历、出身。这不仅仅从单独的字上做到了对偶，两个词语整体也完美地做到了工对。“与我周旋宁作我”的典故出自《世说新语》③，“为郎憔悴却羞郎”的典故出自唐代元稹《莺莺传》中崔莺莺的《寄诗》④，字词相对，又各有典故，非常巧妙。苏轼与赵令畤有诗文交流，苏轼称赞赵令畤诗中“青州从事”与“白水真人”对偶工整，字面上看是官职与道士相对，实则前者指好酒，后者指钱币。“青州从事”的典故出自《世说新语》⑤，“白水真人”的典故出自《后汉书》⑥。苏轼对于对偶的品评中推崇含蓄蕴藉，言浅而意深，即

---

① （宋）杨万里：《诚斋集》卷114，四部丛刊景宋写本，第966页；张春媚编著：《放翁诗话》上篇，武汉：崇文书局，2018年，第37—38页。

② （宋）赵令畤撰，孔凡礼点校：《侯鲭录》卷1，第38页。

③ 《世说新语·品藻》载：“桓公少与殷侯齐名，常有竞心。桓问殷：‘卿何如我？’殷云：‘我与我周旋久，宁作我。’”参见（南朝宋）刘义庆著，郭孝儒注译评：《世说新语注译评》，北京：经济日报出版社，2002年，第276页。

④ 《寄诗》：“自从销瘦减容光，万转千回懒下床。不为旁人羞不起，为郎憔悴却羞郎。”（唐）崔莺莺：《寄诗》，中华书局编辑部点校：《全唐诗（增订本）》第12册卷800，北京：中华书局，1999年，第9096—9097页。

⑤ 《世说新语·术解》：“桓公有主簿善别酒，有酒辄令先尝。好者谓青州从事，恶者谓平原督邮。”（南朝宋）刘义庆著，郭孝儒注译评：《世说新语注译评》，第377页。

⑥ 《后汉书》：“及王莽篡位，忌恶刘氏，以钱文有金刀，故改为货泉。或以货泉字文为‘白水真人’。”《后汉书》卷1下《光武帝纪》，北京：中华书局，1999年，第58页。

“不道破”。他善于发现他人诗歌中精妙的细节。赵令畤将苏轼对其诗对偶技法的称赞写入书中，也有对苏轼的推崇和感谢之情。

《侯鲭录》卷一中还有“东坡评余诗”的内容，记载了苏轼作为长者对赵令畤诗文的帮助与指导，体现出苏轼的渊博学识和诲人不倦的精神。

赵令畤与苏轼的关系使《侯鲭录》中最为突出的苏轼形象特点是其出众的文才和对晚生的谆谆教导。这是《侯鲭录》与其他塑造苏轼形象的文学作品不同的地方。苏轼善于发现他人诗歌中的妙处，经常以平等和鼓励的姿态面对晚生，非常具有亲和力。这是苏轼人格魅力的一种体现。

（三）见多识广、爱好广泛

苏轼可谓少有的全才，他的人生经历丰富，见多识广，又爱好广泛，多才多艺。苏轼能诗能文，通琴艺、绘画、书法，在美食、养生、茶文化、酒文化及佛学等方面都有自己的心得。《侯鲭录》中的苏轼既文才出众，也是一位“多面手”。《侯鲭录》中有直接写苏轼评诗、作词、论茶、论酒、论笔、论墨、论砚、评书法的内容，可以呈现出苏轼多姿多彩的生活状态，也有他人对于苏轼学问、文章及书法的评价，可以从侧面表现出苏轼在这些艺术领域的深厚造诣。《侯鲭录》卷二中有一则“鲁直评东坡书”：

> 鲁直评东坡书曰：“学问文章之气，郁郁葱葱，散于笔墨之间，此所以他人终莫能及。”①

黄庭坚是“苏门四学士”之一，与苏轼齐名，并称“苏黄”。黄庭坚在诗词、书法上也有很深的造诣。他与苏轼、米芾、蔡襄并称“宋四家”。他了解苏轼，也非常尊崇苏轼。黄庭坚称赞苏轼学问与文章俱佳，这种深沉的气韵也促进了苏轼的书法造诣，他人很难比得上。苏轼可谓“全能型”人才，备受其门生友人推崇，在当时名动天下，后世依然美誉不绝。

（四）风趣幽默、善于戏谑

苏轼其人风趣幽默，喜好戏谑，有着超越藩篱之外的洒脱。关于他的幽默戏谑，《侯鲭录》中不惜浓墨重彩来刻画。关于苏轼的条目中，标题里含有“戏”字的有很多，如：“坡公戏孙公素”“东坡戏韩宗儒”“东坡戏老举人生子”“东坡戏答王晋卿治耳疾方”“东坡戏题韩子华新宠鲁生诗”“东坡戏遵老诗”等。苏轼与朋友、学生、歌妓、陌生人开玩笑，在十分危急的生死关头也不忘戏谑，逗妻子大笑。苏轼即将被捕入狱，妻子王闰之和孩子们都惊慌失色，哭哭啼啼送他出门。就在这种危难时刻，苏轼仍不忘调侃。《侯鲭录》卷六中“杨朴妻送朴应召诗”一则如下：

---

① （宋）赵令畤撰，孔凡礼点校：《侯鲭录》卷2，第73页。

> 真宗东封，访天下隐者，得杞人杨朴，能为诗。召对，自言不能。上问："临行有人作诗送卿否？"朴言："独臣妻有诗一首云：'更休落魄贪杯酒，亦莫猖狂爱咏诗。今日捉将官里去，这回断送老头皮。'"上大笑，放还山。
>
> 东坡云：吾顷在湖州，坐作诗，追赴诏狱，妻、子送出门，皆哭，无以语之，顾老妻曰："独不能如杨处士妻作诗送我乎！"老妻不觉失笑而止。[①]

生死未卜却依旧用笑语安慰妻子，这已经不仅仅是一般性质的幽默，而是更高级、更厚重的幽默。苏轼在幽默中注入了达观和大无畏的精神，绽放出令无数人倾倒的人格魅力。

（五）乐观开朗、豁达从容

苏轼一生坎坷多难，在他的为官生涯中，将近有三分之一的时间处于被贬谪状态，他也经历过牢狱之灾和乌台诗案的生死考验，但是他总能做到随遇而安，黄州、惠州、儋州等地都留下了他的足迹。苏轼说："吾上可陪玉皇大帝，下可以陪卑田院乞儿，眼前见天下无一不好人。"[②]他乐观开朗，笑对人生，方能在逆境中做到豁达从容，随遇而安。《侯鲭录》卷七中有一则"东坡在昌化"：

> 东坡老人在昌化，尝负大瓢行歌于田间。有老妇年七十，谓坡云："内翰昔日富贵，一场春梦。"坡然之。里人呼此媪为春梦婆。坡被酒独行遍至子云诸黎之舍，作诗云："符老风情老奈何，朱颜减尽鬓丝多。投梭每困东邻女，换扇唯逢春梦婆。"是日，老符秀才言换扇事。[③]

苏轼历经宦海浮沉，昔日富贵而今朝困窘，世事无常，宛如一场春梦。当老婆婆说出这个充满哲理的比喻时，苏轼认为极其妥当。当地人称这位老婆婆为"春梦婆"。历经生活的大起大落，苏轼没有因此陷入消极，而是用一双看破世事的慧眼去审查、去体味生活中每一个值得高兴的细节。乐观开朗是他的本性，而豁达从容的精神是他经历岁月淘洗后留给世人的财富。

（六）勤政爱民、造福一方

苏轼集文士、学者、官僚身份于一身，除了因文才而被世人所铭记，他的政绩也令百姓将他牢记。《侯鲭录》中关于苏轼为官政绩的记录并不多，但关于他在地方任职造福百姓的记录很关键。赵令畤与苏轼在颍州共事，赵令畤为签判，二人共同商议处理颍州赈灾的问题，并且有诗歌相和，可信度比较高。卷四中有关于"东坡汝阴赈饥寒"的记载：

---

① （宋）赵令畤撰，孔凡礼点校：《侯鲭录》卷6，第164页。

② （明）陈师：《禅寄笔谈》卷3，明万历二十一年自刻本，第56页；申维：《苏东坡传》，长春：吉林出版集团股份有限公司，2019年，第174页。

③ （宋）赵令畤撰，孔凡礼点校：《侯鲭录》卷7，第183页。

元祐六年，汝阴久雪。一日，天未明，东坡来召议事曰："某一夕不寐，念颍人之饥，欲出百余千，造饼救之。老妻谓某曰：'子昨过陈，见傅钦之言，签判在陈，赈济有功，何不问其赈济之法。'某遂相召。"余笑谢曰："已备之矣。今细民之困，不过食与火耳。义仓之积谷数千硕，可以支散，以救下民。……"坡曰："吾事济矣。"遂草放积欠赈济奏檄上台寺。……

坡次韵曰：

可怜扰扰雪中人，饥饱终同寓一尘。老桧作花真强项，冻鸢储肉巧谋身。忍寒吟咏君堪笑，得暖欢呼我未贫。坐听屐声知有路，拥裘来看玉梅春。

予次韵曰：

坎壈中年坐废人，老来貂鼎视埃尘。铁霜带面惟忧国，机阱当前不为身。发廪已康诸县命，蠲逋一洗几年贫。归来又扫宽民奏，惭愧毫端尔许春。[①]

苏轼忧国忧民，作为百姓的"父母官"能够造福一方，赢得了同僚的敬佩和赞扬。赵令畤的诗歌刻画了一个饱经风霜却仍不改其为民之志的好官形象，诗中的"废人"是一个屡遭贬谪却丹心未改的勇士形象。苏轼诗中"拥裘来看玉梅春"的自我是一种心系天下、乐观豁达的形象，与赵令畤诗中困顿、坚韧的形象互为补充，相映成趣。可以说赵令畤对苏轼这位亦师亦友的长者，不仅有崇敬和赞扬，也有理解和相知之情。

二、《侯鲭录》中苏轼形象的成因

苏轼形象在《侯鲭录》中是着墨最多的，也是最为出彩的。这和赵令畤与苏轼的交往密不可分。胡应麟在《诗薮·杂编》卷五中把赵令畤列为苏门文人。二者在文才、志趣、性格、经历方面也有着许多相似之处。苏轼在当时已经声名远播，入仕后历经波折；赵令畤虽为皇室宗亲，但也仕途不顺，去世时"贫无以为殓"[②]，处于非常穷困的状态。苏轼与赵令畤也有着比较深厚的感情。苏轼声名远播，在宋代笔记中苏轼形象多次出现，且在士人文化中，苏轼备受推崇，形象高大。这些外在和内在的因素共同铸成了苏轼在《侯鲭录》中的光辉形象。

（一）苏轼在宋代有巨大的影响力

赵令畤在《侯鲭录》中塑造了近乎完美的苏轼形象，刻画了一位才识高妙又诲人不倦的长者形象。苏轼形象不仅出现在亲友的作品中，也高频率地出现在南北宋其他文人的诗话、词话、笔记作品中。"宋代的东坡故事是最为接近东坡本人的，因为距离东坡生活的年代并不久远，甚至与东坡生活的年代有着交集。更重要的是，相似的社会文化背

① （宋）赵令畤撰，孔凡礼点校：《侯鲭录》卷4，第119—120页。
② 《宋史》卷244《宗室列传一·燕王德昭》，北京：中华书局，1977年，第8682页。

景使得东坡故事更容易产生共鸣。”[①]宋代社会，一方面生产力水平提升、科举制度更加成熟、文学艺术发达；另一方面外敌滋扰不断，社会内部被“冗官”“冗兵”“冗费”的问题所困扰，造成严重的社会问题。在这个复杂的大背景下，宋代士人群体中一些有识之士渴望通过提高自身修为与能力，走上科考之路，从而达到赢取功名和改变时局的理想。苏轼能力、品德与才学兼备的士大夫形象无疑是一个很好的榜样，是一个值得崇拜和学习的楷模，有着引领人心的作用。苏轼在宋代及后世都有着巨大的影响力，宋代文学中存在大量积极正面的苏轼形象。《侯鲭录》中的苏轼形象是宋代大量笔记中的一个缩影。

（二）苏轼对赵令畤的举荐之恩

赵令畤，初字景贶，苏轼为之改字德麟，并写下了《赵德麟字说》，其中表现出对赵令畤的欣赏之情：“得其为人，博学而文，笃行而刚，信于为道，而敏于为政。”[②]苏轼还为其写下了《秋阳赋》《洞庭春色赋》，也三次向朝廷举荐赵令畤为官，先后有《荐宗室令畤状》《再荐宗室赵令畤札子》《再荐赵令畤状》。苏轼对赵令畤极为欣赏，在《荐宗室令畤状》中，苏轼对赵令畤的品德、能力、学识及文才都给予了极高的赞赏：“签书颍州节度判官厅公事令畤，事亲笃孝，内行纯备，博学经史，手不释卷，吏事通敏，文采俊丽，志节端亮，议论英发，体兼众器，无适不宜。”[③]虽然这次举荐并没有被太皇太后接受，但苏轼对赵令畤的帮助仍然不容小觑。经过苏轼的再次推荐，赵令畤被授予光禄丞。与赵令畤交往的文人有陈师道、黄庭坚、李廌、晁补之、秦观、张耒、欧阳修之子等，这些人也是苏轼的友人或门生。苏轼对于赵令畤声名的传播和初入仕途阶段都起到了很大的帮助作用。

（三）苏轼与赵令畤在性情、志趣上相投

从苏轼与赵令畤的诗文往来中，可以看出彼此的文才和互相欣赏。北宋士大夫群体中形成了创作和品评诗文的风气。苏轼的诗文尤为出众。《侯鲭录》中关于苏轼记录最多的内容就是诗文的创作与评论，也记载了苏轼对赵令畤诗歌的称道。其中，卷一中有“东坡评余诗”一则：

> 余尝和刘景文诗云：“我识之、无常缩舌，君能竞、病且低颜。”东坡笑曰：“吾尝赠雷胜将军诗曰：‘太守无何唯日饮，将军竞病自诗鸣。’见吾子此对，觉吾用‘无何’二字体慢矣。”[④]

苏轼认为赵令畤诗中的“无常”一词比自己诗中的“无何”一词更加妥帖。二人在诗歌创作上可以说是互相促进，而并不是赵令畤向苏轼单方面的请教。苏轼在扬州做官，与颍州的赵令畤有诗歌互寄。苏轼写过《轼在颍州，与赵德麟同治西湖，未成，

---

① 郭茜：《苏东坡故事流变研究》，北京：人民出版社，2018 年，第 14 页。
② 孔凡礼点校：《苏轼文集》卷 10《说·赵德麟字说》，北京：中华书局，1986 年，第 336 页。
③ 孔凡礼点校：《苏轼文集》卷 34《奏议·荐宗室令畤状》，第 956 页。
④ （宋）赵令畤撰，孔凡礼点校：《侯鲭录》卷 1，第 47 页。

改扬州。三月十六日，湖成，德麟有诗见怀，次其韵》《次韵德麟西湖新成见怀绝句》《再次韵德麟新开西湖》，苏轼大约比赵令畤年长27岁，“迟暮相从，倾盖如故”[①]，是文学上共同的志趣拉近了二人的距离。赵令畤才气出众，《宋史·艺文志》中录有赵令畤的《安乐集》。赵令畤有词集《聊复集》，其词风格婉约，清新明丽。苏轼是公认的文坛大家，对赵令畤有由衷的欣赏。二人的诗文来往可以反映出他们亦师亦友的关系。

苏轼与赵令畤的交往不仅限于文学，他们一起畅谈生活，在性情、志趣方面也有着相似之处。这些拉近了二人之间的距离，也使《侯鲭录》中的苏轼形象得以多方面展现。宋人陈宗礼在《宾退录》序中给予了赵令畤极高的评价：“惟吾宋德麟生华屋而身寒士，心明气肃，文艺亦称，金枝玉叶中一人而已。”[②]赵令畤在文学造诣和性格气韵上都非常突出。《侯鲭录》卷六中有一则“当官三乐居家三乐”：

> 余尝为东坡先生言：“平生当官有三乐：凶岁检灾，每自请行，放数得实，一乐也；听讼为人得真情，二乐也；公家有粟，可赈济民，三乐也。居家亦有三乐：闺门一心，上下和平，内外一情，一乐也；室有余财，可济贫乏，二乐也；客至即饮，略其丰俭，终日欣然，三乐也。”东坡笑以为然。[③]

济世爱民的大胸襟、亲友和睦的小情怀都显得格外高雅动人。赵令畤的“为官三乐”和“居家三乐”都受到了苏轼的赞许。

苏轼性情开朗，喜好戏谑，赵令畤也有幽默滑稽的一面。王灼《碧鸡漫志》说赵令畤晚年“荒醉汝颍京洛间，时时出滑稽语”[④]。苏轼精通诗文书画，赵令畤也喜好收藏书画。“绍圣四年至元符二年间，令畤为襄阳从事。其间，令畤以‘行橐中诸画’示李廌，廌‘皆为评品之’，成德隅堂画品一卷。画凡二十二幅，即使是在当时，也是稀世珍品；幸赖令畤的收藏，幸赖李廌的品评，今天人们才可以想见其精妙技巧于一二。赵令畤还是名画的收藏家、鉴赏家。”[⑤]苏轼从小就喜欢书画，苏辙的《龙川略志》中写道，开元寺有很多古画，苏轼常去欣赏，“循壁终日”。[⑥]苏轼可谓“画痴”。他与赵令畤在书画方面有着相近的爱好。

赵令畤后来依附于内侍谭稹，为士大夫所诟病，体现出人性的复杂性，但这发生在苏轼过世之后，不应因此便认为苏轼交友不慎。

（四）苏轼与赵令畤的贬谪经历

苏轼虽然少年得志，与其弟苏辙名震京师，但他的为官经历并不顺利。苏轼对赵令

---

① （宋）苏轼：《苏东坡全集》第5册卷160《与人三首（以下俱扬州）》，北京：北京燕山出版社，2009年，第2815页。

② （清）陆心源编，许静波点校：《皕宋楼藏书志》第4册卷56《宾退录十卷（卢抱经校写本）》，杭州：浙江古籍出版社，2016年，第980页。

③ （宋）赵令畤撰，孔凡礼点校：《侯鲭录》，第164页。

④ （宋）王灼：《碧鸡漫志》卷2，《中国文学参考资料小丛书》第1辑，上海：古典文学出版社，1957年，第60页。

⑤ （宋）赵令畤撰，孔凡礼点校：《侯鲭录》，第5—6页。

⑥ （宋）苏辙撰，胡先酉译注：《龙川略志译注》卷1《烧金方术不可授人》，成都：西南交通大学出版社，2018年，第7页。

畤有多次举荐之恩，这在苏轼的仕宦生涯中是少有的。不过，赵令畤并没有因此而青云直上。元祐七年（1092年）正月，苏轼举荐赵令畤入馆阁，却被驳回。“苏轼再荐，遂于元祐八年五月四日除光禄丞。然令畤为光禄丞的时间并不很长。”①苏轼被贬谪，赵令畤就因与苏轼有交往而被处以罚金。崇宁三年（1104年）六月，赵令畤被列入元祐党籍，成为元祐党人碑上的309人之一，被定了“为臣不忠”的罪名。赵令畤的仕宦生涯进入了长达十年的低谷期。赵令畤有词《西江月》：“人世一场大梦，我生魔了十年。明窗千古探遗编。不救饥寒一点。更被维摩老子，不教此处容言。炉熏清炷坐安禅。物物头头显现。”②其中对人生如梦的感慨，与关于苏轼的“春梦婆”的故事尤为相像。虽出身于皇族宗室，却一生坎坷多难，赵令畤仕宦生涯的起落沉浮与苏轼有着难以剥离的关系。这样的经历也使其更能理解和体会苏轼的心境。张耒曾写过《书赵令畤字说后》，记载了苏轼被贬谪岭外后赵令畤的艰难处境和刚强义气的表现。苏轼被贬导致与其交好的人也受到了牵累。赵令畤被“闲废且十年”③，但他对此不仅没有怨言，还将苏轼的遗墨余稿珍藏了起来，没有迫于时局的压力而舍弃一丁点。张耒问他这样做的缘故，他回答道：“此文章之传者也，不可使后人致恨于我。”④张耒称赞其“笃行而刚信”⑤。赵令畤珍藏苏轼笔墨，表现出他对苏轼的崇拜拥护和重情重义的品质。

三、《侯鲭录》中苏轼形象的价值

（一）实录价值

苏轼轶事在宋代就已经被广泛记载，后来历代都有关于苏轼的文学作品。苏轼不仅留下了精美动人的文学，也被他人作为文学形象写进了作品中。宋代文人笔下的苏轼形象对苏轼的还原度最高，避免了市井文学中对苏轼形象的世俗化、娱乐化及庸俗化的倾向。赵令畤与苏轼有过较为密切的往来，他的《侯鲭录》中记录苏轼的内容对于研究苏轼的经历遭际、诗歌创作、文艺思想、人生追求等方方面面，都有着极大的实录价值。《侯鲭录》中记录了苏轼生活的一些细节，丰富了苏轼形象。作者赵令畤既是苏轼生活的旁观者，又是苏轼生活的参与者，他笔下的苏轼真实可感，有生活气息。《侯鲭录》有实录价值，可以作为正史的补充，这是其他后世关于苏轼的文学创作所不及的。

（二）参考价值

“在东坡故事中，东坡的日常生活是更加丰富多彩且充满生机与美的。这虽然与东坡

---

① （宋）赵令畤撰，孔凡礼点校：《侯鲭录》，第5页。

② （宋）曾慥：《乐府雅词》卷中，四部丛刊影钞本，第53页；黄勇主编：《唐诗宋词全集》第7册，北京：北京燕山出版社，2007年，第2986页。

③ （宋）赵令畤撰，孔凡礼点校：《侯鲭录》，第218页。

④ （宋）赵令畤撰，孔凡礼点校：《侯鲭录》，第218页。

⑤ （宋）赵令畤撰，孔凡礼点校：《侯鲭录》，第218页。

的日常生活审美化有关，但更重要的是宋代文人们有着对于日常生活之美的共同体验，并将个人化的审美情致与发现都融入了东坡故事之中。”[①]《侯鲭录》中苏轼吟诗、评诗、品茶、论墨，追求高雅，心态豁达，文采出众，爱好广泛。这种生活志趣也是当时士大夫文化的一种反映。《侯鲭录》中记载的与苏轼来往的文人有许多，如黄庭坚、张耒、秦观、米芾等。其中记载了他们的诗文往来和机智对答，作者赵令畤也参与其中，这对于研究苏门群体提供了颇有价值的材料。苏轼的生活志趣一定程度上可以反映整个北宋士大夫群体的风貌，对于研究北宋士大夫群体有着一定的参考价值。

（三）启发借鉴价值

后世关于苏轼的轶事传说，有的较为贴近历史上真实的苏轼，有的为了迎合世俗需要而产生了夸张扭曲的成分。但后世这些轶事传说都需要以宋代真实的苏轼为原型，再进行艺术的加工和创造。以《侯鲭录》为代表的宋代笔记中的苏轼形象，无疑为后世苏轼形象的创造提供了很大的启发和借鉴价值。《侯鲭录》中的苏轼形象有着士大夫的理想人格，是一面精神上的旗帜。“在东坡故事之中，这位我国文化史上罕见的全才，在经历过荣辱得失、大起大落的生活波折之后，以个人特有的敏锐直觉打开了新的生命体验，其对人生的思考获得新的视角和高度，成为后世中国文人竞相仿效的对象，影响了一代又一代中国人的人生模式的选择和文化性格的自我设计。”[②]苏轼形象已经不仅仅是历史上的苏轼，更重要的是他身上提炼出的理想人格，经过岁月的沉淀已经成了士大夫的理想标杆。他身上有着封建社会中知识分子的务实进取精神和高雅情操，也有着一个普通人对于美好和幸福的追求，让人铭记的是他与命运抗争的顽强坚韧和笑对人生百态的豁达从容。这段传奇的人生经历更能够唤起无数士人和普通百姓的喟叹和共鸣。

四、结　语

苏轼是才学兼备的一代文宗，是多才多艺的文艺爱好者，是笑对荣辱浮沉的智者，是造福一方百姓的“父母官”。苏轼形象有着太多的闪光之处：文才出众、诲人不倦、见多识广、风趣幽默、乐观开朗、勤政爱民等，《侯鲭录》中的苏轼形象是对苏轼多面人生的一种反映。关于苏轼的轶事传说说不完、道不尽。苏轼形象为宋代及后世树立了人格理想的标杆，对当代为人、为学、为政同样具有启示意义。苏轼是一个永恒的话题。

作者简介：海丽（1994— ），兰州大学在读博士研究生，主要研究方向为唐宋文学。

---

① 郭茜：《苏东坡故事流变研究》，第45页。
② 郭茜：《苏东坡故事流变研究》，第85页。

论《通鉴纲目》以《春秋》变《通鉴》*

王 灿

（肇庆学院 旅游与历史文化学院，广东 肇庆，526061）

摘 要：《通鉴纲目》对《春秋》的继承，是通过吸收《春秋》的体例和褒贬之法来实现的，主要体现在其体例上。它是在《通鉴》基础上进一步发展、创造而成的新史著，在很多方面尤其是具体史料上因袭了《通鉴》，因此，《通鉴》是《纲目》最重要的史料基础和文本依据之一。《纲目》又是自觉地以孔子修《春秋》为榜样，讲求道德褒贬的，在某种意义上而言，它是朱子在史学领域“为去圣继绝学”的心血结晶，而在后世，它在某种意义上也与《春秋》在孔子身后的声名和地位相似。体例的改变和创新，集中体现在朱子所定的《凡例》之中，具体体现在《纲目》文本中。

关键词：《通鉴纲目》；朱子；道德意识；《资治通鉴》；史论

朱子《通鉴纲目》（以下简称《纲目》）确实是在《资治通鉴》（以下简称《通鉴》）的基础上进一步发展、创造而成的新史著，在很多方面尤其是具体史料方面因袭了《通鉴》，《通鉴》是《纲目》最重要的史料基础和文本依据之一。但是，仅仅止于此还远远不够：《纲目》又是自觉地以孔子修《春秋》为榜样，讲求道德褒贬的，而在后世，它在某种意义上也与《春秋》在孔子身后的声名和地位相似。体例的改变和创新，集中体现在朱子所定的《凡例》之中，具体体现在《纲目》文本中。这些改变表现了朱子等编著者的理学倾向和历史观念，值得深入探讨。

---

* 本文为2020年国家社会科学基金后期资助暨优秀博士论文项目“传统观念视域下的辽宋金元时期国家和族群观念问题研究”（20FZZB011）及河南省教育厅人文社会科学研究 2017 年度指导计划项目“两宋时期正统问题研究”（2017-ZDJH-052）阶段性研究成果。

一、研究综述

关于《纲目》和《通鉴》的关系，葛兆光先生有过论述："后世一些评论家认为，朱熹作《纲目》，是模拟《春秋》，其实这是不对的，固然朱熹在形式上揉合了《春秋》编年简史的体裁和三传注疏的体裁，采取了'表岁以首年，而因年以著统，大书以提要，而分注以备言'的方法，创造了备理清晰、重点突出的纲目体，在思想上也承袭了传说中孔子'寓褒贬以诛乱臣贼子'的传统，但是，他毕竟更多地是以《资治通鉴》的材料为基础，更多地受胡安国、胡寅的直接影响。从其序文中可以知道，不仅《纲目》本身是在胡安国《通鉴举要补遗》百卷基础上隐托而成的，在思想上也是在《读史管见》基础上进一步发挥而成的……"①这种看法是符合事实的，由此亦可见《通鉴》之于《纲目》的重要性。对于《春秋》的继承，有学者指出："朱熹编《资治通鉴纲目》，极为重视纲常伦理，凡事关君臣、父子、夫妇等伦理关系，都根据尊君抑臣、严父孝子、义夫节妇的标准记载。理学使宋代学者治史重视纲常伦理，对纲常伦理的重视使史学表现出浓厚的正统观念。"②虽然此处所说"尊君抑臣"未必全然，但其注意到了《纲目》重视伦理纲常和正统观念，这是无疑的。《纲目》对《春秋》的继承，是通过吸收《春秋》的体例和褒贬之法来实现的，主要体现在其体例和对胡寅《读史管见》的引用上。朱子认为，司马光的《通鉴》虽然是巨著，但从其义理和体例方面来看，则有未惬人意之处，特别是他认为非常有必要通过更张体例、严明褒贬，以求达到"岁周于上而天道明矣，统正于下而人道定矣。大纲概举，而鉴戒昭矣；众目毕张，而几微著矣"③的目的。北宋大儒张载有言"为天地立志，为生民立道，为去圣继绝学，为万世开太平"④，从朱子立志在孔子之后重新通过史学确立道德规范来看，《纲目》之作确实有"为去圣继绝学"的意味，而在后世，也确实在某种意义上达到了这个目的。

总之，《纲目》的史论内容非常丰富，影响极大，但是，在把握《纲目》史论时，有两大要素最为重要：第一，它是在《通鉴》基础上进一步发展、创造而成的新史著，在很多方面尤其是具体史料上因袭了《通鉴》，因此，《通鉴》是《纲目》最重要的史料基础和文本依据之一。第二，《纲目》又是自觉地以孔子修《春秋》为榜样讲求道德褒贬的，在某种意义上而言，它是朱子在史学领域"为去圣继绝学"的心血结晶，而在后世，它在某种意义上也与《春秋》在孔子身后的声名和地位相似。这种特点主要从两个方面体现出来，一是体例的改变和创新，集中体现在朱子所定的《凡例》之中，具体体现在《纲目》文本中；二是增添引用了部分理学家的论述，主要是胡安国等人尤其是胡寅《读史管见》的内容，这些内容阐发了朱子等编著者的理学倾向，并折射出其历史观

---

① 葛兆光：《从〈通鉴〉到〈纲目〉——宋代通鉴学之一脉》，《扬州师院学报（社会科学版）》1992年第3期，第157页。

② 庞天佑：《理学与宋代史学思想》，《湖北民族学院学报（社会科学版）》1997年第5期，第32页。

③ （宋）朱熹撰，朱杰人、严佐之、刘永翔主编：《朱子全书》第8册《资治通鉴纲目（一）》，上海：上海古籍出版社；合肥：安徽教育出版社，2002年，第22页。

④ （宋）张载：《张载集·语录》，李敖主编：《周子通书·张载集·二程集》，天津：天津古籍出版社，2016年，第95页。

念。这两大方面也是本文要重点探讨的内容。

二、以严格体例明确正当性

《纲目》与《通鉴》最大的不同点是体例上的变化，这种变化集中体现在《纲目》对于其体例的规定中，尤其是《纲目》“凡例”中的详尽说明。下面予以具体说明。

首先，我们要看一下《纲目》凡例的目录，如下：

统系 正统、列国、篡贼、建国、僭国、无统、不成君小国。
岁年
名号 正统、僭号、篡贼、无统、不成君。
即位 建都、起兵、加号、传国。
改元 后唐、石晋之间，温公旧例尤为颠错。
尊立
崩葬 陵庙、追尊、改葬。
篡贼
废徙 谓下废上者。其上废下，自入废黜例。
祭祀 郊祀、封禅、宗庙、杂祠祭、冠昏、举盛礼、宴飨、学校。
行幸 巡行、田猎、奔走。
恩泽 制诏、更革、戒谕、遗诏、遣使巡行、号令。
朝会 聘问、和好、游说、交质、割地、降附、贡献。
封拜 选举、赏赐、殊礼、征聘、录子孙、赐爵、赐姓。
征伐 叛乱、僭窃、夷狄、遣将、师名、战、胜负。
废黜 后妃、太子、诸王、国除。
罢免 囚系、流窜、诛杀、宽宥。
人事
灾祥①

由上述目录可见，《凡例》充分贯彻了“岁周于上而天道明矣，统正于下而人道定矣。大纲概举，而鉴戒昭矣；众目毕张，而几微著矣”②的原则，这体现在三个方面。第一，以“统系”和“岁年”“明天道”，这是总纲。第二，以后述之“名号”“即位”直至“灾祥”等各方面对这两个总纲进行具体体现。第三，所用词语，除一些制度性词语外，大多具有明显的褒贬色彩，这是其所谓辨明善恶，予读者以明确道德引导的关键所在，譬如“正统”，其重心当然在“正”之上，强调“正当性”；“篡贼”，“篡”和“贼”都含

① （宋）朱熹撰，朱杰人、严佐之、刘永翔主编：《朱子全书》第 11 册《资治通鉴纲目（四）》，第 3475—3476 页。
② （宋）朱熹撰，朱杰人、严佐之、刘永翔主编：《朱子全书》第 8 册《资治通鉴纲目（一）》，第 22 页。

有强烈的贬义，“篡”强调其不正当性，“贼”则说明为篡之人的身份标签，而在先秦时期，“贼”有“害”之意。正是通过这些褒贬分明、具有特殊含义的词语，《纲目》可以充分表达出其爱憎倾向。

我们再看《凡例》中对于各用词含义的解释[①]：

统系一（正统、列国、篡贼、建国、僭国、无统、不成君小国）

凡正统，谓周（起篇首威烈王二十三年，尽赧王五十九年）、秦（起始皇二十六年，尽二世三年）、汉（起高祖五年，尽炎兴元年。此用习凿齿及程子说。自建安二十五年以后，黜魏年而系汉统，与司马氏异）、晋（起太康元年，尽元熙二年）、隋（起开皇九年，尽大业十三年）、唐（起武德元年，尽天祐四年）。

列国，谓正统所封之国（如周之秦、晋、齐、楚、燕、魏、韩、赵、田诸大国，及汉诸侯王之类）。

篡贼，谓篡位干统，而不及传世者（如汉之吕后、王莽，唐之武后之类。其隗嚣、公孙述、安史之属，又不得入此例）。

建国，谓仗义自王，或相王者（如秦之楚、赵、齐、燕、魏、韩）。

僭国，谓乘乱篡位，或据土者（如汉之魏、吴，晋之汉、赵、诸燕、二魏、二秦、成汉、代、诸凉、西秦、夏之属，内二秦以上为大国，成汉以下为小国）。

无统，谓周秦之间（秦、楚、燕、魏、韩、赵、齐、代八大国，凡二十四年），秦汉之间（楚、西楚、汉三大国，雍以下为小国，凡四年），汉晋之间（魏、吴、晋三大国，凡十六年），晋隋之间（宋、魏、齐、梁、北齐、后周、陈、隋为大国，西秦、夏、凉、北燕、后梁为小国，凡一百七十年），隋唐之间（隋、唐、魏、夏、梁、凉、秦、定杨、吴、楚、郑、北梁、汉东，以上凡五年），五代（梁、唐、晋、汉、周为大国，二蜀、晋、岐、吴、南汉、吴越、楚、荆、闽、南唐、殷、北汉为小国，凡五十三年）。

不成君，谓仗义承统而不能成功者（如刘玄）。

凡正统，全用天子之制以临四方，书法多因旧文，略如《春秋》书周、鲁事，事有相因者，连书之（篡贼事亦连书，但每岁首及有异事处，一加其名）。诸国或臣或叛，各以其制处之（如汉自昭烈以后，即内吴而外魏），事各冠以国号，不连书。

凡无统即为敌国，彼此均敌，无所抑扬，书法多变旧文，略如《春秋》书他国事，事各冠以国号，不连书（凡连书与否，非有褒贬，但从文势之便耳）。

凡诸国号，从其本称。或屡更易，即从史家所称，而于建国之始，即注云是为某国（如晋太元十年，乞伏国仁称单于，即注云是为西秦）。

凡诸国同时同号者，后起者称后。至前国亡，则后国去后字。而凡追称前国处，加前字。

① 凡本部分所提之凡例内容，皆在（宋）朱熹撰，朱杰人、严佐之、刘永翔主编：《朱子全书》第11册《资治通鉴纲目（四）》，第3476—3478页。

凡远方小国，继世迁徙，不能悉书，因事乃见（如仇池杨氏之类）。

“统系”是否正当亦即“正统”问题，是《纲目》体例中最核心的问题，通过对“统系”的相关规定，可以据之对一个政权的正当性予以判定。而对一个政权而言，正当性是最重要的生命线问题。古今中外的所有政权，无不将自己的正当性问题作为核心问题来看待。明成祖朱棣之所以要强迫建文朝文臣人望的方孝孺为其起草即位诏书，无非是要借此证明其政权的正当性；而在方孝孺坚决拒绝之后，朱棣之所以勃然大怒，予以残酷报复，根本原因便是他被指控得位手段不正当的心理反射性扭曲。这个例子充分显示出政权正当性至关重要的道德意义。

从上述引文可见，《纲目》对符合“正统”的条件并未做出明确说明，但是，它列举出了自认为是“正统”的朝代：

凡正统，谓周（起篇首威烈王二十三年，尽赧王五十九年）、秦（起始皇二十六年，尽二世三年）、汉（起高祖五年，尽炎兴元年。此用习凿齿及程子说。自建安二十五年以后，黜魏年而系汉统，与司马氏异）、晋（起太康元年，尽元熙二年）、隋（起开皇九年，尽大业十三年）、唐（起武德元年，尽天祐四年）。[①]

从这些朝代来看，它们有以下共同点：具备当时中国地域的一统性。无论是周、秦、汉、晋、隋还是唐，都统一了当时的中国（当然，这是相对的标准，一些细节因素可以不计入内）。故此，“凡正统，全用天子之制以临四方”。这里其实有一个问题暗含不显，对朱子等人（及后世儒者）都应该造成过困扰，那就是：秦、汉、晋、隋和唐的正统性问题与三代（夏、商、周。因为《通鉴》没有涉及夏和商，所以实际上只是周代）不同。这就牵涉历史阶段论的问题。所谓“三代之得天下也以仁”[②]，而“三代”以后则是“得天下以力”，不能以“正”归之。尤其是“秦”的正统性问题，因其得国手段的大“不正”（诡谲和暴力），加之政权统治的暴虐性，更兼其统治时间的短暂，因而，历史上对其“正统”的承认，实际上具有因其在地域上“一之”而不得已承认的意味，并且后世之隋等朝代也因与秦相类而同样有此尴尬处境。

在“正统”这一总话题之下，即用一系列较具体的方面予以表现。首先便是“岁年”问题，这是为了让“天道”与“人道”相合，表现出古代中国的“天人合一”“受天命而得天下”的思想：

凡岁不用岁阳名，只用甲子（依《史记·年表》，以从简便），大书于横行之上，甲字、子字，别之以朱，其余皆墨。

凡正统，周自篇首，秦、汉、晋、隋、唐自初并天下，皆大书于横行之下，朱书国号（如云周、秦、汉、晋、隋、唐）、谥号（如周云威烈王，秦云始皇帝，汉云

---

① （宋）朱熹撰，朱杰人、严佐之、刘永翔主编：《朱子全书》第11册《资治通鉴纲目（四）》，第3476页。

② 《十三经注疏》整理委员会整理，李学勤主编：《十三经注疏·孟子注疏》卷7上，北京：北京大学出版社，1999年，第191页。

太祖高皇帝、世祖光武皇帝，晋云世祖武皇帝，隋云高祖文皇帝，唐云高祖神尧皇帝）、君名（如云午。惟篇首前无所承，故立此例。后有即位在今年内者，用之）、年号（周、秦、汉初未有，如晋即云太康，隋云开皇，唐云武德），墨书某年（如周云二十三年，秦云二十六年，汉云五年，晋云元年，隋云九年，唐云七年），次年以后，但于行下墨书某年（如威烈王云二十四年）。①

这些都是为了体现政权的正当性，表明其是天下独一无二的一统政权。后面所有各条，都是紧紧围绕着正当性进行的，包括政权性质、行为等各个方面，《纲目》都用严密的用语系统，一一明确其是否正当。例如：

凡天子继世，则但于行下朱书谥号（如安王、二世皇帝之类不名者。名已见，其后有被废无谥者，但曰帝某，而不用后人所贬之爵，以其非有天下之号也）。

…………

建国、僭国之大者，则于年下朱书国名、谥号、姓名（如楚隐王、陈胜、魏文帝曹丕之类。无谥者，但云某王某）、年号（如魏黄初之类），墨注元年，次年以后，则朱注国名，墨注年号某年。其小者，则依周列国例。但年号用墨注，首尾增损新旧之间，亦如前法。

其篡贼干统，而正统已绝，无年可系，则朱注其国名，墨注年号于行下（如汉之吕氏、新莽之类）。正统虽绝，而故君尚存，则追系正统之年而注其下（如唐之武氏，用范氏《唐鉴》及胡氏《补遗》义例）。

其不成君，亦依正统已绝之例（如汉帝玄之类）。

凡无统自更端处（如秦昭襄王五十一年，楚、汉元年，吴黄武元年，宋永初元年，隋义宁元年，梁开平元年），即于行下分注诸国之年，大者纪年，小者纪元，朱书，新旧首尾增损，皆如前法。但其兴废促数，则岁结之。不纪年者，亦列数其国号。②

上述问题，其实还是重点对历史上王朝及其统治者正当性的讨论，其核心出于这样的思想观念："天无二日，土无二王。……尊无二上。"③正是只能允许一个最高统治者处于"正统"地位，那么，其他人就必须按照一定的规范，分别处于以下各个级别应处的位置上，而不能随便逾越。如有逾越，则为"僭伪"。

下面是专门从"名号"上进行的规定：

名号（正统、僭号、篡贼、无统、不成君）

凡正统之君，周曰王，秦汉以下曰帝（其曰上者，当时臣子之辞，今不用，唯注中或因旧文）。其列国之君，周曰某爵某（如赵侯籍之类）。僭称王者，曰某君某

---

① （宋）朱熹撰，朱杰人、严佐之、刘永翔主编：《朱子全书》第11册《资治通鉴纲目（四）》，第3478页。

② （宋）朱熹撰，朱杰人、严佐之、刘永翔主编：《朱子全书》第11册《资治通鉴纲目（四）》，第3479—3480页。

③ 《十三经注疏》整理委员会整理，李学勤主编：《十三经注疏 · 礼记正义》，北京：北京大学出版社，1999年，第586页。

（如楚君当之类。有注则从本文。按《通鉴》魏晋以后，独以一国之年纪事，而谓其君曰帝，其余皆谓之主。初无正闰之别，而犹避两帝之嫌。至周末诸侯，皆僭王号。顾反因而不改，盖其笔削之初，义例未定，故有此失。今特正之，庶几窃取《春秋》之义）。汉以后曰某王某（如齐王吉之类）。其僭称帝，曰某主某（如魏主丕之类，注首如之，后直书名）。篡贼，曰某（新莽之类）。不成君，曰帝某（如帝玄之类，注则从本文）。

凡无统之君，周秦之间曰某王（秦王、韩王之类。无贬文者。周室既亡，而诸侯又皆称之，则已不为天子之号矣）。秦汉之间曰某帝（楚义帝之类。无贬文者。是时天下无君，义帝实天下之共主。但制于强臣，寻以弑殒，故不得为正统耳），曰某王（如汉王之类）。汉以后称帝曰某主（吴、晋、宋、魏之类，注同），其小国曰某主某（如夏主勃勃之类），某王某（如北凉王蒙逊之类），某公某（如凉公歆之类。凡小国，注如僭国之例云）。①

以上各条详尽地规定了称号问题，看似有些小题大做，其实不然，因为在古人看来，“名分”非常重要。关于这一点，孔子曾经有两处重要论述。一处是在《左传》中：

仲尼闻之，曰：“惜也，不如多与之邑。唯器与名，不可以假人，君之所司也。名以出信，信以守器，器以藏礼，礼以行义，义以生利，利以平民，政之大节也。若以假人，与人政也。政亡，则国家从之，弗可止也已。”②

在此，孔子宁愿多给对方城邑作为奖赏，也不随便在“名分”上让步，因为这是重大的原则性问题。

另一处是在《论语》中，孔子在与子路的对话中详尽地论述过关于“名分”的道理：

子路曰：“卫君待子而为政，子将奚先？”

子曰：“必也正名乎！”

子路曰：“有是哉，子之迂也！奚其正？”

子曰：“野哉，由也！君子于其所不知，盖阙如也。名不正则言不顺，言不顺则事不成，事不成则礼乐不兴，礼乐不兴则刑罚不中，刑罚不中则民无所错手足，故君子名之必可言也，言之必可行也。君子于其言，无所苟而已矣。”③

从孔子的论述中可见，“名”是一个非常重要的问题，因为只有“名分”正当了，一切政事才可能做好，这是前提，也是最重要的原则。

关于“即位”（建都、起兵、加号、传国）一条，《纲目》规定如下：

---

① （宋）朱熹撰，朱杰人、严佐之、刘永翔主编：《朱子全书》第11册《资治通鉴纲目（四）》，第3480页。

② 《十三经注疏》整理委员会整理，李学勤主编：《十三经注疏·春秋左传正义》，北京：北京大学出版社，1999年，第691页。

③ 《十三经注疏》整理委员会整理，李学勤主编：《十三经注疏·论语注疏》，北京：北京大学出版社，1999年，第171页。

凡正统，周王继世，曰子某立，注云是为某王（如安王之类。非子，则各以其属，如显王之类。不言即位者，古者嗣君定位初丧，逾年而后即位。战国末年，此礼犹在。如秦昭王薨，次年十月孝文王乃即位，三日而薨，是也。故旧史言立，而不言即位，今从之）。

秦更号，曰王；初并天下，更号曰皇帝（如王初即王位时，未有天下，自从无统之例。虽用周王继世之法，亦不书即位。及并天下，又未尝改行即位之礼，但称更号耳）。继世，曰某袭位（胡亥从本文）。

汉以后，创业中兴，曰王即皇帝位（汉高祖已称汉王，晋元帝已称晋王，故但称王。惟光武、昭烈，各以其号书。晋、隋、唐创业时未有天下，自从无统之例）。继世，曰太子某即位（汉惠帝以下用此例。古礼已废，从本文也。非太子，则又随事书之）。有故，则随事书之（如秦子婴、汉文帝之类）。

凡列国继世不书，因事注中见之。其有故者，乃随事书之（如燕平、楚横、齐法章、楚完）。

凡建国自立者，曰某自立为某王（如陈胜之类）。

人所立者，曰某尊某为某（项籍尊义帝之类），或曰某国立某为某，或曰某人立某为某王（如秦嘉立景驹之类），或曰某王某立某为某王（如张耳立赵歇之类）。

凡僭国始称帝者，曰某号姓名称皇帝（如魏王曹丕、宋王刘裕、梁王朱晃之类）。继世，曰太子某立（如魏太子叡）。

始称王者，姓名称某王，其继世曰嗣。

复国，曰某复立为某王（如拓拔珪之类）。复号，曰某国复称王（如西秦之类）。

凡篡贼，自见篡弑例。

凡不成君者，其初立用死国以下例，唯所当（如刘信、刘元之类）。

凡无统，周秦之间，惟秦继世特从周王例，诸国仍用列国例。自汉晋以后，用僭国例，但称帝者不书姓（如晋王炎、齐王道成之类）。

凡始建都，曰都（高帝都栎阳，帝玄都宛，光武都洛阳）。自他所来徙，曰徙都（韩徙都郑，秦徙都咸阳。凡言西都某、北都某者，亦比类而从本文耳）。屡徙而后定，曰定都（汉高帝至长安，始定徙都）。事之微者，曰某迁于某（如楚迁于巨阳之类）。国之微者，曰某徙居某（如卫徙居野王之类）。徙封，曰徙封（如楚黄歇徙封于吴之类，见其强横无君之实。余见封拜例）。为人所徙，曰某人徙某人于某地（如楚人徙鲁于莒之类）。

凡起兵以义者，曰起兵（如秦末诸侯，汉刘崇、翟义、刘縯之类，汉末关东州郡）。其起虽不义，而所与敌者又不得以盗贼名之，则曰兵起（如新莽时州郡，及樊崇、刁子都之属）。

凡国家无主，四方据州郡称牧守者，曰某人自为某，自称某，自领某官（袁绍、曹操之类），其传袭，各随其事书之（孙权、袁尚之类）。

凡天子已称皇帝，而复加他号者，随事书之（如汉陈圣刘太平、周天元、唐尊号之类）。

凡以国与人者，子弟曰传（赵主父之类），他人曰让（燕哙之类）。（此条旧本在改元门之末，今按目录次序而移于此）①

从上述规定来看，《纲目》对于体例和用语的规定，不仅寓有道德的褒贬在内，也遵循了尊重历史事实的原则，并非有意歪曲史实。例如，“凡国家无主，四方据州郡称牧守者，曰某人自为某，自称某，自领某官（袁绍、曹操之类），其传袭，各随其事书之（孙权、袁尚之类）”，这条即是充分考虑了史实因素而随事命名的。

体例中还有其他方面的内容，但是基本原则一致，在此不再一一分析。总体上来看，《纲目》通过对体例和用语的规定，充分将中国传统伦理道德（尤其是政治伦理）的原则灌入其中，以之作为臧否人物和评价史事的根据，从而最大限度地达到褒善贬恶的目的。

总之，《纲目》并非将某种先验的道德标准强加给史实，而是在尽量照顾史实的同时，充分表达出对史事和人物的爱憎。

三、以特殊用语强调“正统”所在

以上是对《纲目》体例的概括分析。下面结合《纲目》正文中的例子稍做具体分析，借以窥探《纲目》史论的具体内容。

我们可以通过比较《纲目》与《通鉴》在具体用语上的异同，以研讨《纲目》对史事和历史人物的看法。

我们先看相同之处，亦即《纲目》保留了《通鉴》原来的说法之处，这说明《纲目》是认可《通鉴》在这些地方的表述的，例如：

二十六年。

致伯于秦，诸侯皆贺。秦使公子少官帅师会诸侯来朝。②

注意，这里强调“致伯于秦”，后面还有“来朝”，都强调了周王朝的正统性和秦的诸侯国地位。这是与《通鉴》相同的地方。

不仅如此，《纲目》还尤其反对暴力，表彰忠义。例如，《纲目》中讲冯亭以上党降赵的事，此与《通鉴》几乎完全相同，未有删减。这说明《纲目》对《通鉴》的这一点完全认同，其目的是表彰冯亭忠义不得已而为之，反对暴秦。③

又如下面的例子也表达了对“暴秦”不讲信义、不择手段的抨击：

秦诱执赵公子胜，既而归之。秦王欲为应侯必报其仇，乃诱平原君至而执之。使谓赵王曰：“不得齐首，吾不出王弟于关。”齐穷，抵虞卿。卿弃相印，与偕亡。走魏，信陵君意难见之，齐怒自杀。赵王取其首与秦，秦乃归平原君。睢言王稽，王以为河东守。又任郑安平，王以为将

① （宋）朱熹撰，朱杰人、严佐之、刘永翔主编：《朱子全书》第11册《资治通鉴纲目（四）》，第3480—3482页。
② （宋）朱熹撰，朱杰人、严佐之、刘永翔主编：《朱子全书》第8册《资治通鉴纲目（一）》，第48页。
③ （宋）朱熹撰，朱杰人、严佐之、刘永翔主编：《朱子全书》第8册《资治通鉴纲目（一）》，第94—95页。

军。睢散家财物，以报所尝困厄者。一饭之德必偿，睚眦之仇必报云。

五十七年。

秦伐赵，围邯郸。秦武安君病，使王陵伐赵，攻邯郸，少利。武安君病愈，王欲使代之。武安君曰："邯郸实未易攻也。且诸侯之救日至。秦虽胜于长平，然士卒死者过半，国内空。远绝河山而争人国都，赵应其内，诸侯攻其外，破秦军必矣。"王又使应侯请之，终辞不行。乃以王龁代陵。①

但更重要的是，我们要通过《纲目》与《通鉴》之异来看《纲目》的史论。例如，论人物者，《纲目》有一处是谈对秦国发展产生重大影响的历史名人商鞅的：

秦人诛卫鞅，灭其家。②

这一处关于商鞅之死的表述，与下引之《通鉴》不同：

秦人攻商君，杀之，车裂以徇，尽灭其家。③

《纲目》用"诛"，明显带有贬义，曲折地表达了对商鞅不择手段、刻薄寡恩的批评；而《通鉴》用"攻"，则没有褒贬之意在内。

类似的地方还有很多，例如：

秦君废其母不治事，逐魏冉，芈戎、公子市、公子悝，以范睢为丞相，封应侯。④

此处不称"秦王"而称"秦君"，明显带有贬斥之意，因为按照正统论，当时只有周天子才是唯一的"王"，其他诸侯都是僭号称王的。这并非因为朱子过分讲究称号，而是因为国事混乱，先秦时期于春秋战国时为甚。以其为乱世，不得不正名分也。⑤下面的例子也相同：

齐君法章卒，子建立，国事皆决于其母太史氏。⑥

楚太子完自秦逃归。楚君横卒，完立，以黄歇为相，封春申君。⑦

还有下例：

---

① （宋）朱熹撰，朱杰人、严佐之、刘永翔主编：《朱子全书》第8册《资治通鉴纲目（一）》，第97—98页。

② （宋）朱熹撰，朱杰人、严佐之、刘永翔主编：《朱子全书》第8册《资治通鉴纲目（一）》，第50页。

③ （宋）司马光编著，（元）胡三省音注：《资治通鉴》卷2《周纪二》，北京：中华书局，1956年，第61页。

④ （宋）朱熹撰，朱杰人、严佐之、刘永翔主编：《朱子全书》第8册《资治通鉴纲目（一）》，第91页。

⑤ 但是，《纲目》自卷2起，也有不少称诸侯为王之例，于"周王"，每年必纪，此为卷1、卷2相同之处；但卷1只纪各诸侯王元年，且称名，其他则不纪，且不在纲之上。卷2，诸侯亦逐年必纪，又诸侯且必附各诸侯之谥号（王之称号）；此尚不足，又必附以各诸侯王之纪年以做比较。出现这些区别，推测其原因有二：一是疑为非出一人之手，或许为未定稿之故；二是为了表达的方便，之后遵从习惯。但是，有一点值得注意：《纲目》从不在"纲"中称各国国君为王，说明还是为了兼顾习惯和原则。

⑥ （宋）朱熹撰，朱杰人、严佐之、刘永翔主编：《朱子全书》第8册《资治通鉴纲目（一）》，第93页。

⑦ （宋）朱熹撰，朱杰人、严佐之、刘永翔主编：《朱子全书》第8册《资治通鉴纲目（一）》，第94页。

赵公子胜如楚乞师。楚黄歇帅师救赵。[①]

此处《纲目》不称平原君、春申君而称“赵公子胜”“楚黄歇”，亦有深意寓于其中：七雄之君不可称为王，而只可称为“君”，其臣当然也相应地不可以称“君”，而只称其实际身份（“公子”）。

公子无忌袭杀鄙，夺其军以进。[②]

因为信陵君的身份同平原君等人一样，故此处亦不称“君”而称“公子”，其理同上。另外，《纲目》对于后来僭称“王”的楚、魏、齐、代（新国）四国国君，都称其王之名：

秦二十、楚王负刍元、燕二十八、魏王假元、齐三十八年。代王嘉元年。旧国五，新国一，凡六。[③]

上述引文中，《纲目》在纪年中特意加上“代王嘉元年。旧国五，新国一，凡六”，实有深意于其中。一是继续其贬暴秦、诛无道之意。二是表达对赵王迁不当立，无道、杀名将李牧自毁长城之不满。三是表达作者嫡庶的正统意识：赵王迁之母为“倡”（娼）贱，非嫡，迁为庶子且极卑贱，不合《公羊传》之“立嫡以长不以贤，立子以贵不以长”[④]之义。代王嘉本赵悼襄王嫡子，当立而不立；赵王迁亡国，嘉自立于代，不为篡立，反而褒之，是暗中寄寓了反对暴秦的含义，以表彰代王嘉之继承以赵之宗脉及其国运之正。

辛卯（前二一〇）

……

司马公曰：秦始皇方毒天下而蒙恬为之使，其不仁可知矣。然明于为人臣之义，虽无罪见诛，能守死不贰，斯亦足称也。[⑤]

上文引司马光之言评蒙恬，但舍去了扬雄之言：

扬子《法言》曰，或问：“蒙恬忠而被诛，忠奚可为也？”曰：“堑山，堙谷，起临洮，击辽水，力不足而尸有余，忠不足相也。”

臣光曰：“始皇方毒天下而蒙恬为之使，恬不仁可知矣。然恬明于为人臣之义，虽无罪见诛，能守死不贰，斯亦足称也。”[⑥]

---

① （宋）朱熹撰，朱杰人、严佐之、刘永翔主编：《朱子全书》第8册《资治通鉴纲目（一）》，第98页。
② （宋）朱熹撰，朱杰人、严佐之、刘永翔主编：《朱子全书》第8册《资治通鉴纲目（一）》，第99页。
③ （宋）朱熹撰，朱杰人、严佐之、刘永翔主编：《朱子全书》第8册《资治通鉴纲目（一）》，第119页。
④ 《十三经注疏》整理委员会整理，李学勤主编：《十三经注疏·春秋公羊传注疏》，北京：北京大学出版社，1999年，第13页。
⑤ （宋）朱熹撰，朱杰人、严佐之、刘永翔主编：《朱子全书》第8册《资治通鉴纲目（一）》，第130—132页。
⑥ （宋）司马光编著，（元）胡三省音注：《资治通鉴》卷7《秦纪二》，北京：中华书局，1956年，第251页。

这体现出《纲目》对“忠”的强调，同时因为司马光的评价已含有扬雄评论之意在内。又如：

壬辰（前二〇九）

……

二世皇帝元年。楚隐王陈胜元、赵王武臣元、齐王田儋元、燕王韩广元、魏王咎元年。是岁建国凡五。①

上述引文后面加上原六国故地义军首领诸王纪年，以示秦朝的非正义性，此点与《通鉴》不同。以下直到汉高祖即位前皆同之；且新国兴、旧国亡皆纪之，其意同之。下面的又有不同：

壬辰（前二〇九）②

……

秦废卫君角为庶人。③

此处称“秦”而不加“帝”，乃有贬“秦”之意。盖言此时天下无主，六国群雄并起，复为战国纷争之形势。

而下面对“杀”的区别值得注意：

癸巳（前二〇八）

楚田臧杀其假王吴广，进与秦战，败死。

赵将李良弑其君武臣。

……

秦益遣兵击楚。腊月，楚庄贾弑其君胜以降于秦。吕臣讨贾，杀之。复以陈为楚。④

上文有一点值得注意：与《通鉴》笼统言“杀”不同，其皆为以下杀上，但前两处用“杀”，后一处用“弑”，盖前二者中，“武臣”有其纵容之罪，吴广之死乃秦嘉“矫王命”而为，且得到了陈胜之认可；而最后的庄贾杀陈胜，完全为个人私怨。

癸巳（前二〇八）

楚遣沛公伐秦。初，楚怀王与诸将约：“先入定关中者王之。”是时，秦兵尚强，诸将莫利先入关，独项羽怨秦，奋势愿与沛公西。诸老将曰：“羽慓悍猾贼，尝攻襄城，襄城无遗类，所过无不残灭。且楚数进取，皆败，不如更遣长者，扶义而西，告喻秦父兄。秦父兄苦其主久矣，今诚

① （宋）朱熹撰，朱杰人、严佐之、刘永翔主编：《朱子全书》第8册《资治通鉴纲目（一）》，第132页。
② （宋）朱熹撰，朱杰人、严佐之、刘永翔主编：《朱子全书》第8册《资治通鉴纲目（一）》，第132页。
③ （宋）朱熹撰，朱杰人、严佐之、刘永翔主编：《朱子全书》第8册《资治通鉴纲目（一）》，第136页。
④ （宋）朱熹撰，朱杰人、严佐之、刘永翔主编：《朱子全书》第8册《资治通鉴纲目（一）》，第136—137页。

得长者往，无侵暴，宜可下。羽不可遣，独沛公素宽大长者，可遣。”王乃遣沛公收陈王、项梁散卒以伐秦。①

上述引文，明显是贬项羽而褒沛公，以示“仁人”方能得天下之意。

甲午（前二〇七）

八月，沛公入武关。赵高弑帝于望夷宫，立子婴为王。九月，子婴讨杀高，夷三族。②

所用词“弑”“讨杀”皆可见其《春秋》笔法：坚决反对以下犯上，维护纲常伦理。

壬辰（前二〇九）

二世皇帝元年。楚隐王陈胜元、赵王武臣元、齐王田儋元、燕王韩广元、魏王咎元年。是岁建国凡五。

冬，十月，大赦。

春，帝东行到碣石，并海，南至会稽而还。

夏，四月，杀诸公子、公主。③

上文中，纪年以“二世皇帝元年”为首，其次以小字附以各起义军首领纪年，在某种程度上是对起义军反对暴秦的正当性的认可。

乙未（前二〇六）

楚义帝心元、西楚霸王项籍元、汉王刘邦元、韩三年。雍王章邯、塞王司马欣、翟王董翳、西魏王豹、河南王申阳、殷王司马卬、代王赵歇、常山王张耳、九江王英布、衡山王吴芮、临江王共敖、辽东王韩广、燕王臧荼、胶东王田市、齐王田都、济北王田安元年。是岁秦亡。新、旧大国三，小国十七，为二十国。而韩、塞、翟、辽东、胶东、齐、济北七国皆亡。又韩王郑昌、齐王田荣元年，定十五国。

冬，十月，沛公至霸上，秦王子婴奉玺符节以降。

沛公至霸上，秦王子婴素车白马，系颈以组，封皇帝玺符节，降轵道旁。诸将请诛之。沛公曰：“始怀王遣我，固以能宽容。且人已降，杀之不祥。”乃以属吏。

贾谊曰：秦以区区之地致万乘之权，招八州而朝同列，百有余年，然后以六合为家，殽、函为宫。一夫作难而七庙堕，身死人手，为天下笑者，何也？仁义不施，而攻守之势异也。

胡氏曰：攻守无异势。秦以诈力得之，岂有能施仁义之理耶！

沛公入咸阳，还军霸上，除秦苛法。

沛公西入咸阳，诸将皆争取金帛财物，萧何独先入收丞相府图籍藏之，以此得具知天下厄

---

①（宋）朱熹撰，朱杰人、严佐之、刘永翔主编：《朱子全书》第8册《资治通鉴纲目（一）》，第141页。
②（宋）朱熹撰，朱杰人、严佐之、刘永翔主编：《朱子全书》第8册《资治通鉴纲目（一）》，第143页。
③（宋）朱熹撰，朱杰人、严佐之、刘永翔主编：《朱子全书》第8册《资治通鉴纲目（一）》，第132页。

塞、户口多少、强弱之处。沛公见秦宫室、帏帐、宝货、妇女，欲留居之。樊哙谏曰："凡此奢丽之物，皆秦所以亡也，公何用焉。愿急还霸上，无留宫中。"不听。张良曰："秦为无道，故公得至此。夫为天下除残贼，宜因缟素为资。今始入秦即安其乐，此所谓'助桀为虐'。且'忠言逆耳利于行，毒药苦口利于病'，愿听哙言。"公乃还军霸上。悉召父老豪杰，谓曰："父老苦秦苛法久，诸侯约先入关者王之。吾当主关中，与父老约法三章耳：杀人者死，伤人及盗抵罪。余悉除去。凡吾所以来，为父老除害，非有所侵暴，毋恐。"乃使人与秦吏行乡县邑告喻之，秦民大喜，争持牛羊酒食献飨军士。公让不受，曰："仓粟多，不欲费民。"民又益喜，唯恐沛公不为秦王。①

由以上引文可见，《纲目》认为：

第一，沛公得天下的原因在于：除秦苛政而不扰民，为政宽大并能从谏如流。

第二，诸新旧王并举，以示天下无主，与《通鉴》不同，《通鉴》乃以二世皇帝"纪年"。

第三，诸王并举，而以楚怀王（心）为首，项羽次之，表明怀王心的"义帝"地位，以及项羽的支配地位和强大势力。

第四，公元前207年二世被杀后，即以"楚义帝心元"居首，其他各诸侯并列（而非以小字附之）。这又是为了表明义帝的共主地位。

乙未（前二〇六）

二月，项籍自立为西楚霸王。王梁、楚地九郡，都彭城。

立沛公为汉王。②

上述引文称刘邦为"汉王"但直呼"项籍"之名，两相对比，以显示项羽暴虐失去民心。

乙未（前二〇六）

西楚立郑昌为韩王。

燕王荼弑辽东王广。

王陵以兵属汉。陵，沛人，聚党居南阳，至是始以兵属汉。楚执其母以招之，其母因使者语陵曰："汉王长者，终得天下，无以我故持二心。"遂伏剑而死。

丙申（前二〇五）

西楚二年、汉二年。是岁楚、常山、河南、韩、殷、雍、魏七国皆亡。凡二大国，及代、九江、衡山、临江、燕、齐六小国，为八国。又赵王歇后元、代王陈余、韩王信皆元年，而齐王假王，广代立，定十二国。

冬，十月，西楚霸王项籍弑义帝于江中。③

---

① （宋）朱熹撰，朱杰人、严佐之、刘永翔主编：《朱子全书》第8册《资治通鉴纲目（一）》，第144—145页。

② （宋）朱熹撰，朱杰人、严佐之、刘永翔主编：《朱子全书》第8册《资治通鉴纲目（一）》，第147页。

③ （宋）朱熹撰，朱杰人、严佐之、刘永翔主编：《朱子全书》第8册《资治通鉴纲目（一）》，第151页。

以上各条，无论是以“西楚”称项羽，还是用“弑”来写项羽杀义帝，都是为了贬低项羽，或者表明项羽之罪，其原因都是项羽暴虐和不守纲常伦理。下面的例子大致相同：

项籍使人趣义帝行，其大臣稍稍叛之。籍乃密使吴芮、黥布、共敖击杀之江中。

陈余以齐兵袭常山，王耳走汉。代王歇复为赵王，立余为代王。初，田荣数负项梁，又不从楚击秦，以故不封。陈余不从入关，亦不封。客或说羽曰：“张耳、陈余一体，今耳王，余不可不封。”羽不得已，封之三县。余怒，使人说齐王荣曰：“项羽为天下宰，不平，尽王诸将善地，徙故王于丑地。愿大王资余兵击常山，复赵王。”齐王许之。共袭常山，耳亡走汉。余迎代王歇，复王赵。歇立余为代王。余留傅赵王而使夏说守代。

汉王如陕，镇抚关外父老。

河南王阳、韩王昌降汉。

十一月，汉立韩王孙信为韩王。

汉王还都栎阳。

春，正月，楚击齐王荣，败走死。楚复立田假为齐王。

项羽所过，烧夷城郭、室屋，坑其降卒，系虏老弱妇女，多所残灭，齐民相聚叛之。①

此后，纪年以“西楚”及“汉”二国纪，其他国仅提及之，盖寓楚汉相争之意。

丙申（前二〇五）

汉王至洛阳，为义帝发丧，告诸侯讨项籍。

汉王至洛阳新城，三老董公遮说曰：“顺德者昌，逆德者亡。兵出无名，事故不成。故曰：‘明其为贼，敌乃可服。’项羽无道，放杀其主，天下之贼也。夫仁不以勇，义不以力，大王宜率三军为之素服，以告诸侯而伐之，则四海之内莫不仰德，此三王之举也。”于是汉王发丧，哀临三日，告诸侯曰：“天下共立义帝，北面事之。今项羽杀之，大逆无道！寡人悉发关中兵，收三河士，愿从诸侯王击楚之杀义帝者。”

胡氏曰：天下苦秦，诸侯并起，名其师者，曰“诛无道秦”可矣。今秦已灭，诸侯各有分地，而汉又起兵，虽曰项羽为政不平，顾亦伸己私忿耳，非义兵也。及董公献言，汉王大临，然后项羽弑君之罪，无所容于天地之间，而天下归于汉王，可坐而策矣。故随何陈此义而下九江，郦生陈此义而下全齐。于是楚人背无所倚，右断其臂，虽欲不亡，不可得矣。②

上述引文述刘邦为楚义帝发丧引胡氏语以证刘邦必胜，项羽必亡，证明能否得民心是成败之本。而且此处对项羽乃直呼其名（“项羽”或“项籍”），而称刘邦为“汉王”，亦寓褒贬之意。

戊戌（前二〇三）

---

①（宋）朱熹撰，朱杰人、严佐之、刘永翔主编：《朱子全书》第8册《资治通鉴纲目（一）》，第151—152页。

②（宋）朱熹撰，朱杰人、严佐之、刘永翔主编：《朱子全书》第8册《资治通鉴纲目（一）》，第153页。

西楚四年，汉四年。①

到此，乃仅以“西楚”“汉”纪年，不再附以其他诸侯，是因为楚汉相争为当时的天下大势，既表明了刘项二家的地位，也是对史实和历史大势的客观反映。

起己亥汉高帝五年，尽甲申汉文帝后七年，凡四十六年。
己亥（前二〇二）
汉太祖高皇帝五年。
冬，十月，王追项籍至固陵，齐王信、魏相国越，及刘贾诱楚周殷，迎黥布，皆会。十二月，围籍垓下。籍走自杀，楚地悉定。②

从此始以汉高祖纪年，是因为西楚已亡，而并非仅为表现“正统”，这也是对历史的客观反映。

九月，葬安陵。太子即位，太后临朝称制。
初，太后命张皇后取他人子养之，而杀其母，以为太子，至是即位。
甲寅（前一八七）
高皇后吕氏元年。③

上述引文不称“吕太后”（《史记》）而称“高皇后”，与《通鉴》同。但是，此处《纲目》言“高皇后吕氏元年”，与《通鉴》之只称“高皇后元年”不同。其目的是强调吕氏之祸，暗含对吕氏乱政的否定。

辛酉（前一八〇）
诸大臣迎立代王恒。后九月，至，即位，诛吕后所名孝惠子弘等，赦。
诸大臣谋曰：“少帝及诸王，皆非真孝惠子也，吕后诈名他人子而立之，以强吕氏。即长，用事，吾属无类矣。”或言：“齐王，高帝长孙，可立。”大臣皆曰：“吕氏几危宗庙，今齐王舅驷钧，虎而冠，即立齐王，复为吕氏矣。代王，高帝子最长，仁孝宽厚，太后家薄氏谨良。”乃召代王。代郎中令张武等曰：“汉大臣习兵，多诈，愿称疾毋往，以观其变。”中尉宋昌曰：“秦失其政，豪杰并起，卒践天子之位者，刘氏也，天下绝望，一矣；高帝封王子弟，地犬牙相制，此所谓磐石之宗也，天下服其强，二矣；除秦苛政，约法令，施德惠，人人自安，难动摇，三矣。夫以吕太后之严，立三王，擅权制，然而太尉以一节入北军，一呼，士皆左袒，此乃天授，非人力也。今大臣虽欲为变，百姓弗为使，故因天下之心而欲迎立大王，大王勿疑也。”④

---

① （宋）朱熹撰，朱杰人、严佐之、刘永翔主编：《朱子全书》第8册《资治通鉴纲目（一）》，第161页。
② （宋）朱熹撰，朱杰人、严佐之、刘永翔主编：《朱子全书》第8册《资治通鉴纲目（一）》，第166页。
③ （宋）朱熹撰，朱杰人、严佐之、刘永翔主编：《朱子全书》第8册《资治通鉴纲目（一）》，第196页。
④ （宋）朱熹撰，朱杰人、严佐之、刘永翔主编：《朱子全书》第8册《资治通鉴纲目（一）》，第201、203页。

上引宋昌之论，充分体现出为政应该以民为本，民心向背是能否得到政权和维持政权的根本，以及人们往往倾向于服从原来的统治者，具有历史惯性等内涵。

四、结　论

以上主要是以《纲目》的卷一、卷二为例，窥一斑而知全豹。通过探讨《纲目》在叙述政治关系最为纷繁复杂的春秋战国和秦汉时期所用的特殊用语，可见《纲目》对历史人物和历史事件的评鉴是有着特殊标准的，此即“体例”中所规定的各种用语上的不同。它们是为了体现朱子所言“大纲概举，而鉴戒昭矣；众目毕张，而几微著矣”①的意图。

当然,《纲目》还增添引用了部分理学家的论述，主要是胡安国等人尤其是胡寅《读史管见》的内容，也同样体现出《纲目》欲以《春秋》改造《通鉴》的意识。限于篇幅，另文专论。

作者简介：王灿（1972—），男，山东枣庄人，历史学博士，文学博士后，肇庆学院旅游与历史文化学院副教授，主要研究方向为儒学、史学理论、中国古代传统文化。

① （宋）朱熹撰，朱杰人、严佐之、刘永翔主编:《朱子全书》第8册《资治通鉴纲目（一）》，第22页。

承上启下

——临济四世风穴延沼禅学探微*

牛晓旭

（河北大学　宋史研究中心　燕赵文化高等研究院，

河北　保定，071002）

摘　要：临济四世风穴延沼上承南院慧颙，下启首山省念，在临济禅传承史上起着承上启下的重要作用。风穴延沼在长期禅修实践过程中逐渐形成了重视学人根基、重视悟道境界、禅修行于日常的禅学风格，以及杀活凌厉与细腻温和相结合的禅法特色。本文主要从悟前行止、悟道因缘、禅学风格和禅法特色这四个方面对延沼禅学相关内容进行系统梳理，冀在前人研究基础上向前推进。

关键词：风穴延沼；悟道因缘；禅学风格；禅法特色

---

* 本文为2020年度河北大学研究生创新资助项目“燕赵英华——宋金河北路佛教发展演变”（hbu2020bs008）、河北大学燕赵文化高等研究院经费资助委托课题“燕赵历史文献专题整理与研究”（2020W02）、2021年度国家社会科学基金后期资助项目“明清易代之际的宋史研究”（21FZSB065）阶段性研究成果。

风穴延沼[①]（896—973）[②]，俗姓刘，处州（今浙江丽水）松阳[③]人，“乃临济下尊宿”[④]，为临济宗第四代祖师。延沼上承南院慧颙，下启首山省念，作为“北宋临济宗第一宗匠，受到的重视并不足够”[⑤]，学界对其研究相对较少。目前主要研究有：日本学者阿部肇一《中国禅宗史》主要从社会史角度对延沼生平及其接引与度化要领做出了梳理[⑥]；忽滑谷快天《中国禅学思想史》对其生平、悟道、法系、语要、心印及用处等做了探讨[⑦]；杨曾文《宋元禅宗史》对其生平与传禅方式做了研究[⑧]。目前较全面的研究当为张国一《风穴延沼禅师之研究》一文，该文主要运用 1 种“一手文献”和 20 种“二手文献”对延沼出家前的历史、出家后的参学对象、参游路线、悟道机缘、悟后弘法、入灭故事，以及禅学思想等做出了较系统的爬梳[⑨]。此外，吴立民主编的《禅宗宗派源流》与李鼎的《风穴寺历史研究》亦探讨了延沼悟道因缘和禅学内容[⑩]，叶蓉的《临济四祖风穴延沼禅师行略评述》对延沼行略做了比较细致的考述[⑪]。本文拟在前人的研究基础上对延沼禅学相关内容做出探讨，祈请方家指正。

一、悟前行止

延沼出家前“少魁垒，有英气，于书无所不观，然无经世意，父兄强之仕，一至京

① 关于延沼名讳，目前尚有分歧：自对风穴延沼记载最早的禅宗史著作《景德传灯录》起的三十余种禅宗史著作中多作“延沼”，唯《天圣广灯录》、《祖庭事苑》和《建中靖国续灯录》等著中作“延昭”。温玉成、杨顺兴《读〈风穴寺七祖千峰白云禅院记〉碑后》（《中原文物》1984 年第 1 期，第 37 页）及温玉成《读碑杂录——碑刻资料对佛教史的几点重要补正》（《法音》1984 年第 3 期，第 39 页）认为“延沼”乃“匡沼”之误，且指出早在清代康熙年间任枫《风穴志略》中已做出详辨。杨曾文据《风穴寺七祖千峰白云禅院记》及温玉成研究认为：“后世通行的延沼，当是宋代为避太祖赵匡胤之讳，将其名匡沼中的‘匡’改为‘延’而成此名的。笔者为便于读者参考通行禅史有关记载，仍袭用延沼之名。”（杨曾文：《宋元禅宗史》，北京：中国社会科学出版社，2006 年，第 220 页）笔者同意杨说，亦采用“延沼”之名。

② 关于延沼生卒年，一手文献《风穴寺七祖千峰白云禅院记》并无明确记载。《大正藏》本《景德传灯录》载：“师于大宋开宝六年……跏趺而化……寿八十七。”参见（宋）道元：《景德传灯录》卷 13，《大正藏》第 51 册，第 303 页。据此推算其生卒年为 887—973 年。稍晚的《禅林僧宝传》载：“以宋开宝六年……跏趺而化……阅世七十有八。”参见（宋）释惠洪：《禅林僧宝传》卷 3《汝州风穴沼禅师》，《景印文渊阁四库全书》第 1052 册，台北：台湾商务印书馆，1986 年，第 651—652 页。据此推算其生卒年为 896—973 年。后世元明清文献记载皆未出此两种说法且亦未有详辨，现代研究亦未有定论，如杨曾文记为“897—973”（杨曾文：《宋元禅宗史》，第 220 页），此为据“阅世七十有八”一说，但计算不确，897 应为 896；日本学者忽滑谷快天亦从 896—973 年说（[日]忽滑谷快天：《中国禅学思想史》，朱谦之译，郑州：大象出版社，2017 年，第 514—515 页）。张国一列举出以上两种情况，且从前说（即 887—973 年），并指出此为“一个较早期的资料”（张国一：《风穴延沼禅师之研究》，《台大佛学研究》2013 年第 25 期，第 22—23 页）。综合以上各种史料，认为延沼生卒年应为唐乾宁三年（896 年）与宋开宝六年（973 年），具体俟考。

③ 关于延沼籍贯，《景德传灯录》作余杭人，参见（宋）道元辑，朱俊红点校：《景德传灯录》卷 13《汝州风穴延沼禅师》，海口：海南出版社，2011 年，第 355 页。其后禅史多袭其说，然《风穴寺七祖千峰白云禅院记》作处州松阳县人，参见温玉成、杨顺兴：《读〈风穴寺七祖千峰白云禅院记〉碑后》，《中原文物》1984 年第 1 期，第 37 页。因后者为碑刻文献且记载距延沼所处时代更近，可信度更高，姑从后者。

④ 纯一法师总编，（宋）圆悟编著，许文恭译述：《碧岩录》卷 4，北京：华夏出版社，2009 年，第 245 页。

⑤ 张国一：《风穴延沼禅师之研究》，《台大佛学研究》2013 年第 25 期，第 1 页。

⑥ [日]阿部肇一：《中国禅宗史》，关世谦译，台北：东大图书股份有限公司，1988 年，第 362—366 页。

⑦ [日]忽滑谷快天：《中国禅学思想史》，朱谦之译，第 513—518 页。

⑧ 杨曾文：《宋元禅宗史》，第 220—225 页。

⑨ 张国一：《风穴延沼禅师之研究》，《台大佛学研究》2013 年第 25 期，第 1—66 页。

⑩ 吴立民主编：《禅宗宗派源流》，北京：中国社会科学出版社，1998 年，第 212—216 页；李鼎：《风穴寺历史研究》，河南大学硕士学位论文，2014 年，第 24—27 页。

⑪ 叶蓉：《临济四祖风穴延沼禅师行略评述》，《绵阳师范学院学报》2018 年第 10 期，第 47—52 页。

师，即东归"[①]，表明延沼虽遍览群书但无意于功名。此外，延沼"幼不茹荤。习儒典，应进士。一举不遂，乃出家"[②]。不仅说明延沼出家原因之一是未中进士，而且指出"幼不茹荤"，暗示了其与佛教的因缘，"当时知识分子的出世之道，一种是向中央官府求发展，另一种则只有向宗教界去谋出路，他终于走向后者"[③]。

关于延沼出家后至悟道前行止，后汉乾祐三年（950年）虞希范《风穴寺七祖千峰白云禅院记》仅"于护国寺出家"[④]一语。从《景德传灯录》"汝州风穴延沼禅师"，"余杭人也。初发迹于越州镜清顺德大师，未臻堂奥。寻诣里州华严院，遇守廊上坐"[⑤]，知延沼悟道前自杭州至越州，再至襄州。从《天圣广灯录》"师离镜清，到同安（今江西永修同安寺）和尚处。……师离同安，到襄州华严院"[⑥]，知延沼自越州至洪州，再至襄州。从《碧岩录》"穴初参雪峰五年……后又见瑞岩……后在襄州鹿门与廓侍者过夏，廓指他来参南院"[⑦]，知延沼自福州参雪峰后至台州参瑞岩，而后至襄州遇守廓，守廓指引其至汝州参南院。综上知延沼正式悟道前参学路线大致是自杭州至福州，自福州至越州，自越州至洪州，自洪州至台州，自台州至襄州，自襄州至汝州。需要说明的是，这一路线仅仅是目前史料记载中的延沼参学的大致路线，与延沼实际参学路线可能并非完全一致，其实际参学路线应该比这一路线更加复杂。

此外，《佛祖历代通载》载："（延沼）从开元寺智恭律师剃发受具，游讲肆，玩法华玄义，修止观定惠，宿师争下之，弃去游名山，谒越州镜清怤禅师，机语不契，北游襄沔间，寓止华严。"[⑧]表明延沼"谒镜清"之前从智恭律师剃度，修习天台止观，但"经过几年的学习，延沼禅师感觉到自己大事未了，心地未明，像这样沉溺于义理，将永无出头之日"[⑨]，因此辗转参学，直至遇到守廓上座才初窥临济堂奥，"进一步便向道怤的出身地去'游太原'，以探究华北京师的佛教状况。他在京师所接受的师承是汝州（河南），宝应南院慧颙（河北出身），他的接引要领，主要是单刀直入地来启发顿悟修禅的作风，以感化于人"[⑩]，直至开悟，延沼正是在南院的接引下才"豁然大悟"[⑪]。

---

① （宋）释惠洪：《禅林僧宝传》卷3《汝州风穴沼禅师》，《景印文渊阁四库全书》第1052册，第650页。

② （宋）普济辑，朱俊红点校：《五灯会元》中册卷11《汝州风穴延沼禅师》，海口：海南出版社，2011年，第920页。

③ [日]阿部肇一：《中国禅宗史》，关世谦译，第362页。

④ 温玉成、杨顺兴：《读〈风穴寺七祖千峰白云禅院记〉碑后》，《中原文物》1984年第1期，第37页。

⑤ （宋）道元辑，朱俊红点校：《景德传灯录》卷13《汝州风穴延沼禅师》，第355页。另"里州"为"襄州"之误，"守廊"为"守廓"之误，校本皆从《大正藏》本之误，并未作校正，此处正之。

⑥ （宋）李遵勖辑，朱俊红点校：《天圣广灯录（点校本）》卷15《汝州风穴山延昭禅师》，海口：海南出版社，2011年，第226页。

⑦ 纯一法师总编，（宋）圆悟编著，许文恭译述：《碧岩录》卷4，第246页。

⑧ （元）释念常：《佛祖历代通载》卷18，汝州风穴禅师，《景印文渊阁四库全书》第1054册，台北：台湾商务印书馆，1986年，第605页。

⑨ 李鼎：《风穴寺历史研究》，河南大学硕士学位论文，2014年，第24页。

⑩ [日]阿部肇一：《中国禅宗史》，关世谦译，第362页。

⑪ 纯一法师总编，（宋）圆悟编著，许文恭译述：《碧岩录》卷4，第247页。

二、悟道因缘

关于延沼悟道，《风穴寺七祖千峰白云禅院记》仅有“得佛心印，为人天师”[①]一语，而没有记述延沼与守廓的交往及其“得佛心印”的具体过程。《景德传灯录》载：“诣里州华严院，遇守廊上坐，即汝州南院侍者也，乃密探南院宗旨。”[②]是处虽点明延沼与守廓交往，却没有明确记述守廓对延沼影响的过程。《禅林僧宝传》清晰展现了守廓对延沼的影响：“时僧守廓者，自南院颙公所来。华严升座，曰：若是临济、德山、高亭、大愚、鸟窠、船子下儿孙，不用如何若何，便请单刀直入。廓出众便喝，华严亦喝。廓又喝，华严亦喝。廓礼拜起，指以顾众曰：者老汉一场败缺。喝一喝，归众。风穴心奇之，因结为友。遂默悟三玄旨要，叹曰：临济用处如是耶。”[③]是处华严首座升堂说法，认为南岳系临济义玄、青原系德山宣鉴……牛头系鸟窠道林、青原系船子德诚等禅风皆为单刀直入，而“廓出众便喝，华严亦喝”，如此“以喝对喝的动作中是包含着禅机的”[④]，延沼为这种“以喝对喝”的峻峭禅风所吸引而与守廓“因结为友。遂默悟三玄旨要”，但这仅仅是延沼悟道的入路而已，为使延沼深契临济义旨，守廓指引延沼参南院慧颙。

关于延沼与南院初次交往，《景德传灯录》载：

> 初见，不礼拜便问曰：“入门须辨主，端的请师分。”南院以左手拊膝，师喝。南院以右手拊膝，师又喝。南院举左手曰：“遮个即从阇梨。”又举右手曰：“遮个又作么生？”师曰：“瞎。”南院拟拈拄杖次，师曰：“作什么？夺拄杖打着老和尚，莫言不道。”南院曰：“三十年住持，今日被黄面淅（浙）子上门罗织。”师曰：“和尚大似持钵不得诈道不饥。”南院曰：“阇梨几时曾到南院来？”师曰：“是何言欤？”曰：“老僧端的问汝。”师曰：“也不得放过。”南院曰：“且坐吃茶。”师方叙师资之礼。[⑤]

这一公案是南院勘验延沼对临济宗风的体认，无论南院作何举动，延沼皆应之以喝。南院发问实际上是一道言语陷阱，是其对延沼的初步勘验，因为这一问题不仅没有标准答案，也不能用具体言语作答，否则便会落入南院设置的陷阱中，所以接着的“瞎”可谓“第三喝”，表明任你“左拍右拍”，我始终“见也不见”，从根本上否定了南院问题本身。南院为了再次勘验延沼定力，“拟拈拄杖次”，不料被延沼识破，欲“夺拄杖打着老和尚”，最终南院“被黄面淅（浙）子上门罗织”，承认其在延沼面前未能展现

---

① 温玉成、杨顺兴：《读〈风穴寺七祖千峰白云禅院记〉碑后》，《中原文物》1984年第1期，第37页。

② （宋）道元辑，朱俊红点校：《景德传灯录》卷13《汝州风穴延沼禅师》，第355页。

③ （宋）释惠洪：《禅林僧宝传》卷3《汝州风穴沼禅师》，《景印文渊阁四库全书》第1052册，第650页。

④ 杨曾文：《宋元禅宗史》，第221页。

⑤ （宋）道元辑，朱俊红点校：《景德传灯录》卷13《汝州风穴延沼禅师》，第355—356页。此外，“淅子”为“浙子”之误，校本从《大正藏》本之误，并未作校正，此处正之。

出凌厉机锋。一场禅仗下来，南院表示了对延沼的印可。得到印可之后，延沼“方叙师资之礼”。佛教第一义不落言说，此处延沼与南院采用“以喝对喝”的方式“契佛心印”，表明延沼已经初步悟道。

此外，《碧岩录》对延沼与南院的交往有更详细的记载：

> 院云：“且坐吃茶”。尔看俊流，自是机锋峭峻，南院亦未辨得他。至次日，南院只作平常问云：“今夏在什么处？”穴云：“鹿门与廓侍者同过夏。”院云：“原来亲见作家来。”又云：“他向尔道什么？”穴云：“始终只教某甲一向作主。”院便打，推出方丈云：“这般纳败缺的汉，有什么用处？”穴自此服膺，在南院会下作园头。一日院到园里问云：“南方一棒作么生商量？”穴云：“和尚此间作么生商量？”院拈棒起云：“棒下无生忍，临机不让师。”穴于是豁然大悟。①

是则公案表明“南院对延沼之接引应凡有三重，一是机锋相对，二是作平常问，三是在前二基础上的正面论道”②。其一“机锋相对”表明南院初见延沼之时，虽然见他能够自若应对机锋棒喝，似得临济家风，但尚不确定其是否真正得道，所谓“尔看俊流，自是机锋峭峻，南院亦未辨得他”。其二“作平常问”表面上看是南院与延沼的普通交流，实则蕴含着深刻的禅机，是南院对延沼的进一步勘验，南院让延沼告诉其守廓“向尔道什么”，实际上是重新给延沼设置言语陷阱，延沼“平常”作答“始终只教某甲一向作主”，正好跳进南院设置的陷阱。针对延沼“不当答之答”，南院连推带骂促其反转心路，面对南院的“非正常举动”，延沼心领神会，“自此服膺”，但此时只是初步悟道而非彻悟。其三“正面论道”中南院问延沼南方人是怎么评价禅棒的作用的，延沼反问南院您这里是如何看待的呢？南院拿起棒子说：“棒下无生忍，临机不让师”，表明悟道不可以商量，需要个人承担，延沼因之大悟。不过，需要指出的是：“这三重接引方式都不见于较早的《景德录》及《天圣录》等，却广见于《碧岩录》以后的各种史籍中，如《联灯会要》《五灯会元》等。因此，我们可以认为，与其说延沼果然受过南院之三重接引而悟道，倒不如说，这是《碧岩录》的作者也即圆悟克勤禅师对延沼入道次第的一种诠释。”③

悟，简言之是反转心路的历程，是认识到自性与佛性的不一不异。依笔者浅见，悟至少分为三个层次：第一个层次是“解悟”，即通晓佛教基本道理；第二个层次是“觉受”，即不仅通晓佛教基本道理，还对佛教有了“切身感受”，能够依教奉行；第三个层次是“合道”，即行住坐卧皆与道合。此处延沼大悟，应仅仅是第一层次的“解悟”，亦即通晓佛教基本道理，真正的大彻大悟需要在日后的实修中慢慢实现。

“大悟”之后，延沼“俯就弟子之列，从容承禀，日闻智证”④，依止南院六年，在

---

① 纯一法师总编，（宋）圆悟编著，许文恭译述：《碧岩录》卷4，第247页。
② 叶蓉：《临济四祖风穴延沼禅师行略评述》，《绵阳师范学院学报》2018年第10期，第49页。
③ 叶蓉：《临济四祖风穴延沼禅师行略评述》，《绵阳师范学院学报》2018年第10期，第49页。
④ （宋）释惠洪：《禅林僧宝传》卷3《汝州风穴沼禅师》，《景印文渊阁四库全书》第1052册，第650页。

这六年时间里，南院始终没有放松对延沼的勘验。南院举“（义玄）师临迁化时，据坐云：‘吾灭后，不得灭却吾正法眼藏！’三圣出云：‘争敢灭却和尚正法眼藏！’师云：‘已后有人问你，向他道什么？’三圣便喝。师云：‘谁知吾正法眼藏，向这瞎驴边灭却！’”[①]公案问延沼：“渠（义玄）平生如师子，逢人即杀。及其将死，何故屈膝妥尾如此？”[②]延沼对曰：“密付将终，全主即灭。”[③]意即靠秘密付嘱来传禅法，预示着禅法将要终止，而泥守师法不知机变，则意味着禅法的灭亡。“风穴由此主张参学之人，直须临机大用，境遇现前，不必自拘于小节，扫却一切凡圣见解，只依自家本分纵言即可，如狮子一吼，壁立千仞，谁敢正眼觑着。”[④]“又问：‘三圣如何亦无语乎？’对曰：‘亲承入室之真子，不同门外之游人。’南院颔之。”[⑤]从表面来看，延沼与南院对话似乎毫不相关，但“这恰恰是禅师的高明之处。禅，很难用语言说明白，禅师不作正面回答，就是为了截断学僧的思维卜度，其作用如同棒喝截流一样”[⑥]，用凌厉的手段促使参学者放弃对言语的执着，在答与不答之间引导参学者自证自悟。

依止南院六年之后，延沼于后唐明宗长兴二年（931 年）“至汝水风穴寺。时寺已摧毁，惟草屋数椽。师入驻锡，日乞村落，夜燃松脂，单丁者七年”[⑦]。后晋天福二年（937 年），“州牧李使君闻师之道，尽礼致之。上元日开堂说法，禀嗣南院颙。（后）汉隐帝乾祐二年李君移守郢州，师避寇往依之，馆于郡斋。汝州有宋太师者施第为宝坊，号新寺，延师住持，法席雄冠。（后）周太祖广顺元年，赐其寺额曰广慧，师住二十二年”[⑧]，直至北宋开宝二年（969 年）圆寂。延沼开悟之后一边潜心修行，一边广纳徒众，为临济禅的赓续惨淡经营，使临济宗风不辍，对临济禅的传承与发展起到了承上启下的重要作用。

三、禅学风格

（一）重视学人根基

1. 阐扬“临济三句”

（南院）又问：“临济有三句。当日有问：‘如何是第一句？’临济云：‘三要印开朱点窄，未容拟议主宾分。’”师随声便喝。“又问：‘如何是第二句？’临济云：‘妙解岂容无着问，沤和争赴截流机。’”师曰：“未问已前错。”“又问：‘如何是第三

---

① （宋）赜藏主编：《古尊宿语录》卷5《临济（义玄慧照）禅师语录之余》，上海：上海古籍出版社，1991 年，第 57 页。
② （宋）赜藏主编：《古尊宿语录》卷 7《风穴禅师语录》，第 77 页。
③ （宋）赜藏主编：《古尊宿语录》卷 7《风穴禅师语录》，第 77 页。
④ 吴立民主编：《禅宗宗派源流》，第 215 页。
⑤ （宋）赜藏主编：《古尊宿语录》卷 7《风穴禅师语录》，第 77 页。
⑥ 张志军：《河北佛教史》，北京：宗教文化出版社，2015 年，第 302 页。
⑦ （明）明河撰：《补续高僧传》卷 6《风穴沼禅师传》，《续藏经》第 77 册，第 408 页；瞿汝稷编撰，德贤、侯剑整理：《指月录（下）》卷 21《汝州风穴延沼禅师》，成都：巴蜀书社，2011 年，第 614 页。
⑧ （元）释觉岸：《释氏稽古略》卷 3《高祖》，《景印文渊阁四库全书》第 1054 册，台北：台湾商务印书馆，1986 年，第 151 页。

句？’临济云：‘但看棚头弄傀儡，抽牵全藉里头人。’”师曰：“明破即不堪。”于是南院以为可以支临济，不辜负兴化先师所以付托之意。①

“临济三句”是根据学人不同根基的三种接引方式：第一句对于上根者而言，未容拟议主宾已分，表明学人初步悟道但非大悟，延沼“随声便喝”是为了除去学人最后的执念；第二句对于未悟道的人，不容提问，截断思维瀑流，引导其反转心路，延沼“未问已前错”表明未悟道的人心中妄念尚存，不问已错，促使其放弃对言语的执念；第三句对于下根人只须让其明白在其躯壳中还住着一个主人翁就可以了，没有必要要求其悟道，延沼“明破即不堪”即不必强调下根人一定要破除执念而悟道。这表明延沼不仅继承了临济义玄对学人根基的重视，还在继承的基础上对“临济三句”做出了新的阐扬，并得到了南院印可，南院认为其可以赓续临济家风。

2. 阐扬四料简

四料简，“料”指度量，“简”指简别，“为临济义玄所施设。即能够应机应时，与夺随宜，杀活自在地教导学人之 4 种规则”②。即按照学人的不同“根器”和接受佛教教义的不同程度所采取的不同教授方法，目的在于破除学人我法二执。“夺人不夺境”，是针对我执较重的人，破除学人对人我见的执着；“夺境不夺人”，是针对法执较重的人，破除以法为实有的观点；“人境俱夺”，是针对我法二执都重的人，二者皆要破除；“人境俱不夺”，对于人法皆无执念的人，二者都不必破除。但在具体应用过程中，并不一定要遵循某种固定思路。延沼与南院的问答，便体现了其对四料简的灵活运用。

又问：“汝道四种料简语，料简何法？”对曰：“凡语不滞凡情，即堕圣解，学者大病。先圣哀之，为施方便，如楔出楔。”云：“如何是夺人不夺境？”曰：“新出红炉金弹子，簉破阇梨铁面门。”又问：“如何是夺境不夺人？”曰：“刍草乍分头脑裂，乱云初绽影犹存。”又问：“如何是人境俱夺？”曰：“躡足进前须急急，促鞭当鞅莫迟迟。”又问：“如何是人境俱不夺？”曰：“常忆江南三月里，鹧鸪啼处百花香。”③

第一句“夺人不夺境”针对我执较重的人而言，“簉破阇梨铁面门”即延沼认为破除我执之艰难；第二句“夺境不夺人”是针对法执较重的人而言，“乱云初绽影犹存”即“夺客观而仅存主观，以世界映现在一己心中，破除以法为实有之观点”④，表明已经踏破初关，但依稀仍有“我”的存在；第三句“人境俱夺”指针对我法二执皆重的人，即“否定主、客观之见，兼破我执与法执”⑤，“促鞭当鞅莫迟迟”表示由体达用突破我法二执的急切；第四句“人境俱不夺”针对人法皆不执着的人，此时“功夫入于化境，无明执着自然消落，一切修为自然了办，家即途，照即用，体斯用斯，主斯宾斯，无一物非

① （宋）赜藏主编：《古尊宿语录》卷7《风穴禅师语录》，第77页。
② 宽忍编著：《佛学辞典》，北京：中国国际广播出版社，1993年，第292页。
③ （宋）赜藏主编：《古尊宿语录》卷7《风穴禅师语录》，第77页。
④ 宽忍编著：《佛学辞典》，第292页。
⑤ 宽忍编著：《佛学辞典》，第292页。

我身，无一物是我己，此即了处”[①]。“鹧鸪啼处百花香”即表明功夫已入化境，达到体用不二、洒脱无拘的境界，已经没有什么可以再夺的了，而是策励学人自在修行，任运度众，像鹧鸪啼鸣、百花飘香一样自由自在，生机盎然。

延沼与南院的问答表明延沼对四料简的体证与描述十分到位，“这里，有的是答语即是问语，有的是避开所问而反问对方，这两种回答的目的，是启发问者从回答中认识到，佛不是离开自心而独立存在的，自心就是佛，自己就是佛，不必向外寻求”[②]。这种回答方式看似不合“道理”，但实际上恰恰是禅机所在，是通过“非一般的回答”来搅动学人思维，促使其放弃对语言文字和世间道理的执念，引导其反转心路，悟到一切言语无非中道实相之理。其目的是“协助学人去除滞凡、堕圣诸执，要知道，是借一方便楔以出除烦恼楔，烦恼楔既出除，方便楔亦不可执取，方可得自在”[③]。这表明延沼一方面继承了临济“四料简”度众，另一方面不执取“四料简”，而是既“四料简”又超越“四料简”，既继承了临济法门又超越了临济法门。

3. 阐扬四宾主

四宾主出自临济义玄，一般认为是主看宾、宾看主、宾看宾、主看主。关于四宾主的具体含义，《人天眼目》载：“如有真正学人便喝，先拈出一个胶盆子，善知识不辨是境，便上他境上，做模做样，学人又喝，前人不肯放。此是膏肓之病，不堪医治，唤作宾看主。或是善知识，不拈出物，随学人问处即夺，学人被夺抵死不放，此是主看宾。或有学人，应一个清净境界，出善知识前，善知识辨得是境，把得住抛向坑里。学人言：‘大好！’善知识即云：‘咄哉！不识好恶。’学人便礼拜。此唤作主看主。或有学人披枷带锁，出善知识前，善知识更与安一重枷锁，学人欢喜，彼此不辨，唤作宾看宾。”[④]亦即“主宾（师和参禅者）问答时，主悟宾迷称为主看宾；主迷宾悟称为宾看主；主宾皆迷称为宾看宾；主宾皆悟称为主看主”[⑤]。其目的是“警策学人不可执守师法言教。他（义玄）最鄙视于古人言句下求解脱，或于禅师机境下寻活路的学人。他苦口婆心开示众生，就是为了让众生回光返照，认取自家本来面目，不为一切外境所转移”[⑥]。而延沼四宾主是对义玄四宾主的推衍，其主要是对学人而言，宾指学人不识本心而执迷，主指学人识本悟道，四宾主主要指学人迷悟的四种层次。

“问：‘如何是宾中主？’师曰：‘入市双瞳瞽。’曰：‘如何是主中宾？’师曰：‘回銮两曜新。’曰：‘如何是宾中宾？’师曰：‘攒眉坐白云。’曰：‘如何是主中主？’师曰：‘磨砻三尺刃，待斩不平人。’”[⑦]“攒眉坐白云”之“宾中宾”表明学人尚未识得本心本性，不知攒眉白云皆是执着所生，完全处于迷执状态；“入市双瞳瞽”之“宾中主”

---

① 吴立民主编：《禅宗宗派源流》，第214页。
② 方立天：《中国佛教哲学要义》上册，北京：宗教文化出版社，2015年，第174页。
③ 张国一：《风穴延沼禅师之研究》，《台大佛学研究》2013年第25期，第53页。
④ （宋）智昭编辑，尚之煜释读：《人天眼目释读》卷1《四宾主》，上海：上海古籍出版社，2015年，第31页。
⑤ 闫孟祥：《宋代临济禅发展演变》，北京：宗教文化出版社，2006年，第59页。
⑥ 吴立民主编：《禅宗宗派源流》，第211页。
⑦ （宋）道元辑，朱俊红点校：《景德传灯录》卷13《汝州风穴延沼禅师》，第364页。

表示学人虽已登堂然尚未入室，但细微执着尚在，有待进一步深入；“回銮两曜新”之“主中宾”指学人已经登堂入室，识得本心本性，但尚不够通彻；“磨砻三尺刃，待斩不平人”之“主中主”表明学人已甄堂奥，明心见性，大彻大悟。

延沼对四宾主的阐释对后来临济子孙如汾阳善昭等人都产生了重要影响，善昭即是在延沼的基础上对四宾主做出了更加细腻的阐释，使临济禅得到更加广泛的弘扬。

（二）重视悟道境界

1. 扫相破执的契入方式

扫相破执是佛教接引弟子悟道的契入方式，延沼即是在南院扫相破执的接引下悟道的，延沼传禅过程中也十分注重用扫相破执的方式接引学人。

《景德传灯录》载：“问：‘古曲无音韵，如何和得齐？’师曰：‘木鸡啼子夜，刍狗吠天明。’”[①]延沼借“木鸡啼子夜，刍狗吠天明”这种原本不可能发生的现象论述对本体的体证，其目的是用反常的现象搅动学人思维，促使其实现心路的反转，放弃对世间名相的执着而契入中道实相。因为从本体佛性角度而言，一切事物无非“假名”而已，其自身亦是本体佛性的体现，超越了相对境界的“执着”，一切现象无非本体之化现。延沼“木鸡啼子夜，刍狗吠天明”是借语言的方便表达本体与现象不一不异的道理，进而引导学人开悟。

“问：‘凡有所问，尽是捏怪，请师直截根源。’师曰：‘罕逢穿耳客，多遇刻舟人。’问：‘正当恁么时如何？’师曰：‘盲龟值木虽优稳，枯木生华物外春。’”[②] 这种问语与答语从形式上看似乎毫不相关，而禅机正是在这种似乎毫不相关之中，答者似乎并没有直接回答问者的提问，而是通过似乎不相关的言语作答，这正是禅师的高明之处。实际上，问语和答语也并非完全不相关，而是要看提问者的境界，佛教讲究“因机说法”，如是句即意指求道者中没有像释迦牟尼那样明心见性的“穿耳客”，皆是执着于外相的“刻舟人”，因为所有的提问还只是处于解道的层次，而“直截根源”则需要学者自证自悟。“恁么时”即将悟未悟之时，“盲龟值木”指有慧根的人，但没有悟入中道实相也很难明心见性，还只是“物外春”而已。是句表明延沼要求学人扫除对外相的执着，进而悟入中道实相的道理，做一个像释迦牟尼佛一样的“穿耳客”，而不能仅仅是“刻舟人”和“物外春”。

佛教虽然倡导不立文字，但其传承不能完全离开文字，文字是传法的方便法门，其目的是促使学人扫除对名相的执着进而体悟中道实相的道理。禅宗语言的运用，是引导学者思维的入路，是一种不依平常语言规则的语言，是一种不依平常教学方式的教学，是禅宗表达本体的方便法门。禅宗的目的是开悟，因此只要有助于开悟，无论什么方式都可以拿来使用，答非所问的回答方式可以说是棒喝的延伸，是力图瓦解学人对语言文

① （宋）道元辑，朱俊红点校：《景德传灯录》卷13《汝州风穴延沼禅师》，第357页。

② （宋）道元辑，朱俊红点校：《景德传灯录》卷13《汝州风穴延沼禅师》，第359页。

字等方便法门的执着，破除学人对世间名相的分别，达到于念而离念、于境而离境、于相而离相的“无念无相无住”的开悟境界。

2. 明心见性的禅学宗旨

扫除对语言和思维维心的执着之后，还要进一步契入中道实相的“不二”之理。延沼对学人的接引始终不离明心见性的禅学宗旨，如“问：‘王道与佛道相去几何？’师曰：‘刍狗吠时天地合，木鸡啼后祖灯辉。’”[①]意即扫除对世间名相的执着之后便可达到“王道与佛道不二”的“合道”境界。又“问：‘刻舟求不得，当体事如何？’师曰：‘大勋不立赏，柴扉草自深。’”[②]是处延沼答语体现了“而今得个休歇处，依前见山只是山，见水只是水”[③]的悟道境界。大乘佛教讲当体即空，即学人如果悟到了空的真义，那么便会重新回到“见山只是山，见水只是水”的自然平和境界，悟道之后便不会在名相世界里打转，而会“柴扉草自深”般合于自然。以上两则公案表明面对学人的提问，延沼皆从本体的角度予以接引，贯穿了延沼引导学人扫除对名相的执着，进而达到明心见性的禅学宗旨的过程。

“禅所追求的是‘明心见性’，也就是对心性说的切身体悟。这种对‘心性’、‘本体的体悟与现实思维从方式上有很大不同，思维心是对事物及其关系等的观察思考，而悟是全面明了思维心本身。以思维心理解，可以说思维心与悟是一种相反的关系。’”[④]明心见性是禅学的宗旨，延沼在祖师的基础上很好地继承了这一宗旨，引导学人反转思维进而悟道，体现了其对悟道境界的重视。

（三）禅修行于日常

临济祖师义玄提出“无事是贵人，但莫造作，只是平常”[⑤]，义玄所讲“无事”不是什么事都不做，而是不刻意造作，不假外求，合于道，合于自然，在日常行为中体悟平常无事的道理，在现实生活中保持一颗平常心，随顺日常生活，无念无住，无思无虑，随缘任运，饥来则食，困来即眠。延沼承义玄遗风，在悟道以后，一边跟随南院慧颙“从容承禀，日闻智证”[⑥]，一边在参禅中劳作，在劳作中参禅，以长养圣胎，保任功行，将禅修贯穿于日常。

例如，“问：‘如何是衲僧气息？’师曰：‘膝行肘步，大众见之。’”[⑦]“问：‘如何是诸佛行履处？’师曰：‘青松绿竹下。’”[⑧]“问：‘未有之言，请师试道。’师曰：‘入市能

① （宋）道元辑，朱俊红点校：《景德传灯录》卷13《汝州风穴延沼禅师》，第360页。

② （宋）道元辑，朱俊红点校：《景德传灯录》卷13《汝州风穴延沼禅师》，第360页。

③ （明）居顶辑：《续传灯录》卷22《大鉴下第十四世黄龙心禅师法嗣》，《大正藏》第51册，第614页；瞿汝稷编撰，德贤、侯剑整理：《指月录（下）》卷27《吉州青原惟信禅师》，第814页。

④ 闫孟祥：《宋代临济禅发展演变》，第80页。

⑤ （唐）慧然集：《镇州临济慧照禅师语录》卷1，《大正藏》第47册，第497页；吴经熊：《禅的黄金时代》，吴怡译，海口：海南出版社，2014年，第159页。

⑥ （宋）释惠洪：《禅林僧宝传》卷3《汝州风穴沼禅师》，《景印文渊阁四库全书》第1052册，第650页。

⑦ （宋）道元辑，朱俊红点校：《景德传灯录》卷13《汝州风穴延沼禅师》，第361页。

⑧ （宋）赜藏主编：《古尊宿语录》卷7《风穴禅师语录》，第76页。

长啸，归家着短衣。'"[①]"问：'随缘不变者，急遇知音人时如何？'师曰：'披莎侧笠千峰里，引水浇蔬五老前。'"[②]悟道以后，禅不再是神秘莫测的暗室宝典，而是"膝行肘步"的日常践履；"诸佛行履处"不再是赴千里之远寻觅灵山，而是了悟佛性就在青松绿竹之间，在自心自性之中；禅不再是高高在上的空中楼阁，而是"入市能长啸，归家着短衣"的随缘任运；同样"遇到知音人"时，也无须大惊小怪，只是如往常一样"披莎侧笠""引水浇蔬"便可，因为真正的"知音人"不假外求，而是合于道、合于日常的自心自性。随着修学的深入，延沼逐步将禅修化于日常践履之中，体现了延沼对禅修行于日常的重视。

"日用无非道，心安即是禅"[③]，行之于日常的禅修实践虽然不是延沼首创的，但在延沼这里得到了很好的继承和发扬，他将禅修引向生活化，赋予了禅以新的内涵。既然日常生活就是禅，是佛性的体现，那么就不一定必须到某处脱离现实生活而静坐苦修，而是将参禅修行引导到日常生活中来，这样一来，禅学生活化便赋予了禅新的生命，为佛教实践和发展开辟了新天地。从日常生活入手，寻得真正的自我，洞见自己的本心本性，然后再行之于日常生活，与日常生活合拍，不思善，不思恶，随缘任运，冥合本心，在生活中修行，在修行中生活，是延沼禅修的重要内容。

四、禅法特色

忽滑谷快天指出："一反文益之平实宗风，而弄孤险者为风穴之延沼。沼是临济四叶，活泼纵横，云为出常情，大唱临济玄要。尝云：世尊三昧，迦叶不知；迦叶三昧，阿难不知；阿难三昧，商那和修不知。吾有三昧，汝亦不知。"[④]此语表明延沼继承了临济禅"全机大用，棒喝齐施，虎骤龙奔，星驰电掣。负冲天意气，用格外提持。卷舒纵擒，杀活自在"[⑤]的凌厉禅风。伴随禅修的深入，延沼的禅法特色因接引学人入道方式不同而主要分为前后两个时期，前期主要体现为风穴寺开法和郢州避难时期从禅机入道的杀活凌厉，后期主要表现为重回汝州广慧寺续法时期从根本处入道的细腻温和。

（一）从禅机入道的杀活凌厉

1. 风穴寺开法时期

师上堂云："诸禅德，欲得亲切，莫将问来问。问在答处，答在问处。虽然如是，问不在答处，答不在问处。你若拟议，老僧在你脚下。"[⑥]

---

① （宋）道元辑，朱俊红点校：《景德传灯录》卷13《汝州风穴延沼禅师》，第358页。
② （宋）道元辑，朱俊红点校：《景德传灯录》卷13《汝州风穴延沼禅师》，第360页。
③ 戴福年主编：《戴复古全集》卷4《赠孤峰长老》，上海：文汇出版社，2008年，第169页。
④ [日]忽滑谷快天：《中国禅学思想史》，朱谦之译，第513页。
⑤ （清）性统编：《五家宗旨纂要》卷1《临济宗》，《续藏经》第65册，第225页。
⑥ （宋）李遵勖辑，朱俊红点校：《天圣广灯录（点校本）》卷15《汝州风穴山延昭禅师》，第228页。

“妙高顶上从来不许商量，第二峰头诸祖略容话会。”①延沼深知学人喜问好辩，但问辩是参禅大忌，“欲得亲切”，只有在问与不问之间和答与不答之间领悟。“你若拟议，老僧在你脚下”虽然没有“你若拟议，老僧便打”的猛烈，但同样是延沼利用“亦问亦答、非问非答”的方式引导学人放弃对“问答”的执着，体现了延沼接引学人时由禅机入道的接引方式。

2. 郢州避难时期

> 时有卢陂长老问曰：“学人有铁牛之机，请师不印。”师云：“惯钓鲸鲵澄巨浸，却嗟蛙步驟泥沙。”卢陂拟进语，师以拂子驀口打，乃曰：“记得前语么？”卢陂曰：“记得。”师曰：“试举看。”卢陂欲开口，师又打一拂。②

面对自称“得祖师心印”的卢陂长老，延沼毫不客气地回答：“我已经习惯在大海中垂钓，难道还会害怕青蛙在泥沙里蹦跶吗？”即从言语上截断卢陂长老的自我肯定，使卢陂长老语塞，引起卢陂长老的疑情。紧接着两次“诱导”卢陂长老开口应答，但在将答未答之时延沼皆是以猛烈的拂子相对。棒喝是临济禅引导学人参禅悟道的常用方式，是处无论是毫不客气的语言应答还是用拂子两次相对都是延沼欲用“非常规的手段”截断卢陂长老的惯常思维，促使其放弃对言语的执着，告诉其佛教真义不落言诠，只有扫除对言语等名相的执着，才能够自证自悟，体现了其引导学人从禅机入道的杀活凌厉。

相对两次拂击卢陂长老的威猛凌厉，延沼在郢州避难时期接引学人也有细腻温和的一面，如《天圣广灯录》载：

> 师因在郢州衙内，州主与通判请上堂。师升座，通判便问：“大海有珠，骊龙守护，如何取得？”师云：“罔象到时光灿烂，离娄行处浪滔天。”判云：“恁么则展手不逢。”师云：“亲到宝山空手回。”再问：“弟子亲到宝山空手回时如何？”师云：“怨他谁。”判云：“恁么即不礼拜。”师云：“谁要你肉山倒地？”判云：“礼拜去也。”以师云：“不礼拜，更待何时？”判便礼拜，师以柱杖点三下。知州云：“和尚禅机峭峻，何以行令太轻？”师云：“蒲鞭可以示耻，痛杖且待别时。”③

是则公案表明，面对通判尚未解悟自性与佛性不一不异的情况时，延沼以传统的柱杖接引之，意在提示其佛性在于言语道断之间。柱杖接引展现了传统的临济家风，但仅仅是“以柱杖点三下”而非“痛杖”之，一方面意在提示通判尚未悟道，另一方面表明延沼在杀活凌厉的传统禅风之外已经展现了细腻温和的新特色。

（二）从根本处入道的细腻温和

相对于风穴寺开法时期和郢州避难时期从禅机入道的杀活凌厉，延沼重回汝州广慧

---

① （清）超溟：《万法归心录·自序》，《续藏经》第65册，第399页。
② （宋）道元辑，朱俊红点校：《景德传灯录》卷13《汝州风穴延沼禅师》，第356页。
③ （宋）李遵勖辑，朱俊红点校：《天圣广灯录（点校本）》卷15《汝州风穴山延昭禅师》，第230页。

寺续法时期的禅法特色则出现了比较明显的变化，该时期是延沼传禅的重要时期，其禅法特色主要表现为从根本处入道的细腻温和。

例如，《天圣广灯录》载："又问：'古人相见，切忌明头。不露言锋，那知旨的？'师颂答曰：'甘露台前靡不逢，免将明暗謼盲聋。当初贬着文殊处，笑杀寒山者老翁。'"①是处讲参禅问道本不藉言辞显露，但不藉言辞显露又怎能知晓禅道宗旨呢？延沼对于参学者之疑，并没有当头棒喝，而是说"免将明暗謼盲聋"，意即言语思维不离明暗两边对立，学人执着于未破之时说明说暗，很容易使"盲聋者"更加混淆，"不露言锋"正是为了避免学人落入明暗对立的二元之中。面对学人的疑问，延沼并没有采用一贯的棒喝交驰，而是耐心引导学人打破对言辞等的执着，打破二元世界的对立，从根本处悟道，"展现出一个老婆心肠的新形象"②。

又《天圣广灯录》载："问：'莲华未出水时如何？'师云：'未能超浊水，不被淤泥侵。'进云：'出水后如何？'师云：'孤轮虽有异，菡萏不新鲜。'进云：'开敷后如何？'师云：'水仙头上戴，美好莫窥攀。'"③此处表面上是问"莲花出水"前后的状态，实际则是延沼从根本处与学人探讨"悟道"前后的状态。"未能超浊水，不被淤泥侵"是延沼告诉学人虽然尚未悟道，但自性与佛性不一不异，只是一时被现世的烦恼遮蔽，但佛性没有被"淤泥"所掩盖。"孤轮虽有异，菡萏不新鲜"表明悟道只是心路的反转，是已经认识到了自性与佛性不二，但悟道后的"菡萏"并不"新鲜"，只是发现了自身潜在的佛性而已。"水仙头上戴，美好莫窥攀"表明悟道以后，行为造作皆与道合，如"头戴水仙"一样自然美好。

以上两则公案是该时期延沼接引学人的代表，表明随着修习的深入，延沼接引学人的方式已经由早期的主要从禅机入道的杀活凌厉转变为主要从根本处入道的细腻温和。需要指出的是：禅法的传承虽然有一定设施，但历代禅师在传法过程中往往是在祖师"闲家具"基础上的灵活运用，禅法特色只是禅法传承过程中的外在表现。延沼接引学人方式的转变及伴随的禅风变化只是相对而言，无论是从禅机入道的杀活凌厉，还是从根本处入道的细腻温和，都伴随在延沼接引学人的过程之中，其目的都是契合学人根基，促使其反转心路，打破有无明暗等二元的对立，了悟自性与佛性的不一不异，进而自利利人，自度度他。

五、结　语

临济宗初起于河北，但受社会环境等因素的限制，早期传承并不兴盛，如义玄之下法嗣可考者唯兴化存奖和宝寿延沼二人。宝寿之下，一代而绝；存奖之下虽弟子众多，但后世有传者唯南院一人。南院之下可考者唯风穴延沼和颖桥安二人，然安下无嗣，风穴延沼

---

① （宋）李遵勖辑，朱俊红点校：《天圣广灯录（点校本）》卷15《汝州风穴山延昭禅师》，第250页。
② 张国一：《风穴延沼禅师之研究》，《台大佛学研究》2013年第25期，第46页。
③ （宋）李遵勖辑，朱俊红点校：《天圣广灯录（点校本）》卷15《汝州风穴山延昭禅师》，第246页。

也是晚年才得付法首山省念，所以风穴延沼常常表达临济法脉难以为继的忧心：“一日侍立次，穴乃垂涕告之曰：‘不幸临济之道至吾将坠于地矣。’师曰：‘观此一众，岂无人邪？’穴曰：‘聪明者多，见性者少。’师曰：‘如某者如何？’穴曰：‘吾虽望子之久，犹恐耽着此经不能放下。’”[①]风穴延沼多次表达对临济之道“遇风而止”[②]的担忧，始终以明心见性为鹄的，以赓续临济宗脉为己任，在南院慧颙的反复锤炼下，终于延续了临济禅的法脉，形成了重视学人根基、重视悟道境界及禅修行于日常的禅学风格，其“禅风直追临济义玄，全体大用，机辩无方，气势雄迈，独步一时”[③]，在杀活凌厉的同时也开始具有了温和细腻的一面，是临济禅从“虎骤龙奔”向“刚柔并济”转变的起始点，并最终得到了南院慧颙的印可，认为“（风穴延沼）可以支临济，幸不孤负兴化先师所以付托之意”[④]。

此外，风穴延沼一生弘法，其间有初住风穴时的凄凉，又有躲避兵寇的离乱，但他充分利用有限的弘法条件，随缘接引了不少学人[⑤]，在风穴延沼的惨淡经营之下，“门下又多英挺翘楚者，如首山省念、广慧真、广慧琏，还有开文字禅‘颂古’之先河的汾阳善昭等。这些临济巨子，云集汝水，雄冠中原”[⑥]。因此，“其在临济宗风的传承史上扮演着极其关键的角色，挽临济宗于湮没，并开启临济宗的兴盛局面”[⑦]。风穴延沼上承南院慧颙，下启首山省念，“并由省念开始，临济前几代法脉单薄的景象乃得以扭转”[⑧]，使临济一脉由汝州一地而传播于多地，又经汾阳善昭、石霜楚圆，至杨岐方会和黄龙慧南开创的杨岐派和黄龙派时期形成临济宗发展的兴盛局面，临济宗没有“遇风而止”，而是“风头正劲”。因此，“风穴延沼显然是临济宗南传的旗手或者说接力者”[⑨]，其在临济宗传承与发展史上起到了承上启下的重要作用。

作者简介：牛晓旭（1988— ），河南叶县人，河北大学宋史研究中心博士研究生，主要研究方向为宋代思想史。

---

① （宋）普济辑，朱俊红点校：《五灯会元》中册卷11《汝州首山省念禅师》，第933页。

② （清）果性集：《佛祖正传古今捷录》卷1《汝州风穴延沼禅师塔铭并序》，《续藏经》第86册，第11页。

③ 张志军：《河北佛教史》，第304页。

④ （宋）释惠洪：《禅林僧宝传》卷3《汝州风穴沼禅师》，《景印文渊阁四库全书》第1052册，第651页。

⑤ 蔡日新：《五家禅源流》，兰州：甘肃民族出版社，2009年，第340页。

⑥ 麻天祥：《汝州风穴寺考——兼论荆三林先生对风穴寺研究的贡献》，《哈尔滨工业大学学报（社会科学版）》2019年第6期，第98页。

⑦ 叶蓉：《临济四祖风穴延沼禅师行略评述》，《绵阳师范学院学报》2018年第10期，第47页。

⑧ 叶蓉：《临济四祖风穴延沼禅师行略评述》，《绵阳师范学院学报》2018年第10期，第47页。

⑨ 麻天祥：《汝州风穴寺考——兼论荆三林先生对风穴寺研究的贡献》，《哈尔滨工业大学学报（社会科学版）》2019年第6期，第98页。

试论南宋碑志撰写活动中的名人效应*

武胜鑫

（西华师范大学　历史文化学院，四川　南充，637000）

摘　要：南宋碑志撰写活动呈现出了鲜明的名人效应现象。一方面，请托者采取强调未得名人撰铭有不肖之责、借用名人推荐等方式向当世名人索求碑志。另一方面，无论是上层的名宦、大儒，还是地方的善士、节妇，撰写者都因其事迹显于当世而乐意为之撰写碑志。由此，大部分请托者和撰写者显现了突出的效慕名人的文化心理。这种现象既反映出撰主名人身份提高墓主事迹可信度的实用功效，又折射出墓主名人身份便于撰写者碑志书写的显著功能，更透露出南宋碑志撰写活动平民化的发展趋势。

关键词：南宋；请托者；撰写者；名人效应；碑志撰写活动

南宋文人陈耆卿有言："天下之人，进而不得附于圣世之史，则退而求托于宗工钜伯之文。盖附于史则为传，而托于文则为铭，使人虽死而犹生，是或一道也。"[①]显然，在南宋时人的认识中，碑志如史传一样，有使逝者名扬后世、虽死犹生的效果。值得注意的是，时人喜好请托"宗工钜伯之文"。而"宗工钜伯"具体指社会上有名望的人。同时，在碑志撰写活动中，大部分撰写者倾向于为当世名贵、显达之人撰写碑志。因此，碑志的撰写者和请托者都显示了突出的效慕名人的文化心理，这使南宋的碑志撰写活动呈现出了鲜明的名人效应现象。剖析南宋碑志撰写活动中的名人效应现象，对于深入了解南宋社会文化具有十分重要的意义。但学界对此鲜有系统的论

* 本文为西华师范大学历史文化学院国家级科研培育项目"南宋理学家所撰碑志文献的整理与研究"（XHLS2020B3）、西华师范大学博士启动项目"南宋理学家碑志撰写及其身份认同研究"（20E013）阶段性研究成果。

① （宋）陈耆卿：《代吴守上水心先生求先铭书》，曾枣庄、刘琳主编：《全宋文》第319册卷7312《陈耆卿二》，上海：上海辞书出版社，2006年，第30页。

述[①]，故而笔者就此略陈己见，敬请方家指正。

一、热衷于请名人撰写碑志的请托者

在南宋碑志撰写活动中，大多数请托者热衷于向名人索求碑志，进而产生了多种多样的碑志请文方式。

第一，许多丧家不辞劳苦，奔赴远程，请求名人为之撰写碑志。例如，鲁詹逝世后，其弟寓书南走三千里，问铭于闽粤帅张守曰："寿宁行负神明，老失冢嗣，悲不克自胜。惟是詹之平生，载訾状不诬，得名世君子书之，则老人死且瞑而詹不朽矣！君其宠嘉之。"[②]对此，张守"念请之勤、言之哀也，敢不诺而铭诸"[③]。可知，张守因丧家"请之勤、言之哀"而允诺为鲁詹撰写墓志铭。又如李秀实去世后，李千乘不远千里请求寓居于秣陵的胡铨为其父撰写墓志铭。对此，胡铨感叹道："相距数千里，而千乘不以远为难，具见诚孝，矧诵文典事核，其又奚辞？"[④]再如洪霖之父过世后，洪霖"多病，瘿瘿然如不自持，千里裹粮来乞铭其父"[⑤]。陈傅良"为之悲甚而许之"[⑥]。他如毛新甫逝世后，其家人"不远二千里乞余（指黄震）铭"。对此，黄震感慨道："呜呼，其何忍铭！然余知新甫深，又何忍不铭！故为序次而系之铭。"[⑦]类似碑志请托者向当世名人百里求铭、千里求铭，乃至万里求铭的现象在南宋所存留的碑志中十分常见，如《兴国军太守向朝散墓志铭》[⑧]、《故长洲开国寺丞孔公行述》[⑨]、《秘阁修撰湖南转运使萧公之敏墓志铭》[⑩]等。

第二，在请铭过程中，一些请托者通过诉述其索铭心态以苦求名人为其家人撰写碑志。例如，为了给祖父李诜请铭，李彰详诉其父李亢宗临逝前的嘱托："吾父通判公幽刻

---

① 郑嘉励指出："志墓必借名人以自重，（南宋）时人甚至有'非请名家作铭为不肖子孙'的说法。"参见郑嘉励：《南宋的志墓碑刻——以浙江的材料为例》，浙江省博物馆编：《东方博物》（第45辑），杭州：浙江大学出版社，2012年，第86页。徐海容提出："对于碑文的书写者，人们往往注重其名望、地位和文采，至于其和死者的交情友谊，反倒愈加看轻。这就出现了碑志书写的名人效应现象。"参见徐海容：《碑志通论》第六章"备极哀荣，人情不免——碑志书写的名人效应"，北京：北京联合出版公司，2019年，第190页。付梅认为："有时为了确保文字传世的效果，行状、墓志文、题盖、书丹甚至刻字都要出自当时本领域的名家。"参见付梅：《论杨万里尺牍中的求荐章与应求作墓志文活动》，《聊城大学学报（社会科学版）》2021年第4期，第34页。上述三位学者的研究对碑志书写的名人效应现象有所涉及，但未对南宋碑志撰写活动中的名人效应现象展开深入研究。

② （宋）张守撰，刘云军点校：《毘陵集》卷13《枢密院检详文字鲁公墓志铭》，上海：上海古籍出版社，2018年，第178页。

③ （宋）张守撰，刘云军点校：《毘陵集》卷13《枢密院检详文字鲁公墓志铭》，第178页。

④ （宋）胡铨：《靖州太守李承议墓志铭》，曾枣庄、刘琳主编：《全宋文》第196册卷4330，第145页。

⑤ （宋）陈傅良著，周梦江点校：《陈傅良先生文集》卷50《洪君墓志铭》，杭州：浙江大学出版社，1999年，第631页。

⑥ （宋）陈傅良著，周梦江点校：《陈傅良先生文集》卷50《洪君墓志铭》，第631页。

⑦ （宋）黄震：《黄氏日钞》卷97《史馆校勘奉议毛君墓志铭》，《影印文渊阁四库全书》第708册，北京：北京出版社，2012年，第1051页。

⑧ （宋）胡铨：《兴国军太守向朝散墓志铭》，曾枣庄、刘琳主编：《全宋文》第196册卷4330，第140页。

⑨ （宋）刘宰：《漫塘集》卷35《故长洲开国寺丞孔公行述》，《影印文渊阁四库全书》第1170册，第772—775页。

⑩ （宋）周必大：《文忠集·省斋文稿》卷33《秘阁修撰湖南转运使萧公之敏墓志铭》，《影印文渊阁四库全书》第1147册，第364页。

未立，吾死不瞑，汝其为我谒铭。”[①]对此，理学家陈宓感叹道：“(李)彰洫请，谊不得辞。”[②]又如郎伯永过世后，其子奉母命乞铭于洪咨夔道：“曾大母尝得铭，大父不得铭，宁不葬，惟先生哀怜之。”[③]再如高叔献为其父请铭曰：“先君（指高夔）病甚，命叔献云：‘我昔遣汝乞尔祖母之铭于周益公（指周必大），且载吾家仗义来归及当时北叛盟始末详实。我死，汝必往求文刻之墓隧，以成吾志。’”[④]可见，高叔献重申其父生前的夙愿以求宰执周必大为其父撰写碑志。甚者，竺大年呜咽为父请铭道：“先生（指沈焕）尝假宠季弟，今愿乞铭吾父之墓。吾父而不得先生铭，不肖他日无以见于九原。”[⑤]对此，理学家沈焕“固谢不能，挟友朋之书相督，遂铭”[⑥]。

与之相关，周侁疾卒后，其子通过李滨老的书信向孙觌索铭。据《周侁墓志铭》载：“会稽周府君（指周侁）以疾卒。将葬，而余（指孙觌）之婿右朝奉郎李滨老方从事在越，诸孤状君行治，属滨老以书来告。”[⑦]需要注意的是，李滨老是孙觌的女婿。因此，撰主孙觌很快“复书许之”。不过，孙觌“病久不果”，迟迟没能完成墓志。对此，周侁之子“请益勤，(孙觌)遂次其语为铭”[⑧]。不难发现，周侁墓志铭的撰写过程生动地显示出墓主之家人向名人孙觌索铭的迫切态度。又如妇人盛氏过世后，洪鉴“以币走山间，乞铭于学士吴某（泳），曰：‘当代鸿笔，惟子是属。若哀而赐之铭，是子遗吾母不朽也。’”[⑨]于是，吴泳答应为洪鉴之母撰写墓志铭，但不久撰主“病弥月不愈”，洪鉴“累书迫趣”。[⑩]对此，吴泳怃然而叹曰：“文章以神志为主，今神衰志耗，笔路已荒，惟恐词之不令，以为神羞，得挂名书丹幸矣。”[⑪]可知，吴泳因病而“恐词之不令”，有推脱撰写墓志铭之意。由是，洪鉴回答道：“不然。昔东莱先生（指吕祖谦）之病病矣，犹力而铭番阳王君安之母。今吾母之葬，虽筮日已从，而子之志未得，宁舍龟释策，别卜远日以待。”[⑫]显然，洪鉴以理学家吕祖谦带病为王君安之母撰写墓志铭的事例来坚持请名士吴泳为其母撰写墓志铭。甚者，洪鉴直接表态，若未得吴泳所撰墓志铭，将推迟其母下葬的日期。以上两则典型事例充分反映了部分碑志请托者向名人索铭时热切而坚定的心理。

第三，有的碑志在一些人的推荐下由名人撰写而成，而这些推荐人往往多是与撰主私交甚好的当世名人，如永康富人何松“内事治，与学士大夫无异，不但整齐之，诗书

① （宋）陈宓：《复斋集》卷22《通判李公墓志铭》，《续修四库全书》第1319册，上海：上海古籍出版社，2002年，第547页。

② （宋）陈宓：《复斋集》卷22《通判李公墓志铭》，《续修四库全书》第1319册，第547页。

③ （宋）洪咨夔：《平斋集》卷31《郎迪功墓志铭》，《影印文渊阁四库全书》第1175册，第325页。

④ （宋）周必大：《文忠集·平园续稿》卷25《淮西帅高君夔神道碑》，《影印文渊阁四库全书》第1147册，第688页。

⑤ （宋）沈焕：《竺硕夫墓志铭》，曾枣庄、刘琳主编：《全宋文》第272册卷6158，第300页。

⑥ （宋）沈焕：《竺硕夫墓志铭》，曾枣庄、刘琳主编：《全宋文》第272册卷6158，第300页。(《定川遗书》卷1《竺硕夫墓志铭》阙而不全）

⑦ （宋）孙觌：《鸿庆居士文集》卷36《宋故抚干周府君墓志铭》，《影印文渊阁四库全书》第1135册，第388页。

⑧ （宋）孙觌：《鸿庆居士文集》卷36《宋故抚干周府君墓志铭》，《影印文渊阁四库全书》第1135册，第388页。

⑨ （宋）吴泳：《鹤林集》卷35《盛宜人墓志铭》，《影印文渊阁四库全书》第1176册，第348页。

⑩ （宋）吴泳：《鹤林集》卷35《盛宜人墓志铭》，《影印文渊阁四库全书》第1176册，第349页。

⑪ （宋）吴泳：《鹤林集》卷35《盛宜人墓志铭》，《影印文渊阁四库全书》第1176册，第349页。

⑫ （宋）吴泳：《鹤林集》卷35《盛宜人墓志铭》，《影印文渊阁四库全书》第1176册，第349页。

之习蔼然其方兴也”[①]。何松过世后，陈亮“数数为余（指陈傅良）言宜铭，斯不谓著于乡乎？以此可以观考其余矣”[②]。陈亮和陈傅良都是浙东事功学派的重要代表人物，而陈亮多次催促陈傅良为何松撰写墓志铭。又如李道传“疾终于江州之寓舍”，理学家陈宓以书信告于学友黄榦曰：“李君有惠政于江东，乐与此邦之士游。……子与李君交最厚，愿有记。”对此，黄榦“悲君之不可复见，遂为之记”[③]。显然，陈宓和黄榦受学于朱熹，都是朱子学的重要继承人和传播者。陈宓以书信的形式敦促黄榦为李道传撰写墓志铭。再如罗棐恭过世后，其家人以“杨万里状走行在，乞铭于某（指胡铨）。其（指《罗棐恭行状》）大略云：‘公之学邃于名数字书，故其文长于序事，其碑板之作尤崛奇。’”[④]同时《罗棐恭行状》记载道：“（杨）万里尝叹今代备顾问者惟公（指胡铨）可，而止于斯，可哀也。”[⑤]可知，杨万里和胡铨都是江西庐陵地区名士，其中杨万里不仅为罗棐恭撰写行状，还推荐胡铨为之撰写墓志铭。诸如名人推荐名人为请托者撰写碑志的现象在南宋碑志撰写活动中还有许多，如《吕君墓志铭》[⑥]、《知钟离县姜君墓志铭》[⑦]等。

第四，一些请托者在索取行状时特意说明行状将用于某名人撰写墓志铭，如何伯谨过世后，何叔忱谋行状于陈傅良道：“先君辱知于今参政周公（必大）厚，尝惠许之铭。不肖孤自惟念，设不获执事之文以藉手，则参政公将谁从而信予之。”对此，陈傅良“不敢辞，遂为之状”[⑧]。可见，在请托碑志的过程中，何叔忱特别言明行状将是宰执周必大撰写其父墓志铭的材料来源，因此陈傅良很快答应为之撰写行状。又如《承奉郎孙君行状》记载：“（孙介之子）将请于晦翁朱先生铭其墓，不鄙（沈）焕，委状其行，遂次第书之为状。”[⑨]可知，孙介之子为父请状时强调其行状将用来请铭于理学宗师朱熹。再如彭汉老之子在为其父请托行状时讲道：“请状公之行，以乞铭于丞相益国周公（指周必大）。”[⑩]对此，杨万里“敬诺而书之”[⑪]。不难发现，无论是行状的撰写者陈傅良、沈焕、杨万里，还是墓志铭的书写者周必大、朱熹，都是当世社会的名士名家。这不仅显示出大部分请托者向名人索铭的文化心理，也透露出请托者有借用名人身份提高其碑志请托成功率的目的。

与之相关联，南宋时期行状成为墓志铭重要的材料来源，而大多数行状末尾都会有类似“俟名世之士，求为之铭”的模式化行文。例如，蔡伸过世后，其子蔡戡在为父所

---

① （宋）陈傅良著，周梦江点校：《陈傅良先生文集》卷48《何君墓志铭》，第604页。

② （宋）陈傅良著，周梦江点校：《陈傅良先生文集》卷48《何君墓志铭》，第604页。

③ （宋）黄榦：《勉斋集》卷35《知果州李兵部墓志铭》，《影印文渊阁四库全书》第1168册，第458页。

④ （宋）胡铨：《武冈军太守罗公墓志铭》，曾枣庄、刘琳主编：《全宋文》第196册卷4329，第130页。

⑤ （宋）胡铨：《武冈军太守罗公墓志铭》，曾枣庄、刘琳主编：《全宋文》第196册卷4329，第130页。

⑥ （宋）叶适撰，刘公纯、王孝鱼、李哲夫点校：《叶适集·水心文集》卷14《吕君墓志铭》，北京：中华书局，1961年，第266—267页。

⑦ （宋）楼钥：《攻媿集》卷106《知锺离县姜君墓志铭》，《影印文渊阁四库全书》第1153册，第626页。

⑧ （宋）陈傅良著，周梦江点校：《陈傅良先生文集》卷51《国子司业何公行状》，第651页。

⑨ （宋）沈焕：《定川遗书》卷1《承奉郎孙君行状》，《续修四库全书》第1318册，第494页。

⑩ （宋）杨万里：《诚斋集》卷119《中散大夫广西转运判官赠直秘阁彭公行状》，《影印文渊阁四库全书》第1161册，第525页。

⑪ （宋）杨万里：《诚斋集》卷119《中散大夫广西转运判官赠直秘阁彭公行状》，《影印文渊阁四库全书》第1161册，第525页。

撰行状中讲道："公之行事，莫得其详，某大惧岁久湮没，无以传远，谨摭所闻一二，以告名世之士，求为之铭。"[①]又如程洵为董琦所撰行状云："（董琦之子）将以某年月日葬君其乡湖山之原，以周氏祔，属洵状君行事，欲求铭当世立言君子。"[②]再如林积仁逝世后，其家人"以其行事属某（指林光朝）次第之，将乞铭于当代显者"[③]。他如李益谦为其弟流谦所撰行状曰："其孤欲乞铭于当世立言之君子，以为不朽之传，所图未即……予先掇其出处大略著于状，庶几四方来观者有所考焉。"[④]显然，大多数请托者热切期望行状成为向当世名人索铭的材料依据。

甚者，遁入空门的僧侣的行状也呈现出此类鲜明的现象。例如，《灵隐大川禅师行状》记载道："余（指释大观）居慈云，其子用楫过我，言师始末，与余畴昔所闻者，合乃为条理其事，以备当世名公采摭，铭以传远。"[⑤]又如了慧禅师圆寂后，"其徒智潮、智涣踵门泣曰：'吾师始末，惟公悉之。幸为书其事，将求当世名公于师有契分者铭其塔。'"[⑥]再如破庵祖师圆寂后，释宗兴"略记录亲闻于师之出处大概，当求名世大手大书碑铭，以传无穷云"[⑦]。由此，我们有理由推断，南宋时期，"乞铭于当世立言之君子，以为不朽之传"等记述内容已成为许多行状撰写者的模式化行文。这种现象进一步揭示出南宋大多数请托者热衷于向名人索取碑铭的文化心理。

第五，有的请托者通过讲述墓主与当世名流交往之事向名人名士索求碑志。例如，张阐逝世后，其家人在寄予周必大的请铭书信中强调道："先君道同志合惟王十朋、胡忠简公铨。王公尝为行状，许志墓而不果，胡公亦下世，成遗[志]者惟执事耳。"[⑧]可见，张阐之子在书信中介绍了其父与当世名士王十朋、胡铨的交往。对此，周必大言道："不敢辞。"[⑨]又如吴埏为其父请托墓志铭时诉求道："埏不孝，吾父（指吴谊甫）死矣，非得当世君子铭，无以葬。先与前忠介唐公震、前太史黄公震为三友，唐公既为先祖铭其墓，黄公又为吾父表其义，二公云亡，惟先生（指陈著）在，敢徼其所以敬请。"[⑩]可知，吴谊甫生前与唐震、黄震二人交好，二人已故，其子吴埏敬请理学家陈著为其父撰写墓志铭。再如时澜过世后，其子请铭于陈宓道："先君师事东莱先生，所与交皆名人，今存无几，相知深者无如子，子其为我铭。"[⑪]他如陈太冲之子请铭于刘克庄曰："先友如

---

① （宋）蔡戡：《定斋集》卷14《大父行状》，《影印文渊阁四库全书》第1157册，第717页。

② （宋）程洵：《尊德性斋小集》卷3《迪功郎致仕董君行状》，《续修四库全书》第1318册，第175页。

③ （宋）林光朝：《艾轩集》卷8《左中大夫秘阁修撰赠光禄大夫林公行状》，《影印文渊阁四库全书》第1142册，第636页。

④ （宋）李流谦：《澹斋集》附录《李流谦行状》，《影印文渊阁四库全书》第1133册，第762页。

⑤ （宋）释大观：《灵隐大川禅师行状》，曾枣庄、刘琳主编：《全宋文》第343册卷7936，第387页。

⑥ （宋）释大观：《西岩了慧禅师行状》，曾枣庄、刘琳主编：《全宋文》第343册卷7936，第389页。

⑦ （宋）释宗性：《破庵祖先禅师行状》，曾枣庄、刘琳主编：《全宋文》第306册卷6978，第55页。

⑧ （宋）周必大：《文忠集·平园续稿》卷21《龙图阁学士左通奉大夫致仕赠少师谥忠简张公阐神道碑》，《影印文渊阁四库全书》第1147册，第641页。

⑨ （宋）周必大：《文忠集·平园续稿》卷21《龙图阁学士左通奉大夫致仕赠少师谥忠简张公阐神道碑》，《影印文渊阁四库全书》第1147册，第641页。

⑩ （宋）陈著：《本堂集》卷91《吴谊甫墓志铭》，《影印文渊阁四库全书》第1185册，第501页。

⑪ （宋）陈宓：《复斋集》卷22《通判南堂时公墓志铭》，《续修四库全书》第1319册，第532页。

铁庵方公、臞轩王公皆往矣，题宰上者非公而谁？”[①]对此，刘克庄回答道：“予惰荒久，砚尘寸许，念孝子之意不可孤，故人之谊不可忘也，乃叙而铭之。”[②]等等。

综上所述，南宋时期，在请托碑志的过程中，大部分请托者或不辞远程以其孝心感动名人，或哭诉未得撰主之铭有不肖之责，或借以名人推荐等方式向当世名人索取碑铭，等等。这一系列请铭举措生动而显著地反映了大多数请托者热衷于向名人求取碑志的文化行为和文化心理。

二、喜好为名人书写碑志的撰写者

在撰写碑志的活动中，许多撰写者都不同程度地显示出乐意为当世名贵、显达之人撰写碑志的文化现象。

大多数撰写者乐意为名宦之人撰写碑志。例如，宋之才“伟望硕德，为时名臣，乡闬老成，于今为最”[③]。薛季宣“知公尤悉，大惧风谊阙逸……谨状”[④]。可见，墓主为当时名臣，加之撰主薛季宣对其生平熟悉，因此薛季宣惧怕宋之才“风谊阙逸”，乐意为其撰写行状。又如贺允中“拜知枢密院事，兼参知政事”，“誉望益高”。[⑤]过世后，其子贺敦仁来请铭曰：“大父之薨与葬也，敦仁兄弟幼未有知，尝闻治命，将以铭志属君。”[⑥]对此，韩元吉答道：“某顷少年，荷公鉴裁，辱荐于朝，熟闻公之行事，今公盖不可见矣，其可见而传者，敢不次而铭之？”[⑦]可见，贺允中身居宰执，加之对韩元吉有荐举之恩，由是韩元吉不敢不允诺为其撰铭。再如沈与求官至枢密院事，“名节之伟，议论之懿，缙绅所共知也”，其子沈云纪“属（刘）一止状公之行，将求诸立言大君子志公墓”。[⑧]对此，刘一止“不敢私。谨状”[⑨]。他如张纲“以全德硕望，遭遇四朝，言听计从，泽及天下，克保富贵寿考，屹然为世重臣”[⑩]。对此，洪篋“辄以所闻见纪其实……有所考信，以传不朽”[⑪]。

同时，大部分撰写者乐意为名儒之士撰写碑志。例如，黄榦所撰《朱子行状》云：“先生出，而自周以来，圣贤相传之道，一旦豁然如大明中天，昭晰呈露。则摭其言

---

① （宋）刘克庄：《后村先生大全文集》卷155《礼部王郎中墓志铭》，《四部丛刊初编》，北京：中央编译出版社，2015年，第5445页。

② （宋）刘克庄：《后村先生大全文集》卷155《礼部王郎中墓志铭》，《四部丛刊初编》，第5445页。

③ （宋）薛季宣：《浪语集》卷34《宋侍郎之才行状》，《影印文渊阁四库全书》第1159册，第556页。

④ （宋）薛季宣：《浪语集》卷34《宋侍郎之才行状》，《影印文渊阁四库全书》第1159册，第556页。

⑤ （宋）韩元吉：《南涧甲乙稿》卷20《资政殿大学士左通议大夫致仕贺公墓志铭》，《影印文渊阁四库全书》第1165册，第317页。

⑥ （宋）韩元吉：《南涧甲乙稿》卷20《资政殿大学士左通议大夫致仕贺公墓志铭》，《影印文渊阁四库全书》第1165册，第318页。

⑦ （宋）韩元吉：《南涧甲乙稿》卷20《资政殿大学士左通议大夫致仕贺公墓志铭》，《影印文渊阁四库全书》第1165册，第318页。

⑧ （宋）刘一止：《苕溪集》卷30《知枢密院事沈公行状》，《影印文渊阁四库全书》第1132册，第161页。

⑨ （宋）刘一止：《苕溪集》卷30《知枢密院事沈公行状》，《影印文渊阁四库全书》第1132册，第161页。

⑩ （宋）张纲：《华阳集》卷40附录《张公行状》，《影印文渊阁四库全书》第1131册，第254—255页。

⑪ （宋）张纲：《华阳集》卷40附录《张公行状》，《影印文渊阁四库全书》第1131册，第255页。

行……终之以俟知德者考焉。谨状。”[①]可见，出于传朱子之学的目的，黄榦尽心撰写《朱子行状》。同样，钱时所撰《杨简行状》曰：“先生之学，以古圣为的……论治则三代之规模，苟为汉唐事业，虽隆贵，所弗愿焉。……妇人孺子，亦知有所谓慈湖先生。岿然天地间，为斯文宗主。”[②]可见，钱时认为其师杨简传圣贤之道，“为斯文宗主”，因此“奉同志之命，姑诵其闻。谨状”[③]。他如真德秀在《袁燮行状》中指出：“维公粹学伟行，为时儒宗，忠言至计，有补宗社。”[④]可见，袁燮不仅在治学上被称为“儒宗”，而且在政治上“有补宗社”。因此，面对其子袁肃之请状，真德秀“谊不得辞，虽笔研（砚）芜废，猥琐是惭，然不溢美，不失实，尚庶几公平昔之志。谨状”[⑤]，等等。

由上可知，不管是名宦身份的宰执官员，还是儒学名师的理学大家，基于他们特有的社会地位，加之撰主与墓主良好的交际关系，大多数撰主都乐意为之撰写碑志。因此，这些名贵之人的碑志往往都会有“谨状”“宜不得辞”“遂不敢辞”等行文，这透露出大部分撰主喜好为名贵、显达之人撰写碑志的文化心理。

值得注意的是，有的撰主因墓主名宦家属的身份而乐意为其撰写碑志。例如，刘氏过世后，杨存中向刘一止请铭曰：“存中逮事祖母恩平郡夫人，蒙教育之恩甚厚，葬十年矣，而碑铭未立，私心恧焉，敢以累子。”[⑥]刘一止回答道：“公（指杨存中）家世忠孝……致位通显，益大厥家，其继述先懿宜有人，顾安取此？然不得辞。”[⑦]可见，因杨存中显赫的军功将领身份，刘一止乐意为其祖母撰写墓碑。又如《陈通判墓志铭》记载道：“公（陈咏之）实敷文阁学士、献肃讳（陈）良翰之孙，而宝谟阁待制、少师讳（陈）广寿之子也。公事少师，当谏即谏，不独以顺承为孝。少师尝称以异日为政，必有可观。”[⑧]可见，因陈咏之名宦之后的身份，理学家包恢很快便允诺为其撰写墓志铭。再如林栗“清风直节，赫然为乾道、淳熙名臣……最为孝宗所知”[⑨]。其子林行知“孝弟天得，加以严父是师，及多识前辈名公钜人，问学孜孜，无子弟之好，儒生贫士有所不及”[⑩]。因此，当林行知之子为父请状时，陈宓不得辞。类似的现象在南宋碑志撰写活动中还有很多，不再一一赘述。

除了社会上层的名宦之士，大部分撰写者也乐意为地方贤达之士撰写碑志。一方面，有些撰写者乐意为地方传播儒学的士人撰写碑志。例如，西山先生李郁为“龟山先

---

① （宋）黄榦：《勉斋集》卷36《朝奉大夫华文阁待制赠宝谟阁直学士通议大夫谥文朱先生行状》，《影印文渊阁四库全书》第1168册，第428页。

② （宋）杨简撰，董平校点：《慈湖先生遗书》卷18附录《宝谟阁学士正奉大夫慈湖先生行状》，《杨简全集》，杭州：浙江大学出版社，2016年，第2285页。

③ （宋）杨简撰，董平校点：《慈湖先生遗书》卷18附录《宝谟阁学士正奉大夫慈湖先生行状》，《杨简全集》，第2285页。

④ （宋）真德秀：《西山文集》卷47《袁燮行状》，《影印文渊阁四库全书》第1174册，第762页。

⑤ （宋）真德秀：《西山文集》卷47《袁燮行状》，《影印文渊阁四库全书》第1174册，第762页。

⑥ （宋）刘一止：《苕溪集》卷48《宋故恩平郡夫人刘氏墓碑》，《影印文渊阁四库全书》第1132册，第236页。

⑦ （宋）刘一止：《苕溪集》卷48《宋故恩平郡夫人刘氏墓碑》，《影印文渊阁四库全书》第1132册，第236页。

⑧ （宋）包恢：《敝帚稿略》卷6《陈通判墓志铭》，《影印文渊阁四库全书》第1178册，第771页。

⑨ （宋）陈宓：《复斋集》卷23《朝散大夫直秘阁主管亳州明道宫林公行状》，《续修四库全书》第1319册，第554页。

⑩ （宋）陈宓：《复斋集》卷23《朝散大夫直秘阁主管亳州明道宫林公行状》，《续修四库全书》第1319册，第554页。

生杨文靖公（指杨时）之门人也”。对此，朱熹感慨道：“自秦汉以来，道学不传，儒者不知反己潜心……若龟山之所以教，与西山之所以学，其亦足以观矣。予是以著之而并记其行事，后之君子尚有考也。”[①]可见，基于李郁传播道学的贡献，朱熹欣然为之撰写碑志。又如《梅坡先生彭公墓志铭》云：“晦庵既去，而乡之后生子弟，闻晦庵之学者，往往于先生（指彭蠡）求之。先生筑室梅坡，授徒肄业，江淮之士，来者云集，规矩森立，屹不可犯。”[②]由此可见，彭蠡对朱子学的传播发挥着重要作用。加之，撰主曹彦约“十二岁学《春秋》，从先生（指彭蠡）读三传，由属对以至识音韵，自讲《论语》以至举子业，在先生左右，终始五年”[③]。因此，曹彦约乐意为彭蠡撰写碑志。他如陈宓所撰《持斋先生郑公墓志铭》曰：“吾乡之士方且溺于功利之习，而升夫子之堂仅三数人焉。至于讲明穷理，正心修己……至精至一，执而不失，而为朱夫子之所称道赞美者，则未有如持斋先生（指郑可学）者也。”[④]可见，郑可学在乡里社会广泛传播朱子之学。由此，理学家陈宓乐意为其撰写墓志铭。

另一方面，许多撰写者喜欢为参与基层社会建设的地方士人书写碑志。例如，阮向符“虽名田数顷，而用不足。津梁道路，有不便往来者，倡率乡闾，协力修治。……里中生女或不举，委曲开譬之，周其乏绝，全活者众”[⑤]。由此，乡人“具言居士阮君持身律家，信于乡党，有古君子风”[⑥]。当其子阮泰向袁燮求铭时，袁燮曰：“余不敢辞，乃叙而铭之。”[⑦]又如彭元亨“信于乡里。会岁大侵，郡督劝分，君产中下，首发廪为倡，乃克有济。……求名儒达官敷绎之，蚤夜力行不敢少息”[⑧]。彭元亨被称赞为“一乡之善士”[⑨]。因此，周必大在撰写其墓志铭时感叹道：“君之可铭不在兹乎？”[⑩]他如郑良朋“性轻财重义……岁大祲，发私积贷乡邻，归逋如期，慨焉焚券。遇族姻之死丧孤遗者，周给之有品节，而诲其子若弟，孳孳无厌斁，奖善救失，亲党畏慕焉”[⑪]。因此，袁甫乐意为之撰写碑志。

由上可见，上述士人虽然在上层社会中没有很高的名气，但在地方社会或被乡党敬慕，或被乡里敬称为善士，抑或被乡里读书人追随，如此往往很受大部分碑志撰写者的青睐。

另外，许多撰写者乐意为大部分寡居妇女撰写碑志。例如，节妇王氏“治闺门甚

---

① （宋）朱熹撰，戴扬本、曾抗美校点：《晦庵先生朱文公文集（五）》卷90《西山先生李公墓表》，《朱子全书》第24册，上海、合肥：上海古籍出版社、安徽教育出版社，2002年，第4178、4180页。

② （宋）曹彦约：《昌谷集》卷20《梅坡先生彭公墓志铭》，《影印文渊阁四库全书》第1167册，第246—247页。

③ （宋）曹彦约：《昌谷集》卷20《梅坡先生彭公墓志铭》，《影印文渊阁四库全书》第1167册，第247—248页。

④ （宋）陈宓：《复斋集》卷21《持斋先生郑公墓志铭》，《续修四库全书》第1319册，第518页。

⑤ （宋）袁燮：《絜斋集》卷20《居士阮君墓志铭》，《影印文渊阁四库全书》第1157册，第274页。

⑥ （宋）袁燮：《絜斋集》卷20《居士阮君墓志铭》，《影印文渊阁四库全书》第1157册，第273页。

⑦ （宋）袁燮：《絜斋集》卷20《居士阮君墓志铭》，《影印文渊阁四库全书》第1157册，第273页。

⑧ （宋）周必大：《文忠集·平园续稿》卷32《彭元亨墓志铭》，《影印文渊阁四库全书》第1147册，第759—760页。

⑨ （宋）周必大：《文忠集·平园续稿》卷32《彭元亨墓志铭》，《影印文渊阁四库全书》第1147册，第760页。

⑩ （宋）周必大：《文忠集·平园续稿》卷32《彭元亨墓志铭》，《影印文渊阁四库全书》第1147册，第760页。

⑪ （宋）袁甫：《蒙斋集》卷18《东岩老人郑君墓志铭》，《影印文渊阁四库全书》第1175册，第542页。

严，待宗族有恩，其于奉先也尤谨。子妇之始至，教之以礼，如严师焉”[①]。对此，理学家陈宓盛赞道：“呜呼！自昔正烈之妇，经史班班，虽遐峤幽闺，靡不备录，所以厚礼义崇风化也。夫人年盛而守节，不以家贫累众而他其志，用能难苦俭素，训子业儒，使子孙登第者凡六人，克昌厥后，岂非修身房帷，取必于天而然耶？”[②]又如余夫人的丈夫过世后不久，有中第的士人向其求婚，余夫人曰：“孀居命也，否者吾夫不死矣。”[③]对此，有人规劝曰：“今嫁，嫁官人，非前比也。”余夫人回答道：“不得为官人妻亦命也，否者吾夫当擢第矣。”[④]对于余夫人的事迹，名儒黄震感叹道：“是岂容不铭也耶！孀居者多矣，夫人独食贫誓死者五十有五年，其节何如也！不更二夫者有矣，夫人以其夫不得官，不忍改适他人之有官，其识何如也！……是皆可铭也，而岂容不铭也耶！”[⑤]再如“仪真殁，李曹方龀，夫人（指陈善坚）守贫课其学，壬戌擢兵科”。对此，陈善坚喜曰：“吾无愧吾夫矣。”[⑥]针对陈夫人的事迹，林希逸感叹道：“夫人盛年，嫠贫自守，有共姜之节焉；拊诸息，其爱均，有程母之慈焉……是可铭也已。”[⑦]类似的盛赞节妇的碑志还有很多，不再一一举例。

在撰写节妇碑志的过程中，一些撰写者表达了自身的撰写态度。例如，孙觌讲道：“妇人女子有静专幽闲之操，行不下堂，笑言不出阃阈，非若公卿大夫治行劳烈，著见于天下后世，可书而传也。”[⑧]又如叶适论述道：“古之妇人，德善以位登，功烈因事显，书传所载，固瑰异俊哲，非凡女子也。屏梱内常事细行，直不足录。”[⑨]再如陈文蔚议论道：“妇德以贞顺为常，外此虽美，弗取也。丈夫之立于世，其行显显在人，善恶不可诬。妇人深居闺阃，内行修否，在乎疑信，非深知熟察，冒然书之，何以信远？”[⑩]不难发现，上述言论一致认为，妇女碑志仅有闺门细行事迹，不足以传信后世。可见，大部分节妇都因显于世的贞烈事迹而在地方社会上拥有一定名气，因此大部分碑志撰写者喜好为节妇撰写碑志。

相反，一些小有名气的乡里人物碑志撰写却显得十分艰难。例如，彭期之子彭裔向胡铨索铭，“走书来请，三返益虔”。对此，名儒胡铨感慨道：“某在田间时，固已喜长者之为人，况裔请之力，其安能已？”[⑪]可见，胡铨三次拒绝为乡人彭期撰写墓志铭，最后因其子彭裔虔诚的孝心才答应为之撰铭。李时用的碑志请托过程更为艰辛，据《李时用墓志铭》载：“时用死矣，其二子悦、观求志其先人之行。自合之万，则余千里，自庚申

① （宋）：陈宓：《复斋集》卷21《王氏夫人墓志铭》，《续修四库全书》第1319册，第529页。
② （宋）：陈宓：《复斋集》卷21《王氏夫人墓志铭》，《续修四库全书》第1319册，第529页。
③ （宋）黄震：《黄氏日钞》卷97《余夫人墓志铭》，《影印文渊阁四库全书》第708册，第1058页。
④ （宋）黄震：《黄氏日钞》卷97《余夫人墓志铭》，《影印文渊阁四库全书》第708册，第1058页。
⑤ （宋）黄震：《黄氏日钞》卷97《余夫人墓志铭》，《影印文渊阁四库全书》第708册，第1059页。
⑥ （宋）林希逸：《鬳斋续集》卷21《陈夫人墓志铭》，《影印文渊阁四库全书》第1185册，第758页。
⑦ （宋）林希逸：《鬳斋续集》卷21《陈夫人墓志铭》，《影印文渊阁四库全书》第1185册，第758页。
⑧ （宋）孙觌：《鸿庆居士文集》卷40《宋故令人傅氏墓志铭》，《影印文渊阁四库全书》第1135册，第442页。
⑨ （宋）叶适撰，刘公纯、王孝鱼、李哲夫点校：《叶适集·水心文集》卷14《高夫人墓志铭》，第250页。
⑩ （宋）陈文蔚：《克斋集》卷12《郑孺人墓志铭》，《影印文渊阁四库全书》第1171册，第95页。
⑪ （宋）胡铨：《彭长者墓志铭》，曾枣庄、刘琳主编：《全宋文》第196册卷4326，第85页。

至癸亥，凡四年，其间四五往返，固请不懈。”[①]名士冯时行这才答应：“感念畴昔，且重违其诚也，不敢辞。”[②]可见，李悦、李观为父请铭，奔赴千余里，往返四五次，耗时四年，才得以成功。这些事例不仅表现出大多数碑志请托者渴求名人为其家属撰写碑志的文化心理，同时从侧面凸显出许多撰写者乐意为名人撰写碑志的书写观念。

综上所述，无论是上层社会的名宦、大儒，还是地方社会的善士、节妇，大多数碑志撰写者都因其事迹显于世而乐意为之撰写碑志，进而折射出大部分碑志撰写者鲜明的喜好为名人书写碑志的文化心理。

三、碑志撰写活动中名人效应的成因

如上所述，南宋时期，碑志撰写活动中的大部分撰写者和请托者都表现出了强烈的喜好名人的文化心理，呈现出了鲜明的名人效应现象。这是为何？

就碑志请托者而言，一方面，大多数人认为名人所撰碑志内容的真实性更为可靠，有利于提升墓主事迹的可信度。例如，夫人蔡氏过世后，其子携带蔡氏的行状向真德秀索铭曰：“遂之母弃诸孤九年矣，而墓道至今亡辞以刻，今将归覲松楸，苟不得铭，何以慰吾母于地下，敢拜手请。”[③]对此，理学家真德秀“阅其事状”后曰：“(《蔡氏行状》)则丹阳刘公宰所纂次，刘公天下士也，其于夫人言行反复咏叹，以为世所甚难者，岂夸也哉！”[④]可见，真德秀认为名士刘宰所撰蔡夫人的行状真实无夸。又如周必大在郭弥约的墓表中指出：“(郭弥约）葬于吉水县留田之原。同郡新广东常平使者杨公万里状其行实，敬授乡先生端明殿学士澹庵胡（指胡铨）公，胡公为作铭，传信无穷。”[⑤]可知，在周必大的认知中，江西名士杨万里和胡铨所撰碑志具有很高的可信度。再如王庭珪将葬于安福县清化乡，其孤以周必大所撰行状向胡铨请铭。对此，胡铨讲道：“礼部侍郎周公状自足传信不朽，安用粪土之言？”[⑥]由此可知，胡铨认为政治家周必大所撰的王庭珪行状能够传信不朽。他如林大备奉陈傅良所撰其父行状向薛季宣索铭，薛季宣说道：“君举（指陈傅良）不妄许人，宜可信，属走以志，其何辞！”[⑦]可见，薛季宣因陈傅良所撰林南仲行状宜可信而答应为其撰写墓志铭。综上而言，碑志难免存在隐恶扬善乃至虚美的成分，而大多数名人所撰碑志因其名人身份而提高了碑志内容的可信度，增强了墓主事迹的传信力。

另一方面，大多数撰主的名人身份使墓主的形象更为显于后世。例如，杜范在《跋陈君墓铭》中讲道：“南山陈氏……为乡人敬羡。今观赵、魏二公志铭，乃知尚义笃友，

① （宋）冯时行：《缙云文集》卷4《李时用墓志铭》，《影印文渊阁四库全书》第1138册，第887页。
② （宋）冯时行：《缙云文集》卷4《李时用墓志铭》，《影印文渊阁四库全书》第1138册，第887页。
③ （宋）真德秀：《西山文集》卷45《夫人蔡氏墓志铭》，《影印文渊阁四库全书》第1174册，第724页。
④ （宋）真德秀：《西山文集》卷45《夫人蔡氏墓志铭》，《影印文渊阁四库全书》第1174册，第724页。
⑤ （宋）周必大：《文忠集·省斋文稿》卷35《朝散郎致仕郭公弥约墓表》，《影印文渊阁四库全书》第1147册，第384页。
⑥ （宋）胡铨：《监簿敷文王公墓志铭》，曾枣庄、刘琳主编：《全宋文》第196册卷4330，第139页。
⑦ （宋）薛季宣：《浪语集》卷33《林南仲墓志铭》，《影印文渊阁四库全书》第1159册，第551页。

至文字之训亦形于闺阃之间，遗芳所沾，世载其美也固宜。俾此意久久弗替，则于二公之文将益有光矣。”[①]又如程珌“兼官玉牒，（林）叔全为宗丞，日相款也，暇日出其先府君行状志铭一编，展而读之，则知公之学始于身，行于家，信于友朋，而孚于乡党。礼部侍郎袁公（燮）状其行，攻媿先生楼公（钥）志其墓，二公敬爱之辞，如出一吭”[②]。再如刘宰在《书夏肯父乃父志铭后》中指出：“水心叶先生（指叶适）之文如涧谷泉，挹之愈深。慈湖杨先生（指杨简）之字如节制兵，整而不乱。是志也，水心经年方脱稿，慈湖见即落笔，则肯父所以得此于二先生，必有道矣。”[③]他如“吾乡为善而报称之者，惟陈公经仲，而夏公子寿亦其人也。……有古人重厚长者之风，时其子迪卿已登显第矣。今读秀岩之文，观漫塘（指刘宰）之画，烂然相辉，如美玉而藉之以藻也，于是夏公之德之名愈彰显于后世”[④]。由上可知，南宋时人所撰碑志跋文充分说明了一些墓主的名德因名人书写碑志的因素而在后世愈加彰显和流传。类似的碑志跋文还有很多，如《跋天章待制刘公随墓志》[⑤]、《书李侍郎墓志后》[⑥]等。当然，随着南宋印刷术的普及，这些碑志及其跋文通过文集等载体更为广泛地流传，进一步扩大了碑志撰写活动中的名人效应。

对于碑志撰写者来说，其一，受碑志书写显达之人的传统影响，大多数碑志撰写者倾向于为名人撰写碑志。例如，梁世昌为其妻子向陆九渊请铭时，陆九渊讲道：“余未尝铭墓，抑铭墓非古。惟《孔悝鼎铭》见《戴记》，则卫侯策书曰：‘予汝铭。’墓之有铭，柳子厚谓‘始于公室用碑以葬，其后子孙因铭德行’。如此，则非公侯不得有是。……今人力能办者必铭其墓，余滋不悦。”[⑦]可见，陆九渊认为铭墓之人应当为王侯公卿。又如吕祖谦在《义乌楼君墓志铭》中指出：“太史氏凡例，登于策者，有彝品，惟以孝著，则虽岭隈水涯，凋瘵嫠独，亦编名达官显人后，并藏于金匮石室，甚严风劝，隆尚之意远矣。”[⑧]可知，吕祖谦也认为墓主应为名贵显达之人。再如刘克庄在《忠训陈君宜人李氏墓志铭》中记载道：“古今碑板类纪述达官显人表著见于世者，今澈之先亲有黔娄生、于陵仲子夫妇之操，而迹晦名微，世或未知。君铭里中耆旧多矣，晦能使之显，微能使之著。”[⑨]不难发现，刘克庄也认为古今碑志的墓主多是达官显人。由此可见，受碑志书写传统的影响，大多数撰写者有着为名人撰写碑志的思想意识。

其二，南宋时期，碑志使用阶层呈现出不断向社会中下层扩大的趋势[⑩]，这进一步促

---

① （宋）杜范：《清献集》卷17《跋陈君墓铭》，《影印文渊阁四库全书》第1175册，第748页。

② （宋）程珌：《洺水集》卷9《跋林府君志铭》，《影印文渊阁四库全书》第1171册，第350页。

③ （宋）刘宰：《漫塘集》卷24《书夏肯父乃父志铭后》，《影印文渊阁四库全书》第1170册，第621页。

④ （宋）杜范：《清献集》卷17《跋夏子寿墓志铭》，《影印文渊阁四库全书》第1175册，第746页。

⑤ （宋）洪皓：《鄱阳集》卷4《跋天章待制刘公随墓志》，《影印文渊阁四库全书》第1133册，第421页。

⑥ （宋）黄震：《黄氏日钞》卷91《书李侍郎墓志后》，《影印文渊阁四库全书》第708册，第983—984页。

⑦ （宋）陆九渊著，钟哲点校：《陆九渊集》卷28《黄氏墓志铭》，北京：中华书局，1980年，第320页。

⑧ （宋）吕祖谦撰，黄灵庚点校：《东莱吕太史文集》卷10《义乌楼君墓志铭》，《吕祖谦全集》第1册，杭州：浙江古籍出版社，2008年，第158页。

⑨ （宋）刘克庄：《后村先生大全文集》卷160《忠训陈君宜人李氏墓志铭》，《四部丛刊初编》，第5631页。

⑩ 郑嘉励：《南宋的志墓碑刻——以浙江的材料为例》，浙江省博物馆编：《东方博物》第45辑，第85页；杨向奎：《行状对墓志文创作的影响》，《河南师范大学学报（哲学社会科学版）》2017年第5期。

进了碑志撰写者喜好为名人书写碑志的心理。关于碑志使用阶层下沉的现象，南宋存留的文献多有记载。例如，《上晦庵干墓志书》记载道：“（李吕）尝观苏公子瞻之集有《祭张太保文》，其辞曰：‘某于天下未尝志墓，铭者五人，皆盛德故。’求其所谓五人者，曰司马文正、富文忠、赵清献、赵康靖及文定而五。……审如苏公之云，则得铭者无非达官伟人，彼清介自守，礼法是蹈，厄穷而无位者，皆在所弃矣，不几于失人乎？愚意立言之君子，于所纪录，特视其自立如何耳，苏公未足为通论也。”[①]可见，李吕对北宋文学家苏轼仅铭达官伟人的通论进行了质疑，这折射出南宋碑志使用群体扩大的现象。甚者，真德秀在《建昌太守詹侯墓表》中讲道：“铭墓非古也，铭而又表之，益非古也。然古之欲铭先人功德者，有鼎彝焉，今亡矣，人子思显其亲，将焉讬耶？然则虽铭其墓可也，铭而又表之，于义何居？予故曰益非古也。”[②]显然，真德秀的论述直接说明了南宋碑志使用的乱象，进一步凸显出碑志应用平民化的发展趋势。

于此，一些碑志请托者伪造虚假素材向当世名人索铭。文学家杨万里对此有切身的感受，他曾讲道：“予顷职在太史，当世之孝子慈孙，不以予不能文，往往诡以铭状其先世钜人长德之功行，用谂于后千年者，予欲拒，得而拒哉！如莆田大丞相魏国陈公（俊卿）、枢密权公（邦彦）、资政胡公（铨），或以知己，或以师友，或以其子孙契好，皆欣然为之落笔。”[③]可见，一些请托者不惜夸大墓主事迹向杨万里请铭，因此杨万里拒绝为之撰铭。需要注意的是，丞相陈俊卿、枢密权邦彦、资政胡铨是当世的名宦达官，加之知己、师友等交际关系，杨万里依旧欣喜地为之撰铭。同样，叶适论述道：“古之妇人，德善以位登，功烈因事显，书传所载，固瑰异俊哲，非凡女子也。屏梱内常事细行，直不足录。今之铭妇女，大抵依放之云尔，外属至亲，褒叙而已，词无抑扬，则于铭尤难，是夫人之美，无以传信于后矣。”[④]不难发现，叶适认为妇女唯有显烈之事才可以撰写碑志，同时指出当世社会中因亲属关系而褒叙、夸饰闺门细事的妇女碑志十分常见。上述言论充分说明了碑志撰写的平民化趋势刺激了大多数撰写者喜好为名达显人撰写碑志的文化心理。

需要补充的是，一些撰写者在书写碑志的过程中除了为墓主颂德，还有立言不朽的考量。对此，陈亮表达道：“士之把笔为文章以自名于时者，何尝不为不朽之虑，人亦往往乐得其言以自讬，至或身未及殁而已无传。其尤长者，由是而数十百年而零落尽矣。始望之不酬，所谓文者果足愿乎！”[⑤]李吕也感叹道：“呜呼！文之难，铭人之墓之难。盖分不深则知有弗究；知之矣，文不工则辞有弗达；辞达矣，非天下重名则文有弗传。兼是三者，可以无愧。唐韩退之号文雅，且望尊斗岳，一时大夫士非其铭死不瞑，子孙不名孝，而退之亦矫矫自喜，不轻一语可人。其所作半天下，杰士非功业文词赫然，则行

---

① （宋）李吕：《澹轩集》卷6《上晦庵干墓志书》，《影印文渊阁四库全书》第1152册，第246页。
② （宋）真德秀：《西山文集》卷42《建昌太守詹侯墓表》，《影印文渊阁四库全书》第1174册，第658页。
③ （宋）杨万里：《诚斋集》卷131《夫人张氏墓志铭》，《影印文渊阁四库全书》第1161册，第678—679页。
④ （宋）叶适撰，刘公纯、王孝鱼、李哲夫点校：《叶适集·水心文集》卷14《高夫人墓志铭》，第250页。
⑤ （宋）陈亮著，邓广铭点校：《陈亮集（增订本）》卷37《商夫人陈氏墓志铭》，北京：中华书局，1987年，第490页。

义风操有绝人者。”[①]不难发现，大多数请托者都希望借助名人撰写碑志的方式使墓主事迹更为传信不朽，而事实上最终流传不朽的墓主或是上层社会显贵名宦之人，或是地方社会行义有名之人。由是，大部分撰写者在考量所撰墓主对象时一般都乐意为有作为的显达之人撰写碑志。

总而言之，随着碑志使用群体的扩大，请托碑志已成为南宋碑志撰写活动的主要形式。而南宋碑志撰写活动中的名人效应深层次反映出撰写者和请托者的双向选择意愿。在具体碑志撰写活动中，许多请托者采取多种多样的方式向当世名人索取碑志墓铭，进而充分显示出大多数碑志请托者渴望为墓主立德不朽的文化心理。原因在于，大部分名人撰主的特有身份不仅能够提高墓主事迹的可信度，而且可以强化墓主的名德形象，从而使墓主事迹更为长久地流传。

同时，基于碑志使用阶层下沉的因素，有些碑志请托者为未显于世的墓主索铭，甚至不惜向名人撰写者提供虚假的墓主生平材料。对此，一些碑志撰写者予以拒绝，这反映出撰写者立言不朽的书写理念。文章千古事，得失寸心知。其中，既有撰主对墓主事迹流传的考虑，也有撰主对自身文辞不朽的考量。这不仅与碑志书写显达之人的固有传统有关，而且与碑志使用群体平民化的逆向刺激相连。如此，请托者和撰写者都反映出鲜明的效慕名人的文化心理，从而使南宋碑志撰写活动呈现出显著的名人效应现象。

总的来说，鲜明的名人效应现象是南宋时期碑志撰写活动平民化发展趋势的必然结果。

作者简介：武胜鑫（1991—），男，历史学博士，西华师范大学历史文化学院讲师，主要研究方向为宋史。

① （宋）李吕：《澹轩集》卷6《与何少卿干墓志书》，《影印文渊阁四库全书》第1152册，第244—245页。

南宋初期使臣对金国文化的影响*

张小花

（兰州交通大学　文学院，甘肃　兰州，730070）

摘　要：南宋立国之初，宋高宗为了父兄的安危和国家的存亡，一次次派出使臣向金求和，在借助使臣了解金国情况、达成和议的同时，也不自觉地将中原文化带入了女真族。宇文虚中、朱弁、洪皓、王伦等一大批文化素养较高的使节的道德气节令金人感动，礼仪文化则对金人产生了强烈的吸引力，中原王朝的典章制度更是金国得以立国的基础。南宋初大批使臣入金契合了金国“借才异代”的需求，在完成金国汉化进程的同时，也促进了民族融合，逐渐改变了女真族原本的面貌。

关键词：南宋初；外交；使臣；文化影响；民族融合

北宋灭亡、南宋初建的靖康、建炎、绍兴年间是宋朝向金国派遣使臣最频繁、人数最多的时期。据王德朋先生统计，自北宋政和三年（1113 年）至南宋绍兴三十一年（1161 年），宋朝向金国派出的使团就多达 113 批，有姓名可考者 225 人次。①其中又以建炎、绍兴年间派遣的使臣最为频繁和密集。两宋之交出使金国的王伦、宇文虚中、朱弁、洪皓等一大批使臣都具有很高的学识和文化素养，是中原地区先进文明的代表，是金国向往和学习的对象。他们中有的坚持气节，慷慨赴死，如李若水、傅察、王伦等人；极少数人在被困囚多年后荣归故国、扬名青史，如洪皓、朱弁、张邵；而大多数人在归国无望和金国的胁迫诱惑下身不由己，被迫屈服，接受了出仕金国或伪齐的命运。虽然他们的结局各不相同，但有一个共同点，那就是向女真族直接或间接地传播了儒家文化。而金国兴起之初人才匮乏的现实，也使其不得不采取“借才异代”的方式立国。

---

* 本文为 2021 年甘肃省社科规划项目“宋代家书文献整理与研究”（2021YB063）、2021 年兰州交通大学青年基金项目“信息沟通与南宋理学思想传播之关系研究——以朱熹书信为中心的考察”（2021048）阶段性研究成果。

① 王德朋：《金朝前期汉官集团述论》，《史学月刊》2004 年第 9 期，第 45 页。

“女真立国，专尚武功，自与宋通和，宋使被留者，以文化开其国。”[①]留金使臣和仕金宋儒利用文化上的优越感，通过民族气节、典章制度、礼仪文化、诗词艺术等手段，感化、吸引、管理金人，在潜移默化中逐渐改变了金人的面貌。

一、宋使的民族气节感化金人

在动荡中立国的宋高宗为了获得喘息之机，站稳脚跟，不断向金国派出大批使臣请求罢兵议和。金国最初立志灭宋，对到来的宋使无一例外拘执不遣。许多宋使在金国度过了漫长的岁月，承受着精神和身体上的双重折磨。身处战争中的每一个人“不但难以避免肉体的被征召，而且也难以逃脱精神内部被战争思想所占领的命运”[②]。恶劣的环境激起了使臣们内心的“崇高感”和“责任感”，战争和家国的命运已经成为他们感知周围世界的基本前提，因此他们往往以古代的苏武、钟仪等人自许。这种民族气节令金人动容，他们对宋使从最初的蔑视逐渐转变为敬仰和钦佩。

在两宋之交出使金国的使臣中，最为显著的当数王伦（1081—1144 年，字正道）。建炎元年（1127 年），诏选王伦充大金通问使，问两宫起居，抵达金国后被扣留五年，直到绍兴二年（1132 年），因金国同意议和才被放回。之后王伦数次往返于宋金两国之间，为议和及归还徽宗梓宫、太后、河南地等事来回奔波。绍兴九年（1139 年），宋金两国达成初步和议，“赐伦同进士出身、端明殿学士、签书枢密院事，充迎梓宫、奉还两宫、交割地界使，既又以伦为东京留守兼开封尹”[③]。同年十月，王伦面见金熙宗，但由于金国贵族之间的权力争夺，以完颜宗弼为首的主战派占了上风，王伦被当作人质再次遭到扣留。第二年，完颜宗弼背盟侵宋，攻占河南。绍兴十一年（1141 年）宋金两国达成了和议，但王伦却因不愿仕金而被杀。

> （王）伦居河间六载，至十四年，金欲以伦为平滦三路都转运使，伦曰：“奉使而来，非降也。”金益胁以威；遣使来趣，伦拒益力。金杖其使，俾缢杀之。伦厚赂使少缓，遂冠带南向，再拜恸哭曰：“先臣文正公以直道辅相两朝，天下所知。臣今将命被留，欲污以伪职，臣敢爱一死以辱命！”遂就死，年六十一。于是河间地震，雨雹三日不止，人皆哀之。[④]

王伦是真宗朝宰相王旦弟弟王勖的玄孙，家风淳厚，以忠孝立朝。他数次前往金国议和，动辄被拘禁数年，面对金国的威胁利诱和宋朝大臣的误解辱骂不为所动，他与众多使臣一起努力，最终劝说金熙宗同意议和，对于南宋初期的外交做出了巨大贡献，而他的结局令人唏嘘感叹。

---

① 刘毓盘：《词史》，上海：上海书店，1985 年，第 129 页。
② [日]竹内好：《近代的超克》，李冬木等译，北京：生活 · 读书 · 新知三联书店，2005 年，第 331 页。
③ 《宋史》卷 371《王伦传》，北京：中华书局，1977 年，第 11525 页。
④ 《宋史》卷 371《王伦传》，第 11525—11526 页。

王伦的副使朱弁于建炎元年（1127年）同往金国后，被扣留十七年。“伦将归，弁请曰：‘古之使者有节以为信，今无节有印，印亦信也。愿留印，使弁得抱以死，死不腐矣。’伦解以授弁，弁受而怀之，卧起与俱。”[①]朱弁以苏武自比，怀抱使臣印信起卧与俱，这种时刻不忘故国的信念不能不感染金人。面对金人逼迫他出仕伪齐刘豫的要求，朱弁回答说：“‘豫乃国贼，吾尝恨不食其肉，又忍北面臣之，吾有死耳。’金人怒，绝其饩遗以困之。弁固拒驿门，忍饥待尽，誓不为屈。金人亦感动，致礼如初。”[②]甚至绍兴八年（1138年），金国派遣使臣乌陵思谋、石庆充前往南宋后，还向高宗称赞朱弁忠节。[③]

另一位名扬后世的南宋使臣当数洪皓。建炎三年（1129年），洪皓使金，绍兴元年（1131年）方到达云中。粘罕强迫他出仕伪齐刘豫，洪皓对此的回答是：

> “万里衔命，不得奉两宫南归，恨力不能磔逆豫，忍事之邪！留亦死，不即豫亦死，不愿偷生鼠狗间，愿就鼎镬无悔。”粘罕怒，将杀之。旁一酋唶曰：“此真忠臣也。”目止剑士，为之跪请，得流递冷山。……云中至冷山行六十日，距金主所都仅百里，地苦寒，四月草生，八月已雪，穴居百家，陈王悟室聚落也。悟室敬皓，使教其八子。或二年不给食，盛夏衣粗布，尝大雪薪尽，以马矢然火煨面食之。[④]

洪皓被迫滞留金国十五年，在如此艰苦的环境中，面对金人的威胁，宁死不屈，这种大义凛然的气节令金人感佩，以至金国酋长“为之跪请”。陈王完颜希尹（悟室）敬重洪皓的人品学问，请他教授自己的儿子学习汉族文化。而洪皓在当地的影响力与日俱增，他先后周济帮助靖康年间被金人掳至当地的北宋士族后裔，如范镇之孙、刘光世之女等数十人。他的义举在金国广为传颂，史载：

> 皓虽久在北廷，不堪其苦，然为金人所敬，所著诗文，争钞诵求锓梓。既归，后使者至，必问皓为何官、居何地。[⑤]

滕茂实也是南宋派往金国的使臣之一。靖康元年（1126年），宋钦宗为割让三镇，派遣滕茂实、路允迪出使金国。后钦宗反悔，滕茂实等人奉密诏据守太原不下，惹怒金人，城破后被囚。“粘罕素闻茂实名，乃迁之代州，又自京师取其弟华实同居，以慰其意。”[⑥]建炎元年五月，钦宗北狩路过代州（今山西代县），“及郊，茂实具冠帻迎谒，拜伏号泣”，金人逼令易服，“茂实力拒不从，见着堕泪。茂实请从旧主俱行，金人不许”。[⑦]

---

① 《宋史》卷373《朱弁传》第11552页。
② 《宋史》卷373《朱弁传》第11552页。
③ 《宋史》卷373《朱弁传》第11553页。
④ 《宋史》卷373《洪皓传》第11558—11559页。
⑤ 《宋史》卷373《洪皓传》第11562页。
⑥ 《宋史》卷449《滕茂实传》第13224页。
⑦ 《宋史》卷449《滕茂实传》第13224页。

金人随后将滕茂实兄弟迁至云中。建炎二年（1128年）八月，茂实忧愤成疾，卒于云中，去世前自作《临终诗》抒怀：

> 未尝食齐禄，徒以老为民。况我禄数世，一死何足论，远或没江海，近或死朝昏。敛我不须衣，裹尸以黄幡，题作宋臣墓，篆字当深刊。[①]

他在诗前的小序云："茂实奉使无状，不复返父母之邦，所当从其主以全臣节。或怒而与之死，幸以所仗幡裹其尸，及以所篆九字刊之石，埋之台山寺下，不必封树。"[②]滕茂实所说的墓前篆字为"宋使者东阳滕茂实墓"[③]。他死后，"北人哀其忠，为之起墓雁门山，岁时致祭焉"[④]。

以国事和君王为念，以大义凛然的气节自许，以身经百难矢志不屈为傲，在残酷的战争和恶劣的环境中，使金的宋臣在精神上获得的"崇高感""使命感"，成为支撑他们度过艰难岁月的精神力量。他们的民族气节潜移默化地感染着金人，使他们逐步认识并思考战争给两国人民带来的灾难，以及中原文化熏陶涵养之下的宋朝士大夫的人格魅力，并对之产生强烈的向往和学习热情。

二、中原文化对金人的吸引

宋朝是中国古代文明发展史上的高峰，而与此同时的女真族才刚刚走出茹毛饮血的奴隶社会，金太宗灭宋的初衷绝不是吊民伐罪，混一中原，而是假借北宋"背盟"为由掠夺中原文明发展千余年的文明成果。随着金兵的不断深入和对中原地区的了解，宋朝安定奢侈的生活，繁荣富庶的经济，灿烂夺目的文化，激起的不仅是掠夺的欲望，更是倾慕效仿的学习动力。吸引他们的事物也从最初的子女金帛、华服美食转向礼仪制度、诗书文化。

中原文化对金人强烈的吸引力从金熙宗完颜亶和海陵王完颜亮的身上就可见一斑。史载：

> 熙宗自为童时聪悟，适诸父南征中原，得燕人韩昉及中国儒士教之，后能赋诗染翰，雅歌儒服，分茶焚香，弈棋象戏，尽失女真故态矣。视开国旧臣，则曰："无知夷狄。"及旧臣视之，则曰："宛然一汉户少年子也。"[⑤]

金熙宗从小沾染华风，经过韩昉等汉族儒士的精心培养，雅歌儒服，精通汉族文化，

---

① （宋）周密撰，张茂鹏点校：《齐东野语》卷11《滕茂实》，北京：中华书局，1983年，第193页。
② （宋）周密撰，张茂鹏点校：《齐东野语》卷11《滕茂实》，第192页。
③ （宋）周密撰，张茂鹏点校：《齐东野语》卷11《滕茂实》，第192页。
④ （宋）周密撰，张茂鹏点校：《齐东野语》卷11《滕茂实》，第193页。
⑤ （金）宇文懋昭撰，李西宁点校：《二十五别史·大金国志》卷12《熙宗孝成皇帝四》，济南：齐鲁书社，2000年，第103页。

“宛然一汉户少年子”，甚至视自己的父祖辈为“无知夷狄”，俨然以中原文明的继承者自居。而他的接替者——弑君篡位的海陵王完颜亮与他一样，自幼“好读书，学弈象戏、点茶，延接儒生，谈论有成人器”，“嗜习经史，一阅终身不复忘。见江南衣冠文物，朝仪位著而慕之”①。上有所好，下必甚焉，金国皇帝对中原文明和生活方式的倾慕，导致上至大臣百官、下至平民百姓争相效仿。在这种情况下，出使金国的宋朝使臣成为女真贵族结交的对象。

洪皓被迁往冷山后，受到了仰慕汉族文化的陈王完颜希尹的热情对待，希尹请他教授自己的八个儿子学习儒家经典。第二年，完颜宗弼决定放王伦、洪皓等使臣回南宋，却遭到了希尹的拒绝。他擅自扣留洪皓，命其继续做自己的家庭教师。洪皓向希尹父子讲授中原士人的思维习惯、礼仪习俗和生活方式。他在《赠彦清》一诗中写道：

> 好生恶杀号苍天，天悯斯民欲息肩。自是大邦兵不戢，在于南国使无僁。
> 论功弗用矜三捷，持胜何如保万全。愿早结成修旧好，名垂史策画凌烟。②

彦清是希尹之子，洪皓在诗歌中用直白的语言表达“上天好生恶杀”的道理，并以南国无罪却遭征伐的结局劝说彦清，希望他能劝止父辈尽早罢兵，使两国重修旧好，与民休息，也让自己名垂史册。在《小王仲冬望置酒学士赋诗次韵》诗中，洪皓写道：“谏父休兵已可嘉，延儒教子尤堪羡。”③可见希尹诸子不仅谏阻父辈休兵，而且聘请儒士教子，这在洪皓看来是难能可贵的。洪皓不仅用儒家思想教育希尹的儿子们，还利用自己与希尹之间的亲密关系来劝说他打消南侵的意图：

> 或献取蜀策，悟室持问皓，皓力折之。悟室锐欲南侵，曰：“孰谓海大，我力可干，但不能使天地相拍尔。”皓曰：“兵犹火也，弗戢将自焚，自古无四十年用兵不止者。”④

强烈的使命感令洪皓利用一切可能的机会谏阻金人的南下企图。在金国积极传播儒家文化，以教学为生的使臣不止洪皓一人。朱弁在滞留金国的十七年间，以授徒为业。受其坚贞不屈的民族气节所感，“金国名王贵人多遣子弟就学，弁因文字往来说以和好之利”⑤。使臣张邵以学问渊博而知名，滞留金国期间讲授《易经》，“士多从之授书，生徒断木书于其上，捧诵既过，削去复书……一时听者毕至”⑥。

这些使臣即使在饘粥不继的艰难环境中，也不忘传播中原文化，教化北地士子。虽不排除借此谋生的缘由，但也绝不能忽视他们在文化上的自觉意识。在与金人的不断交

① （金）宇文懋昭撰，李西宁点校：《二十五别史·大金国志》卷13《海陵炀王上》，第104、105—106页。
② 傅璇琮等主编：《全宋诗》卷1701《洪皓一》，北京：北京大学出版社，1995年，第19169页。
③ 傅璇琮等主编：《全宋诗》卷1701《洪皓一》，第19172页。
④ 《宋史》卷373《洪皓传》，第11559页。
⑤ 《宋史》卷373《朱弁传》，第11553页。
⑥ （宋）徐梦莘：《三朝北盟会编》卷222，上海：上海古籍出版社，1987年，第1605页。

往中，宋朝使臣通过诗书礼乐等中原文化吸引金人，并用汉族的生活方式潜移默化地影响金人。

三、中原制度治理金国

金国立国之初，面对新夺取的大片辽宋土地，急需管理人才，同时，金国草创，也需要大量人才订立典章制度。而宋高宗在狼烟四起的中原腹地建立南宋之初，为了站稳脚跟，求得喘息之机，也为了要回被掳的徽钦二帝和生母，不断派使臣前去金国求和。往往前使未达，后使又发。南宋派遣的使团不仅数量庞大，而且仿照北宋出使辽国的惯例，“文臣，择有出身才望学问人；武臣，须达时务更职任者”①。面对这批文化素养极高的汉族士大夫，金国对他们的态度从威逼利诱到拉拢重视，力图将这些人才引为己用。面对金国的胁迫，宋使中的大多数人无奈投降，出仕金国，其中最著名的当数蔡松年和宇文虚中。

降金的宋人中爵位最显者当数蔡松年。宋徽宗宣和末年，蔡松年随父亲蔡靖镇守燕山，管勾机宜文字，宣和七年（1125年，金天会三年），蔡靖在完颜宗望的进攻下，举城投降，松年亦随父降金，年仅十九岁。不同于其父的义不仕金，蔡松年在金国先后任吏部尚书、参知政事，最终官至尚书右丞，封卫国公。他与随后降金的宇文虚中对创立金国文字、订立典章制度做出了巨大贡献。

金太祖、太宗之世，金国甚至没有本民族的文字，直到灭辽伐宋之后，得到了辽宋降金的汉族士大夫，参照辽宋文字，才逐步创制了女真小字。在女真族从奴隶社会迅速向封建社会迈进的过程中，降金的辽宋官员和使臣无疑起到了重要作用。“金初无文字也，自太祖得辽人韩昉，而言始文。太宗入宋汴州，取经籍图书。宋宇文虚中、张斛、蔡松年、高士谈辈，后先归之，而文字煟兴，然犹借才异代也。”②

除了创制文字，蔡松年和宇文虚中等人还通过制定制度，用中原的礼仪文化治理金国。《三朝北盟会编》记载：“自古享国之盛无如唐室，本朝目今制度并依唐制，衣服、官制之类，皆是宇文相公共蔡太学并本朝十数人相与评议。”③“宇文相公”指宇文虚中，“蔡太学”指蔡松年。洪皓回国后也说，金国“官制、禄格、封荫、谥讳，皆出宇文虚中，参用国朝及唐法制而增损之”④。宇文虚中在金国草创之初各项制度的制定方面居功甚伟，以至金国宰相对于他的投降异常欣喜，“尝说道：得汴京时欢喜，尤不如得相公时欢喜”⑤。金国对他委以重任，高官厚禄在所不惜。金熙宗天眷年间，宇文虚中累官至翰林学士、知制诰兼太常卿，封河内郡开国公，因书写《太祖睿德神功碑》有功，进阶金

---

① （宋）李焘：《续资治通鉴长编》卷161《仁宗》，北京：中华书局，2004年，第3884页。

② （清）庄仲方编：《金文雅·序》，任继愈主编：《中华传世文选》，长春：吉林人民出版社，1998年，第107页。

③ （宋）徐梦莘：《三朝北盟会编》卷163，第1177页。

④ （宋）洪皓：《又跋金国文具录札子》，曾枣庄、刘琳主编：《全宋文》第179册卷3926，上海：上海辞书出版社，2006年，第232页。

⑤ （宋）徐梦莘：《三朝北盟会编》卷163，第1177页。

紫光禄大夫，皇统四年（1144年，宋绍兴十四年）又迁礼部尚书，可谓仕途顺利，平步青云，被金国誉为“国师”。

女真族立国后，极力缩小与宋朝在制度文化上的差距，重用降金的辽宋汉臣编定典章、制度、礼仪、官制，“借才异代”对金朝皇权的确立和政治的发展，起到了重要的引介和桥梁作用。[①]皇权政治的运行需要优宠文士，降金的辽宋汉臣用中原制度管理金人，借助国家机器和皇帝的支持，全方位推行汉化政策，中原文明逐渐渗透到了女真族的日常生活中，从思维方式到生活习惯，儒家学说逐渐成为金国的主导思想。

四、中原文化渗透对金国的影响

女真族的汉化不仅是一场自上而下推行的改革，也是宋朝一大批高素质使臣和降臣自觉为之的结果。他们“用夏变夷”的思想在数十年的实践中产生了巨大的影响，逐渐改变了女真族本来的文化面貌，使他们在迅速接受并自觉融入中原文化的同时，逐步丧失了本民族强悍尚武的气质。

在中原文化的不断浸染之下，金人在治国理念、生活方式、思维习惯等方面无不发生了巨大的变化。金熙宗和海陵王两朝，是女真族从“蛮夷”蜕变为“华夏正统自居者”的重要阶段，各种旧的制度和女真习俗被抛弃，新的制度和习俗被确立。

天眷元年（1138年），金熙宗实施了一系列的官制改革，抛弃了女真旧制，全面采用汉制，废除了以军事联盟共议国事的勃极烈制度，代之以三省六部制，史称“天眷新制”。这是金国政治制度史上的一个重要转折点，标志着金国政治体制一体化的开始。

随着国家制度全面汉化，金国的文化事业也兴盛起来。《金史·文艺传》概括了金国文化兴国的发展历程：

> 金初未有文字。世祖以来渐立条教。太祖既兴，得辽旧人用之，使介往复，其言已文。太宗继统，乃行选举之法，及伐宋，取汴经籍图，宋士多归之。熙宗款谒先圣，北面如弟子礼。世宗、章宗之世，儒风丕变，庠序日盛，士繇科第位至宰辅者接踵。当时儒者虽无专门名家之学，然而朝廷典策、邻国书命，粲然有可观者矣。金用武得国，无以异于辽，而一代制作能自树立唐、宋之间，有非辽世所及，以文而不以武也。《传》曰：“言之不文，行之不远。”文治有补于人之家国，岂一日之效哉。[②]

这段话清楚地记录了金国文化发展的脉络，甚至认为金国虽“用武得国”，却能够“树立唐、宋之间”，超越辽国的原因在于“以文而不以武”，这种思想的产生无疑是受到了宋朝“以文治国”理念的影响。金世宗、金章宗在位时金国文化达到鼎盛并非偶然。

---

① 李秀莲：《金朝“异代”文士与皇权政治互动关系研究》，中央民族大学博士学位论文，2006年，“摘要”，第2页。
② 《金史》卷125《文艺传上》，北京：中华书局，1975年，第2713—2714页。

早在金熙宗时期，重视儒家文化的各种措施就已经开始实行。金熙宗修复了曲阜的孔庙，并于皇统元年（1141 年）亲自祭祀孔庙，封孔子第四十九代孙孔璠为“衍圣公”。他还说：“朕幼年游佚，不知志学，岁月逾迈，深以为悔。孔子虽无位，其道可尊，使万世景仰。大凡为善，不可不勉。”[①]金熙宗的改革和发展文教事业使女真族汉化程度加深。海陵王则公然以华夏文明的正统自居，力排众议，将都城从上京（今黑龙江阿城）迁到燕京（今北京），然后举兵伐宋，欲统一中原，认为“自古帝王混一天下，然后可为正统”[②]。他立志灭宋的背后正是中原大一统意识的表现。

随着迁都，大批女真人迁往汉地，在汉文化的熏陶下，女真族中很多人将自己的姓氏译为汉姓，汉语和汉字成为主要的语言文字，大多数人已不通晓女真文字。女真族妇女的贞节观也逐渐加强，妇女改嫁的现象日益减少。可见汉族文化已经渗透到了女真族的思想观念中。

女真人兴起于辽东寒冷贫瘠地区，精于骑射征战，《金史·兵志》记载：

> 金兴，用兵如神，战胜攻取，无敌当世，曾未十年遂定大业。原其成功之速，俗本鸷劲，人多沉雄，兄弟子姓才皆良将，部落保伍技皆锐兵。加之地狭产薄，无事苦耕可给衣食，有事苦战可致俘获，劳其筋骨以能寒暑，征发调遣事同一家。是故将勇而志一，兵精而力齐，一旦奋起，变弱为强，以寡制众，用是道也。[③]

然而，随着女真族的南迁和以文治国理念的深入，许多贵族子弟没能真正理解儒家文化的精髓，而是沉溺于奢侈华靡之风，军队的战斗力也随之下降。金国的主战派贵族对此十分不满，大定十七年（1177 年），完颜伟劝说金世宗阻止女真族的汉化，理由如下：

> 自近年，多用辽、宋亡国遗臣，以富贵文字坏我土俗。……今皇帝既一，向不说著兵，使说文字人朝夕在侧，遗宋所传之主，于是有志报复。今朦骨（蒙古）不受调役，夏人亦复侵边，陛下舍战[斗]之士谓其不足与语，不知三边有急，把作诗人去当得否？[④]

金世宗对此也深感忧虑，成为金朝历史上唯一一位反对全盘汉化的皇帝。他认为：“会宁乃国家兴王之地，自海陵迁都永安，女真人浸忘旧风。朕时尝见女真风俗，迄今不忘。今之燕饮音乐，皆习汉风，盖以备礼也，非朕心所好。”[⑤]但是，即便是一国之君，也难以阻挡举国上下的汉化潮流。金世宗只能通过颁布法令保留女真习俗，他于大定十三年（1173 年）设立女真进士科。从此，金朝的教育系统由汉文和女真文两个系统构成，女真族聚居区建立起从中央到地方较为完备的女真学校系统和选拔制度。但汉文学

① 《金史》卷 4《熙宗本纪》，第 77 页。
② 《金史》卷 84《耨怨温敦思忠传》，第 1883 页。
③ 《金史》卷 44《兵志》，第 991 页。
④ （金）宇文懋昭撰，李西宁点校：《二十五别史·大金国志》卷 17《世宗圣明皇帝中》，第 133 页。
⑤ 《金史》卷 7《世宗本纪中》，第 158 页。

校的发展显然超过了女真文学校。金世宗下令女真贵族子弟必须学习女真文字，保留女真习俗，即便如此，依然收效甚微。金世宗曾不无感慨地对皇子和诸王说："汝辈自幼惟习汉人风俗，不知女真纯实之风，至于文字语言，或不通晓，是忘本也。"①

随后即位的金章宗同样醉心于汉族文化，进一步推动女真族的汉化。随着民族融合的趋势不断加强，女真文学校迅速走向衰落。女真族逐渐失去了尚武的特性，曾经骁勇善战的大金铁骑日益贪图享乐，将骄士惰，朝廷中官员相互倾轧，贪污腐败。

五、结　语

在风雨飘摇中勉强立国的南宋，面对女真族强大的军事实力，根本无力与之分庭抗礼。在军事上无法战胜对手的情况下，只能采取其他的方式曲线救国。宋代的士大夫是集学者、政治家于一身的高素质人才，对历史的研究和国家出路的寻求，使他们不约而同地利用自身的文化优势对女真人施加影响。而金国在立国之初面临着人才匮乏的实际困难，促使其采取"借才异代"的方式延揽汉族士大夫。尽管目标不同，但宋金两国在用儒家文化和中原制度同化女真族这一点上殊途同归。女真族的汉化对金国的迅速崛起起到了重要的作用，但也逐渐改变了本民族的风貌，为日后的衰落埋下了伏笔。从这一层面上来看，南宋初期使臣对金国的文化影响至关重要。

作者简介：张小花（1980—），甘肃金昌人，文学博士，兰州交通大学文学院讲师，主要研究方向为唐宋文学、宋代文学与文化、宋代家族文化。

① 《金史》卷7《世宗本纪中》，第159页。

宋金元社会史研究

《清明上河图》城市地理新探

赵里萌

（吉林大学　考古学院，吉林　长春，130012）

摘　要：以往观点多认为张择端的《清明上河图》描绘的是北宋东京汴河沿岸外城东水门或内城东角子门附近的景观。由于以上观点无法做到图、史对证，近来有学者认为该图无法与汴京的任何一处对应，实为虚构。本文通过对《清明上河图》进行平面复原，与北宋东京城平面图进行比对，将图中河流、城门、桥梁重新推定为蔡河、崇明门（新门）、新桥，并对图中主要建筑及景观进行考证，认为图中寺院为明福寺，正店为会仙楼正店。

关键词：《清明上河图》；北宋；东京；汴河；蔡河；崇明门

北宋张择端所绘《清明上河图》[①]（下文简称《上河图》）是中国美术史上的瑰宝。作者以写实的笔法描绘出了汴京熙熙攘攘的舟车人马、高低错落的市井建筑，细致程度令人叹为观止。对于这样一幅写实主义长卷，确定其所绘景物的地理位置是最基本的问题。以往观点多认为图中所绘为汴河沿岸东水门或东角子门附近的景观。近年来又新出现一种说法，即《上河图》是以汴河为蓝本的虚构场景，此说颇为流行。

2016年，笔者在查看故宫博物院官网提供的高清影像时，无意间发现城门内正店的灯箱上有疑似“谪仙”字样。从这个线索出发，笔者对《上河图》的城市地理问题进行了新的探索，通过比对北宋东京城的古代舆图、各版本复原图及考古勘探图，发现图中主要景观的平面格局可与内城西南侧的蔡河、崇明门（新门）、新桥一域完全对应，而图中有“谪仙”字样的正店可与文献中新门里“会仙楼正店”对应。这一发现或许能为《上河图》的研究带来全新的视角和思路。

① 故宫博物院藏，北宋张择端作，绢本，淡设色，宽24.8厘米，长528.7厘米。

一、《清明上河图》地理位置诸说述评

学界基本公认《上河图》中所绘为北宋东京汴河沿线的景观[①]，对于具体位置则主要有以下三种观点：

（1）外城东南部的东水门及虹桥附近（图1中的A）。代表学者有徐邦达[②]、河浚[③]、杭侃[④]等。这一观点形成时间最早，影响也最为广泛。但此观点存在较大问题，即东水门应有汴河穿过，且东水门及其相邻的陆门通津门均有瓮城，以上两者图中均未见。此外，外城城墙森严，并非图中的倾颓模样。

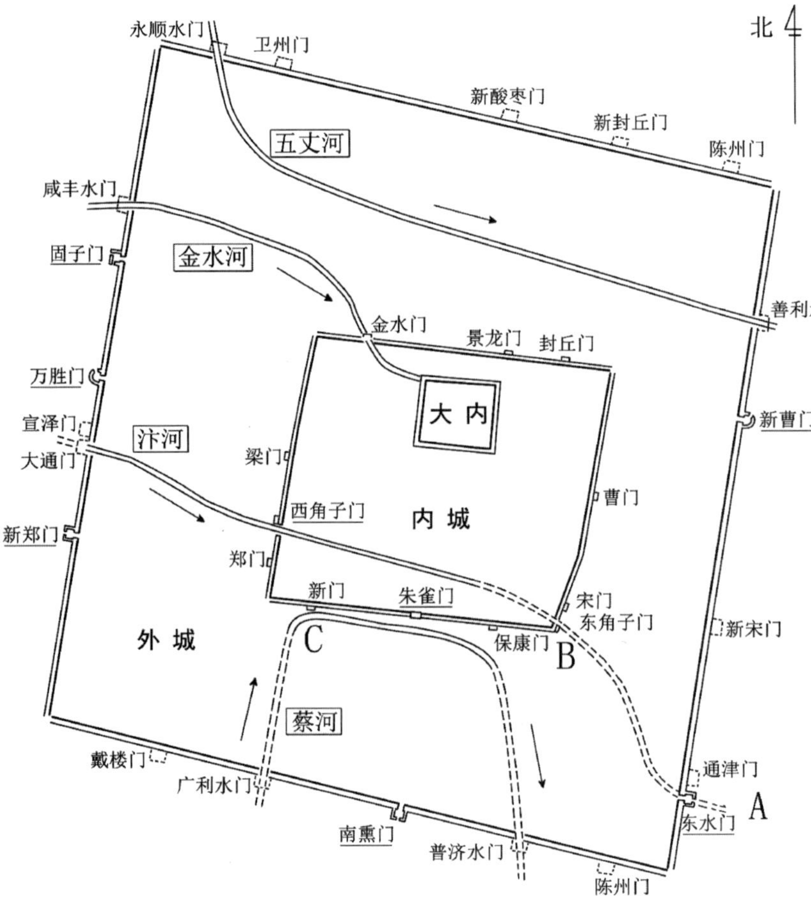

图1　北宋东京城平面图

注：据北宋东京内、外城及汴河、蔡河故道勘探结果改绘

① 只有刘益安认为《上河图》所绘并非东京，而是汴河沿岸的某一集镇。参见刘益安：《〈清明上河图〉旧说疏证》，《河南大学学报（哲学社会科学版）》1987年第4期。

② 徐邦达：《清明上河图的初步研究》，《故宫博物院院刊》1958年第1期。

③ 河浚：《北宋东京上善门考——关于〈清明上河图〉中的城楼》，《史学月刊》1991年第2期。

④ 杭侃：《这是哪一座虹桥》，《中国文物报》2007年5月25日，第7版。

（2）内城东南部的东角子门及上、下土桥附近（图 1 中的 B）。代表学者有禹玉[①]、杨新[②]、杨立武[③]、周宝珠[④]等。此观点是对“东水门说”的修正，即认为图中城门、城墙属于内城。但这一观点仍然无法在东角子门附近找到对应景物，也无法解释图中河流为何没有穿城而过。

（3）由于前两种观点均存在逻辑缺陷，近年来，余辉提出“虚构说”，即否认图像在地理位置上的写实性，认为图中景物是对北宋东京的艺术化处理，城门、拱桥皆无具指，大体可圈定在城东南部的沿汴区域。[⑤]

需要指出的是，以上三种观点均将图中河流视为汴河，并试图沿着汴河去寻找图中的景物。在这一过程中，三派学者几乎都不约而同地发现了图中河流与文献中汴河的差异。例如，刘益安认为图中“画的并不是汴京附近的汴河”[⑥]，余辉则认为图中河流是“以汴河为原型进行了相当大的艺术改造”[⑦]。然而，尽管图中河流与汴河相去甚远，却少有学者对这一成说产生怀疑，这主要是因为汴河太过知名，比同样流经城内的五丈河、蔡河重要得多。但实际上，除画卷本身的跋文之外，没有任何同时期的史料提及《上河图》。正是在这种思维定式下，学界对《上河图》地理位置的探索走入了“死胡同”。

这里我们需要着重说明跋文的可信度。最先将图中河流视作汴河的就是《上河图》金代藏家的跋文，如张公药的“水门东去接隋渠”，王磵的“两桥无日绝江舡”，张世积的“惟有悠悠汴水东”。但是，金人张著在首次题跋《上河图》时距北宋灭亡已经有半个多世纪了，此时汴京的城市景观已经发生了巨大变化。

首先，由于战争破坏，外城早已沦为废墟，“旧京自城破后，疮痍不复。……新城内大抵皆墟，至有犁为田处”[⑧]。其次，由于无人维护，汴、蔡诸河已经断流，沿河景观不复存在。其中，汴河“几与岸平，车马皆由其中，亦有作屋其上”[⑨]。最后，由于年久失修，内城城墙仅剩“故基”[⑩]，金宣宗兴定三年（1219 年）展筑里城后则彻底改变了汴京内城南北景观。面对如此巨大的变化，金代跋文中也多次提到“极目如今尽禾黍”“满眼而今皆瓦砾”，只能“却开图本看风烟”。

最先将图中河流定为汴河的金代藏家张公药主要活动于 12 世纪中后期，其祖父张孝纯曾任伪齐丞相，彼时张公药年岁应当不大，就算到了汴京，所见也应是满目疮痍的城市。而金代藏家内部对画中具体位置也存在争议，如张公药定为东水门，王磵却定为上、下土桥，可见金人对于北宋东京的陌生感。因此，对于金代藏家的观点无须迷信。

为了更清楚地认识“东水门说”“东角子门说”的逻辑漏洞，笔者将图中城门、城

---

① 禹玉：《〈清明上河图〉画的是哪座桥》，《艺林丛录》第 4 编，香港：商务印书馆香港分馆，1964 年。
② 杨新：《〈清明上河图〉地理位置小考》，《美术研究》1979 年第 2 期。
③ 杨立武：《〈清明上河图〉所反映的东京地理位置》，《河南大学学报（哲学社会科学版）》1986 年第 4 期。
④ 周宝珠：《〈清明上河图〉与清明上河学》，开封：河南大学出版社，1997 年，第 76 页。
⑤ 余辉：《张择端〈清明上河图〉卷新探》，《故宫博物院院刊》2012 年第 5 期。
⑥ 刘益安：《〈清明上河图〉旧说疏证》，《河南大学学报（哲学社会科学版）》1987 年第 4 期，第 5 页。
⑦ 余辉：《张择端〈清明上河图〉卷新探》，《故宫博物院院刊》2012 年第 5 期，第 122 页。
⑧ （宋）范成大撰，孔凡礼点校：《范成大笔记六种·揽辔录》，北京：中华书局，2002 年，第 12 页。
⑨ （宋）楼钥：《北行日录》，顾宏义、李文整理、标校：《宋代日记丛编》，上海：上海书店出版社，2013 年，第 1190 页。
⑩ 《金史》卷 113《完颜赛不传》，北京：中华书局，1975 年，第 2480 页。

墙、河流与文献中的北宋东京城及流经城内的汴河存在的主要差别详列于下。

1. 图中河流与汴河不符

原因有五。其一，汴河穿城而过[①]（图 1），而《上河图》中河流在城门前急转折去，与之相悖。其二，汴河为悬河[②]，“自汴堤下瞰，民居如在深谷”[③]。而图中河水低流，与悬河相差甚远。其三，宋政府在汴河两岸遍植榆柳以保护汴堤，呈现“杨柳相连”“榆柳成林”[④]的景象。图中河岸光秃一片，树木寥寥。其四，东京附近的汴河自仁宗朝后皆为木岸[⑤]，图中河流却为土岸。其五，绍圣四年（1097 年）诏：“京城内汴河两岸，各留堤面丈有五尺，禁公私侵牟。”[⑥]图中河流未见明确河堤，两岸屋舍更是临水而建，侵占河岸。

2. 图中的城墙、城门异于外城

原因有三。其一，根据文献记录及勘探、发掘结果，外城城门无论陆门、水门均设有瓮城[⑦]，而图中城门无瓮城。其二，外城城墙宽厚高耸[⑧]，“横度之基五丈九尺，高度之四丈，而埤堄七尺。坚若埏埴，直若引绳”[⑨]。图中城墙窄薄，且坍塌严重，灌木丛生，顶部无法通行，不见女墙。其三，外城城壕宽广，“阔十余丈”[⑩]，壕内设羊马墙。图中城壕狭窄，壕内仅种植榆柳。

二、《清明上河图》地理位置考辨

金人张著在跋文中已经指明，张择端“本工其界画，尤嗜于舟车、市桥、郭径”。宋徽宗时期品评画院作品高下的标准是与所画景物“无毫发差”[⑪]，着重图画的写实性成为当时画界的时尚，而界画对写实的要求更为严格。《上河图》就细节而言已将写实的意味做到极致，那么这幅长卷是否真如余辉先生所说，并非北宋汴京实景呢？我们暂且抛下现有的观点和认识，回到画卷本身，试将《上河图》视为实景的摹写，重新推理图中景物在北宋东京城中的地理位置。

1.《上河图》中的方位与河水流向

学者以往多将图中河流视为汴河，因此想当然地认为河水是从左向右流。[⑫]弄清楚图

---

① 参见开封市文物工作队：《河南开封市宋东京城内汴河故道的初步勘探与试掘》，《考古》1999 年第 3 期，第 47 页。

② 参见刘海旺：《唐宋汴河形态考古学探讨》，《华夏考古》2016 年第 4 期，第 112 页。

③ 张富祥译注：《梦溪笔谈》卷 25《杂志二》，北京：中华书局，2009 年，第 279 页。

④ [日]成寻著，王丽萍校点：《新校参天台五台山记》，上海：上海古籍出版社，2009 年，第 263 页。

⑤ 嘉祐元年（1056 年），仁宗下诏“自京至泗州置狭河木岸”。（宋）李焘：《续资治通鉴长编》卷 184，北京：中华书局，1992 年，第 4448 页。

⑥ 《宋史》卷 94《河渠志四》，北京：中华书局，1977 年，第 2334 页。

⑦ 开封宋城考古队：《北宋东京外城的初步勘探与试掘》，《文物》1992 年第 12 期，第 53 页。

⑧ 河南省文物考古研究院等：《河南开封北宋东京城顺天门遗址 2012—2017 年勘探发掘简报》，《华夏考古》2019 年第 1 期，第 15 页。

⑨ （清）徐松辑，刘琳等校点：《宋会要辑稿》方域 1，上海：上海古籍出版社，2014 年，第 9278 页。

⑩ （宋）孟元老撰，邓之诚注：《东京梦华录注》，北京：商务印书馆，1959 年，第 1 页。

⑪ （宋）邓椿：《画继》卷 10，《画史丛书》第 1 册，上海：上海人民美术出版社，1963 年，第 75 页。

⑫ 还需指出的是，以往有人认为图中船只多为纤行，自然是逆水而上。但实际上纤船本身并不具动力（有的纤船也带有风帆，顺风扯帆作为辅助动力），无论顺水还是逆水，皆需纤拉，只是速度快慢不同。

中的方位与河水流向对于确定《上河图》地理位置十分重要，但很少有学者对此进行探讨。我们试从图中景物所蕴藏的人文与自然规律出发，对这一问题进行辨析。

（1）对于图中的方位，最好的指示物是建筑物的布局和朝向。在卷首，有一处六间草庐构成的院落，处于轴线上的草庐皆为左右方向，如图 2（b）所示。虹桥左下方的“脚店”为左右方向的多进院落，后侧是一组工字厅，如图 2（d）所示。这一片街区由于受到河流、水域的影响，斜曲错落，建筑朝向受到街道影响较大。城门内的街区则为规整的棋盘布局，有四组大型建筑。左上方的“赵太丞家”是左右方向，为前后合院，如图 2（a）所示。右下方的“久住王员外家”也是左右方向，为前堂后阁，如图 2（c）所示。整体来看，图右侧“郊野”区域中的民居院落多为左右方向，图左侧的多进式院落亦呈左右方向。由于中国传统民居建筑多为坐北朝南，城市格局也多为规矩的棋盘式布局，因此推测图中的左右方向为南北方向。又根据“久住王员外家”的阁楼处于院落左侧，推测图右侧为南方，左侧为北方。

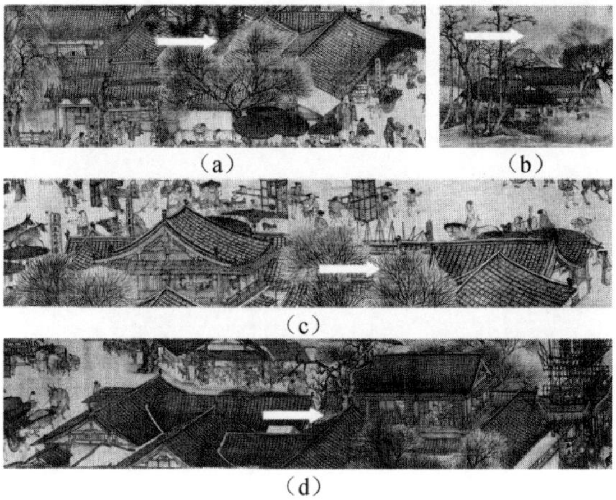

图 2　《上河图》中建筑物的朝向

（2）对于河水的流向，最好的指示物是船的航道。[①]由于河水的黏滞性，河心流速快，两侧流速缓。又由于地转偏向力的作用，北半球河流的右侧河床深，左侧河床浅。因此，河水流速由快至慢依次为河心、河右侧、河左侧。根据流速不同，内河航行形成了固定的航运规则，即上行船走河左侧，下行快船走河心，下行慢船走河右侧，以各自达到最大航速，同时避免碰撞。[②]由于下行船速度快，因此两船相遇，上行船需避让下行船，这一法则在唐代即已确立，“溯上者避沿流之类，违者：各笞五十”[③]，至

---

① 泊船的朝向其实也与流向有关，从现代航运规则来看，海船、江船多为逆流靠泊，运河则顺、逆皆可。宋代漕船多为纤行，本身不具动力，在狭窄的河道上很难掉头靠泊。汴河、蔡河这类人工开凿的运河往往需要斗门囤积水量方能保证正常通航，在非雨季期间流速甚缓。且运河河道狭窄、水位较浅，岸吸力较大，因此顺流靠泊毫无问题。图中泊船仅系带首缆即可为证（首缆均为自然下垂，可知船主要靠岸吸力和船锚制动，首缆主要用于靠泊时配合船绞盘提供牵引力）。

② 望作信编：《船舶避碰实用手册》，大连：大连海运学院出版社，1992 年，第 82 页。

③ （唐）长孙无忌等著，袁文兴、袁超注译：《〈唐律疏议〉注译》卷 27《杂律下》，兰州：甘肃人民出版社，2016 年，第 786 页。

今仍在使用①。

《上河图》中正在航行的船共有六艘，其中五艘是由右向左航行，如图3（a）所示。在这五艘船中，较慢的纤船皆靠上方河岸航行，较快的摇橹船多在河心航行，在“虹桥”左下方还有一艘摇橹船靠下方河岸向右航行。整体航道清晰，井然有序。此外，为了避让正在过桥的左行纤船，右行的摇橹船正在紧急抛锚，可见锚链被船体的惯性拖曳向右，如图3（b）所示，这一场景符合上行船避让下行船的法则。根据图中有序的航运场景，可以推测出向图左侧航行的船应为下行，向图右侧航行的船应为上行，图中的河流应自图右向图左流。

（a）

（b）

图3 《上河图》中航运规律反映出的河水流向

2.《上河图》的平面复原

将倾斜俯瞰视角的《上河图》转换成正投影的平面图，有助于更直观地进行地理位置分析。在这一方面，刘涤宇②、余辉③均进行了开拓性的探索。纵观全卷，尽管作者总体采用散点透视的构图方法，但在局部则是由数段符合平行透视原理的景观衔接而成，这为平面图的转化提供了可能。我们在两位先生的研究基础上进行了重新复原，通过屋脊走向判断透视点方向，通过画幅视野远近判断视角高低，继而将全卷分为七个透视单元，即小河（稍高视角）—庐舍场院（地面视角）—河右岸及田地（高视角）—拱桥及附近街市（高视角）—衙署（稍高视角）—城门右侧街市（高视角）—城门左侧街市（稍高视角）。以画中行人作为比例尺，对建筑物的尺度及远近距离进行估测并形成平面复原图（图4）。

① 《中华人民共和国内河避碰规则（1991）》第十条。

② 刘涤宇：《从〈清明上河图〉看北宋东京的城市细部构成》，《建筑师》2010年第2期。

③ 余辉：《张择端〈清明上河图〉卷新探》，《故宫博物院院刊》2012年第5期。

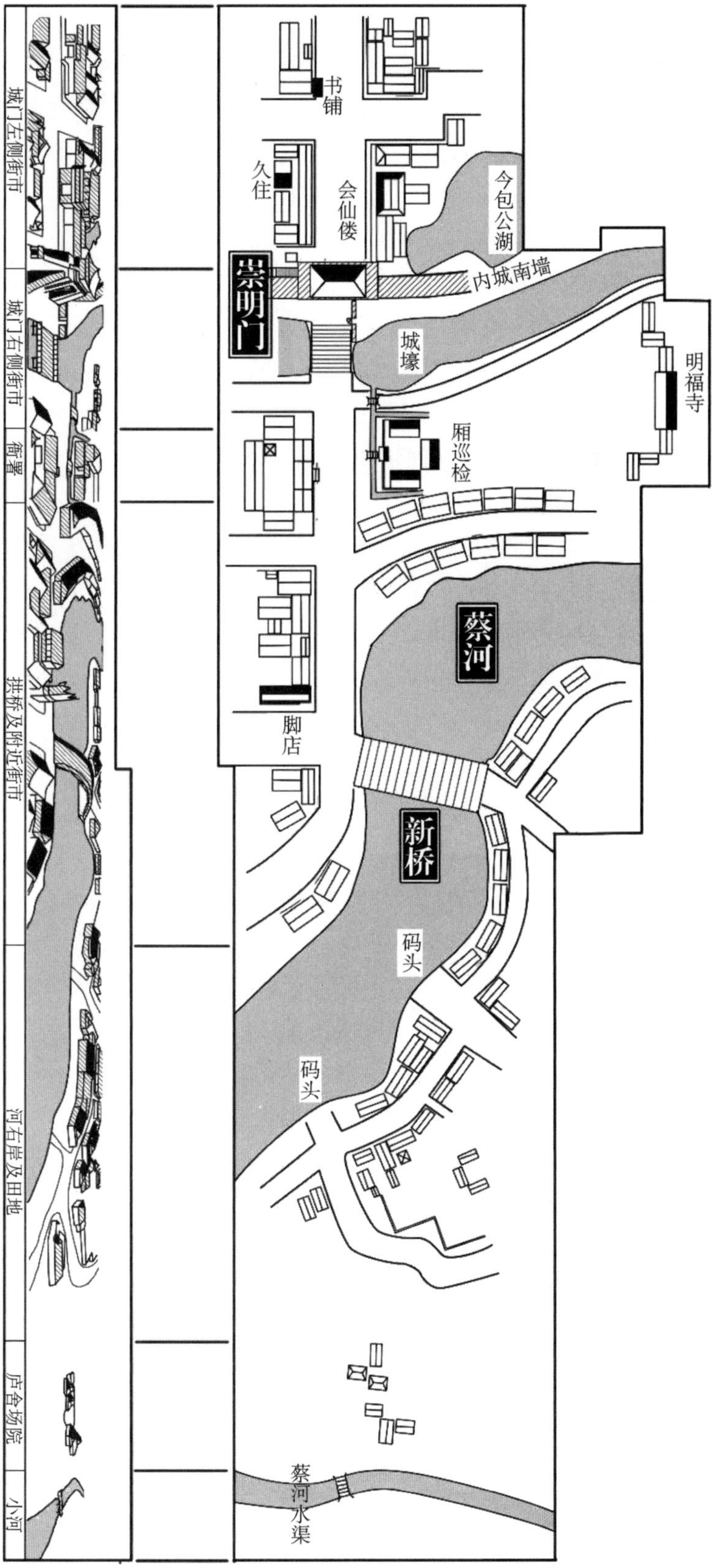

图4 《上河图》平面复原图
注：自绘，左为原图白描

3.《上河图》地理位置重建

自20世纪80年代以来，考古工作者对北宋东京内城、外城城墙、城门进行了系统勘探和局部解剖[1]，并对城内的汴河、蔡河故道进行了勘探[2]。历次勘探基本明确了内外两城的平面轮廓、外城大部分城门的位置和结构（除外城北墙）、汴河及蔡河的宽度和走向等问题。以历次勘探结果为底本，结合文献及前人的研究结果[3]，我们可以绘制出一张较为准确的北宋东京城平面图（图1）。

从《上河图》的平面复原图中可以看到（图4），城门、桥梁、河流这三者之间的空间关系十分明确，即城门与桥梁相对，河流在城门外右转而去。我们试在北宋东京城平面图中寻找这种空间关系（图1）。可以明显看到，城中从北而南的五丈河、汴河皆穿城而过，唯有蔡河在城中呈“n”字形弯转而过，其中位于内城西南的崇明门（新门）及其相对的新桥与正对新门东转而去的蔡河恰好形成《上河图》中所表现的相对位置关系（图1中的C）。现在看来，“张择端所绘制的景物无法在《北宋东京城图》和《宋东京汴河东西水门及桥梁图》中找到对应点”，“没有一条河像模拟航拍图中的河道流向那样：在城门口附近逆向急转而去”[4]的观点并不准确。上文我们已经认识到，图中城门朝南，河水向东北流，桥梁与城门斜对，此推论与崇明门（新门）、蔡河河湾一处同样相符。综上，我们可以把《上河图》所描绘的景观推定在北宋东京内城西南的崇明门（新门）、新桥及蔡河附近。

4. 对新推定位置的检验

我们有必要对这种颠覆性的认识进行更为小心的求证，因此需要把图中景物带入这一区域的相关文献中逐一对照检验。

首先，看图中河流是否为蔡河。《东京梦华录》载：“穿城河道有四，南壁曰蔡河，自陈蔡由西南戴楼门入京城辽绕，自东南陈州门出。”[5]蔡河又称惠民河，是由闵河、蔡河凿渠相连而成的。图中河流与宋代文献及考古勘探所见的蔡河基本是相符的。[6]第一，蔡河在北宋是重要的运河，沟通西南、东南两路，“舟楫相继，商贾毕至，都下利之”[7]。但蔡河的运量远不及汴河，在北宋中期仅占其二十分之一。[8]熙宁五年（1072年）日本僧人成寻在汴京所见“汴河左右前着船，不可称计，一万斛，七八千斛，多多庄严大船，不知其数，两日见过三四重着船千万也”[9]。反观《上河图》中的漕船既非寥寥，亦

① 开封宋城考古队：《北宋东京内城的初步勘探与测试》，《文物》1996年第5期；开封宋城考古队：《北宋东京外城的初步勘探与试掘》，《文物》1992年第12期。

② 开封市文物工作队：《河南开封市宋东京城内汴河故道的初步勘探与试掘》，《考古》1999年第3期；刘春迎：《宋东京城遗址内蔡河故道的初步勘探》，开封市文物工作队编：《开封考古发现与研究》，郑州：中州古籍出版社，1998年，第197—204页。

③ 李合群：《北宋东京布局研究》，郑州大学博士学位论文，2005年，第127—136页。

④ 余辉：《张择端〈清明上河图〉卷新探》，《故宫博物院院刊》2012年第5期，第118、120页。

⑤（宋）孟元老撰，邓之诚注：《东京梦华录注》，第27页。

⑥ 参见邹逸麟：《宋代惠民河考》，《河南大学学报（社会科学版）》1978年第5期。

⑦（清）徐松辑，刘琳等校点：《宋会要辑稿》方域16之22，第9599页。

⑧《宋史》卷175《食货志上三》，第4253页。

⑨ [日]成寻著，王丽萍校点：《新校参天台五台山记》，第275页。

非“不知其数”，恰与蔡河的运量大体相当。第二，蔡河上游发源于豫西山地地区，泥沙含量较小，虽然也需要经常清淤，但并非地上河，与图中河流一致。第三，蔡河河岸为土岸。熙宁六年（1073年）“将作监尚宗儒言：‘议者请置蔡河木岸，计功颇大。’诏修固土岸”①。图中河岸亦为土岸，与之相合。

其次，看卷首的“郊野”景观。大块的城市空地存在于一座古代都城中并不稀奇，如清代北京城的外城西南、东南隅就是大片菜地。蔡河发源于山地，夏秋季节上游经常泛滥，加之蔡河在东京城内急剧转弯，而汴京地势西北高、东南低。以上原因造成东京城内的沿蔡河地区水患不断，处于蔡河河湾地带的崇明门（新门）附近水患尤甚，淳化四年（993年）“京师大雨，十昼夜不止，朱雀、崇明门外积水尤甚，军营、庐舍多坏”②。此外，苏轼也有“蔡河中夜决，横浸国南方”③之句。由于严重的水患，蔡河沿岸的涝地多被空置，权贵则热衷于在此圈地修建园林。《宋史·包拯传》即提到：“中官势族筑园榭，侵惠民河，以故河塞不通，适京师大水，拯乃悉毁去。”④卷首景观描绘的或许就是崇明门（新门）外的蔡河涝地。

最后，看图中的城门及城墙。前文已经否定了其为外城的可能，而崇明门（新门）为内城偏门，非景龙、朱雀、梁、曹四正门，故为单层楼阁。东京守御重外城而轻内城，对内城虽偶有增筑，但到徽宗时期已经“颓缺弗备，行人躐其颠，流潦穿其下。屡阅岁时，未闻有修治之诏”⑤。此与图中城墙的景象不谋而合。

综上，将《上河图》中景物定在崇明门（新门）、新桥、蔡河附近可与文献相合。

三、《清明上河图》城市景观丛考

《上河图》中的建筑鳞次栉比，性质多样，既有鸡犬相闻的茅舍，也有庭院深深的私第，有类似官署的院落，更有山门隐现的寺院。尽管图中许多店铺都打有招牌，如“孙羊店”“赵太丞家”“久住王员外家”，但这些名字均未出现在宋人笔记中，而图中门额隐没的寺院、官署更是无从可考，不禁让人怀疑画卷是否为实景。前文我们已对《上河图》中的地理位置进行了全新的推测，将其锁定在崇明门（新门）附近。基于此，我们试对图中主要建筑及景观进行重新考证。

1. 新桥、新门瓦子

关于北宋东京新桥的史料较少，但其位置较为明确。《东京梦华录》载：“南壁曰蔡河……河上有桥十一……次曰龙津桥（正对内前），次曰新桥。”⑥由上可知，龙津桥正对

---

① 《宋史》卷94《河渠志四》，第2338页。

② 《宋史》卷65《五行志三》，第1421页。

③ （宋）苏轼：《苏东坡全集》卷1《牛口见月》，北京：北京燕山出版社，2009年，第5页。

④ 《宋史》卷316《包拯传》，第10317页。

⑤ （清）徐松辑，刘琳等校点：《宋会要辑稿》方域1，第9277页。

⑥ （宋）孟元老撰，邓之诚注：《东京梦华录注》，第27页。

朱雀门，新桥邻于西侧。而新门与朱雀门东西相距不足两里，蔡河在新门前向东折，“其北一直与宋内城南墙相距不远，最近处仅约 10 米（如电大院内），最远处也不过 100 米左右”①，新桥即正对新门，这一点在各版本的复原图中都较为一致。而新桥之名即应源自新门，大中祥符六年（1013 年）曾“赐南薰门内惠民河新桥名曰延福”②，但在民间仍习称新桥。图中桥梁的形制称为“飞桥”，亦可称“虹桥”，因其无柱而便于行船，在宋代广为流行，“至今沿汴皆飞桥，为往来之利，俗曰虹桥”③。

《上河图》中的新门内外、新桥（图 5）两端，各色店铺鳞次栉比，各路小贩充斥其间，这片繁华的商贸区应当就是“新门瓦子”（图 6）。《东京梦华录》载：“其御街东朱雀门外，西通新门瓦子，以南杀猪巷亦妓馆。”④《上河图》中蔡河北岸的小巷应当即与朱雀门外、保康门外的街巷相通。

图 5　新桥

图 6　新门瓦子

① 刘春迎：《宋东京城遗址内蔡河故道的初步勘探》，开封市文物工作队编：《开封考古发现与研究》，第 199 页。
② （宋）王应麟：《玉海》卷 172《祥符延福桥》，清光绪九年（1883 年）浙江书局刊本，第 14 页。
③ （宋）王辟之撰，吕友仁点校：《渑水燕谈录》卷 8《事志》，北京：中华书局，1981 年，第 101 页。
④ （宋）孟元老撰，邓之诚注：《东京梦华录注》，第 60 页。

2. 厢巡检

在城壕外路上方，有一处设有带刺围墙的封闭院落，如图 7（a）所示，多数学者都将其视为官方建筑。该院落有水渠环绕，门前铺设一小桥，夯土院墙上密布木刺，门额半露，朱红大门上可见三路门钉，左侧的门扇上张贴着告示，门内设照壁，院内有马、马槽、马夫，隐约可见左右两厢屋宇。最引人注目的是门前看似“闲散”的八个差役，如图 7（b）所示，旁边墙上斜搭着枪二、旗四、伞一，推测院内长官为低阶品官。这处场景一直被很多学者当成北宋末期“文恬武嬉”的证据。对于该建筑的性质，郑振铎认为是官厅或驿亭①，徐邦达认为是驿站②，周宝珠认为是官员宅第③，余辉认为是递铺④，薛凤旋认为是厢巡检⑤。笔者赞同薛凤旋的观点，并再作补充。首先，夯土围墙上遍插木刺，是监狱类建筑的特点。其次，门上的告示上面打着一个大叉，如图 7（c）所示。这可能是近期刑讼案件的公示“门簿”，“开封府左右厢军巡院，皆置门簿，凡追送人，具人数、事目、知在、断放，并朱书结绝”⑥。最后，坐于门左的长须差役手中捧着一个外方内圆器物，如图 7（d）所示，长尺余，似可开合，下方两端还有握把，从形制来看，此器应是一件盘枷。盘枷是一种轻型刑具，常用于拘捕，北宋前期盘枷的轻重规格不定，宣和元年（1119 年）始令“狱具盘枷，止重十斤”⑦。长须差役手中的盘枷尺寸很小，应在十斤之内。由上，基本可将这处院落的性质定为巡检或巡院。

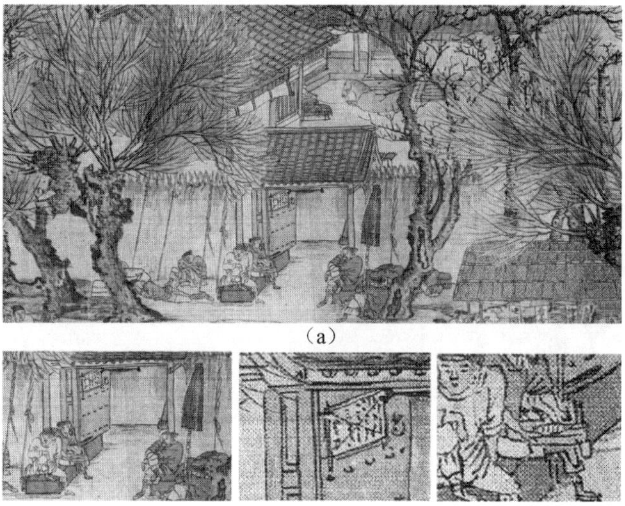

（a）　（b）　（c）　（d）

图 7　厢巡检与门口的差役

① 郑振铎：《〈清明上河图〉的研究》，杭州：浙江人民美术出版社，2020 年，第 17 页。
② 徐邦达：《清明上河图的初步研究》，《故宫博物院院刊》1958 年第 1 期，第 39 页。
③ 周宝珠：《〈清明上河图〉与清明上河学》，第 80 页。
④ 余辉：《张择端〈清明上河图〉卷新探》，《故宫博物院院刊》2012 年第 5 期，第 130 页。
⑤ 薛凤旋：《清明上河图与北宋城市化》，香港：香港中和出版社，2015 年，第 100 页。
⑥ （宋）李焘：《续资治通鉴长编》卷 346，第 8308 页。
⑦ （清）徐松辑，刘琳等校点：《宋会要辑稿》刑法 6，第 8572 页。

从院落规模来看，其门庭狭小，等级不会太高，应非左右军巡院。《续谈助》载："东魏县在大梁东……唐置罗城内移迁州西，其地即今右军巡院。"①可知右军巡院在州西，即内城西部，不在外城。若此院落非巡院，则很可能是厢巡检。按前文推理，此地应处新城西南部，当属城南右军厢辖地。根据天禧五年（1021年）东京新城九厢的编制，"城南右军厢管十三坊……定厢典、书手、都所由各一人，所由三人，街子六人，行官八人"②。图中院门前的差役正为八人，而其他各军厢的行官为4—14人不等，不知是巧合还是有意为之。需要指出的是，坐在门口的差役绝非无所事事的懒汉。根据宋人所记，"京师四门外，赤尉专决斗竞事，城里悉府尹主之。每三大节，他官皆有休假，唯府事愈多。节日清明尤甚，斗竞日至数百件"③。这些差役在门口待命，仪仗整齐，手捧刑具，在清明节日仍未休息，算是比较称职的"公务员"了。

3. 明福寺

过厢巡检往左，画卷上方出现一处寺院（图8）。寺院仅可见山门，正门紧闭，门额半露，门上可见四路门钉④，门内立有两尊力士，门前设"三瓣蝉翅"慢道，门右立一僧人。要想考证出这处寺院的名称是十分困难的。余辉认为作者有意将寺院边缘化是为了表达其崇儒远佛的宗教心理。⑤实际上，将图中的寺院代入我们新构的地理格局中，是可以找到一些线索的。

图8 明福寺

从图中观察，该寺应位于崇明门（新门）东南不远、内城南墙之南百余米的位置。从史料来看，这里应有一座明福寺。明代《汴京遗迹志》载："明福寺。在雷家桥西南，武成王庙之西，金宣宗时展城废毁。"⑥金宣宗南迁汴京，曾在南北方向展筑内城，根据

① （宋）晁载之：《续谈助》卷2，北京：中华书局，1985年，第22页。
② （清）徐松辑，刘琳等校点：《宋会要辑稿》兵3，第8658页。
③ （宋）江休复：《江邻几杂志》，《全宋笔记》第1编第5册，郑州：大象出版社，2003年，第164页。
④ 由于倾斜视角的缘故，门上部被屋檐遮挡，门钉可能不止四路。
⑤ 余辉：《隐忧与曲谏：〈清明上河图〉解码录》，北京：北京大学出版社，2015年，第172页。
⑥ （明）李濂撰，周宝珠、程民生点校：《汴京遗迹志》卷10《寺观》，北京：中华书局，1999年，第160页。

考古勘探，内城向南扩展了200—300米①，明福寺因展城而被毁，当在内城南墙的南侧。

关于武成王庙的位置，《东京梦华录》记："龙津桥南西壁邓枢密宅，以南武学巷内曲子张宅、武成王庙。"②可将武成王庙推定在蔡河之南旁近、御街之西不远的内城之南一地。《宋东京考》中又提到，"武成王庙在雷家桥西南，金季展城毁废"③。可知武成王庙与明福寺纬度基本平行，且在明代雷家桥的西南（图9）。

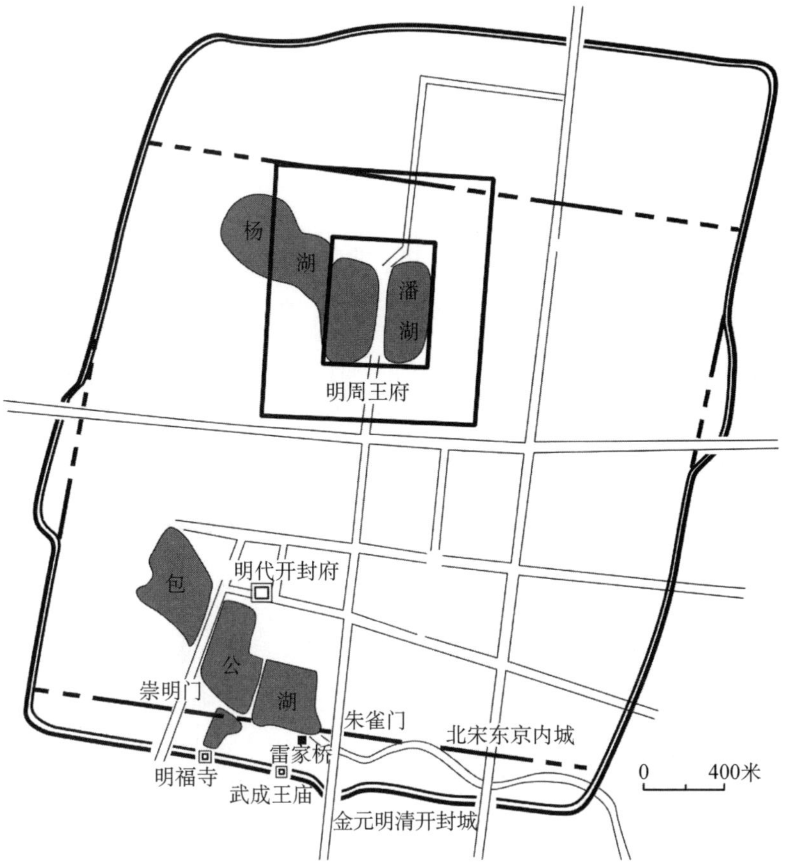

图9　北宋东京内城与明代开封城平面位置图

注：根据北宋东京内城勘探图改绘

关于明代雷家桥的位置，《汴京遗迹志》中提到，明代蔡河上有两桥，"是河之上，有东西二桥见存，东曰小桥，直对南薰门；西曰雷家桥，在今南察院前，即巡抚治所也。"④《宋东京考》则指出，"雷家桥，在府治南蔡河上龙津桥西"⑤。开封府治在今开封延庆观一带，雷家桥在府治东南的蔡河上，则应在今包公湖东南一带。而明福寺又在

① 开封宋城考古队：《北宋东京内城的初步勘探与测试》，《文物》1996年第5期，第70页。

② （宋）孟元老撰，邓之诚注：《东京梦华录注》，第60页。

③ （清）周城撰，单远慕点校：《宋东京考》卷15，北京：中华书局，1988年，第270页。

④ （明）李濂撰，周宝珠、程民生点校：《汴京遗迹志》，第93页。

⑤ （清）周城撰，单远慕点校：《宋东京考》卷15，第351页。

雷家桥西南，则应在今开封市迎宾路与中山路之间的明清开封城南城墙西段附近，此地正位于崇明门遗址东南三百米左右。通过上述分析，可将图中寺院推定为明福寺。根据考古勘探，蔡河距离内城南墙仅有10—100米的距离①，因此新门附近的蔡河会与内城南墙形成一个东西方向的狭长地块。图中寺院山门朝西，其布局或许就是受到了这个地块的影响。

4. 内城壕

城门外有一道河水，上架板桥，此应即内城城壕，如图10（a）所示。史料对于北宋东京内城城壕的记述较少，尤其对于南壕的情况更是极度缺乏，对于其结构、走向不甚清楚。有学者认为内城南壕应即利用城内蔡河河段。②《上河图》为我们提供了考古勘探及史料之外的线索，即内城南壕可能是独立的水体，与蔡河之间仍隔着街区与道路。再看城门外右上方，这里有一人持藤条蜷坐于小凳上，其身后有一面垂直于城墙、中开一门、高约一丈、粉墙黛瓦的围墙，如图10（b）所示。《东京梦华录》中提到，东京外城“壕之内外，皆植杨柳，粉墙朱户，禁人往来”③。内城壕或可以此为参考。图中的墙体及门扉似乎正是“粉墙朱户”，守门者应即“禁人往来”的门子，围墙内应为环城牙道。

（a）

（b）

图10　内城壕与封闭的环城牙道

5. 崇明门（新门）

《上河图》中的城门在后周称兴礼门，北宋改为崇明门④，俗名新门。不少学者都注意到城门屋檐下有一处半露的华带式门额，上面似有三字，只有最后的“门”字尚可辨认（图11）。文献中关于新门的记录较少，成书于政和年间的《冷斋夜话》中曾提到“龚德庄罢官河朔，居京师新门。……俄火自门而烧，德庄窘，持诰牒犯烈焰而出。顷刻，

① 刘春迎：《宋东京城遗址内蔡河故道的初步勘探》，开封市文物工作队编：《开封考古发现与研究》，第199页。
② 刘春迎：《宋东京城遗址内蔡河故道的初步勘探》，开封市文物工作队编：《开封考古发现与研究》，第199页。
③ （宋）孟元老撰，邓之诚注：《东京梦华录注》，第1页。
④ “（崇明门）周曰兴礼，太平兴国四年九月改。”（清）徐松辑，刘琳等校点：《宋会要辑稿》方域1，第9265页。

数百舍为瓦砾之场”①。可知新门附近曾发生过较大的火灾，但无从考证这场火灾与《上河图》的绘成孰先孰后。从城楼中倚栏观望的更夫、楼内的更鼓及一旁的寝具来看，崇明门城楼可能兼有望火与报时之功能。

图 11　崇明门（新门）

6. 杂卖场

紧邻城门内侧的路上方，有一处官府性质的屋舍（图 12）。与其他临街店铺明显不同的是，这处屋舍较为正式，面阔三间，起台基，设慢道，红漆檐柱下露出柱础，屋内有一书手伏案展卷，背后设草书屏风，屋左侧有一大型木秤，右侧有一填满卷宗的书架，门前有数包打套货物，一人持纸笔与另一人交谈，似在查点。周宝珠认为这处场景是即门征税，得到了学界的广泛认同。笔者不否认该处建筑作为税务的可能，但征收“国门之税”的监门皆设于外城城门。熙宁六年（1073 年）曾“诏京外城二十门监门，自今更不管认课利，但随闲要以透漏捕获出入商税钱数，立为赏罚”②。倘若图中城门为内城城门，则监门税务的说法自难成立。笔者认为，这处建筑有可能是东京杂卖场。《宋会要辑稿》载：“杂卖场，旧在利仁坊，后徙崇明门外。掌受内外币余之物。”③图中建筑位置虽与之出入，但相差不大。④再看文献中的杂卖场当是何种情形，乾兴元年（1022 年）“杂卖场每季共申文帐三道，内出卖帐官物万数，最为繁多，名件细碎，每道净案六十余纸，自来攒写费功……”⑤绍兴四年（1134 年）诏“杂卖场置专知官、手分各一

① （宋）惠洪撰，李保民校点：《冷斋夜话》卷 9《刘野夫免德庄火灾》，上海古籍出版社编：《宋元笔记小说大观》，上海：上海古籍出版社，2001 年，第 2218 页。

② （宋）李焘：《续资治通鉴长编》卷 248，第 6062 页。

③ （清）徐松辑，刘琳等校点：《宋会要辑稿》食货 54，第 7246 页。

④ 利仁坊具体位置待定，大体在内城西南部，也可能是在新门内。杂卖场的迁移时间不详。

⑤ （清）徐松辑，刘琳等校点：《宋会要辑稿》食货 54，第 7247 页。

名，库子二名，秤子一名”[①]。由上可知，杂卖场内人员包括知官、手分、库子、秤子。杂卖场的功能为“掌受内外币余之物，计直以待出货，或准折支用”[②]。对国家剩余物资估值登记是杂卖场的一项重要工作，以至产生巨大的账目文件。图中由秤、书手、打套货物、大量卷宗所构成的景象与关于杂卖场的史料相似，在地理位置上也相合，或可作一解。

图12 杂卖场

7. 军巡铺

在“杂卖场”左侧，有一间狭小的屋铺，铺中放置着八个大木桶，其一盖着木盖，余者敞开，里面盛满液体，桶上还放着一个长柄勺，屋内有三个着背心的男子，一人拉弓，两人观看，后面的墙壁斜靠着两个长柄环状器（图13）。关于此屋铺的性质也是众说纷纭。郑振铎认为这是一家“卖硬弓的店”[③]，张安治也认为是弓铺[④]，杨伯达认为店里是酒桶与练功者[⑤]，周宝珠认为是木器店，卖弓和梢桶[⑥]，曹星原认为是军巡铺[⑦]，余辉则认为这里原是军巡铺，现已成为军酒转运站[⑧]。笔者赞同曹星原的观点。首先，军巡铺的士兵为弓手，编制为三到五人，《续资治通鉴长编》中提到“诏河东经略司指挥缘边州军，候北界来增置铺屋，即对境临边亦安置铺屋，招弓箭手”[⑨]。可知军巡铺中主置弓

① （清）徐松辑，刘琳等校点：《宋会要辑稿》食货54，第7248页。
② 《宋史》卷165《职官志五·太府寺》，北京：中华书局，1977年，第3908页。
③ 郑振铎：《〈清明上河图〉的研究》，第21页。
④ 张安治：《张择端〈清明上河图〉研究》，北京：朝花美术出版社，1962年，第11页。
⑤ 杨伯达：《试论风俗画宋张择端〈清明上河图〉的艺术特点与地位》，《辽海文物学刊》1989年第1期。
⑥ 周宝珠：《〈清明上河图〉与清明上河学》，第80页。
⑦ 曹星原：《破解〈清明上河图〉之谜》，上海博物馆编：《千年遗珍国际学术研讨会论文集》，上海：上海书画出版社，2006年，第650页。
⑧ 余辉：《隐忧与曲谏：〈清明上河图〉解码录》，第159页。
⑨ （宋）李焘：《续资治通鉴长编》卷271，第6650页。

手，与图中人物一致。此外，《宋会要辑稿》中对东京城内军巡铺有详细记载："政和六年……都城四厢无虑若干坊，坊有徼巡卒合若干人，故尝筑庐以居，岁久庐坏，或废徙亡失……往往托民篱下，私贾贩以自营……因出御府钱二万缗……鸠功揆材，相方视址，均远近，视要害，有迁有仍，或因或革。……冠以坊名。具绠勺，储水器，暑以疗暍，火以濡焚。"[①]图中铺舍寄于正店檐下，狭小不堪，无坊名之设，看似此情景应在政和六年（1116 年）重修之前。军巡铺中的防火用具有"大小桶、洒子、麻搭、斧锯、梯子、火叉、大索、铁猫儿之类"[②]。图中即可见到大小木桶、长柄勺（可能为绠勺或洒子）。总之，无论人物形象还是器物面貌均与文献中的军巡铺一致。

图 13 军巡铺

8. 新发现的"谪仙"灯箱与会仙楼正店

城门里写有"正店"灯箱的酒楼无疑是整幅画卷中最华丽的建筑，如图 14（a）所示。这家酒楼临街而开，前起二层歇山顶楼阁，设彩楼欢门，门前设围栏，有宝瓶状灯笼四、山花蕉叶顶方形灯箱四，隐约可见楼后的建筑及篱笆院内层层堆放的酒瓮。在店的左侧斜挑着一根长杆，上悬条纹市招，书"孙羊店"三字，如图 14（b）所示。有人因此称该正店为"孙羊正店"或"孙羊店正店"。实际上，徐邦达、郑振铎等先生很早就将作为熟食店的"孙羊店"与"正店"区分开来，"孙羊店"应当是正店左侧街角摊铺的招牌，这处摊铺可见肉案、持刀的屠户、挂起的羊肉及"斤六十足"的吊牌。这种专卖烹制羊肉的店铺在《梦粱录》中即有提到："马婆巷双羊店等铺，零卖软羊、大骨龟背……"[③]关于正店的实际名称，虹桥下的"脚店"为我们提供了一条线索，如图 14（c）所示。由于侧视的缘故，我们得以看到在"脚店"的欢门内露出了华带匾额的一角，所以城门内正店的真正名称应该被欢门所遮挡，四个灯箱上的文字实为广告词。

① （清）徐松辑，刘琳等校点：《宋会要辑稿》兵 3，第 8660 页。
② （宋）孟元老撰，邓之诚注：《东京梦华录注》，第 120 页。
③ （宋）吴自牧：《梦粱录》卷 16《酒肆》，杭州：浙江人民出版社，1984 年，第 141 页。

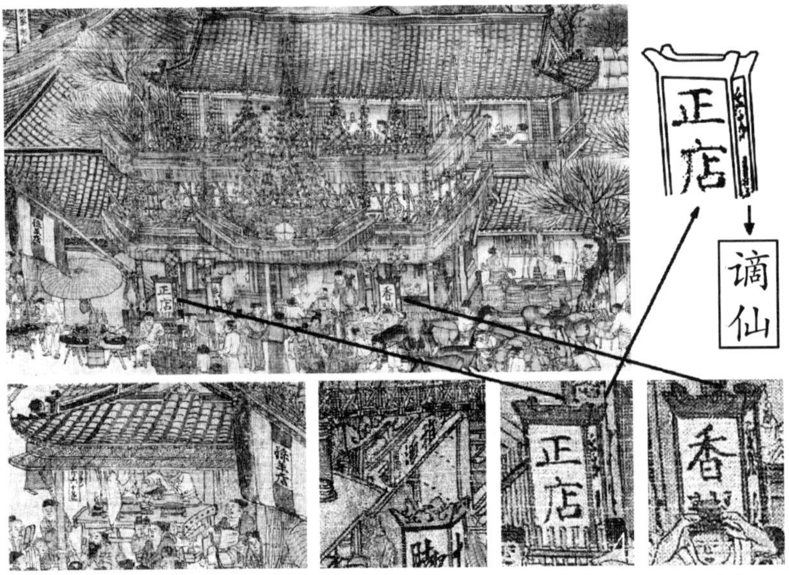

（a）

（b）（c）（d）（e）

图 14　会仙楼正店

按前文考证，若图中城门为新门，则《东京梦华录》中提到的“新门里会仙酒楼”则恰好在此。我们有必要重温一遍孟元老回忆会仙酒楼的盛况：“如州东仁和店、新门里会仙楼正店，常有百十分厅馆动使……止两人对坐饮酒，亦须用注碗一副，盘盏两副，果菜碟各五片，水菜碗三五只，即银近百两矣。虽一人独饮，碗遂亦用银盂之类。其果子菜蔬，无非精洁。若别要下酒，即使人外买软羊、龟背、大小骨、诸色包子、玉板鲊、生削巴子、瓜姜之类。”[①]由于正店中不卖熟食，下酒的“软羊、龟背”等菜式须外买，图中正店与“孙羊店”紧邻，与文献不谋而合。

对于店前的灯箱，少有人注意侧面的文字。在这里，笔者有一个有趣的新发现。如图 14（d）所示，在第一个灯箱侧面，我们可以看到两个被遮挡、透视变形的字符“言”和“亻”，第三个灯箱的侧面与之相似，如图 14（e）所示，但较为模糊。笔者认为，这两个字应当为“谪仙”。李白曾寓居汴州十年，有“谪仙人”之称，在宋时最为汴京文人墨客所乐道，会仙楼的名称可能即与此有关。灯箱上新识读出的“谪仙”二字增加了图中正店即“会仙楼正店”的可能性。

9. 城门内水泊

在城门的左上方、正店的后面有一处水泊，岸边柳树成荫，可见卧牛、牛倌（图 15）。根据新的地理格局，笔者认为这处水泊的位置应为今开封市包公湖附近。开封地势西北高、东南低，在北宋，较高的汴河河堤将内城南、北分隔开来，从史料中多次记载的崇明门水患来看，此处地势低洼，成为内城西南部的集水地。图中这处水泊位于崇明门东北，应即担负着城市排水的作用。明《汴京遗迹志》载：“龚家泊、冉家泊、牛家

① （宋）孟元老撰，邓之诚注：《东京梦华录注》，第 131 页。

泊，俱在城西南八角保（堡）。以上诸迹，俱湮于河水，无复存者矣。”[①]图中水泊应在其中。在明《开封府城之图》[②]中，城西南隅用水波纹圈出了一片狭长的水域，应即原北宋崇明门附近的洼地。此时蔡河已经断流，这片洼地应包括《上河图》中的水泊、城壕及蔡河故道。在清末到民国的舆图中，这片水域虽有兴缩，但一直延续至今，即包公湖所在。

图 15　城门内水泊

10.“解”店与“久住”

在卷末，有一处挂着“解”字招牌的临街店面，如图 16（a）所示。店前靠置两面云头门板，下摆一木桶，其上似有一笼屉。店内有桌椅若干。店旁有一处凉棚，有十余儒生模样者围着一个侃侃而谈的执扇（或书卷）老者。这处场景一直是研究的热点。关于“解”字招牌的含义，有“解库”[③]、“解盐”[④]、“解会”[⑤]、“解试”[⑥]及算命摊铺[⑦]等说。图中凉棚内的人物服饰高度一致，在宋代，“其士农工商，诸行百户，衣装各有本色，不敢越外”[⑧]。着方巾、长褙子为标准的儒生装束，将“解”字与宋代的发解试联系起来是十分合理的。那么这处店铺的性质具体为何？李合群先生的观点具有启发意义[⑨]，并已细致解释了“书铺”的由来、功能，此不赘述，但仍有两点可做补充。

第一，“解”类书铺在当时是学子重要的社交场所，作于北宋政和年间的《搜神秘览》曾提到，屡试不中的儒生能协曾“过梅植秀才书铺，见铺中具襕鞹者数同人，乃卫

① （明）李濂撰，周宝珠、程民生点校：《汴京遗迹志》卷 7《泊》，第 107 页。

② （明）曹金：万历《开封府志》卷 1《城池 · 开封府城之图》，《四库全书存目丛书补编》第 76 册，济南：齐鲁书社，2001 年，第 466 页。

③ 朱家溍：《关于清明上河图中的“解”字招牌》，《故宫博物院院刊》1960 年第 2 期，第 152 页。

④ 河浚：《盐店与当铺子——也谈〈清明上河图〉中的“解”字招牌》，《开封文博》1994 年第 1 期。

⑤ 孔庆赞：《释〈清明上河图〉中的“解”字场景》，《开封大学学报》1998 年第 3 期，第 38 页。

⑥ 王遂一：《〈清明上河图〉中两词新解》，辽宁省博物馆编：《〈清明上河图〉研究文献汇编》，沈阳：万卷出版公司，2007 年，第 415 页。

⑦ 余辉：《张择端〈清明上河图〉卷新探》，《故宫博物院院刊》2012 年第 5 期，第 134 页。

⑧ （宋）孟元老撰、邓之诚注：《东京梦华录注》，第 136 页。

⑨ 李合群：《再释〈清明上河图〉中的“解”字招牌》，《中州学刊》2007 年第 2 期，第 187 页。

州宗贾秀才辈，遂相揖而坐。梅曰：‘诸君在此，皆欲下状改名，向闻公亦欲改名，果只以协为名否？’协诺之而已，未竟，以事不能少留，一委于梅，投牒而去”①。这里能够看出，这处书铺的老板是“梅植秀才”，书铺可以随坐随去，当为临街开放的场所，这与图中儒生围坐老者的场景不谋而合。

（a）

（b）（c）（d）

图16 “解”字招牌店铺与“久住”招牌店铺

第二，“解”类书铺的重要功能应是开具“识认状”。为了打击冒贯顶替，熙宁九年（1076年）规定开封府解试需“十人为一保”②，且另需命官一人为保。《论铨试帘试札子》提到：“乞自今年铨试为始，应就试先召保识官二员，委保正身不是代名，别无违碍。至参选日，就用保官，更不再召引保，并入试日并责书铺识认状，及同保互相保委系是正身。特立赏格，许人告首。”③在结保政策的施行中，书铺起到了联络结保、联系保官、开具“识认状”的重要功能。

实际上，若将“解店”与一街相隔的“久住王员外家”及“久住曹□”[图16（b）（c）（d）]联系起来，则这个问题并不难解读。通常对这几处店铺的解读是私宅改建的旅店。笔者认为，“久住”应当是面向在京长期游学以获取开封府解额的考生。北宋时期，开封府解额优于地方各州，各地学子多集聚东京，或冒籍或诈名，以图捷径。天禧四年（1020年）便已出现“诸州举人多以身有服制，本贯难于取解，遂奔凑京毂，寓籍充赋，人数既众，混而为一”④的情况，宰相苏颂更是指明：“所谓诈冒户贯请应者，今外郡举人赴开封府取应是也。天下州郡举子，既以本处人多解额少，往往竞赴京师，旋求户贯。

① （宋）章炳文：《搜神秘览》卷上，续古逸丛书本，上海：商务印书馆，1935年，第15页。
② （清）徐松辑，刘琳等校点：《宋会要辑稿》选举3，第5309页。
③ （宋）韩元吉：《论铨试帘试札子》《全宋文》第215册卷4786，上海：上海辞书出版社，2006年，第346页。
④ （宋）李焘：《续资治通鉴长编》卷95，第2185页。

乡举之弊，无甚于此。虽朝廷加以峻文而终不能禁止者，盖以开封府举人不多，解额动以数百人，适所以招徕之而使其冒法。”[①]由于这种现象无法从根本上禁止，官方另推出“久住取解”的政策：“请诸色举人各归本贯取解，不得寄应……有乡里遐远久住京师，许于国子监取解。”[②]另天圣七年（1029年）“请令举人如有户籍及七年以上，见居本处，即许投状；未及七年，不居本贯者，不在收接之限”[③]。久住京师七年方可取解的政策促生了《上河图》中打着“久住”招牌店铺的出现。从招牌上“王员外”的身份可知，店主本身亦有功名，可兼做保人。综上，“解”字店铺与“久住”店铺具有客观的逻辑联系，“解”店应即承揽“发解试”相关文书的书铺，“久住”店即为长期住宿以获得开封府解额的考生开设的邸店。崇明门离开封府直线距离不到两里，到太学、国子监、礼部贡院也皆在两三里之内，举子游学“久住”于此颇为便利。

四、结　语

通过对汴河、北宋东京外城相关文献的梳理，我们否定了《上河图》中景观为汴河沿岸的东角子门或东水门的可能。通过对《上河图》进行平面复原，并将其带入北宋东京城平面图中找寻，发现图中河流、城门、桥梁的空间位置关系与蔡河、崇明门（新门）、新桥的位置关系高度相似，证明《上河图》中景观是可以在汴京城中找到的，该图并非虚构。新发现的“谪仙”灯箱可与文献中“新门里会仙楼正店”印证，进一步证实了《上河图》所绘应为崇明门（新门）附近的景观。根据新的地理格局，我们对图中主要建筑、景观形成了以下观点（表1）：

表1 《上河图》中建筑、景观新旧观点对比

图中城市景观	旧有观点	本文中的观点
河流	汴河	蔡河
木拱桥	东水门外虹桥；上土桥；下土桥	新桥
带刺围墙院落	驿站；递铺；官署；宅院；厢巡检	城南右军厢巡检
寺院	无考	明福寺
城门	东水门；东角子门	崇明门（新门）
设秤官舍	税务	杂卖场
设木桶屋舍	弓店；木器店；军巡铺；军酒站	军巡铺
正店	无考	会仙楼正店
解店	当铺；书铺；算命摊	书铺
久住	旅店	为考生服务的旅店

① （宋）苏颂：《苏魏公集》卷15，清道光二十二年（1842年）刻本，第12页。
② （元）马端临撰：《文献通考》卷30《选举三》，北京：中华书局，1986年，第287页。
③ （清）徐松辑，刘琳等校点：《宋会要辑稿》选举15，第5548页。

笔者并不否认《上河图》在创作中可能存在一定的主观成分，但当我们将其作为写实图像代入由考古勘探结果与历史文献构建出的北宋东京地理模型中解读时，我们能够找到与之相符的城内地段。根据画卷解读出的建筑与景观的信息也能同时印证与丰富这个地理模型。这在一定程度上说明了画卷的写实性。当然，本文新推导出的地理格局还不成熟，仍需更多的证据和反复的检验。不足之处，还望方家多多批评指正！

作者简介：赵里萌（1991—），男，吉林白城人，蒙古族，考古学博士，吉林大学考古学院博士后，主要研究方向为宋辽金元考古。

宋代静江府城职能演变分析

聂　定

（安徽大学　历史学院，安徽　合肥，230031）

摘　要： 两宋时期，政治、经济、文化发生的重要变革在城市建设中也呈现出来了，尤其是在边远地区城市中，静江府城便是一个鲜明的案例。从唐朝时期的一个军事重镇一跃成为广南西路政治、经济、文化中心，静江府城经历了由独立发展到融入中国古代城市整体发展的历程。静江府城在两宋时期的发展，展现了当时独特环境下众多地方性城市发展的轨迹，对探索中国古代地方性城市的发展具有重大意义。

关键词： 静江府城；城市职能；综合性城市

宋代是我国古代城市发展的一个重要时期，随着商品经济的发展，“市”“坊”分离的格局日益被打破，夜市出现，城市职能开始出现重大变革，由单一城市职能向多元化城市职能转变。各个城市逐步发展为全国或区域性政治、经济、文化、交通中心，并且通过自己经济文化的发展影响周边社会文化面貌。静江府城作为宋代广南西路州府治所，城市职能开始发生转变，由之前较单一的军事政治职能向多元化职能发展，在西南地区的经济、社会、文化发展中的作用日益显著。

目前针对宋代静江府城的研究主要有以下三方面，一为从《静江府城池图》分析它的制图方式、方法，如曹正伟和欧阳桦《中国古代城池图的制图视角分析——以〈静江府城池图〉为例》[①]、孙果清《静江府城池图》[②]、万方《中国古地图——静江府城图》[③]等；二为通过《静江府城池图》从军事角度分析图中各种设施，如傅熹年《〈静江

---

① 曹正伟、欧阳桦：《中国古代城池图的制图视角分析——以〈静江府城池图〉为例》，《城市规划》2014年第4期。

② 孙果清：《静江府城池图》，《地图》2005年第3期。

③ 万方：《中国古地图——静江府城图》，《书屋》2006年第9期。

府修筑城池图〉简析》[①]、张益桂《南宋〈静江府城池图〉简述》[②]、黄宽重《宋代城郭的防御设施及材料》[③]等；三为分析桂林城的城市形态，如郭建琳《桂林古城形态演变及其历史特征初探》[④]、周长山《从〈静江府城池图〉看宋代桂林城的空间形态》[⑤]、姚远《桂林历史城市人居环境山水境域营造智慧研究》[⑥]等，但是缺少对社会大变革下有宋一代静江府城职能发生的变化进行细致的分析与研究。本文旨在探讨静江府城职能在有宋一代发生的变化及发生这种变化的因素。

一、唐至宋初静江府城职能

虽然秦统一后，就在岭南设置了桂林郡，但直到唐初作为治所的桂林城一直在变迁，未形成固定城市。唐武德年间（618—626年）李靖平定萧铣后开始建造桂州城，之后历代桂林城都是在此基础上扩展而来，城址未再发生迁徙。从唐李靖建城到北宋建立之初，桂林城的城市功能未发生重要变化，基本为单一军事政治职能。

"湘水之南，粤壤之西，是为桂林。秦以郡置，唐以管分，遥制海疆，旁控溪峒"[⑦]，特殊的军事地位使李靖平定萧铣后立刻建城，以加强对岭南地区的军事控制，防止军事叛乱再度出现。此后，唐朝还多次修缮桂州城，在光启年间（885—888年）加筑夹城，"三分之二，是诸营展力，日役万人，不时而就。增崇气色，殿若长城"[⑧]。通过修筑城池，驻扎士兵，以求达到维护岭南安定的目的，为此有唐一代桂州城驻军多次出动平定叛乱，如贞观十二年（638年）"钧州獠叛，桂州都督张宝德讨平之"[⑨]；至德初，"首领黄乾曜、真崇郁与陆州、武阳、朱兰洞蛮皆叛，推武承斐、韦敬简为帅……攻桂管十八州。……乾元初……承斐等以余众面缚诣桂州降"[⑩]；大中三年（849年）"南诏攻交州，进略安南，袭请救，发湖、荆、桂兵五千屯邕州"[⑪]等。可见桂州城在有唐一代一直以唐西南军事重镇而存在，承担着平定内部叛乱、维护岭南安定的重任。此时的桂州城一直作为都督府、经略军使等所在地，地方建制以军权统领政权，政治服务于军事，这种军事政治职能一直延续到北宋初年潘美平定南汉都未发生重大变化。

① 傅熹年：《〈静江府修筑城池图〉简析》，《傅熹年建筑史论文集》，北京：文物出版社，1998年，第314—325页。
② 张益桂：《南宋〈静江府城池图〉简述》，《广西地方志》2001年第1期。
③ 黄宽重：《宋代城郭的防御设施及材料》，《南宋军政与文献探索》，台北：新文丰出版社，1990年，第183—224页。
④ 郭建琳：《桂林古城形态演变及其历史特征初探》，《社会科学家》2003年第3期。
⑤ 周长山：《从〈静江府城池图〉看宋代桂林城的空间形态》，《城市史研究》2006年第0期。
⑥ 姚远：《桂林历史城市人居环境山水境域营造智慧研究》，西安建筑科技大学硕士学位论文，2013年。
⑦ （宋）李彦弼：《八桂堂记》，（清）汪森编辑，黄盛陆等校点，黄振中审订：《粤西文载校点（二）》，南宁：广西人民出版社，1990年，第373页。
⑧ （唐）莫休符：《桂林风土记》，丛书集成初编本，上海：商务印书馆，1936年，第5页。
⑨ 《新唐书》卷222下《南蛮列传下》，北京：中华书局，1975年，第6327页。
⑩ 《新唐书》卷222下《南蛮列传下》，第6329页。
⑪ 《新唐书》卷222中《南蛮列传中》，第6283页。

二、经两宋发展后的静江府城职能

两宋时期是中国经济、社会、文化发展的重要时期，静江府城虽然地处偏远的西南边陲，但依然出现了重大变化，经两宋发展到南宋后期城市职能已经与初期有明显不同，呈现出多种城市职能交汇融合发展的现象。

（一）军事职能

经两宋的发展，静江府城“东控海岭，西距雕题、交趾……南控夜郎、昆明，北洎黔、巫、衡、湘，弥亘万里”，“合一路所领郡二十有五；其外则羁縻之州七十有二；又其外则诸小番罗殿、自杞、特磨、白衣之属环之；又其外则交趾、大理等国属焉，其地南入于海，去帅治所水陆几四千余里”，其控制亦可谓“雄剧”矣。[①]大观元年（1107年），“为大都督府，又升为帅府。旧领广南西路兵马钤辖，兼本路经略、安抚使。绍兴三年，以高宗潜邸，升府。宝祐六年，改广西制置大使，后四年废，复为广西路经略、安抚使”[②]，“被山带江，控制数千里，为西南会府，所以为襟蛮带海，用兵遣将之枢”[③]。此时的静江府城已经由宋初的军事重镇成长为广南西路军事中心，军事地位更加重要。静江府城在西南边陲的作用也由唐至北宋初年的平定叛乱扩展为宋朝管控广南西路、平定叛乱、抵抗南越入侵、阻挡蒙古军队“斡腹之谋”等多种军事作用。

1. 平定广南叛乱，镇边安民

广南西路自古民族众多，又远离国家中心区域，地区动乱时有发生。从北宋建立之初的开宝五年（972年）“秋七月己未，右拾遗张恂坐赃弃市。癸未，邕、容等州獠人作乱。……（八月）己亥，广州行营都监朱宪大破獠贼于容州”[④]，到抚水州蛮“雍熙中，数寇边境，掠取民口、畜产。诏书招安，补其酋蒙令地殿直，蒙令札奉职。咸平中，又数为寇盗，止令边臣驱逐出境。其党狡狯者凡三十余人，宜州守将因擒送阙下，上召见诘责之”[⑤]，再到“（景德四年）秋七月……甲戌，宜州兵乱，军校陈进杀知州刘永规等，劫判官卢成均为首。诏阁门使曹利用等讨之”[⑥]，有宋一代广南西路叛乱不断，其中皇祐年间的侬智高更是“破横、贵、龚、浔、藤、梧、封、康、端九州，害曹觐于封州、赵师旦马贵于康州，余杀官吏甚众。所过焚府库，进围广州”[⑦]，最终宋朝不得不派遣狄青率兵入桂平叛。面对羁縻政策下广南西路边将、流民的不断叛乱，宋朝直到最后还能维持着广南西路的稳定，静江府城发挥着重要作用。一方面，静江府城位于广南西

---

① （宋）祝穆撰，祝洙增订，施和金点校：《方舆胜览》卷38，北京：中华书局，2003年，第683、684页。
② 《宋史》卷90《地理志六》，北京：中华书局，1977年，第2239页.
③ （宋）祝穆撰，祝洙增订，施和金点校：《方舆胜览》，第684页。
④ 《宋史》卷3《太祖本纪三》，第38页。
⑤ 《宋史》卷495《蛮夷列传三》，第14205—14206页。
⑥ 《宋史》卷7《真宗本纪二》，第134页。
⑦ 《宋史》卷495《蛮夷列传三》，第14216页。

路核心位置，驻军及防备的规格远高于其他城池，足以震慑西南各路反叛势力，这也是侬智高起兵时攻克邕州（今广西南宁）、浔州（今广西桂平）、藤州（今广西藤县）等进而围困广州，却不敢发兵静江府城的原因之一；另一方面，静江府城作为广南西路军事中心所在，在一系列平乱战争中，都是由坐镇静江府城的经略使、安抚使统一调动军队击败叛军，维护整个广南西路的和平与稳定的。从北宋初年到南宋末年，静江府城在平定叛乱、维护西南稳定中发挥着不可替代的作用。

2．抗击边邻入侵，镇守边防

宋朝建立之初便与辽争夺于北方，与西夏争夺于西北，之后又与金对峙于河北地区，直到蒙古军队南下，主要军事威胁一直来自北方，因而宋朝的军事防御重点一直在北部边境。但这并不意味着其他地区没有外部威胁，经历唐末五代动乱后建立的宋朝的国力相对于唐朝来说有所衰落，使一些原本隶属于唐朝的区域开始出现松动，甚至建立独立王朝与宋对抗，位于广南西路南侧的交趾便是其中之一。970年丁部领自称皇帝，以太平为年号，之后接受宋太祖的册封，正式成为独立国家。自至道元年（995年）“广南西路转运使张观、钦州如洪镇兵马监押卫昭美皆上言，有交州战船百余艘寇如洪镇，略居民，劫廪实而去。其夏，桓所管苏茂州，又以乡兵五千寇邕州所管绿州，都巡检杨文杰击走之”开始，交趾多次兴兵入侵。天圣六年（1028年）交趾王公蕴“令其子弟及其婿申承贵率众内寇，诏广南西路转运司发溪峒丁壮讨捕之”；嘉祐五年（1060年）交趾“与甲峒贼寇邕州，诏知桂州萧固发部兵与转运使宋咸、提点刑狱李师中同议掩击，又诏安抚使余靖等发兵捕讨。靖遣谍诱占城同广南西路兵甲趋交趾，日尊惶怖，上表待罪”①；熙宁九年（1076年）“春正月，戊辰，交趾陷邕州，苏缄死之”②；元丰六年（1083年）交趾“以追捕侬智会为辞，犯归化州”③等，在元朝之前，交趾对广南西路的进攻一直未停止过。而交趾的边境骚扰，不同于辽、金、蒙古的大举进攻，不值得从中央调兵劳师远征，再加上宋朝实力有限及对西南边境实行的怀柔政策，宋廷未能采取出兵平定交趾这一劳永逸的方法，只能依靠广南西路驻军来抵抗入侵。这就使静江府城在承担平定内乱的责任以外又增加了抵抗外来之敌的重担，广南西路转运使、安抚使等多次坐镇静江府城调兵遣将或亲自出征击退来犯之敌，最终形成了“以静江府为中心，以邕州为次中心，宜州、融州、钦州、廉州为外围防御圈的地缘军事防御体系”④，以便抵抗交趾侵扰，守卫国家领土完整。

3．破解“斡腹之谋”，支援川、襄

1234年蒙宋联合灭金，之后蒙古军队开始南侵，拉开了蒙宋战争的大幕，蒙古军队借道大理或交趾进攻广南西路的“斡腹之谋”便出现在宋朝朝堂内外。1258年蒙古大汗

---

① 《宋史》卷488《外国列传四》，第14062、14067、14068页。

② （清）谢启昆修，胡虔纂：《广西通志》第8册卷185《前事略七》，南宁：广西人民出版社，1988年，第4983页。

③ 《宋史》第8册卷185《前事略七》，卷488《外国列传四》，第14069页。

④ 郑维宽：《宋代广西军事地理研究》，李勇先主编：《历史地理学的继承与创新暨中国西部边疆安全与历代治理研究：2014年中国地理学会历史地理专业委员会学术研讨学论文集》，成都：四川大学出版社，2015年，第211—222页。

蒙哥“自将伐宋，由西蜀以入。命张柔从忽必烈征鄂，趋杭州。命塔察攻荆山，分宋兵力”[①]。与此同时，兀良合台率军由大理进攻广南西路，准备一举拿下临安，攻取南宋。针对蒙古军队的攻势，宋朝在广南西路开始布置以静江府城为中心的防御措施，李曾伯坐镇静江府城，到八月已经从靖江城调遣四千多人赶赴钦州、宜州、邕州等广西边境地区，从湖南、淮东等地赶来的一万三千多名士兵也已经到达靖江城。[②]八月二十八日，蒙古军队开始由大理进攻特磨道，第一次宋蒙广西之战正式开始。李曾伯在加固静江府城防的同时继续由静江城向邕州等地增兵，试图将蒙古军队拒于国门之外，并开始指挥宋军与蒙古军队交战。此后三个多月内，两军虽数次交锋，但皆未取得重要战果，加之蒙古军队中出现疫情，因此蒙古军队开始退出广南西路[③]，第一次宋蒙广西之战宣告结束。此次战役过程中，静江府城作为御敌的指挥中心、预备力量，虽然未直接参与战争，却充分发挥了统筹战争、休整军队、储备军粮、支援前线的重要作用。1259 年 7 月，蒙古军队进攻广南西路边塞，第二次宋蒙广西之战爆发，蒙古军队一路攻象州、过柳州，兵至静江府城下。蒙古军队两次试探性进攻失败以后，经过半个多月的对峙无果，便绕过静江府城北上进攻湖南、江西等地。[④]自此静江府城开始成为第二次宋蒙广西之战的后方。在此期间，李曾伯多次从静江府城出兵袭扰蒙古军队，成功延缓了蒙古军队北上的步伐。后因忽必烈忙于争夺汗位，蒙古的第二次“斡腹之谋”也以失败告终。此次战争中，前期静江府城正面御敌阻挡了蒙古军队的进攻，为其他城池的布防争取了时间，后期李曾伯多次出兵袭扰北上蒙古军队、配合友军夹击敌人，延缓了蒙古军队的步伐，同时还减轻了四川战场、鄂州战场宋军的压力，延缓了整个蒙古军队攻宋的步伐。

（二）政治职能

静江府城的政治职能在两宋时期逐渐从军事职能的从属地位中分离出来，静江府城成长为地方行政中心。北宋至道三年（997 年），广南路分为广南东路与广南西路，桂州一跃成为广南西路的治所，行政地位开始上升，之后广南西路转运司、提举常平司设置到桂州[⑤]，宋神宗年间（1068—1085 年）广南西路提点刑狱司由象州迁到桂州，之后在南宋短暂移治容州、郁林州后又重设置于静江府[⑥]，绍兴三年（1133 年）更是“以高宗潜邸，升府”[⑦]，静江府城的政治职能进一步凸显。此时的静江府城已经集广南西路税赋、钱谷、刑法、市易、水利等行政权力于一身，其政治职能已经完全从军事职能中独立出来，成为宋朝广南西路的政治中心。

---

① 《元史》卷 3《宪宗本纪三》，北京：中华书局，1976 年，第 51 页。

② 石坚军：《蒙古“斡腹之谋”与南宋西南边防》，四川大学博士学位论文，2008 年。

③ （宋）李曾伯：《可斋续稿后》卷 7、卷 8，《宋集珍本丛刊》第 84 册，北京：线装书局，2004 年，第 625—650 页。

④ （宋）李曾伯：《可斋续稿后》卷 9，《宋集珍本丛刊》第 84 册，第 680—690 页。

⑤ 王文楚：《北宋诸路转运司的治所》，上海：复旦大学中国地理历史研究所，1986 年，第 21 页；田志光、李昌宪：《关于北宋转运司治所问题上“首州论”的再讨论》，《中国史研究》2011 年第 1 期。

⑥ 王晓龙：《宋代提点刑狱司制度研究》，河北大学博士学位论文，2006 年。

⑦ 《宋史》卷 90《地理志六》，第 2239 页。

（三）经济职能

两宋是我国古代经济迅速发展的时期，打破市、坊界限的城市经济迅速发展，形成了汴梁、临安、成都等众多全国或区域性的商业中心。这些城市通过自身经济优势对周边形成范围不一的经济辐射，依靠商品贸易、技术手段、管理方式等的输出带动整个区域经济的进步与发展。此间静江府城紧跟发展步伐，“于西南为一都会”①，已然成为广南西路的经济中心，对内开始辐射整个广南西路，推动区域经济的发展，并与整个宋朝经济的发展形成良性互动；对外沟通西南地区与国外的经济贸易。

1. 繁荣经济，带动静江府地区

宋代静江府城经济繁荣，“门南有桥曰通济，所以利病涉。桥左右为商贾所藏宝物番货，以有易无，日以千百计”②，“漓江东岸至嘉熙桥（今花桥）一带，是当时最大的农副产品集散地。桂布、铅粉、瑞露酒、羊毫笔等，众多地方特产荟萃于此”③，已经形成了门类齐全、货物繁多的商品交易市场。静江府城经济的发展，不可避免地会对其周边区域产生联动效应，整个静江府区域经济开始发展。以商业为例，第一，宋初静江府商业税占广南西路商业税的比例约为14.5%，到熙宁十年（1077年）占比达到了25.5%，足足提升了11个百分点。第二，静江府年产茶达7万多斤，远高于同时期的广南西路全州、宾州、容州等产茶区域。④第三，冶铜业快速发展，“临川、隆兴、桂林之铜工，尤多于诸郡。姑以长沙一郡言之，乌山铜炉之所六十有四，麻潭鹅羊山铜户数百余家，钱之不坏于器物者无几”⑤，静江府地区已经能够与临兴等全国冶铜发达地区相媲美。第四，静江府产出的羊毫笔、腰鼓、戏面具等也是全国闻名的畅销商品。⑥静江府地区已经形成了以静江府城为中心，由各个县城与村镇市场组成的含农业、手工业、商业在内的区域性经济联动。

2. 遥控马市，沟通邕钦

宋朝为了发展边境贸易，在邕州横山寨、永平寨及钦州设置了用于对外贸易的博易场。邕州横山寨作为宋朝南方重要的马市，“广西帅司已置干办公事一员于邕州，专切提举左右江峒丁同措置买马”⑦，将马市买卖的商业权牢牢掌控在广南西路经略安抚司手中，进而遥控广南西路对外贸易。除此之外，位于静江府的广南西路经略安抚司还亲自参与贸易，“经司以诸色钱买银及回易他州金银彩帛，尽往博易”⑧，从中获取商业利

---

① （宋）王安石：《临川先生文集》，北京：中华书局，1959年，第518页。

② （元）伯笃鲁丹：《阳桥记》，（清）汪森编辑，黄盛陆等校点，黄振中审订：《粤西文载校点（三）》，第28页。

③ 周长山：《从〈静江府城池图〉看宋代桂林城的空间形态》，《城市史研究》第24辑，天津：天津社会科学院出版社，2007年，第26页。

④ 吴小凤：《试论宋代广西社会经济的发展》，《中国社会经济史研究》2004年第4期。

⑤ 《宋史》卷180《食货志下二》，第4399页。

⑥ （宋）周去非著，屠友祥校注：《岭外代答》卷6《笔》，卷7《腰鼓》，卷7《桂林傩》，上海：上海远东出版社，1996年，第112、149、151页。

⑦ （宋）周去非著，屠友祥校注：《岭外代答》卷5《经略司买马》，第100页。

⑧ （宋）周去非著，屠友祥校注：《岭外代答》卷5《经略司买马》，第100页。

益。同时，在贸易过程中，“经略司先下昭、贺、藤、容、高、雷、化、钦、廉、宜、柳、融、贵、浔、郁林州，差见任使臣三十三人，前来横山押马。……常纲马一纲五十匹，进马三十匹。每纲押纲官一员，将校五人，兽医一人，牵马兵士二十五人”①。这些人员的衣食住行都在客观上推动了博易场及沿线经济的发展。博易场虽未设置在静江府城，但其贸易处处带有静江府城的影子，通过马市遥控博易场及实际参与博易场贸易，静江府城与邕州、钦州的市场连成一个整体，形成了静江府粮食、铜器、乐器与边境产品双向流通的经济链，推动了广南西路经济协同发展。

3. 中转商品，辐射西南

两宋时期的静江府城“为广西都会。其城之南门，凡往来东西二道，两江交趾，海南北诸州者，莫不由是焉”②，“增崇气色，殿若长城，南北行旅，皆集于此”③，“崇墉复宇，显敞壮丽，通衢之广衍，阛阓之阜盛，称其为都会之府”④，“广西广东食盐行输湖南，广西稻谷北输临安，桂林是广西境内最后一个中间转运站”⑤，无论是由交趾及大理、海南北上的商旅，还是由湖南、四川、临安南下的商旅，都会齐聚静江府城；无论是北上的稻谷、食盐、茶叶，还是自湘赣南下的商品，都以静江府城作为中转站。静江府城在商品中转的过程中，不仅迅速发展自己的经济，成为广南西路的经济中心，还通过往来的商人、旅客，将静江府生产的商品带到其他地区。商品、资金、市场等的流通与转移，使静江府城的经济实力与区域经济辐射力不断增强，由静江府辖区到广南西路进而辐射到广南东路、荆湖南路等周边地区，并与宋朝整体经济发展相接轨。

（四）文化职能

政治、经济的发展，自然会带动文化的进步，经两宋的发展，“桂林为广右二十五州之都会，风俗淳古，分野宁固，自秦汉以来无干戈之患，和气所薰，山川秀发。……距今应举之士十倍前日”⑥。静江府城充分利用自身优势发展教育事业，促进了思想文化在广南西路的传播；依靠桂林山水文化带动旅游业的发展，让广西山水文化名扬海内，再通过文人墨客的诗词、碑刻反过来丰富山水文化的内涵；佛寺、道观的修建，不仅促进了不同宗教文化在广西的传播，也赋予了广西山水更多的文化意境。

1. 教育进步，推动文化传播

教育的进步与发展是一个地区社会文化发展的基础。宋朝在静江府城兴办官学、创办书院、建设贡院、修建文庙等一系列举措，使静江府地区呈现出崇文尚学的景象。静江府中进士人数由唐朝的 1 人到北宋的 7 人，再到南宋的 61 人⑦；学府规模空前，“岭右

---

① （宋）周去非著，屠友祥校注：《岭外代答》卷 5《马纲》，第 102 页。

② （元）伯笃鲁丹：《阳桥记》，（清）汪森编辑，黄盛陆等校点，黄振中审订：《粤西文载校点（三）》，第 28 页。

③ （唐）莫休符：《桂林风土记》，丛书集成初编本，第 5 页。

④ （宋）汪应辰：《桂林馆记》，（清）汪森编辑，黄盛陆等校点，黄振中审订：《粤西文载校点（二）》，第 152 页。

⑤ 粟冠昌：《宋代的广西社会经济》，《广西师范大学学报（哲学社会科学版）》1981 年第 4 期，第 82 页。

⑥ 杨波：《略论〈桂林盛事记〉石刻所反映的史实》，《广西博物馆文集》第 10 辑，南宁：广西人民出版社，2014 年，第 296 页。

⑦ 何美峰、康海宁：《文化新变：浅议宋代广西地区书院建设之功》，《六盘水师范学院学报》2019 年第 1 期，第 39 页。

之郡桂为大，在宋淳熙时，南轩先生帅是邦，一新府学，规模殆与辟雍等”[①]，几乎能与京城的辟雍相比；贡院富丽堂皇，“其地居滕仙门之西南，凡为屋若干，修丽宏伟，莫不快目而增气，高明爽垲，可以展舒而不迫，甚称士子校艺之勇。考官则为之厅，为之堂……为役甚夥，而民不知猗欤？伟哉！”[②]静江府城教育文化事业的发展，促进了整个广南西路教育的进步，广南西路中进士人数由唐五代时期的12人迅速增长到宋朝的279人[③]，府、州、县学数量达到41所[④]，书院遍及广南西路静江府、庆元府、全州、融州、柳州、梧州、容州等地。教育事业的发展推动了理学在广南西路的传播，启迪了民众的思想，并且对邻邦产生了重要影响，“使为士者知名教之重，礼义之尊，修其孝弟忠信，则其细民亦将风动胥劝，尊君亲上，协力一心，守固攻克，又孰御焉？近而吾民既已和辑，则夫境外聚落闻吾风者，亦岂不感动？有以服其心志，柔其肌肤，其孰有不顺？”[⑤]宋朝主流文化思想通过教育在广南西路得以广泛传播，百姓的心智得到启发，社会风俗发生了转变，为政治、经济的发展提供了文化氛围。

2. 旅游带动，山水甲天下

旅游的发展在促进文化交流的同时，还会赋予旅游地新的文化内涵。宋朝之前对广西的普遍认识是“广西地带蛮夷，山川旷远，人物稀少，事力微薄，一郡不当浙郡一县。异时偏方割据，境土褊小”，“五谷涩而不甘，六畜淡而无味，水泉腥而黯惨，蔬茹瘦而苦硬”。[⑥]宋朝时期静江府城成了广南西路的一面镜子，无论是“山接衡湘多爽气，湖如杭颍共佳名”，“八桂西南天一握……重江今古水双流”[⑦]，还是“上到青林杪，凭栏尽桂州。千峰环野立，一水抱城流”[⑧]，都让静江府城秀丽的山水文化为世人所知。在静江府城山水文化的吸引下，大批文人墨客开始踏入广南西路，有宋一代达641人，他们到达静江府城后，开始以其为中心向广南西路各州散开。[⑨]广南西路已经由贬谪、流放之地变成文人墨客竞相游览之地，理学大师周敦颐、程颢等人都曾到过广南西路。中原文人墨客的到来一方面将主流思想文化带入广南西路，促进了文化区域间的交流与发展，另一方面他们的诗篇赋予了山水文化更多的人文内涵，范成大一首《喜雪示桂人》“腊雪同云岭外稀，南人北客尽冬衣。从今老杜诗犹信，梅片飞时雪也飞”描述出了静江府的仙境；王安中一首《灵岩》“凿破巅崖透碧流，小舟轻泛入深幽，石鳞映水玻璃皱，山势凌空翡翠浮”让象州灵岩名扬天下，仅《粤西诗载》中宋代关于广南西路的诗歌就达到

---

① （元）胡梦魁：《桂学建大成殿记》，（清）汪森编辑，黄盛陆等校点，黄振中审订：《粤西文载校点（二）》，第260页。

② （宋）鲍同：《贡院记》，（清）汪森编辑，黄盛陆等校点，黄振中审订：《粤西文载校点（二）》，第154—155页。

③ 何美峰、康海宁：《文化新变：浅议宋代广西地区书院建设之功》，《六盘水师范学院学报》2019年第1期，第39页。

④ 蓝武：《宋代广西文化教育的发展述论——以科举、官学与书院教育为中心》，《广西右江民族师专学报》2006年第4期，第55页。

⑤ （宋）祝穆撰，祝洙增订，施和金点校：《方舆胜览》卷41，第744页。

⑥ （宋）周去非著，屠友祥校注：《岭外代答》卷1《广西省并州》，卷4《广右风气》，第7、81页。

⑦ （宋）祝穆撰，祝洙增订，施和金点校：《方舆胜览》卷38，第691页。

⑧ （宋）刘克庄：《簪带亭》，《后村先生大全集》第1册，成都：四川大学出版社，2008年，第189页；（宋）刘克庄：《簪带亭》，《古代桂林山水诗选》，桂林：漓江出版社，1982年，第60页。

⑨ 伍锦昌：《宋代旅桂文人研究》，广西师范大学博士学位论文，2011年，第22、32页。

681首。[①]文人墨客的诗词歌赋让更多人了解到桂林的山水文化，较高的知名度又吸引了更多游客踏足桂林，从而形成了良性循环，而这个循环的最初起点就是静江府城。

3. 宗教发展，丰富社会文化

宗教是文化的重要组成部分，在中国古代文化发展过程中，佛教文化、道教文化是儒学外非常重要的内容。它们对传统文化的发展与传播起到了重要作用，尤其是在普通百姓中所起的作用更大。宋朝静江府城内佛塔、寺庙林立，城池内外新建寺庙达到65座，将近唐朝时期的4倍。[②]高僧大师云集，其中“临桂县真教寺灵感通济大师，乾道二年六月加封灵感通济广惠大师”，“临桂县阳龙山寿圣寺白鹿大师，乾道三年四月赐额，号慈济大师”，而整个宋朝全国加封大师封号的高僧仅有24人[③]，可见静江府城佛教的兴盛。静江府城佛教的繁荣对佛教文化在广南西路的传播有重要意义，有宋一代广南西路新建寺庙达到131座[④]，佛教中的戒杀生、戒妄语、崇尚平等、慈悲待人等思想随着佛法传播进入世人心中。与此同时，在宋朝皇帝信仰道教的背景下，道教文化也快速发展，仅静江府城内外就修建道观18座，相当于之前广南西路道观数量总和[⑤]，产生了“隐居桂城去七里南溪山下岩洞数处，得神仙诀”的高道刘仲景，在桂林巧遇日华君、月华君的宋初著名隐士郑冠卿，此二人成为宋代72位列入《历代真仙高道传》中的两位著名高道、隐士。[⑥]在此影响之下，广南西路新建道观达到38座，遍及庆远府、洵州、柳州、邕州、融州等地[⑦]，道教中的尊道重道、上善若水、天人合一、辩证思维、神仙崇拜等思想也随之在广南西路迅速传播。佛、道文化的传播使广南西路的百姓在日常生活、婚丧嫁娶等方面都发生了变化，而佛塔、寺庙、道观的建设本身就为广西山水文化增加了新的内涵。

三、宋代静江府城职能演变特征

（一）职能由一元到多元

从唐初兴建桂州城作为岭南军事重镇开始，直到北宋平定南汉设置广南路，静江府城一直是中央政权在西南边陲的军事重镇，主要承担维护西南地区稳定的军事作用。随着两宋时期国家军事、政治、经济形势的整体演变，静江府城的职能逐步开始改变，到南宋后期已经由单一的军事政治职能城池，转变为集军事、政治、经济、教育、文化等职能于一身的多元化城市。静江府城在军事上的地位更加突出，由以平定内乱为主的军事作用，转变为以阻挡蒙古军队入侵为主、平定内乱为辅的抗蒙西南前线指挥中心。在经济方面，静江府城城市人口不断增加，商品贸易增多，娱乐场所出现，已然成为广南

① 伍锦昌：《宋代旅桂文人研究》，广西师范大学博士学位论文，2011年，第65、66页。
② 廖国一、毛明霞：《宋代桂林佛教发展探析》，《桂林师范高等专科学校学报》2017年第6期，第1页。
③（清）徐松辑，刘琳等校点：《宋会要辑稿》道释1《大师》，上海：上海古籍出版社，2014年，第9974—9975页。
④ 廖国一：《佛教在广西的发展及其与少数民族文化的关系》，《佛教研究》2020年第1期，第234页。
⑤ 广西壮族自治区编纂委员会：《广西通志·宗教志》，南宁：广西人民出版社，1995年，第252、260页。
⑥ 周永慎：《历代真仙高道传》，北京：中国社会科学出版社，2003年，第121、128页。
⑦ 广西壮族自治区编纂委员会：《广西通志·宗教志》，第260页。

西路的经济中心。在文化方面，经过两宋科举与教育的发展，官学、书院、文庙、三先生祠等教育场所大规模修建，佛塔、寺庙、道观林立，桂林山水文化不断丰富，形成了独具特色的静江府文化，为之后桂林区域文化的形成奠定了基础。静江府城的职能演变展现出与宋代城市“由传统的中古城市向近代城市转型的时期，兼具中古城市政治功能显著、消费色彩突出和作为一定区域政治、经济、交通、文化、信息及娱乐中心的近代城市的特点”①这一整体时代发展特征的一致性，这说明在两宋时期，静江府城已经由之前独立发展的轨道过渡到了中国古代城市整体发展轨道上。

（二）经济依靠商品集散

在宋代商品经济发展的趋势下，各主要城市的经济都获得了重要发展，经济职能在城市中的地位日益突出，并且“在以城市为中心，由城市、镇市和墟市而构成的多层次、网络状的地方市场日益发展之下，宋代的区域性市场也形成起来了”②。静江府城经济在两宋时期形成了自己的区域性特点，其发展的原因与本身就地处经济发达地区的苏州、杭州、开封、成都不同，与依靠手工业发展起来的梓州、润州、婺州等不同，与作为港口城市而迅速发展的广州、泉州、温州等城市也不同，而是依靠商品贸易发展起来的。静江府城虽然处于西南边陲的广南西路，但并不与境外接壤，因而广南西路的对外贸易场所设置在了更为边缘的邕州与钦州，使静江府城没能成为对外贸易城市，但优越的交通位置使其成了重要的商品集散地。静江府城作为南连邕州、钦州，北至湘赣的交通枢纽，承载着整个广南西路对外、对内流通商品的集散功能。其集散的商品主要可分为三类：一是来自邕州横山寨、永平寨及钦州博易场的境外商品；二是广南西路销往内地的粮食、铜器、手工产品等；三是从京师、湘赣、川蜀运入广南西路的农副产品。商品的集散还使静江府城除常住人口外，出现了大规模的流动人口，进一步带动了静江府城衣食住行行业及娱乐场所的发展。静江府城在大规模的商品集散下形成了自己独特的城市经济发展模式。

（三）军事职能复杂化

两宋时期，静江府城由军事重镇发展成军事中心，军事职能进一步复杂化：从军事地位来看，由唐至宋初与邕州、横州、宾州等同为岭南军事重镇，演变为整个广南西路的军事指挥中心，地位已远高于广南西路其他各州；从军事任务来看，由唐至宋初主要承担维护区域内部稳定，演变为在维护内部稳定的同时重点抵抗外部侵略；从作战对象来看，由唐至宋初广南西路内部叛乱的将领、贼寇，演变为既有内部叛乱的将领、贼寇，又有交趾等的入侵者；从作战区域来看，由唐至宋初的以静江府辖区为主，扩展到整个广南西路辖区。可见，此时静江府城的军事职能相较于之前在军事地位、军事任

① 刘树友：《宋代城市商业发展考察——以〈夷坚志〉为中心》，《陕西历史博物馆论丛》第25辑，西安：三秦出版社，2018年，第194页。

② 漆侠：《宋代经济史（下册）》，上海：上海人民出版社，1988年，第940页。

务、作战对象等方面都更加复杂，展现出了宋代广南西路地区复杂多变的内外环境。

（四）山水文化发展迅速

两宋时期静江府城文化的发展不同于其他地区重点在理学、史学、文化等方面，而是以山水文化的迅速发展为特征。两宋时期静江府城山水文化迅速发展，首先是自然景观被赋予文化内涵，诗词、石刻、传说等使静江府城内外原本就秀丽的山川、崖洞、河湖等都成了游览胜地；其次是修建人文建筑为山水文化添加新的情怀，有宋一代静江府城内外修建的亭台楼阁、庙宇道观远超之前历代之和；最后是静江府秀丽山水开始名扬全国，“桂林山水甲天下”之名通过文人笔墨让世人熟知，更多的旅人为一睹桂林山水风光跋山涉水而来，两宋旅桂人数激增。总之，相较于儒学、艺术、宗教等的发展，静江府城山水文化的发展在宋代城市发展中独具特色，为以后桂林地区文化的发展奠定了基调，也为今天桂林旅游城市的建设规划打下了基础。

四、宋代静江府城职能演变因素

两宋时期静江府城由单一的军事职能发展为集政治、军事、经济、文化于一身的多职能复合城市，其城市职能演变过程中还具有自己鲜明的特色。这既与静江府城所处的地理自然环境有关，又与政策的制定和执行、两宋时期大量人口南移、国内外整体战略环境有着密切的联系，还与两宋时期社会整体发展密切相关。

（一）自然因素

城市职能的演变与其所处的自然环境有着非常密切的联系，尤其是在古代社会对自然环境的依赖程度更深，广南西路的宜州城在宋蒙战争中就是因为地势不够险要才改筑新城的。静江府城的地理位置则非常优越，东侧、南侧为天然漓江、阳江，北侧、西侧有独秀山、寿星山、栗家山等，地势险要，这为静江府城的城市防御提供了天然屏障，非常有助于城池防守，并且漓江、阳江这类天然河流还能够为城内生活、生产提供充足的用水，有助于城市人口规模的扩大及商业活动的发展。静江府城处于桂林—阳朔岩溶盆地北端中部，为喀斯特地貌，多溶洞、峰林，再加上位于亚热带季风气候区，降水充足、四季分明、气候优越、动植物资源丰富，为静江府城山水文化的发展提供了环境基因，正是这甲天下的桂林山水造就了静江府城独特的文化风貌。

（二）政府政策

城市职能的演变离不开国家整体政策的实施，两宋时期为了结束唐末以来政权林立的影响，陆续实施了一系列政治、经济、文化政策。两宋实施的政策对整个社会的发展产生了重要的影响，对静江府城科举、官学、贸易、行政等的演变与发展也起到了非常重要的作用。

1. 政治政策

北宋将广南路一分为二，将广南西路的治所设置于桂州城，使桂州城从与融州城、邕州城、宾州城一样的普通州城一跃成为路治所在地，成为广南西路25州、3军及众多羁縻州的统治中心。此后宋廷陆续将分管财政、刑律、水利等的转运司、提点刑狱司、提举常平司等路一级行政机关迁到桂州城，为其政治、经济、文化的发展奠定了基础。南宋时期又因是宋高宗的龙兴之地而将桂州升为静江府，进一步提升其政治地位。

2. 经济政策

在农业政策上，宋朝轻徭薄赋，鼓励开垦，推广先进的耕种技术。自宋太祖颁布第一次劝农诏开始，宋朝最高统治者不仅屡次通过国家诏书推动农业发展，还多次身体力行，"亲耕籍田，以劝农事"，并且在"两京、诸路许民共推练土地之宜、明树艺之法者一人，县补为农师，令相视田亩肥瘠及五种所宜"，通过政府选任农业技师来提升农业耕作水平。[①]大中祥符六年（1013年），"免诸路农器之税。明年，诸州牛疫，又诏民买卖耕牛勿算；继令群牧司选医牛古方，颁之天下"[②]，通过国家政策鼓励百姓购买农具、饲养耕牛，为农业生产提供充足的劳动工具。熙宁二年（1069年），"分遣诸路常平官，使专领农田水利"[③]，为农业灌溉提供充足的水源，确保在干旱之年农业依然能够保证产量。可见，国家通过政策确保了农业发展所需的技术、水利、农具等资源，推动全国农业的发展。静江府历任官员李师中、张栻、李曾伯等人在任期间不仅贯彻国家政策，还通过制定区域性农业政策、发布劝农政令及带领静江府大小官员下田耕种等方式促进静江府地区的农业发展，为城市经济发展提供了粮食、棉麻等基础资料。

在商业政策上，广南西路最重要的商业政策便是在邕州横山寨、永平寨、钦州外江东驿设置博易场。博易场最开始是为罗殿、交趾、大理等西南邻国与宋朝开展商业贸易设置的场所。随着贸易的发展，商品交易的种类不断增多，从稻米、布匹到战略物资战马，从文房四宝到奢侈品香料象牙，博易场成为两宋时期重要的陆地对外贸易场所。博易场的迅速发展，使静江府城成为内地与边境往来贸易的商品中转集散地，推动了静江府城商品经济的发展。

3. 文化政策

从两宋科教政策来看，北宋连续发动了"庆历兴学""熙宁兴学""崇宁兴学"三次大规模兴学运动推动地方官学建设，实行学田政策保证地方官学的经费来源，设置提学司来监察地方官学的兴办，制定"元丰试学官法"对官学任课教师进行考核以保证教师质量等，为静江府城官学的兴建、科举的发展提供了政策支撑。在官学发展的同时，宋朝统治者通过赐予学田、制定教规、皇帝提名等政策促进私人书院的发展，静江府城的宣成书院就是宋理宗亲自题名兴建的。私人书院的发展为静江府城的文化繁荣做出了重要贡献。

---

① 《宋史》卷173《食货志上一》，第4158页。
② 《宋史》卷173《食货志上一》，第4162页。
③ 《宋史》卷173《食货志上一》，第4167页。

从宗教文化发展政策来看，两宋时期虽然对宗教的发展有某些限制，但总体上还是实行宽容的宗教政策，通过册封大师等称号，建立专门的僧道官制度，赏赐田产，皇帝亲临道观、佛寺等政策来推动佛道文化的发展。除此之外，对于随着东西方贸易而来的基督教、摩尼教等宗教也未明令禁止，而是采取了允许其发展的宽容政策。这就为两宋时期静江府城道观、寺庙及其他宗教景观的建立和宗教文化的传播提供了政策依据。

（三）人口迁移

两宋时期由于北方战乱频发，大量人口开始南迁，建炎南渡之后，南迁人口进一步增加，“建炎之后，江、浙、湖、湘、闽、广，西北流寓之人遍满”[①]，进入静江府的也不在少数，“直徽猷阁知静江府许中降职一等，时中原士大夫避乱者，多在岭南，上数诏有司给其廪禄，中言：‘本路诸州，赋入微薄，请禁寄居官毋得居沿边十三郡，见寓止者皆徙之，仍毋给其禄。’上恶之，乃有是命”[②]。这些南迁而来的人口非常复杂，包括从进行农业生产的农民到手工业者再到商人及中原士大夫等。[③]此外，两宋时期还有苏轼、周敦颐、丁渭、张栻等大量文人墨客或因贬谪，或因做官，或因旅游而到静江府城。南迁人口的到来，给静江府地区带来了充足的劳动力、农具、农业生产技术等，使静江府很多荒地被开垦出来，农业的发展为静江府城的繁荣与职能演变提供了物质基础。流入静江府城的部分人是掌握手艺的手工业者及从事贸易的商人，他们会利用自己的手艺及经商头脑，带动静江府城工商业的发展。从中原迁移而来的士大夫、旅桂文人，大多拥有较高文化知识水平，他们通过诗词、石刻、传记等方式给静江府城的山水增加了人文内涵，并且将静江府城的山水作为文化名片传播出去，为静江府城文化职能的发展做出了突出贡献。此外，有一部分一无所有的移民，他们为了生存而投身于酒楼茶肆、作坊店铺，也在一定程度上促进了城市经济的发展。总之，两宋时期大量迁入静江府城的移民与当地人共同生活、生产、交流，为静江府城职能的发展注入了新的活力。

（四）战略环境

两宋时期相较于之前，战略环境出现了几次重要的变化，其中影响最大的是建炎南渡与“斡腹之谋”。首先，是建炎南渡。靖康二年（1127年），在金军的猛烈攻势下，太原、保定、大名、开封相继陷落，宋徽宗、宋钦宗被俘，康王在仓皇南逃过程中称帝，改元建炎，在江南建立南宋。建炎南渡后，秦岭淮河以北全部落入金朝统治范围之内。北方大片领土丧失，使宋朝军备来源、财政收入等都受到了重要影响，广南西路在国家中的政治、经济、军事地位更加重要，作为广南西路治所的静江府城就更为重要了，其政治、经济、军事职能因此进一步增强。其次，蒙古“斡腹之谋”的实施。形成于成吉

---

① （宋）庄绰撰，萧鲁阳点校：《鸡肋编》卷上，北京：中华书局，1983年，第36页。
② 李心传：《建炎以来系年要录》卷63，北京：中华书局，1956年，第1084页。
③ 衣保中、朱正西：《宋代广西地区移民与农业发展研究》，《中国农史》2016年第3期。

思汗时期直到忽必烈继承汗位才消失的“斡腹之谋”[①]，以借道大理、交趾进攻南宋防御较弱的广南西路为中心内容。尤其是在蒙古灭大理之后，广南西路由大后方一跃成为宋蒙战争的前线，作为广南西路军事中心的静江府城的军事职能便更加突出，这也是南宋末期多次修筑静江府城的原因。

（五）时代发展

任何城市及地区的发展都无法脱离所处时代的整体发展潮流，尤其是在水路交通已经相对发达的两宋时期，静江府城职能的演变自然不可避免地受到当时整个社会经济发展环境及特点的影响。整体而言，两宋时期在经济上商品经济快速发展，尤其是江南地区手工业作坊迅速增加、城镇化发展初具规模，再加上港口贸易、区域贸易的发展，使城市经济欣欣向荣；在文化上兼容并蓄，理学、世俗文化、宗教文化等都取得了重大发展，使整个社会处于文化繁荣兴盛且自由发展的氛围之中；在技术革新上，活字印刷术的出现、纺织机的改进、指南针在航海中的广泛应用等，为当时社会文化、工农生产、经济贸易等提供了技术的支撑。两宋时期国家政策、移民迁入、商贸往来等因素，使静江府城与其他地区的联系更加密切。在内地的经济、文化、科技等不断传入的影响下，静江府城的社会习俗、文化风貌、城市结构都发生了变化，静江府城的职能向多元化方向的演进不断深入。

五、结　　语

在两宋城市经济快速发展的整体环境下，面对剧烈的国内外格局变动，静江府城抓住成为广南西路治所的机遇，依靠自身优越的地理位置、秀丽的山水，充分发挥迁居、旅居静江府地区的士大夫、文人、商人、手工业者、农民等的作用，由单一军事政治职能城市演变为集政治、军事、经济、文化等多职能于一体的综合性城市。静江府城职能在两宋的发展一方面体现了两宋时期城市经济职能迅速增强的整体趋势，另一方面体现了边缘地区发展相对落后的城市在中心区域影响下通过充分发挥自己区域优势实现发展的两宋时期地方性城市发展特征。总之，通过对静江府城职能演变的研究，能够窥探两宋时期地方性城市发展的轨迹，为探索两宋时期城市发展提供更多角度。

作者简介：聂定，安徽大学历史学院博士研究生，主要研究方向为宋代城市考古。

---

① 石坚军：《蒙古与大理关系新探——以“斡腹之谋”为视角》，《北方民族大学学报（哲学社会科学版）》2010年第4期。

山川异域，风月同天

——南宋“五山”蜀僧与海上丝绸之路

陈名扬

（上海财经大学　马克思主义学院，上海，200433）

摘　要：南宋时蜀僧在江南“五山”中或敕任住持，接引中外弟子，以“第一导师”无准师范及其法嗣东福寺开山圆尔弁圆为代表；或决胜鲸波，弘法异域扶桑，以宋末渡日弘禅第一人兰溪道隆与兀庵普宁及其法嗣镰仓实权领袖北条时赖为代表。“五山”蜀僧对中国禅宗越海东传日本发挥了重要作用，日本禅宗24流中，有14流为“五山”蜀僧法裔。南宋“五山”蜀僧推动了宋风东渐，主要体现在：无准师范、兰溪道隆的顶相画推动了日本禅师及武家顶相画的流行，牧溪法常的禅意水墨画影响了以雪舟等杨、东山魁夷为代表的日本画家的艺术创作，在艺术手法及风格意境上，属同一谱系。或受日僧恭请题赠，或渡日后在日创作，“五山”蜀僧墨迹大多保存于日本，作为禅宗大师丛林修行的视觉表达，隐寓禅机，境地幽玄，对日本茶道与书道文化的形成有一定影响。日本“五山”禅僧推崇中国“五山”蜀僧的“五山文学”，他们将“五山”蜀僧禅集文体、著述结构及宋式词汇、禅语表达方式融入书写实践与禅林生活，从而熔铸为日本的“五山文学”。渡日蜀僧兰溪道隆、兀庵普宁及无准师范的高徒圆尔弁圆，依据“五山”禅林清规，制定了一系列适用于日本的禅修规则及寺院制度，其代表为兰溪道隆制定的《建长法语规则》和《参禅办道》，对日本禅宗丛林生活产生了深远影响。南宋时“五山”蜀僧自四川万里“南询”，来到江南“五山”提倡宗风，更通过多种途径将“五山”禅脉、书画、文学、清规越海东传至日本，有力地推动了南宋话语体系的国际化传播，使中国成都、杭州、宁波与日本博多、京都、镰仓构成了完整的可视的海上丝绸之路史脉。

关键词：五山；蜀僧；日本；海上丝绸之路；宋风

12—14世纪是东亚文明发展的关键期。在此期间，禅宗作为南宋文化的高级形态，在承载着文明交流互鉴使命的海上丝绸之路上，扮演着举世瞩目的角色。日本镰仓幕府政权，上至天皇、将军，下至武士、平民，都热衷于谈禅，倾倒宋风，知华、慕华成为时代的风尚。在禅宗乘鳞骑鲸越海东传的过程中，“五山”蜀僧是特色鲜明的文化使者。在直接层面上，他们或接引日本弟子，以心传心，直指单传，分付法脉，或组团乘商舶东渡，建寺立规，矗植法幢，助推了禅宗在日本的确立、生根；间接层面上，他们弘禅过程中所产生的思想载体，如书画、文学、清规等，奇迹般地融入日本人的日常生活，催生出以“禅”为中心的日式哲学与艺术风格。

传统意义上，我们认为海上丝绸之路是由中国沿海各港口及其相互间航线与外国彼岸港口、航线组成的。进一步考察，正如江河汇海，此岸广阔的内陆腹地赋予了海上丝绸之路源源不断的内在动力。四川在海上丝绸之路上的意义，正如大觉禅师兰溪道隆塔院名称“西来”所寓意的，乃是东亚文明生长动力的一极。以往学界多关注四川在西北与西南丝绸之路上的地位，却忽视了其作为万里长江文明通道源头与海上丝绸之路的关联。作为佛教较早传入及贡献了众多禅宗宗匠的四川，可看成是海上丝绸之路最远的起点，而绵延数千里、囊括中国南方诸省精华的长江通道是海上丝绸之路最长的内陆伸张线。关于南宋蜀僧的研究，学界已有丰硕成果，但至今未见将蜀僧作为一个整体性群体纳入海上丝绸之路的视域中进行审视。①因此，本文试通过考察南宋“五山”蜀僧，冀为海上丝绸之路研究提供另一种线索与可能。

一、东瀛禅脉：南宋“五山”蜀僧与日本禅宗

（一）住持“五山”，接引日本弟子

宋宁宗嘉定年间，“五山十刹”作为国家官寺制度得以确立。其中，“五山”依次为临安府径山寺、灵隐寺、净慈寺及庆元府天童寺、阿育王寺。僧人中卓异而出世者，可通过丛林公议、大臣奏举不断升阶，历“十刹”而主“五山”。据统计，嘉定至祥兴年间蜀僧住持“五山”者有以下九位：石桥可宣（龙游人）、石田法薰（1171—1245年，眉山人）、北礀居简（1164—1246年，通泉人）、无准师范（1177—1249年，梓潼人）、痴绝道冲（1169—1250年，长江人）、石溪心月（1176—1256年，青神人）、西岩了惠（1198—1262年，蓬池人）、别山祖智（1200—1260年，顺庆人）、环溪惟一（1202—1281年，盘石人）。其中，无准、痴绝、石田、北礀、石溪五禅师住持“五山”时期，是“五山”蜀僧弘法的巅峰，也是东亚禅宗交流史上的“蜜月期”。此期，为数众多的中国

① 研究南宋蜀僧群体的代表论文为唐希鹏、向世山：《南宋川僧冠绝大宋国探源》，《社会科学研究》2012年第6期，可惜缺乏海上丝绸之路视域。研究南宋蜀僧个案的论文较多，如陈小法：《渡唐天神与中日交流》，《日语学习与研究》2007年第5期；江静：《宋僧石溪心月与日僧无象静照交往考》，《浙江工商大学学报》2015年第1期；黄锦君：《南宋僧无准师范生平事迹疑年考索》，《宗教学研究》2012年第4期；等等，兹不赘述。

僧人（如兰溪道隆、兀庵普宁、无学祖元、雪岩祖钦、物初大观等人）及日本僧人（如圆尔弁圆、无象静照、性才法心、横岳湛慧、天祐思顺等人）向他们请益佛法。蜀僧柏堂祖森出峡后，即逐一参谒“五山”蜀僧住持，“如浙一时宗匠，若痴绝、无准、石田、北涧（磵），参谒殆遍”①，最后在石溪门下开悟。

在“五山”蜀僧众多日本弟子中，圆尔弁圆最具代表性。圆尔久慕宋禅，端平二年（1235年，日本嘉祯元年）渡宋，历参天童痴绝、灵隐石田，后登径山，无准“一见器许”，并勉励称：“他日归本国，必于无涓滴处横起波澜，竖无胜幢，发挥吾道。”②当时，西岩了惠、别山祖智、环溪惟一、兀庵普宁、希叟绍昙、断桥妙伦等人皆在无准座下，可谓一时之盛。嘉熙二年（1238年）五月，圆尔以无准顶相求赞。嘉熙三年（1239年）八月，圆尔请德如记无准《行状》。嘉熙四年（1240年），圆尔问道于北磵居简。淳祐元年（1241年，日本仁治二年）正月，无准于《行状》后署名“特赐圆照，以证德如不谬”③；三月，无准命圆尔归国，传以《宗派图》、密庵咸杰法衣及竹杖，并自书寺额“敕赐万年崇福禅寺”，令为出世寺名；四月，圆尔辞师归国，无准再赐杨岐方会法衣及《大明录》，同门雪岩祖钦、绝岸可湘等数十人与之泪别。④圆尔归国后，受请为博多崇福寺、水上教院、承天寺开山。淳祐三年（1243年，日本宽元元年），摄政、关白九条道家慕其名，邀请圆尔为京都慧日山东福寺开山，京都豪族皆执以弟子礼，数位天皇亦奉之为师，从此佛鉴无准之教大行日本。圆尔示寂后，花园天皇敕谥“圣一国师”，为日本禅僧赐“国师”之始。其门人则号称“圣一派”。

除圆尔弁圆外，无准师范的日本法嗣还有性才法心，奥州松岛山圆福寺开山，为日本本州北部禅宗早期弘道僧。其随径山无准参学九年中，晨昏研究学问，坐禅时常“骨臀肿烂”，然“志气不挠”，苦学毅力令人深敬；道祐，日本嘉祯年间（1235—1238年）入宋，依径山无准，“刻意参讯”，宽元三年（1245年）归国前夕，无准应请自赞顶相：“从来震旦本无禅，少室单传亦妄传，却被道祐等闲觑破，便知老僧鼻孔不在口边，漫把虚空强描邈，好儿终不使爷钱。”⑤

（二）决胜鲸波，弘法异域扶桑

自绍定四年（1231年）至祥兴二年（1279年），近半个世纪的时间里，四川几近全域沦为宋蒙战争的战场。一方面，四川独自承担抗蒙军费，人民税务繁重，生产凋零；另一方面，战局反复拉锯，虽据堡自卫，却依然难免被荼毒，真可谓“白刃搅蜀道，日

① （明）南石文琇集：《增集续传灯录》卷5《径山石溪月禅师法嗣》，蓝吉富主编：《禅宗全书》第16册，北京：北京图书馆出版社，2004年，第633页。

② ［日］圆心编，［日］方秀校：《东福开山圣一国师年谱》，《大日本佛教全书》第95册，东京：佛书刊行会，1912年，第132页。

③ （宋）德如《无准禅师行状》墨迹计五幅，重要文化财，日本京都国立博物馆馆藏。参见［日］圆心编，［日］方秀校：《东福开山圣一国师年谱》，《大日本佛教全书》第95册，第133页。

④ ［日］圆心编，［日］方秀校：《东福开山圣一国师年谱》，《大日本佛教全书》第95册，第133—134页。

⑤ ［日］师蛮：《延宝传灯录》卷2，《大日本佛教全书》第108册，第56—57页。

月晦冥”，“劫火燎蜀天，虚空灰烬”。[①]于是，蜀之士大夫、僧人等纷纷“蔽江东下”[②]。此时来到江南“五山”参学的蜀僧中，有不少人怀抱弘法的责任，决胜鲸波，航海渡日，阐弘宋禅。其中，以兰溪道隆（1213—1278年，涪州人）、兀庵普宁（1197—1276年，成都人）、镜堂觉圆（1244—1306年，四川人）为代表。

蜀僧兰溪道隆是宋末渡日华僧先驱。其出蜀后历参“五山”蜀僧无准、痴绝、北磵，继参无明慧性而嗣法；淳祐六年（1246年，日本宽元四年），应日僧明观智镜之请，率众弟子渡日；淳祐八年（1248年，日本宝治二年）底[③]，应镰仓执权最明寺殿北条时赖之请，住粟船山常乐寺，将其建成镰仓首座禅宗道场。淳祐九年（1249年，日本建长元年），北条时赖又创“镰仓五山”第一山——巨福山建长寺，请其为开山，“学徒奔凑伫听”[④]。圆尔弁圆亦遣弟子行丛林礼。[⑤]兰溪《巨福山建长禅寺钟铭》称：“东州胜地，特开榛莽，创此道场，天人归向，龙象和光。”[⑥]宝祐四年（1256年，日本康元元年），兰溪为北条时赖剃度。景定三年（1262年，日本弘长二年）[⑦]，兰溪住持京都建仁寺[⑧]，“都下缁素钦挹禅化”[⑨]，后嵯峨上皇亦钦向之。兰溪于日本弘法三十三年，祥兴元年（1278年，日本弘安元年）示寂后，龟山天皇敕谥“大觉禅师”，为日本僧人谥“禅师”第一人，其法裔为日本禅宗“大觉派”。因其为首位渡日弘禅且做出重大贡献的宋僧，一山一宁尊其为“此土禅宗初祖”，虚堂智愚赞其“乘桴于海，大行日本国中；渊默雷声，三董半千雄席”。[⑩]

此外，兰溪法嗣蜀僧义翁绍仁随师渡日，历住建仁寺、建长寺，“盛唱大觉之道”，敕谥“普觉禅师”。[⑪]兰溪日本法嗣众多，据《延宝传灯录》载，有“大兴禅师”苇航道然、“宏觉禅师”桃溪德悟、“明觉禅师”明窗宗鉴、“佛觉禅师”玉山德璇、“觉雄禅师”无隐圆范、“智觉禅师”桑田道海、“觉照禅师”林叟德琼、宏辩若讷等十余名，皆住名刹。其中以约翁德俭最著，历住长胜、东胜、净妙、禅兴、建仁、建长等寺，文保

---

① （宋）石溪心月：《石溪心月禅师语录》卷下《昭觉土庵圭和尚起骨》，蓝吉富主编：《禅宗全书》第46册，第221页。

② （元）袁桷：《天童东岩日禅师塔铭》，（清）释德介纂辑：《天童寺志》卷7塔像考，白化文、张智主编：《中国佛寺志丛刊》第85册，扬州：广陵书社，2011年，第503页。宋末蜀人东迁研究，参见雷桓：《宋元战争时期的东迁蜀人研究》，江西师范大学硕士学位论文，2020年。

③ 据《建长开山大觉禅师语录》，兰溪道隆于淳祐八年底受北条时赖请，住镰仓常乐寺，淳祐九年结夏期间得知无准师范顺世消息；同年，再受北条时赖请，为镰仓建长寺开山。参见[日]圆显等编，（宋）虚堂智愚校勘：《建长开山大觉禅师语录》卷上，《大日本佛教全书》第95册，第3、6页。《新修天童寺志》，北京：宗教文化出版社，1997年，第276页称兰溪建长元年（1249年）住常乐寺，建长五年（1253年）住建长寺，误。

④ [日]虎关师炼：《元亨释书》卷6净禅三之一，《大日本佛教全书》第101册，第210页。

⑤ [日]圆心编，[日]方秀校：《东福开山圣一国师年谱》，《大日本佛教全书》第95册，第137页。

⑥ [日]圆显等编，（宋）虚堂智愚校勘：《建长开山大觉禅师语录》卷下《小佛事》，《大日本佛教全书》第95册，第92页。

⑦ 时间据兰溪道隆《建长寺辞众上堂偈颂》载：“要津把断十三春，又挂轻帆出海滨。”又，兰溪道隆《示禅忍上人》载：“老拙自主巨福以来，期十三载。”参见[日]圆显等编，（宋）虚堂智愚校勘：《建长开山大觉禅师语录》，《大日本佛教全书》第95册，第36、79页。

⑧ 按：《建长开山大觉禅师语录》作“山城州北京东山建宁禅寺”，此后数处均作“建宁禅寺”，然又称其开山为“千光和尚”，参见[日]圆显等编，（宋）虚堂智愚校勘：《建长开山大觉禅师语录》，《大日本佛教全书》第95册，第36、37、39页。《元亨释书》（《元亨释书》卷6净禅三之一，《大日本佛教全书》第101册，第211页称兰溪“居十三年，迁平安城之建仁”，则此建宁为荣西创建之建仁寺无疑。

⑨ [日]虎关师炼：《元亨释书》卷6净禅三之一，《大日本佛教全书》第101册，第211页。

⑩ [日]圆显等编，（宋）虚堂智愚校勘：《建长开山大觉禅师语录》，《大日本佛教全书》第95册，第96页。

⑪ [日]师蛮：《延宝传灯录》卷16《建长兰溪道隆禅师法嗣》，《大日本佛教全书》第108册，第220页。

二年（1318 年）后宇多上皇敕命迁南禅寺，时常驾幸听法、慰问，赐号“佛灯国师”，赐塔名“佛灯无相之塔”。①

蜀僧兀庵普宁，出峡后先参痴绝道冲，再参无准师范而嗣其法。《元亨释书》载：“时宋地北虏横放，虽寺院辄受虐，偶本朝道旧讲五峰之法义，屡附商舶，时时聘招。”②受日僧邀请，兀庵于景定元年（1260 年，日本文应元年）渡日弘法。抵博多后不久，圆尔弁圆喜法兄至，将其延至东福寺普说，“京师缁素，奔波瞻仰”③。北条时赖又将其延至镰仓。景定二年（1261 年，日本文应二年），圆尔到建长祝贺，兀庵上堂称：“道传宋朝日本，德被四海五湖……同饮龙渊，同依师席，切瑳琢磨，相滋相益。”④兰溪道隆迁京都建仁寺，兀庵继席，为建长寺第二代住持。景定三年（1262 年，日本弘长二年），北条时赖参兀庵开悟，兀庵焚香付衣并作偈印可。⑤咸淳元年（1265 年，日本文永二年）归国时，兀庵鸣鼓告众曰：“无心游此国，有心复宋国，有心无心中，通天路头活。”⑥兀庵示寂后，敕谥“宗觉禅师”，为日本禅宗“宗觉派”始祖。

蜀僧镜堂觉圆，嗣环溪惟一，为无准法孙，祥兴二年（1279 年，日本弘安二年）随法叔无学祖元一道渡日，历住禅兴、净智、圆觉、建长等寺，为京都建仁寺第十六代住持，“弘法利生，禅风卓著”，敕谥“大圆禅师”，为日本禅宗“镜堂派”始祖。⑦

以预言元日海战之“神风”而著世的渡日宋僧无学祖元是蜀僧无准师范的法嗣。其渡日后，见无准题赞之《达摩像》，赞末所称“不在东风著意吹”与其梦中无准径山说法情形一致，便在弘安四年（1281 年，元至元十八年）正月告诉北条时宗：“春夏之间博多扰骚，而一风才起万舰扫荡。”⑧一语成谶。弘安之役，台风大作，元军大败。此后，日本人愈加尊奉宋禅。无学为镰仓圆觉寺开山，示寂后敕谥“佛光禅师”，后光严天皇赐号“圆满常照国师”，为日本禅宗“佛光派”始祖。

据统计，宋元之际形成的日本禅宗 24 流中，有 14 流为“五山”蜀僧法裔，除去上述 5 流外，还有 9 流：大休正念，嗣石溪心月，咸淳五年（1269 年，日本文永六年）渡日，历主日本禅兴、建长、寿福、圆觉、龟谷等寺，敕谥“佛源禅师”，为日本禅宗“大休派”始祖；无象静照（日僧），嗣石溪心月，镰仓金峰山净智寺住持，敕谥“法海禅师”，日本禅宗“法海派”始祖；无关普门（日僧），嗣断桥妙伦（又嗣圆尔弁圆），龟山天皇舍离宫为南禅寺（高居“京都五山”之上），请其开山，赐谥“佛心禅师”“大明国师”，日本禅宗“南禅寺派”始祖；灵山道隐，嗣雪岩祖钦，渡日后为建长寺第十九代住持，敕谥“佛慧禅师”，日本禅宗“佛慧派”始祖；清拙正澄，嗣愚极至慧，石田法薰法

① [日]师蛮：《延宝传灯录》卷 16《建长兰溪道隆禅师法嗣》，《大日本佛教全书》第 108 册，第 223—225 页。
② [日]虎关师炼：《元亨释书》卷 6 净禅三之一，《大日本佛教全书》第 101 册，第 213 页。
③ [日]圆心编，[日]方秀校：《东福开山圣一国师年谱》，《大日本佛教全书》第 95 册，第 141 页。
④ [日]圆心编，[日]方秀校：《东福开山圣一国师年谱》，《大日本佛教全书》第 95 册，第 141 页。
⑤ [日]圆心编，[日]方秀校：《东福开山圣一国师年谱》，《大日本佛教全书》第 95 册，第 141 页；[日]虎关师炼：《元亨释书》卷 17 愿杂十之二王臣二，《大日本佛教全书》第 101 册，第 337 页。
⑥ [日]虎关师炼：《元亨释书》卷 6 净禅三之一，《大日本佛教全书》第 101 册，第 213 页。
⑦ 《天童寺志》编纂委员会编：《新修天童寺志》，北京：宗教文化出版社，1997 年，第 277 页。
⑧ [日]虎关师炼：《元亨释书》卷 8 净禅三之三，《大日本佛教全书》第 101 册，第 229 页。

孙，渡日后为京都南禅寺第十四代住持，敕谥“大鉴禅师”，日本禅宗“大鉴派”始祖；一山一宁，嗣顽极行弥，痴绝道冲法孙，江浙释教总统，元成宗赐号“妙慈弘济”，大德三年（1299年）渡日，后宇多上皇甚礼遇，任京都南禅寺第三代住持，圆寂后获赠“国师”称号，日本禅宗“一山派”始祖；别传妙胤，嗣虚谷希陵，雪岩祖钦法孙，建长寺第三十一代住持，日本禅宗“别传派”始祖；古先印元（日僧），嗣中峰明本，历住净智、圆觉、建长等寺，敕谥“正宗广智禅师”，日本禅宗“古先派”始祖；大拙祖能（日僧），嗣千岩元长，中峰明本法孙，历住圆觉、建长等寺，赐谥“广圆明鉴禅师”，日本禅宗“大拙派”始祖。

总之，南宋中后期，“五山”蜀僧在中日两国广泛接引学僧、宣教宋禅宗旨，并深刻影响了两国社会各阶层。“五山”蜀僧性格真率、智慧卓越、使命强烈、远见超凡、魄力动人，如无准师范“风神闲暇，襟度夷旷，宽而不弛，明而不察，无厉声恶色”①，痴绝道冲“所至以激扬宗风为己任”②，兰溪道隆“打翻筋斗，地转天旋”③。当时弘道景象，史称“人材杂遝”④、“众归如海”⑤、“学徒奔凑伫听”⑥、“京师缁素，奔波瞻仰”⑦。东海彼岸，全国上下弥漫着知华慕华氛围的日本，上有摄政关白九条道家家族、幕府执权北条时赖家族等世家贵族的支持，下有大量福慧俱全的僧人渡宋问法，他们与“五山”蜀僧一道促成了镰仓中后期中日禅宗交流史上的高潮。

二、海上丝绸之路遗珍：南宋“五山”蜀僧与宋风东渐

（一）“五山”蜀僧与宋画东渐

南宋“五山”蜀僧影响日本绘画艺术较著者，当以顶相画和水墨画为代表。

顶相画作为肖像画、写真的一种，是南宋写实绘画技艺的代表。顶相画一般由专业画师依据禅师真相精心绘制而成，然后由嗣法弟子请其师于顶相上方题写《自赞》，以确认传法关系。《佛海瞎堂禅师广录》有《自赞》三十一首，均为瞎堂应求法者所请，为其顶相题赞。乾道八年（1172年）孝宗驾幸灵隐时即欣赏过瞎堂的顶相。⑧石田法薰弟子师俊绘有师像，石田为之写有自赞，表示印可。⑨《石溪心月禅师语录》中收录有石溪心月

① （宋）无文道璨：《径山无准禅师行状》，见（宋）无准师范：《无准师范禅师语录》卷6，蓝吉富主编：《禅宗全书》第45册，第777页。

② （明）明河：《补续高僧传》卷11，蓝吉富主编：《禅宗全书》第29册，第489页。

③ （宋）兰溪道隆：《大觉禅师拾遗录》，《大日本佛教全书》第95册，第113页。

④ （宋）物初大观：《物初剩语》卷24《西岩禅师行状》，许红霞辑著：《珍本宋集五种——日藏宋僧诗文集整理研究》，北京：北京大学出版社，2013年，第1000页。

⑤ （清）释德介纂辑：《天童寺志》卷3先觉考，白化文、张智主编：《中国佛寺志丛刊》第84册，第219页。

⑥ [日]虎关师炼：《元亨释书》卷6净禅三之一，《大日本佛教全书》第101册，第210页。

⑦ [日]圆心编，[日]方秀校：《东福开山圣一国师年谱》，《大日本佛教全书》第95册，第141页。

⑧ （宋）瞎堂慧远：《佛海瞎堂禅师广录》卷2，蓝吉富主编：《禅宗全书》第45册，第38页。

⑨ （宋）物初大观：《物初剩语》卷24《石田禅师行状》，许红霞辑著：《珍本宋集五种——日藏宋僧诗文集整理研究》，第988页。

为明岩彻、无机慧等嗣法弟子所题自赞。[①]《西岩了慧禅师语录》中《自赞》即自赞顶相，为西岩了惠弟子智潮、智广等人所请。[②]除给弟子题赞外，还有禅师之间互相写赞的情形，如希叟绍昙、石溪心月均曾题痴绝道冲顶相画[③]，石溪心月还题无准师范顶相画，其《广福聪长老画无准顶相请赞》中说：“这慈尊，曾自赞，煮不熟，烧不烂，有软顽，没思算，秤须弥重四两，量虚空阔丈半，更有白俩不是处，付与无闻，从公理断。”[④]可见，顶相画作为人物肖像画的一种特殊类型，在南宋时期为江南丛林广泛应用。

虽然南宋时期江南“五山”创作了大量顶相画，但保存至今的极少，由于法脉东传等原因，现今大多数庋藏于日本。日藏南宋顶相画中，京都东福寺藏《无准师范自赞顶相》（即《无准师范像》）及镰仓建长寺藏《兰溪道隆自赞顶相》（即《大觉禅师像》，寄藏镰仓国宝馆）影响最为深远。

理宗嘉熙二年（1238 年）五月，圆尔弁圆以无准顶相求赞。这幅顶相画为无准全身坐像，画师位于无准左侧约三十度构图。图中，无准结跏趺坐于等肩高披锦圆弧形木椅上，背部直挺，微笑目视前方，双目如电，面容慈祥，两鬓存少许寸发，上唇及下颏寸须自然下垂。身穿御赐金襕袈裟，左胸挂有袈裟佩环，内着深“V”字领衣衫两件，褶皱流畅。右手置右膝上，持有短竹篦，左向靠内；左手伸出轻置左膝，有指甲。座前有踏床，上置衲鞋一双，鞋尖朝外。画笔细腻，传神写真，整体气息庄严、神圣而又慈睦、宁静，可谓南宋第一顶相画。顶相上方为无准行楷自赞：“大宋国、日本国，天无垠，地无极，一句定千差，有谁分曲直，惊起南山白额虫，浩浩清风生羽翼。日本久能尔长老写予幻质请赞。嘉熙戊戌中夏，住大宋径山无准老僧。”[⑤]

建长寺藏《兰溪道隆自赞顶相》为兰溪全身坐像，创作于兰溪生前咸淳七年（1271 年，日本文永八年），为其弟子朗然居士所请自赞。画师位于兰溪左侧约三十度构图。图中，兰溪结跏趺坐于高顶披锦方形木椅上，背部直挺，头略前倾，凝视前方，神情静穆。身穿袈裟，左胸挂有袈裟佩环，内着深“V”字领衣衫两件，褶皱自然。右手置右膝上，持有短竹篦，左向靠内；左手轻置左膝。座前有踏床，上置衲鞋一双，鞋尖朝外。该画在构图角度、画幅比例、禅师着装与仪态等方面均承宋制，与无准顶相为同一谱系。作为日本本土绘制的早期宋风顶相画，该画可谓极佳之作，具有绘画艺术史与禅宗发展史双重里程碑式意义，故日本将其与无准顶相同称“国宝”。[⑥]

受无准顶相和兰溪顶相影响，日本禅师流行绘制宋风顶相画。据《东福开山圣一国师年谱》，圆尔弁圆拥有大量顶相画，均为本土早期作品，如建长五年（1253 年）日本三

---

① （宋）石溪心月：《石溪心月禅师语录》卷下，蓝吉富主编：《禅宗全书》第 46 册，第 219 页。

② （宋）西岩了慧：《西岩了慧禅师语录》卷下，蓝吉富主编：《禅宗全书》第 46 册，第 459 页。

③ 释莲萍纂辑：《天童寺续志》卷下塔像考，白化文、张智主编：《中国佛寺志丛刊》第 86 册，第 283 页。

④ （宋）石溪心月：《石溪心月禅师语录》卷下，蓝吉富主编：《禅宗全书》第 46 册，第 219 页。

⑤ ［日］圆心编，［日］方秀校：《东福开山圣一国师年谱》，《大日本佛教全书》第 95 册，第 133 页。全文见《无准师范自赞顶相》，绢本设色，尺寸 124.8cm×55.2cm，日本京都东福寺藏《无准师范像》图录于《日本美术全集》第 6 卷，东京：小学馆，2015 年，图 44。

⑥ 《兰溪道隆自赞顶相》，绢本设色，尺寸 104.8cm×46.4cm，日本镰仓建长寺藏，寄藏镰仓国宝馆。

林长老曾以圆尔顶相请其题赞。[①]据东福寺官网介绍，该寺藏有三幅圆尔顶相，均为重要文化财。其中由日本画僧明兆所绘圆尔顶相，明显与无准、兰溪顶相为同一谱系。该幅顶相中，画师位于圆尔右侧约三十度构图。图中，圆尔结跏趺坐于高顶披锦方形木椅上，背部直挺，头微前倾，凝视前方，神情静穆，身穿袈裟（疑为无准所传法衣），左胸挂有袈裟佩环，内着浅“V”字领衣衫两件，褶皱自然。右手置右膝上，持有短杖，左向靠内；左手向下握拳，轻置左膝。座前有踏床，上置衲鞋一双，鞋尖朝外。另外，法座右侧倚靠长杖一条。[②]

“累代奉佛”的北条时赖作为镰仓幕府实权领袖，是镰仓末期禅宗弘化的推动者，与蜀僧兰溪道隆、兀庵普宁渊源甚深。北条时赖不仅礼遇二人，建造寺院，请益佛法，更先从兰溪剃度，再从兀庵开悟，在灯脉上是兀庵的法嗣。至晚年，北条时赖剃发斋居，“日与英衲为法喜之游”。其子北条时宗亦以兰溪为师，“熏陶滋久”。[③]其父子二人保存至今的写真顶相，又被称为“武家法体”，无论在构图角度、画幅比例方面，还是在着装、法座、仪态、神色等方面均承宋制，与无准师范、兰溪道隆顶相风格系属一脉。[④]不同点在于，北条时赖父子的顶相画双手相接结禅定印，以及“V”字领口较宋为浅。

受北条时赖顶相影响，仿宋风顶相的镰仓武家法体相盛行一时。题赞于元德二年（1330年）的《安东圆惠顶相》即是宋风东渐镰仓的代表。安东圆惠原名安东治右卫门助泰，为镰仓幕府执权北条氏的宗家御内人，曾任六波罗探题，后在渡日元僧建长寺住持西涧子昙门下悟禅，晚主上野长乐寺。该幅布局、造型、法座等一依宋式，双手结禅定印，浅“V”字领口。渡日元僧建长寺住持明极楚俊受其所请题有赞语。[⑤]

另，镰仓后期日本画家为唐代高僧、南山律宗之祖道宣所绘之《道宣律师顶相》，构图类似于明兆绘圆尔顶相，深“V”字领口，右手秉拂。[⑥]室町前期日本画家所绘《荣西禅师顶相》，造型与无准顶相类似，浅“V”字领口，上方为日僧绝海中津题录的无学祖元赞荣西语，赞曰：“法中之英，僧中之杰。一锡浮沧滨，南询还北谒。归来三处开山，法雨雷施电掣。形留千载，花上之春，道播两国，水中之月。建仁开山千光禅师顶相，谨书佛光国师所赞之语，以塞仲首座之请。鹿苑比丘中津九拜书。”[⑦]以上顶相均与“五山”蜀僧无准、兰溪顶相为同一谱系作品。

除顶相画以外，日本水墨画、禅意画也深受“五山”蜀僧的影响。“五山”蜀僧牧溪法常为无准师范门下天才画僧[⑧]，是中国传统水墨画及禅意画创作先驱，也是南宋最为杰

---

① ［日］圆心编，［日］方秀校：《东福开山圣一国师年谱》，《大日本佛教全书》第95册，第138页。
② 《圣一国师像》，室町时代，绢本设色，日本京都东福寺藏。
③ ［日］师蛮：《延宝传灯录》卷35，《大日本佛教全书》第109册，第50页。
④ 《北条时赖顶相》，日本镰仓建长寺藏。《北条时宗顶相》（一说为《北条定宗顶相》），日本满愿寺藏。
⑤ 《安东圆惠顶相》，重要文化财，绢本设色，尺寸119.5cm×57.9cm，番号949（绘188），日本奈良国立博物馆馆藏。
⑥ 《道宣律师顶相》，重要文化财，绢本设色，尺寸112.5cm×56.2cm，番号1005（绘193），日本奈良国立博物馆馆藏。
⑦ 《荣西禅师顶相》，绢本设色，日本京都建仁寺两足院藏。
⑧ 据《禅灯世谱》卷6《南岳下临济宗虎丘法派世系图》，牧溪法常为无准师范法嗣。参见蓝吉富主编：《禅宗全书》第14册，第1202页。

出的画家之一。明代书画鉴定家项元汴甚为推崇牧溪的作品，其跋所藏牧溪《写生卷》①称：“（牧溪）喜画龙虎、猿鹤、芦雁、山水、树石、人物，皆随笔点墨而成，意思简当，不假妆饰。余仅得墨戏花卉蔬果翎毛巨卷，其状物写生，殆出天巧，不惟肖似形类，并得其意。”②清初书画家查士标在同卷后称牧溪为方外名流，其《写生卷》之作“有天然运用之妙，无刻画拘板之劳”，即使“吴门画派”创始人沈周与之相比，也“工致差不逮矣”，可谓极为欣赏。③沈周确实欣赏过牧溪作品，在牧溪面前自称学生，其跋牧溪《水墨写生图卷》称：“近见牧溪一卷于匏庵吴公家……不施采色，任意泼墨，沈俨然若生，回视黄筌、舜举之流风，斯下矣。”④也就是说，沈周认为牧溪水墨写生之作不仅下笔细腻，且独有境意，整体艺术价值在南宋著名画家黄筌、钱选之上。

然而，由于战争等原因，牧溪作品在中国存世较少。中国古代只有极少数学者才有幸得以观赏，加之有学者以其为“禅余戏墨”而打入另册，因此艺术界并无更多注目。而彼岸日本，宋末元初时牧溪同门圆尔弁圆及渡日宋僧喜其画作并携之航海，因此，大量牧溪作品得以东渐。加之，受到禅宗影响的茶道界将牧溪画作视为上品，每当开展重要茶会活动，牧溪作品总会被挂出展示，因此得以欣赏与学习的日本人较多。其泼墨技法、禅意画风及幽玄的境界深植人心，历来深受日本人推崇，影响了日本诸多绘画流派的艺术实践。

日本东京国立博物馆、九州国立博物馆等公私机构、个人藏有大量牧溪绘画作品，题材涉及道释人物、山水、动物、果蔬等多类。其中，牧溪所绘《潇湘八景图》现存七幅。以《远浦归帆图》⑤为例，笔致精简，晕染洒脱，大幅留白，江面宽阔而归帆隐约，晚风拂动而岸树摇曳，画面清远，境地幽淡，意出尘外，望之而息心宁神，完美地诠释了禅宗万物一体、即心即佛的精神要义。受牧溪等中日“五山”禅师、画家的影响，室町时期重要画家雪舟等杨“在精神境界上追求枯淡恬静之心性美”⑥，深化水墨画表达禅意的艺术境界，将“幽玄”“侘寂”等日式美学理念通过视觉直观的水墨画发挥至极，创作出了日式《潇湘八景图》《四季山水图》等系列佳作，使来自中国的水墨禅画得以日本化，“重塑出日本式景致的山水画独特意境”⑦，开创了日式禅意水墨的独有风格。日本近现代绘画大师东山魁夷正是在前人的基础上创造出了新式水墨山水，其代表作奈良唐招提寺御影堂（供奉鉴真和尚像）系列隔扇画⑧，以素净之笔描绘出扬州、黄山、桂林等地中国山水，合中日禅宗意蕴于一体并加以现代表达，给人以空灵神圣、沁凉幽谧之感。

---

① 按：牧溪《水墨写生图》分2卷，北京故宫博物院所藏称《水墨写生图卷》，台北故宫博物院所藏称《写生卷》。
② （宋）牧溪法常《写生卷》（1265年），纸本墨笔，尺寸44.5cm×1017.1cm，台北故宫博物院藏。
③ （宋）牧溪法常《写生卷》（1265年），纸本墨笔，尺寸44.5cm×1017.1cm，台北故宫博物院藏。
④ （宋）牧溪法常《水墨写生图卷》，纸本墨笔，尺寸47.3cm×814.1cm，北京故宫博物院藏。
⑤ （宋）牧溪法常《远浦归帆图》，重要文化财，纸本墨画，番号A甲812，日本京都国立博物馆馆藏。
⑥ 易阳：《禅学影响下的日本古典造型艺术》，武汉：华中师范大学出版社，2011年，第83页。
⑦ 易阳：《禅学影响下的日本古典造型艺术》，第88页。
⑧ 2019年12月16日，“沧海之虹：唐招提寺鉴真文物与东山魁夷隔扇画展”在上海博物馆开幕，展出有东山魁夷为唐招提寺御影堂绘制的68面隔扇画。

从蜀僧牧溪法常作品航海东渡并影响日本水墨画的创作，到雪舟等杨确立日式禅意水墨画，再到东山魁夷立足日中禅意水墨传统并结合西方技法创制出的现代日式风景画，可以说，宋风东渐脉络清晰，日本画学亦渊源有自。

（二）“五山”蜀僧与宋书东渐

禅宗书法在日本被称为“墨迹”，因其作者系禅宗大师，内容简劲，境意幽寂，历来为日本人雅好，深深影响着日本书道、茶道及审美观的形成。较早传入日本的蜀僧墨迹为圆悟克勤《与虎丘绍隆印可状》（1124年）①，因其为日本现存最早的禅宗墨迹，加之圆悟一脉在禅宗史上的重要地位②，所以被日本学界誉为“古来第一墨迹”，至今被日本茶道界奉为最高宝物。③

南宋“五山”蜀僧中名笔当数无准师范、痴绝道冲、北磵居简、兰溪道隆，他们皆擅书法，且创作量较大。他们寓禅于书、以书释禅，以高妙的禅宗书法艺术宣化着精微的佛学思想，并将书法实践内化于禅宗丛林修行之中。正如兰溪所称：“森罗万象，一理贯通。”④禅宗书法以直观视觉直指心灵，是传道的重要途径。元叟行端在《痴绝所书草堂法师示道璋书，授其徒惠派跋》中曾讨论禅宗书法的意蕴：“有运斤之手，无受斤之质，则其道不传；有受斤之质，无运斤之手，则其道不知。知者其津涉也，传者其源流也。源不清则其流必溷，津不正则其涉必迷，斯二者，所以常相求而不相离也。”⑤在这里，“运斤之手”指传播正道的禅师，“受斤之质”即学习禅宗的弟子；学禅如渡海，在浩瀚的大海中，大师源流有自，其禅书就如同津涯，是学僧的凭信。

目前，“五山”蜀僧书法绝大多数保存于日本，部分流入欧美。“五山”蜀僧书法在日本备受尊崇，被政府指定为国宝、重要文化财。据江静《日藏宋元禅僧墨迹选编》及东京国立博物馆、京都国立博物馆、京都东福寺等日本机构公开信息，日藏“五山”蜀僧墨迹涉及的作者主要有无准师范、痴绝道冲、北磵居简、云顶德敷、兰溪道隆、兀庵普宁、镜堂觉圆等人，其中，无准师范、兰溪道隆存世墨迹最多，其次为痴绝道冲的墨迹。蜀僧墨迹从创作题材来看，涵盖印可状、上堂语、法语、诗偈、遗偈、佛祖赞、自赞、额字、牌字、跋语、题名、尺牍、寺规、讽诵文、佛经等多种类别；从字体来看，涵盖楷书、行楷、行书；从创作时间来看，集中于理宗、度宗朝，无准师范、痴绝道冲墨迹绝大多数作于淳祐年间，亦即蜀僧住持“五山”的鼎盛时期。

“五山”蜀僧墨迹流传日本主要有以下两种途径：一是受日僧恭请，题赠法语、偈颂、额字等；二是渡日蜀僧在日创作的书法作品。前者代表为无准师范，后者代表为兰溪道隆。

① 日本东京国立博物馆馆藏，国宝，番号TB-1171，纸本墨书，尺寸43.9cm×52.4cm。
② “五山”巨匠蜀僧无准师范、痴绝道冲、北磵居简、兰溪道隆等均属圆悟克勤法裔。
③ 滕军：《日本茶道文化概论》，北京：东方出版社，1992年，第294页。
④ [日]圆显等编，（宋）虚堂智愚校勘：《建长开山大觉禅师语录》卷上，《大日本佛教全书》第95册，第4页。
⑤ （清）释德介纂辑：《天童寺志》卷8表贻考，白化文、张智主编：《中国佛寺志丛刊》第85册，第571页。

日藏无准师范墨迹三十幅左右，主要藏于京都东福寺，部分藏于东京国立博物馆、京都国立博物馆等公私机构及一些藏家之手。其中多件被日本指定为国宝。这些作品绝大多数系受弟子圆尔弁圆恭请而题赠。淳祐二年（1242 年）秋，旅日宋商谢国明于博多建成承天寺，请圆尔弁圆开山，圆尔致书老师无准，请其赐字。无准应请题写了大量额字、堂字、牌字，其回信称：“所言大字，一一写去，又恐寺大而字小，不知可用否？如不可用，后便寄声，又当书去矣。”①此信体现了无准待人之诚的人格魅力。今东福寺藏国宝额字“敕赐承天禅寺”、牌字“秉拂”等一系列额字、牌字均系无准师范此期书写，圆尔法裔近八百年来视之为神品，代代珍藏。

日本人认为无准师范“书法妙绝”②。细品之，其额字如楷书“释迦宝殿”③，行笔庄严有秩，筋骨厚重，飞白处别出心裁，令沉雄刚毅的氛围中增添了欢喜因素。残额字“汤”运笔果断，如琵琶节奏迅烈，而结体严谨，飞白潇洒，整体端庄雄浑。可以说，无准的大字正好体现了前人论其书“径截”④的特征。《板渡墨迹》⑤作为无准小字代表作，有王羲之笔法而又自出机杼，书写时一气呵成，结体自然无矫饰，寓楷于行，起伏变化则如松涛扑面而来，心胸为之舒畅。

兰溪道隆三十三岁渡日，六十六岁圆寂，弘法日本三十三年，留下了大量珍贵墨迹，包含寺规、讽诵文、上堂语、法语、佛经、一行书等。其楷书代表作《佛说四十二章经》⑥，浑融圆润，笔法端凝，糅颜体于秘处，寓禅机于无形。建长寺所藏数幅讽诵文则是兰溪行书代表。反复视之，下笔前若瀑悬万丈，仰之弥高，下笔后若月在深潭，信之弥坚。波磔寓以恭敬，横竖尽显至诚。其墨迹给人以“不露一锋而群魔顿息”⑦的视觉心理力量。

正如日本学者芳贺幸四郎所论，我们在看待墨迹时倘若仅从艺术角度衡量，就会错过其背后真正的道境。正所谓“挥毫三昧”，禅宗书家已经摆脱了传统笔法，“任禅机勃发而自由挥笔”。⑧一气呵成的墨迹作为禅宗大师丛林修行的视觉表达，熔铸了其高尚的人格、深邃的禅意，是禅的精神的凝结，是凡人禅悟的路径。“五山”蜀僧墨迹正是如此，他们的书法使彼岸人民得以亲勘禅机，领悟禅理，且在此基础上创造出了独具魅力的以“禅”为核心的日本茶道与书道文化，可以说，这算是对“五山”蜀僧所弘禅学的最好传承。

（三）“五山”蜀僧与中日“五山文学”

宋元时期，中国禅宗虽以“不立文字”“明心见性”为参道路径，但在说法传教的过

---

① ［日］圆心编，［日］方秀校：《东福开山圣一国师年谱》，《大日本佛教全书》第 95 册，第 135 页。

② ［日］虎关师炼：《元亨释书》卷 7 净禅三之二，《大日本佛教全书》第 101 册，第 219 页。

③ 日本东京国立博物馆馆藏，重要文化财，番号 TB-1446，纸本墨书，尺寸 130.4cm×37.0cm。

④ （元）笑隐大訢：《无准、天目、痴绝三帖跋》，释莲萍纂辑：《天童寺续志》卷下“表贻”，白化文、张智主编：《中国佛寺志丛刊》第 86 册，第 324 页。

⑤ 日本东京国立博物馆馆藏，国宝，番号 TB-1174，纸本墨书，尺寸 32.1cm×100.6cm。

⑥ 日本京都国立博物馆馆藏，重要文化财，番号 B 甲 1066，纸本墨书，尺寸 30.3cm×435.4cm。

⑦ （宋）兰溪道隆：《讽诵文》，江静编著：《日藏宋元禅僧墨迹选编》，重庆：西南师范大学出版社，2015 年，第 170 页。

⑧ 滕军：《日本茶道文化概论》，第 308 页。

程中产生了一系列独具禅宗特色的文学作品，因创作者大多为“五山十刹”名寺住持，故称“五山文学”。仿照中国“五山十刹”制度建立起京都与镰仓“五山十刹”的日本，在接受禅宗教义的过程中，也引入了中国“五山文学”的话语体系与规范，建立起东亚禅文化圈的日本“五山文学”。

蜀僧圆悟克勤所著《碧岩录》是中日“五山文学”之前奏。《碧岩录》乃以开颂古之风的蜀僧雪窦重显《雪窦颂古》为底本，加以评唱而成，便于学僧参悟。中日禅学界均视之为经典，将其誉为“宗门第一书”，反复刻印，流传甚广。此后拈古、颂古成为禅师必备本事。颂古不仅要求诗词章法，还要求对于禅宗公案的深刻诠释，宋孝宗与瞎堂慧远对话时就曾说过“作颂最难”①。

中国“五山文学”中，蜀僧北磵居简较为突出。北磵为南宋“五山文学”集大成者，生前便有《北磵集》行世，涵盖赋、记、传、序、铭、赞、法语、跋、疏、榜、上梁文、塔铭、祭文等文体。张诚子称北磵：“读其文，宗密未知其伯仲；诵其诗，合参寥、觉范为一人。”②将其与唐代禅学大师圭峰宗密及北宋文学僧参寥道潜、觉范德洪比肩。刘震孙称北磵直追柳宗元：“人品甚高，造道甚深，其为文章，奇伟峭拔，甚似柳柳州，夫不逸于佛，固当在儒林丈人行。”③无准师范赞北磵曰：“横说竖说，巧说直说，浩浩然流布于人间，不知几千万言。如尘如沙，如金如玉，如长江之波，如霁天之月。而使四方学者莫知其为儒耶？其为释耶？”④则进一步道明了北磵文章和合儒释之道的特征。

北磵善诗文，他在接引弟子时尤其留心兼具禅学与文学资质的学僧加以培养，因此，北磵一系所出文学僧甚多，可谓宋元“五山文学”第一重镇。例如，北磵法嗣物初大观（撰有《物初剩语》）、法曾孙东阳德辉（重编《敕修百丈清规》）、法曾孙笑隐大䜣（校正《敕修百丈清规》）、法曾孙宝洲觉岸（著有《释氏稽古略》）、法曾孙梅屋念常（著《佛祖历代通载》）皆宋元时期“五山文学”巨擘。而北磵法玄孙日僧中岩圆月，“学海浩瀚、笔力纵横”⑤，敕谥“佛种慧济禅师”，有日本“五山第一学僧”之美誉。

北磵居简法嗣天祐思顺是日本早期禅宗诗僧。天祐思顺早学台教，渡宋后参北磵于净慈，“昕夕稽叩”而开悟。除了禅学思想，天祐还向其老师学习禅宗文学。天祐在宋十三年后归国，为京都胜林寺开山。日僧由良心地入宋前，天祐赠其诗曰：“大道本然何费功，不通一步却能通。虑谈万物皆无味，身静诸缘尽在空。法界圣凡非念外，微尘刹海出胸中。人疑个事吾应答，野草春来华自红。”⑥体现了闲寂清淡的禅诗境界，可谓着日本“五山文学”之先鞭。

另外，有着日本“五山文学创始人”之誉的日僧雪村友梅，为一山一宁法嗣，蜀僧

---

① （宋）瞎堂慧远：《佛海瞎堂禅师广录》卷2，蓝吉富主编：《禅宗全书》第45册，第40页。
② （清）孙治撰，徐增重编：《灵隐寺志》卷3下“住持禅祖”，白化文、张智主编：《中国佛寺志丛刊》第60册，第172页。
③ （宋）刘震孙：《〈北磵居简禅师语录〉序》，蓝吉富主编：《禅宗全书》第46册，第2页。
④ （宋）无准师范：《无准师范禅师语录》卷3，蓝吉富主编：《禅宗全书》第45册，第722页。
⑤ ［日］师蛮：《延宝传灯录》卷6，《大日本佛教全书》第108册，第102页。
⑥ ［日］师蛮：《延宝传灯录》卷1，《大日本佛教全书》第108册，第53页。

痴绝道冲法曾孙，元文宗赐号“宝觉真空禅师”，代表作《岷峨集》为其入蜀时期创作的诗章，是中日“五山文学”交往融通的范例。

渡宋日僧常常携归佛典及“五山”禅集。例如，无准师范法嗣日僧俊侍者归国时，特将法兄别山祖智《语录》请回，愿剞劂枣梨，流布东瀛。①法兄希叟绍昙特以禅学反语称赞这一行为：“唾结砒霜，语含鸩毒，天王为之竦骨，狮子听之落威……俊侍者不能防身远害，更将恶蘖航海东归，予恐日本国中，流殃肆毒，累及无辜，鸩味丧躯，贻无穷恨。”②语似酸讽，实则鼓励俊侍者坚定弘禅信心。

日本“五山”禅僧也积极翻刻中国“五山”禅集。作为日本“五山文学”代表禅僧，无准师范法裔春屋妙葩③对无准一脉“五山文学”的传承贡献良多。《大日本续藏经》版《无准师范禅师语录》及《无准和尚奏对语录》即依应安三年（1370年）春屋妙葩翻刻本排印，原题《无准和尚语录》。此外，春屋妙葩还组织刊印有《虎丘隆和尚语录》④、《破庵语录》⑤等无准一脉禅集。以上诸书跋语，除时间以外，内容一致，均为：“此录旧板已漫灭，兹者命工重刊，置于龟山金刚禅院。伏愿佛种不断，世世建光明幢；祖印亲传，人人开无尽藏。”⑥翻刻中国“五山”禅僧文集，一方面使珍贵文献借以流布，推广宋禅，另一方面也便于日本“五山”僧人直接学习中国“五山文学”，进而禅修、创作。

蜀僧无准师范和兰溪道隆作为影响日本禅宗至为深远的大宗匠，其“语录”文体成为日本“五山文学”的范式，无论是无准法嗣圆尔弁圆，还是法曾孙虎关师炼，从他们的禅集中都能看到无准、兰溪的影子。下面以表格形式比照他们的著述结构（表1）：

表1 中日“五山文学”代表禅师著述结构比照表

作者及著述	著述结构	备注
无准师范《无准和尚语录》	分六卷。卷一：庆元府清凉禅寺语录、镇江府焦山普济禅寺语录、庆元府雪窦山资圣禅寺语录、庆元府阿育王山广利禅寺语录。卷二：临安府径山兴圣万寿禅寺语录。卷三：小参、法语。卷四：普说、拈古。卷五：颂古、偈颂、赞佛祖、自赞、小佛事、序跋、祭佛鉴禅师文。卷六：奏对语录、行状、跋	（宋）无准师范撰，（宋）月坡普明等编：《无准和尚语录》，日本应安三年刻本，日本国立国会图书馆馆藏

① 按西岩了惠《送日本俊上人》：“钵盂捧入大唐来，饭里无端咬著砂。一粒砂藏诸国土，方知寸步不离家。”（《禅宗全书》第46册，第452页）。别山祖智景定元年（1260年）示寂，西岩了惠景定三年（1262年）示寂，则俊侍者应于景定二年归国。

② （宋）希叟绍昙：《日本俊侍者归国，将别山语录锓板序》，参见释莲萍纂辑：《天童寺续志》卷下“表贻”，白化文、张智主编：《中国佛寺志丛刊》第86册，第320页。

③ 春屋妙葩，日本“五山文学”大师，历住等持寺、光胜院、大光明寺、天龙寺、南禅寺、宝幢寺、相国寺，敕号“智觉普明国师”，总僧录司事，其灯系为：无准师范→无学祖元→高峰显日→梦窗疏石→春屋妙葩。

④ （宋）虎丘绍隆撰，（宋）嗣端等编：《虎丘隆和尚语录》，贞治七年（1368年）刻本，日本国立国会图书馆馆藏。

⑤ （宋）破庵祖先撰，（宋）圆照等编：《破庵语录》，应安三年（1370年）刻本，京都大学图书馆馆藏。

⑥ （宋）无准师范撰，（宋）月坡普明等编：《无准和尚语录》，日本应安三年刻本，日本国立国会图书馆馆藏。

续表

作者及著述	著述结构	备注
兰溪道隆《大觉禅师语录》	分三卷。卷上：相州粟船山常乐禅寺语录、相州巨福山建长禅寺语录。卷中：山城州北京东山建宁禅寺语录、常乐禅寺小参、建长禅寺小参、建宁禅寺小参。卷下：普说、法语、颂古、偈颂、佛祖赞、小佛事、助刻名套、补遗、跋	[日]圆显等编，(宋）虚堂智愚校勘：《建长开山大觉禅师语录》,《大日本佛教全书》第95册，第1—100页
圆尔弁圆《圣一国师语录》	不分卷。依次为：住东福禅寺语录、法语、偈颂、佛祖赞、自赞	[日]虎关师炼校纂：《圣一国师语录》,《大日本佛教全书》第95册，第117—128页
虎关师炼《虎关和尚禅支录》	包括《虎关和尚十禅支录》，不分卷，依次为：序、开堂、上堂、小参（附升座）、拈提、普说、法语、对机、立地、偈赞、秉拂、跋。《虎关和尚续禅支录》，不分卷，依次为：开堂、上堂、小参、升座、拈提、立地、偈赞	[日]虎关师炼：《虎关和尚禅支录》,日本庆安四年（1651年）刻本，日本国立国会图书馆馆藏。按：该书由《虎关和尚十禅支录》与《虎关和尚续禅支录》两部分组成

从体例来看，无准、兰溪的语录属于中国“五山文学”禅集典型①，圆尔弁圆语录在编纂过程中虽简省，但其语录、法语、偈颂、佛祖赞、自赞均系承袭其师体例。②无准日本一脉发展到虎关师炼③时，日本“五山文学”才真正进入成熟阶段。虎关弟子在编纂其师语录时，一方面立足祖师无准等语录范式，另一方面则加以总结并创新。《虎关和尚十禅支录》编者在序中介绍了该语录的体例：“予考订古今禅册，备十门，一曰开堂，二曰上堂，三曰小参（附升座），四曰拈提，五曰普说，六曰法语，七曰对机，八曰立地，九曰偈赞，十曰秉拂。”④因此命为“十禅”。该编者认为，禅集不足“十禅”则不“圆极”，超过范围则流于文学“余力”。“考订古今禅册”则明确表明了受到中土禅宗诸祖禅集的影响。

以《虎关和尚十禅支录》著述结构言之，将无准语录中各住寺“语录”内容悉分为“开堂”和“上堂”两类，无准语录中“小参”“法语”“普说”均予以保留，而将“拈古”“颂古”两类合为“拈提”，将“偈颂”“赞佛祖”合为“偈赞”，将“小佛事”更名为“立地”（内容同“小佛事”，含燃香供祖、点眼、安座、秉炬、下火、入祖堂、塔所佛事、起骨、入骨、撒灰等），未选入“序跋”类，新增“对机”（即室中勘辨，弟子问道时的问

① 按：兰溪道隆禅文集《建长开山大觉禅师语录》初刻本乃景定五年（1264年，日本文永元年）刊刻于中国四明，此时兰溪正主京都建仁寺。该集由兰溪日本随侍弟子圆显、觉慧、圆范、了禅、从琛等编辑，再由弟子忍禅携之渡宋，请杭州净慈寺住持虚堂智愚校勘，又经台州天台山光孝寺首座惟俊点对入板，天台山光孝寺住持妙弘点正施梓，日本山城州建宁寺监寺祖忍施财刊行，刻工则为绍兴府南明孙源、剡川石岱。书后助刻姓名中，大多数都是兰溪日本弟子及信众。兰溪语录作为中日两国禅僧合作完成的著作，是中日“五山文学”交流初期的灿烂星光。《大日本佛教全书》所载《建长开山大觉禅师语录》影印本乃文政十年（1827年）为纪念兰溪道隆圆寂五百五十周年日本建长寺重梓本。参见《大日本佛教全书》第95册，第96—97、100页。

② 日本京都东福寺藏有重要文化财《佛鉴禅师语录》(即《无准和尚语录》)，为南宋淳祐十一年（1251年）刻本，是该书最早版本。

③ 虎关师炼，日本“五山文学”巨匠，遍参约翁德俭（嗣兰溪道隆）、一山一宁诸大老，为无准师范法曾孙，灯脉为：无准师范→圆尔弁圆→东山湛照→虎关师炼。历住济北庵、本觉院、三圣寺、神赞寺、东福寺、南禅寺，“都下杂遝以为一佛出世”，著述甚丰，敕号“国师”。参见[日]虎关师炼：《虎关和尚禅支录》，日本庆安四年（1651年）刻本，日本国立国会图书馆馆藏；[日]师蛮：《延宝传灯录》卷11《临济宗圣一下第二世东福东山湛照禅师法嗣》,《大日本佛教全书》第108册，第168—171页。

④ [日]虎关师炼：《虎关和尚十禅支录》，日本庆安四年（1651年）刻本，日本国立国会图书馆馆藏。

答机锋）与“秉拂”类（含索话、提纲、叙谢、拈提等，可归为法语、拈古）。也就是说，虎关语录在体例上更加注重分类，是在继承无准等东土禅祖语录文学基础上的创新。

将中国“五山文学”作为日本“五山文学”的典范，还可通过虎关师炼所编《禅仪外文集》①看出。虎关师炼在《禅仪外文集》序中将禅宗文学分为内文、外文，内文如提纲、拈提、偈赞，外文如疏、榜、祭文；又将作文之“馀力”分为“溢馀”“外馀”，“溢馀”之作即内文，提唱大道，“外馀”之作即外文，随宜应事。因“五山”清规中有对于文法的特别规定，虎关特精选橘洲宝昙（蜀僧）、北磵居简（蜀僧）、物初大观（嗣北磵）等中国“五山”文学僧疏、榜、祭文等文体代表作，以便于日本禅僧学习使用。

宋式词汇及中国特色的禅语表达方式也通过“五山文学”得以传播。下面将无准师范及其法裔虎关师炼关于开堂祝圣语段选出进行比对。

无准师范出世庆元府清凉禅寺，开堂升座拈香：

> 指法座：须弥宝座高八万四千由旬，佛身长八万四千由旬，当自立身如彼座像，乃可得坐。且道新清凉身长多少？乃云：俱。遂升座。拈香云：此一瓣香，恭为今上皇帝，祝延圣寿万岁万岁万万岁，恭愿金轮统御，玉叶腾芳，四海归仁，万邦入贡。次拈香云：此一瓣香，奉为判府节制尚书洎阖府尊官、判县郎中，伏愿永佐明君，长居禄位。次拈香云：此一瓣香，奉为杨岐第八世前住安吉州凤山资福禅寺破庵禅师大和尚，爇向炉中，用酬法乳。遂趺座。②

虎关师炼出世三圣寺，开堂升座拈香：

> 法座说：得一丈不如行取一尺，须弥高一尺，脚迹阔一尺。步一两步，云：说得行取，一任贬剥。便升座。拈香云：此一瓣香，爇向炉中，恭为今上皇帝，祝延圣寿万岁万岁万万岁，伏愿二十劫增，二十劫减，长享无为，八千岁春，八千岁秋，永凝久视。[次]拈香云：此香奉为本寺大檀越某，恭愿长承桓文之功，翼戴王室，久据方虎之任，镇抚戎边。拈衣：狼迹坐庾岭，行岭云闲不，彻磵水太忙。生肩衣，云：得座披衣，公案现成。又拈香云：此香皎洁，灵源分派，枝信衣常，恨止曹溪，轻轻举起烂枯桥，褴褛屈旬贱似泥，爇向炉中，恭为本寺开山敕谥宝觉禅师东山大和尚，以酬法乳。趺坐云：天地为炉，钳锤在握，钝铁顽铜，任打一趺。③

比对中日两位“五山”禅师开堂升座拈香语，我们发现，因师承一脉，虎关师炼基本上沿袭了中国的“五山”仪轨，不仅如此，连同词汇用语及表达方式也高度一致，几达到了混入中国禅集中也难辨出的程度。

---

① ［日］虎关师炼编：《禅仪外文集》，日本宽永三年（1626年）刻本，京都大学图书馆馆藏。
② （宋）无准师范撰，（宋）月坡普明等编：《无准和尚语录》，日本应安三年（1370年）刻本，日本国立国会图书馆馆藏。
③ ［日］虎关师炼撰：《虎关和尚禅支录》，日本庆安四年（1651年）刻本，日本国立国会图书馆馆藏。

总之，日本“五山”禅僧或渡宋求法，直接学习中国“五山文学”，或携归、翻刻南宋“五山”经典著述，并以之为学习模范，将宋代“五山”禅集文体、著述结构及宋式词汇、禅语表达方式融入书写实践与禅林生活，从而熔铸为日本“五山文学”，可谓日本吸收中华文化的典型。

（四）“五山”蜀僧与日本禅林清规

“五山”蜀僧对日本禅林清规的影响主要是通过渡日蜀僧兰溪道隆、兀庵普宁及无准高徒圆尔弁圆实现的。

兰溪道隆渡日后，历住各寺，一依宋禅规式，积极建设宋式禅林。淳祐八年（1248年，日本宝治二年）底，兰溪道隆应镰仓执权北条时赖敦请，住常乐寺，按“五山”清规，阐扬禅风，“广开寺宇，重建僧堂”，“种件依唐式行持”[①]，将常乐寺建成镰仓第一座禅宗道场。淳祐九年（1249年，日本建长元年）兰溪道隆任建长寺开山，“直接导入了宋朝的禅风”[②]。兰溪住山期间，依据“五山”宋禅，制定了系统的镰仓禅寺清规。保留至今的《建长法语规则》为兰溪道隆对建长寺住持、常住等修行僧团规定的禅苑生活守则，如告诫常住：“参禅辨道，只为了此生死大事，岂可沐浴放暇之日，便恣情懒慢。”又如对僧堂纪律的规定：“僧堂内，并不许说话，犯者罚一斤油；行步有声，揭帘粗糙者，罚一斤油。”[③]

在建长寺清规的基础上，兰溪还制定了常乐寺规，严格禅寺纪律，《相州路镰仓县粟船山常乐禅寺定规》全文如下：

> 光阴有限，六七十岁便在目前，苟若虚过一生，灼然难得复本。既挂佛衣之后，入此门来，莫分彼此之居，各当行斯道。倘以粟船上殿为名，昼夜恣情游戏，非但与俗无殊，亦乃于汝何益。今后本寺主者，既为众僧之首，当依建长矩式而行。昼则诵经之外，可还僧房中客前坐禅。初后夜之时，以香为定式，领众坐禅。二更三点可击鼓，房主归，众方休息。四更一点，仍复坐禅。至开静时，方入寮。夜中不可高声谈论。粥饭二时，并须齐赴，不可先后。今立此为定规，不可故犯。若有恣意不从之者，申其名来，可与重罚。住山道隆。[④]

兰溪道隆《参禅办道》则更加清晰地规定了每日二十四小时内行住坐卧的规矩：

> 寅起念偈，下床，洗面，著衣，烧香，佛前礼拜，盖为忏悔业障也。然后就被位抖擞精神。曙色已分，展钵吃粥，粥罢吃茶。茶罢毕，就佛前讽诵经咒。及辰巳际，被位坐禅。日午而吃饭，饭毕吃茶也。或相对宾客，或洗濯衣裳，扫地，普

---

① [日]圆显等编，（宋）虚堂智愚校勘：《建长开山大觉禅师语录》，《大日本佛教全书》第95册，第5页。

② 《建长寺的历史》，参见日本镰仓建长寺官网：https://www.kenchoji.com/about/#a5。

③ （宋）兰溪道隆：《大觉禅师拾遗录》，《大日本佛教全书》第95册，第111页。按：兰溪道隆墨迹《建长法语规则》现存镰仓建长寺，为日本国宝。

④ （宋）兰溪道隆：《大觉禅师拾遗录》，《大日本佛教全书》第95册，第112页。

请，或把针补缀。然及晡时，而著衣坐禅。日入之后，施食，诵讽经帮。至黄昏之时，佛前礼拜。礼拜了，如故坐禅。及亥之刻，转身面外，讽诵经咒，或普门品，或八句陀罗尼，回向随意。然而就寝，右胁卧。凡一日一夜，规式大概如是。①

兰溪道隆认为一日四次坐禅是禅修者的本分，要求其弟子“勿随人情而毁规矩”。他在顺世前还为众弟子留有遗训，告诫弟子们务必严格恪守宋式禅法，《大觉禅师遗诫》五条如下：

一、松源一派，有僧堂规，专要坐禅，其余何言，千古不可废之，废则禅林何在？宜守行矣。

一、福山各庵，不论济洞，和合辅弼，莫昧佛祖本宗。

一、戒是僧体，不许荤酒肉腐鬻门前，何况入山中。

一、参禅学道者，非四六文章，宜参活祖意，莫念死话头。

一、大法莫授非器，吾宗荣衰唯在于此矣。

山僧遗训，无它事。嘱嘱。②

兰溪认为“佛法不离于日用，日用中全体现成”③。因此，他对于禅寺日常生活的规定十分严苛，以上规矩正体现了此点。也正是得益于这一系列具有典范意义的禅林矩式，宋禅才能真正在日本确立生根。④

兀庵普宁以建长寺媲美径山寺：“日域魁为第一甲刹，与宋朝第一径山，无有异矣。”⑤其主建长寺期间，便以“五山”清规治寺，收到了“禅规整济，号令稹（缜）密，东方丛社指为法窟”的成效。⑥

圆尔弁圆历主日本东福寺、建仁寺、东大寺诸名刹，所到之处一依“五山”清规治寺。例如，他主荣西开创之龟谷山时，即以“临安诸刹”仪法重立丛矩，令“钟鼓鱼板，一时改响”。⑦圆尔晚年，更仿其师无准师范所立径山寺轨则，于弘安三年（1280年）编有正式的《东福寺年月日须知簿》，告诫称：“凡为吾徒，虽亦山院村寺，宜护此法。”⑧

此外，建长寺还有一段与西蜀的胜缘。建长寺自开山以来，每逢盂兰会及开山祖忌日，便颂兰溪道隆所注之四百八十六字《梵语心经》，这成为建长寺区别于他寺的独

---

① ［日］师蛮：《延宝传灯录》卷40，《大日本佛教全书》第109册，第163—164页。

② （宋）兰溪道隆：《大觉禅师拾遗录·大觉禅师遗诫》，《大日本佛教全书》第95册，第112页。

③ ［日］圆显等编，（宋）虚堂智愚校勘：《建长开山大觉禅师语录》卷下《示宿屋居士》，《大日本佛教全书》第95册，第80页。

④ 日僧梅峰竺信《跋〈大觉禅师拾遗录〉》（1693年）称兰溪道隆有《坐禅论》，未知与《参禅办道》是否同文，但从“行世久矣”四字可以看出日本禅僧对中国渡日弘禅第一人兰溪道隆坐禅规式的认可与遵行。在时空漫长的宋禅国际传播过程中，中途也有荒废之时，但无生居士等人于元禄年间抱着遵守“祖师规训”、“振数百年已坠之纲”和“中兴丛林”的目的刊行《大觉禅师拾遗录》的举动，体现出兰溪所确立的宋禅规式的历史生命力。参见《大日本佛教全书》第95册，第114—115页。

⑤ ［日］师蛮：《延宝传灯录》卷36，《大日本佛教全书》第109册，第60页。

⑥ ［日］虎关师炼：《元亨释书》卷6净禅三之一，《大日本佛教全书》第101册，第213页。

⑦ ［日］虎关师炼：《元亨释书》卷7净禅三之二，《大日本佛教全书》第101册，第220页。

⑧ ［日］圆心编，［日］方秀校：《东福开山圣一国师年谱》，《大日本佛教全书》第95册，第145页。

特规矩。据《大觉拾遗录》考称，唐时玄奘大师即在“梵文之薮”的四川受《心经》，而兰溪的《梵语心经》也应为其在家乡参学之日习得，所谓“大觉蜀产，幸结乡梓一段法喜缘”。①

总之，渡日蜀僧兰溪道隆、兀庵普宁及无准高足圆尔弁圆在南宋禅林清规越海东传的历程中发挥了关键作用，对于日本禅林僧人修行与寺院管理制度的完善做出了重要贡献。②

三、余　论

痴绝道冲在写给蜀僧闻解上人的法语中说道：“吾蜀有志行脚之士，经万里之遥，历三峡之险，初不为游州县，看景致而过，直为生死心不明，著身丛林中，寻师择友，蕲一言半句，以脱生死。”③不惮劳苦与险厄，毅然前往江南禅林参学诸善知识，以探索世界真理、参悟人生玄妙，可以说是全体蜀僧出峡的抱负。

南宋时期，蜀僧或主持“五山”，热情接引中外弟子，传授学问，交付法脉，或以大智慧、大定力东渡弘法，开创日本禅寺，确立日本禅规，不仅增续了禅宗感动世间的生命力，推动着南宋禅风的形成，还有意识地将宋禅哲学及南宋艺术与生活方式传播至日本，对中华文化的国际传播发挥过举世公认的重大影响。如果说禅宗之于日本为不可忽视的原动力，那么，蜀僧对于日本精神文化及历史进程的影响是毋庸置疑的。

蜀僧来自万里长江之上源——四川，经荆楚、江西而抵两浙，最后通过浙东之明州（今浙江宁波）向日本弘传禅法。可以说，蜀僧在四川、荆湖、江西、两浙参谒的一座座寺院是点状足迹，但将他们出川以来的巡礼路途连成一线，便是清晰可辨的海上丝绸之路文脉，而万里长江通道，便是海上丝绸之路中长度最长、内容最富的一条内陆伸张线，它的起点是“钟岷峨之秀”的天府成都，终点是“佛乘繁茂”④的海国日本。天海之间的中国成都、临安、四明与日本博多、京都、镰仓，构成了海上丝绸之路蜀僧弘法的完整路线。而至今保存于日本各处的与蜀僧有直接关联的顶相画、水墨画、墨迹等，以及受其影响形成的带有宋风底色的日式绘画、书法，具有相对完整的传承系谱，是海上丝绸之路史脉的可视化、具象化呈现，有助于揭示海上丝绸之路交流的实相。⑤

兰溪道隆在日本传道时曾歌：“遥望故乡千万里，回头早已隔天涯。”⑥深具弘化责任、高妙智识又敢于搏海击浪、传播禅脉的南宋蜀僧们，与江南等其他地域高僧一道，促成了中华文化跨越碧海蓝天深植日本，推动了宋朝思想话语体系的国际化，绘就了以

① （宋）兰溪道隆：《大觉拾遗录·建长开山大觉禅师梵语心经付注心要》，《大日本佛教全书》第95册，第104—105页。

② 相关研究参见刘恒武、庞超：《试论荣西、道元著作对〈禅苑清规〉的参鉴——兼论南宋禅林清规的越海东传》，《宁波大学学报（人文科学版）》2018年第6期，第62—68页。

③ （宋）痴绝道冲：《痴绝道冲禅师语录》卷下《示闻解上人》，蓝吉富主编：《禅宗全书》第45册，第304页。

④ ［日］虎关师炼：《元亨释书》卷17愿杂十之二王臣二，《大日本佛教全书》第101册，第329页。

⑤ 刘恒武：《图像观识与海上丝绸之路史》，《学术月刊》2017年第12期，第48页。

⑥ ［日］圆显等编，（宋）虚堂智愚校勘：《建长开山大觉禅师语录》卷上，《大日本佛教全书》第95册，第19页。

释儒为核心的东亚汉字文化圈的美好图卷。虽然时隔八个世纪，但他们留下的书画、撰写的文学作品、制定的清规及敏捷而幽寂的禅学思想依然在今天的日本熠熠生辉，受人敬仰并代代传承。“山川异域，风月同天，寄诸佛子，共结来缘”，南宋“五山”蜀僧在中日文化交流史上的这段胜缘，是中日两国人民的友好见证，无疑会永载史册。

作者简介：陈名扬，上海财经大学马克思主义学院博士研究生，主要研究方向为区域史、古典文献。

殍疫连年

——南宋两浙路瘟疫及政府应对

金　城

（华东师范大学　历史学系，上海，200241）

摘　要： 南宋时，两浙路在春夏季节多发瘟疫，其中高宗、孝宗和宁宗三朝是瘟疫多发期。瘟疫主要流行于浙西的苏、杭、湖州，浙北的越州及沿海的明、台等州，而浙南山区出现疫情的次数相对较少。两浙路瘟疫流行不仅导致百姓大量死亡，还严重制约了社会经济发展。南宋政府是应对瘟疫的核心力量，瘟疫发生后，采取派医施药、出资葬亡、减免租赋、发放钱粮、印发医书和打击巫术等措施。这一系列措施在一定程度上有助于控制疫情蔓延、减少人口死亡，对安定两浙路社会秩序及复苏社会经济有着切实效果。

关键词： 南宋；两浙路；瘟疫；政府应对

中国历史上的瘟疫问题涉及医疗史、灾害史及社会史等诸多领域，备受前贤时彦重视。[①]瘟疫为宋代四大灾害之首，史载："民之灾患大者有四：一曰疫，二曰旱，三曰水，四曰畜灾。"[②]宋代瘟疫研究的相关成果主要涉及瘟疫成因、瘟疫影响、抗疫措施等

① 余新忠：《中国疾病、医疗史探索的过去、现实与可能》，《历史研究》2003 年第 4 期；王小军：《中国史学界疾病史研究的回顾与反思》，《史学月刊》2011 年第 8 期；龚胜生、王无为：《近 30 年中国历史医学地理学研究的成就与展望》，《中国历史地理论丛》2020 年第 4 辑；吴博文：《近二十年中国古代瘟疫史研究的回顾与展望》，《昆明学院学报》2020 年第 5 期。

② 《宋史》卷 431《儒林列传一・邢昺》，北京：中华书局，1977 年，第 12799 页。

问题。①由于宋代瘟疫发生背后的自然与社会因素因地而异，学界尚无专文探究南宋两浙路瘟疫流行与政府应对问题。有鉴于此，本文拟对南宋两浙路瘟疫进行考察，探析南宋政府采取的抗疫措施。

一、南宋两浙路瘟疫的流行情况

唐代以来，尤其是安史之乱后，两浙地区在经济上的地位越来越重要。随着宋代社会经济发展及人口不断增加，两浙路发生瘟疫的情况逐渐增多。为便于下文对南宋两浙路疫情进行深入分析，我们先从宋代正史、笔记及两浙路方志中辑出瘟疫史料，然后以灾系年，制成瘟疫流行简表。详见表 1：

表 1　南宋两浙路瘟疫流行简表

皇帝	序号	时间	瘟疫概况	史料出处
高宗	1	建炎四年（1130 年）	二月大疫，夏秋旱大饥 惟平江被害最深。……是夏疾疫大作	（清）宗源瀚等修，周学濬等纂：《湖州府志》卷 44《祥异》，《中国方志丛书·华中地方》第 54 号，台北：成文出版社，1971 年，第 806 页；（宋）王明清撰，燕永成整理：《挥麈后录》卷 10，《全宋笔记》第 6 编第 1 册，郑州：大象出版社，2013 年，第 215 页
	2	绍兴元年（1131 年）	六月，浙西大疫，平江府以北，流尸无算。秋冬，绍兴府连年大疫	《宋史》卷 62《五行志一下》，第 1370 页
	3	绍兴九年（1139 年）	京师大疫，汗之死，下之死	《三因极一病证方论》卷 6《料简诸疫证治》，第 106 页
	4	绍兴十二年（1142 年）	是岁杭州疫	《杭州府志》卷 82《祥异》，《中国方志丛书·华中地方》第 199 号，台北：成文出版社，1975 年，第 1611 页
	5	绍兴十六年（1146 年）	夏，行都疫	《宋史》卷 62《五行志一下》，第 1370 页
	6	绍兴十九年（1149 年）	舅寿卿官会稽，举郡厉疫死者相枕藉，莫敢过门	（宋）王之望：《故左朝请郎石君墓志铭》，曾枣庄、刘琳主编：《全宋文》第 198 册卷 4371，上海：上海辞书出版社，2006 年，第 8 页
	7	绍兴二十一年（1151 年）	（十二月）自此二麦可望。不惟时丰，疫病亦自消矣	《中兴小纪》卷 35，第 419 页

① 如邓云特：《中国救荒史》，北京：商务印书馆，2011 年（宋代瘟疫有 32 次，第 25 页）；张剑光：《三千年疫情》，南昌：江西高校出版社，1998 年（宋代瘟疫有 51 次，第 196 页）；邱云飞：《中国灾害通史·宋代卷》，郑州：郑州大学出版社，2008 年（宋代瘟疫有 49 次，第 163 页）；张全明：《南宋时期疫灾的时空分布及其特点》，《浙江学刊》2011 年第 2 期（南宋瘟疫有 57 次）；尹娜：《两宋时期江南的瘟疫与社会控制》，上海师范大学硕士学位论文，2005 年；韩毅：《宋代瘟疫的流行与防治》，北京：商务印书馆，2015 年；韩毅：《宋代政府应对疫病的历史借鉴》，《人民论坛》2013 年第 13 期；韩毅：《宋代瘟疫防治及其特点》，《社会科学战线》2020 年第 6 期；韩毅：《南宋初年瘟疫的流行与防治措施》，《暨南学报（哲学社会科学版）》2020 年第 9 期；韩毅：《南宋后期瘟疫的流行与防治措施》，《河北大学学报（哲学社会科学版）》2020 年第 5 期。

续表

皇帝	序号	时间	瘟疫概况	史料出处
高宗	8	绍兴二十五年（1155年）	访闻今岁患时气人，皆缘谬医例用发汗性热等药，及有素不习医、不识脉证，但图目前之利，妄施汤药，致死者甚众，深可悯怜。……缘即今地土气令不同，宜服疏涤邪毒，如小柴胡汤等药，得大便快利，其病立愈。临安府可出榜晓示百姓	（宋）潜说友：《咸淳临安志》卷40《戒饬民间医药》，《景印文渊阁四库全书》第490册，台北：台湾商务印书馆，1986年，第445页
	9	绍兴二十六年（1156年）	夏，行都又疫	《宋史》卷62《五行志一下》，第1370页
	10	绍兴三十一年（1161年）	我师御敌而还，遇疫……岁当大疫……人以全活	（宋）刘宰：《漫塘文集》卷30《故澹轩先生艾公及其妻李氏墓志铭》，《景印文渊阁四库全书》第1170册，第692页
	11	绍兴三十二年（1162年）	建康、镇江府、太平、江、池州屯戍军兵，近来多有疾疫之人	《宋会要辑稿》食货59，第7398页
孝宗	12	隆兴二年（1164年）	是岁，浙之饥民疫者尤众	《宋史》卷62《五行志一下》，第1370页
	13	乾道元年（1165年）	行都及绍兴府饥，民大疫，浙东、西亦如之	《宋史》卷62《五行志一下》，1371页
	14	乾道六年（1170年）	春，民以冬燠疫作	《宋史》卷62《五行志一下》，第1371页
	15	乾道八年（1172年）	夏，行都民疫，及秋未息	《宋史》卷62《五行志一下》，第1371页
	16	乾道九年（1173年）	旱，民饥疫	《康熙会稽志》卷8《灾祥志》，《中国方志丛书》，第715页
	17	淳熙五年（1178年）	八月……自是海滨人多患疫焉	（宋）陈耆卿纂，徐三见点校：《嘉定赤城志》卷39《纪遗门》，北京：中国文史出版社，2004年，第558页
	18	淳熙八年（1181年）	丙辰，以临安疫，分命医官诊视军民	《宋史》卷35《孝宗本纪》，第675页
	19	淳熙九年（1182年）	四月，浙东绍兴府等处民多疾疫	《宋会要辑稿》食货58，第7365页
	20	淳熙十一年（1184年）	以临安疫，分命医官诊视军民	《宋史》卷62《五行志一下》，第1371页
	21	淳熙十三年（1186年）	二月，本路（浙西路）州县疫气大作，居民转染，多是全家病患	《宋会要辑稿》食货58，第7366页
	22	淳熙十四年（1187年）	春，都民、禁旅大疫，浙西郡国亦疫	《宋史》卷62《五行志一下》，第1371页
光宗	23	绍熙元年（1190年）	春，大疫	《杭州府志》卷83《祥异》，第1617页
	24	绍熙五年（1194年）	连岁不登，继以病疫，而民不免于死亡	《嘉泰会稽志》卷13《漏泽园》，第6960页
宁宗	25	庆元元年（1195年）	春夏间，疫气大作，民病者十室而九；六月，“窃见两浙州县亦多饥疫，自近及远……浙西如湖、秀、常、润，浙东如庆元、绍兴，自今疾疫颇盛，其他州县亦多有之”	《宋会要辑稿》食货58，第7369页
	26	庆元二年（1196年）	五月，行都疫	《宋史》卷62《五行志一下》，第1371页
	27	庆元三年（1197年）	三月，行都及淮、浙郡县疫	《宋史》卷62《五行志一下》，第1371页
	28	庆元五年（1199年）	戊申，以久雨，民多疫，命临安府振恤之	《宋史》卷37《宁宗本纪》，第725页
	29	嘉泰三年（1203年）	五月，行都疫	《宋史》卷62《五行志一下》，第1371页
	30	开禧二年（1206年）	夏四月行都大疫	《杭州府志》卷83《祥异》，第1622页

续表

皇帝	序号	时间	瘟疫概况	史料出处
宁宗	31	嘉定元年（1208 年）	夏，淮甸大疫……是岁，浙民亦疫	《宋史》卷 62《五行志一下》，第 1371 页
	32	嘉定二年（1209 年）	夏，都民疫死甚众。淮民流江南者饥与暑并，多疫死	《宋史》卷 62《五行志一下》，第 1371 页
	33	嘉定三年（1210 年）	四月，都民多疫死	《宋史》卷 62《五行志一下》，第 1371 页
	34	嘉定四年（1211 年）	三月，都民多疫死	《宋史》卷 62《五行志一下》，第 1371 页
理宗	35	绍定元年（1228 年）	春，大疫，比屋相枕籍，安吉尤甚，户减十五六，烹鱼者，率从腹中得人指发	《湖州府志》卷 44《祥异》，第 808 页
	36	绍定二年（1229 年）	九月丙辰之水陷城，吞原隰，啮官民庐居，杀禾稼，环百余里漫为涛川……殍疫连年	《赤城集·赤城后集》卷 3《临海县重建县治记》，第 40 页
	37	绍定三年（1230 年）	水，谷贾腾跃，道殣相枕……饥疫	《平斋文集》卷 31《罗迪功墓志铭》，《宋集珍本丛刊》第 75 册，北京：线装书局，2004 年，第 465 页
	38	绍定四年（1231 年）	余领郡，适有春疫，亟择群医之良，分比闾而治	《退庵先生遗集》卷下《济民药局记》，《宋集珍本丛刊》第 83 册，第 215 页
	39	嘉熙四年（1240 年）	霪雨泥泞……未几大疫且大饥	《定宇集》卷 9《通守陈公传》，《景印文渊阁四库全书》第 1205 册，第 276 页
	40	淳祐二年（1242 年）	婺州亦复大疫，衢州米价顿涌，四千七百文一硕	《龙川集》卷 20《壬寅答朱元晦秘书（又书）》，《景印文渊阁四库全书》第 1171 册，第 693 页
恭帝	41	德祐元年（1275 年）	六月庚子，是日，四城迁徙，流民患疫而死者不可胜计，天宁寺死者尤多	《宋史》卷 62《五行志一下》，第 1371 页
	42	德祐二年（1276 年）	闰三月，数月间，城中疫气熏蒸，人之病死者不可以数计	《宋史》卷 62《五行志一下》，第 1371 页；《杭州府志》卷 83《祥异》，第 1630 页

根据表 1 可知，在南宋 152 年间，两浙路有明确记载的瘟疫共有 42 个年次，且瘟疫连年发生现象比较突出，42 个年次中有 11 次连年瘟疫，共计 28 个年次，反映了南宋时期两浙路瘟疫暴发的频率较高。其中，两浙路在高宗朝和孝宗朝发生的瘟疫最频繁，各有 11 个年次；宁宗朝突发瘟疫的频率也很高，有 10 个年次，特别是庆元元年至三年、嘉定元年至四年瘟疫连年发生的现象突出，导致的危害非常严重。到南宋末年，两浙路发生瘟疫的频次呈递减态势，两浙路在理宗朝 40 年间瘟疫发生了 6 个年次，但四川等地发生瘟疫的年次则随着蒙古对宋展开的军事行动而显著增加。①

实际上，南宋时期两浙路发生的瘟疫远不止这些，一方面，在同一年两浙路曾多次发生瘟疫，如绍兴元年（1131 年），常州暴发瘟疫②，六月，浙西多地发生瘟疫，以平江府疫情最为严峻，“流尸无算”，秋冬时，绍兴府大疫，且疫情连年③；另一方面，由于宋

① 韩毅：《南宋后期瘟疫的流行与防治措施》，《河北大学学报（哲学社会科学版）》2020 年第 5 期。

② （清）于琨修，（清）陈玉璂纂：《康熙常州府志》卷 3《祥异》，《中国地方志集成·江苏府县志辑》第 36 册，南京：江苏古籍出版社，1991 年，第 62 页。

③ 《宋史》卷 62《五行志一下》，第 1370 页。

人对瘟疫的认识存在局限性，有些瘟疫并没有被记录下来。尽管目前能见到的记载并不是很全面，但从上文胪列南宋两浙路疫情已经可以知晓，与前代相比，疫情次数明显增加，为害程度更为严重。[①]两浙路瘟疫频仍，天灾人祸相继，加剧了社会不稳定因素，不仅对经济造成巨大冲击，还进一步凸显出了尖锐的社会矛盾。

二、南宋两浙路瘟疫流行的特点

靖康之乱使大量北方民众选择到两浙路避难，“四方之民，云集二浙，百倍常时”[②]。随着宋金绍兴议和后，南宋政权逐渐稳定，社会经济快速发展，两浙路人口日益增长，迨至嘉定十六年（1223年）时，两浙路人口密集，每平方千米有32.9户。[③]一旦瘟疫突发，将会对两浙路造成无法估量的损失。南宋时期两浙路瘟疫暴发和流行有以下几方面特征：

第一，从瘟疫流行季节来看，尽管南宋时期两浙路的各个季节都有疫情暴发的可能，但有明确记载的瘟疫还是多发于春夏秋三季。由表1可知，两浙路在春夏秋三季发生瘟疫共有25个年次，约占两浙路瘟疫年次总数六成，而冬季发生瘟疫有3个年次，是两浙路瘟疫低发期。冬季最少。宋人对气候变化引发瘟疫已经有所认识，如陈言所言，“凡春分以前，秋分以后，天气合清寒，忽有温暖之气折之，则民病温疫；春分以后，秋分以前，天气合湿热，忽有清寒之气折之，则民病寒疫”[④]，“春深候暖，其不生疾疫者几希”[⑤]。这在一定程度上指出了瘟疫流行深受自然气候的影响。

第二，从空间分布来看，两浙路瘟疫流行范围广泛，几乎遍及各州县，甚至波及周边地区。瘟疫主要在浙西的杭、湖、苏等州，浙北的越州及沿海明、台州流行，但浙南山区疫情出现次数相对较少。两浙平原地区城市较为集中，水陆交通便捷，南北人员往来频繁，一旦疫情出现，就会迅速传播开来，危害严重。杭州为“水陆抗舟车之会，衣冠当风俗之枢。惟浙西之都会，冠天下之浩穰”[⑥]，在南宋两浙路瘟疫42个年次中杭州占了20个年次，约占南宋两浙路总瘟疫年次的五成，反映出杭州瘟疫暴发的频次高。瘟疫遍及两浙路诸州县，造成大量人口死亡和灾民流动。例如，绍兴元年（1131年）六月，“浙西大疫，平江府以北，流尸无算。秋冬，绍兴府连年大疫”[⑦]；隆兴二年（1164年），湖州“疾疫大作，道殣相属”[⑧]。我们已无法统计南宋两浙路因染疫而死亡的具体人数，

---

① 龚胜生、刘卉：《北宋时期疫灾地理研究》，《中国历史地理论丛》2011年第4辑。

② （宋）李心传编撰，胡坤点校：《建炎以来系年要录》卷158，绍兴十八年十二月己巳条，北京：中华书局，2013年，第3005页。

③ 梁方仲：《中国历代户口、田地、田赋统计》，北京：中华书局，2008年，第229页。

④ （宋）陈言：《三因极一病证方论》卷6《料简诸疫证治》，北京：中国中医药出版社，2007年，第105页。

⑤ （清）徐松辑，刘琳等校点：《宋会要辑稿》食货60，上海：上海古籍出版社，2014年，第7429页。

⑥ （宋）祝穆撰，祝洙增订，施和金点校：《方舆胜览》卷1《浙西路·临安府》，北京：中华书局，2003年，第23页。

⑦ 《宋史》卷62《五行志一下》，第1370页。

⑧ （宋）汪应辰：《汪文定公集》卷12《显谟阁学士王公墓志铭》，《宋集珍本丛刊》第46册，北京：线装书局，2004年，第120页。

但文献中处处可见“疫疠大作”“死者相藉”“多疫死”，虽然这些对染疫死亡人数的描述难免有些夸大，但足以见得瘟疫在某些年份造成的危害十分严重。

第三，南宋时期两浙路瘟疫发生概率虽然比水旱等自然灾害相对要小，但大范围瘟疫多是水旱灾害引发的，其产生的后果亦非常严重。众所周知，在传统农业社会，瘟疫与水旱灾害有着极大区别，水旱灾害除造成人口伤亡外，主要是对农业经济造成直接或间接损害，而瘟疫是通过人与人之间的传播，造成大量人员感染死亡，会直接影响到疫区农业生产和社会经济发展。两浙路在水旱灾害发生后极易引发饥荒，便会出现大量灾民流动现象，饥饿受累的灾民免疫力下降，加快了瘟疫传播，导致大灾之后必有大疫的现象。“水旱失时，灾异生变，疫疠迭作。”[①]比如，绍熙五年（1194年），绍兴“连岁不登，继以病疫，而民不免于死亡”[②]；绍定二年（1229年）九月，台州海溢过后“殍疫连年”[③]。两浙路受自然灾害的影响，百姓为图生计，四处逃荒寻求生机，不断向城镇及其周边集聚。然而，在人烟稠密的地方因灾造成污水横流、饿殍遍野、尸骨暴露野外等因素交相侵袭，进一步加重了疫情传播。比如，乾道元年（1165年），杭州北关门外“民户流移，疾疫五万余人”[④]，“众之所聚，疾势易成，转相渐染，难以复治”[⑤]，“久饥之民，相比而集于城郭”[⑥]，麇集蜂萃于城内的灾民群体成为滋生瘟疫的温床和传播中心，流民聚集在城市中不仅容易引发瘟疫，还会助长瘟疫传播蔓延，这都易诱发瘟疫流行。

第四，战争也是引起瘟疫暴发和流行的重要因素。南宋初，两浙路先是受兵燹之苦，既遭受瘟疫之害，“自金人南渡硇砂，破金陵、广德、杭、秀、常、润、明、越，惟平江被害最深。……是夏疾疫大作……横尸枕籍”[⑦]。两浙路战乱导致百姓流离失所，饿殍遍野，瘟疫流行。绍兴三十二年（1162年），建康、镇江府等一带“近来多有疾疫之人”[⑧]。隆兴北伐时期，随着宋金两军战事进行，战区瘟疫流行。两浙路原本不太可能出现疫情，但因二三十万淮甸流民为躲避战争，纷纷南逃进入两浙等地区，引发大瘟疫，流民死者甚众，疫情持续时间长。隆兴二年（1164年）冬，淮甸流民中瘟疫流行，“疫死者半，仅有还者亦死”[⑨]。两浙地区亦染疫，“浙之饥民疫者尤众”[⑩]。开禧北伐时期，两淮地区的百姓又开始了艰辛的逃难，嘉定二年（1209年）夏，淮民流入两浙地区，因饥暑交迫而出现了“多疫死”的惨象。[⑪]根据上述材料，我们可以了解到，南宋两浙路瘟疫

---

① （宋）李新：《跨鳌集》卷19《上皇帝万言书》，《景印文渊阁四库全书》第1124册，台北：台湾商务印书馆，1986年，第550页。

② （宋）施宿：《嘉泰会稽志》卷13《漏泽园》，《宋元方志丛刊》第7册，北京：中华书局，1990年，第6960页。

③ （宋）林表民、（明）谢铎辑，徐三见点校：《赤城集·赤城后集》卷3《临海县重建县治记》，北京：中国文史出版社，2007年，第40页。

④ （明）黄淮、杨士奇编：《历代名臣奏议》卷246《荒政》，上海：上海古籍出版社，1989年，第3238页。

⑤ （清）徐松辑，刘琳等校点：《宋会要辑稿》食货60，第7429页。

⑥ （清）徐松辑，刘琳等校点：《宋会要辑稿》食货60，第7429页。

⑦ （宋）王明清撰，燕永成整理：《挥麈后录》卷10，《全宋笔记》第6编第1册，郑州：大象出版社，2013年，第215页。

⑧ （清）徐松辑，刘琳等校点：《宋会要辑稿》食货59，第7398页。

⑨ 《宋史》卷62《五行志一下》，第1370页。

⑩ 《宋史》卷62《五行志一下》，第1370页。

⑪ 《宋史》卷62《五行志一下》，第1371页。

在某些年份造成的危害十分严重。

唐宋以来，两浙路城市规模不断发展，人口数量剧增，苏、湖、杭、越州等城市交通便捷，经济日益繁荣，人员往来频繁。一旦瘟疫出现，两浙路便很快会同步出现瘟疫流行。换言之，南宋时期两浙路频繁的经济活动，与瘟疫流行具有一定关联。南宋两浙路频发瘟疫，影响范围广，几乎遍及两浙各州县，甚至影响到周边地区。两浙路暴发的瘟疫造成人口大量流亡，严重打击了社会经济发展。两浙路瘟疫发生后引发了社会不安，民众心理恐慌，加剧社会危机。这必然引起南宋政府的高度关注。为稳定政权、加强统治，南宋政府致力于瘟疫救治。下文对两浙路疫情应对问题进行详细探讨。

三、南宋政府应对瘟疫的措施

宋廷在儒家思想的影响下，实行仁政治国，重视瘟疫救治与救助，史称："凡振贫恤患之意，视前代尤为切至。"[①]南宋时期两浙路暴发的瘟疫导致了严重的社会问题，不仅是人口死亡，还引起社会动荡不安，必然引起南宋政府的高度重视。查诸史料，南宋两浙路官府采取不同方式来应对疫情，以下对其具体情况进行考察。

第一，南宋官府采取为疫区派遣医官，或是在疫区设立药局，施散药物等积极应对措施。这是宋代官府的一贯做法。宋代朝廷在州县设置医官，州县医疗事业得到发展。[②]换言之，两浙路各州县拥有一定数量的专业医官，在瘟疫流行时地方官府能够派遣医官参与疫情防治，诊治疫民。依据史料所载，乾道元年（1165年）四月，两浙州军水灾后暴发瘟疫，朝廷派遣八员翰林院医官在临安府巡门问诊，户部与和剂局负责防疫所需药品。同时，朝廷诏令两浙其他州县选派医师巡诊施药，"州委驻泊医官，县镇选差善医之人，多方救治。药钱于逐州岁赐合药钱内、县镇于杂收钱内支给。务要实惠及民"[③]。中央朝廷要求两浙州县地方官府为疫区遣医送药，做好防疫和病患救济工作。淳熙八年（1181年）四月，临安府"军民多有疾疫"，朝廷派遣41位医官巡门诊视，"殿前司十二人，马军司二人，步军司七人，临安府内外诸厢界二十人"，期间所需银钱、药品由"户部行下和剂局应副"。[④]淳熙十三年（1186年）二月，两浙西路州县"疫气大作，居民转染，多是全家病患"，浙西提举罗点"修制汤剂给散"，派遣"各州职医巡门"诊治。[⑤]庆元元年（1195年）六月，权两浙运副沈诜要求两浙路各州县"选委明脉医官"负责辖区内病患诊治工作，所需药品由"所委官从实支给"，并加强州县官员奖惩考核，"旌别闻奏，优与推赏"。[⑥]

① 《宋史》卷178《食货志上六》，第4335页。

② （宋）李焘：《续资治通鉴长编》卷335，北京：中华书局，1995年，第8084页；（宋）程迥：《医经正本书》卷2《本朝医政第二》，北京：中华书局，1985年，第3页。

③ （清）徐松辑，刘琳等校点：《宋会要辑稿》食货59，第7403页。

④ （清）徐松辑，刘琳等校点：《宋会要辑稿》食货58，第7364页。

⑤ （清）徐松辑，刘琳等校点：《宋会要辑稿》食货58，第7366页。

⑥ （清）徐松辑，刘琳等校点：《宋会要辑稿》食货58，第7369页。

南宋时期两浙路官办药局增多，为百姓提供和施放药饵，有助于救治病患。绍兴六年（1136年），朝廷在行在恢复和剂局，建立熟药所四所。①绍兴二十一年（1151年）二月，高宗诏令地方建立药局，“诏诸州置惠民局，官给医书”②。宝庆三年（1227年），庆元府知府胡榘用楮券四千缗置屋七间，创办制置司和剂药局，捐钱万缗为本金，用以购买药材。③吴潜知明州时，修缮药局，又新建铺子七所，使官办药房铺子达十四所，“岁春夏数施药饵”。④绍定四年（1231年），平江府“春疫”，吴渊兴建房舍“三十有五楹”，创济民药局。⑤淳祐八年（1248年）五月，理宗以“民间盛暑，病者颇多”，诏令在杭州建施药局，“命职医分行巷陌，诊视与药，月为费数万，多所治疗……后都民多赴局请药，接踵填咽，民甚赖之”。⑥两浙路病坊和药局以服务和救助本地疫民为主，在减缓瘟疫传播、治疗受灾疫民方面起到了重要作用。

第二，南宋朝廷重视编修医书，广泛印发，用以救治病患。北宋时，朝廷重视收集医方，已经编撰了《太平圣惠方》《庆历善救方》《简要济众方》《熙宁太医局方》《太平惠民和剂局方》等医书。南宋朝廷延续北宋官府编撰医书的传统，如绍兴二十一年（1151年）十二月，临安府瘟疫流行，百姓多疫病，户部员外郎李涛奏请：“近置诸州惠民局，虑四方药方差误，望以监本方书印给。”⑦高宗采纳其言，“将太平惠民局监本药方印颁诸路”。⑧朝廷刊刻医书指导用药，用以应对疫情。嘉泰三年（1203年）五月，有臣僚向朝廷建议指派太医局精选民间有效医方编撰成书，然后“颁之诸路监司，监司行之州县，州县又撮其要者，大书揭示于聚落要闹去处”⑨。朝廷通过编撰医书总结防疫经验，并将编撰好的医书印发到州县官府，将紧要内容张贴于闹市，成为救灾活民的重要医学指导方法，对防疫和瘟疫救治起到了积极作用。

第三，两浙路疫灾频仍多数是与多发的水旱灾害相伴而生的，因而宋廷对两浙路灾荒救济实际上也是一种间接的瘟疫救治行为。苏州知州范仲淹曾言：“灾沴之后，必有疾疫乘其羸，十不救一。谓之天灾，实由饥耳。”⑩水旱灾害引发的大规模饥荒，使灾民食不果腹，体质严重下降，难以抵御瘟疫侵袭。因而朝廷最常见的措施是给两浙路灾民发放钱粮，减免税赋之类的救济措施，这也是最切实有效的措施，实际上成了朝廷救疫的基础。比如，绍兴三十年（1160年），两浙东路温州司户参军刘朔，“调温州户曹，缘岁

---

① （清）徐松辑，刘琳等校点：《宋会要辑稿》职官27，第3744页。
② 《宋史》卷30《高宗本纪七》，第572页。
③ （宋）罗濬等：《宝庆四明志》卷3《郡志》，《宋元方志丛刊》第5册，北京：中华书局，1990年，第5023页。
④ （宋）梅应发：《开庆四明续志》卷2《惠民药局》，《宋元方志丛刊》第6册，第5950页。
⑤ （宋）吴渊：《退庵先生遗集》卷下《济民药局记》，《宋集珍本丛刊》第83册，北京：线装书局，2004年，第215页。
⑥ （宋）施谔：《淳祐临安志》卷7《城府》，《宋元方志丛刊》第4册，第3289—3290页。
⑦ 汪圣铎点校：《宋史全文》卷22上《宋高宗十六》，北京：中华书局，2016年，第1757页。
⑧ （清）徐松辑，刘琳等校点：《宋会要辑稿》职官27，第3746页。
⑨ （清）徐松辑，刘琳等校点：《宋会要辑稿》食货58，第7370页。
⑩ （宋）范仲淹著，李勇先、王蓉贵校点：《范仲淹全集·范文正公文集》卷11《上吕相公并呈中丞谘目》，成都：四川大学出版社，2007年，第265页。

大饥，继以大疫，正字计口受禄，以其余散粥糜，日有常数”[①]。常州水潦疫作，知州叶衡不仅“发仓为糜以食饥者”，还“单骑命医药自随，遍问疾苦”，全力救治百姓。[②]隆兴二年（1164 年），湖州水旱之后，疾疫大作，知州王师心采取“粥赈”和“劝分”举措，使灾民“多所全活”。[③]监察御史兼权太府少卿鲁訔面对两浙路水灾过后的“饥疫”，选择开仓放粮，因此获得朝廷“特迁一官”的嘉奖。[④]乾道元年（1165 年），两浙路瘟疫肆虐，灾民甚多，为此监察御史程叔逵上奏表示赈恤与救治两手都要有，一是“有家可归、有乡可依者”赈恤助其复业，官府“给以粮米，使之各复归业。仍官给文引，俾就归业之处，请粥或米以存恤之”；二是对于“无所依归之人”，官府令其在“病坊安养”。孝宗允其请。[⑤]乾道二年（1166 年）四月，臣僚上奏：“去岁二浙水涝，疾疫相仍，因而死亡，其数颇多。圣恩宽恤，已免当年丁钱。窃闻今岁州县起催，乃以虚名追实钱，或老耄幼弱为之代输，或耆保邻里为之偿纳。百姓饥饿之余，自纳身丁，已似不堪，而况更为他人输纳。矧所得甚微，而为细民之害不轻。欲乞行下诸州覆实开落，仍令监司按察。”宋孝宗“从之”。[⑥]嘉定二年（1209 年），临安大疫，朝廷从封桩库“支降会子三千贯”，并从丰储仓调发“米二千石，接续支散，毋得漏落泛滥”。[⑦]绍定二年（1229 年）九月，台州海溢之后“殍疫连年”[⑧]，浙东提举叶棠按照朝廷旨意，“得旨征榷予一年，凡官钱皆如之，秋租减其七，明年夏赋损其半，颁钱米以赈恤城筑者，合缗斛几百万”[⑨]，不仅为灾区申请两年的减租政策，还发放钱粮救济灾民。

第四，官府开辟墓地，购买棺木，及时安葬死者，这是阻断疫情传播的重要举措。瘟疫流行会导致许多人感染，出现病死在榻甚至暴尸荒野的现象，大疫之中不能及时掩埋的尸体成了传染源，很容易使疫情恶化。因而，南宋官府为控制疫情蔓延，往往采取掩埋尸体的做法。乾道元年（1165 年），两浙路瘟疫流行，朝廷诏令两浙路诸州县除积极医治病患外，还需做好死者安葬事宜：“除下逐州守臣措置医治外，如有死亡遗弃在路之人，亦仰委官同巡尉检察，支给官钱埋瘗，不得令狼籍道路。”[⑩]淳熙八年（1181 年）四月，临安多疾疫，朝廷在临安府城郊开辟大冢四所，每处有专人负责收尸掩埋，“每处委僧十人、童行三十人”收葬遗骸。[⑪]绍熙五年（1194 年），绍兴府大疫，浙东常平提举李大性在“会稽镇坞、山阴洄涌塘傍各置义冢”，将“死者遗之以棺”下葬。[⑫]庆元元年

---

① （宋）叶适著，刘公纯、王孝鱼、李哲夫点校：《叶适集》卷 16《著作正字二刘公墓志铭》，北京：中华书局，1961 年，第 304 页。

② 《宋史》卷 384《叶衡传》，第 11822 页。

③ （宋）汪应辰：《汪文定公集》卷 12《显谟阁学士王公墓志铭》，《宋集珍本丛刊》第 46 册，第 120 页。

④ （宋）周必大：《庐陵周益国文忠公集》卷 34《直敷文阁致仕鲁公訔墓志铭》，《宋集珍本丛刊》第 51 册，第 393 页。

⑤ （清）徐松辑，刘琳等校点：《宋会要辑稿》食货 60，第 7429 页。

⑥ （清）徐松辑，刘琳等校点：《宋会要辑稿》食货 12，第 6238 页。

⑦ （清）徐松辑，刘琳等校点：《宋会要辑稿》食货 68，第 8010 页。

⑧ （宋）林表民、（明）谢铎辑，徐三见点校：《赤城集 · 赤城后集》卷 3《临海县重建县治记》，第 40 页。

⑨ （宋）林表民、（明）谢铎辑，徐三见点校：《赤城集 · 赤城后集》卷 10《浙东提举叶侯生祠记》，第 137 页。

⑩ （清）徐松辑，刘琳等校点：《宋会要辑稿》食货 59，第 7403 页。

⑪ （清）徐松辑，刘琳等校点：《宋会要辑稿》食货 58，第 7365 页。

⑫ （宋）施宿：《嘉泰会稽志》卷 13《漏泽园》，《宋元方志丛刊》第 7 册，第 6960 页。

（1195 年）春，临安府大疫，朝廷出资收殓“死而不能葬者”[①]。嘉定二年三月，临安府疫病流行，宁宗御笔诏令临安府通判负责购买棺木安葬亡者。[②]

第五，瘟疫发生后，民众往往将瘟疫与鬼神、天变联系在一起，甚至专门有人以蛊惑人心为业，使舆论汹汹、民心不稳。两浙路官府加强社会舆情管控，破除谣言，打击巫术，稳定地方秩序，引导民众信医不信巫，是加强疫情期间社会管控的重要举措。例如，黄度任瑞安县尉时，“岁大疫，禁巫觋，挟医遍历四乡，给以药饵，多所全活”[③]。庆元元年春夏间，常州疫气大作，民众染病者众，知州张子智采取有效的禁巫措施，“杖巫而出诸境”[④]，并普及医学知识，使民众知晓疫情与鬼神、天变无关。

综上所述，南宋时两浙路瘟疫流行呈现出一定的规律性：从时间分布来看，两浙路在春夏秋季节瘟疫多发，其中高宗、孝宗和宁宗三朝是瘟疫多发期，不仅影响范围广，还波及周边地区；从空间分布来看，浙西的杭、湖、苏等州，浙北的越州及沿海的明、台两州瘟疫常发，而浙南山区出现疫情的次数相对较少。两浙路瘟疫流行造成百姓大量死亡，严重破坏了社会秩序和经济发展。

南宋官府的瘟疫应对措施，由朝廷乃至皇帝亲自参与主导，反映出南宋统治者对瘟疫救治、民生疾苦的高度重视。南宋官府采取积极有效的抗疫措施，在一定范围内对控制瘟疫传播起到了积极作用，救助疫区民众，减少人口死亡，有效地缓解了瘟疫对社会的冲击，稳定了灾区的社会秩序，从而有助于恢复两浙路正常社会生活，对经济复苏也起到了重要作用。虽然受医疗发展水平所限，南宋官府与民众难以认清瘟疫的具体病原、病理，但是南宋官府的抗疫经验仍有借鉴意义。政府是抗击疫情的主导力量，坚持以民为本，在医疗领域、经济领域执行爱民、利民、便民的措施，避免疫情扩大，稳定社会秩序，有助于复苏和发展经济。

作者简介：金城，男，华东师范大学历史学系博士后，主要研究方向为宋史。

① （清）徐松辑，刘琳等校点：《宋会要辑稿》食货 58，第 7369 页。

② （清）徐松辑，刘琳等校点：《宋会要辑稿》食货 58，第 7371 页。

③ （清）李琬修，（清）齐召南等纂：《温州府志》卷 18《名宦》，《中国方志丛书·华中地方》第 480 号，台北：成文文出版社，1983 年，第 1206 页。

④ （宋）洪迈：《夷坚志（三）》卷 3《张子智毁庙》，朱易安、傅璇琮、周常林主编：《全宋笔记》第 9 编第 5 册，郑州：大象出版社，2018 年，第 426 页。

以勇捍患：金代河东南路灵泽王信仰特征研究

——以《大金潞州潞城县重修灵泽王庙记》为重点

张　丽　刘新龙

（河北大学　宋史研究中心，河北　保定，071002）

摘　要：金章宗继位以后，为了争取士绅群体的国家认同，要求地方祭祀孔子与历代功臣烈士。在此背景下，河东南路潞城官绅重修了唐代名臣李靖的灵泽王庙宇，并撰写重修碑记。与唐时的“忠诚”、宋时的“武功”相比，金代的李靖灵泽王信仰突出了“勇”的特点，体现了金代士人对金代国家文化价值观的构建。追述灵泽王信仰的时代变迁，对于理解金代信仰与政治的辩证关系具有重要意义。

关键词：灵泽王庙记；灵泽王信仰；信仰与政治关系

灵泽王信仰起源于唐中后期，沿袭于金元，而兴盛于明清。灵泽王即是唐代名将李靖，唐玄宗开元年间建武庙供奉十哲，李靖位于其中，李靖后人又定居于山西潞城，从此李靖便成为潞城正祀之一，历代不衰，岁时献飨。五代后晋时加封号“灵显”，宋代宣和年间加封号“灵泽”。从此，李靖便一直以灵泽王封号存世。

灵泽王信仰自唐中期以来，各个时代所崇尚的特征略有区别，其信仰本质主要由国家的政治诉求所主导，唐时偏重其“忠”，宋时则颂扬其“武”，金代则转至其“勇”。宋金时期则是灵泽王信仰重要的转型期，在此时期，灵泽王在地方展现“武”“勇”等品质的同时，与当地水神信仰融合，增加了保护农时的功能，并且在此时期，灵泽王逐渐由人格神转化为功能神。[①]追至明清，灵泽王完全转变为水神，与当

---

① 人格神，就是民间崇拜神灵的某种英雄品格，如忠诚、勇武、忠义等，人格神著名者如关羽。功能神是民间为了解决某种困难而崇拜的某种神灵，典型者如可以解决旱灾的水神、能治病的药王等。另外还有行业神，如木匠行业供奉的鲁班。

地农业生产彻底融合。①

与宋代崇尚灵泽王开疆拓土的功绩相比，金代的灵泽王信仰更加注重其报效国家、以勇捍患的品质。金代灵泽王信仰展现了金代的地方官员在追求汉化的同时，又想继续保持其勇武的文化要求。

目前，学界对灵泽王信仰的研究，多集中于明清时期②，并多将金代的灵泽王信仰作为一种历史背景加以论述。③有关金代信仰特点，学界已经注意到了宗教政策的多元化态势与政治文化认同的关系④，宁夏楠从汾州龙天信仰的角度做出了有益的尝试⑤。但是学界在金代地方信仰研究方面，尤其是金代与其他朝代相比，地方信仰的特点与创新方面的研究仍然相对薄弱。为此，笔者准备通过对所见金代碑刻《大金潞州潞城县重修灵泽王庙记》（以下简称《庙记》）⑥的考释基础上，对金代晋东南灵泽王信仰研究做出几点尝试。本文所见《庙记》原收录于光绪《潞城县志》，名为《重修灵泽王庙记》，但其所收录内容不全，笔者根据县志所载地点进行了实地调查，完善其碑刻内容，除《庙记》之外，光绪《潞城县志》还收录了一通时间大致在五代后晋至宋初时期的《李卫公加封灵显王碑记》，一通宋绍圣元年（1094 年）的《重修灵显庙记》，一通宋元符元年（1098 年）的《谒李卫公神祠记》。四通碑记历时性地将灵泽王信仰的特点展现出来。为此，本文首先考释《庙记》所撰内容，之后考证碑刻所见人物仕宦经历，最后在与前代所撰碑刻相比较的基础上，探讨金代灵泽王信仰与时代政治的辩证关系。本文首先从碑文整理开始。

一、碑文整理

《庙记》原文曾收录于光绪《潞城县志》卷三《金石纪》。⑦此碑是为立碑，赑屃驮碑，笏首高 1 米，碑身高 3 米，总高近 5 米，宽 1 米有余，原应立于神头村灵泽王庙内，现存于长治市潞城县神头村村东，灵泽王庙已无存。该碑四周无边框无纹饰，有碑阳及碑阴，碑阳字迹清晰，行书体，共 21 行，满行 64 字。碑额为《敕重修灵泽王庙记》，篆书体，题名为《大金潞州潞城县重修灵泽王庙记》；碑阴有字，行书体，但字迹漫漶不清，仅能辨认部分地方人名，应是纪念出财出力的当地村庄名称及居民姓名。2017 年夏，笔者在神头村田野调查时发现此碑，碑刻保存较为完好，现根据实地调查，

---

① 路恒：《晋东南地区祠神信仰研究》，西北大学硕士学位论文，2018 年，第 26—27 页。

② 侯峰峰：《晋东南李卫公信仰与地域社会变迁研究——以泽州县为主的考察》，山西大学硕士学位论文，2017 年，第 4 页。

③ 侯峰峰：《晋东南李卫公信仰初探——以方志和传说为中心的考察》，《地方文化研究》2016 年第 5 期，第 79—90 页。

④ 王耘：《金代的宗教政策与政治文化认同》，《辽金历史与考古》2017 年第 2 期，第 173—180 页。宋德金《金代的社会生活》（西安：陕西人民出版社，1988 年）则主要对金代的宗教信仰做了简要介绍。祝贺《金代宗教管理研究》（吉林大学博士学位论文，2019 年）则主要从管理的角度论述了金代对佛道等宗教的管理政策。

⑤ 宁夏楠：《金元以降山西汾州地区龙天信仰研究》，宁夏大学硕士学位论文，2019 年。

⑥ （清）杨笃：《潞城金石记》，《石刻史料新编》第 3 辑第 31 册，台北：新文丰出版公司，1986 年，第 151—189 页。

⑦ （清）崔晓然：《光绪潞城县志》卷 3《金石纪》，《中国地方志集成・山西府县志辑》第 41 册，南京：凤凰出版社，2007 年，第 441—442 页。

校录碑文内容如下：

（碑阳）

碑额：敕重修灵泽王庙记

题名：大金潞州潞城县重修灵泽王庙记

礼非功不备，功非人不大，人非志不勇，志勇然后立亡原之功，功大然后加不次之礼，此古今之通义也。志所谓勇者，不过乎果于临机；功所谓大者，不过乎能于捍患；礼所谓备者，不过乎列于常祀，兼此三者而有之，非灵泽王尚谁哉?

王，唐人也，其姓氏勋业笔之史册，其响报征应铭之旧石，乃略而不言。王布衣时尝谓所亲曰：丈夫遭遇，要当以功名取富贵，何至作章句儒。又以书上西岳，其间有云：斩鲸鲵而清海岳，卷氛祲以开山河，使万姓昭苏，庶物昌运。迹其奋志若此，则功盖区宇，名耀竹素，使后人牲牢禋祀，岁时不绝，宜哉！五代石晋时已尝答王之阴贶，进封灵显，距宋宣和二年复加赠灵泽。《诗》云文王有灵德，又曰：灵雨既零。岂非以王德神灵协民之祷，时雨沾足，苏我憔悴，泽我枯槁，灵泽之号意以此乎。

迨主上即位之三年，而礼乐法度制作一新，褒德显功，靡神不举，尚虑勋臣烈士而祠宇有未称者，乃诏郡国各以状闻。是时，前参政马公节度潞事，披阅图维，躬诣旧址，嘉王之勋绩，显奕如彼，悼王之殿庑湫隘若此，叹曰：甚不称明天子褒显之意也，遂以闻上。

符下所在，出外府金泉，以给经营之费，方议兴功，移守开封，继而资政大夫李侯来镇我邦，署事未几，议毕斯役。命潞邑主簿孟公监董其事，征匠度功，经始有日，乡民闻之皆曰：赖王之休阴有素，所恨报礼未尽，各输所有，赞成厥功，不亦可乎。于是富者输其财，壮者效其力，以至土木瓴甓之用，云合雾集，不日而备。自大殿而下，无虑百楹，皆更而新之，丹雘之剥者复炳，垣墉之颓者再植，尊雄宏奥，望之俨然，其壮观也哉。即役于明昌三年十月，毕功于次年正月。簿公率居民献享于祠庭，以告厥成礼也。是岁阖郡无凄风苦雨，百谷用成，人不疠疫，畜无瘯蠡，民欣然相告曰：昭昭然斯祉也，不写诸贞珉碣，以彰神之休祝，抑无以见，国家褒显之礼，因辇石东山，砻为之碑。国家褒显之礼，因辇石东山，砻为之碑，一日，住持道士王可，门人路元□，暨乡民李茂等索文于仆，将纪其实，仆以才劣恳辞。牢请再四，曰是碑之作亦岂徒然，将置诸庙左，使士庶往来，瞻王之像，览王之碑，无不敬仰威灵，遐思勋业则知。王之享庙食册王封不为虚矣。仍知主上于异代功臣，尚加旌宠，今而有人，将如之何？忠义者于以奋志，蹐朒者为之汗颜，若是其可辞乎。应曰：公等用心若此，敢不以所闻，而序其本末云。时太和二年，岁次壬戌，重九前三日，前乡贡进士王陛臣记，古黎进士路亨书丹，文林郎邓州观察判官兼提举学校常平仓事武骑尉赐绯鱼袋贯用晦题额。

信武将军行县尉骑都尉金源县开国男食邑三百户，兼管勾常平仓事夹谷史枣

宣武将军行主簿骑都尉金源县开国男食邑三百户，兼管勾常平仓事完颜忠

昭勇大将军行县令上轻车都尉金源郡开国伯食邑七百户，兼管勾常平仓事完颜德玉

知广德庙道士路元祯立石，平定王玉同男全镌。

（碑阴）

王弁、马羽、王遇，李庄村。

二、碑文考释

金明昌三年（1192年），灵泽王庙重修完工。十年之后即泰和二年（1202年），住持道士王可、道士路元祯、乡民李茂等人邀请潞城县乡贡进士王陛臣为灵泽王庙撰写重修纪念碑文，泰和二年（1202年）九月初六日该碑文撰写完成。之后由古黎进士路亨书丹，文林郎邓州观察判官贾用晦题额，并由平定人王玉及其子王全镌刻，最后由知广德庙道士路元祯立石落成。这便是该碑撰写的大致过程。

该碑首先从礼与功的关系角度展开论述，王陛臣认为有大功之后才加“不次之礼”。碑文开端就颂扬“勇”，以此作为灵泽王建庙立祀的伦理依据。之后碑中提到“灵泽王其谁哉？”灵泽王即是唐朝人李靖，唐前期重要将领。青年时期的李靖曾在潞城占籍定居，并献书西岳神[①]，碑文“鲸鲵而清海岳，卷氛祲以开山河，使万姓昭苏，庶物昌运，迹其奋志”便是李靖所作，用以寄托其匡扶社稷的雄心壮志。李靖先后仕宦于隋唐两朝，唐高祖武德八年（625年）“李靖以兵出潞州道”[②]，抵挡突厥进犯。唐开元十九年（731年），建武庙供奉十哲，李靖列祀其中[③]，以彰显其赫赫武功。李靖去世后，其后代李彦芳移居潞城，建李卫公家庙。从此李卫公信仰便在潞城地方传播开来。

碑文在追述了灵泽王的事迹语录之后，转至夸赞当朝皇帝金章宗完颜璟的礼乐文治功绩，称其礼乐法度制作一新。金章宗在位时曾大力崇尚礼乐制度，对当时的“勋臣烈士”关怀备至，要求地方官员对祠宇加以修葺，以褒德显功，其本意是将金朝法统纳入汉唐序列当中，以表其继承正统之意。[④]建功于唐的李靖，自然是其重点祭祀对象之一。在金章宗分发诏书至各郡国，要求地方官修葺祠宇的背景之下，节度潞州的地方官前参政马公（马惠迪），在实地参观灵泽王庙后，发现庙宇殿庑湫隘“甚不称”明天子之意，准备重修以嘉赏灵泽王之勋绩，令其显奕如初。正当马公筹备之时，金廷令其移守开封。重修之事由继任者资政大夫李侯来主持，李侯便命令潞邑主簿孟公具体负责此事。由于工程进展过慢引起乡民普遍不满，并且众乡民皆愿为修葺庙宇出工报礼，于是富者出财，壮者效力，终于在明昌三年（1192年）十月完工，明昌四年正月潞邑主簿孟公率

① （清）崔晓然：光绪《潞城县志》卷2《祀典考》，《中国地方志集成·山西府县志辑》第41册，第398页。

② 《新唐书》卷215《突厥列传上》，北京：中华书局，1975年，第6032页。

③ 《新唐书》卷15《礼乐志五》，第377页。

④ 赵永春：《金人自称“正统”的理论诉求及其影响》，《学习与探索》2014年第1期，第144—152页。

民献享于祠庭，宣告礼成。

在碑文的最后部分，主要是王陛臣从个人角度介绍其撰写碑文的缘由及个人的感想。王陛臣感慨金章宗对于异代功臣尚加褒勉，对当时的士人更是不吝赐赏，因此鼓励同时代的人“奋志”进取，并在此公众用心的感怀之下，将明昌三年重修灵泽庙的本末序写成碑文。

碑文的末尾，出现了四位金代地方官员的姓名，即夹谷史枣、完颜忠、完颜德玉和路元祯，加上文中所提及的前参政马公、资政大夫李侯、王可、路亨、王陛臣、贾用晦等10位金代人物的仕宦经历尚需详细考证。因此笔者在大致将碑文叙述清楚以后，下一步对碑刻所见人物的仕宦经历进行重点考证。

三、碑刻所见人物仕宦经历考证

碑文中一共出现了15位金代人物，其中较为重要的有10位，他们与重修灵泽王庙有直接或间接关系，为此笔者将各位人物按书写顺序列成表格（表1），并对这些人物史实进行考证。这些人物的官职、差遣、勋爵等对于金代的地方行政政治制度史研究有重要意义。

表1　碑刻所见人物

序号	人物
1	主上
2	前参政马公
3	资政大夫李侯
4	潞邑主簿孟公
5	住持道士王可
6	知广德庙道士路元祯
7	乡民李茂
8	乡贡进士王陛臣
9	古黎进士路亨
10	文林郎邓州观察判官兼提举学校常平仓事武骑尉赐绯鱼袋贾用晦
11	信武将军行县尉骑都尉金源县开国男食邑三百户，兼管勾常平仓事夹谷史枣
12	宣武将军行主簿骑都尉金源县开国男食邑三百户，兼管勾常平仓事完颜忠
13	昭勇大将军行县令上轻车都尉金源郡开国伯食邑七百户，兼管勾常平仓事完颜德玉
14	平定王玉、男王全

资料来源：《大金潞州潞城县重修灵泽王庙记》，该碑现存于山西省长治市潞城县神头村东

碑文中多次提及的“主上”，即指金章宗完颜璟，大定二十九年（1189年）入继宗祧，成为第六位金代核心领导人，更定明昌（1190—1196年）为年号，后又使用承安

（1196—1200 年）、泰和（1201—1208 年）年号，泰和八年（1208 年）金章宗病死，在位共 20 年。[①]金章宗继位之初，便对当时的礼乐制度进行了改革，并于明昌三年（1192 年）下诏增修文庙，崇尚儒学[②]，因此碑文中提到“主上即位之三年，而礼乐法度制作一新”。金章宗对于人才的选拔也是格外重视，要求地方官员举荐贤能之士，并命令“提刑司采访可用之才，减资考而用之”[③]。金章宗的人才政策得到士人的拥护，王陛臣因此在碑文中对金章宗大加推崇，连称“主上”并鼓励世人忠勇奋志，死后列于常祀，书写碑文以表其以身作则之意。

前参政马公，应是马惠迪。马惠迪，字吉甫，天德三年（1151 年）进士及第，做过昌邑令，后因功擢同知崇义军节度使，累迁至左司郎中，大定末年“起为昭义军节度使，明昌元年，为南京留守，致仕，卒”[④]。从马惠迪仕宦的历程来看，马惠迪在明昌元年（1190 年）移守南京路开封府留守与碑文所写“方议兴功，移守开封”是相一致的。马惠迪于明昌元年为南京路开封府留守，灵泽王庙在明昌三年十月建成，次年献飨于祠庭。马惠迪卒于南京留守任上，此前曾于金世宗大定二十六年（1186 年）七月以御史中丞职官拜参知政事，因此称之为“前参政”也合乎常理。而且金代节度使是集军政大权于一身[⑤]，马惠迪在节度使任上兼管军、民，可以上书天子，请求拨款修葺祠庙。但是马惠迪曾做过的昭义军节度使属于金东京路[⑥]，即辽阳府地区地方长官，并非山西地方官，金代称长治地区为潞州，由昭德军节度使驻防[⑦]，由于《金史》中并无马惠迪任职昭义军节度使的其他记载，笔者推测《金史》中“昭义军”应是“昭德军”之误。与马惠迪同一时期的另一位参知政事马琪，曾授同知定武军节度使事，明昌四年九月以户部尚书职接替张万公成为参知政事。[⑧]明昌五年黄河在阳武决堤，灌封丘，也就是在此前后，马琪前往南京开封府视察河决之事，马琪晚年出镇安武军，于承安二年（1197 年）去世。马琪的仕宦历程稍晚于马惠迪，且与灵泽王庙的前期筹划准备史实不相符，因此考证两者仕宦经历，“前参政马公”更可能是滁阴人马惠迪。

资政大夫李侯的仕宦经历则不详。资政大夫是金代始置文散官名，正三品中为资政大夫。[⑨]资政大夫李侯在《金史》中无载，但其任职潞城县的史实可以补《金史》缺。

潞邑主簿孟公、乡贡进士王陛臣、古黎进士路亨、乡民李茂、住持道士王可、道士路元祯是重修灵泽王庙的具体策划者与参与人。以上六位人物，《金史》皆无载，仅在地方志籍中略有提及。光绪《潞城县志》曾收录王陛臣所撰《重修灵泽王庙记》。乡贡进士、进士等则可以补金代进士群体史实。薛瑞兆在其著作中提到，王陛臣自署进

---

① 宋德金：《金章宗简论》，《民族研究》1988 年第 4 期，第 55—64 页。
② 《金史》卷 12《章宗本纪四》，北京：中华书局，1975 年，第 267 页。
③ 《金史》卷 54《选举志四》，第 1206 页。
④ 《金史》卷 95《马惠迪传》，第 2117 页。
⑤ 何雪娜：《金代节度使研究综述》，《博物馆研究》2016 年第 3 期，第 76—78 页。
⑥ 何雪娜：《金代前期州军节度使群体研究》，吉林大学硕士学位论文，2017 年，第 15 页。
⑦ 李昌宪：《金代行政区划史》，上海：上海古籍出版社，2015 年，第 174 页。
⑧ 《金史》卷 95《马琪传》，第 2118 页，卷 10《章宗本纪二》，第 230 页。
⑨ 《金史》卷 55《百官志一》，第 1220 页。

士，当于承安五年（1200年）或此前登第。[①]在该碑立石落成之际，王陛臣应该已经去世了，故以“前乡贡进士”称之。古黎即黎城，金代潞州下属县，考之金泰和以前年间进士目录，并无此人，该碑文的出现可以补《金登科记》缺。乡民李茂，笔者推测此人可能是李卫公的后人，李卫公去世后，其三子李彦芳迁居潞城，落户神头岭，之后在此繁衍。主持道士王可，知广德庙道士路元祯是潞城县当地僧道官，光绪《潞城县志》记载：“卫国公李靖制云，隆德府潞城县微子岭广德庙。”[②]笔者推测住持道士王可是灵泽王庙的常驻道士。

碑文的最后部分还提到四位地方官员，贾用晦、夹谷史枣、完颜忠、完颜德玉。贾用晦应是潞城县人，其官为文林郎，所谓文官有品，阶凡四十有二，正八品上曰文林郎，下曰承事郎，其差遣为南京路邓州正七品观察判官兼提举学校常平仓事，观察判官的职责主要是掌纪纲，观察众务，分判户、礼案事，“通检推排簿籍”[③]，以此判断贾用晦应该是邓州主管学校常平仓的官员，另外贾用晦还有从七品武骑尉勋级。金代舆服制度规定，五品以下无鱼袋，但贾用晦有赐绯鱼袋，应是一种奖励性服饰。

夹谷史枣、完颜忠、完颜德玉三人则是“白号之姓”家族成员，“凡白号之姓，完颜、温迪罕、夹谷……光吉剌皆封金源郡”[④]。金代继承辽及以前朝代的封爵制度，将郡望与封爵相结合，最终出现金源郡某王、金源郡某伯的封爵制度。孙红梅曾梳理金代的爵称与爵序，认为金代有十一个爵称，开国县男是第十一级，开国郡伯为第六级。在爵位前加“开国”二字的习惯始于北周，对于有无“开国”二字，孙红梅认为其区别主要体现在爵位的“封”与“赠”上，若有“开国”，则需在官员结衔中完整书写，在其他情况下，“开国”可省略。[⑤]

金朝建立后，金廷逐渐采用汉制封爵、勋级等制度，汉化与封建化的程度越来越深，迨至金熙宗天眷年间，金廷的各种规章制度基本确立。当时规定武散官昭勇大将军为正四品下，信武将军为从五品上，宣武将军为从五品下；在勋级上，轻车都尉为正四品，骑都尉为从五品上；在封爵上，郡伯为正从四品，县男为从五品，郡伯食邑七百户，县男食邑三百户，但皆无实封。

夹谷史枣三人的结衔（表2）中，职事前加“行”字，是因为凡台官、御史……王府官，散官高于职事者带“行”字[⑥]，故三人职事各称为行县尉、行主簿、行县令。三人以宗室子弟的身份出镇潞城县，主管常平仓，主要源于当时的猛安谋克制。金廷在各州安置猛安谋克，用以镇守地方。将出身于金源郡封的三人安置于河东地区，体现了金廷对河东地区的重视。

---

① 薛瑞兆：《金代科举》，北京：中国社会科学出版社，2004年，第170页。
② （清）崔晓然：光绪《潞城县志》卷2《祀典考》，《中国地方志集成·山西府县志辑》第41册，第398页。
③ 《金史》卷57《百官志三》，第1310页。
④ 《金史》卷55《百官志一》，第1229—1230页。
⑤ 孙红梅：《金代汉制封爵研究》，吉林大学博士学位论文，2014年，第92页。
⑥ 《金史》卷55《百官志一》，第1231页。

表 2　夹谷史枣三人结衔表

姓名	武散官	职事	勋级	爵位	食邑	差遣
夹谷史枣	信武将军	行县尉	骑都尉	金源县开国男	三百户	管勾常平仓事
完颜忠	宣武将军	行主簿	骑都尉	金源县开国男	三百户	管勾常平仓事
完颜德玉	昭勇大将军	行县令	轻车都尉	金源郡开国伯	七百户	管勾常平仓事

资料来源：《大金潞州潞城县重修灵泽王庙记》

四、金代灵泽王信仰与政治的辩证关系

行文至此，笔者主要从碑文考释、碑刻所见人物仕宦考证角度对《庙记》进行阐述。碑文考释在一定程度上可以对晋东南地区的碑刻搜集整理做出有益贡献，人物仕宦经历考证则可以对《金史》等金代典籍做出补充与修正。在此基础上，笔者接下来对金代灵泽王信仰变迁中的信仰与时代政治辩证关系进行粗浅论证。

正如一时代有一时代之学术，一时代自然也有一时代之信仰。不同的统治集团必然倡导利于自身的文化信仰，表彰自身政治正确的同时，也凸显了信仰为政治服务的底色。自金朝建立以后，女真汉化回归道统与汉族士人归附金廷的两股潮流在金章宗时期完成合流，并构建出了一种双方都能够接受的文化价值观，即勇。以勇捍患，成为金朝的国家主流价值观之一。与唐宋时期相比，金代的“勇”贯穿金代灵泽王信仰书写的始终，也揭示了信仰表层之下是政治诉求的内涵。

唐代重视灵泽王“忠诚”的品质，与唐廷时局密切相关。唐玄宗开元年间，府兵军制渐堕，唐中央高层已经察觉到强枝叶而虚中干的政治风险，出于弥合边镇与中央分裂的考虑，唐玄宗在开元十十九年（731 年）修建武庙，“十哲”的入选理由基本都是“忠于王事”，以此引导社会舆论，如武庙主祀是夹扶周室的姜太公，配祀为汉代留侯张良。忠诚的人格品质，成为唐代官方的政治诉求。李靖就是在这样的背景下成为人格神，被唐中央与潞城地方列为国家正祀，岁时献祭，香火不绝。

晚唐五代时期，中原割据混战，中原士人期待结束战争，要求天下安稳的情绪占据上风，正如《唐卫国公晋封灵显王碑铭》中提到的“扶天下之危者，必据天下之安；除天下之否者，必享天下之泰。贵盛，命也；文武，才也。生唯封侯，从尔班超之气；死当庙食，壮哉梁栋之言”①，社会普遍存有对扶危除否英雄人物的景仰。当时的时代局势并不明朗，虽然人们崇尚澄清寰宇之志，但李靖养晦遵时的做法，仍然得到认同。五代时期的官僚贵族也对灵泽王李靖赞赏有加，后晋时期，加封李靖“灵显”，所谓化而不测谓之灵，死而不朽之为显，“灵显”封号本身就表现了各时代取其所需的政治诉求。

北宋时期，辽朝强大的军事力量对当时的南方政权产生了极大压力。自五代以来，

① （宋）李公弼：《唐卫国公晋封灵显王碑铭》，《全宋文》第 19 册卷 408，上海：上海辞书出版社，2006 年，第 426 页。

中原在对辽战争中接连败北，北宋陷入以岁币求和的窘境中，虽然北宋中后期与辽保持相对友好关系，但朝野上下希望靖绥四夷的呼声此起彼伏，北宋中后期又面临西夏的军事压力，导致世人吞辽复夏的情绪再起波澜，从而对汉唐时期的开疆扩土型将领崇拜有加。宋绍圣年间潞城县人张山在其所撰《重修灵显王庙记》中写道："维时上将左右帝功，覆庇生民，勋烈格天，享封卫国公，谥景武，其姓李氏，名字彰灼，见于旧史。方其四征不庭，指日奏功，韩赵卫霍盖无以加，南平萧铣，开置百郡，东擒公佑，共切怀思，北伐不庭，世绩就擒；斥地阴山，至于大漠；西伐土谷，伏允授首，更绥其民，举国请降；唐之震叠，洋溢四方。"①在此篇碑文中，潞城地方士人张山对唐李卫公的武功追思赞扬之情溢于言表。

金代的灵泽王信仰在宋代的基础上，又发生了诸多变化，一方面，由于金代的统治主体是女真贵族，金代士人在灵泽王信仰中逐渐淡化攘夷讨不庭的内容；另一方面，金廷的汉化与封建化不断加深，在文化政策上鼓励崇拜汉家先哲，以汉唐为效法对象，两方相合最终导致灵泽王信仰由"忠""武"转向了"勇"。"志勇然后立亡原之功"，成不世之业，享常祀之礼，也就成为金代社会的舆论导向，对李卫公"勇"的形象塑造也自金持续至元。灵泽王信仰起源于唐中后期武庙正祀，金代取其"勇"的品质加以褒扬，体现了河东南路潞城地方士人的文化转向。灵泽王李靖在唐时出将入相，但其功绩主要是征伐所立，历代多将其作为武将来看待，金代将灵泽王武将的特征发微至"勇"的层面，在崇拜之时，又将其限制在崇文抑武的层面之下，彻底将灵泽王李靖书写为一位武将，不再追述灵泽王李靖开拓四方的功绩，而是赞扬其以勇捍患的品质，其内在原因是金廷对宋代崇文抑武政治理念的继承与发扬。《庙记》实际上使用了明褒暗贬的春秋笔法，在迎合金廷高层的同时，也是偃武修文不再扩张而是注重防卫政治理念的潜在体现。此外，金代灵泽王李靖在保留人格神的同时，又继承了自五代以来地方社会求神以保农时的实用性功能。明清时期李靖基本由人格神转为功能神，成为服务于晋东南地区的水神，完全与农业生产相结合。

本文所见金代《庙记》并非孤例，山西地区作为金代的文化重心区，所遗留的金代碑刻数以百计，因此，笔者的下一步研究重心将放在金代碑刻的历史信息的统计上，以碑证碑，从碑刻本身释读，发展至研究金代碑刻地域特点，再进而发展到研究金代社会史，用碑刻来看金代社会变迁，从而在历时性与共时性的框架内对金代碑刻的解读进行有益尝试。

作者简介：张丽（1984—），吉林榆树人，河北大学宋史研究中心博士研究生，研究方向为中国社会经济史；刘新龙（1994—），河北邢台人，河北大学宋史研究中心博士研究生，研究方向为社会经济史。

① （清）崔晓然：光绪《潞城县志》卷3《金石纪》，《中国地方志集成·山西府县志辑》第41册，第436页。

移治城外与寄治城内

——金元路治城市附郭县衙署的空间位置*

宋　亮

（陕西师范大学　西北历史环境与经济社会发展研究院，陕西　西安，710119）

摘　要：在金元路治城市中，专司城内的录事司等机构的设立，使附郭县的辖域退至城外。受此影响，元奉元、大都、集庆等路附郭县出现了或移治或稳定于城外的现象。在明初废除录事司等机构后，这些已经移治城外的附郭县又普遍地移治城内。金元路治城市附郭县移治城外的现象，在较大城市中表现得较为明显。同时，由于历史的惯性及录事司等机构存在的时间不长，多数路治城市附郭县尚未能移治城外，从而形成了寄治于路之治城，即录事司辖区之内的现象。

关键词：路治城市；附郭县；衙署；移治城外；寄治城内

一、问题的提出：基于附郭县辖域的变化

附郭县，是距上属政区治城最近的县，又称“倚郭县”。①因统县政区不亲辖民户，其衙署（行政中心）所在地乃由附郭县管辖，故而附郭县的辖域（行政区域）自其出现之始②，便包括其上属政区治城之内外，这就是古代城市管理中“城乡合治”传统的体

* 本文为“中央高校基本科研业务费专项资金资助”（Supported by the Fundamental Research Funds for the Central Universities）的陕西师范大学博士研究生自由探索项目（2018TS040）阶段性研究成果。

① 学者们常将附郭县界定为，与上属政区同城而治的县（参见郭声波：《历史政治地理常用概念标准化举要》，《中国历史地理论丛》2017 年第 1 辑；赵逸才：《附郭县两千余年的历史变迁》，《中国社会科学报》2017 年 11 月 27 日，第 5 版）。基于后文所述，笔者与余蔚、孙东虎等学者的看法一致，认为附郭县与其上属政区非必同城。

② 附郭县当产生于以郡统县的地方行政体系形成之后，据周振鹤对郡统县制度起源的推断（参见氏著《中国地方行政制度史》，上海：上海人民出版社，2005 年，第 35 页），可知附郭县的起源当有两种方式：一者，先有郡而后分设县，如此郡治所在之县便是附郭郡城之县，可称郡之附郭县；二者，先有县而后增设郡，如此设郡之县便是郡之驻在县，亦可称作附郭县。如此，也便不难理解郭声波将“附郭县”与“驻在县”的概念相等同的缘起了，参见郭声波：《历史政治地理常用概念标准化举要》，《中国历史地理论丛》2017 年第 1 辑。

现。作为高层政区或统县政区的治所城市，当其人口增多、事务繁剧时，又会出现分县治理的现象，这样就形成了双附郭或多附郭县。①

附郭县辖域的演变轨迹，据古代城市管理制度方面的已有研究可以大致厘清：附郭县的辖域兼有城之内外的情形，仅在金元时期才有较大变化；宋、辽两朝虽然在个别城市，如宋之开封府、京兆府，以及辽之五京中出现了“有明确行政范围和职能完善的城市行政管理机构”②，使附郭县的辖区缩小至城外，但多数地方城市即便设有分割了附郭县部分管理权的厢，其附郭县兼辖治城内外的情况也没有根本性的变化③；金代于诸京、诸府节镇、诸防刺州分别所置之警巡院、录事司、司候司，以及元代于两京、诸总管府路分别所置之警巡院、录事司等机构，皆是专司城内的行政管理机构，“而附郭县不再管理城内民事、供需等民政，使其统辖区域缩小到城外郊区”④；明初废除录事司等机构后，附郭县的辖域又开始包括城之内外。

韩光辉在有关“建制城市”的系列研究中，对录事司等机构的组织、职能、辖区等与附郭县进行了全面的比较，结果表明：金元时期的录事司等机构，是拥有明确辖域和职能完善的、与附郭县平行隶属于上属政区的行政机构。⑤设有录事司等专门城市管理机构、实施独立行政管理的城市就是建制城市。那么，一个值得进一步思考的问题便是：在金元路治城市（属建制城市）中，由于附郭县的辖域退至城外，其县衙是否也会出现移至城外的现象呢？即附郭县在行政区域的变化下，其行政中心出现了寄治⑥于新行政区域之外的现象后，是否会有向新的行政区域之内迁移的趋势呢？在讨论这一问题之前，需要对非建制城市之附郭县移治城外的现象及相关研究作一回顾。

二、非建制城市之附郭县移治城外的现象

在附郭县兼辖上属政区治城内外时，即在非建制城市中，因特殊原因而将附郭县衙署置于城外的现象早已有之。例如，后魏长广郡治即墨县之胶东城，但县治却不在郡城内。⑦又如北齐河清四年（565年）至武平六年（575年）的太原郡附郭晋阳县，其州郡仍治城中，而作为兼理州城的附郭晋阳县却治城外汾水东。⑧再如宋代河中府（今山西永

① 相关研究参见华林甫：《我国古代的双附郭县》，《中国方域（行政区划与地名）》1993年第6期。

② 韩光辉：《宋辽金元建制城市研究》，北京：北京大学出版社，2011年，第202页。

③ 以下学者的研究证实了这一点：包伟民：《宋代城市研究》，北京：中华书局，2014年，第153页；鲁西奇：《唐宋城市的“厢”》，《文史》2013年第3期，第243、245页；钟翀、方毓琦、王晓媛，等：《宋代以来常州城中的“厢”——城市厢坊制的平面格局及演变研究之一叶》，《杭州师范大学学报（社会科学版）》2016年第1期；来亚文：《南宋两浙西路府州级城市行政区划研究》，上海师范大学硕士学位论文，2016年，第74页。

④ 韩光辉：《宋辽金元建制城市研究》，第36页。

⑤ 韩光辉、林玉军、王长松：《宋辽金元建制城市的出现与城市体系的形成》，《历史研究》2007年第4期。

⑥ “移治”指行政机构在本行政区域内的移动。“寄治”指行政机构暂时寄驻在本行政区域之外，但本行政区域仍然存在。参见郭声波：《历史政治地理常用概念标准化举要》，《中国历史地理论丛》2017年第1辑。

⑦ 参见施和金：《北齐地理志》卷3，北京：中华书局，2008年，第298—299页。

⑧ 参见（唐）李吉甫撰，贺次君点校：《元和郡县图志》，北京：中华书局，1983年，第363页；王仲荦：《北周地理志》，北京：中华书局，1980年，第862页；辞海编辑委员会编：《辞海·地理分册（历史地理）》，上海：上海辞书出版社，1982年，第213页；王杰瑜、王尚义：《晋阳县建置沿革与辖境考》，《晋阳学刊》2008年第5期。

济蒲州镇）有附郭河东、河西两县，其中河西县（今陕西合阳县东南夏阳村）在开宝五年（972 年）至天禧五年（1021 年）间曾治于府城外。[①]像这样郡县分城而治的现象其实并不少见，只是由于史料的局限，我们尚且无法推断出这种现象形成的具体原因。目前，学者们已不同程度地注意到了这种现象，除在讨论治所迁移的个案研究中或有涉及之外，在对古代城市形态的研究中，笔者尚见有两位学者对此现象有所论述。

章生道曾在《城治的形态与结构研究》一文中初步归纳了 19 世纪“由两个或两个以上筑有城墙的独立部分组成的”复式城市的五种类型，其在第三类复式城市中论道：

> 中国王朝一般的管理方式是等级高的官府设在兼作等级低的地方首府之中。这样，所有省会也是府城与县城，所有府城几乎又都兼作县城。第三类复式城市是由背离这种标准行政惯例而组成的，府城里不留“首县”的衙门。[②]

章氏所指出的为第三类复式城市所背离的中国王朝标准行政惯例，实际上是指附郭县（首县）在兼治城乡的状态下，其一般与上属政区同城而治的现象。在描述完这一类“府县分城而治”的复式城市后，章氏还举出了重庆府与江北厅、叙永厅与永宁县、惠州府与归善县、凤阳府与凤阳县及归化城与绥远城的例子。虽然重庆府与江北厅、归化城与绥远城并非上述“府城里不留‘首县’的衙门”的复式城市[③]，但不难想见，除章氏所举例子之外，在该类别下应当仍有其他例子，如明长沙府附郭长沙和善化县[④]、大名府附郭大名县[⑤]皆曾位于府城之外。然而，这些个例亦如章氏所说，“都有其独特的历史”，即各有其形成的特殊原因。鲁西奇在对古代汉水流域城市形态与空间结构的研究中，也讨论了复式城市的相关问题。他从形成过程和历史成因的角度，将复式城市划分为“汇合型”与“拓展型”两类。鲁氏宏观地概括了几种“拓展型”复式城市产生的原因，并进一步指出了其中一些“府县分城而治”的复式城市“大抵皆因为特殊的政治或行政原因而形成，具有某种特殊性”。[⑥]

如上述“府县分城而治”的城市，章氏将其视为背离“标准行政惯例”的特殊现象，鲁氏指出该现象的产生有特殊的政治或行政原因，是相较于附郭县在兼辖上属政区

---

① （清）徐松：《宋会要辑稿》（北京：中华书局，1957 年，第 7402 页上）方域 5 之 38 载：“河西县，开宝五年徙于西关城外，天禧五年徙府城内通化坊。”

② 章生道：《城治的形态与结构研究》，王嗣均译，［美］施坚雅主编：《中华帝国晚期的城市》，叶光庭等译，陈桥驿校，北京：中华书局，2000 年，第 100、102 页。

③ 此外，州卫分城而治形成的复式城市有之，县之正官与部分佐贰官或职能机构的外驻现象亦有之，但皆不在本文的讨论范围之内。

④ 《明史》卷 44《地理志五》（北京：中华书局，1974 年，第 1086 页）记载，长沙府倚郭长沙县，“旧治城外，洪武初，徙城中。十八年复徙北门外。万历二十四年徙朝宗门内”，倚郭善化县，“旧治在城外，洪武四年徙于城中。十年五月省入长沙县。十三年五月复置，治在南门外。成化十八年仍徙城中”。《乾隆长沙府志》卷 11《建置志》，《中国地方志集成·湖南府县志辑》第 1 册，南京：江苏古籍出版社，2002 年，第 236 页。

⑤ 《明史》卷 40《地理志一》（第 898 页）记载，大名府大名县，“府南，少东。元与元城县同为大名府治。洪武十年五月省入魏县。十五年二月复置。永乐九年移于今治”。

⑥ 鲁西奇：《“双子城”：明清时期襄阳—樊城、光化—老河口的空间形态》，张建民主编：《10 世纪以来长江中游区域环境、经济与社会变迁》，武汉：武汉大学出版社，2008 年，第 394 页；鲁西奇：《城墙内外：古代汉水流域城市的形态与空间结构》，北京：中华书局，2011 年，第 434—435 页。

治城内外之时，其衙署多数情况下会设于城内而言的。实际上，在附郭县兼辖城之内外时，无论其衙署是在城内还是在城外，因二者都在附郭县的行政区域之内，便不存在孰为“行政惯例”的问题，而只有多数情况与少数情况的分别。其中，因各自的特殊原因而将衙署设于城外的附郭县，是少数现象。

如果对第一部分所提出的设问的回答是肯定的，那么金元路治城市附郭县移治城外的动因，就会与前揭明清时期府县不同城现象出现的原因大为不同。例如，在元代，奉元、大都、集庆（今江苏南京）等路附郭县衙署驻于城外的现象虽仍是少数情况，却极有可能是在行政中心应设在行政区域之内的设治原则的作用下形成的。

三、路治城市附郭县之移治城外的现象

已有学者留意到了金代部分府州的倚郭县衙被置于府州城外的现象，并且认为这与警巡院、录事司、司候司的设置有关，因而在论及金代县与院、司等的辖区时言：“因有院、司之故，府、州之倚郭县，仅辖州治之城外地区，或其治所与本州院、司所在处，有相当大的距离，远者或有二三十里焉。故金之府、州与倚郭县，非必同治，此与宋、辽之制有异。”[①]但如前所述，附郭县衙的外驻现象早已有之，金元时期部分治所城市中该现象的出现是否与院、司的设置有关，还需进行具体、个案的分析。下文便以元代奉元、大都、集庆路为例，对其附郭县移治城外之现象的产生及原因进行梳理与讨论。

（一）元奉元路与长安、咸宁县

元奉元路城与长安、咸宁两附郭县城的相对位置形成于唐末天祐元年（904 年），为“韩建新城”的遗制。元人李好文所著《长安志图》载：

> 新城。唐天祐元年，匡国节度使韩建筑。……城之制，内外二重。四门，门各三重，今存者惟二重，内重其址尚在。东、西又有小城二，以为长安、咸宁县治所。[②]

关于韩建因何会将长安、咸宁二县的治所置于城外，武伯纶认为这是“因为城的范围缩小，所以长安、咸宁两县都留在了城外”[③]。长安城经韩建改建以后，其规模虽较先前的都城而言大有缩减，但未必小于当时其他府、州城，如若武氏所论，那么缘何不见其他府、州城也将附郭县迁于城外呢？吴宏岐也留意了这一现象，认为这是出于军事防守上的考虑，府、县城之如此布局“就形成了母子城的独特结构形态，更增强了城市的防御能力”[④]。诚然，结合“韩建出于防守上的需要，对原长安皇城的城门数量做了大幅

---

① 周振鹤主编，余蔚著：《中国行政区划通史 · 辽金卷》，上海：复旦大学出版社，2012 年，第 600 页。

② （宋）宋敏求撰，（元）李好文撰，辛德勇、朗洁点校：《长安志 · 长安志图》，西安：三秦出版社，2013 年，第 20 页。

③ 武伯纶：《西安历史述略》，西安：陕西人民出版社，1979 年，第 281 页。按：所引武氏语中的“留”字，容易让人产生此二县的治所在改建时没有迁移，乃是因长安城的内缩而自然留于城外的误解。唐时万年县位于宣阳坊，长安县位于长寿坊，韩建时移置到了新城之东西两侧。

④ 吴宏岐：《西安历史地理研究》，西安：西安地图出版社，2006 年，第 254 页。

调整，由原来的七座城门变成了五座城门”①，以及“母子城”的防御效果，从防御需求方面来解释这一现象，无疑较“城狭说”更具说服力。

然而，一种新事物或新现象的出现，除“需求动力”（需要）之外，可供其产生的“现实条件”（可能）也是缺之不可的。对于城市的规划者来说，防御效果确实是其考虑的因素，但若仅是出于防御的需要，可以有多种选择，大可不必再兴建东、西二城以为长安、咸宁之治所。再者，母子城的防御效果较之前更好的论断也尚需论证。“韩建新城”所具有的防御效果，更多的是这一城市形态形成之后可能起到的作用，并不能仅以此作为其出现的原因。从这一形态在唐末产生，并在宋、金、元时期都能够延续的可能性上来看，当时长安城内的管理制度，以及长安、咸宁两附郭县的职能范围与辖域的变化应是主要因素。

长安、万年作为唐都京兆府下的附郭县，起初乃以朱雀大街为界，分治长安城。据林玉军研究，唐长安城不仅有附郭县管理民事，还置有左、右金吾卫街使管理治安，御史台巡掌监察不法，形成了执行、徼巡和监察三权分立的城市管理模式。②不仅如此，据韩光辉研究，甘露之变后，“神策军趁京兆府城市盗贼时有发生，设置了军巡院和军巡使，负责城市街道巡察，与京兆尹及长安、万年二县管理城市。实际上，军巡院居于主导地位”③。正是由于附郭县对长安城内的管理职权被侵夺，而城外成了其主要的治理范围，故而唐末韩建修新城时将长安、咸宁两附郭县移出城外的可能性也就有了。唐末长安、咸宁二县移置城外的现象，当是在“需要”与“可能”二因素共同作用下产生的。

更重要的是，韩建新城的布局形态为五代、宋、金、元所承袭，而这一时段也正是附郭县于城内的治理权被侵夺，甚至附郭县的辖域退出城内之时。宋代长安城内的厢，金元时期的录事司等都是专理城内民户的行政机构。特别是在金元时期，由于长安、咸宁二县的辖域仅限于城外，故其治所留在城外更便于管理。直至明代，这一形态才发生了变化。

明代西安府外郭城在奉元路城的基础上向东、向北扩展，同时将长安、咸宁二县衙署移置城内。吴宏岐在推测明西安府大城的开拓时间时，据雍正《陕西通志》卷一五《公署》，认为：“长安县署自西郭移建城内西门大街北侧中段，虽看似与拓城无关，实际上也应是城区逐渐扩大为其提供可以移建的空间的结果；咸宁县署的移建则与大城的拓展有直接的关系，当也是与长安县署的移建同是在洪武四年。”④吴氏的关注重点虽然不在长安、咸宁二县移置城内的原因上，但从以上论述中可见，其又将该现象直接归因于西安城的拓展与城内空间的扩大。其实，西安城在明初虽有拓展，但却因规模甚大的秦王府的修建，以及地方行政结构变化所带来的衙署数量的增加⑤，其城内的可用空间恐怕

---

① 吴宏岐：《西安历史地理研究》，第259页。
② 林玉军：《唐至元代城市民政与治安管理演变研究》，北京大学博士学位论文，2010年。
③ 韩光辉：《宋辽金元建制城市研究》，前言，第3页。
④ 吴宏岐：《西安历史地理研究》，第301页。
⑤ 成一农：《古代城市形态研究方法新探》，北京：社会科学文献出版社，2009年，第16页。

并未有实质性的扩大。此外，若韩建改建新城时，将长安、咸宁二县移治城外仅是出于城狭及防御效果考虑，那么在城内可用空间没有扩展，且同样拥有防御需求的明代，为何还要将二县移治于城内呢？更何况明代长安县署并非因城的拓展而自然被括于城中，而是不惜舍弃原有衙署移建于城内的。

可见，对于唐末将二县移治城外及明时移治城内的举动，以往单从城市空间及防御需求方面进行的解释并不能自圆其说。明初将二县移治城内的原因，应当也是附郭县的辖域发生了变化。明初将元代录事司、司候司等城市行政管理机构废除，附郭县的辖域又开始兼有城内，故而在改建西安城时便又将两附郭县衙移置城内。其实，因辖域变化而出现的附郭县移治城外的现象，在元大都路与集庆路的附郭县中也有明显表现。

（二）元大都路与大兴、宛平县

元大都路附郭大兴、宛平二县的治所，分别位于旧城（即金中都城）外之东、北方向。据李丙鑫研究，辽析津府下析津（金改为大兴县）、宛平两附郭县治南京城内，分理京城东西，“金代大兴、宛平两县治所或许分别迁移到中都城东、城北，大兴县治在中都城施仁门外，宛平县治在中都城会城门外。百余年后，为元大兴县、宛平县所沿用”①，至明洪武三年（1370年）迁入北平城内。

值得提及的是，尹钧科曾尝试从不同时期《地理志》记载体例的差别中，去印证元代此二县位于都城之外的事实。其分析道，“《明史·地理志》于大兴、宛平二县下皆注‘倚’字，即‘倚郭’；而《元史·地理志》谓大兴、宛平二县‘分治郭下’”的差别，就在于元时治在城外而明时治在城内。②核实而论，《元史·地理志》中并无此通例可循。例如，元集庆路之附郭江宁县，元代治集庆路城之外，明代方迁入城中（详下文）。而《元史·地理志》如《明史·地理志》在二县下注“倚”字一样，亦在其下注“倚郭”二字。③《地理志》中所注“分治郭下”与“倚郭”、“附郭”或“州治所”同义，仅表示该县为上属政区的治所所在之县。此外，孙冬虎也注意到了此二县在元代治于城外的现象，故言：“按照一般的估计，作为传统的‘倚郭县’，大兴、宛平的治所理应在都城之内，但元代的史料却证明并非如此。”④

以上研究虽然对大兴、宛平两附郭县治所的上述变迁有所揭示，但对于二县缘何会在金元时期移治城外，以及在明初又缘何会移治城内的问题未有讨论。带有解释性意义的当是韩光辉的研究，韩氏通过对金代警巡院具体职责的考察，提出：

> 金代中都左、右警巡院确已上升为独立的行政实体，专门治理中都城市民事及

---

① 李丙鑫：《大兴县县名由来及其治所迁移辨误》，大兴县地名志编辑委员会编：《北京市大兴县地名志》，北京：北京出版社，1992年，第436页。

② 尹钧科：《北京历代建置沿革》，北京：北京出版社，1994年，第242页。

③ 《元史》卷62《地理志五》，北京：中华书局，1976年，第1501页。

④ 孙冬虎：《北京地名发展史》，北京：北京燕山出版社，2010年，第254页。

各项行政事务。中都是一个由大兴府、左、右警巡院、62坊形成的行政体系管理的城市。而管理郊外的大兴、宛平两附郭京县县治均已迁至中都城外。……至行政建置多承金制的元代，警巡院一恢复，即领“民事及供需”，成为独立的，与宛平、大兴两县平行地隶属于大都路的行政单位，而大兴、宛平两县县治则稳定在了城外。①

通过韩氏以上论述可见，其认为专司城内的行政机构的形成，以及由此导致的附郭县辖域的变化，是大兴、宛平两附郭县在金代移治城外，并在元代一直稳定下来的原因所在。如同奉元路之长安、咸宁两附郭县，大都路宛平、大兴两附郭县在金代的外迁、元时的稳定及明初的内迁，也当是受到不同时期附郭县辖域变化的影响。附郭县辖域的变化，与附郭县治所的迁移之间存在着直接的联系。

（三）元集庆路与附郭江宁县

据《景定建康志》卷五《地理图序》之《皇朝建康府境之图》、《上元县图》及《江宁县图》所绘建康府与江宁、上元两附郭县的位置关系，可知两附郭县均在府城内。由同书《建康府城之图》可知，江宁县治位于城内正北偏西，行宫西之八作司旁；上元县治位于城内正北偏东，行宫东之细柳坊旁。②复由《金陵古今图考》之《唐昇州图考》、《南唐江宁府图考》及《宋建康府图考》可知，在宋代及以前，江宁、上元两附郭县的衙署虽有迁移，但皆在上属政区治城之内。③

至元十四年（1277年），元升建康府为建康路，天历二年（1329年），又以文宗潜邸改为集庆路。④据《至正金陵新志》卷一《地理图·金陵山川封域总图》，江宁、上元两附郭县治所分别位于集庆路城外之西南与正东方向。⑤那么该二县又是何时、缘何而移治城外的呢？《至正金陵新志》卷一《江宁县图考》载：

> 宋因唐旧治，在今城北门寿宁寺北有县丞廨（县衙西）、主簿廨（丞廨东）、尉司（司门外西街越台南）。至元十四年城内置录事司，乃撤旧□廨，于尉司建今县治。东西八十五里，南北□十八里。东至上元县界，旧以御街中分，今抵□事司城门为界。⑥

上述记载明言，江宁县因至元十四年城内置录事司，故撤旧廨，徙治于城门外原尉司处。原以御街为界分治城内的上元、江宁两县，因城内为录事司所辖，两县边界也退抵到了城门外。然关于上元县治所，据《至正金陵新志》卷一《上元县图考》载，“归附后因

---

① 韩光辉：《从幽燕都会到中华国都——北京城市嬗变》，北京：商务印书馆，2011年，第104页。

② （宋）马光祖修，周应合纂：《景定建康志》卷5《地理图序》，《宋元方志丛刊》第2册，据清嘉庆六年（1801年）刻本影印本，北京：中华书局，1990年，第1378页上。

③ （明）陈沂撰，欧阳摩点校：《金陵古今图考》，南京：南京出版社，2006年，第82—86页。

④ 《元史》卷62《地理志五》，第1501页。

⑤ （元）张铉纂修：《至正金陵新志》卷1《地理图·金陵山川封域总图》，《宋元方志丛刊》第6册，第5289页。

⑥ （元）张铉纂修：《至正金陵新志》卷1《江宁县图考》，《宋元方志丛刊》第6册，第5300页。

宋旧治”①，似是元代未有迁移，与《金陵山川封域总图》所示似有矛盾之处，俟后再考。

明初改集庆路为应天府，附郭二县名称一仍其旧。据《洪武京城图志》记载，上元县治所“宋在城东隅，今仍旧治”；江宁县治所“旧在聚宝门外西街越城之侧，今徙银作坊内，系旧府治”。②可知江宁县在明初又移治城内，即元集庆路衙署所在处。

通过对元集庆路江宁、上元两附郭县治所位置的历时性考察，可见江宁县在至元十四年（1277年）的移治与城内录事司的设立，亦即江宁县辖域退出城外是直接相关的。明初将江宁县移治城内，盖也是因为城内录事司的撤销。

四、结　语

通过对元奉元路之长安、咸宁县，大都路之宛平、大兴县，以及集庆路之江宁县的历时性考察，可知这些附郭县或是因前代已移治城外而在元代保持稳定，或是在元代始移治城外，然于明初又普遍迁治城内。在其迁至城外并得以保持稳定的时期，城内都设有专门的行政机构，附郭县的管辖范围仅限于城外；而在其迁入城内时，也正是城内专门行政管理机构消失、附郭县兼治城内之时。附郭县治所的迁移与其辖域的变化存在着直接的联系，在行政中心应设在行政区域之内的设治原则的作用下，部分路治城市附郭县出现了移治城外的现象。

受史料所限，本文所举例子皆为较大的路治城市。至于元代设有录事司的其他路治城市附郭县，如前文所说的天临路（明长沙府）长沙、善化二县等，又有多少是因同样的原因而移治城外的，尚待后续研究。不过，这里需要说明的是：由于历史的发展具有一定的惯性（继承性），当可供新现象产生的内外因都已出现时，新现象并不一定会及时出现。较常见的情况是，新现象的产生往往会具有一种滞后性，如果滞后到内外因都消失时，它自然也就不会再出现了。此外，路治城市附郭县移治城外与否，似与城市规模的大小有关，移治城外的现象在较大城市上表现得更为明显。以上两点应是元代大多数路治城市的附郭县并未移治城外，从而形成寄治于城内之现象的原因所在。

另外，可以略加讨论的一个相关问题是：录事司等专司城内的行政机构缘何会在辽金元时期产生，以及为何会在明初消失呢？关于此，在韩氏的研究中未见有直接的回答，但韩氏似乎将古代的城市管理制度视为线性发展的，如其在追述制度起源时，往往上追唐宋的“军巡”与“厢”制即是。但因明代城市内部回归了由附郭县管辖的老路，从而打破了这种线性发展的认识。同时还存在以下问题：第一，辽金元的城市管理制度确实一脉相承，但其与唐宋城市制度的联系到底在哪里？特别是在元代完善的这一制度，其与宋代的厢制真的有联系吗？从历史发展来看，元代的城市管理制度来源于金，完善于灭南宋之前的北方，在灭南宋后，其北制向南方推行，从而代替了原有的

---

① （元）张铉纂修：《至正金陵新志》卷1《上元县图考》，《宋元方志丛刊》第6册，第5301页。
② （明）礼部纂修，欧阳摩点校：《洪武京城图志》，南京：南京出版社，2006年，第31页。

宋制。在这一过程中，似乎很难看到宋元制度的连续性，包括城市内部专门的城市管理机构在明代的彻底消失，其表现更多的则是特殊性。[①]第二，如果说录事司制度是在城市的不断发展下才得以出现的，那么在城外街区也获得发展时，城外街区也理应归为录事司管辖，但实际情况并非如此。例如，元镇江路倚郭丹徒县便辖有京门外之坊区，而录事司仍限于城内。[②]

从第二点来看，或许正如成一农所说的古代城市划分标准一般，录事司也只是一种地理上的空间区分，而并非今天意义上的在经济及社会上存在差别的城乡之分，以致成氏会认为金元时期录事司制度的产生“可能只是中国历史发展中的偶然现象”[③]。李孝聪言：“辽、金、元时期，正是由于来自中国北方的契丹、女真和蒙古贵族统治集团需要适应中原农耕地区城市与乡村有差别的社会，实行有效的统治，采取了一种对城市进行专门化行政管理的政策，使中国城市的管理制度发生了某些变化。”[④]其实在先秦及南北朝等分裂时期的城郭制度的演变中，也能找到一些相似之处。例如，春秋战国之际城郭制度发生了由“内城外郭”到“城郭并立”的变化，这种变化很可能与战国时期诸国内部社会政治局势普遍的紧张有关。特别是在田齐代姜齐后，齐都临淄“防内重于防外”的城郭布局，反映了齐国内部社会政治局势的紧张。[⑤]又如，十六国时出现的子城，以及清代出现的满城的原因都颇类似。从录事司等制度在辽时并未普遍推行，而恰在金元取得较多汉地后方才推行于地方城市来看，李孝聪的分析似乎最为合理。实际上，李氏的看法不仅能解释录事司等机构的出现，也能回应其缘何会在明代消失的问题。

作者简介：宋亮（1991—），现为陕西师范大学西北历史环境与经济社会发展研究院博士研究生，主要研究方向为历史地理学。

---

① 按：需要说明的是，宋元制度的同一性、继承性更多地体现在城内区划的基本结构上，参见钟翀、方毓琦、王晓媛，等：《宋代以来常州城中的厢——城市厢坊制的平面格局及演变研究之一叶》，《杭州师范大学学报（社会科学版）》2016年第1期。本文所说的特殊性，仅是就其上一层管理机构由宋代都厢制向金元时期录事司制度的转变而言的。

② （元）脱因修，俞希鲁纂：《至顺镇江志》卷2《坊巷》，《宋元方志丛刊》第3册，第2623页上。

③ 成一农编：《地方志城墙资料汇编·上》，北京：中国社会科学出版社，2016年，前言，第7、5页。

④ 李孝聪：《历史城市地理》，济南：山东教育出版社，2007年，第277页。

⑤ 许宏：《大都无城：中国古都的动态解读》，北京：生活·读书·新知三联书店，2016年，第89页。

辽西夏金史研究

唐宋时期党项夏州与中原政权的关系嬗变

——以《夏州节度押衙曹公墓志》为中心*

吴小龙

（陕西师范大学　历史文化学院，陕西　西安，710119）

摘　要：西夏建国前称党项夏州，其崛起始于唐代，经过数百年的发展，党项族势力逐渐壮大。唐宋时期夏州政治军事地位凸显，一度发展成为定难军政权的中心。曹公于唐敬宗宝历元年（825年）入仕，曾在夏州历任节度使属官，参与了唐朝和南山党项之战、平息羌戎等重要事件，仕宦时间近半个世纪，在中央与夏州之间发挥着重要作用。但传世文献皆未有相关记载，他的生平事迹无从考究。且夏州虽依附于中原政权，但双方之间博弈不断，关系十分微妙。近年，曹公的墓志于西夏统万城旧址出土，为研究曹公家族世系、仕宦生涯等问题提供了新资料，可补史书之缺；同时也为探讨唐宋时期党项夏州政权发展、定难军职官系统等问题提供了新线索。

关键词：唐宋时期；《曹公墓志》；党项夏州；中原政权；定难军

20世纪末，榆林市文物管理委员会办公室收藏了一方《大唐故夏州节度押衙兼洪门四镇都知兵马使银青光禄大夫检校太子宾客殿中侍御史上柱国谯郡曹公墓志铭》[①]（以下

---

* 本文为“中央高校基本科研业务费专项资金资助”（Supported by the Fundamental Research Funds for the Central Universities）的陕西师范大学博士研究生自由探索项目“‘丝绸之路’视角下域外高僧入唐活动研究——以唐都长安为中心”（2020TS062）阶段性研究成果。

① 墓志铭收录于康兰英主编：《榆林碑石》，西安：三秦出版社，2003年，图版第74页、录文第241—242页。下文引《曹公墓志》皆据此。

简称《曹公墓志》)。此志出土于西夏统万城旧址，即今陕西靖边县红墩界乡一带。关于曹公其人，史书只字未提，好在墓志内容丰富，详细记述了曹公其人的生平事迹。曹公是夏州节度使属官，肩负着维护夏州政权的责任。而唐宋时期夏州军事地位凸显，虽依附于中原王朝，视其为正统，但由于党项族的加盟，夏州力量发展壮大，与中原政权之间摩擦不断，由此引发了西夏建国前党项夏州与中原政权的关系嬗变问题。《曹公墓志》的出土，对于了解曹公的家族概况、仕宦经历、丧葬情况等具有重要价值。同时，墓志记载的政治及战争事件，是党项夏州与中原政权微妙关系的重要佐证，具有证史、补史之作用。目前学界尚未有此墓志的专门研究，故本文拟在校勘录文的基础上，对墓志进行历史考释，并就唐宋地方藩镇官制、西夏建国前夏州与中原政权关系等问题提出一些看法。舛谬之处，祈请批评指正。

一、《曹公墓志》录文校勘

《榆林碑石》收录的这方《曹公墓志》，其志及盖皆为正方形，砂石刻制。盝顶盖边长各57厘米、厚10厘米，铭文2行，行3字，篆书题“曹府君墓志铭”6字，杀面阴刻八卦图。墓志边长各57厘米、厚7厘米，志文正书，铭文23行，满行38字，共718字。为方便研究，兹将《曹公墓志》全文摘录并重新校勘如下：

1. 大唐故夏州[①]节度押衙[②]兼洪门四镇[③]都知兵马使[④]银青光禄大夫检校太子宾客殿中侍

2. 御史上柱国谯郡曹公墓志铭　并序　　乡贡进士柳罕球撰

3. 夫人煦育，生成者，莫大于四气；殒谢者，合于二仪。天既养而望生，地既蒸而必夭，未有

4. 祇[⑤]保长年，不终遐寿者也。府君祖讳庭训，任河中[⑥]节度副使，奏授开府仪同三司、

---

① 夏州是西夏政权的发祥地之一，位于今陕西榆林市横山区西北。东晋时赫连勃勃称夏王，建统万城以都之；后魏灭其国，置夏州；隋代改置朔方郡；唐复为夏州，唐德宗贞元中分振武、朔方二节度置夏州节度使，治夏州；唐末拓跋思恭平黄巢起义有功，赐号定难军，治所即在夏州；五代宋沿袭之。

② 押衙，又称押牙。《资暇集》中记载：“押牙，武职，今有押衙之目，‘衙’宜作‘牙’，此职名，非押其衙府也。盖押牙旗者，今又有押节者之类是也。……今者‘押牙’既作‘押衙’，而‘牙门’亦为‘衙门’乎？”(唐)李匡文：《资暇集》卷中《押牙》，(唐)苏鹗撰，吴企明点校：《苏氏演义：外三种》，北京：中华书局，2012年，第178页。唐五代时期藩镇节度使亲信，掌仪仗、宿卫。

③ 依据以下录文，可知“洪门四镇”为魏平、丰、储、石堡四镇的可能性较大。

④ 都知兵马使，唐中后期在诸方镇设置的武职官名，为节度使治下最高属官。唐肃宗至德以后，都知兵马使为藩镇储帅。

⑤ 本缺字，但笔者以为此处空缺为“祇”字的可能性较大。根据墓志图版，此字有“斜勾”的笔画，似有“民”字的可能，但墓志因避唐太宗名讳，常将“民”字写成“人”，出现“民”的可能性很少。而“祇”指“地神”，恰与前文“天”“地”相对应，有神灵保佑之意，故将此字补充至原文。

⑥ 河中，指河中府，因位于黄河中游而得名，今山西省永济市蒲州镇。

5. 试[①]殿中监、开国男[②]，食邑三百户。父讳□[③]，不仕。温恭克己，与众谦和。崇高上于清虚[④]，有类

6. 松鹤[⑤]之比寿。公讳□[⑥]，享年六十有六。公乃抱节输诚，秉直入仕。负米有仲由[⑦]之孝，宁亲

7. 比孟氏[⑧]之家。州闾向慕，邻巷思贤。言非苟窃，行乃谦冲。顷以宝历元年从仕矣。累兹

8. 历职，悉任爪衙[⑨]。至大中三年，南山[⑩]征行，公秉事无颇，劳能备著，采录微功，奏授监察。

9. 至咸通元年，改署使院将兵马使节度孔目官[⑪]、兼都勾覆[⑫]。宛而从政，动必和人。至三年，

10. 迁[⑬]署节度押衙，依前使院将兵马使孔目官、都勾覆，转官殿中。戎行启班，是厕清列。至

11. 五年，改署魏平、丰、储等镇营田都知兵马使，依前押衙。军府[⑭]推能，遂加迁改。至七年，迁

12. 署石堡镇[⑮]遏兵马使、兼宁朔县令，依前押衙。唯思谨恪之诚，上奉事君之体。至十二年，改

13. 署洪门四镇都知兵马使，依前押衙。展趋进之礼，上协公庭；试文武之能，克期可举。理军

14. 镇，惠和而将健欢心，武毅得羌戎[⑯]破胆。统将幕，有筹有略，为使庭居要之职，无党

15. 无偏。元戎[⑰]再加选练，擢领镇权。将竭犬马之诚，上答奖用。公及乎年当

---

① 本缺字，笔者以为此处空缺为“试”字的可能性较大。胡三省在《资治通鉴》（北京：中华书局，1956 年，第 8996 页）中注云：“试衔，谓试某官某阶，皆以入衔也。”即官衔未正式任命之意，志文前后所记的“开府仪同三司”“开国男”均为散官、爵位，故“殿中监”亦是未正式任命之职。《榆林碑石》收录的《王忠亲墓志铭》记志主担任开府仪同三司试殿中监，以此推知本志缺字亦为“试”字，故补充至原文。

② 开国男，即“公、侯、伯、子、男”之第五等，爵位名。

③ 此处空一字，曹公父亲名讳不详。

④ 清虚，即天空，借此比喻曹公父亲崇高。

⑤ 松鹤，即长久之意，借此表明曹公父亲长寿。

⑥ 此处空一字，曹公名讳不详。

⑦ 仲由，即孔子弟子周子路，借仲由百里负米奉亲之典故，表明曹公孝行。

⑧ 借孟氏之家的典故，表明曹公家庭和睦。

⑨ 《榆林碑石》第 242 页注释疑为“爪牙”，即充当得力帮手之意。

⑩ 南山，即横山，因位于陕西横山东南而得名，这里指南山党项羌部落。

⑪ 关于孔目官，《唐六典》卷 9《中书省》（北京：中华书局，2014 年，第 280 页）记，开元五年（717 年）置，隶属集贤殿书院。唐后期于州、镇中设置，掌六书，即呈覆、纠正本案文书等军府琐事，地位优越。

⑫ 都勾覆，唐代吏名，掌稽考核查之职。

⑬ 迁，即升官。

⑭ 军府，即指夏州府。

⑮ 据《西夏书事》卷 12（兰州：甘肃文化出版社，1995 年，第 145 页），可知“石堡镇”为唐代称谓，到宋代李元昊初升至“石州”，初设祥祐监军司。

⑯ 羌戎，泛指我国古代西北部的少数民族。

⑰ 元戎，即元帅、主将之意，唐代尤指节度使。这里指夏州节度使。

月制，阴火潜然，微

16. 恙忽生，奄归长夜。嗣子泣血，终恨泉冥；孙婴号悲，永离怀抱。以咸通十四年癸巳岁二

17. 月十五日，不禄[①]于故里也。其年四月十八日，出葬于州南[②]独堎原[③]，礼也。龙岗必备，偃仰周祥。

18. 宅兆思归，咸言贞吉。夫人陇西李氏，夙承温德，敬事贤良，妇礼孔嘉，母仪可则。有

19. 息[④]三人。长曰从谏，守[⑤]同节度副使[⑥]、兼射雕左二将[⑦]副兵马使。有材有略，军府共推。主将

20. 幕抚绥[⑧]有方，施惠好普于朋友。次男从约，从泰，孝思不事生可尽于昏晨，荐奠

21. 常申于恳倒。雁行泣血，谓祈刊刻之文：乌集在坟，永著他年之事[⑨]。其铭曰：

22. 人在世兮难知，此盛衰兮何期。处仁义兮表德，谓贞谅兮何思。

23. 往万邻兮蒿里，念五常[⑩]兮何依。痛支离兮永恨，望山何[⑪]兮在兹。

二、墓志所见曹公的族属及家族世系

关于曹公的身世，志文有明确的交代。《曹公墓志》记载，曹公于咸通十四年（873年）二月十五日殁于故里，享年六十有六。以此推算，可知曹公生于公元808年，即唐宪宗元和三年。由此，他主要生活在晚唐时期，历经唐宪宗、穆宗、敬宗、文宗、武宗、宣宗、懿宗七朝，亲身见证了元和中兴、唐末混乱、宣宗中兴等阶段。

关于曹公族属，可追溯至上古时期。《元和姓纂》记载："颛顼元孙陆终第五子安为曹氏。至曹挟，周武王封之于邾，为楚所灭，遂复曹氏。周文王第十三子振铎，封曹，亦为曹氏。因宋所灭，子孙以为氏。"[⑫]曹姓一支始于颛顼帝之后、陆终第五子安，曹部

① 不禄，即不享受俸禄。这里是对曹公之死的讳称。
② 州南，指夏州城之南。
③ 《榆林碑石》收录的《白敬立墓志铭》《康成此墓志铭》《曹公墓志铭》出土于同一地方，即靖边县红墩界乡圪坨河村大队华家洼林场一带。墓志记，白敬立死于夏州朔方县，康成此死于夏州张继堡北，由此推知，独堎原即位于夏州朔方县张继堡北一带。
④ 息，即子女，这里尤指儿子。
⑤ 一般地，低品官任高职事者，称"守"某官。
⑥ 同节度副使，即节度使之副贰使，掌节度观察留后事。
⑦ 射雕左二将，夏州节度使属官之一，无定置。
⑧ 绥，指绥州，位于夏州之南，双方冲突不断。
⑨ 他年，即往年，这里指的是曹公死前之事。
⑩ 五常，指儒家五常，即仁、义、礼、智、信。
⑪ 《榆林碑石》第242页注释"何"当为"河"。
⑫ （唐）林宝撰，岑仲勉校记：《元和姓纂》卷5《六豪·曹》，北京：中华书局，1994年，第564页。

落始居陕西周至，后迁居河南曹阳、漕邑一带；另一支为周武王伐纣建周以后，曹挟因灭商有功而被封于邾地，以邾（后为“朱”）姓，战国时邾国为楚国所灭，恢复曹氏。周文王第十三子振铎受封于曹地，为曹氏，被宋国所灭后，子孙以曹为氏。《古今姓氏书辩证》又记：“（曹氏）今望出谯国者，汉丞相平阳侯参，始居沛国谯县。”①到汉代，曹参曾跟随刘邦在沛县起兵反秦，战功显赫。刘邦称帝，建立汉朝，在对有功之臣论功行赏时，曹参功居第二，赐爵平阳侯，到汉惠帝时官至丞相。自此，曹氏以谯县（今安徽亳州）为郡望，是汉族的典型姓氏。其后，经历以曹操、曹丕为中心的曹魏政权的持续发展，谯郡曹氏成为中古时期大姓，代表曹魏皇室。司马氏灭魏建立西晋，曹氏发展成为以谯郡为郡望的高门士族，并一直延续至唐。因此，曹公家族成员为汉族人的可能性较大，发展到唐代时属谯郡曹氏，出自中古时期的世家大族。

《曹公墓志》详细记述了曹公的家族世系情况（图1）。根据曹公的生活时代，可推知其祖父、父亲大致生活在安史之乱以后。曹公的祖父为曹庭训，任河中节度副使。河中府（今山西永济蒲州镇），因位于黄河中游而得名。其名称在唐朝历代屡有变动，如玄宗开元六年（718年）“废河中府，依旧为蒲州”②；开元九年（721年）正月“改蒲州为河中府，置中都。……（七月）罢中都，依旧为蒲州”③；肃宗乾元三年（760年）“以蒲州为河中府”④；宪宗元和年间以后“为河中节度使理所，管州五：河中府，绛州，晋州，慈州，隰州”⑤。从其生活时代可推测，曹庭训于唐肃宗至宪宗统治期间任河中节度副使的可能性较大。当时河中节度管蒲、晋、绛、慈、隰等州，治所即在河中府。河中节度副使是曹庭训担任的职事官，为节度使副贰使，掌节度观察留后事，因身兼要职，地位较高。其后，朝廷授予曹庭训开府仪同三司，从一品，为文散官二十九品阶之最高阶⑥；所试殿中监，隶属殿中省，设一人，从三品，掌服御之政令，总尚食、尚药、尚衣、尚乘、尚舍、尚辇六局之官属，备其礼物，而供其职事⑦。曹庭训还被授予开国男爵位，唐制规定，尚书吏部下属司封郎中、员外郎掌邦之封爵，凡有九等，县男为第九等，从五品，食邑三百户。⑧曹庭训之爵位即是如此，墓志所记与之相一致。由此可见，曹庭训所担任的职事官、文散官及被授予的爵位级别都比较高，经历了由地方官至中央官的变迁。

曹公的父亲不知其名。从志文可知，他未入仕任官，只知他“温恭克己，与众谦和。崇高上于清虚，有类松鹤之比寿”，说明曹公父亲温文尔雅，为人谦和，道德崇高，寿命很长。但由于志文记载较少，具体情况不详。

---

① （宋）邓名世撰，王力平点校：《古今姓氏书辩证》卷11《曹氏》，南昌：江西人民出版社，2006年，第162页。
② 《旧唐书》卷88《象先传》，北京：中华书局，1975年，第2876页。
③ 《旧唐书》卷8《玄宗本纪上》，第181—182页。
④ 《旧唐书》卷10《肃宗本纪》，第258页。
⑤ （唐）李吉甫撰，贺次君点校：《元和郡县图志》卷12《河东道》，北京：中华书局，1983年，第323页。
⑥ （唐）李林甫等撰，陈仲夫点校：《唐六典》卷2，北京：中华书局，2014年，第29页。
⑦ （唐）李林甫等撰，陈仲夫点校：《唐六典》卷11《殿中省》，第322—323页。
⑧ 《旧唐书》卷43《职官志二》，第1821页；（唐）李林甫等撰，陈仲夫点校：《唐六典》卷2，第37页。

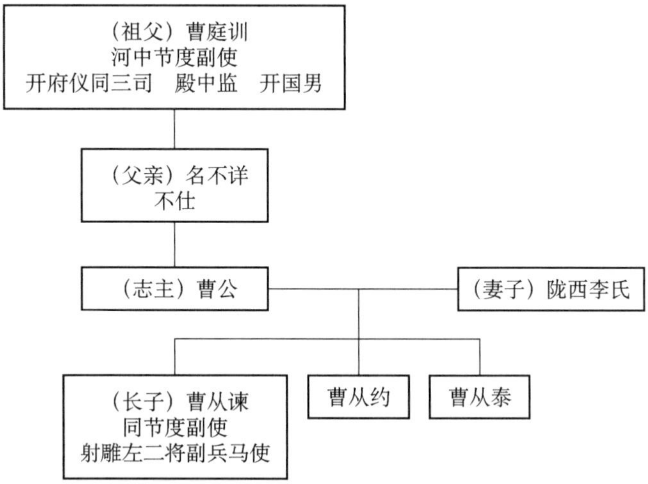

图1　曹公家族世系图

墓志还记载了曹公的妻室后人。曹公妻子是陇西李氏，名讳不详，只知她“夙承温德，敬事贤良，妇礼孔嘉，母仪可则”，即贤良淑德，讲究妇礼，颇有母仪之风。陇西李氏是中古时期以陇西为郡望的大姓，位居姓氏前列，故曹公之妻应出自世家大族，地位较为尊崇。曹公属谯郡曹氏，亦为中古时期的大族，李氏与曹公联姻，应是门当户对。

曹公之子生活于唐末五代时期。长子名曰曹从谏，守同节度副使、兼射雕左二将副兵马使。“守”某官，说明他是低品级散官又担任高职事官。节度副使一职，元代胡三省注云：“又唐之制，有节度大使、副大使、节度使；其亲王领节度大使而不出阁，则在镇知节度者为副大使；其异姓为节度使者有节度副使。”[①]曹从谏即是以“异姓”担任节度副使之职，为节度使之副贰使，掌节度观察留后事，由临时派遣之使职向职官化转变。志文所记即是此意，以表明曹从谏的职任信息。再者，他所兼任的射雕左二将之职并非常置之官，兵马使为夏州节度使属官。关于兵马使，胡三省注云：“兵马使，节镇衙前军职也，总兵权，任甚重。”[②]此职为安史之乱后出现的一种新武职，即节度使衙前武将，有临时差遣之意。作为某一支行营部队的统兵官，负责兵马及军事调动大权，职任颇为重要。当时，“统兵军官都头而外其下有：领兵大将正副兵马使与都虞侯，较低一级军官十将、副将”[③]。说明兵马使作为方镇使府军职系统的重要官职，级别很高，且兵马使为都知兵马使下一级，副兵马使又比兵马使低一级。志文记曹从谏有才有略，当时夏州与以南的绥州冲突不断，一直延续至五代宋，宋《康成此墓志铭》记“上府多难，南军相逼”[④]，即指夏州与绥州之间的战争。曹从谏在此职任上因抵抗绥州军有功，颇受士兵及夏州政权的推崇。至于曹从约、曹从泰二子，志文未记其具体职任情况，只知他们为去

① （宋）司马光编著，（元）胡三省音注：《资治通鉴》卷210，唐睿宗景云元年十月条胡注，北京：中华书局，1956年，第6656页。

② （宋）司马光编著，（元）胡三省音注：《资治通鉴》卷215，唐玄宗天宝六载十月条胡注，第6877页。

③ 张国刚：《唐代藩镇研究》（增订版），北京：中国人民大学出版社，2010年，第92页。

④ 康兰英主编：《榆林碑石》，第253页。

世的父亲刊刻铭文，志文“嗣子泣血，终恨泉冥；孙婴号悲，永离怀抱”，即是他们孝心的彰显。

曹公家族成员在传世文献中未有相关记载，墓志所记恰可补史书中家族世系表之阙。曹公家族出自谯郡曹氏，是中古时期的高门大族，地位较为显赫，从家族成员所任之职及联姻情况可窥知一斑。至于曹公家族为何迁居夏州，应从曹公的仕宦经历论起。

三、墓志所见曹公的仕宦经历

曹公的仕宦经历，墓志记载较为详细。《曹公墓志》记，曹公于唐敬宗宝历元年（825年）入仕为官，在夏州之地历任数职，直到唐懿宗咸通十四年（873年）去世，仕宦时间约达半个世纪。夏州位于河西朔方地区，据《元和郡县图志》记载：“夏州，今为夏（州）绥银节度使理所。管州四：夏州，绥州，银州，宥州。”[①]元和以后夏州节度使管四州。《资治通鉴》载，后汉隐帝乾祐二年（949年），“诏以静州隶定难军”，胡三省注云：“唐置静边州都督于银州界，以处党项降者。”[②]因此，曹公在夏州任职期间，节度使统辖范围一直是夏、绥、银、宥四州，尚未有静州，此为西夏政权的主要发源地。

曹公自入仕以来，历任爪牙之士，时间长达十四年。直至唐宣宗大中三年（849年），曹公位居“南山征行”之列。党项族是唐宋时期西北地区最为活跃的民族之一，史书记载：“党项，汉西羌别种，魏、晋后微甚。周灭宕昌、邓至，而党项始强。……以姓别为部，一姓又分为小部落，大者万骑，小数千，不能相统，故有细封氏、费听氏、往利氏、颇超氏、野辞氏、房当氏、米禽氏、拓拔氏，而拓拔最强。”[③]党项族原居青海甘南地区，中古时期受吐蕃势力所迫，大举内迁，占据夏州一带者，称平夏部，占据横山一带者，称南山部。“南山”即指南山党项。唐宋治下的党项有平夏、六府、南山等部，当时诸部与吐蕃时常勾结，对中央依附不定，中央与党项屡有冲突。周伟洲先生指出，南山党项“始见于唐会昌、大中年间”[④]，曹公参与“南山征行”就是在这一时期。

唐宣宗大中年间，“党项为边患，发诸道兵讨之，连年无功，戍馈不已”[⑤]，大中四年（850年）“十一月，党项羌寇邠、宁。十二月，凤翔节度使李安业、河东节度使李拭为招讨党项使”[⑥]。唐宣宗“颇知党项之反由边帅利其羊马，数欺夺之，或妄诛杀，党项不胜愤怨，故反，乃以右谏议大夫李福为夏绥节度使。自是继选儒臣以代边帅之贪暴者，行日复面加戒励，党项由是遂安”[⑦]。时任夏绥节度使为右谏议大夫李福，曹公应在李福营下，党项为中央所震慑，暂时恢复安定。但唐宣宗深知南山、平夏党项久不能

① （唐）李吉甫撰，贺次君点校：《元和郡县图志》卷4《关内道四》，第99页。
② （宋）司马光编著，（元）胡三省音注：《资治通鉴》卷288，后汉隐帝乾祐二年正月条，第9407页。
③ 《新唐书》卷221上《西域列传上·党项》，北京：中华书局，1975年，第6214页。
④ 周伟洲：《唐代党项》，西安：三秦出版社，1988年，第60页。
⑤ （宋）司马光编著，（元）胡三省音注：《资治通鉴》卷249，唐宣宗大中四年八月条，第8043页。
⑥ 《新唐书》卷8《宣宗本纪》，第248—249页。
⑦ （宋）司马光编著，（元）胡三省音注：《资治通鉴》卷249，唐宣宗大中五年二月条，第8045页。

平，故“（大中）五年三月，白敏中为司空，招讨南山、平夏党项行营兵马都统。四月，赦平夏党项羌。辛未，给复灵盐夏三州、邠宁鄜坊等道三岁。……八月乙巳，赦南山党项羌”①。崔铉建议，遣大臣镇抚党项，曹公很可能位居招讨南山、平夏党项军之列，亲身参与了这场与南山党项之间的战争。此次战争以“平夏党项，已就安贴。南山党项，闻出山者迫于饥寒，犹行钞掠，平夏不容，穷无所归；宜委李福存谕，于银、夏境内授以闲田”②之诏表明党项平定、唐朝获胜。曹公因秉事持正不偏，任劳任怨，被授予监察之职。

唐懿宗咸通元年（860年），曹公改署使院将兵马使孔目官、兼都勾覆。使院将兵马使是按领兵职任细分的兵马使，一般职权有限，地位较低，为唐方镇使府兵马使的组成部分。孔目官最初于唐开元五年（717年）在集贤殿书院设置③，负责档案目录的整理工作。至唐武宗会昌五年（845年）在司、府等官署设孔目官、都勾覆之职④，为藩镇低级文官，多掌付事、发布公告、勾检稽失等琐事。《文苑英华》记载，“瞻言管辖，必先卿尹，案牍填委，簿领殷繁，剖析是凭，准绳斯在，事资孔目，以备阙遗”，“众务条流，须施孔目，凭之以提纲纪，藉之以恤机衡”⑤，即是孔目官勾检稽失、梳理纲纪等文案整理之责。若以此为依据，可推知曹公担任此职，其身份地位不高，职权一般。但随着藩镇力量的发展壮大，孔目官开始负责监印、税收等机要之事，职任发生变化。孔目官职责由最初掌管文案工作转至政治决策、军事监管、赋税征收等，涉及政治、军事、经济等领域，职掌渐趋复杂。孔目官可为藩镇节度使出谋划策，代表地方长官为中央奏事，若节度使生病或缺位，孔目官甚至可监管军镇、把持军政大权。据《唐方镇年表》载，咸通元年至五年，仅李汤于咸通中奉诏按夏州刺史充任夏绥节度使，由此夏州节度使处于缺位状态⑥，故墓志所记“宛而从政”即是表明曹公参与府中政治事务，甚至可以代为行使节度使职权。因此，孔目官已由低级幕职人员过渡到高级僚属行列，与节度使及其他僚属关系十分微妙。⑦

咸通三年（862年），李汤充任夏绥节度使。当年曹公升任夏州节度押衙，为夏州节度使重要属官。押衙，又称押牙，胡三省注云：“押牙者，尽管节度使牙内之事。”⑧唐宋时期，押衙由藩镇自署，为节度使亲信，是主将仪仗、宿卫之指挥官，职责范围广，权力较大。“押衙作为内外军将的兼职十分普遍，这时的押衙实际上已经阶官化了。”⑨曹公所任之职很可能就是由此而来的。荣新江先生认为：“唐末五代的归义军节度押衙大多是阶官化以后表示身份的头衔，只有其兼知官才是实职。”⑩故杜建录等先生得出“陕北和

---

① 《新唐书》卷8《宣宗本纪》，第249页。
② （宋）司马光编著，（元）胡三省音注：《资治通鉴》卷249，唐宣宗大中五年四月条，第8046页。
③ （唐）李林甫等撰，陈仲夫点校：《唐六典》卷9《中书省·集贤院》，第280页。
④ （宋）王溥：《唐会要》卷72《京城诸军》，上海：上海古籍出版社，1991年，第1536页。
⑤ （宋）李昉等：《文苑英华》卷549《孔目判》，北京：中华书局，1966年，第2804页。
⑥ 参见吴廷燮：《唐方镇年表》卷1《夏绥》，北京：中华书局，1980年，第119页。
⑦ 参见赵丹：《试析唐、五代藩镇孔目官的职能》，《黑龙江史志》2011年第6期。
⑧ （宋）司马光编著，（元）胡三省音注：《资治通鉴》卷216，唐玄宗天宝六载十二月条胡注，第6887页。
⑨ 张国刚：《唐代藩镇研究》（增订版），第99页。
⑩ 荣新江：《敦煌学新论》，兰州：甘肃教育出版社，2002年，第57页。

内蒙古乌审旗出土的定难军墓志，同样说明了节度押衙在唐五代时期定难军政权中出现阶官化和兼知他职倾向”[①]。因此，出土于陕北的《曹公墓志》理应亦是如此。墓志记曹公任节度押衙，依前使院将兵马使孔目官、都勾覆，转官殿中，即是说明他所任的节度押衙仅表示其身份头衔，押衙前冠以“节度”之名，又表明二者关系密切，且与节度使为亲从关系，故其职级高于普通押衙；曹公在使院将兵马使孔目官、都勾覆的基础上，转官殿中所任之职才是其实职。如墓志所记“戎行启班，是厕清列”，即表明曹公身居高位。故曹公入职殿中省，任殿中监的可能性较大，官品达从三品。[②]除曹公外，臧允恭、陈审皆曾任夏州节度押衙，从二人墓志名称来看，与曹公职任基本相同，再从三人生活时代与去世时间来看，他们应该是在同一时期任夏州节度押衙之职。[③]由此可知，唐宋藩镇所设的节度押衙不止一人，这或许是因节度押衙仅为身份头衔而非实职之故。

咸通五年（864年），曹公改署魏平、丰、储等镇营田都知兵马使。关于都知兵马使一职，胡三省注云：“唐之中世，以诸军总帅为都头。至其后也，一部之军谓之一都，其部帅呼为都头。”[④]说明都头之职或为诸军总帅，或为一都之军的部帅，是兵马使的最高之称。胡三省又注：“至德以后，都知兵马使率为藩镇储帅。”[⑤]唐肃宗至德（756—758年）以后，都知兵马使实为藩镇副帅，是方镇节度使府的重要僚佐。《宋会要辑稿》亦载：“衙前所管职员：都知兵马使一人，左、右都押衙二人，都教练使一人，左、右教练使各一人，守阙教练使一人，押衙二人。并三年一转。至都知兵马使，三年满出职。”[⑥]意为都知兵马使为衙前内部迁转的最高职级，三年一迁转，三年期满后可出职成为官员。至于营田都知兵马使，其设置与经济有关，偏重经济职能。早在唐初就已设置营田使，其职责是屯田生产；营田兵马使则出现较晚，曹公在魏平、丰、储（今内蒙古一带）等镇任营田都知兵马使，主要负责保护屯田安全，以保障军队的粮食等产品供给。因职任涉及经济，故多由节度使亲信担任。此职在新旧《唐书》、《唐六典》、《宋史》等史书中未有相关记载，是对唐宋官制的一大补充。“依前押衙”，即指曹公咸通三年（862年）所任的夏州节度押衙。

咸通七年（866年），时任夏州节度使为李宴元。[⑦]志文记“军府推能，遂加迁改”，夏州军府推贤举能，曹公升迁至石堡镇任兵马使、兼任宁朔县（治今陕西省靖边县东北）县令，仍依前任节度押衙，这说明石堡镇兵马使职级比营田都知兵马使职级要高。关于石堡镇，《武经总要前集》中记载：“石堡镇。本延州西边镇寨也，至道中，陷于虏，今伪号为龙州。”[⑧]至道年间（995—997年）被北方少数民族击败，改号龙州，即今

① 杜建录、邓文韬、王富春：《后唐定难军节度押衙白全周墓志考释》，《宁夏社会科学》2015年第2期，第133页。

② （唐）李林甫等撰，陈仲夫点校：《唐六典》卷11《殿中省》，第322页。

③ 参见康兰英主编：《榆林碑石》，第238、240、241页。

④ （宋）司马光编著，（元）胡三省音注：《资治通鉴》卷254，唐僖宗中和元年七月条胡注，第8254页。

⑤ （宋）司马光编著，（元）胡三省音注：《资治通鉴》卷215，唐玄宗天宝六载十月条胡注，第6877页。

⑥ （清）徐松辑，刘琳等校点：《宋会要辑稿》第7册《职官四八·牙职》，上海：上海古籍出版社，2014年，第4374页。

⑦ 吴廷燮：《唐方镇年表》卷1《夏绥》，第119页。

⑧ （宋）曾公亮等撰，郑诚整理：《武经总要前集（下册）》卷18下《边防三下·夏州》，长沙：湖南科学技术出版社，2017年，第1127页。

陕西省靖边县龙洲镇。宋元丰四年（1081年），克米脂，进攻银、石二州，破石堡城，可进至夏州。由此可知，"石堡镇"为唐代称谓，至宋代时升至"石州"。石堡镇居夏州偏南位置，处于银、夏二州之间，是进入夏州的重要通道。"（盐夏路）自塞门至石堡、乌延，并山谷中行，最为险狭。乌延至盐州地平。国初，塞门至乌延蕃部内附，石堡城置兵戍守。"[①]到宋代时，"夏人近是筑城，为要害必争之地"[②]，故其地理位置险要，军事地位突出，石堡镇兵马使具有重要职任。曹公又兼任宁朔县县令，为一县之长，"掌导扬风化，抚字黎氓，敦四人之业，崇五土之利，养鳏寡，恤孤穷，审察冤屈，躬亲狱讼，务知百姓之疾苦"[③]，其职责广泛，与百姓生活息息相关。故曹公在此任上，"唯思谨恪之诫，上奉事君之体"，与县令职责相契合。但因宁朔县等级不明，故其品阶在从七品下至从六品上。[④]曹公任石堡镇兵马使兼宁朔县县令亦是节度属官阶官化的重要表现。

志文又记，咸通十二年（871年）曹公改署洪门四镇都知兵马使，仍依前任节度押衙。洪门镇，又称洪门砦，位于今陕西省靖边县大路沟乡大涧村北城子壕古城[⑤]，在唐宋属夏州地[⑥]，归夏州统辖。史书记载，"（延州）出洪门至宥州四五百里，是夏州西境"[⑦]，洪门镇是从延州到夏州的必经之地，军事地位凸显。早在唐德宗贞元四年（788年），唐张献甫"上疏请复盐州及洪门、洛原等镇，各置兵防以备蕃寇，朝廷从之"[⑧]，这说明洪门镇职任是防备吐蕃侵扰，具有重要的军事战略地位。洪门四镇具体指哪四镇，不得而知，但据志文，魏平、丰、储、石堡四镇皆属夏州统辖，洪门四镇或为此四镇。又依上文，可知曹公担任的四镇都知兵马使，为方镇节度使下属的武职，行军作战的实际指挥官，他戍边防守，职责便是防备吐蕃、党项等的入侵。[⑨]

至于曹公被授予银青光禄大夫、检校太子宾客、殿中侍御史、上柱国等官衔，墓志记载不详，故不知是生前授予，还是死后追赠。具体而言，银青光禄大夫，隶属郎中，从三品，位居文散官二十九阶之第五等[⑩]，品阶较高，无职事；太子宾客，正三品，掌侍从规谏，赞相礼仪[⑪]，此职原为东宫官，官品很高，但中唐以后由于检校官的滥授，此职冠以"检校"二字，则变成了有名无实的荣誉官衔；殿中侍御史，掌殿庭供奉之仪式，官品仅从七品上[⑫]，品阶较低，应是授曹公银青光禄大夫、检校太子宾客，兼殿中侍御史，此为曹公职事官；至于上柱国，为正二品，勋官[⑬]，仅享有荣誉，无职事。从被授予

---

① （宋）曾公亮等撰，郑诚整理：《武经总要前集（下册）》卷18上《边防三上·陕西盐夏路》，第1068页。

② 《宋史》卷87《地理志三》，北京：中华书局，1977年，第2148页。

③ （唐）李林甫等撰，陈仲夫点校：《唐六典》卷30《三府都护州县官吏》，第753页。

④ 参见（唐）李林甫等撰，陈仲夫点校：《唐六典》卷30《三府都护州县官吏》，第752页。

⑤ 鲁人勇：《西夏地理志》，银川：宁夏人民教育出版社，2012年，第72页。

⑥ （宋）曾公亮等撰，郑诚整理：《武经总要前集（下册）》卷18下《边防三下·夏州》，第1126页。

⑦ 《宋史》卷264《宋琪传》，第9129页。

⑧ 《旧唐书》卷122《张献甫传》，第3499页。

⑨ 周峰在《张宁墓志所见唐朝与党项的战争》（《西夏学》2013年第1期）一文中认为，唐邠州刺史、邠宁庆节度观察使张献甫上疏在洪门镇置兵主要是为了防备吐蕃的入侵，其后洪门镇防备党项所起作用更大。

⑩ （唐）李林甫等撰，陈仲夫点校：《唐六典》卷2《吏部尚书》，第30页。

⑪ （唐）李林甫等撰，陈仲夫点校：《唐六典》卷26《太子三师三少詹事府左右春坊内官》，第661页。

⑫ （唐）李林甫等撰，陈仲夫点校：《唐六典》卷13《御史台》，第381页。

⑬ 《旧唐书》卷42《职官志一》，第1791页。

的诸官衔来看，曹公所受待遇颇高。中央朝廷对夏州节度属官实行的封官授爵，应是笼络地方势力的政治手段之一，以此安定地方，维持中央政权的统治。

直至咸通十四年（873 年），曹公死于故里，仕宦生涯结束。《曹公墓志》记，曹公“及乎年当月制，阴火潜然，微恙忽生，奄归长夜”，说明他是突然患病而亡的。又据墓志，曹公郡望在谯县，死后葬于夏州南独垓原，说明曹公是因官迁居至夏州的，卒葬之地相一致。因夏州“至晋末，赫连勃勃于今州理僭称大夏……于朔水之北，黑水之南，营起都城，即今州理是也，名曰统万城”①，故曹公葬地应为西夏统万城旧址所在地，处于陕蒙交界一带。统万城旧址东北有淖泥河，向东南注入无定河，在当时被视为风水宝地的可能性较大，盛极一时。直到宋太宗淳化五年（994 年），因西夏军频繁侵扰中原，宋太宗下令毁统万城，该城最终湮没于黄沙之中。又“因雨水冲刷，沟壑相隔，形成无数低矮的丘陵，这些丘陵几乎都有墓葬区，分布有密集的墓葬”②，此城周边成为当地居民葬地的主要选择。

综上所述，曹公自宝历元年（825 年）从仕以来，历任节度押衙、都知兵马使、兵马使等武职，孔目官、都勾覆、宁朔县县令等文官，皆为夏州节度使属官，是曹公在地方担任的文武职事官；曹公还曾被授予银青光禄大夫等文散官，检校太子宾客、殿中侍御史等中央官，上柱国等勋官，享受较高待遇（图 2）。可见，夏州职官系统与中原无异，是党项族呈现汉化迹象的表现，这得益于夏州与中央之间的频繁往来。墓志详细记载了曹公在兵马使之任上迁转的过程，即由使院将兵马使节度孔目官迁署节度押衙，转官殿中，到镇营田兵马使，又升迁任镇兵马使，兼县令，再到镇都知兵马使，职级地位逐步提升，曹公的迁转方向亦表明兵马使朝着阶官转化。

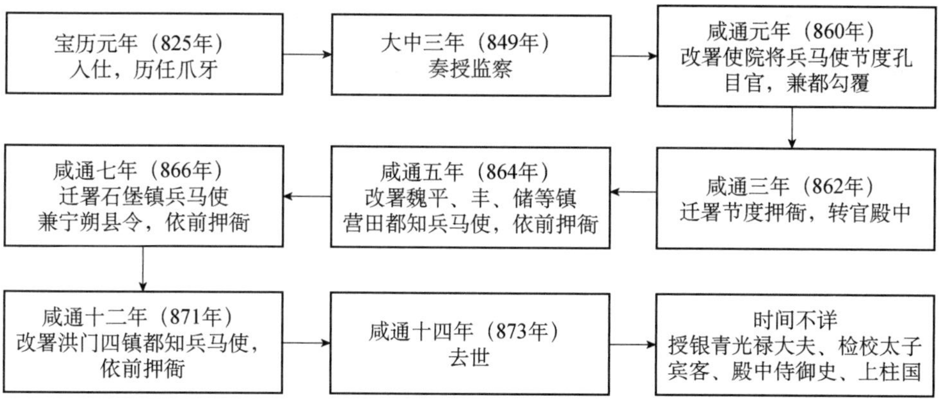

图 2 曹公仕宦经历图

曹公在中央、地方皆有任职，仕宦时间近半个世纪。他治理军镇，深得人心；统领将幕，有谋有略；身居要职，处事公正；擢领镇权，尽职尽责。这即是曹公的为官之道及文治武功的总体概括。不仅如此，他还亲身参与了保卫夏州、抵御南山党项入侵等战

① （唐）李吉甫撰，贺次君点校：《元和郡县图志》卷 4《关内道四》，第 99 页。
② 邢福来：《关于统万城周边墓葬的几个问题》，《考古与文物》2013 年第 3 期，第 65 页。

争，为维护夏州政权、稳定唐朝西北边境做出了巨大贡献。值得注意的是，当时党项被视为外族，力量还比较薄弱，与中原政权之间矛盾不断。这说明唐末以前[①]夏州政权尚未由党项族掌握，夏州正处于中央与党项相持阶段。而都知兵马使、兵马使、节度押衙等职官的设置，是朝廷有效控制地方的重要举措。这也为唐宋时期夏州定难军的成立、诸属官的设置及夏州的壮大奠定了历史基础。

四、唐宋之际党项夏州与中原政权的关系

唐宋时期，夏州属关内道，依附于中原王朝，并视其为正统。曹公为方镇属官。当时，夏州作为北部边关重镇，具有控制河套、防止北部胡族入侵、拱卫关中及京师的战略意义。只是随着时代发展，尤其是在唐末五代宋初，政权频繁更迭，中央力量孱弱，对地方藩镇的控制力下降。相反，夏州党项族在依附中央之时，趁机增强自身实力，意图脱离中央政权的管控。正如李鸿宾先生所言："中央王朝势力衰弱导致其控制力下降，地方势力开始上升并逐渐脱离朝廷的控制，这是党项势力崛起的首要条件；但作为……边缘势力，党项人崛起除了借助上述机遇之外，他们民族认同的观念也起着重要的作用，以至才能形成以自身族属为主的势力并朝向政权建设发展。"[②]笔者以为，中央与党项之间争议的焦点即是否承认夏州政权的独立地位。

（一）党项夏州对唐朝的内附关系

唐前期，中央的实力强于地方藩镇，藩镇由中央置官统辖。以夏州为例，唐初仅据关中、巴蜀、山西等地，其他地区仍处于群雄割据局面，吐谷浑和党项乘机不断寇扰西北诸州。唐太宗即位后，灭亡突厥诸部，周边各族先后依附于唐，党项族便是其中之一。[③]胡三省注云："贞观以后，吐蕃浸盛，党项、拓跋诸部畏逼，请内徙……"[④]周伟洲先生认为，党项的内徙活动是陆续进行的，从贞观末一直到天宝末安史之乱前，内徙活动基本完成，散居于陇右北部诸州及关内道的庆、灵、银、夏、胜等州。[⑤]也就是说，贞观以后，唐朝对党项施以"招抚"之策，设立诸羁縻州府安置，夏州党项归关内道统辖。虽然唐与党项之间屡有矛盾，如贞观九年（635 年）李靖率兵攻打吐谷浑时，"党项羌先内属者，皆叛归吐谷浑"[⑥]，当吐谷浑成为唐朝属国后，党项就此失去与唐相抗衡的盟军，又回归依附状态；"至德已后，常为吐蕃所诱，密以官告授之，使为侦道，故时或侵叛，寻亦底宁"[⑦]，党项在吐蕃的引诱下时常反叛，又很快安定；甚至乾元元年

① 具体指中和元年（881 年）唐僖宗以拓跋思恭为贤，擢其为夏州节度使以前。
② 李鸿宾：《唐末的形势与党项势力的崛起》，《宁夏社会科学》2009 年第 2 期，第 96 页。
③ 参见周伟洲：《唐代党项》，第 20—22 页。
④ （宋）司马光编著，（元）胡三省音注：《资治通鉴》卷 220，唐肃宗乾元元年九月条胡注，第 7060 页。
⑤ 参见周伟洲：《唐代党项》，第 38 页。
⑥ （宋）王钦若等：《册府元龟》卷 985《外臣部 · 征讨四》，北京：中华书局，1960 年，第 11566 页。
⑦ 《旧唐书》卷 198《西戎列传 · 党项羌》，第 5292 页。

（758 年）“七月，党项羌寇边。九月丙子，招讨党项使王仲升杀拓拔戎德”[①]，中央采取强硬手段很快平息了党项侵扰。因此，从长时间来看，党项仍是内附于唐朝。

拓跋党项迁居夏州后，与中原王朝以横山为界，位于横山北麓的党项，利用河流交错之地理优势，大力发展农牧业，盛产粮食和马匹，趁机积聚实力。到唐后期，党项族军事力量壮大，不断侵入夏州政权内部，开始掌控夏州政权。这一时期党项族虽依附中央，但二者之间屡有矛盾，史书记载较为详细。除上文提到唐宣宗大中年间中央与南山党项之争外，早在唐穆宗长庆二年（822 年），夏绥银宥节度使李祐就与南山党项展开了战争，这在《榆林碑石》收录的唐《张宁墓志铭》中有所体现，此志载：“党项日横，廷议罪不赦。……（长庆二年）李常侍率盐、夏兵屯洪门寨，方与南山贼族决胜负。”[②]周峰认为，由夏绥银宥节度使李祐主导的这场与党项族的战争，第一阶段很可能是针对居住在夏州一带的平夏部，第二阶段则是针对南山部。《张宁墓志铭》将南山部出现的时间提前了二十余年，是目前可见最早关于南山部的记载。[③]

由此，中央与党项族之间发生的历次战争皆是唐朝与党项权力矛盾的表现。而曹公、张宁是夏州汉族属官，他们效忠的对象也逐渐从中央转至党项夏州。再从双方力量对比来看，中央在镇压党项族的战争中虽取得了暂时胜利，但“唐末，天下大乱，藩镇连兵，惟夏州未尝为唐患”[④]，夏州趁机扩充实力，出现“党项日横”现象，依附于中原政权的夏州有了脱离趋势。可以说，双方之间关系嬗变的过程，是夏州政权逐渐转移至党项族的重要历程。

（二）唐末五代夏州与中央关系的转折

夏州“定难军”的设立是党项力量发展壮大的重要表现。笔者以为，夏州政权真正为党项族掌握，很可能是始于唐末定难军的出现。天宝末，党项平夏部有战功，中和元年（881 年），中央任拓跋思恭为党项夏州首领，即夏绥银节度使，率兵辅助大唐镇压黄巢起义。可见，此时的夏州还处于依附中原王朝的状态。次年，唐僖宗以拓跋思恭有功，封夏国公，赐皇姓李氏，史称李思恭。[⑤]从此，中央政府赐予党项夏州“定难军”称号，由党项李氏集团充任定难军节度使。

定难军系统组成较为复杂。有党项李氏集团，自拓跋思恭任定难军节度使，先后有族内李思谏、李成庆、李彝昌、李仁福、李彝超、李彝兴、李光睿、李继筠、李继捧等李姓子弟任党项族首领，其中李思恭曾被封夏国公，李仁福被封朔方王，死后追封虢王，李彝兴被追封夏王，李氏集团在党项族中的威信大为提升。定难军为中央所重视，其统辖以夏州为中心，包括银、绥、宥、静州在内的五州之地，成为唐宋西北地区以党

---

① 《新唐书》卷 6《肃宗本纪》，第 160—161 页。
② 康兰英主编：《榆林碑石》，第 233 页。
③ 周峰：《张宁墓志所见唐朝与党项的战争》，杜建录主编：《西夏学》第 9 辑，上海：上海古籍出版社，2014 年，第 72—73 页。
④ 《金史》卷 134《外国列传上·西夏》，北京：中华书局，1975 年，第 2865 页。
⑤ 参见《新唐书》卷 221 上《西域列传上·党项》，第 6218 页。

项族为主的藩镇割据势力之一。[①]也有外姓党项人隶属于定难军，如郭贻，历任定难军节度馆驿巡官、节度掌书记，他虽是文官，但依戴应新先生研究，志文错白字和漏掉的字不少，其书法结构松散，笔力绵弱，足见志文作者和书写人的汉文功夫较差[②]，这说明，撰者郭贻并非汉族人。《古今姓氏书辩证》记“后魏郭崇播，本党氏改焉”[③]，又记“姚兴将党志隆，以东乡降大夏赫连勃勃，用为光禄勋”[④]，由此说明郭氏由党氏改姓而来，这与北魏积极推进汉化、倡导“胡姓汉化”政策密切相关，郭氏源流之一即为党项族汉化改姓，故郭贻属党项族的可能性较大。党项族人担任定难军属官，在一定程度上可以增强党项夏州的力量。除此之外，还有诸多同曹公一样的其他族人在夏州任官，如后晋毛汶任定难军摄节度判官；后晋何德璘任夏银绥宥等州观察支使；后晋刘敬瑭任定难军节度副使，其祖父刘士清任定难军散都头；后晋李仁宝任绥州刺史，其父历任定难军左都押衙等职；康成此任定难军管内都军指挥使；宋何公任夏州观察支使；等等。[⑤]他们或为汉族人，或为粟特人，都隶属定难军，极大地增强了党项集团的力量，在当时夏州与中央的博弈中发挥着重要作用。

五代时期，中央与夏州之间共发生了两次攻守战，定难军势力凸显。中原军第一次围攻夏州是在后梁太祖开平年间（907—911年）。《资治通鉴》记载，开平四年（910年）七月，“岐王与汾、泾二帅各遣使告晋，请合兵攻定难节度使李仁福；晋王遣振武节度使周德威将兵会之，合五万众围夏州，仁福婴城拒守”[⑥]。时任定难军节度使李仁福与后梁政权关系密切，盘踞河东的晋王李存勖以此为恐，联合岐王李茂贞，聚五万兵合力围攻夏州。结果，夏州屡攻不克，中原政权处于下风。李仁福则被后梁封为朔方王，是党项李氏中最早称王者。

中原军第二次围攻夏州，发生在后唐明宗长兴四年（933年）。李仁福任定难军节度使期间，“河西诸镇皆言仁福连结契丹，尝约虏使。朝廷以虏势方盛，恐与仁福往来，若使深入河西”[⑦]，因此唐明宗将其视为威胁，而“李氏益轻朝廷”[⑧]，中央政权与定难军之间矛盾不断。故长兴四年李仁福死后，唐明宗下令“以彝超为延州留后，以延帅安从进为夏州留后”[⑨]，意图兼并夏州，达到削藩的目的。李彝超本为定难军留后，对此次对调颇为不满，拒不赴任。唐明宗遣使催促，“安从进领军至城下，彝超不受代，从进驻军以攻之”，由于“四面党项部族万余骑，薄其粮运，而野无刍牧，关辅之人，运斗粟束藁，动计数千，穷民泣血，无所控诉，复为蕃部杀掠，死者甚众”。[⑩]最终以唐明宗授李

① 具体参见拙文：《〈故大宋国定难军管内都指挥使康公墓志铭〉再考》，《西夏研究》2021年第3期，第69页。

② 戴应新：《有关党项夏州政权的真实记录——记〈故大宋国定难军管内都指挥使康公墓志铭〉》，《宁夏社会科学》1992年第2期，第69页。

③ （宋）邓名世撰，王力平点校：《古今姓氏书辩证》卷38《郭》，第601页。

④ （宋）邓名世撰，王力平点校：《古今姓氏书辩证》卷27《党》，第410—411页。

⑤ 参见康兰英主编：《榆林碑石》，第247、249、250、251、253、254页。

⑥ （宋）司马光编著，（元）胡三省音注：《资治通鉴》卷267，梁太祖开平四年七月条，第8725页。

⑦ （宋）王钦若等：《册府元龟》卷994《外臣部·备御七》，第11676页。

⑧ （清）吴广成撰，龚世俊等校证：《西夏书事校证》卷2，兰州：甘肃文化出版社，1995年，第21页。

⑨ 《旧五代史》卷132《李仁福传附彝超传》，北京：中华书局，1976年，第1747页。

⑩ 《旧五代史》卷132《李仁福传附彝超传》，第1748—1749页。

彝超检校司徒、定难军节度使之职结束战乱，中央承认了党项李氏集团对定难军政权的世袭特权，此为“李氏显据夏州之始”[①]。由此，夏州与中央之间关系的转折，即是党项族坐镇一方，逐渐独立于中原政权而自居。

（三）宋初党项夏州与中原政权关系的转变

到了宋代，党项夏州整体力量发展壮大，与宋朝的关系更为微妙。宋朝建立之初，政权尚未稳固，亟须争取各方力量，平定战乱，统一全国。无疑，地处西北腹地的夏州在抵御北方、沟通东西交流上发挥着重要作用，因此夏州政权成为宋朝当时主要的拉拢对象，中央对夏州的态度也从武装镇压转为积极的安抚政策，承认其独立地位。与此同时，夏州经历了唐末五代的战乱后，力量有所削弱，在此背景下，定难军政权便积极向宋朝靠拢，以便寻求庇护。

《宋史》记载，公元960年，赵匡胤称帝，夏州定难军节度使李彝殷上表祝贺，并以避宋宣祖赵弘殷名讳，自改名为李彝兴，宋太祖封其为太尉。后北汉刘钧结代北诸部来寇麟州，李彝兴遣将率兵抵御，击败刘钧。建隆初年，李彝兴又献马三百匹，宋太祖大喜，“亲视攻玉为带”，还言李彝兴为有福之人。乾德五年（967年），李彝兴死后，宋太祖废朝三日，赠太师，追封夏王。李彝兴死后，其子李克睿、孙李继筠相继任定难军节度使，仍依附中原王朝，因战功显赫，累加检校太尉、检校司徒之职。[②]这说明宋初中原政权与夏州政权的关系十分融洽，也为党项夏州日后建立西夏政权奠定了基础。

宋夏关系的嬗变始于宋太宗太平兴国年间。夏州节度使李继筠死后，其弟李继捧继位，归附宋朝，因“继捧陈其诸父、昆弟多相怨，愿留京师。乃遣使夏州护缌麻已上亲赴阙，授继捧彰德军节度使，并官其昆弟夏州蕃落指挥使克信等十二人有差，遂曲赦银、夏管内”，结果引发夏州李姓子弟内乱，“弟继迁出奔，及是，数来为边患。有言继迁悉知朝廷事，盖继捧泄之，乃出为崇信军节度使，克宪为道州防御使，克文遣归博州，并选常参官为通判，以专郡政”。[③]由此，李继捧从定难军节度使转至崇信军节度使，实为降职；而李克宪兄弟入朝为官，得到了封赏。其后，李继迁与宋朝对抗，结果夏州城被毁，宋朝收回银、夏管内之地，李姓子弟基本被迁出夏州，夏州定难军割据势力中断。但李氏集团很快便卷土重来，李继迁不满夏州之地归宋，发起叛乱。在此之前，“继迁复连娶豪族，转迁无常，渐以强大”，雍熙三年（986年）“辽以义成公主嫁继迁，册为夏国王”[④]，他集合党项诸部，联络辽国，借助外力，攻取灵州，迫使宋朝议和，被授予定难军节度使，重建夏州政权。至大中祥符七年（1014年），夏州留后李继捧又献银、夏、绥、宥四州，至此中原政权与夏州政权之间的关系又趋于平缓。

经过唐末五代宋初百余年时间的发展、沉淀，到李元昊时，党项夏州的势力已发展

---

① （清）吴广成撰，龚世俊等校证：《西夏书事校证》卷2，第21页。
② 参见《宋史》卷485《外国列传一·夏国上》，第13982—13983页。
③ 《宋史》卷485《外国列传一·夏国上》，第13984页。
④ 《宋史》卷485《外国列传一·夏国上》，第13986页。

得相当壮大，实力雄厚，军事力量足以与中原王朝相抗衡，党项拓跋部不再唯命是从，趁机放弃了所赐汉姓，并连结叛臣，发动抵抗宋朝的军事活动。事实上，早在中和元年（881年），唐僖宗以拓跋思恭代掌夏绥银节度使时，就有"拓跋氏强盛，遂跨据西夏张本"[①]的说法，达到"夏虽未称国，而王其土久矣"[②]的程度，直至夏"历五代至宋，传数世至元昊，始称帝"[③]，即公元1038年，李元昊据有夏、绥、银、静等18州，在兴庆府（今银川市）称帝，以夏为国号，建立"大夏"，独立于中原政权，西夏由唐末五代蕃汉联合执政的胡籍藩镇转变为番人为大的党项王朝[④]，又因位居辽、宋之西，被称为"西夏"，与宋、辽、金形成鼎立之势。夏州"身份"的转变，使西夏与宋朝之间的"交往"亦发生变化，双方或交战，或议和，开启了宋夏长达百年的对立状态。

总体来看，唐宋六百多年间，夏州一带为西北地区兵家重地。夏州因身居腹地而幸免于难，为其发展提供了稳定的社会环境，党项借此契机发展壮大。当时党项内附唐朝，但因双方力量之变化，冲突不断，中央与党项之间的关系十分微妙。夏州境内有李思谏、李成庆、李彝昌、李仁福、李彝超、李彝兴等党项李氏集团的代表历任夏州（定难军）节度使，又有像白敬立、毛汶、郭贻、康成此、何德璘、刘敬瑭等外族隶属定难军，其政治基础雄厚，军事力量强大。在宋代，中央对边镇实施羁縻政策，虽然党项夏州仍旧依附中原王朝，但其军事力量已达到与宋朝相抗衡的实力，随着西夏政权的建立，宋夏之间较之于唐五代时期的关系更为复杂。

五、结　语

《曹公墓志》的出土为我们了解曹公的生平事迹提供了可靠的第一手资料。曹公郡望位于谯县，族属汉族，因官迁至夏州一带定居，大致生活在中晚唐时代，处于中央衰败，藩镇坐大，双方力量此消彼长期。通过对《曹公墓志》的考释、解读，获悉曹公历任使院将兵马使节度孔目官、都勾覆、节度押衙、镇营田都知兵马使、镇都知兵马使等夏州节度属官，被授予银青光禄大夫、检校太子宾客、殿中侍御史、上柱国等官职，是唐宋职官制度的体现。值得注意的是，他担任的多重职位有武官、文职，亦有散官、勋位，这说明夏州内附于中央，且职官系统与中原无异，党项汉化迹象十分明显。从其仕宦经历亦可看出曹公所隶属政权逐渐从中央转移至党项夏州。曹公死后，选择就近入葬于夏州之地，即西夏统万城墓葬区，这是夏州居民葬地的主要选择。曹公终其一生，仕宦时间长达近半个世纪，在党项夏州政权的发展中扮演了重要角色。

曹公虽生活在唐代，但他的事迹对西夏建国前的党项夏州影响较为深远，故由《曹公墓志》引发了对唐宋党项夏州与中原政权关系嬗变问题的探讨。墓志记载，曹公历任

① （宋）司马光编著，（元）胡三省音注：《资治通鉴》卷254，唐僖宗中和元年四月条胡注，第8249页。
② 《宋史》卷486《外国列传二·夏国下》，第14030页。
③ 《金史》卷134《外国列传上·西夏》，第2865页。
④ 陈玮：《中古时期党项与粟特关系论考》，《中国史研究》2015年第4期，第90页。

夏州节度属官，参与了唐朝与南山党项之战，在一定程度上维持了夏州的稳定。安史之乱以后，中原政权与地方藩镇之间关系微妙。党项夏州政权即是在唐末战乱中建立并发展壮大的，它与中原政权的依附或斗争关系，基本上都取决于双方力量的对比。每逢政权更迭，双方博弈尤其激烈，而在大一统时代，依附关系更为明显。由此可知，夏州与中央争议的焦点即是否承认党项政权的独立性。也就是说，西夏建国前虽依附中原王朝，帮助中原王朝平定叛乱，但由于中原王朝力量的削弱，双方冲突不断。党项族借助藩镇混乱，趁机入主夏州，一度发展成为西北地区实力最强的少数民族之一。中央为笼络党项势力，在夏州置定难军，并于五代宋初因之，夏州统治权逐渐从中央转至地方，实现了从作为中原王朝的藩镇割据势力向地方割据政权的转化。经过数百年的经营，党项李氏集团建立西夏政权，独立于中原王朝，双方关系又渐趋多元化。《曹公墓志》的出土恰能补充史书记载的一些缺漏，对厘清曹公的家族世系、仕宦经历、唐宋方镇官制及党项夏州与中原政权的关系等问题具有一定帮助。

作者简介：吴小龙，男，汉族，河北保定人，陕西师范大学历史文化学院博士研究生，主要研究方向为唐宋史。

辽朝皇帝尊号的特点及辽人重视尊号原因探析*

肖爱民

（河北大学　宋史研究中心　燕赵文化高等研究院，河北　保定，071002）

摘　要：辽朝皇帝从耶律阿保机建国伊始就有尊号，结合典籍和碑刻的记载发现，辽朝早期诸帝是举行柴册礼后上尊号的，而景宗以后诸帝是依汉制即位时便上尊号的。诸帝上尊号的时间多数选择在冬季，在上尊号的同时，基本上都进行改元，宣布大赦。相对于谥号和庙号，辽人较为重视尊号。圣宗以后的尊号中都有“孝”和“天”字，前者反映了辽中期以后对儒家文化的吸收和借鉴，后者反映了“神道设教”、君权神授的政治内涵。辽人之所以重视尊号，是因为继承了自匈奴以来古代北方草原行国君主可汗（单于）称号的政治文化传统。

关键词：辽朝；皇帝尊号；特点；孝；天

自秦王嬴政称“始皇帝”①，“皇帝”便开始成为中原历代王朝最高统治者的称谓。皇帝的“尊号”，又称“徽号”，是臣僚为皇帝所上的由尊崇褒美之词组成的一种特殊称号，一般认为皇帝“上尊号，事始于开元元年”②，即开始于唐玄宗开元元年（713 年）。由契丹人于 10 世纪初在中国北方建立的辽朝，其皇帝也有尊号。目前学界对辽朝太祖、太宗、圣宗和兴宗的尊号及诸帝尊号中带有“天”字的政治内涵等已经进行过探讨③，

＊　本文为河北大学燕赵文化高等研究院经费资助委托课题项目“燕赵历史文献专题整理与研究”（2020W02）阶段性研究成果。

①《史记》卷 6《秦始皇本纪》，北京：中华书局，1959 年，第 236 页。

②（宋）司马光编著，（元）胡三省音注：《资治通鉴》卷 229“胡注”，北京：中华书局，1956 年，第 7389 页。

③　刘凤翥：《辽太祖尊号谥号考辨》，《社会科学辑刊》1979 年第 1 期，第 113—114 页；向南：《辽代石刻文编》，石家庄：河北教育出版社，1995 年，第 29、161—162 页；肖爱民：《辽太宗耶律德光的尊号与谥号探析》，《内蒙古社会科学（汉文版）》2016 年第 5 期，第 65—68 页；肖爱民：《辽圣宗耶律隆绪的尊号与谥号辨析》，《河北大学学报（哲学社会科学版）》2017 年第 1 期，第 28—32 页；肖爱民：《辽代碑刻中“文成皇帝”与宋人所记辽“文成皇帝”辨析》，刘宁、齐伟主编：《辽金史论集》第 15 辑，北京：科学出版社，2017 年，第 6—11 页；肖爱民：《辽朝皇帝尊号中频繁使用天字的政治内涵分析》，《中国边疆史地研究》2019 年第 1 期，第 34—43 页。

但从整体上对辽朝诸帝的尊号及特点尚无研究。本文在已有研究的基础上，就此问题进行探讨，不当之处，敬请指教！

一、辽朝皇帝尊号概况

辽朝从开国皇帝太祖耶律阿保机开始，至末代皇帝天祚帝耶律延禧，共有9位皇帝在位，都拥有尊号。下面就在已有研究的基础上，结合同时代宋人和辽代碑刻中的记载，按照在位的先后顺序，分别对这9位皇帝的尊号进行概述，并对一些含糊不清或有歧义的皇帝尊号进行简单考证。

1. 太祖耶律阿保机的尊号：天皇帝（天皇王）、大圣大明天皇帝

"天皇帝"是阿保机在《辽史》中的第一个尊号，唐天祐四年（907年）正月，"燔柴告天"即位时，由群臣所上。此尊号在宋人的典籍《旧五代史》《新五代史》《契丹国志》《东都事略》中均作"天皇王"①，《资治通鉴》引《汉高祖实录》《唐余录》亦作"天皇王"②，《文献通考》中也载："乃僭称皇帝，自号'天皇王'。"③此"天皇帝"或"天皇王"应该是契丹语"天可汗"的汉语意译。④这说明在唐朝灭亡的同一年，阿保机按照中国古代北方游牧民族的政治文化传统，在北方松漠草原取代遥辇氏称汗建国。

"大圣大明天皇帝"⑤是阿保机于神册元年（916年）二月，在龙化州（今内蒙古通辽市科尔沁区福巨古城⑥）按照中原汉制建元称帝时，由群臣所上的尊号。此尊号是在原来"天皇帝"的基础上，再加"大圣大明"而成的。因此，从辽朝契丹、奚等游牧民族的角度来看，阿保机是他们的"大圣大明天可汗"；从辽朝汉族人等农耕民族的角度来看，阿保机是他们的"大圣大明天皇帝"。故契丹皇帝是辽朝境内番汉各族的"共主"。

在辽代碑刻中，以尊号"天皇帝""大圣皇帝""大圣天皇帝"称阿保机最为常

---

① 《旧五代史》卷137《外国列传第一》，北京：中华书局，1976年，第1830页；《新五代史》卷72《四夷附录第一》，北京：中华书局，1974年，第888页；（宋）叶隆礼撰，贾敬颜、林荣贵点校：《契丹国志》卷1《太祖大圣皇帝》，北京：中华书局，2014年，第2页；（宋）王称撰，孙言诚、崔国光点校：《二十五别史·东都事略》卷123《附录一》，济南：齐鲁书社，2000年，第1068页。

② （宋）司马光编著，（元）胡三省音注：《资治通鉴》卷266，太祖开平元年五月条，第8677页。

③ （元）马端临：《文献通考》卷345"四裔考"之22"契丹上"，北京：中华书局，1986年，第2702页。尽管马端临是入元后写成《文献通考》的，但内容至南宋宁宗时，故这里视为宋人典籍。

④ 罗新：《可汗号之性质》，《中古北族名号研究》，北京：北京大学出版社，2009年，第1—26页。原载《中国社会科学》2005年第2期。

⑤ 《辽史》（北京：中华书局，2016年，第10页）中还记载，圣宗于统和二十六年（1008年）进谥号"大圣大明天皇帝"，与神册元年尊号相同。经刘凤翥考辨，统和二十六年所进谥号应为"圣元皇帝"，《辽史》中记载有误。向南在《辽代石刻文编》中也进行过考证。参见刘凤翥：《辽太祖尊号谥号考辨》，《社会科学辑刊》1979年第1期，第113—114页；向南：《辽代石刻文编》，第29、161—162页。

⑥ 关于龙化州的位置，以前学者们没有一致的观点，如郝维彬认为是今内蒙古通辽市奈曼旗西孟家段古城（《辽代龙化州调查记》，《内蒙古文物与考古》1991年第1期，第64—67页）；冯永谦认为库伦旗扣河子镇酒局子村古城（《辽代部分州县今地考》，《北方文物》1994年第4期，第82—86页）；2016年8月，在通辽市开鲁县东风镇七家子村辽墓中发现的墨书题记，基本上可以证明今内蒙古通辽市科尔沁区莫力庙苏木福巨古城就是龙化州[李鹏：《辽永州、王子城、龙化州与木叶山通考》，《内蒙古民族大学学报（社会科学版）》2016年第6期，第1—8页]；连吉林：《内蒙古开鲁县辽墓发现的墨书题记与辽之龙化州》，《北方文物》2019年第2期，第74—77页。

见，如《陈万墓志》[①]、《驸马赠卫国王沙姑墓志》[②]、《耿崇美墓志》[③]、《李内贞墓志》[④]、《耶律琮神道碑》[⑤]、《张正嵩墓志》[⑥]、《耶律宗愿墓志》[⑦]、《王敦裕墓志》[⑧]、《萧孝恭墓志》[⑨]、《耶律智先墓志》[⑩]、《高泽墓志》[⑪]、《创建静安寺碑铭》[⑫]和《耶律庆嗣墓志》[⑬]等。

这里有一个问题非常值得注意，即兴宗于重熙二十一年（1052年）九月，放弃阿保机原来的谥号中"升天""圣元"词不用，而在神册元年（916年）尊号"大圣大明天皇帝"中加"神烈"组成新的谥号"大圣大明神烈天皇帝"[⑭]。以至于同时代的宋人都把"大圣皇帝"[⑮]作为其谥号，当然这也不排除是辽人在阿保机死后一直习惯上用尊号的略称"大圣皇帝"，传到北宋后，宋人便视之为谥号。但是，因阿保机的尊号和谥号中都有"大圣"一词，故实际上我们已经很难确定宋人是指尊号还是谥号的略称了。

2. 太宗耶律德光的尊号：天皇王、嗣圣皇帝、睿文神武法天启运明德章信至道广敬昭孝嗣圣皇帝

太宗德光于天显二年（927年）十一月即位时的尊号，在《辽史》中为"嗣圣皇帝"[⑯]。与《辽史》的记载不同，《资治通鉴》中为"天皇王"[⑰]，《契丹国志》中为"遂立为天皇王，称帝，即位"[⑱]。结合其父阿保机即位的情况，德光被拥立为"天皇王"，亦当是按照契丹旧制，继承"可汗"之位，就是说他的契丹语尊号是"天可汗"，此即《辽史》中记载其于天显二年十一月"丙寅，行柴册礼"[⑲]这套仪式上所获的尊号。

"嗣圣皇帝"是德光在称"天可汗"后，又按照中原汉制的仪式即皇帝位，群臣所上的汉语尊号。此即《辽史》中记载，德光在举行柴册礼之后，"壬申，御宣政殿，群臣上尊号"[⑳]仪式上所获的尊号。

---

① 向南：《辽代石刻文编》，第16页。
② 向南：《辽代石刻文编》，第28页。
③ 向南、张国庆、李宇峰辑注：《辽代石刻文续编》，沈阳：辽宁人民出版社，2010年，第13—15页。
④ 向南：《辽代石刻文编》，第53—54页。
⑤ 向南：《辽代石刻文编》，第57—58页。
⑥ 向南：《辽代石刻文编》，第68—69页。
⑦ 向南、张国庆、李宇峰辑注：《辽代石刻文续编》，第148—150页。
⑧ 向南：《辽代石刻文编》，第378页。
⑨ 向南、张国庆、李宇峰辑注：《辽代石刻文续编》，第169—170页。
⑩ 向南、张国庆、李宇峰辑注：《辽代石刻文续编》，第222—223页。
⑪ 向南：《辽代石刻文编》，第611—612页。
⑫ 向南：《辽代石刻文编》，第360页。
⑬ 向南：《辽代石刻文编》，第456—458页。
⑭ 《辽史》卷20《兴宗本纪三》，第279页。
⑮ （宋）王溥：《五代会要》卷29《契丹》，上海：上海古籍出版社，1978年，第457页；《旧五代史》卷137《外国列传第一》，第1832页；《新五代史》卷72《四夷附录第一》，第890页；（宋）叶隆礼撰，贾敬颜、林荣贵点校：《契丹国志》卷1《太祖大圣皇帝》，第9页；（清）徐松辑，刘琳等校点：《宋会要辑稿》"蕃夷一"之"辽上"，上海：上海古籍出版社，2014年，第9711页；（元）马端临：《文献通考》卷345"四裔考"之22"契丹上"，第2702页。
⑯ 《辽史》卷3《太宗本纪上》，第30页。
⑰ （宋）司马光编著，（元）胡三省音注：《资治通鉴》卷275，后唐明宗天成元年九月条，第8993页。
⑱ （宋）叶隆礼撰，贾敬颜、林荣贵点校：《契丹国志》卷2《太宗嗣圣皇帝上》，第46页。
⑲ 《辽史》卷3《太宗本纪上》，第30页。
⑳ 《辽史》卷3《太宗本纪上》，第30页。

“睿文神武法天启运明德章信至道广敬昭孝嗣圣皇帝”[①]是会同元年（938 年）十一月，后晋皇帝石敬瑭为感谢扶立之恩，特遣使者刘昫、卢重给德光所上的尊号，为在原来“嗣圣皇帝”的基础上累加“睿文神武法天启运明德章信至道广敬昭孝”而成。在上尊号前，德光先行再生柴册礼，然后御宣政殿接受尊号。

在辽代碑刻中，以尊号“嗣圣皇帝”和简称“嗣皇”称德光最常见。[②]

可是，在宋人的典籍中，却记载德光死后的谥号为“嗣圣皇帝”[③]，与其以汉制即皇帝位时的尊号相同。此现象当是在德光死后，世宗耶律阮没有给其上谥号，辽人仍然用其生前的尊号或尊号的略称来称呼，传到北宋，宋人就以为是谥号而记载下来了。[④]

3. 世宗耶律阮的尊号：天授皇帝

据《辽史》载，大同元年（947 年）四月戊寅，耶律阮即位于镇阳（又作镇州，今河北正定），未见上尊号。九月丁卯，行柴册礼，群臣上尊号“天授皇帝”，改元天禄。[⑤]

宋人的典籍《五代会要》《资治通鉴》《新五代史》《契丹国志》《东都事略》《宋会要辑稿》《文献通考》等中的记载，与《辽史》相同。[⑥]

辽代碑刻中，称呼世宗也多数是尊号“天授皇帝”或简称“天授”。[⑦]

4. 穆宗耶律璟的尊号：天顺皇帝

《辽史》记载，应历元年（951 年）九月，耶律璟即位，群臣上尊号“天顺皇帝”[⑧]。关于其尊号，宋人的记载与《辽史》略有不同。《五代会要》《东都事略》《新五代史》《宋会要辑稿》《文献通考》中均载其即位时的尊号为“天顺皇帝”[⑨]，而《续资治通鉴长编》中记载：“明（即耶律璟——引者注）立凡十九年，谥穆宗，号天顺皇帝。”[⑩]其中的谥号“穆宗”应为“庙号穆宗”之误，但其“号天顺皇帝”是尊号还是谥号，尚难以确定。《契丹国志》中未载其即位时的尊号，只载“帝在位凡十九年，谥曰天顺皇帝”[⑪]，是把“天顺皇帝”当作谥号。看来，“天顺皇帝”是尊号还是谥号，宋人的记载就不一。

在辽代碑刻中，《重修范阳白带山云居寺碑》[⑫]撰写于穆宗耶律璟在位的应历十五年

---

① 《辽史》卷 4《太宗本纪下》，第 48—49 页。

② 肖爱民：《辽太宗耶律德光的尊号与谥号探析》，《内蒙古社会科学》2016 年第 5 期，第 65—68 页。

③ 《新五代史》卷 72《四夷附录第一》，第 899 页；（宋）叶隆礼撰，贾敬颜、林荣贵点校：《契丹国志》卷 3《太宗嗣圣皇帝下》，第 46 页；（清）徐松辑，刘琳等校点：《宋会要辑稿》“蕃夷一”之“辽上”，第 9711 页；（元）马端临撰：《文献通考》卷 345“四裔考”之 22“契丹上”，第 2704 页。

④ 肖爱民：《辽太宗耶律德光的尊号与谥号探析》，《内蒙古社会科学》2016 年第 5 期，第 65—68 页。

⑤ 《辽史》卷 5《世宗本纪》，第 71、72 页。

⑥ 《五代会要》卷 29《契丹》，第 461 页；（宋）司马光编著，（元）胡三省音注：《资治通鉴》卷 287，高祖天福十二年五月条，第 9358—9367 页；《新五代史》卷 73《四夷附录第二》，第 903 页；（宋）叶隆礼撰，贾敬颜、林荣贵点校：《契丹国志》卷 4《世宗天授皇帝》，第 50、55 页；（宋）王称撰，孙言诚、崔国光点校：《二十五别史 · 东都事略》卷 123《附录一》，第 1068 页；（清）徐松辑，刘琳等校点：《宋会要辑稿》“蕃夷一”之“辽上”，第 9711 页；（元）马端临撰：《文献通考》卷 345“四裔考”之 22“契丹上”，第 2704 页。

⑦ 向南、张国庆、李宇峰辑注：《辽代石刻文续编》，第 148—150 页；向南：《辽代石刻文编》，第 519—523 页。

⑧ 《辽史》卷 6《穆宗本纪上》，第 77 页。

⑨ 《五代会要》卷 29《契丹》，第 461 页；（宋）王称撰，孙言诚、崔国光点校：《二十五别史 · 东都事略》卷 123《附录一》，第 1068 页；《新五代史》卷 73《四夷附录第二》，第 903 页；（清）徐松辑，刘琳等校点：《宋会要辑稿》“蕃夷一”之“辽上”，第 9711 页；（元）马端临撰：《文献通考》卷 345“四裔考”22 之“契丹上”，第 2704 页。

⑩ （宋）李焘：《续资治通鉴长编》卷 10，开宝二年十二月甲戌朔条，北京：中华书局，1992 年，第 237 页。

⑪ （宋）叶隆礼撰，贾敬颜、林荣贵点校：《契丹国志》卷 5《穆宗天顺皇帝》，第 62 页。

⑫ 向南：《辽代石刻文编》，第 32—33 页。

（965年），其中称其为“天顺皇帝”，这证明“天顺皇帝”是尊号，不是谥号。而在其死后的碑刻中，还有称“天顺皇帝”或简称“天顺”的，如《刘承嗣墓志》[①]、《李内贞墓志》[②]、《耶律琮神道碑》[③]、《王裕墓志》[④]、《张正嵩墓志》[⑤]和《陈公之铭》[⑥]等，此乃辽人用尊号来称呼已故皇帝的习惯表现。据《辽史》载，兴宗于重熙二十一年（1052年）九月称追上“天顺皇帝”的谥号“孝安敬正皇帝”[⑦]，也是这一习惯的表现。另外，面世的碑刻中无一例用重熙二十一年所上的谥号来称呼耶律璟，也证明了辽人的这一习惯。那么，耶律璟死时，到底有没有谥号呢？这一点应该与其父太宗耶律德光死时的情况相同，即后继者景宗耶律贤没有给其上谥号之举。

5. 景宗耶律贤的尊号：天赞皇帝

据《辽史》记载，应历十九年（969年）二月，穆宗遇害，群臣拥立耶律贤即位，上尊号“天赞皇帝”，改元保宁。十一月，行柴册礼。[⑧]

关于耶律贤的尊号，宋人的记载与《辽史》相同。例如，《东都事略》载：“兀欲之子明记立，更名贤，改元曰保宁，自称天赞皇帝。”[⑨]《契丹国志》载：“景宗讳明记，更名贤，世宗兀欲子也。……诸将迎立帝即位，号天赞。”[⑩]《文献通考》载：“述律为帐下所杀，国人立兀欲之子明记，号明照王子，称天赞皇帝，改元保宁。”[⑪]

辽代碑刻中也用尊号“天赞皇帝”来称耶律贤，如《耶律宗政墓志》[⑫]《耶律宗允墓志》[⑬]等，证明《辽史》的记载无误。

6. 圣宗耶律隆绪的尊号：昭圣皇帝、天辅皇帝、至德广孝昭圣皇帝、至德广孝昭圣天辅皇帝、弘文宣武宗道至德崇仁广孝聪睿昭圣神赞天辅皇帝、睿文英武宗道至德崇仁广孝功成治定启元昭圣神赞天辅皇帝

在辽朝9位皇帝中，圣宗耶律隆绪是上尊号次数、用修饰性词语最多的。据《辽史》载，乾亨四年（982年）九月，景宗病死于焦山，耶律隆绪奉遗诏即皇帝位于柩前，“军国大事听皇后命”。十月，群臣上尊号“昭圣皇帝”。统和元年（983年）六月，群臣上尊号“天辅皇帝”，改元统和。[⑭]统和五年（987年）四月，上尊号“至德广孝昭圣天辅皇帝”。[⑮]统和二十四年（1006年）十月，上尊号“至德广孝昭圣天辅皇帝”。[⑯]统和二

---

① 向南：《辽代石刻文编》，第47—52页。
② 向南：《辽代石刻文编》，第53—55页。
③ 向南：《辽代石刻文编》，第56—61页。
④ 向南：《辽代石刻文编》，第62—63页。
⑤ 向南：《辽代石刻文编》，第68—69页。
⑥ 向南：《辽代石刻文编》，第79页。
⑦《辽史》卷20《兴宗本纪三》，第279页；《辽史》卷7《穆宗本纪下》，第95页。
⑧《辽史》卷8《景宗本纪上》，第97、98页。
⑨（宋）王称撰，孙言诚、崔国光点校：《二十五别史·东都事略》卷123《附录一》，第1069页。
⑩（宋）叶隆礼撰，贾敬颜、林荣贵点校：《契丹国志》卷6《景宗孝成皇帝》，第65页。
⑪（元）马端临撰：《文献通考》卷346“四裔考”23之“契丹中”，第2707页。
⑫ 向南：《辽代石刻文编》，第305—311页。
⑬ 向南：《辽代石刻文编》，第319—324页。
⑭《辽史》卷9《景宗本纪下》，第113页；《辽史》卷10《圣宗本纪一》，第115、119页。
⑮《辽史》卷12《圣宗本纪三》，第140页。
⑯《辽史》卷14《圣宗本纪五》，第177页。

十七年（1009年），行柴册礼。开泰元年（1012年）十一月，上尊号“弘文宣武尊道至德崇仁广孝聪睿昭圣神赞天辅皇帝”，改元开泰。[①]太平元年（1021年）十一月，上尊号“睿文英武遵道至德崇仁广孝功成治定昭圣神赞天辅皇帝”，改元太平。[②]

上引《辽史》中，统和五年（987年）的尊号与统和二十四年（1006年）的相同，中华书局校勘记[一]认为：“知统和五年确有上尊号事，然前后所上尊号不应相同，疑两处所记当有一误。”[③]向南对此的考证较为合理，他根据《重修云居寺碑记》认为：“今碑建于二十三年，尊号无天辅二字，是二十四年以前，圣宗尊号只云至德广孝昭圣皇帝，如碑所记。至二十四年，则合元年尊号‘天辅’二字以称之，否则二十四年所上尊号与五年无异，何用群臣复上乎？窃疑《辽史》亦有误。”[④]也就是统和五年有上尊号之举，尊号非“至德广孝昭圣天辅皇帝”，而是“至德广孝昭圣皇帝”。

根据《圣宗皇帝哀册》[⑤]，隆绪临终前的尊号为“睿文英武宗道至德崇仁广孝功成治定启元昭圣神赞天辅皇帝”，与《辽史》所记圣宗最后于太平元年所上的尊号不同，证明了《辽史》记载有误。其中的“遵道”当为“宗道”，还漏掉了“启元”二字。个中的内幕当是辽末在修实录时，“宗道”的“宗”，因避讳兴宗耶律宗真的名讳而改为“遵”；删掉“启元”或是因道宗清宁九年（1063年）皇太叔耶律宗元发动叛乱而恶其名。

关于圣宗的尊号，宋人的记载非常复杂、混乱。据《续资治通鉴长编》载：“隆绪封梁王，继立，号天辅皇帝。”[⑥]其中引《十朝纲要》：“契丹主隆绪殂……谥天辅皇帝。”[⑦]《契丹国志》载：“谥曰天辅皇帝。”[⑧]《东都事略》记其尊号为“洪文宣武至德广道孝皇帝”[⑨]。《宋会要辑稿》载：“契丹改元统和……隆绪自号天辅皇帝。”[⑩]景德元年（1004年）称隆绪为“昭圣皇帝”[⑪]。《宋大诏令集》的诏书中称耶律隆绪为“睿文英武宗道至德崇仁广孝功成治定启元昭圣神赞天辅皇帝”[⑫]，略称“昭圣皇帝”[⑬]。《文献通考》载：“隆绪卒……谥天辅皇帝。”[⑭]看来宋人认为耶律隆绪即位时，尊号是“天辅皇帝”，“昭圣皇帝”也是尊号，其间曾加尊号“洪文宣武至德广道孝皇帝”和“睿文英武宗道至德崇仁广孝功成治定启元昭圣神赞天辅皇帝”，死后的谥号亦是“天辅皇帝”。结合前引《辽史》和《圣宗皇帝哀册》的记载可以确定，“天辅皇帝”是其尊号，而非谥号，宋人所记有误。《宋大诏令集》中的尊号和略称无误。

---

① 《辽史》卷15《圣宗本纪六》，第188页。
② 《辽史》卷16《圣宗本纪七》，第211页。
③ 《辽史》卷12《圣宗本纪二》校勘记，第146页。
④ 向南：《辽代石刻文编》，第118页。
⑤ 向南：《辽代石刻文编》，第193页。
⑥ （宋）李焘：《续资治通鉴长编》卷23，太平兴国七年闰十二月辛亥条，第533页。
⑦ （宋）李焘：《续资治通鉴长编》卷110，仁宗天圣九年六月丁丑朔条，第2559页。
⑧ （宋）叶隆礼撰，贾敬颜、林荣贵点校：《契丹国志》卷7《圣宗天辅皇帝》，第83页。
⑨ （宋）王称撰，孙言诚、崔国光点校：《二十五别史·东都事略》卷123《附录一》，第1072页。
⑩ （清）徐松辑，刘琳等校点：《宋会要辑稿》“蕃夷一”之“辽上”，第9716页。
⑪ （清）徐松辑，刘琳等校点：《宋会要辑稿》“蕃夷二”之“辽下”，第9745、9746页。
⑫ 司义祖整理：《宋大诏令集》卷228《与契丹遗书》，北京：中华书局，1962年，第882页。
⑬ 司义祖整理：《宋大诏令集》卷228《吊慰契丹国主书》，第883页。
⑭ （元）马端临：《文献通考》卷346“四裔考”23之“契丹下”，第2710页。

《东都事略》记载的尊号“洪文宣武至德广道孝皇帝”，当是《辽史》中开泰元年（1012年）尊号“弘文宣武尊道至德崇仁广孝聪睿昭圣神赞天辅皇帝”的略称，其中的“洪”、《辽史》记载尊号中的“弘”，与辽道宗的名讳之间的关系很复杂。《圣宗钦哀皇后哀册》[①]、《圣宗仁德皇后哀册》[②]和《兴宗仁懿皇后哀册》[③]中，道宗的名讳均作“弘基”，而《辽史》中作“洪基”，看来道宗的名讳应该为“弘基”。那么，结合《圣宗皇帝哀册》，圣宗开泰元年的尊号应该是“弘文宣武宗道至德崇仁广孝聪睿昭圣神赞天辅皇帝”。根据陈述的考证，《东都事略》的“洪”是宋人为了避讳宋太祖赵匡胤之父赵弘殷的名讳而改，《辽史》中道宗的名讳“以洪代弘似是为宋避讳”[④]，说明辽宋之间的文化交流在道宗时期已经非常广泛而深入了。

7. 兴宗耶律宗真的尊号：文武仁圣昭孝皇帝、聪文圣武英略神功睿哲仁孝皇帝、钦天奉道祐世兴历武定文成圣神仁孝皇帝

据《辽史》载，太平十一年（1031年）六月，圣宗崩，宗真即皇帝位于柩前。“皇太后听政，帝不亲庶务。”重熙元年（1032年）十一月，群臣上尊号“文武仁圣昭孝皇帝”。重熙三年五月，“皇太后还政于上”。四年十一月，行柴册礼。[⑤]十一年十一月，群臣上尊号“聪文圣武英略神功睿哲仁孝皇帝”。[⑥]二十三年十一月，群臣上尊号“钦天奉道祐世兴历武定文成圣神仁孝皇帝”[⑦]。

关于兴宗的尊号，宋人也记载耶律宗真即位时由母后称制，未见有尊号。此后曾两次上尊号，死后谥号“文成皇帝”。与《辽史》相比，宋人所记不仅上尊号次数有缺略，所记尊号也略有不同，最大的不同是“文成皇帝”为谥号。关于“文成皇帝”，刘浦江认为“文成”乃“文武”之误，是兴宗重熙元年尊号“文武仁圣昭孝皇帝”的略称。[⑧]而撰写于道宗大安元年（1085年）的《郑颉墓志》中也有“文成皇帝”[⑨]，向南等人认为是圣宗，为太平元年（1021年）尊号“睿文英武遵道至德崇仁广孝功成治定昭圣神赞天辅皇帝”的略称。[⑩]综合《郑颉墓志》与《辽史》及宋人的记载，可以确定《郑颉墓志》中和宋人记载的“文成皇帝”均不是圣宗，而是兴宗，但不是兴宗的谥号，而是重熙二十三年尊号的略称。[⑪]

兴宗在位时的称呼，在辽代碑刻中，《车轴山寿峰寺经幢记》[⑫]和《大掠马庄石匣

① 向南：《辽代石刻文编》，第282—283页。
② 向南：《辽代石刻文编》，第393—394页。
③ 向南：《辽代石刻文编》，第375—377页。
④ （元）脱脱等撰，陈述补注：《辽史补注》卷21《道宗本纪一》，北京：中华书局，2018年，第843页。
⑤ 《辽史》卷18《兴宗本纪一》，第239、241、242、244、245页。
⑥ 《辽史》卷19《兴宗本纪二》，第260页。
⑦ 《辽史》卷20《兴宗本纪三》，第281页。
⑧ 刘浦江：《关于〈契丹国志〉的若干问题》，《辽金史论》，沈阳：辽宁大学出版社，1999年，第323—334页。
⑨ 向南、张国庆、李宇峰辑注：《辽代石刻文续编》，第179—180页。
⑩ 向南、张国庆、李宇峰辑注：《辽代石刻文续编》，第180页。
⑪ 肖爱民：《辽代碑刻中“文成皇帝”与宋人所记辽“文成皇帝”辨析》，《辽金史论集》第15辑，第6—11页。
⑫ 向南：《辽代石刻文编》，第229页。

记》[①]中为“昭孝皇帝”,《沈州卓望山无垢净光塔石棺记》[②]中为“仁圣昭孝皇帝”,《秦国太妃墓志》[③]和《秦晋国大长公主墓志》[④]中为“仁孝皇帝”。可以看出,“昭孝皇帝”“仁圣昭孝皇帝”乃是其重熙元年(1032年)尊号的略称,“仁孝皇帝”乃是其重熙十一年(1042年)尊号的略称。其死后,有称庙号“兴宗”的,如《萧旻墓志》[⑤]、《耶律宗政墓志》[⑥]、《张绩墓志》[⑦]、《纯慧大师塔幢记》[⑧]、《耶律仁先墓志》[⑨]、《耶律宗福墓志》[⑩]、《兴宗仁懿皇后哀册》[⑪]、《秦德昌墓志》[⑫]、《萧乌卢本娘子墓志》[⑬]、《耶律智先墓志》[⑭]、《添修缙阳寺功德碑记》[⑮]、《悟空大德发塔铭》[⑯]、《妙行大师行状碑》[⑰]、《耶律弘益妻萧氏墓志》[⑱]、《萧孝资墓志》[⑲]、《萧德恭妻耶律氏墓志》[⑳]和《云居寺续秘藏石经塔记》[㉑]。有称“兴庙”的,如《刘祜墓志》[㉒]。有称“兴皇”的,如《义和仁寿皇太叔祖哀册》[㉓]。有略称谥号“神圣孝章皇帝”为“孝章皇帝”的,如《耶律宗愿墓志》[㉔]。还有略称谥号为“孝章”的,如《圣宗钦哀皇后哀册》[㉕]。有庙号“兴宗”和谥号简称“孝章皇帝”连称的,如《耶律庆嗣墓志》[㉖]。总之,耶律宗真在世时称其尊号的略称,死后的称谓以庙号“兴宗”居多,无一例称尊号或尊号略称。

8. 道宗耶律洪基的尊号:天祐皇帝、圣文神武全功大略神广智聪仁睿孝天祐皇帝

据《辽史》记载,重熙二十四年(1055年)八月,兴宗崩,洪基即皇帝位于柩前,未见上皇帝尊号,改元清宁。清宁二年(1056年)十一月,群臣上尊号曰“天祐皇帝”。

---

① 向南:《辽代石刻文编》,第230页。
② 向南:《辽代石刻文编》,第239页。
③ 向南、张国庆、李宇峰辑注:《辽代石刻文续编》,第91—92页。
④ 向南:《辽代石刻文编》,第248—251页。
⑤ 向南、张国庆、李宇峰辑注:《辽代石刻文续编》,第113—114页。
⑥ 向南:《辽代石刻文编》,第305—308页。
⑦ 向南:《辽代石刻文编》,第314页。
⑧ 向南:《辽代石刻文编》,第317页。
⑨ 向南:《辽代石刻文编》,第352—354页。
⑩ 向南、张国庆、李宇峰辑注:《辽代石刻文续编》,第141—144页。
⑪ 向南:《辽代石刻文编》,第375页。
⑫ 向南、张国庆、李宇峰辑注:《辽代石刻文续编》,第166—168页。
⑬ 向南、张国庆、李宇峰辑注:《辽代石刻文续编》,第205—206页。
⑭ 向南、张国庆、李宇峰辑注:《辽代石刻文续编》,第222—223页。
⑮ 向南:《辽代石刻文编》,第464—465页。
⑯ 向南:《辽代石刻文编》,第511页。
⑰ 向南:《辽代石刻文编》,第584—588页。
⑱ 向南:《辽代石刻文编》,第590页。
⑲ 向南、张国庆、李宇峰辑注:《辽代石刻文续编》,第265—266页。
⑳ 向南、张国庆、李宇峰辑注:《辽代石刻文续编》,第271页。
㉑ 向南:《辽代石刻文编》,第670—671页。
㉒ 向南、张国庆、李宇峰辑注:《辽代石刻文续编》,第236—237页。
㉓ 向南、张国庆、李宇峰辑注:《辽代石刻文续编》,第272—273页。
㉔ 向南、张国庆、李宇峰辑注:《辽代石刻文续编》,第148—154页。
㉕ 向南:《辽代石刻文编》,第282—283页。
㉖ 向南:《辽代石刻文编》,第456—458页。

清宁四年（1058年）十一月，行再生及柴册礼，御清风殿受大册礼。[①]咸雍元年（1065年）正月，百僚上尊号“圣文神武全功大略广智聪仁睿孝天祐皇帝”，改元咸雍。[②]

在宋人的典籍中，《东都事略》载耶律洪基的尊号为“圣文神武全功大略聪仁孝惠天祐皇帝”[③]。《宋大诏令集》中其尊号有“圣文神武睿孝皇帝”[④]和“圣文神武全功大略聪仁睿孝天祐（亦有作‘佑’）皇帝”[⑤]。宋人漏记了清宁二年（1056年）的尊号，咸雍元年的尊号是略称，而且《东都事略》的尊号与《辽史》略有不同，当系抄录过程中出现了讹误。

辽代的碑刻中，耶律洪基在世时，辽人以称尊号“天祐皇帝”者居多[⑥]，而《新赎大藏经建立香幢记》[⑦]中的尊号为“圣文神武全功大略广智聪仁睿孝天祐皇帝”，北京房山石经《造经题记》（三十九、四十、四十一）[⑧]中的尊号略称“圣文神武全功大略聪仁睿孝天祐皇帝”，也证明了《东都事略》的记载确有讹误。洪基死后，称其庙号“道宗”的碑刻多达11例，即《悟空大德发塔铭》[⑨]、《妙行大师行状碑》[⑩]、《耶律弘益妻萧氏墓志》[⑪]、《萧孝资墓志》[⑫]、《宁鉴墓志》[⑬]、《萧德恭妻耶律氏墓志》[⑭]、《义和仁寿皇太叔祖哀册》[⑮]、《王师儒墓志》[⑯]、《孟初墓志》[⑰]、《云居寺续秘藏石经塔记》[⑱]和《重修觉山寺碑记》[⑲]，而称尊号或尊号略称的只有2例，即《道宗皇帝哀册》[⑳]和《萧德恭妻耶律氏墓志》，称谥号或谥号略称的有4例，其中3例还是庙号和谥号连称，即《道宗皇帝哀册》、《萧义墓志》[㉑]和《王师儒墓志》。这说明在道宗死后，辽人多以庙号来称之。

9. 天祚皇帝耶律延禧的尊号：天祚皇帝、仁文睿武元德大和神智圣孝天祚皇帝

据《辽史》记载，寿昌七年（1101年）正月，道宗崩于混同江行宫，耶律延禧奉遗诏即皇帝位于柩前，群臣上尊号曰“天祚皇帝”，改元“乾统”。乾统三年（1103年）十

---

① 《辽史》卷21《道宗本纪一》，第285、288、291页。
② 《辽史》卷22《道宗本纪二》，第300页。
③ （宋）王称撰，孙言诚、崔国光点校：《二十五别史·东都事略》卷123《附录一》，第1076页。
④ 司义祖整理：《宋大诏令集》卷229，第887、888、889、890页；卷230，第891页。
⑤ 司义祖整理：《宋大诏令集》卷230，第893、894、895页；卷231，第896、897、898页；卷232，第902页。
⑥ 向南：《辽代石刻文编》，第400、418—419、443页；向南、张国庆、李宇峰辑注：《辽代石刻文续编》，第197页。
⑦ 向南、张国庆、李宇峰辑注：《辽代石刻文续编》，第123页。
⑧ 向南：《辽代石刻文编》，第734页。
⑨ 向南：《辽代石刻文编》，第511—512页。
⑩ 向南：《辽代石刻文编》，第584—588页。
⑪ 向南：《辽代石刻文编》，第590—591页。
⑫ 向南、张国庆、李宇峰辑注：《辽代石刻文续编》，第265—266页。
⑬ 向南：《辽代石刻文编》，第606—607页。
⑭ 向南、张国庆、李宇峰辑注：《辽代石刻文续编》，第270—271页。
⑮ 向南、张国庆、李宇峰辑注：《辽代石刻文续编》，第272—273页。
⑯ 向南：《辽代石刻文编》，第645—649页。
⑰ 向南、张国庆、李宇峰辑注：《辽代石刻文续编》，第297—290页。
⑱ 向南：《辽代石刻文编》，第670—671页。
⑲ 向南：《辽代石刻文编》，第689页。
⑳ 向南：《辽代石刻文编》，第513—515页。
㉑ 向南：《辽代石刻文编》，第62627页。

一月，加上尊号“惠文智武圣孝天祚皇帝”。乾统六年十一月，行柴册礼。[①]

宋人的典籍中，《契丹国志》载：“帝讳延礼，道宗之孙……道宗崩，齐王即位，自号天祚皇帝，改元乾统。”[②]《宋会要辑稿》载：“建中靖国元年耶律延禧即位，号天祚，改寿昌七年为乾统元年。”[③]《文献通考》载：“建中靖国元年，延禧即位，号天祚皇帝，改元乾统。”[④]只记载了其即位时的尊号“天祚皇帝”。

辽代碑刻中，关于耶律延禧的尊号，有称“天祚皇帝”的，如《妙行大师行状碑》[⑤]、《耶律弘益妻萧氏墓志》[⑥]、《萧德恭妻耶律氏墓志》[⑦]和《萧义墓志》[⑧]，《萧德恭妻耶律氏墓志》中还把“天祚皇帝”简称为“天祚”。有把尊号“惠文智武圣孝天祚皇帝”略称为“圣孝皇帝”的，如《梁国太妃墓志》[⑨]和上引《妙行大师行状碑》。还有略称尊号为“天祚圣孝皇帝”的，如北京房山石经《造经题记》（四十七）[⑩]。需要特别指出的是《梁国太妃墓志》中，还记有耶律延禧的尊号为“仁文睿武元德大和神智圣孝天祚皇帝”[⑪]，与《辽史》中乾统三年（1103 年）的尊号“惠文智武圣孝天祚皇帝”有异，向南等人认为“疑本纪所记有误，应以本志所记为是”[⑫]。这一推定是合理的，因为在辽朝诸帝中，作为末代皇帝的天祚帝一朝是没有实录的，加之乱世导致资料极为混乱匮乏，元代在修《辽史》时，《天祚帝本纪》是取《契丹国志》加以补充而成的。而墓志撰写于天祚皇帝乾统七年，撰者杨丘文时任“乾文阁直学士、乾文阁待制”[⑬]，无论是从官职还是从学识来看，其撰写的墓志较为可信，《辽史》所记当有疏漏。

除上述 9 位皇帝外，辽朝末年，在南京（今北京）称帝的耶律淳，也有尊号“天锡皇帝”[⑭]。辽朝灭亡后，耶律大石率部西迁中亚，建立了“哈喇契丹”，史称“西辽”，他有突厥语尊号“葛儿汗（古儿汗）”[⑮]和汉文尊号“天祐皇帝”[⑯]。

二、辽诸帝尊号的特点

第一，太祖、太宗、世宗等早期诸帝是举行契丹旧制柴册礼后上尊号的，而景宗以后诸帝是依汉制即位上尊号的，柴册礼要在即位后多年才举行，且不再上尊号。

---

① 《辽史》卷 27《天祚皇帝本纪一》，第 355、358、361 页。
② （宋）叶隆礼撰，贾敬颜、林荣贵点校：《契丹国志》卷 10《天祚皇帝上》，第 111 页。
③ （清）徐松辑，刘琳等校点：《宋会要辑稿》“蕃夷二”之辽下，第 9756 页。
④ （元）马端临撰：《文献通考》卷 346“四裔考”23 之“契丹下”，第 2712 页。
⑤ 向南：《辽代石刻文编》，第 584—589 页。
⑥ 向南：《辽代石刻文编》，第 590—591 页。
⑦ 向南、张国庆、李宇峰辑注：《辽代石刻文续编》，第 270—271 页。
⑧ 向南：《辽代石刻文编》，第 622—627 页。
⑨ 向南、张国庆、李宇峰辑注：《辽代石刻文续编》，第 257—258 页。
⑩ 向南：《辽代石刻文编》，第 736 页。
⑪ 向南：《辽代石刻文编》，第 257—258 页。
⑫ 向南、张国庆、李宇峰辑注：《辽代石刻文续编》，第 258 页。
⑬ 向南、张国庆、李宇峰辑注：《辽代石刻文续编》，第 257 页。
⑭ 《辽史》卷 30《天祚皇帝本纪四》，第 399 页。
⑮ [波斯]拉施特主编：《史集》第 1 卷第 2 分册，余大钧、周建奇译，北京：商务印书馆，2017 年，第 109 页。
⑯ 《辽史》卷 30《天祚皇帝本纪四》，第 403 页。

辽朝最显著的特点，用宋神宗赵顼的话来说，是“有城国，有行国”[①]，在统治上实行“以国制治契丹，以汉制待汉人”的“因俗而治”[②]政策，体现在皇位继承上，就是从阿保机开始，辽朝皇帝的即位仪式有两套：一是属于契丹旧制的柴册礼，在上述诸帝中只有穆宗在位期间，《辽史》没有记载其举行过柴册礼，联系后来诸帝的情况，可以肯定当是《辽史》疏略所导致的；二是中原汉制的皇位继承仪式，阿保机神册元年（916年）的即位仪式就是典型的汉制，太宗行完柴册礼后“御宣政殿”也是汉制仪式。也就是说，辽朝有两套上尊号的仪式：上契丹受册仪（即柴册礼）和皇帝受册仪。[③]

通过梳理《辽史》的记载，发现诸帝在行柴册礼与上尊号之间有两个特点：一个是太祖之后的太宗、世宗、景宗等早期诸帝的柴册礼都是在即位的同年举行的，而圣宗、兴宗、道宗和天祚帝等中后期诸帝是在即位多年后才举行柴册礼的，如圣宗在即位后的27年、兴宗在即位后的4年、道宗在即位后的4年、天祚帝在即位后的6年。这一方面与当时的政局有关，如圣宗在行柴册礼之后一个月承天皇太后萧绰就病逝，可能表明他在之前一个月实际上开始完全主政了。[④]而兴宗举行此礼是在前一年刚从母后手中夺权。道宗是在帝位得到巩固后，才行再生礼和柴册礼，并御清风殿受大册礼。另一方面可能与随着辽朝契丹人汉化，开始更加重视汉制有关。另一个是太祖、太宗、世宗在行柴册礼后都上尊号，且太宗两次行柴册礼都上尊号，景宗以后诸帝则不见上尊号，他们是依汉制即位就上尊号。这可能与辽朝中期以后柴册仪被汉制的皇帝受册仪取代，柴册仪改为“上契丹册仪”有关。[⑤]

第二，诸帝上尊号的时间多数选择在冬季，以十一月为多。

如果因先皇去世的特殊原因，诸帝即位时上尊号的时间可以忽略不计，相对来说，辽朝皇帝在冬季上尊号的次数比较多。例如，太祖的两次上尊号时间为正月和二月，太宗的两次上尊号都是十一月，圣宗六次上尊号中十一月两次、十月一次，兴宗三次上尊号都在十一月，道宗两次上尊号分别是十一月和正月，天祚帝两次上尊号一次是正月、一次是十一月。总体来说，多是选在十一月上尊号。

为何会如此呢？这与契丹皇帝的四时捺钵惯例[⑥]有关。辽朝皇帝一年之中按照季节的变化，四季各有捺钵之地，其与北、南臣僚商议处理政务的大政会议只在夏捺钵和冬捺钵期间召开，而十一月正是冬捺钵召开大政会议之时，这就是上尊号之举多出现在此时的原因。

第三，诸帝在上尊号的同时，基本上都进行改元，宣布大赦。

中原王朝在明清以前，因皇帝上尊号是举国庆贺的大事，所以多要改元，宣布大

---

① 李焘：《续资治通鉴长编》卷328，神宗元丰五年七月乙未条，第7900页。宋代王晔的《道山清话》中也有相同的记载。参见（宋）王暐：《道山清话》，《景印文渊阁四库全书》第1037册，台北：台湾商务印书馆，1986年，第657页。

② 《辽史》卷45《百官志一》，第773页。

③ 岛田正郎：《契丹的再生礼》，《和田博士还历纪念东洋史论丛》，东京：讲谈社，1951年，第301—302页。

④ （宋）叶隆礼撰，贾敬颜、林荣贵点校：《契丹国志》卷7《圣宗天辅皇帝》，第80页；《辽史》卷14《圣宗本纪五》，第178页。

⑤ 岛田正郎：《契丹的再生礼》，《和田博士还历纪念东洋史论丛》，第301—302页。

⑥ 肖爱民：《论辽朝“四时捺钵”的性质及其地位——从中国古代北方游牧民族的生产生活方式谈起》，马永真、明锐、白亚光主编：《论草原文化》第8辑，呼和浩特：内蒙古教育出版社，2011年，第265—278页。

赦，以示吉祥和庆祝。辽太祖阿保机在神册元年上尊号，改元，大赦。太宗德光在后晋遣使上尊号时也改元，大赦。世宗举行柴册礼，上尊号改元，大赦。景宗即位上尊号，改元，大赦。但也有没有改元和大赦的，如太祖在公元 907 年取代遥辇氏称“天皇帝”时，未见改元和大赦。太宗即位上尊号“嗣圣皇帝”时未见改元，但实行大赦。穆宗即位上尊号，改元，未见大赦。圣宗统和五年（987 年）上尊号，未见大赦。太祖取代遥辇氏称“天皇帝”时，完全按照契丹旧制进行，故不会实行属于中原汉制的改元和大赦。太宗即位不改元、圣宗即位的次年才上尊号及改元等不合中原礼制的举动，也都可能与契丹旧制有关。穆宗即位上尊号、改元，未见实行大赦，可能是《辽史》中资料缺略所致，也有可能是未遵循汉制实行大赦。

第四，辽人较为重视尊号，中期以后也开始重视庙号。

通过对《辽史》和辽代碑刻中相关记载的统计，总体来看，在诸帝的尊号、谥号和庙号中，辽人是较为重视尊号的，主要体现在两个方面：一方面是皇帝在位期间，辽人都称其尊号或者尊号的略称。另一方面是皇帝死后，尽管辽人称尊号或尊号略称也很常见，尤其是对早期诸帝，但相对来说从景宗开始以后的诸帝则以称庙号为多，说明辽朝从中期也开始重视庙号。另外，如果与同时代的宋朝相比，宋人因皇帝的尊号过多过滥，故多不重视尊号，不以尊号或尊号略称来称呼皇帝，也显现了辽人对皇帝尊号的重视。

第五，相对于谥号和庙号，辽朝诸帝的尊号规范。

据《辽史》记载，太祖阿保机的谥号有三：“升天皇帝”、“圣元皇帝”和“大圣大明神烈天皇帝”，尤其是重熙二十一年（1052 年）追上的谥号，竟然是弃前两个“升天皇帝”和“圣元皇帝”不用，而是在原神册元年（916 年）的尊号“大圣大明”和“天皇帝”之间加上“神烈”一词作为新谥号。据研究，太宗和穆宗父子死时，均未上谥号，太宗是在耶律隆绪在位的统和二十六年（1008 年）才上谥号的，距离其死已经长达 61 年。耶律璟是至耶律宗真在位的重熙二十一年才上谥号的，距离其死已经长达 83 年。而辽朝庙号制度的完善则是在圣宗统和二十六年，此年七月耶律隆绪下诏正式给耶律阿保机至耶律贤等诸帝上庙号。①

综合辽朝的尊号、谥号和庙号，可以发现尊号相对规范，早期诸帝的谥号和庙号不规范，似乎很难用中原的礼法来衡量，圣宗耶律隆绪以后诸帝的尊号也出现了字数过多过滥的现象，如圣宗和兴宗的尊号。

第六，圣宗以后的尊号中都有“孝”字，反映了辽中期以后对儒家文化的吸收和借鉴。

圣宗“至德广孝昭圣皇帝”（987 年）、“至德广孝昭圣天辅皇帝”（1006 年）、“弘文宣武宗道至德崇仁广孝聪睿昭圣神赞天辅皇帝”（1012 年）、“睿文英武宗道至德崇仁广孝功成治定启元昭圣神赞天辅皇帝”（1021 年）这 4 个尊号中有“孝”字；兴宗“聪文圣武

---

① 肖爱民：《辽朝皇帝庙号三题》，《河北大学学报（哲学社会科学版）》2020 年第 5 期，第 13—20 页。

英略神功睿哲仁孝皇帝”（1043 年）、“钦天奉道祐世兴历武定文成圣神仁孝皇帝”（1054 年）这 2 个尊号中有“孝”字，道宗“圣文神武全功大略神广智聪仁睿孝天祐皇帝”（1065 年）和天祚帝“仁文睿武元德大和神智圣孝天祚皇帝”的尊号有“孝”字。“孝”乃是中原儒家文化的核心内容之一，中原王朝的统治者将孝与忠相结合，提倡“以孝治国”。辽朝从圣宗以后的皇帝尊号中都有“孝”字，反映了契丹人对儒家文化的吸收和借鉴，说明儒家的治国思想也深深地影响了辽朝的契丹统治者。

第七，诸帝的尊号中都带有“天”字，反映了“神道设教”、君权神授的政治内涵。

辽朝皇帝的尊号中都带有“天”字是又一个显著特点，如太祖的“天皇王”和“大圣大明天皇帝”、太宗的“天皇王”和“睿文神武法天启运明德章信至道广敬昭孝嗣圣皇帝”、世宗的“天授皇帝”、穆宗的“天顺皇帝”、景宗的“天赞皇帝”、圣宗的“天辅皇帝”和“弘文宣武宗道至德崇仁广孝聪睿昭圣神赞天辅皇帝”及“睿文英武宗道至德崇仁广孝功成治定启元昭圣神赞天辅皇帝”、兴宗的“钦天奉道祐世兴历武定文成圣神仁孝皇帝”、道宗的“天祐皇帝”和“圣文神武全功大略广智聪仁睿孝天祐皇帝”、耶律延禧的“天祚皇帝”和“仁文睿武元德大和神智圣孝天祚皇帝”，连北辽和西辽的皇帝尊号也带有“天”字，如耶律淳的“天锡皇帝”、耶律大石的“天祐皇帝”等。

不仅皇帝的尊号如此，皇后的尊号中也有很多带有“天”字，如太祖皇后述律平、景宗皇后萧绰、圣宗皇后萧菩萨哥、圣宗钦哀皇后萧耨斤、兴宗皇后萧挞里，还有西辽耶律大石皇后萧塔不烟称制时的尊号。另外，辽朝还有很多带“天”字的年号，如太祖和太宗时期的“天赞”和“天显”，天祚帝的“天庆”，西辽末帝直鲁古的“天禧”等。

辽朝皇帝尊号包括皇后尊号与年号中带“天”字的词，从构词的方式来看，动词加“天”所构成的词语，如法天、钦天、应天、承天、齐天、仪天等，属于中原式的，反映的是“天人感应”；“天”加动词所构成的词语，如天赞、天授、天顺、天辅、天祐、天祚等，则属于古代北方草原行国式的，反映了契丹人信仰萨满教崇拜最高神祇天神。其政治内涵就是“神道设教”，表明君权神授，统治获得了天神的护佑、辅佐，为皇位披上一层神圣的合法外衣。①

三、辽人重视皇帝尊号的原因

元人所修《辽史》是二十四史中最为疏略的，加之辽朝在圣宗以前并没有完备的史官制度，早期诸帝的历史和实录都是后来追记和补修的，故与辽帝尊号相关的一些问题，如辽朝重视皇帝尊号的原因，仍有进一步探讨的余地。

如前所述，辽朝是契丹人建立的政权，契丹人属于中国古代北方游牧民族，其继承了自匈奴以来古代北方草原行国②君主可汗（单于）称号的政治文化传统。以柔然为例，

① 肖爱民：《辽朝皇帝尊号中频繁使用天字的政治内涵分析》，《中国边疆史地研究》2019 年第 1 期，第 34—43 页。

② “行国”一词最早见于司马迁的《史记》，原意指西域诸国中“随畜移徙”的游牧政权，泛指游牧民族所建立的政权。参见肖爱民：《辽朝政治中心研究》，北京：人民出版社，2014 年，第 13—15 页。

“蠕蠕之俗，君及大臣因其行能，即为称号，若中国立谥。既死之后，不复追称”①。就是说可汗和大臣“因其行能”在生前拥有了自己的专属称号，如郁久闾社仑即位后号“丘豆伐（豆代）可汗”等，死后不再有中原王朝的那种谥号。罗新认为，“内亚民族可汗号的传统，绵力久远”，“可汗与可汗号之间不可分割的联系，是内亚草原游牧族群政治文化的重要传统之一”。②这一政治文化传统使北方游牧民族习惯用专属的可汗（单于）尊号来称呼已故的君主可汗（单于），如匈奴政权的单于、柔然汗国的可汗、突厥汗国的可汗、回鹘汗国的可汗及大蒙古国的可汗等。

作为契丹旧制中的古代北方行国政治文化传统，契丹部落联盟的首领在即位后也有可汗称号，并且死后亦不再更改。例如，契丹传说的祖先称“奇首可汗”③，武周时发动“营州之乱”的李尽忠有“无上可汗”的称号。④遥辇氏部落联盟的九位首领也都有可汗称号。⑤阿保机在取代遥辇氏痕德堇可汗成为契丹首领时，也继承了这一政治文化传统，称“天皇王”，即“天可汗”，其子德光也是如此。这一政治传统到西辽时还有体现，如西辽皇帝都有“葛儿汗”的称号。阿保机的谥号用原来尊号的词语及德光父子死时没有上谥号，也是古代北方行国君主——可汗（单于）死后不再有谥号这一政治文化传统的表现。

正是因为契丹人继承了中国古代北方行国的这一政治文化传统，所以辽人也特别重视皇帝的尊号，无论是在皇帝生前，还是在其死后，都多以其尊号或尊号的略称来称呼，辽代碑刻中这一传统得到了充分体现。也正是辽朝契丹旧制和中原汉制并存，番汉礼法杂糅，导致皇帝的尊号颇有草原文化特色。

四、结　语

综上所述，因为辽朝实行“因俗而治”的统治政策，“以国制治契丹，以汉制待汉人”，故与契丹皇帝旧制的可汗称号相对应，作为中原汉制的皇帝尊号制度也被吸收和借鉴。但是，由于契丹统治者仍然保持游猎畜牧的传统生产生活方式，在草原上四时捺钵，辽朝在很多方面呈现出强烈的草原行国特色。在社会政治生活中，契丹统治者并不完全遵循中原的汉制礼法，草原旧制仍然大量存在。例如，关于新帝即位改元，耶律德光于天显二年（927年）十一月即位，“有司请改元，不许”⑥，仍沿用阿保机在位时的“天显”年号。至耶律隆绪“亲政后方一月，太后（即承天太后萧燕燕——引者注）暴崩，帝哀毁骨立，哭必呕血。番汉群臣上言山陵已毕，宜改元。帝曰：‘改元吉礼也。居

① （唐）李延寿:《北史》卷98《蠕蠕传》，北京：中华书局，1974年，第3251页。
② 罗新:《可汗之性质》,《中古北族名号研究》，第1—26页。
③ 《辽史》卷1《太祖本纪上》，第8页。
④ （宋）司马光编著，（元）胡三省音注:《资治通鉴》卷205，则天后万岁通天元年七月条，第6506页。
⑤ 分别是洼可汗、阻午可汗、胡剌可汗、苏可汗、鲜质可汗、昭古可汗、耶澜可汗、巴剌可汗、痕德堇可汗。参见《辽史》卷45《百官志一》，第800页。
⑥ 《辽史》卷3《太宗本纪上》，第30页。

丧行吉礼，乃不孝子也。’群臣曰：‘古之帝王，以日易月，宜法古制。’帝曰：‘吾契丹主也，宁违古制，不为不孝之人。’终制三年”①。正是这类与汉制明显有别的契丹旧制的存在，使辽朝皇帝的尊号既有与中原汉制相同的一面，也有与之不同的草原旧制一面，呈现出番汉杂糅的特色。

作者简介：肖爱民（1966—），男，蒙古族，内蒙古赤峰人，历史学博士，河北大学宋史研究中心教授，博士生导师，主要研究方向为辽金史、北方民族史。

① （宋）叶隆礼撰，贾敬颜、林荣贵点校：《契丹国志》卷7《圣宗天辅皇帝》，第80页。

辽世宗朝的萧翰谋反案探赜*

陈德洋

（曲阜师范大学　历史文化学院，山东　曲阜，273165）

摘　要：辽太宗耶律德光在南灭石晋回军途中病死，南下诸军将领拥立耶律倍之子耶律阮，从而拉开了辽朝帝位之争。随后，耶律阮与耶律李胡战于泰德泉，又经耶律屋质斡旋，乃有横渡之约，入继大统，是为世宗。在世宗继位过程中，作为太宗姐夫的萧翰坚定地支持世宗，却在世宗得位之后勾结王子天德、明王安端谋反，究其原因，当始自诸弟之乱，后族势力强大，凌驾于契丹耶律贵族之上，造成后族与皇族的矛盾。经历述律平的"废长立次"，父亲"浮海适唐"的世宗，对于后族势力非常忌惮，拒绝重用与述律后族有关联的萧翰，并且提升自己母舅后族的实力。从实质上讲，萧翰谋反仍旧是后族弄权的表现。

关键词：辽世宗；萧翰；政局；谋反；帝位传承

947年，辽太宗耶律德光在灭石晋后死于北返途中。契丹南下诸军拥立德光之侄——耶律倍之子耶律阮为帝，是为世宗。世宗随后拥军北上，经泰德泉之战后，与其祖母述律平、三叔耶律李胡对峙于潢水（今西拉木伦河），后经耶律屋质斡旋，顺利入继大统。萧翰随太宗南征，闻太宗去世，旋即北归，在世宗争位过程中坚定地站在世宗一边，在世宗得位后又娶其妹阿不里，但旋即谋反，此事颇值得玩味，以往的研究往往关注的是萧翰的出身问题①，而对于萧翰谋反的探讨仅散见于一些论文之中，部分指出萧翰

＊ 本文为国家社科基金西部项目"金朝乡村社会研究"（18XZS013）阶段性研究成果。

① 涉及萧翰身世研究的论文主要有：爱新觉罗·乌拉熙春：《敌辇岩木古与室鲁子嗣新考》，《北方文物》2010年第3期，第63—71页；史风春：《辽朝后族萧翰身世考》，《辽宁工程技术大学学报（社会科学版）》2013年第4期，第345—348页。

谋反案的原因[①]，但其探讨显然仍有余地。本文拟从萧翰的多重身份开始，结合世宗得位过程及世宗朝政局与政争，探讨萧翰谋反的深层原因，不当之处，敬请方家指正。

一、辽世宗争位中的萧翰其人

契丹自遥辇痕德堇可汗之世，关于迭剌部夷里堇的争夺就充满了血腥，先是耶律狼德等既害玄祖、释鲁之死都与之有关。[②]907年耶律阿保机取代遥辇成为契丹的可汗，之后平定诸弟之乱，稳固了其统治。927年在灭渤海之后，阿保机病死于黄龙府（今吉林省农安县），其妻述律平称制，废长立次，使帝位传承再起波澜。947年，太宗耶律德光在灭后晋途中病死，南征军中诸将拥立耶律阮。关于耶律阮的得位过程，相关研究颇多，以林鹄先生的研究最为精深，他指出，世宗"得国不正"、长期"图谋帝位"。[③]但本文无意讨论世宗得国问题，着重探讨萧翰在世宗争位过程中的向背。

萧翰，又名敌烈，字寒真，其传见于《旧五代史》《契丹国志》《辽史》之中，同时《资治通鉴》中也多有记载。《辽史》记载其为"宰相敌鲁之子"[④]。经学界研究认为，萧翰乃是萧阿古只之子，过继给萧室鲁，并非萧敌鲁之子，其养母为阿保机的妹妹余卢睹姑，《辽史》误载。此外，萧翰还是辽太宗的国舅，《旧五代史》称："翰有妹，亦嫁于德光，故国人谓翰为国舅。"[⑤]此外，《资治通鉴》《新五代史》皆称萧翰之妹为太宗皇后，唯有《契丹国志》称萧翰为皇后之弟，恐误，当从萧翰为太宗舅哥。综合来说，萧翰是多重身份的汇聚：首先，萧翰生父为萧阿古只，为述律平母亲所嫁后夫之家；其次，萧翰所过继的萧室鲁乃是述律平母亲的前夫之家，萧室鲁与过继之母余卢睹姑参与反对太祖阿保机的诸弟之乱，并被严惩，而余卢睹姑为耶律阿保机的妹妹；最后，萧翰是辽太宗的舅哥。显然，集多重身份于一身的萧翰，同样也代表了多方势力的交织，而这种交织使萧翰成为太祖、太宗时代后族的代表人，其背后是强大的述律后家族。

史书记载萧翰"最残忍，工骑射"[⑥]，辽太宗会同初，领汉军侍卫，945年随辽太宗南灭石晋，入开封，太宗北归，任萧翰为宣武军（开封）节度使。太宗死后，"世宗即位。翰闻之，委事于李从敏，径趋行在"[⑦]。关于萧翰北归的过程，诸史多有记载："会契丹主死，其汴州节度使萧翰谋归北地，虑中原无主，军民大乱，则己亦不能按辔徐归

① 林鹄《辽世宗朝史事考》(《中华文史论丛》2012年第4期，第246、248—249页）认为："这次（萧翰）谋反之缘由，史籍未载。不过，除了争夺帝位之外，似乎没有其他的可能解释。从对谋反诸人的不同处理来看，刘哥等欲推戴的想必是天德"，"察割等人都是政治上的投机分子，而给他们制造投机机会的，一方面是契丹传统贵族势力的强大，另一方面恰恰是世宗得国不正之恶果"。曹流在《子凭母贵与辽代继位三案》(《中央民族大学学报（哲学社会科学版)》2019年第5期，第101页）中认为："述律后兵败，萧翰恨已雪，血缘的纽带最终促使他重归述律氏一系，并竭力推翻世宗政权。"

② 杨军:《释鲁之死》,《草原文物》2010年第1期，第77—81页。

③ 林鹄:《辽世宗朝史事考》,《中华文史论丛》2012年第4期，第223—251页。

④《辽史》卷113《逆臣列传中·萧翰传》，北京：中华书局，2016年，第1655页。

⑤《旧五代史》卷98《张砺传附萧翰传》，北京：中华书局，1976年，第1316页。

⑥（宋）叶隆礼:《契丹国志》卷17《萧翰传》，北京：中华书局，2014年，第189页。

⑦《辽史》卷113《逆臣列传中·萧翰传》，第1656页。

矣，乃诈称契丹主命，遣人迎从益于洛阳，令知南朝军国事。”[①]又《契丹国志·萧翰传》载：“初，翰闻北汉高祖拥兵而南，欲北归，恐中国无主，必大乱，已不得从容而去。时唐明宗子许王从益与王淑妃在洛阳，翰遣高谟翰迎之，矫称太宗命，以从益知南朝军国事，召己赴恒州。从益、淑妃匿于徽陵下宫，不得已而出，至大梁，翰立以为帝，帅诸酋长拜之。立百官，留燕兵千人为从益宿卫，翰乃辞行。”[②]可见，在得知辽太宗去世后，作为太宗亲信的萧翰旋即北归，在北归之前，萧翰还“矫辽制，命唐许王从益知南朝军国事，召赴恒州。时许王从益及王淑妃俱匿于徽陵下宫，不得已而出，翰立为帝，帅诸酋拜之”[③]。显然，在太宗病死之后，身在开封的萧翰判断辽朝将会有大的政治波动，此后947年5月耶律阮在镇州（今河北正定）即位，萧翰随即北归，其目的无非就是在太宗后继者身上寻求政治利益，从而获得更多的政治权势。

萧翰北归之后，一直在追赶世宗，于947年6月到达恒州。而此时，世宗已经到达幽州，之后世宗在泰德泉之战中，打败了耶律李胡所率领的军队，随后与述律平对峙于潢水。而到此时萧翰才追上世宗，“（萧）翰与兀欲（世宗）相及遂及述律，战于沙河。述律兵败而北，兀欲追至独树渡，遂囚于扑马山”[④]。可见，在追上世宗之后，萧翰坚定地站在世宗一边，《辽史》又称：“是年秋，世宗与皇太后相拒于潢水横渡，和议未定。太后问翰曰：‘汝何怨而叛？’对曰：‘臣母无罪，太后杀之，以此不能无憾。’”[⑤]萧翰所提到的被太后所杀之母，学者研究已经证明，乃是太祖阿保机的妹妹余卢睹姑[⑥]，“北宰相实鲁妻余卢睹姑于国至亲，一旦负朕，从于叛逆，未置之法而病死”[⑦]。此处，《辽史》记载为病死，恐怕非实。应该说，萧室鲁夫妻因反对太祖破坏契丹传统世选制称帝，参与太祖诸弟之乱，而受到严惩。《辽史·太祖本纪》载，就在余卢睹姑死的前一年，即太祖七年五月，“前北宰相萧实鲁、寅底石自刭不殊”[⑧]。萧室鲁自杀没有死，而余卢睹姑应该为述律平迫害而死。萧翰以其过继之母为述律平迫害致死为借口，反对述律平，显然有理有据。但我们也从对话中看出，萧翰承认是“叛”，丝毫不考虑世宗的嫡传正统问题，更谈不上其自身作为后族家世身份，其中除家仇外，恐怕还有更多的利益所在，这一点耿涛已经研究指出：“萧翰深谙世宗即位后政局面临重新洗牌，太宗交付与他的汴州无异于一纸空文，故不惜弃之。在面临阵营选择的时候，一面是素有嫌隙的述律后与残暴无常的李胡，一面是尚未站稳脚跟的世宗，颇具野心的萧翰自然选择了相对更容易把控，更容易取得信任的世宗，甘愿为其身先士卒。”[⑨]也就是说，萧翰在世宗争位过程中的选择，无非是为了获得更多的政治利益。

---

① 《旧五代史》卷51《许王从益传》，第696页。
② （宋）叶隆礼：《契丹国志》卷17《萧翰传》，第190页。
③ （宋）叶隆礼：《契丹国志》卷4《世宗天授皇帝》，第51页。
④ （后周）胡峤：《胡峤陷虏记》，赵永春辑注：《奉使辽金行程录》，北京：商务印书馆，2017年，第8—9页。
⑤ 《辽史》卷113《逆臣列传中·萧翰传》，第1656页。
⑥ 都兴智：《吐尔基山辽墓墓主人及其相关问题再探讨》，《东北史地》2010年第2期，第3—7页。
⑦ 《辽史》卷1《太祖本纪上》，第9页。
⑧ 《辽史》卷1《太祖本纪上》，第7页。
⑨ 耿涛：《“扶余之变”到“横渡之约”：辽世宗即位始末考辨》，《中央民族大学学报（哲学社会科学版）》2019年第6期，第122页。

二、辽世宗得位过程及萧翰谋反

947年，世宗耶律阮在镇州即位，然后拥兵北返。同年四月，“甲申，次定州，命天德、朔古、解里等护梓宫先赴上京”[①]，六月到达幽州（今北京），“五院夷离堇安端、详稳刘哥遣人驰报，请为前锋。至泰德泉，遇李胡军，战败之”[②]。之后，世宗与述律太后、耶律李胡对峙于潢水，用耶律屋质之谋，顺利得位。世宗得位过程，《辽史·耶律屋质传》记载颇详：

> 始相见，怨言交让，殊无和意。太后谓屋质曰：“汝当为我画之。”屋质进曰：“太后与大王若能释怨，臣乃敢进说。”太后曰：“汝第言之。”屋质借谒者筹执之，谓太后曰：“昔人皇王在，何故立嗣圣？”太后曰：“立嗣圣者，太祖遗旨。”又曰：“大王何故擅立，不禀尊亲？”帝曰：“人皇王当立而不立，所以去之。”屋质正色曰：“人皇王舍父母之国而奔唐，子道当如是耶？大王见太后，不少逊谢，惟怨是寻。太后牵于偏爱，托先帝遗命，妄授神器。如此何敢望和，当速交战！”掷筹而退。太后泣曰：“向太祖遭诸弟乱，天下荼毒，疮痍未复，庸可再乎！”乃索筹一。帝曰：“父不为而子为，又谁咎也。”亦取筹而执。左右感激，大恸。太后复谓屋质曰：“议既定，神器竟谁归？”屋质曰：“太后若授永康王，顺天合人，复何疑？”李胡厉声曰：“我在，兀欲安得立！”屋质曰：“礼有世嫡，不传诸弟。昔嗣圣之立，尚以为非，况公暴戾残忍，人多怨讟。万口一辞，愿立永康王，不可夺也。”太后顾李胡曰：“汝亦闻此言乎？汝实自为之！”乃许立永康。[③]

这段记载甚是精彩，可以说把世宗得位过程中的众多人物都刻画得入木三分，从中我们可以得到的信息是太宗之立乃是述律后擅权的结果，世宗得立是众大臣拥立，并占有耶律倍“嫡子”因素，其得位是众望所归，加之耶律李胡不得人心，故人心所向，契丹权贵拥立世宗。

经过兵戎相见到横渡之约，世宗得位后，开始着手整顿政局。首先，是对述律太后、耶律李胡一党的处理：“既而闻太后、李胡复有异谋，迁于祖州。诛司徒划设及楚补里。”[④]《辽史》中说：“会有告李胡与太后谋废立者，徙李胡祖州，禁其出入。”[⑤]显然，将太后一党基本上监禁起来，防止其卷土重来，并且以耶律海思，“既和，领太后诸局事”[⑥]。显然，耶律海思所领太后诸局事就是监视太后的。其次，是对有功之人的赏赐，世宗“以崇德宫户分赐翼戴功臣，及北院大王洼、南院大王吼各五十，安抟、楚补各

---

① 《辽史》卷5《世宗本纪》，第71页。
② 《辽史》卷5《世宗本纪》，第71—72页。
③ 《辽史》卷77《耶律屋质传》，第1386—1387页。
④ 《辽史》卷5《世宗本纪》，第72页。
⑤ 《辽史》卷72《宗室列传·章肃皇帝李胡》，第1337—1338页。
⑥ 《辽史》卷113《逆臣列传中·耶律海思》，第1659页。

百。的鲁、铁剌子孙先以非罪籍没者归之。癸未，始置北院枢密使，以安抟为之”[①]，又“以安端主东丹国，封明王，察割为泰宁王，刘哥为惕隐，高勋为南院枢密使”[②]。最后，提升其母族的政治地位，对抗旧后族，“尊母萧氏为皇太后，以太后族剌只撒古鲁为国舅帐，立详稳以总焉”[③]。提升母族地位，毫无疑问应该是针对根深蒂固的后族。诸多安排，与萧翰无关，这恐怕是考虑到萧翰为后族，其妹为太宗耶律德光皇后，“太宗靖安皇后萧氏，小字温，淳钦皇后弟室鲁之女”[④]。世宗是从太宗系得位，又与祖母述律平兵戎相见，恐怕会对太宗系亲属及整个后族有所防范。此外，世宗得位之后，所立的皇后为来自后唐的宫人甄氏，而非所娶的阿古只的女儿撒葛只，也说明世宗对于阿古只系的不信任和防范。

由于自身的标签，萧翰自然得不到世宗重用，或许出自心中愤懑，终于在天禄二年（948 年）春正月，勾结太宗之子天德谋反，史载：“天德、萧翰、刘哥、盆都等谋反。诛天德，杖萧翰，迁刘哥于边，罚盆都使辖戛（黠）斯国。”[⑤]对于此次谋反，其本传说：“天禄二年，尚帝妹阿不里。后与天德谋反，下狱。复结惕隐刘哥及其弟盆都乱，耶律石剌告屋质，屋质遽入奏之，翰等不伏。帝不欲发其事，屋质固诤以为不可，乃诏屋质鞫案。翰伏辜，帝竟释之。”[⑥]而《耶律屋质传》载：“耶律天德、萧翰谋反下狱，惕隐刘哥及其弟盆都结天德等为乱。耶律石剌潜告屋质，屋质遽引入见，白其事。刘哥等不服，事遂寝。未几，刘哥邀驾观樗蒲，捧觞上寿，袖刃而进。帝觉，命执之，亲诘其事。刘哥自誓，帝复不问。屋质奏曰：‘当使刘哥与石剌对状，不可辄恕。’帝曰：‘卿为朕鞫之。’屋质率剑士往讯之，天德等伏罪，诛天德，杖翰，迁刘哥，以盆都使辖戛（黠）斯国。”[⑦]又据《皇子表》载，天德“与侍卫萧翰谋反，系狱，耶律留哥（刘哥）、盆都等辞连天德，并按之。天德断锁，不能出”[⑧]。梳理上述史料，我们可以得知，萧翰此次谋反案主要由三个环节构成，一是萧翰支持天德谋反，天德被关进监狱；二是耶律刘哥及盆都妄图作乱，被耶律石剌揭发，但可能证据不足，世宗息事宁人；三是耶律刘哥又试图行刺世宗，但为耶律屋质发现，在其坚持之下，世宗亲自审理天德诸人谋反案，最后进行严肃处理。在本次谋反案中，萧翰实际上应该是主谋，参加者有耶律刘哥、盆都，拥戴的对象应该是太宗之子耶律天德，而揭发者为耶律石剌，坚决处理者为耶律屋质。谋反案的处理结果是杀耶律天德，杖萧翰，流放耶律刘哥至乌古部，罚盆都出使黠戛斯国。究其原因，天德为太宗之子，萧翰外甥，是太宗之子中较有能力的，世称天德“猛悍趫捷，人望而畏”，而且天德有军事能力，“太宗讨石重贵，至望都，晋将杜重威率兵十万先据河梁。上欲以计破之，募能断粮道者，天德请以五千骑行。许之。从间道击走

① 《辽史》卷 5《世宗本纪》，第 72 页。
② 《辽史》卷 5《世宗本纪》，第 72 页。
③ 《辽史》卷 5《世宗本纪》，第 72 页。
④ 《辽史》卷 71《后妃列传·太宗靖安皇后》，第 1322 页。
⑤ 《辽史》卷 5《世宗本纪》，第 72 页。
⑥ 《辽史》卷 113《逆臣列传中·萧翰》，第 1656 页。
⑦ 《辽史》卷 77《耶律屋质传》，第 1387 页。
⑧ 《辽史》卷 64《皇子表·天德》，第 1082 页。

卫送之军，火其辎重。重威穷蹙，乃降。会同三年，与邸用和使晋。世宗即位，遣天德护送太宗灵柩于上京。太后遣李胡拒世宗，遇耶律留哥等于泰德泉，战甚力，败之”。[①]可见，耶律天德作为太宗之子，有号召力且有一定的军事能力，自然会对世宗的皇位产生威胁，所以自然先被诛杀。刘哥及安端的谋反实难理解，他们都是世宗得位的受益者，刘哥在世宗得位后升惕隐，盆都则为皮室详稳。[②]林鹄先生认为他们都是“政治投机者”，同时世宗得位不正又不得不对其妥协，所以对其处理相对较轻。[③]其见解或可解释，但或许另有隐情，期待有新史料的发现。

而作为主谋者的萧翰，在一年之后的正月，“萧翰及公主阿不里谋反，翰伏诛，阿不里瘐死狱中”[④]。其本传说：“复与公主以书结明王安端反，屋质得其书以奏，翰伏诛。”[⑤]此次萧翰以书信勾结主政东丹国的安端来谋反，而非太宗系抑或李胡系，其书信却被耶律屋质得到，颇值得玩味。我们知道太宗病死后，能够染指帝位的主要有四支力量，分别为耶律倍系、耶律德光系、耶律李胡系、太祖诸弟系，而到世宗天禄三年（949年）之时，耶律倍系得位，但得位并不正，自然会引起多方势力的蠢蠢欲动。此时，耶律李胡系被世宗严加看管，而太宗诸子中，嫡长子述律无意于帝位[⑥]，天德已被诛杀，其余诸子尚幼，应该更无能力争夺帝位，太祖诸弟中唯有安端在世，且在拥立世宗过程中立有大功，被封为明王。因此，萧翰看来似乎也只能勾结安端来推翻世宗，而后采取以书信的形式联合安端谋反，最后被世宗诛杀。而此时，安端正主政东丹国，应该远离辽朝政治中心，萧翰勾结远在辽东的安端，应该说是愚蠢之至，若不是病急乱投医，恐怕就是为人所害，具体分析如下文论述。

三、萧翰谋反内因发覆

世宗得位不正，造成辽朝朝野动荡，继诸弟之乱后，又拉开了皇族争位的序幕。耶律倍系、耶律德光系、耶律李胡系、太祖诸弟系频频谋反，波及世宗、穆宗、景宗三朝。深究其原因，无非是皇权及帝位的“魔力”。若探讨萧翰谋反的深层原因，恐怕和辽朝皇族与后族两派实力的消长有关。

阿保机变家为国的过程是取代遥辇氏的权力变革，同时也是打破世选制的过程。在这个过程中除迭剌部贵族之间的斗争外，还掺杂进了后族势力，后族势力甚至在阿保机争位中产生了举足轻重的影响。从912年阿保机诸弟为争夺可汗位而作乱，到915年诸弟之乱彻底解决，在这四年的时间里，众多契丹权贵参与其中，国家权力再次被分配。作为国家核心权力的北、南府宰相，发生过多次迁转，其中北府宰相萧辖剌—萧室鲁—

① 《辽史》卷64《皇子表·天德》，第1082页。
② 《辽史》卷113《逆臣列传中·耶律刘哥、盆都》，第1658页。
③ 林鹄：《辽世宗朝史事考》，《中华文史论丛》2012年第4期，第249页。
④ 《辽史》卷5《世宗本纪》，第73页。
⑤ 《辽史》卷113《逆臣列传中·萧翰》，第1656页。
⑥ 李耀兴：《辽太宗之子罨撒葛考》，《河北北方学院学报（社会科学版）》2019年第1期，第43页。

萧敌鲁—萧阿古只—萧痕笃；南府宰相耶律呕里斯—辖得里、只里古（摄）—耶律苏。从这个过程中，我们看到作为辽朝早期核心权力机构的北、南府宰相中多名萧姓宰相的上位，如萧室鲁、萧敌鲁、萧阿古只都与述律后家族有直接联系，南府宰相中的辖得里、只里古出自楮特部，又称右大部，也和述律家族有紧密联系[①]，这显然是后族权力膨胀的表现。而在诸弟之乱中被打压的是耶律姓权贵，“以养子涅里思附诸弟叛，以鬼箭射杀之。其余党六千，各以轻重论刑”，又“有司上诸帐族与谋逆者三百余人罪状，皆弃市”。[②]如此大规模的问罪，其结果自然是削弱耶律姓权贵，代之以新后族力量的崛起。

新后族力量的崛起应该以述律平家族为代表，其本人在辅助太祖镇压诸弟之乱中作用颇大，并因此建立有自己的私属武装“属珊军”，还有斡鲁朵“长宁宫”。927 年阿保机在征渤海途中病死，述律平“后称制，摄军国事”[③]，可以说权力达到了巅峰。之后，述律平自导自演了“废长立次”太宗继位剧。在这一过程中，述律平大杀契丹权贵，“先是，后任智用权，立中子德光，在其国称太后。左右有桀黠者，后辄谓曰：‘为我达语于先帝。’至墓所，即杀之。前后所杀以百数”[④]，又把后族的权力凌驾于皇族诸耶律权贵之上，这必然造成了后族与契丹耶律权贵的矛盾再次加剧，只是鉴于后族势力强大，契丹耶律权贵暂时忍让和积蓄力量。继位的太宗耶律德光，对其母谨慎侍奉，史称：“德光事其母甚谨，常侍立其侧，国事必告而后行。”[⑤]这恐怕不仅是对母亲的孝道，更多的是对后族势力强大的屈从。甚至太宗在位期间，竟然连皇太子也不立，而是以太后宠爱的小儿子耶律李胡为“皇太弟”，可见太后势力的强大，故太宗也承认，“太后族大，如古柏根，不可移也”[⑥]。前文所述萧翰身份的多重性，最重要的一条就是他与述律平母亲前夫与后夫之族都有紧密的联系，甚至可以看作后族的代表。虽然萧翰在世宗争位过程中坚定地支持了世宗，但其忠诚度到底有多少，恐怕世宗也会仔细地衡量，如此一来自然不会重用萧翰。从萧翰的角度来说，既然忠心都得不到重用，那就换个代理人，拥太宗之子天德，其谋反也就自然发生了。

从表面来看，萧翰谋反是因不被重用而发生，但实际还有更深层次的原因，那就是帝权与后权在国家权力中的角逐。946 年 6 月，太宗耶律德光率契丹军主力南下，开始了灭石晋的战役。次年回军途中，太宗病死。南下诸契丹耶律权贵与耶律倍之子耶律阮相互联系，开始了对述律氏后族的反扑。拥立世宗的诸位契丹耶律权贵，从其出身和动机来看，主谋者耶律安抟，“曾祖岩木，玄祖之长子。祖楚不鲁，为本部夷离堇。父迭里……太祖崩，淳钦皇后称制，欲以大元帅嗣位。迭里建言，帝位宜先嫡长，今东丹王赴

---

① 吴翔宇：《诸弟之乱与两代后族之争——兼论辽朝帝、后二族共治模式的形成》，《黑龙江民族丛刊》2018 年第 6 期，第 74 页。

② 《辽史》卷 1《太祖本纪上》，第 8、10 页。

③ 《辽史》卷 71《后妃列传·太祖淳钦皇后述律氏》，第 1320 页。

④ （宋）叶隆礼：《契丹国志》卷 13《后妃传·太祖述律皇后》，第 158 页。

⑤ 《新五代史》卷 72《四裔附录·契丹传》，北京：中华书局，2016 年，第 892 页。

⑥ （宋）司马光编著，（元）胡三省音注：《资治通鉴》卷 286《后汉纪一》，北京：中华书局，1976 年，第 9348 页。

朝，当立。由是忤旨。以党附东丹王，诏下狱，讯鞫，加以炮烙。不伏，杀之，籍其家”[①]。同谋的北院大王耶律洼，“隋国王释鲁孙，南院夷离堇绾思子”[②]。南院大王耶律吼，“六院部夷离堇蒲古只之后”[③]。显然，迭剌部北、南院大王拥立永康王（世宗），更多的是害怕述律平幼子李胡继位而已，史称：“若白太后，必立李胡。且李胡残暴，行路共知，果嗣位，如社稷何？”[④]姑且不谈李胡的残暴，若太后再次主导帝位传承，恐怕随之而来的是更大规模的政治迫害和后族权力再次膨胀，这恐怕也是诸多耶律权贵更加不想看到的。至于萧翰的“站队”问题，鉴于其养母被迫害致死，其与述律平的关系恐怕未必很好，站在耶律阮一边也许还能获得新的政治利益。

经历诸多波折才得以入继大统的世宗，幼年经历了诸多事情，对于后族势力的强大，其心目中应该有所感悟。世宗耶律阮生于 917 年，在其 10 岁时，爷爷阿保机去世，之后的“废长立次”，在他的心目中自然是历历在目。931 年其父耶律倍不堪忍受压力，浮海远走后唐，14 岁的耶律阮失去父亲的庇护，转而依附于二叔耶律德光。“太宗爱之如子”，恐怕是后世史官的溢美之词，以及为其“得国不正”掩饰，其内心的波澜可想而知，而主导这一切的恰恰又是其奶奶述律平及她背后的后族。因此，得位的耶律阮自然对这部分人不会有好感，也不允许他们染指权力的分配。加之，世宗之母并非述律平一系的嫡亲，其母柔贞皇后也非耶律倍的嫡妻，其出身恐怕不高，“尊母萧氏为皇太后，以太后族剌只撒古鲁为国舅帐，立详稳以总焉”[⑤]。又据《萧塔剌葛传》载：“太祖时，坐叔祖台哂谋杀于越释鲁，没入弘义宫。世宗即位，以舅氏故，出其籍，补国舅别部敞史。”[⑥]可知，世宗之母乃是因其家族有罪而籍没入弘义宫的罪人之后。也就是说，世宗所能依靠的母亲家的势力并不强大，因此要提升其母舅族的地位，建立国舅别部，以抗衡述律氏后族。有鉴于此，世宗自然不会重用与述律平有千丝万缕关系的萧翰，故萧翰谋反时仍旧是侍卫，并没有在拥立世宗后获得更多政治利益。

作为皇权背后的后族，无法站立在皇权的前台发号施令，只有左右皇位的更迭，进而提升自身家族的权势。而上述从太祖时代上演的诸多权力斗争，后族凌驾于皇权之上的压力，迫使契丹耶律权贵开始反扑，拥立世宗就是这种反扑的成果表现之一。但是辽朝皇权离不开后族权力的支持，世宗继位后似乎也意识到了这一点，于是在提升母舅家族地位的同时，也开始拉拢萧翰，天禄二年（948 年）将自己的妹妹阿不里嫁与萧翰，试图通过这种联姻缓和与拉拢萧翰，而不是给予其官位。显然，这不能满足萧翰的胃口，没能阻止萧翰勾结天德谋反。但世宗对谋反的萧翰相当宽容，释放了他。而更加让人费解的是嫁给萧翰的阿不里，在其夫谋反过程中提供帮助，这背后的因素到底如何，恐怕与世宗对于述律后族权力的制约和防范有关，代之国舅别部新后族实力崛起所导致的结

---

① 《辽史》卷 77《耶律安抟传》，第 1390 页。
② 《辽史》卷 77《耶律洼传》，第 1391 页。
③ 《辽史》卷 77《耶律吼传》，第 1388 页。
④ 《辽史》卷 77《耶律安抟传》，第 1391 页。
⑤ 《辽史》卷 5《世宗本纪》，第 72 页。
⑥ 《辽史》卷 90《萧塔剌葛传》，第 1496 页。

果。而萧翰在谋反过程中，真正的对手是耶律屋质。其为孟父房之后，世宗得位过程中为惕隐，负责宗族事宜，其与萧翰的矛盾由来已久，史称：“初耶律屋质以附太后被因，翰闻而快之，即因所谓曰：‘汝尝言我辈不及，今在狴犴，何也？’对曰：‘第愿公不至如此！’”①二人的对话，看似是二人之间的私人恩怨，但恰恰反映出契丹宗室权贵与后族的矛盾。之后，耶律屋质在揭发萧翰谋反的过程中，不遗余力，甚至得到了萧翰写给安端的书信，以此来使萧翰谋反坐实被诛。此书信颇值得怀疑，原因在于萧翰不去联系太宗系诸子，反而联合远在千里之外的东丹国主安端来谋反，岂不是舍近求远，自取其败？其深层次的原因，恐怕应该是世宗为了打击旧后族的势力，提升其母族的地位而做的事情，这一点从仅仅诛杀萧翰，而其勾结的对象安端并没有被严肃处理，就可以说明。

四、结　语

世宗朝的萧翰谋反，看似是因政治投机没有获得足够的权力分配造成的，而实际背后的深层次原因，涉及契丹宗室权贵与后族争权夺利的博弈。辽太宗在位期间未立其子为太子，而迫于其母述律太后的压力，立幼弟为皇太弟，是后族弄权的顶峰。逮至太宗南征石晋病死，军中诸将拥立太祖长子耶律倍之子阮，是对后族专权的一次反攻。得位不正的世宗所面对的是旧后族势力的压迫，不得不以依靠契丹宗室权贵，提升其母族地位来保其地位。作为旧后族的代表，萧翰自然在这场政治博弈中所获权力不够，转而开始谋反。通过对萧翰的处理，世宗既打击了旧后族的实力，又压制了部分宗室权贵，可以说是一举多得。但遗憾的是，世宗防范旧后族的时候，却忽略了对太祖诸弟后裔的防范，最终导致了“察割之乱”，被弑于归化州祥古山。帝系传承又到了无意于帝位的太宗子耶律璟身上，是为穆宗。穆宗一朝，为获得帝位，屡有谋反，最终景宗得位，辽朝诸宗室基本死走逃亡，景宗以耶律隆绪为太子，才结束辽朝帝位争夺的混乱局面。

作者简介：陈德洋（1979—　），男，山东临沂人，2010年毕业于吉林大学，获博士学位，现为曲阜师范大学历史文化学院副教授，硕士研究生导师，研究方向为中国史（辽金元方向）。

① 《辽史》卷113《逆臣列传中·萧翰》，第1656页。

再论西夏后族政治

——以权力整合为中心*

赵 坤[1] 李玉峰[2]

（1. 中山大学 历史学系，广东 广州，510275；

2. 内蒙古师范大学 民族学人类学学院，内蒙古 呼和浩特，010022）

摘 要：后族政治是西夏史研究的传统议题，西夏后族能够长期主政，缘于建国时王族与豪酋势力的实力对比，以及后续的权力整合：李继捧献土导致李继迁缺少本部族的力量支持，只能凭借李氏的政治影响力与豪酋大族联合，形成分权之势；李元昊称帝后，虽试图改制集权，却没有成功；后族主政时期，王族通过担任军职，逐渐掌握基层部族。王族被任用，主要与中央和地方豪酋的博弈，以及太后与外戚的分歧有关。后族执政时，逐渐推动中央集权，为王族推行封建化排除了障碍。仁孝时的任得敬专权，本质是功臣的擅权而非后族摄政，其失败标志着王族集权基本完成。剖析西夏后族政治，有助于深化对古代少数民族政权建构模式与权力整合的认识。

关键词：西夏；王族；后族；任得敬

中国古代的少数民族政权大多脱胎于军事部落联盟，君主则是拥有最强军事实力的部族领袖。他们凭借自身实力在战争中确立自己的地位，并在建国初形成王族对其他部族的政治优势。例如，阿保机统领的迭剌部是契丹最强的部族①，阿骨打则是继承了祖先经营数代的部落联盟②。而西夏在建国后不久，王族就被边缘化，数十年间均由后族主导

---

* 本文为中山大学中央高校基本科研业务费专项资金资助（2021qntd60）阶段性研究成果。

① 杨志玖：《阿保机即位考辨》，《中央研究院历史语言研究所集刊》第17本，上海：商务印书馆，1948年，第218页。

② 据《金史》记载，金朝建立前，已经形成了占据一定地域的部族势力。参见《金史》卷1《穆宗本纪》，北京：中华书局，1975年，第15页。

朝政，这在少数民族政权中是颇为罕见的。

后族政治是西夏史的热门议题之一，成果十分丰富。①前人主要关注后族具体的政治、军事活动，以及其对西夏封建化和宋夏关系所产生的影响，其中多数学者认为后族政治危害了西夏的政权稳定，阻碍了西夏的封建化进程。然而，后族政治结束后，以乾顺为代表的西夏王族就迅速掌握了政局，将西夏改造成以王族为核心的集权国家，说明在后族主政时期，王族已然有所准备。在此背景下，西夏如何从一元多政的格局转变为中央集权的国家体制，以往学界的探讨相对有限。②笔者不揣谫陋，试图从权力整合③的视角重新审视西夏后族政治，分析西夏建立政权和改革制度的特点，以求教于方家。

一、以名驭实：夏州政权建立的特殊模式

与其他少数民族政权一样，唐朝时拓跋氏在党项诸部族中"最为强族"，凭借其自身力量成为党项的领导者。④加之拓跋思恭通过参与对黄巢的战争，获得了唐朝的授封。⑤因此拓跋氏最初的统治权，是其强大的部族实力与中原王朝赋予的合法性相结合的产物。

然而，李继捧于太平兴国七年（982年）将五州献予宋朝。宋太宗命李氏缌麻以上亲人赴阙，将李氏的亲族几乎全部置于宋朝的管制之下。⑥此后，与继捧不睦的李克文、绥州刺史李克宪也相继入朝⑦，李氏部族骤然间失去了领导者。此时，仅携家人出奔地斤泽的李继迁想要建立政权，势必要召集旧部，恢复原有的部族实力。

（一）李继迁的第一次聚兵

据《续资治通鉴长编》记载，李继迁的第一次聚兵，是在地斤泽"出其祖彝兴像以示戎人"⑧。关于画像中的人物，胡玉冰根据《宋史》记载继迁的高祖是拓跋思忠，故而认同吴广成在《西夏书事》中记作"出其祖思忠像"的说法。⑨

不过，拓跋思忠在唐朝时就已战死，其子孙也未有显赫功勋，在拓跋李氏中影响力

---

① 相关研究主要有白滨：《论西夏的后族政治》，《民族研究》1990年第1期；顾吉辰：《西夏后妃制度考述》，《宁夏社会科学》1993年第2期；王德忠：《西夏的外戚专权及其影响》，《松辽学刊（哲学社会科学版）》2000年第2期。另外，西夏史方面的著作中也多有涉及西夏后族主政的内容，因数量较多，在此不做赘述。

② 前人对此的探讨主要关注党项族如何由部落制走向封建制，对地方豪族掌握实力与分权态势的论述，侧重于元昊建国之前的情况。相关成果有：杜建录：《论党项宗族》，《民族研究》2001年第4期；郑彦卿：《党项宗族与封建化进程探析》，《宁夏社会科学》2010年第3期。

③ 囿于材料，本文所探讨的权力，主要是指对西夏部族力量的掌控力，侧重于军事指挥权和由此产生的执政权力。

④ （唐）杜佑撰，王文锦等点校：《通典》卷190《边防六》，北京：中华书局，1988年，第5169页。

⑤ 《新唐书》卷221《西域列传上・党项》，北京：中华书局，1975年，第6218页。

⑥ 《宋史》卷485《外国列传一・夏国上》，北京：中华书局，1985年，第13984页。

⑦ （宋）李焘：《续资治通鉴长编》卷23，太平兴国七年十一月己酉条，北京：中华书局，1995年，第530页。

⑧ （宋）李焘：《续资治通鉴长编》卷25，雍熙元年九月条，第586页。

⑨ （清）周春著，胡玉冰校补：《西夏书校补》附录一《西夏书世记》，北京：中华书局，2014年，第1675页。

有限。[1]而李彝兴不仅是受到正式册封的定难军节度使，且历经数朝更替，多有战功，还曾受封王爵，在当地部族中具有很高的政治威望。[2]古人追溯先人，往往更重其功业名声，而未必一定是直系血亲。何况李继迁的口号是“我李氏子孙，当复兴宗绪”，强调的是李氏家族的政治影响力，地位崇高、功勋显赫的李彝兴，显然更具有号召力。

值得注意的是，李彝兴在位时正值五代时期，他接受不同朝代的册封，淡化了中原政权对李氏统治合法性的决定性作用。后唐明宗就曾言：“夏、银、绥、宥等州，最居边远，久属乱离，多染夷狄之风，少识朝廷之命。”[3]说明李氏的领导地位已经由正统王朝的授权逐渐演化为血缘的世袭，中原王朝的册封仅是承认现状，而不再具有决定性意义。李氏名号所蕴含的政治合法性，是李继迁号召部众最主要的政治资本。

然而，这次聚兵所召集的部众十分有限。据《续资治通鉴长编》记载，此次聚兵仅“族帐稍稍归附”，且从曹光实攻陷地斤泽的战绩来看，参战人数较少。而李继迁“仅以身免”[4]，本部势力丧失殆尽。

（二）李继迁的联姻与臣辽

地斤泽之役的失败，表明李氏的号召力尚不足以集结割据一方的人马。故而李继迁开始通过联姻的方式来获取豪酋大族的支持，同时吸引其他部族归附。[5]在联合豪族时，李继迁仍然标榜自己继承了李氏的合法性地位，并以此作为领导豪族势力的法理依据。李氏名号的合法性与豪酋的部族力量相结合，奠定了李继迁建立夏州政权的基础。

同时，李继迁还寻求辽朝的册封与赐婚，进一步强化自己的政治地位。[6]据《西夏书事》记载，“及契丹妻以公主，羌部慑服，输牲畜者日众”[7]，应为当时情况的真实写照。在与宋朝敌对的状况下，李继迁借助辽朝的支持，招揽蕃部，扩充实力，进一步强化了自己在政治名分上的优势。

吴广成认为，李继迁“兵力未足，而使戎落之众悉为己用，是弱能假强，寡能假众也”[8]。继捧献土，使李继迁未能掌握拓跋（李）氏的部族力量；招募的部众不仅数量有限，还在战争中折损殆尽，失去了以优势武力统领其他部族的可能。然而，拓跋李氏较早向中原王朝输诚，得以长期治理西北地区，并树立了李氏在当地民众中的声望，使李

① 《宋史》卷485《外国列传一·夏国上》，第13985页。
② 《旧五代史》卷132《世袭列传·李彝兴》，北京：中华书局，1976年，第1749页。
③ 《旧五代史》卷132《世袭列传·李彝超》，第1747页。
④ （宋）李焘：《续资治通鉴长编》卷25，雍熙元年九月条，第586页。
⑤ 《宋史》卷485《外国列传一·夏国上》，第13986页。拓跋（李）氏与党项大族的联姻由来已久，如李彝谨、李仁宝、李光琇、李光睿等人都曾迎娶雪山党项的大族破丑氏之女，参见杜建录：《党项西夏碑石整理研究》，上海：上海古籍出版社，2015年，第58页。
⑥ 《辽史》卷115《二国外记·西夏》，北京：中华书局，1974年，第1524—1525页。关于李继迁请辽朝册封的原因，杨浣从当时的政治环境考虑，指出夏州政权的实力不足以对抗宋朝谋求统一的进程，因此依靠能与宋朝抗衡的辽朝是其谋求独立的唯一方法。但是就当时夏州政权的内部而言，辽朝册封作为政治合法性的象征意义，显然要大于其在对宋战争中的支持作用。参见杨浣：《辽夏关系史》，北京：人民出版社，2010年，第86页。
⑦ （清）吴广成撰，龚世俊等校证：《西夏书事校证》卷4，兰州：甘肃文化出版社，1995年，第51页。
⑧ （清）吴广成撰，龚世俊等校证：《西夏书事校证》卷3，第40—41页。

继迁还可以凭借家族的号召力与有实力的豪族联姻，获得他们的支持。

质言之，李继迁建立夏州政权的军力基础，是与其联姻的豪族所提供的“嫁妆”，而他本人主要依靠政治名分，以及在战争中积累的威望来维持领导地位，呈现出一种“以名驭实”的政治局面。德明继位后，继续寻求辽、宋两国的册封，维护李氏的统治地位，并以分配宋朝给予的物资作为约束各部族的手段。[①]不过，正是李氏这种“名不副实”的统治形式，隐含了部族势力崛起，尤其是后族挑战王权的不安定因素。

二、权力博弈：王族掌兵与后族主政

元昊称帝建国，使嵬名王族[②]的政治地位获得了空前的提升，但对部族军事力量的掌控却没有显著的改善[③]，这就导致西夏王族和豪酋之间形成了对立与合作并存的关系。元昊虽然试图扭转地方分权的态势，但其突然去世，后族与豪酋势力结合，扶持幼主继位，使王族在西夏的权力结构中处于边缘地位。后族主政时期，王族、后族和地方豪酋三股势力在与宋朝长期战争的背景下彼此竞合，其中后族作为中央的实际掌控者和豪酋势力的代表，在王族和地方部族之间反复平衡，逐渐改变了西夏的权力格局。

（一）改制与用兵：元昊的集权措施

西夏的部族民众往往只认首领，不认官府。[④]因此，元昊继位后，一方面通过改革制度来明确君臣分际，突出王族崇高的政治地位，这在军事管理方面表现得尤为明显。元昊称帝前，“每举兵，必率部长与猎，有获，则下马环坐饮，割鲜而食，各问所见，择取其长”[⑤]，其与部落酋长并没有明显的等级差异；改制后，元昊以军法管束部族，并“发兵以银牌召部长面受约束”[⑥]，君臣地位有了明显的变化。此外，诸如设立官僚制度、改姓嵬名等措施，也都反映出元昊强化王族权威的意图[⑦]。不过，制度层面的革新，无法改变地方豪酋据有实权的现状。在地方建制上，元昊“置十二监军司，委豪右分统其众”[⑧]，表面上将部族势力纳入集权国家的行政体制中，明确了朝廷对地方的统属关系，实际上则是对豪酋首领掌握本部族军事力量的认可[⑨]。

---

① 马旭俊、杨军：《李德明“臣宋”意图考——兼论“游牧”党项的抉择》，《北方文物》2017年第2期。

② 元昊袭封后，将拓跋氏改为嵬名氏，参见彭向前：《元昊改姓考》，《青海民族大学学报（社会科学版）》2013年第2期。

③ 郑彦卿：《党项宗族与封建化进程探析》，《宁夏社会科学》2010年第3期。

④ 杜建录：《论党项宗族》，《民族研究》2001年第4期。

⑤ 《宋史》卷485《外国列传一·夏国上》，第13993页。

⑥ 《宋史》卷485《外国列传一·夏国上》，第13995页。

⑦ 陆宁：《元昊定制浅析》，《西北第二民族学院学报（哲学社会科学版）》2000年第4期；彭向前：《元昊改姓考》，《青海民族大学学报（社会科学版）》2013年第2期。

⑧ 《宋史》卷485《外国列传一·夏国上》，第13994页。

⑨ 汤开建认为，西夏军队没有明显的中央兵和地方兵的区别，可以认为西夏初期的军队就是各监军司首领所掌握的部族兵。参见汤开建：《近几十年国内西夏军事制度研究中存在的几个问题》，《宁夏社会科学》2002年第4期。

另一方面，元昊凭借对外战争屡屡获胜来提升自己的威望，并通过军事集结的方式加强对部族势力的控制[①]，甚至刻意制造西夏与北宋的对立来强化内部的凝聚力[②]。但这种手段只能用于一时，并且元昊在此期间诛杀了许多反对自己的部族首领，引起了部族势力的不满。[③]

元昊用兵主要依靠的还是豪酋部族，其中尤以后族野利氏为最。后族野利氏在"掌军国之政"的四个谟宁令职位中占据了三个名额——野利旺荣、刚浪凌（遇乞）和仁荣[④]，野利旺荣和刚浪凌还分管两厢军务，执掌重兵。[⑤]据《西夏书事》记载，野利兄弟被杀之后，西夏"自此君臣相猜，至不能军"[⑥]，其在部族中的威望可见一斑。既然元昊的军事活动需要部族的配合，势必会有所顾忌，集权的目标也难以实现。

元昊试图将西夏改造成中央集权的封建体制，但仅凭改制和用兵无法从根本上扭转嵬名王族和西夏朝廷对地方部族的相对劣势。元昊死后，继承人选并没有按照其遗愿，而是由没藏讹庞和几个豪酋首领自行议定的，没有王族成员参与其中。惈移赏都甚至提出由没藏讹庞接任国主的建议[⑦]，足见缺少组织力量的王族在当时的政治决策中基本丧失了话语权。

（二）出任军职：王族掌控部族军队的方式

拓跋（李）氏以亲族担任军职，可以追溯到定难军政权时期[⑧]，元昊也是凭借攻克甘、凉的军功而被李德明确立为继承人的[⑨]。因此建国后，元昊也擢升王族成员担任军政要职。例如，元昊从父山遇惟亮意图降宋前，与其弟山遇惟永分掌西夏左右厢兵马[⑩]，据范仲淹的说法，山遇惟亮所掌兵马至少有精兵八万，颇具实力。[⑪]元昊时期的谟宁令中，也有王族出身的嵬名山。[⑫]谅祚亲政后，还曾委任熟稔军务的族叔嵬名浪遇执掌国政。[⑬]

不过，即便担任高级军职，也未必能够完全掌控部族军队。例如，山遇惟亮欲降

---

① 吴天墀：《西夏史稿》，北京：商务印书馆，2010 年，第 45 页。

② 范纯粹就认为："昔元昊叛时，虽数遣人求和，而故为悖慢难从之议，朝廷既不从，则语众曰：'我求罢兵而南朝不许。'用此以归怨激众，众战咸力。"（宋）李焘：《续资治通鉴长编》卷 466，元祐六年九月辛亥条，第 11136 页。

③ （宋）司马光撰，邓广铭、张希清点校：《涑水记闻》卷 12，北京：中华书局，1989 年，第 220 页。

④ （宋）司马光撰，邓广铭、张希清点校：《涑水记闻》卷 5，第 88 页；（清）吴广成撰，龚世俊等校证：《西夏书事校证》卷 16，第 186 页。

⑤ （宋）陈均编，许沛藻等点校：《皇朝编年纲目备要》卷 11，北京：中华书局，2006 年，第 244 页。

⑥ （清）吴广成撰，龚世俊等校证：《西夏书事校证》卷 17，第 197 页。

⑦ （宋）李焘：《续资治通鉴长编》卷 162，庆历八年正月辛未条，第 3902 页。

⑧ 陈玮：《西夏番姓大族研究》，兰州：甘肃文化出版社，2017 年，第 162—173 页。

⑨ （宋）田况撰，张其凡点校：《儒林公议》卷上，北京：中华书局，2017 年，第 13 页。

⑩ （宋）李焘：《续资治通鉴长编》卷 122，宝元元年九月己酉条，第 2880—2881 页。

⑪ （宋）李焘：《续资治通鉴长编》卷 130，庆历元年春正月丁巳条，第 3079 页。

⑫ （宋）司马光撰，邓广铭、张希清点校：《涑水记闻》卷 5，第 88 页。

⑬ 据《梦溪笔谈》记载："秉常之世，执国政者有嵬名浪遇，元昊之弟也，最老于军事，以不附诸梁，迁下治而死。"嵬名浪遇因不附梁氏家族而遭贬黜，其受重用当不在秉常一朝，应始于谅祚时期。（宋）沈括撰，金良年点校：《梦溪笔谈》卷 25《杂志二》，北京：中华书局，2015 年，第 241 页。

宋，却只能携亲眷投靠[①]；嵬名山在元昊时期为谟宁令，却未见参与军务的记载，统领军队的主要是野利兄弟[②]；而嵬名浪遇在梁氏主政后就遭到排挤、贬黜，毫无还手之力。可见，这些王族仅是名义上的军事主官，并没有实际掌握兵权。

不过，在之后的宋夏战争中，嵬名妹精嵬（统军）、嵬名济乃（西南都统）、嵬名阿埋（统军）、嵬名律令（南路都统）等王族宗室成为在前线指挥的将领，且颇有战功。[③]统军是西夏的高级军事职官，可分为常设官和战时任命，其中常设官还包括各监军司的长官[④]；都统是总领一路军队的军事长官。这就为王族在战场上建功立业，逐渐掌握指挥军队的实权提供了机会。例如，嵬名阿埋被称为“西羌之桀黠”，“有智谋，能厮杀，羌人最为得力者”，成为宋朝颇为重视的对手。[⑤]

此外，王族将领在统领部族军队的同时，也有在基层组织逐步扩大影响力的可能。例如，统领绥州部族的嵬名山，《宋史》记载随其降宋的共有“酋领三百、户万五千、兵万人”，是拥有相当实力的将领。[⑥]嵬名山表示自己不仅“举族来归，且言可率他族内附”[⑦]，说明其在当地部族中已经有较强的影响力。

值得注意的是，嵬名山降宋的原因，主要是谅祚将其辖下部众迁往兴州而引起了他的不满。种谔就指出：“谅祚累年用兵，人心离贰，尝欲发横山族帐尽过兴州，族帐皆怀土重迁，以故首领嵬名山者结绥、银州人数万，共谋归顺。”[⑧]不过，将夏宋边境的横山部众调往内地的京畿地区，显然不是出于对宋用兵的考量。结合谅祚增加和调整监军司驻军地点，以此来加强中央对地方统治的策略[⑨]，这种调动应是为了便于就近掌控部族军队，减少中央与地方部族的兵力差距，并通过派遣王族将领的方式析分豪酋首领对部众的控制权。可见谅祚也有集中兵权的想法，并采取了相应的举措，只是其亲政时日太短，施政又过于操切，未见成效。

自谅祚到乾顺初期，《续资治通鉴长编》中都有嵬名王族担任军职的记载，可见后族主政也没有阻止王族成员掌兵。而王族将领对地方部族的经营也颇有成效。譬如宋崇宁三年（1104年），久据西南部落，曾与梁氏分掌两厢兵力的仁多氏首领仁多保忠欲归附北

① 山遇惟亮降宋的情况，文献记载不一。据《续资治通鉴长编》记载，山遇惟亮降宋时，其母不愿拖累而留下，显然投靠的人数很少；而《宋史·郭劝传》载“元昊将山遇率其族来归”；《西夏书事》则言其携妻子亲属二十余人降宋。但从山遇惟亮被宋臣拒绝后旋即被元昊所杀来看，应该没有军队的支持，《宋史》中的“率族”或是取家族之意。（宋）李焘：《续资治通鉴长编》卷122，宝元元年九月庚子条，第2880—2881页；《宋史》卷297《郭劝传》，第9893页；（清）吴广成撰，龚世俊等校证：《西夏书事校证》卷12，第147—149页。

② （宋）李焘：《续资治通鉴长编》卷138，庆历二年十二月条，第3330页。

③ 《宋史》卷16《神宗本纪》，第307页；《宋史》卷486《外国列传二·夏国下》，第14012页，原文作“嵬名济”，据《党项西夏名物汇考》改，参见彭向前：《党项西夏名物汇考》，兰州：甘肃文化出版社，2017年，第46页；（宋）李焘：《续资治通鉴长编》卷504，元符元年十二月壬辰条，第12017—12018页；（宋）李焘：《续资治通鉴长编》卷506，元符二年二月戊子条，第12059页。

④ 陈瑞青：《西夏“统军官”研究》，《宁夏社会科学》2016年第1期。

⑤ （宋）李焘：《续资治通鉴长编》卷504，元符元年十二月壬辰条，第12018页。

⑥ 《宋史》卷335《种世衡传附种谔传》，第10745页。

⑦ （宋）曾肇：《曾太师公亮行状》，（宋）杜大珪编：《名臣碑传琬琰之集》中集卷52，《景印文渊阁四库全书》第450册，台北：台湾商务印书馆，1986年，第621页上栏。

⑧ 汪圣铎点校：《宋史全文》卷10《宋英宗》，北京：中华书局，2016年，第628页。

⑨ 彭向前：《谅祚改制考论》，杜建录主编：《西夏学》第1辑，银川：宁夏人民出版社，2006年，第49—54页。

宋，却“下无附者”[①]，这与嵬名山降宋时的情况形成了鲜明的对比，可见此时的豪酋首领对部众的掌控力已大不如前。而早在元丰五年（1082年）嵬名济乃就曾担任西南都统，还曾率领仁多保忠之父仁多唛丁与宋军交战。[②]虽然间隔时间较长，但西夏朝廷对基层部族的管控能力确实得到了极大的提升。

（三）内外交困：后族执政的政治困境

后族主政时期是西夏政治发展的重要阶段，不仅持续时间长，而且对西夏政治体制的改造起到了重要的作用。如果说元昊时期西夏内部的主要问题在于中央集权和地方势力之间的博弈，后族是王族的政治伙伴，那么后族主政就要面对王族和地方豪酋两方的压力，施政的难度更大。[③]总体而言，后族面对的问题主要有以下两个：

第一，地方豪族的分权。元昊死后，没藏氏一族主政，没藏讹庞虽然是大族首领，却也无力改变地方豪酋的分权态势。[④]故其既不自立，也未尊奉元昊遗命，而是拥立年幼的谅祚继位，使没藏一族借太后之名获得执政的合法性，提升自己的政治地位，在一定程度上实现了名与实的统一。

秉常继位之初，梁氏家族一方面利用太后的合法性主政，另一方面联合都罗马尾、罔萌讹等大族代表共理朝政。不过，不同于没藏氏主政时豪族的裂土分治，这种联合只是分工执政，罔氏更是“以昵幸进”[⑤]。然而，由于梁太后囚禁秉常，削弱了后族的合法性优势，为宋朝的进攻提供了名分。此时宋朝得到的消息是秉常已经被杀，梁氏一族掌握兵权，“大酋数辈各怀去就，上下汹乱，兴州左右新旧行邪造逆之臣与秉常故时亲党，各拥兵自固”[⑥]。虽然事后证明消息有误，但地方豪酋和秉常亲党对梁氏擅权的不满恐非虚言，这从元丰之战中梁氏族人的参战情况可见一斑。

从史料来看，除梁乙埋亲自统军之外，梁永能、梁格嵬、梁讫多埋等出身梁氏的将领均在一线作战[⑦]，虽然他们战果不佳，但各路豪酋在此战中也罕有表现，可见确实没有积极参战。当然，梁氏一族集中兵权也是原因之一。到乾顺继位，梁乞逋执政时，兵权已经高度集中：

> 今夏国酋豪，惟梁氏一门而已，凡其中外亲党，靡不持权用事，方叶心同恶，共有深谋，一切闲言固未可入。其余首领，虽幸存者，彼皆置之散地，于国事、兵

---

① 《宋史》卷486《外国列传二·夏国下》，第14019页。

② （清）徐松辑，刘琳等校点：《宋会要辑稿》兵14之19，上海：上海古籍出版社，2014年，第8889页。

③ 王德忠：《西夏的外戚专权及其影响》，《松辽学刊（哲学社会科学版）》2000年第2期。

④ 《宋史·程琳传》载：“元昊死，谅祚立，方幼，三大将分治其国。议者谓可因此时，以节度使啖三将，使各有所部分，以弱其势，可不战而屈矣。”宋朝以节度使之职招诱，可见三将中并无身居国相高位的没藏讹庞，应是其他强宗豪族。《宋史》卷288《程琳传》，第9676页。

⑤ （宋）沈括：《梦溪笔谈》卷25《杂志二》，第241页。

⑥ （宋）李焘：《续资治通鉴长编》卷312，元丰四年四月壬申条，第7566页。

⑦ （宋）李焘：《续资治通鉴长编》卷312，元丰四年四月壬申条，第7566页；（宋）李焘：《续资治通鉴长编》卷317，元丰四年十月乙丑条，第7678页。

权无得干预……许其管勾人马者，不过如威明特克济、沙克星多、贝中彻辰之类三数人而已。①

各地豪酋大多失去了权力，原本分散的兵权逐渐集中到几个人手中。这一集权的具体过程史无明载，但从梁太后攻宋时“籍境内蕃众七十以下、十五以上悉为兵”②的做法来看，应是频繁的战争造成了大量的人员伤亡，削弱了部族的实力。而西夏朝廷可以根据全国的丁口情况征兵，说明中央已经能够较为充分地掌握各部族的信息。③梁氏主政时期，兵权逐渐集中于以梁氏家族为首的朝廷，豪酋势力则在长期的战争中逐渐衰弱，中央与地方豪酋分权的局面已经基本结束。

第二，王族与后族的博弈。王族既是后族在政治斗争中的主要对手，也是其合作的对象，如上文提到的擢用王族成员担任军职。安焘在元祐二年（1087年）曾指出，嵬名阿吴等王族酋帅是梁氏主政的威胁：

其酋长善用兵者，如嵬名阿吴辈，皆秉常族党，多反侧顾望。不若有以离间之，彼阿吴等既不自安，一旦得领重兵，焉知其不回戈以复仇梁氏。④

既然宋人都意识到了这些王族首领已然成为梁氏统治的隐患，那为何梁氏还会让嵬名王族掌握兵权？这恐怕与后族所面临的政治困局有关。范纯粹指出：

彼梁氏者，亦虽有窃据之渐，然犹须挟立威明氏之子以临其众者，盖知国人不附，而诸酋尚可畏也。彼心有所图，而事有未谐，旁有所畏，而众不为用。⑤

范纯粹认为梁氏既缺少篡位自立的威望，也没有能压服豪酋的实力，因此仍需借嵬名氏的名义执政。而任用具有合法性优势且能够分割豪酋军权的王族将领，不仅能够重建王族与后族的合作关系，也能在一定程度上消解地方部族对中央的对抗情绪。当然，王族势力的发展并非梁氏所希望的结果。梁乞逋为相时，频繁对宋用兵，就是试图凭借军功挑战王族的合法性地位，以便取而代之。⑥

然而，梁乞逋的这一做法不仅威胁了王族的地位，也与小梁太后产生了矛盾。《西夏书事》记载：“（梁乞逋）潜谋篡夺，刑赏自专，梁氏亦为所制。……环庆之役，梁氏自将，不使与兵政，乞逋不悦，叛状益露。”⑦不过，梁氏既然被梁乞逋所制，又如何能够阻止其掌兵？这一说法恐有不实。但是诛杀梁乞逋的仁多保忠等豪酋不仅未受小梁太后的惩处，还仍然保有兵权，说明小梁太后对此事应是持默认态度。而在梁乞逋死后，小

---

①（宋）李焘：《续资治通鉴长编》卷407，元祐二年十二月丁未条，第9916页。

②（清）吴广成撰，龚世俊等校证：《西夏书事校证》卷22，第258页。

③ 史金波指出，西夏户籍以“迁溜”为单位管理，可能与西夏部族兵被称作“溜”的组织形式有关，参见史金波：《西夏户籍初探——4件西夏文草书户籍文书译释研究》，《民族研究》2004年第5期。

④（宋）王称撰，孙言诚、崔国光点校：《二十五别史·东都事略》卷96《安焘传》，济南：齐鲁书社，2000年，第821页。

⑤（宋）李焘：《续资治通鉴长编》卷407，元祐二年十二月丁未条，第9916页。

⑥（宋）李焘：《续资治通鉴长编》卷466，元祐六年九月辛亥条，第11136页。

⑦（清）吴广成撰，龚世俊等校证：《西夏书事校证》卷29，第338页。

梁太后往往亲自领兵，并且任用嵬名革宁、嵬名安惠等王族将领。①

实际上，西夏的太后是后族执政合法性的象征，但是与外戚的立场也存在一定的对立。例如，没藏太后曾责备没藏讹庞侵耕屈野河一事，甚至传出了讹庞谋杀太后的说法②；仁孝时期的太后任氏也极力劝阻其父任得敬擅权③。究其原因，除了个人品性，恐怕还与太后的双重身份有关。太后既代表王族行权，又依仗后族执政，一旦外戚的实权超越了王权的合法性，太后双重身份的平衡将被破坏，其政治合法性也就此失去意义，这显然不符合太后本人的利益。因此，后族虽然能够通过太后掌握政权，却也因太后的存在而难以打破王族的统治地位。当外戚威胁到政局稳定时，太后与王族的利益趋于一致，与王族合作成为其必然的选择。

值得注意的是，尽管后族长期主政，辽、宋作为宗主国却始终表现出对西夏王族的支持。除了对西夏君主的册封，诸如宋神宗以为秉常报仇的名义攻伐西夏④；辽朝因言辞轻慢而鸩杀小梁太后，终结了西夏的后族政治⑤。当然这也与后族为了表现自己的功绩，屡屡横挑强邻，激怒辽、宋君主有关。在这种政治环境下，后族想要取代王族更加困难。

后族主政期间，西夏地方豪酋势力逐渐衰弱，兵权日益集中于朝廷。⑥正如上文所述，西夏王族对军事力量的掌握先天不足，想要集权困难较大。而后族一方面将中央和地方的矛盾归于己身，以朝廷的名义，凭借本部族的力量推动集权；另一方面任用王族掌兵，给王族发展提供了空间。西夏的后族政治，客观上促进了政权的封建化进程，为王族全面掌权扫除了障碍。

三、王权至上：任得敬专权的性质解析

在以往的研究中，任得敬往往被纳入后族外戚的范畴进行探讨。⑦李蔚则指出任氏非党项大族，任后对其父专权也不支持。他认为任得敬是利用仁孝的软弱，趁机攫取了政治利益。⑧不过，仁孝继位时已经十六岁⑨，其在位期间正是西夏的鼎盛时期，显然并非暗弱无能之人。而且纵观任得敬的掌权过程，与西夏初期的没藏氏、梁氏存在明显差

① 安北江：《〈中国藏西夏文献·西夏陵残碑卷〉汉文残碑相关问题考论》，《宁夏师范学院学报》2018年第6期。

② （清）吴广成撰，龚世俊等校证：《西夏书事校证》卷19，第227页；（宋）李焘：《续资治通鉴长编》卷184，嘉祐元年十二月甲子条，第4462页。

③ （清）吴广成撰，龚世俊等校证：《西夏书事校证》卷37，第437页。

④ 《宋史》卷486《外国列传二·夏国下》，第14011页。

⑤ （宋）李焘：《续资治通鉴长编》卷506，元符二年四月甲申条，第12055页。

⑥ 据刘双怡分析，西夏部族制的组织结构始终没有明显变化，因此西夏朝廷对兵权的掌控应是对指挥层面的渗透，这也符合王族、后族大量担任领军军职的情况。参见刘双怡：《以“抄”为例再探西夏社会性质与结构》，杜建录主编：《西夏学》第21辑，兰州：甘肃文化出版社，2020年，第33—41页。

⑦ 白滨：《论西夏的后族政治》，《民族研究》1990年第1期；顾吉辰：《西夏后妃制度考述》，《宁夏社会科学》1993年第2期；王德忠：《西夏的外戚专权及其影响》，《松辽学刊（哲学社会科学版）》2000年第2期；白雪：《西夏后期的后族与政治》，兰州大学硕士学位论文，2008年。

⑧ 李蔚：《简明西夏史》，北京：人民出版社，1997年，第244页。

⑨ 《宋史》卷486《外国列传二·夏国下》，第14024页。

异，主要有以下两点：

（一）任得敬是因军功而受封，其权力来自君主

任得敬的履历，主要见于《西夏书事》。任得敬降夏时，“乾顺命权知州（西安州）事”。乾顺纳任氏为妃，任得敬被授予静州防御使一职。任氏被立为后，任得敬父凭女贵，被擢为静州都统军。[①]乾顺时期的任得敬未见突出功绩，其职位的擢升主要是因为乾顺对其女任氏的恩宠。

仁孝继位之初，国内局势并不稳定，“其臣屡作乱，任得敬抗御有功”[②]，尤其是其迅速击溃了萧合达的叛军，被授以翔庆军都统军，封西平公[③]。此时的西夏缺少善战的军事人才，任得敬既有才具，又是外戚，自然受到仁孝的重视。之后任得敬谋求入朝任职，最终成为西夏国相。[④]天盛十二年（1160 年），任得敬被封为楚王[⑤]，此后还被冠以“太师上公总领军国重事秦晋国王”的头衔[⑥]，权势达到顶点。

任得敬虽然晋升很快，位极人臣，但依仗的是军功和仁孝的宠信。他入朝、拜相乃至封王的每一步，都是出自仁孝的意愿。这显然与凭借太后获得执政合法性、擅权自专的后族豪酋不同。

（二）任氏的实力有限，不足以威胁王族的地位

《金史·西夏传》载：“（任得敬）相夏国二十余年，阴蓄异志，欲图夏国，诬杀宗亲大臣，其势渐逼，仁孝不能制。”[⑦]但实际上，无论是任得敬的自身实力，还是其专权过程中仁孝的应对措施，都表明任得敬并不能威胁仁孝的统治。

任得敬原为宋朝的西安州判，其地位相当于一方酋帅。[⑧]但西安州的总兵力不足万人[⑨]，任得敬的外族身份也难以获得其他党项部族的支持。例如，御史大夫热辣公济就曾言其“虽属懿亲，非我族类，能保其心之不异乎？”[⑩]更何况仁孝对任得敬也并非言听计从。任氏提出废除学校的主张，仁孝虽未给予直接回应，却在不久后设立翰林学士院，明确表达自己崇儒的态度。[⑪]

再者，仁孝虽然重用任氏族人，但同时也任用忠于王事、不攀附任得敬的重臣进行

---

① （清）吴广成撰，龚世俊等校证：《西夏书事校证》卷 35，第 402—403 页。
② 《金史》卷 134《外国列传上·西夏》，第 2869 页。
③ （清）吴广成撰，龚世俊等校证：《西夏书事校证》卷 35，第 407—408 页。
④ （清）吴广成撰，龚世俊等校证：《西夏书事校证》卷 36，第 422 页。
⑤ 《宋史》卷 486《外国列传二·夏国下》，第 14025 页。
⑥ 史金波：《西夏“秦晋国王”考论》，《宁夏社会科学》1987 年第 3 期，第 72 页。
⑦ 《金史》卷 134《外国列传上·西夏》，第 2869 页。
⑧ 马旭俊、杨军：《论西夏蕃、汉礼之争的本质——以“任得敬”为个案研究》，《西北民族大学学报（哲学社会科学版）》2016 年第 4 期。
⑨ 《宋会要辑稿》载：“西安州戍守共以七千人为额，仍招集马军蕃落一指挥，步军保捷一指挥。”（清）徐松辑，刘琳等校点：《宋会要辑稿》方域 18 之 20，第 9640 页。
⑩ （清）吴广成撰，龚世俊等校证：《西夏书事校证》卷 36，第 417 页。
⑪ （清）吴广成撰，龚世俊等校证：《西夏书事校证》卷 36，第 424—425 页。

制衡。例如，任得敬之侄任纯忠被任命为枢密副都承旨，而“守正不阿”“面斥其奸”的焦景颜则兼任枢密都承旨[①]，成为任纯忠的上司。足见仁孝对任氏并非一味放任，而是有所制衡。

此外，任得敬谋求分国，遭到金世宗的拒绝后，仁孝在没有借助外力的情况下[②]，数月间就将任氏一族彻底消灭[③]，其党羽任得聪、任得仁等被郡王嵬名仁友诱捕[④]，表明仁孝完全能够动员国内的力量平叛。且据杨浣考证，任得敬的分国范围，主要是以卓啰和南监军司及西寿保泰监军司为主的部分地区，面积约占西夏领土的十分之一。[⑤]这一地区是西夏、金、吐蕃的交界地带，任得敬在此立国，固然是控制了极具战略意义的通衢之地，但从其领土面积和军事功能来看，充其量只是一个握有实权的地方藩镇，并不足以动摇西夏君主的统治。

综上所述，尽管任得敬是仁孝嫡母的父亲，但其权力来源和政治实力都与以往后族专权的情况不同。他是由功臣转变为权臣的，而非以外戚的身份掌权。且任德敬的政治活动并未脱离仁孝的掌控，自然无法挑战王族的地位，这与以往后族豪酋压制王族的情况截然相反。任得敬谋叛失败，表明此时西夏朝廷已经掌握实权，足以应对国内的变故，维护王族的统治地位。任得敬的失败，标志着西夏王族已经完成了权力的整合与集权国家的制度建设。

四、结　　语

张星久在解读古代后妃政治时指出，暴力的强制性和意识形态的合法性是政治统治的必要条件，且两种手段互为消长、呈负相关关系。[⑥]西夏王族由于先天缺少使用暴力强制性的条件，只能扬长避短，利用祖先崇拜和中原册封不断强化自身的合法性，并通过联姻等方式团结部族势力。

元昊虽然试图从制度和军事层面推行中央集权，但其对豪酋部族的依赖性导致其未能实现目标。而在后族主政、宋夏攻伐的过程中，王族通过担任军职逐渐掌握部族军队的指挥权，并且削弱了豪酋对部族的掌控力。中央与地方部族的利益冲突，也将豪酋势力矛盾的焦点从王族转向了后族，为王族的逐步发展提供了空间。后族出于维护自身统治的目的推动中央集权，为西夏的封建化扫除了障碍。到仁孝时期，西夏王族的权力整合基本完成，任得敬虽然一度专权，却最终在仁孝的应对下迅速失败，进一步彰显了西夏王权的稳固。

① 《金史》卷 61《交聘表中》，第 1418、1420—1421 页；（清）吴广成撰，龚世俊等校证：《西夏书事校证》卷 37，第 430 页。

② 据《金史 · 西夏传》记载，金世宗曾言：“若彼不能自正，则当以兵诛之，不可许也。”但文献中并无金朝出兵平定任得敬之事的记载，应是西夏内部自行平叛。《金史》卷 134《外国列传上 · 西夏》，第 2869 页。

③ 《金史》卷 61《交聘表中》，第 1428 页。

④ （清）吴广成撰，龚世俊等校证：《西夏书事校证》卷 39，第 457 页。

⑤ 杨浣：《任得敬分国地界考》，《历史教学（下半月）》2015 年第 11 期。

⑥ 张星久：《母权与帝制中国的后妃政治》，《武汉大学学报（社会科学版）》2003 年第 1 期。

林鹄在讨论辽朝治理汉地的措施时提出，除模仿汉制外，少数民族政权有无可能从本土政治资源中产生合适的制度？[①]从西夏政权的发展轨迹来看，不仅推行汉制、中央集权制度需要结合自身的情况具体分析，少数民族政权的建立与发展模式也并非千篇一律。后族政治的长期存在，是西夏实现集权统治的必经过程，此类案例也是探索少数民族政治体制建构时值得关注的一环。

作者简介：赵坤（1990— ），男，江苏南京人，现为中山大学历史学系博士后，主要研究方向为宋代数学文化、黑水城文献与西夏学；李玉峰（1991— ），女，河南洛阳人，博士，现为内蒙古师范大学民族学人类学学院讲师，主要研究方向为西夏史、美术考古。

---

① 林鹄：《南望：辽前期政治史》，北京：生活·读书·新知三联书店，2018年，第9页。

金朝皇帝与朝臣的信息博弈

——以尚书左右司和近侍局为中心

袁　成

（吉林大学　文学院，吉林　长春，130012）

摘　要：金朝在制度上相继创立了两条不同的信息渠道：一个是以尚书左右司为代表的外廷系统，另一个是以近侍局为代表的内廷系统。由于左右司所处信息传递的关键性位置，以及其存在操纵信息传递的问题，自世宗朝始，近侍局介入原属于左右司负责信息沟通之职事，成为皇帝掌控内外信息、规避外廷朝臣干预皇权的专制统治工具。在这之后，左右司在政务运作中信息沟通的作用逐渐减弱。与此同时，为防止"塞言路"，除左右司和近侍局外，皇帝还将御史台、谏院、登闻检院、登闻鼓院和提刑司（按察司）等机构作为信息收集的重要渠道。至金朝后期，政治上的腐败使近侍局在信息传递过程中渐渐占据主导地位，以宰执为首的外廷朝臣虽与之进行了多次抗争，但均以失败告终。

关键词：金朝；左右司；近侍局；信息渠道

信息沟通与国家政治运作密切相关，在中央和地方的信息沟通方面，合理的信息渠道有利于国家政治的运作。反之，畸形的信息渠道不利于国家政治的运作。对于信息沟通问题的研究，是全面深入剖析金朝皇权政治特征的重要途径。与唐、宋等其他朝代相比，近些年来金朝信息沟通问题的研究略显薄弱，仅对尚书左右司和近侍局在信息沟通方面的问题上有过相关探讨，如田晓雷《金朝中央政务研究——以尚书省左右司为中心》①、周峰《金代近侍初探》②、孙孝伟《金朝近侍预政探微》③和崔健《内外之间：

① 田晓雷：《金朝中央政务研究——以尚书省左右司为中心》，《中央民族大学学报（哲学社会科学版）》2018 年第 3 期，第 99—106 页。

② 周峰：《金代近侍初探》，《内蒙古社会科学》1998 年第 2 期，第 33—37 页。

③ 孙孝伟：《金朝近侍预政探微》，《北方论丛》2012 年第 2 期，第 86—88 页。

试论金代近侍局官员与君主的信息传递》[①]主要论及尚书左右司和近侍局在信息传递中的作用及其政治影响。从整体上看，当前研究缺乏关注各个信息渠道之间的相互作用方面，仅就专题中所涉及的信息沟通问题进行论述，使对金朝信息渠道建立、发展和影响等具体问题的探讨略显不足。故本文拟将尚书左右司与近侍局这两个机构联系起来，探究这两条信息渠道的确立与运作，管窥金朝皇帝和以宰执为首的外廷朝臣之间的信息博弈，从而揭示金朝中央内部权力之间竞争与政治运作的实态。

一、尚书左右司在信息传递中的兴衰

在中央与地方层面，金朝在制度上先后建立了尚书左右司、御史台、谏院、近侍局、登闻检院、登闻鼓院、提刑司（按察司）等承担信息传递任务的机构。专司监察的台谏系统，素来被称为“言路”。梁肃曾上疏论台谏曰：“台官自大夫至监察，谏官自大夫至拾遗，陛下（世宗）宜亲择，不可委之宰相，恐树私恩，塞言路也。”[②]可见，监察部门是皇帝了解内外信息的重要来源。登闻鼓院和登闻检院受理民间诉状，实际上亦是皇帝了解下情的重要机构。[③]提刑司（按察司）掌地方的“监察采访”[④]，为皇帝知晓地方情况提供信息来源。从信息传递的方向来看，这些机构主要承担着下情上达的单向信息传递，而与之不同的是，尚书左右司和近侍局两个机构同时承担着下情上达和上情下达的双向信息传递职能。可以说，在整个信息传递系统中，尚书左右司和近侍局扮演着较为重要的角色。

（一）尚书左右司的信息传递作用

张帆指出，金朝尚书左右司制度是在唐宋基础上演变形成的，金朝的左右司官除官品高于唐宋外，地位和作用也大为提高。[⑤]《金史·百官志一》载：“六部，国初与左、右司通署，天眷三年始分治。”[⑥]自天眷三年（1140年）起，金朝左右司结束与六部通署办公的境况，正式成为专门辅助尚书省处理政务的机构。左右司所属左司郎中、员外郎，“掌本司奏事，总察吏、户、礼三部受事付事，兼带修起居注官，回避其间记述之事。每月朔朝，则先集是月秩满者为簿，名曰阙本，及行止簿、贴黄簿，并官制同进呈，御览毕则受而藏之。每有除拜，凡尚书省所不敢拟注者，则一阙具二三人以听制授焉”；右司郎中、员外郎，“掌本司奏事，总察兵、刑、工三部受事付事，兼带修注官，回避其间记述之事”；左右司都事，“掌本司受事付事，检勾稽失、省署文牍，兼知省内宿直，检校

① 崔健：《内外之间：试论金代近侍局官员与君主的信息传递》，《周口师范学院学报》2018年第3期，第106—109页。
② 《金史》卷89《梁肃传》，北京：中华书局，2020年，第2105页。
③ 《金史》卷17《哀宗本纪上》，第407页。
④ 《金史》卷57《百官志三》，第1394页。
⑤ 吴宗国主编：《中国古代官僚政治制度研究》，北京：北京大学出版社，2004年，第321页。
⑥ 《金史》卷55《百官志一》，第1302页。

架阁等事”。[①]左右司充当着皇帝、宰执和六部三者信息沟通的中枢，与信息传递有关的御前奏事、文书通进、文书降出及勾检等事皆是左右司官的基本职掌。关于御前奏事，张帆认为左右司官“奏事”职掌为唐宋所未见，大致是六部上呈事务，先经左右司审议，再将相关问题汇报给皇帝。[②]左右司奏事制度，“朝日旧以左右司首领奏事至。时显宗命杀其礼。以都事启禀”[③]。在显宗的命令下，左右司奏事的权力不再仅限于左右司所属郎中、员外郎，其下辖的都事也可履行奏事之职。而关于文书的通进、降出及勾检等事，可通过尚书省政务运作程序窥见一二。史载：“省府各房止立钧旨，簿无行卷。六部应呈事务，左右司官议定可否，粘方帖于部呈，上书送字。得都座准议，省杂批钧旨于后。其左右司元书送帖亦不揭去，用省印傅其上，盖上下互为之防，然后送部施行。”[④]六部先将呈省文书交由左右司，经左右司议定通过后给出相关意见，并附于文书之上，再上呈宰执和皇帝审理。之后，左右司将结果递交六部执行。在整个尚书省政务运作过程中，左右司相继承担着文书的议定、通进和降出等职能。

除此以外，作为信息传递的重要机构，左右司还承担着牌符的管理、传诏、宣谕、监察等职能。

牌符的管理。《金史·百官志四》载：“递牌，即国初之信牌也……大定二十九年，制绿油红字者，尚书省文字省递用之。朱漆金字者，敕递用之。并左右司掌之，有合递文字，则牌送各部，付马铺转递，日行二百五十里。如台部别奉圣旨文字，亦给如上制。”[⑤]此外，“若发银牌，若省付部及点检司者，左右司用匣封印，验封交受。若发于他处，并封题押，以匣贮之”[⑥]。左右司专门掌管传达政令的木牌和银牌，中央政令的下达，皆需经过左右司的核验交付才可。

参与传诏、宣谕、监察等差遣事宜。例如，正隆元年（1156年）正月，“（海陵）自九月废朝，常数月不出，有急奏，召左右司郎中省于卧内”[⑦]。遇紧急事宜，皇帝会越过宰执直接向左右司官传达政令。世宗为广开言路，“使衎传诏台省百司曰：‘凡上书言事，或为有司沮遏，许进表以闻。’”[⑧]时任左司郎中高衎被差遣传诏。另外，海陵“命左司郎中贾昌祚谕旨曰：‘卿（高德基）公直果敢，今委卿南京行省勾当。’”[⑨]世宗朝，尚书令张浩“有疾，在告者久之。遣左司郎中高衎及浩侄汝弼宣谕”[⑩]。左司郎中贾昌祚和高衎皆被差遣负责宣谕一事。另外，大定三年（1163年），世宗“诏仲诲与左司员外郎蒲

---

① 《金史》卷55《百官志一》，第1300页。
② 吴宗国主编：《中国古代官僚政治制度研究》，第321页。
③ [美]陈学霖：《金循吏王元德墓志铭考释》，《金宋史论丛》，香港：香港中文大学出版社，2003年，第185页。
④ （元）王恽著，杨亮、钟颜飞点校：《王恽全集汇校》卷81《中堂事记中》，北京：中华书局，2013年，第3385—3386页。
⑤ 《金史》卷58《百官志四》，第1423—1424页。
⑥ 《金史》卷58《百官志四》，第1424页。
⑦ 《金史》卷5《海陵本纪》，第118页。
⑧ 《金史》卷90《高衎传》，第2128页。
⑨ 《金史》卷90《高德基传》，第2118页。
⑩ 《金史》卷83《张浩传》，第1982页。

察蒲速越廉问所过州县”[①]。左司员外郎蒲察蒲速越被差遣察访所经州县。

由上述可见，在中央政务运作过程中，左右司所承担的信息传递任务较为繁重。一方面，左右司需对上级机构尚书省负责，承担御前奏事，以及六部文书的议定、通进、降出等职能。因掌管符牌的缘故，左右司还兼有政令下达前的核验之责。另一方面，左右司需对皇帝个人负责，成为皇帝绕过尚书省直接指派任务的路径，负责传诏、宣谕、监察等差遣事宜。通过这些职事背后的信息传递可以看出，左右司对中央政务运作尤为重要。

（二）尚书左右司在政务运作中操纵信息之问题

左右司在具体实际政务处理过程中，常有操纵信息的情况发生，出现这样或那样的问题，直接影响到信息传递的准确性、真实性和保密性。例如，在御前奏事方面，世宗曾评价张亨“尝为左司，奏事多有脱略，是亦谬庸人也”[②]，直接指出左司官御前奏事疏漏的问题。在尚书省政务处理方面，因为制度规定左右司对六部文书内容有“议定可否”之权，所以给予了左右司操纵文书信息的可能。海陵曾对左司郎中吾带、右司郎中梁球言：“往者德宗为相，萧斛律为左司郎中，赵德恭为右司郎中，除吏议法，多用己意。汝等能不以己意爱憎为予夺轻重，不亦善乎。”[③]可见，往任右司郎中赵德恭在政务议定方面就常有固执己见的行为。不仅如此，由于政务方面六部受左右司官制约的机制存在，海陵朝就出现过左右司官利用职权徇私舞弊的情况。《金史·高衎传》记载：

> 王彦潜、常大荣、李庆之皆在吏部选中，吏部拟彦潜、大荣皆进士第一，次当在庆之上，彦潜洺州防御判官，大荣临海军节度判官，庆之沈州观察判官。左司郎中贾昌祚挟私，欲与庆之洺州，诡曰：“洺虽佳郡，防御幕官在节镇下。”乃改拟彦潜临海军，大荣沈州，庆之洺州。[④]

时任左司郎中贾昌祚因私情变更了吏部原有拟定。除此以外，左右司在中央政务中的关键性地位，使左右司官有机会接触到他人无法探知的机要信息。在海陵朝，发生过官员任命信息被提前泄露的事情，海陵为此对宰臣和左司官言：“朝廷之事，尤在慎密。昨授张中孚、赵庆袭官，除书未到，先已知之，皆汝等泄之也。敢复尔者，杀无赦。”[⑤]前面所述左右司官在具体政务运作中出现的种种问题，事实上反映出中央政务信息受左右司操纵的一面。

左右司在政务运作过程中操纵信息的行为，使皇帝不断认识到问题所在，由最初的告诫变成了调整左右司相关职能。史载：“世宗御翠峦阁，召左司郎中高衎及汝弼问曰：

---

① 《金史》卷78《刘仲海传》，第1885页。
② 《金史》卷97《张亨传》，第2276页。
③ 《金史》卷76《太宗诸子传》，第1845页。
④ 《金史》卷90《高衎传》，第2127页。
⑤ 《金史》卷5《海陵本纪》，第117页。

'近日除授，外议何如？宜以实奏，毋少隐也。有不可用者当改之。'"[①]皇帝告诫左司郎中应如实上报章奏内容。大定十八年（1178年），世宗责备宰执道："官爵拟注，虽由卿辈，予夺之权，当出于朕。"[②]世宗此举既是对宰执选授官员权力的约束，也是在打击左右司官员议定之责。在"省选"方面，规定："自非制授，尚书选在外官，命左司移文勾取。承安三年，始命置簿勾取。"[③]左右司由当初可以改变宰执所选官员再进行勾选，至章宗承安年间，已经变为仅负责在文簿勾选宰执选定的人员。经世宗、章宗二朝，左右司可操纵文书信息的职权逐个被削。

从政务运行的角度来看，左右司隶属于尚书省，作为国家重要的信息渠道，文书的通进与降出，大宗部分都处于尚书省的监管之下，外廷朝臣在与皇帝的信息博弈中占据优势，这无疑构成了对皇权的严重威胁。无论是从信息传递的角度考虑，还是从加强专制皇权的角度考虑，增加新的信息渠道都势在必行。也正因如此，近侍局在世宗朝成为皇帝信息渠道的另一选择。

二、近侍局的信息传递作用

金代以降，历代皇帝为强化皇权，都会利用内廷的宦官机构来传递信息，以此建立一条有别于外廷的信息渠道。但是，金代内廷政治与前代略有不同，关树东指出，金代近侍局职掌属唐宋内侍省所掌范围之内。[④]"金法置近侍局，尝与政事，而宦者少与焉。"[⑤]金代内廷参与政治的主体是近侍而非宦官。因此，在金代，由近侍局承担着内廷的信息传递职能。

（一）近侍局侵夺左右司信息沟通之职事

《金史·百官志二》载："近侍局。提点，正五品。（泰和八年创设。）使，从五品。副使，从六品。掌侍从，承敕令，转进奏帖。直长，正八品。（大定十八年增二员。奉御十六人，旧名入寝殿小底。奉职三十人，旧名不入寝殿小底，又名外帐小底，皆大定十二年更。）"[⑥]近侍局是金朝制度中规定的御用信息渠道，主要承接皇帝的法令和命令，以及掌管奏帖的通进。近侍局何时承担信息传递的职能，虽然史书中无明确记载，但爬梳相关史料，可发现近侍局职事的增加与左右司有着千丝万缕的联系。

近侍局是殿前都点检司下辖机构[⑦]，熙宗朝大兴国出任近侍局直长一职，是有关近侍局最早的记录。史载："大兴国，事熙宗为寝殿小底，权近侍局直长，最见亲信，未尝去

---

① 《金史》卷83《张汝弼传》，第1987—1988页。
② 《金史》卷7《世宗本纪中》，第190页。
③ 《金史》卷54《选举志四》，第1279页。
④ 关树东：《金朝宫中承应人初探》，《民族史研究》1999年第1期，第168—187页。
⑤ 《金史》卷131《宦者列传》，第2963页。
⑥ 《金史》卷56《百官志二》，第1341页。
⑦ 《金史》卷56《百官志二》，第1340页。

左右。”[①]这一时期，近侍局主要负责侍奉皇帝。熙宗“平日嗜杀，晚年尤甚。左右近侍，少不如意，即手刃之”[②]。实际上，在熙宗朝近侍局的地位较低，以至最受宠信的大兴国都会被杖而心生怨气，暗地背叛熙宗投靠海陵。至海陵朝，近侍局的地位有所上升，并出现了使和副使的职官记载[③]，但仍未见其负责信息传递之事。

金朝近侍局真正承担信息传递之责始于世宗朝，《金史·抹捻尽忠传》记载近侍局“自世宗、章宗朝许察外事”[④]，其职事终于发生了变化，不再单纯侍奉皇帝。世宗即位以后，一直注重信息渠道的建设，在稳定局势后，曾“诏近侍局使裴满子宁佩金牌，护卫丑底、符宝祗候鸵满回海佩银牌，谕诸路将帅，以宋国进到岁币银绢二十万两、匹，尽数给与见存留及放散军充赏”[⑤]。近侍局使裴满子宁代表皇帝直接向诸路将帅传达谕旨，表明世宗已着手筹建一条直通内廷的信息渠道。此后不久，“右丞相乌古论元忠、左卫将军仆散揆等尝燕集，有所窃议，宗道即密以闻。世宗嘉之，授右卫将军”[⑥]。宗道时任近侍局使，将朝臣窃议的消息秘密传递给世宗，近侍局下情上达的信息传递功能已经凸显。而到世宗朝中后期，世宗曾就举荐人才问题向宰执言：“朕常以不能遍识人材为不足。此宰相事也，左右近侍虽常有言，朕未敢轻信。”[⑦]虽然世宗特意强调不会轻易相信近侍的言语，但“常有言”间接说明此时的近侍局已在制度上作为内廷信息来源的重要渠道。

章宗朝，信息传递常有近侍局的影子。例如，金朝在宰执的建议下于京城南试行区田之法，明昌三年（1192 年）六月，章宗“问参知政事胥持国曰：‘区种事如何？’对曰：‘六七月之交，方可见矣。’……是日，命近侍二人驰驿巡视京畿禾稼”[⑧]。由于宰执没有禀明区种的情况，章宗即刻命近侍查验京城周边庄稼，以主动探查信息的举措来核实宰执区种之法的实施效果。泰和四年（1204 年），倒卖私茶风行，章宗谓宰臣曰：“朕尝新茶，味虽不嘉，亦岂不可食也。比令近侍察之，乃知山东、河北四路悉椿配于人，既曰强民，宜抵以罪。此举未知运司与县官孰为之，所属按察司亦当坐罪也。”[⑨]通过近侍这一途径，皇帝可以高效、准确地了解民间私茶风行的原因。泰和六年（1206 年），南宋侵袭金朝边界，“上（章宗）即遣提点近侍局乌古论庆寿持手诏劳问征讨事宜”[⑩]。提点近侍局乌古论庆寿持手诏替皇帝探查战场信息。

结合前面所述的左右司职事，可发现世宗和章宗时期近侍局所肩负的传诏、宣谕、监察等差遣事宜，在以往多由左右司办理。但是，自近侍局介入信息沟通的职事后，左右司少有负责传诏、宣谕、监察等事。不仅如此，章宗还在泰和八年（1208 年）创设了

① 《金史》卷 132《逆臣传》，第 2980 页。
② （宋）李心传：《建炎以来系年要录》卷 160，北京：中华书局，2013 年，第 3035 页。
③ 《金史》卷 132《逆臣传》，第 2989 页。
④ 《金史》卷 101《抹捻尽忠传》，第 2363 页。
⑤ 《金史》卷 87《仆散忠义传》，第 2062 页。
⑥ 《金史》卷 73《宗道传》，第 1782 页。
⑦ 《金史》卷 88《石琚传》，第 2085 页。
⑧ 《金史》卷 50《食货志五》，第 1204 页。
⑨ 《金史》卷 49《食货志四》，第 1186 页。
⑩ 《金史》卷 93《仆散揆传》，第 2195 页。

近侍局提点一职，为正五品官[①]，与左右司最高长官郎中品阶相同，使近侍局与左右司在名义上成为同一级别机构。同时，为了让近侍局获得更多的外界信息，“章宗时近侍人秩满，以所采事定升降”[②]。皇帝将近侍考课与采访外事的多少挂钩。经世宗和章宗两朝，通过近侍局不断介入原属于外廷左右司之职事，皇帝在与外廷朝臣的信息博弈中逐渐转为优势。近侍局职事的发展演变，其实就是皇帝对金朝信息渠道的逐步拓展。自此之后，近侍局一直承担着信息传递这一职事。

（二）贞祐后近侍局壅蔽信息之显现

近侍局作为常伴君侧的内廷机构，较易左右皇帝的决策。对于这一点，世宗曾言：“近侍局官须选忠直练达之人用之。朕虽不听谗言，使佞人在侧，将恐渐渍听从之矣。”[③]从世宗朝开始，虽然近侍局越来越多地介入原属于左右司信息传递之职事，但并未因此引发以宰执为首的朝臣的公开抗争。例如，章宗明昌初，“五斤尝为奉御，出使山东，至河间，以百姓饥，辄移提刑司开仓赈之，还具以闻。上初甚悦。太傅徒单克宁言：‘陛下始亲大政，不宜假近侍人权，乞正专擅之罪。’诏杖之二十”[④]。宰执徒单克宁并未就近侍局奉御五斤察访山东信息言事，而主要是劝诫章宗不应给予近侍预政的权力。近侍预政受到杖责，可说明章宗时期近侍局表面上的职事仅限于信息传递。

直至宣宗时期，面对外廷逐渐丧失信息掌控权的境况，以宰执为首的朝臣终于展开了与近侍局之间的竞争。贞祐三年（1215年），参知政事徒单思忠曾上奏进言：“今陈言者多掇拾细故，乞不送省，止令近侍局度其可否发遣。”宣宗回答道：“若尔，是塞言路。凡系国家者，岂得不由尚书省乎？”[⑤]陈言上奏者为将进状交由近侍局决断，有意增加所述之词，以此来规避常规的尚书省处理路径。由此可见，宣宗朝近侍局俨然侵夺了尚书省之职事，而宰执的上奏是欲夺回此信息渠道的掌控权。除参知政事徒单思忠以外，时任平章政事抹捻尽忠向宣宗进言：“（近侍）若给使左右，可止注本局人。既令预政，固宜慎选。”之后，参知政事乌古论德升又向宣宗讲道，近侍“比来访察，开决河堤，水损田禾等，覆之皆不实”。[⑥]在抹捻尽忠直指近侍局有预政的行为以后，乌古论德升更是指责近侍局访察信息不实。但是上述宰执进言并未引起宣宗的重视，加上“纥石烈执中之诛，近侍局尝先事启之，遂以为功，阴秉朝政。高琪托此辈以自固。及尽忠、德升面责，愈无所忌。未几，德升罢相，尽忠下狱”[⑦]。在宰执进言后，近侍局的权力不减反升。面对近侍局权力的扩大，以宰执为首的外廷朝臣并未因此退缩，反而相继进言，向皇帝揭发近侍局的问题。参知政事张行信，“为近侍所谮，出镇泾州。到官，上疏

① 《金史》卷56《百官志二》，第1341页。
② 《金史》卷16《宣宗本纪下》，第386页。
③ 《金史》卷8《世宗本纪下》，第216页。
④ 《金史》卷12《章宗本纪四》，第298页。
⑤ 《金史》卷14《宣宗本纪上》，第341页。
⑥ 《金史》卷101《抹捻尽忠传》，第2363页。
⑦ 《金史》卷101《抹捻尽忠传》，第2364页。

论近侍之奸，士大夫称重"[①]。正大五年（1228年），"台谏劾近侍张文寿、张仁寿、李麟之，安石亦论列三人不已"[②]。天兴元年（1232年），左司郎中斜卯爱实上章谏言："今近侍权太重，将相大臣不敢与之相抗。自古仆御之臣不过供给指使而已，虽名仆臣，亦必选择正人。今不论贤否，惟以世冑或吏员为之。夫给使令之材，使预社稷大计，此辈果何所知乎。"[③]

然而，对于以宰执为首的外廷朝臣的进谏，抑或是弹劾近侍局存在的问题，直至金亡，皇帝也未削减近侍局的权力。宣宗更是将近侍局作为其掌控内外信息的主要来源，贞祐二年（1214年）五月，宣宗南迁时对大臣言："此行，军马朕自总之，事有利害可因近侍局以闻。"[④]不仅如此，宣宗和哀宗还一致将倚靠近侍局的原因归结于其他言路的不称职，宣宗言："自世宗、章宗朝许察外事，非自朕始也。如请谒营私，拟除不当，台谏不职，非近侍体察，何由知之？"[⑤]哀宗曾说："近侍，腹心也。御史，耳目也。兼是二者，非宰相、首领官乎？宰相大臣事或有所不知，知之者惟左右司官耳！"[⑥]对此境况，金末士人刘祁言：

> 金朝近习之权甚重，置近侍局于宫中，职虽五品，其要密与宰相等，如旧日中书，故多以贵戚、世家、恩幸者居其职，士大夫不预焉。南渡后，人主尤委任，大抵视宰执台部官皆若外人，而所谓心腹则此局也。其局官以下，所谓奉御、奉职辈，本以传诏旨、供使令，而人主委信，反在士大夫右。[⑦]

可以说，宣宗朝近侍局位低而权重，深受统治者的宠信。"南渡之后，朝廷近侍以谄谀成风，每有四方灾异或民间疾苦将奏之，必相谓曰：'恐圣上心困。'当时有人云：'今日恐心困，后日大心困矣。'竟不敢言。"[⑧]近侍局权力的增长，加之善于取悦统治者，使其在宣宗朝得以壅蔽信息和蒙骗君主。由此可见，宣宗贞祐以后，虽然表面上皇帝在与朝臣的信息博弈中占绝对优势，但实际上随着近侍局权力增长，皇帝本人却陷入了愈加闭塞的信息环境。

相较于能够壅蔽信息的近侍局而言，曾作为金朝重要信息渠道的左右司，从宣宗朝开始，其信息传递的作用急剧减弱，并且不再专属于外廷，乃至有内廷化趋向。贞祐三年，记注院"以左右司首领官兼，为定制"[⑨]。左右司官首领兼记注院之职，需常陪伴君主左右以备记录君主言行，这就意味着间接削减了其外廷办事的机会。金朝末年，甚至出现了提点近侍局兼任左右司长官的情况。《归潜志》载崔立之变后，"御史大夫裴满阿

① （金）刘祁撰，崔文印点校：《归潜志》卷6，北京：中华书局，1983年，第58页。
② 《金史》卷108《师安石传》，第2532页。
③ 《金史》卷114《斜卯爱实传》，第2658页。
④ 《金史》卷108《把胡鲁传》，第2528页。
⑤ 《金史》卷101《抹捻尽忠传》，第2363页。
⑥ （金）王鹗：《汝南遗事》卷3，《中国野史集成10》，成都：巴蜀书社，1993年，第421页。
⑦ （金）刘祁撰，崔文印点校：《归潜志》卷7，第78—79页。
⑧ （金）刘祁撰，崔文印点校：《归潜志》卷7，第70页。
⑨ 《金史》卷56《百官志二》，第1366页。

虎带、提点近侍局兼左右司郎中吾古孙纳申缢于台中，户部尚书完颜仲平亦自杀”[①]。由此可以看出，金后期左右司实际上并不完全隶属于外廷尚书省，而是逐渐转变为由以近侍局为首的内廷兼管。

三、金朝信息渠道的通塞

金朝作为北方民族女真人所建立的政权，其信息渠道的成熟并非一蹴而就，而是因时弊经过不断地调整才得以完善的。有金一代，信息渠道先后经历了熙宗“天眷官制”和海陵“正隆官制”的改革才得以初步建立，皇帝主要依靠尚书左右司、御史台、谏院和登闻检院等机构来完成信息的传达。此后，世宗和章宗则围绕着如何让自己掌控金朝内外信息主动权，就信息渠道进行了相应的调整和发展。

《金史·世宗本纪》中，有数条关于世宗期许宰执能够积极主动地上报更多金朝内外信息的记载。例如，大定二年（1162 年）闰月甲戌，世宗对宰执说道：“比闻外议言，奏事甚难。朕于可行者未尝不从。自今敷奏勿有所隐，朕固乐闻之。”戊子，世宗又对宰执说道：“臣民上书者，多敕尚书省详阅，而不即具奏，天下将谓朕徒受其言而不行也。其亟条具以闻。”[②]世宗希望宰执奏事如实，不要阻碍其他臣民上书言事。在这之后，世宗认为宰执的奏事方式并无改观，为此，世宗委婉地提醒宰执，曰：“比体中不佳，有妨朝事。今观所奏事，皆依条格，殊无一利国之事。若一朝行一事，岁计有余，则其利博矣。朕居深宫。岂能悉知外事，卿等尤当注意。”[③]有时，世宗甚至会为奏事而训斥宰执：“卿每奏皆常事，凡治国安民及朝政不便于民者，未尝及也。如此，则宰相之任谁不能之。”[④]从世宗对宰执的所言可以看出，世宗本人是极为重视金朝内外信息掌控的。但由于金朝原有的政务运作，大量的内外信息需经过尚书省审阅和筛查之后，才会上报到御前。宰执奏事多不如意，加之前文所述左右司操纵信息的问题，不仅使世宗对整个尚书省信息处理产生疑虑，也让其感触到自己在信息掌控方面的弱势。因此，世宗为了更全面有效地掌控金朝内外信息，使近侍局逐渐介入左右司之职事，让其成为一条专属于自己掌控的信息渠道，试图以此摆脱自己在与朝臣进行信息博弈中的不利处境。

大定二十九年（1189 年）二月，章宗“敕登闻鼓院所以达冤枉，旧尝锁户，其令开之”[⑤]。登闻鼓院既是平民上诉的重要渠道，也是皇帝全面了解民情的机构之一。章宗诏令开放长期关停的登闻鼓院，与增加信息渠道密切相关。不仅如此，为加强对地方信息的掌控，章宗还建立了地方监察机构。太祖、太宗时期，金朝基本上没有监察地方事务的举措；熙宗、海陵时期，虽对地方进行监察，但重视程度不够。世宗时期尽管重视监

---

① （金）刘祁撰，崔文印点校：《归潜志》卷 11，第 129—130 页。
② 《金史》卷 6《世宗本纪上》，第 142 页。
③ 《金史》卷 6《世宗本纪上》，第 164 页。
④ 《金史》卷 6《世宗本纪上》，第 150—151 页。
⑤ 《金史》卷 9《章宗本纪一》，第 229 页。

察工作，但并没有相应的机构设置。[①]大定二十九年（1189年）六月，章宗“初置提刑司，分按九路，并兼劝农采访事，屯田、镇防诸军皆属焉”[②]。提刑司监察地方官员，在“当时号为外台”[③]，兼有采访周边事的职责。金朝“提刑官除后于便殿听旨，每十月使副内一员入见议事，如止一员则令判官入见，其判官所掌烦剧可升同随朝职任”[④]。这一规定使皇帝可以通过提刑司定期知晓地方的信息。章宗刚刚即位，就将梳理登闻鼓院和提刑司这两个连接中央与地方的信息渠道提上日程。由此可见，在信息掌控方面，章宗与世宗相比有过之而无不及，章宗更是运用外廷机构来协助自己与朝臣之间进行信息博弈。在这之后，因为多种原因，章宗朝“提刑司改按察司，差官覆察，权削望轻”[⑤]。虽然提刑司改按察司，但其地方监察之职并没有被裁撤。

经世宗、章宗两朝，金朝建立了多条沟通内廷与外廷、中央与地方的信息渠道。金朝除原有制度上的左右司、谏院、御史台和登闻检院等信息渠道外，还先后发展了近侍局、登闻鼓院和提刑司（按察司）等信息渠道。

章宗朝以后，金朝相对完善的信息渠道逐渐遭到破坏。宣宗朝，金朝内部权臣当道，皇权衰弱使宣宗更加信任内廷的近侍局，并把它作为信息的主要来源，这直接导致了其他机构信息传递作用的骤减。贞祐三年（1215年），“罢按察司”[⑥]。哀宗朝正大元年（1224年）五月，“诏刑部，登闻检、鼓院，毋锁闭防护，听有冤者陈诉”[⑦]。登闻鼓院再一次关停，要皇帝下诏令其开放。按察司被废，登闻鼓院时而关停，表明金朝的部分信息渠道难以为继。与之形成鲜明对比的是，近侍局在宣宗朝除以往的职事未变外，因宣宗“喜用其人为耳目以伺察百官，故使其奉御辈采访民间，号‘行路御史’。或得一二事即入奏之，上因切责台官漏泄，皆抵罪。又，方面之柄虽委将帅，又差一奉御在军中，号曰‘监战’”[⑧]。在皇帝臆断“台谏不职”后，近侍局又介入原属于御史台和提刑司（按察司）等机构的监察之职，这不仅造成近侍局权力的增大，更导致了宣宗获取信息越来越依赖近侍局，朝臣再无实力与皇帝进行信息博弈。至哀宗时期，金朝“区区生聚，图存于亡，力尽乃毙”[⑨]。为救金朝大厦之将倾，哀宗“设四隅讥察官，秩视随朝从八品，以左右司员外郎王某统领之”[⑩]，以左右司官稽查和盘查四周，并下诏：“草泽士庶，许令直言军国利害，虽涉讥讽无可采取者，并不坐罪。”[⑪]哀宗虽然重视言路建设，但始终将近侍局当作“腹心”，事实上依然没有摆脱宣宗时信息掌控依赖近侍局的状况。

---

① 余蔚：《金代地方监察制度研究——以提刑司、按察司为中心》，《中国历史地理论丛》2010年第3辑，第7页。
② 《金史》卷9《章宗本纪一》，第230页。
③ 《金史》卷98《完颜匡传》，第2296页。
④ 《金史》卷9《章宗本纪一》，第231页。
⑤ 《金史》卷100《孟铸传》，第2336页。
⑥ 《金史》卷104《郭俣传》，第2429页。
⑦ 《金史》卷17《哀宗本纪上》，第407页。
⑧ （金）刘祁撰，崔文印点校：《归潜志》卷7，第71页。
⑨ 《金史》卷18《哀宗本纪下》，第437页。
⑩ （金）王鹗：《汝南遗事》卷3，《中国野史集成10》，第421页。
⑪ 《金史》卷17《哀宗本纪上》，第406页。

四、结　语

信息渠道建设不仅关乎国家政务的正常运转，而且影响皇权的统治力度。金朝前期，政务运作中的信息传递主要依靠外廷尚书左右司来完成。但随着时间的推移，在信息上传下达方面，左右司操纵信息的问题影响了至高无上的专制皇权。因此，为了更好地满足皇权统治的需要，近侍局在世宗朝充当了皇帝规避外廷朝臣进行专制统治的工具。在此过程中，近侍局信息传递的职能在制度上得以确立，并经常性替代尚书左右司负责传诏、宣谕、监察等差遣事宜，形成了一条直通内廷的信息渠道。金朝后期，由于皇帝的宠信，近侍局预政越发严重，以宰执为首的外廷朝臣尽管对近侍局进行了多次抗争，但皆以失败告终。

皇帝和以宰执为首的外廷朝臣共同组成了金朝中央权力的决策集团，双方既相互依存又相互制约。金朝信息渠道的建设及发展，实际上体现出了皇帝与朝臣的信息博弈。熙宗、海陵时期，金朝相继建立了尚书左右司、御史台、谏院和登闻检院等机构承担信息沟通职能，此时朝臣在与皇帝之间的信息博弈中处于优势。世宗、章宗时期，随着皇权的不断强化，为防止“塞言路”，皇帝开始寻求增加内外的信息来源渠道。首先，世宗授予近侍局信息传递之职，以实现制衡外廷尚书省的目的。其次，章宗为加强中央与地方的信息沟通，诏令重开登闻鼓院和建立地方监察机构提刑司（按察司）。金朝信息渠道经此调整和发展，使皇帝在与朝臣的信息博弈中取得优势。另外，以信息来源为视角，可知章宗朝已达到了金朝皇权专制统治的顶峰。卫绍王、宣宗和哀宗时期，在与以宰执为首的朝臣的竞争中，近侍局逐渐占据了信息传递的主导地位，从而使皇帝在与朝臣的信息博弈中占据了绝对优势。

总体来看，皇权的强弱是与信息渠道密切相关的，随着皇权的不断强化，皇帝需要建立多种信息渠道，以便掌握更多的内外信息。但由于政治腐败，会出现权力较大的机构逐渐主导信息传递的问题，而趋向单一的信息渠道会造成皇权不断被削弱甚至亡国的后果。

作者简介：袁成（1994—　），男，吉林大学文学院，在读博士研究生，主要研究方向为辽金史。

金代墓志撰写考察*

苗霖霖

（黑龙江省社会科学院　历史研究所，黑龙江　哈尔滨，150028）

摘　要：金代墓志无论是撰写程序，还是人员选择，都形成了一定的规范。从身份来看，金代墓志的请志者以墓主的后人为主，尤其是墓主的长子居多；而撰写者大都由翰林学士或乡贡进士担任。一般而言，墓主家属会将撰写好的志文直接刊刻制作，但有些家庭为了凸显墓主的身份地位、家庭学识水平或经济实力，还会在墓志撰写完成后，请书法名家、社会名流或自己的家族成员誊抄志文，甚至有时会延请专人撰写志盖或志额，进而提升墓志的品质。

关键词：金代；墓志；撰写；身份；程序

墓志出现于汉初，魏晋以后开始盛行，后经北朝隋唐时期的发展，逐渐成为我国古代重要的随葬品。虽然墓志内容的真实性和客观性曾受到部分学者的质疑，但其所反映的等级体系、职官演变及家族脉络等内容足以成为后人了解金代社会的重要途径。随着古代礼仪制度的完善，墓志的书写问题也受到了学者的重视。杨向奎的《中国古代墓志义例研究》关注了墓志撰写程序、撰文内容及社会变迁、墓主身份对墓志义例的影响等内容。①仝相卿的《北宋墓志碑铭撰写研究》则主要探讨了北宋墓志文撰写的类型、影响墓志文撰写的因素等问题。②

在墓志之风盛行的影响下，金代社会中多数墓志是在墓主逝世后，由墓主家属按照请志、撰写、书写等程序，延请他人代为撰写的。墓志的撰写过程不仅展现了墓主及其家属的人际网络，更成为墓主家族社会地位的直接展示。有鉴于此，笔者试对金代墓志的撰写过程进行些许探讨，以期能对相关研究有所贡献。

---

* 本文为国家社科基金青年项目“金朝墓志整理与研究”（15CZS029）阶段性研究成果。

① 杨向奎：《中国古代墓志义例研究》，北京：中国社会科学出版社，2018年。

② 仝相卿：《北宋墓志碑铭撰写研究》，北京：中国社会科学出版社，2019年。

一、请志者的身份

我国古代墓志的设立主要分为国家颁赐墓志和家属自设墓志两大类，其中由国家颁赐的墓志，乃由国家派遣专职官员进行撰写，而由墓主家属自设的墓志则多由墓主的亲友请托他人撰写，但也有部分墓志为墓主家属亲自撰写。在这三种墓志撰写方式中，以墓主家属请托他人撰写的墓志最为常见。现今可知的金代墓志共有 138 通，其中明确记载了请志者身份的有 78 通，这些墓志中由墓主家属请托他人撰写的就有 69 通，约占可知请志者身份墓志总数的 88.5%。从亲属关系来看，请志者不仅有墓主的配偶、子女，还有墓主的母亲、兄弟乃至孙子。

在我国古代社会中，以长子持门户是最普遍的做法，这使长子在社会和家庭中有着特殊的地位，他们不仅能够在众多子嗣中首先继承父祖的官职、爵位，还负有赡养父母、抚育弟妹的责任。尤其是在父母逝世后，长子作为继任的大家长，不仅是整个葬礼的主导者，也是墓志的主要请托者。在金代的墓志中，有 62 通为墓主的后人请托撰写，由墓主长子参与请托的便有 52 通，其中以长子[①]独自作为请托者的墓志有 35 通，约占整个墓主后人请托墓志总数的 56.5%，还有 17 通墓志乃长子与其他诸子共同作为墓志的请托者，这也可以视为长子请志的另一种形式。

此外，还有 8 通墓志的墓主长子虽然仍在世，但却由其他诸子担任请志者，这种情况的出现主要由两方面因素决定。首先，墓主的其他诸子中有人家庭和社会地位明显高于长子。例如，乌古论窝论出自女真贵族乌古论氏，其妻子乃太祖第二女毕国公主，他们共有四个儿子，都担任高官。其中，幼子乌古论元忠的社会地位最为显赫，不仅在世宗身边长大，更"尚皇长女豫国公主，特进尚书右丞相、驸马都尉、任国公"[②]。乌古论窝论死后，乌古论元忠以其卓越的家庭和社会地位，自然成了父亲墓志的请托者。南阳郡太君韩氏出自幽州韩氏家族，她也有四个儿子，其中只有长子、次子分别以进士入仕。她的次子白莹任职枢密院，官职和交际更优于担任岐山令的兄长白贲，因此白莹便成为母亲墓志的请托者。[③]其次，墓主其他诸子的友人中若有适合撰写墓志者，他们也可以成为墓志的请托者。例如，王翼的三个儿子中，长子王从约和三子王从俭都考取了进士，但三子王从俭的友人中有适合撰志者，"因而状其父行。讬所友德老、李子瑨求志诸墓"[④]。韩询的四个儿子都已入仕，虽然四子韩景修仅担任承信校尉、秦州臈家城主簿，并不是兄弟中官职、地位最高者，但因为他的友人中有适合撰写墓志的人选，因而韩景修也成为父亲墓志的请托者。

如若墓主无子或儿子早夭，墓主的其他家属也可以承担起请托撰写墓志的责任。这

---

① 长子早逝后，由次子顶替长子作为请志者，也计入长子请志者人数中。
② 北京辽金城垣博物馆编：《北京辽金元拓片集》，北京：北京燕山出版社，2012 年，第 53 页。
③ 姚奠中主编：《元好问全集》卷 25《碑铭表志碣・南阳县太君墓志铭》，太原：山西古籍出版社，2020 年，第 611 页。
④ （清）张金吾：《金文最》卷 92《墓碑・王公辅之墓志铭》，北京：中华书局，2020 年，第 1338 页。

些请托者可以是墓主的直系血亲，也可以是墓主的旁系血亲，甚至可以是墓主的配偶。在墓主的儿子早逝，且孙子已经成年的情况下，墓主的孙子就自然代替其父成为墓志请托者的最佳人选。例如，吕嗣延有二子一女，但至其逝世时，他的两个儿子均已早逝，孙子也都已经成年，并相继入仕。其中他的第四孙吕忠敏不仅以状元身份成为诸孙中的杰出者，也是他在世的孙辈中年龄最长者①，吕忠敏由此成为请志的最佳人选。王宗孟逝世于北宋大观元年（1107 年），至天会十五年（1137 年）家人为他改葬时，他的三个儿子都已逝世，长孙王大年便代替他的诸子承担起了请志的责任。此外，也有部分墓志乃由墓主的诸孙共同担任请志者，如时立爱三位夫人的合志便是由时立爱的三个孙子时重国、时均国和时彦国共同担任请志者。②可见，以孙子为墓志的请托者与儿子请志相似，一般也以长孙或在世诸孙中的年长者承担请志的责任。

由于受到宋朝女性社会地位的影响，金朝女性的社会地位较前代有所降低，出嫁从夫的思想在整个社会中蔓延，在墓主女儿已经出嫁，而墓主无儿、孙在世的情况下，一般由女婿代替女儿承担起请志的责任。例如，吴前鉴共有一子一女，虽然墓志未载其子状况，但根据他逝世后由弟弟担任丧主来看，他的儿子应该已经早逝，因而才由其女婿担任请志者。韩毂有五子二女，根据他逝世时已经八十七岁推断，他的儿子应该在此时均已逝世，因而其女婿“（萧）元衡，今官朝散大夫”③也就成了墓志请托的不二人选。

此外，金代还有 7 通墓志由墓主的其他亲属担任请志者，包括配偶担任请志者 3 通，母亲担任请志者 1 通，兄弟担任请志者 3 通。无论是由配偶请志，还是由母亲或兄弟请志，究其原因都并非他们没有子孙可以代为请志，而是这些人与撰写墓志者比较熟悉和亲近，由他们出面请志比由墓主的子女请志更便利，也更容易获得成功，因而他们才会亲自作为墓志请托者。

除墓主的亲属外，友人、门人及学生、弟子也都可以成为部分墓志的请托者。其中以友人为请托者的墓志共有 7 通。从身份来看，这些墓主中不仅有朝廷官员，如王德禄、孟邦雄和陈仲谦等人，也有宗教人士，如杨明真、王慧寂、王宏相、坟云和吕道安等人。从家庭状况来看，他们中有的人没有子嗣，有的人则有女儿在世，如杨明真、吕道安和坟云等人由于出家，没有直系后人，他们死后由弟子承担起了请志的责任。王德禄和孟邦雄则都有未出嫁的女儿，只是由于她们不仅年纪小，而且没有夫家帮助，才由父亲的友人承担起请志的责任。

二、撰写者的选择

我国古代的墓志一般需要由特定的人进行撰写，墓志撰写者的身份不仅能够彰显墓主及其家族的社会地位，其才学更能够直接影响墓志的质量，因而墓志撰写者的选择一

① 吕嗣延的长孙吕忠节、次孙吕忠卫、三孙吕忠美虽然都早已入仕，但至其逝世时，此三人都已卒于官。
② 河北省文物局文物考古队：《河北新城县北场村金时立爱和时丰墓发掘记》，《考古》1962 年第 12 期，第 650 页。
③ 王新英：《韩毂墓志铭》，《全金石刻文辑校》，长春：吉林文史出版社，2012 年，第 40 页。

直备受墓主家属的重视。其中由国家颁赐的墓志，无须墓主家属或朋友提出请求，国家会直接委派专职官员进行撰写，并由专职人员负责制作。现今可知的138通金代墓志中，由国家颁赐的墓志只有鲁国大长公主墓志、乌古论元忠墓志、时立爱墓志和纥石烈良弼墓志这4通[①]。

从撰写者身份来看，这些受国家委派撰写墓志者，大都是当朝翰林学士中的名家。其中时立爱墓志的撰写者宇文虚中“初仕宋，累官资政殿大学士”。他在宋金战争中被俘，恰逢金朝“方议礼制度，颇爱虚中有才艺，加以官爵，虚中即受之，与韩昉辈俱掌词命”[②]，“累官翰林学士知制诰兼太常卿，封河内郡开国公”[③]。鲁国大长公主墓志的撰写者周昂也是当朝文学名家。他虽然仕途不顺，“为人所挤，竟坐诗得罪，谪东海上十数年。始入翰林，言事愈切”，但由于自身的“学术醇正，文笔高雅，诸儒皆师尊之”。[④]乌古论元忠墓志的撰写者张行简也“颖悟力学，淹贯经史。大定十九年进士第一，除应奉翰林文字”，“自初入翰林，至太常、礼部，典贡举终身”。[⑤]他也有着极高的才学和社会声望。纥石烈良弼墓志的撰写者移剌履出自辽朝皇帝后裔，他本人不仅“博学多艺，善属文”[⑥]，更历世宗、章宗二朝，官至尚书右丞兼翰林直学士，是契丹贵族中难得的文人。可见，金代由国家安排的墓志撰写者大都是翰林院官员，这与唐宋以来以翰林学士奉敕撰写墓志的做法完全一致。

翰林之称，在汉代就已经出现，至唐代发展为独立的官署，称为翰林院。翰林院最重要的职官是翰林学士，长官称翰林学士承旨。“（翰林学士）承旨，不常置，以学士久次者为之。”[⑦]由于翰林院为国家文人聚集之处，其官员也成为墓志撰写者的首选。

受此影响，金代的一些官员或平民虽然没能获得国家赐予的墓志，但其家属也努力求得翰林学士为他们撰写墓志，如保大军节度使梁襄、中都副将王寂的夫人张氏和孝义县丞崔宪的墓志撰写者都是赵秉文。赵秉文是金朝名儒，他“仕五朝，官六卿，自奉养如寒士”[⑧]，长期任职于翰林院，又多次主持贡举，在国内享有极高的声望。王若虚亦为承安二年（1197年）进士，“用荐入为国史院编修官，迁应奉翰林文字”，“后转延州刺史，入为直学士”。[⑨]他曾为平民贾伫和赵彦撰写过墓志。

元好问乃金末元初著名文人，曾任左司都事、左司员外郎。他虽然没有入职翰林院，却以缮写碑刻文知名，并留有较多的著作。特别是他善交友、乐属文，因此也成为当时社会撰写碑刻的首选。有的逝者家属不仅“六七年之间……之请益坚”[⑩]，还会“百

---

① 据《金史·纥石烈良弼传》记载，纥石烈良弼获得了世宗颁赐的墓志，虽然其墓志尚未被发现，但在计算数量时，也将其计入其中。

② 《金史》卷79《宇文虚中传》，中华书局，2020年，第1905、1906页。

③ 《金史》卷79《宇文虚中传》，第1906页。

④ 《金史》卷126《文艺传下·周昂传》，第2880页。

⑤ 《金史》卷106《张暐传附张行简传》，第2467、2471页。

⑥ 《金史》卷95《移剌履传》，第2227页。

⑦ 《宋史》卷162《职官志二·翰林院学士》，中华书局，1977年，第3812页。

⑧ 《金史》卷110《赵秉文传》，第2567页。

⑨ 《金史》卷126《文艺传下·王若虚传》，第2887—2888页。

⑩ 姚奠中：《元好问全集》卷23《碑铭表志谒·郝先生墓铭》，第586页。

拜请铭”[①]。元好问撰文的对象也不拘一格，既有当朝官员、官员家属，也有普通平民。金代文士中雷渊、郝天挺的墓志，赵秉文、杨云翼的神道碑及王若虚的墓表都出自元好问之手。此外，元好问的亲属、朋友，乃至朋友的亲属、故交也都成为他撰写墓志的对象。例如，卢昶由于与元好问“有姻戚之旧，因其子孙归葬，书以贻之”[②]，求得了他撰写的墓志。元好问的好友常用晦、苏车，好友白华的母亲李氏、李献卿的母亲梁氏等人的墓志也都由其亲自撰写。可见，元好问撰文与否与墓主的社会地位相关性不大，主要决定因素在于亲友关系。

能够请得翰林学士或文学名儒撰写墓志自然是墓主家属的首选，但多数墓主及其家属与当朝翰林学士或文学名儒并不熟悉，无法求得他们撰写墓志，身边熟识的朋友也就成了他们请求撰写墓志的最佳人选，其中尤以墓主的朋友撰写的墓志最多，金代的138通墓志中有106通记述了撰写者与墓主之间的关系，其中以墓主友人撰写的墓志最多，共有59通，约占可知身份关系墓志总数的55.7%。可以说，以友人撰写墓志是金代最普遍的墓志撰写方式。这种朋友关系不局限于墓主本人的朋友，亦包括请志者的朋友。例如，李抟、何遵晏、路宗道、李汝为等人墓志的撰写者都是他们本人的友人，而封志安、刘元德、邵均、王宗孟的墓志撰写者则都是作为请志者的墓主后人的朋友。

在金代社会中，由墓主家属设立的墓志，其撰写者与墓主身份并没有相对固定的对应关系。例如，《王宗孟墓志铭》的撰写者为“前进士上官叔”[③]；《石宗璧墓志》的撰写者为“通州乡贡进士郑肩”[④]；《张彦墓志铭》的撰写者为“大同府警巡院、乡贡进士张括”[⑤]；《郭周墓铭》的撰写者为“乡贡进士李钦道”[⑥]。这些墓主不仅都有官职，也都以进士作为墓志的撰写者。另如《封志安墓志》的撰写者为“乡贡进士段甡”[⑦]；《王琳墓铭》的撰写者为“乡贡进士李恢”[⑧]；《路宗道墓铭》的撰写者为“乡贡进士李升卿”[⑨]。这些墓主虽然没有官职，但他们的墓志撰写者也都是乡贡进士。再如《李择墓志铭》的撰写者为“代州观察判官奉直大夫飞骑尉赐绯鱼袋李楫”[⑩]；《张守仁墓志铭》的撰写者为“朝奉（列）大夫、前行代州五台县令、骑都尉、赐紫金鱼袋李措”[⑪]；《吴前鉴墓志铭》撰写者为“太中大夫、尚书礼部侍郎兼同修国史刘仲渊”[⑫]；时昌国的墓志撰写者为“朝散大夫、前太常丞蔡珪”[⑬]。这些墓主也都有官职，他们墓志的撰写者则都是与之品阶相

---

① 姚奠中：《元好问全集》卷26《碑铭表志谒·龙虎卫上将军耶律公墓志铭》，第630页。

② 姚奠中：《元好问全集》卷24《碑铭表志碣·卢太医墓志铭》，第602页。

③ 伊葆力、杨卫东：《金初〈王宗孟墓志〉考》，《文物春秋》2012年第5期，第64页。

④ 刘精义、张先得：《北京市通县金代墓葬发掘简报》，《文物》1977年第11期，第11页。

⑤ 殷宪：《大定十六年（1176）〈张彦墓志〉》，《大同新出唐辽金元志石新解》，太原：三晋出版社，2012年，第161页。

⑥ 周峰：《金代郭周墓铭考释》，《北方文物》2018年第2期，第68页。

⑦ 王新英：《封志安墓志铭》，《全金石刻文辑校》，第1页。

⑧ 周峰：《金代王琳墓铭考释》，《黑龙江社会科学》2018年第1期，第171页。

⑨ 殷宪：《天眷元年（1138）〈路宗道墓志〉》，《大同新出唐辽金元志石新解》，第147页。

⑩ 王海英：《代县发现金代墓志铭考释》，《文物世界》2011年第2期，第30页。

⑪ 倪彬：《金代张守仁墓志考》，《文物春秋》2013年第3期，第58—59页。

⑫ 齐心：《北京出土金代吴前鉴墓志考》，《史苑》第2辑，北京：文化艺术出版社，1983年，第138页。

⑬ 北京图书馆金石组：《北京图书馆藏历代石刻拓片汇编》第46册《时昌国石棺铭》，郑州：中州古籍出版社，1989年，第98页。

当的官员。

虽然墓主与墓志撰写者在身份上没有对应关系要求，但由于墓志撰写者的文化水平和写作能力对墓志的内容有着至关重要的作用，墓主家属一般都会选取身边的进士或进士出身的官员来撰写墓志，这也成为金代普通官员和平民墓志撰写的普遍做法。

三、志文撰写

在金代社会中，多数墓志是撰写者由于受墓主家属所托而撰文，墓主家属在得到志文后，大都会派人直接进行刊刻，不再另行请人书写。最典型的当数《时立爱墓志铭》和《萧资茂墓志》。时立爱是金代一品高官，其行状由乡贡进士李芝①所作，志文则由翰林学士宇文虚中撰写。由于宇文虚中在金代文人和官员中都有着极高的地位和声誉，在墓志撰写完成后，时立爱的家人没有再单独请人书写墓志，而是直接制作了墓志。萧资茂出身契丹贵族，但其致仕官职仅为行军谋克、孛谨，并非金代高级官吏，其墓志由"翰林修撰"、知名契丹文人耶律履撰写。②由"翰林学士"撰写墓志乃金代国家颁赐墓志的通行做法，普通官吏很难得到翰林学士所撰写的墓志，萧资茂家属求得了耶律履为其亲撰墓志，自不会再另行请人进行书写。

至于金代的中低级官吏及普通平民，即便有能力请托他人撰写墓志，也大都不会再单独请人誊抄，如宣武将军《侯义墓志》便是由"乡贡进士王去非撰并书"③；奉议郎《韩毂墓志铭》乃"奉德大夫、行台尚书右司郎中、骑都尉、彭城县开国男、食邑三百户刘长言撰并书丹"④；修武校尉《赵好古墓志》则由"修武校尉刘若虚撰并书"⑤；富农《路宗道墓志铭》则由"乡贡进士李升卿撰并书"⑥；昭毅大将军《完颜守宁墓志》由其"门下士闾山梁宇撰并书"⑦。可见，以撰写者同时作为书写者，也是金代墓志中最为常见的情况。

不过，有些家庭为了凸显自身的社会地位，提升墓志的文化内涵与品质，也会在墓志撰写完成后，另请其他擅长书法之人或是墓主家族成员进行抄录，然后再进行刊刻，其中尤以墓主家属参与墓志书写的情况出现较多，如《李立墓志》由表侄李天與

---

① 李芝与时立爱家族渊源较深，他不仅为时立爱撰写了行状，更亲自为时立爱三夫人、时立爱子时丰、时丰妻张氏等人撰写了墓志，为同一家族所有成员撰写墓志在金代并不常见。这些墓志中李芝身份的记载也有所不同，在《时立爱墓志铭》和《时立爱三夫人墓志铭》中，他自称"乡贡进士"，而在《时丰墓志铭》和《时丰妻张氏墓志铭》中则自称"苏门"，说明他与时氏家族的关系应与时丰有关，他应该是其生前至交好友。

② 耶律有时也记为"移剌"。耶律履即移剌履。纥石烈良弼逝世后，"上悼惜之，遣太府监移剌慥、同知西京留守王佐为敕葬祭奠使，赙白金、彩币加等，丧葬皆从官给。追封金源郡王，命翰林待制移剌履勒铭墓碑，谥诚敏"。可见，作为"翰林直学士"的耶律履也是金代高官碑志的重要撰写者。参见《金史》卷88《纥石烈良弼传》，第2078页。

③ 王新英：《侯义墓志》，《全金石刻文辑校》，第274页。

④ 王新英：《韩毂墓志铭》，《全金石刻文辑校》，第39页。

⑤ 北京图书馆金石组：《北京图书馆藏中国历代石刻拓本汇编》第46册，第75页。

⑥ 殷宪：《天眷元年（1138）〈路宗道墓铭〉》，《大同新出唐辽金元志石新解》，第146页。

⑦ 王新英：《完颜守宁墓志》，《全金石刻文辑校》，第402页。

撰，并由其次子“世珪亲书于石，命工刊焉”[①]。《王福墓志铭》由刘从善撰写，再由“乡贡进士、孙永贞书丹”[②]。《张汝猷墓志铭》由骑都尉、彭城县开国男刘涛撰，再其长子张纬书丹。[③]《张岐墓志铭》乃由马谌撰写，后由其次子奉信校尉、前南怀州修武县尉张德毅抄录后刊刻。[④]还有些家庭由于墓主及其后人特殊的身份或是较高的社会地位而单独请人书写志文，如《乌古论窝论墓志》由翰林直学士、太中大夫李晏撰，而后再交由少中大夫邓俨书丹。《李择墓志》撰写者为代州观察判官、奉直大夫、飞骑尉李楫，书写者为文林郎、武骑尉李沦。从这些墓主的身份来看，乌古论窝论是女真贵族，也是皇室姻亲[⑤]，其第四子乌古论元忠更以世宗长女婿的身份深得信赖，这也使他有能力为父亲请得多人共同完成墓志，以显示其家族卓越的社会地位。李择虽然出身商贾富民之家，且没能获得任何官职，但其家境富足，“子孙以进献授官者四人”[⑥]，他们也能够凭借家族实力，提升李择墓志的整体水平。他的墓志先由家人请托他人撰写，后再请人书写后刊刻，用以显示其家族在当地的地位和经济实力。

需要注意的是，墓志最初只记载了墓主姓名、籍贯、逝世时间、埋葬地等基本信息，随着北朝以来墓志等级化的明晰，只有三品以上的官员可以使用墓志，其中一品高官或宗室贵胄才能使用有盖墓志。但自唐末以来，随着墓志品阶界限的下移，志盖的使用也不再有明确的品级限定，而是在很大程度上受到家庭经济因素的制约。只是因为志盖本身对于撰写者书法要求较高，且文字较少，因此志盖的撰写和书写一般都由同一人完成。

金代使用有盖墓志者不仅有乌古论元忠、鲁国大长公主夫妇这样的女真宗室贵戚，还有漆水郡夫人耶律氏、奉议郎韩毂、开府仪同三司时立爱等出身世族家族者，更有尧山县主簿王宗孟、忠训郎徐方、富商王琳等低品阶官吏或平民。可见，金代墓志的志盖没有严格的等级区分，上至一品高官、宗室显贵，下至富商、平民都可使用。

志盖书写者不仅有当朝名士，也有墓主亲属或当地进士。由当朝名士撰写的志盖，以乌古论窝论和乌古论元忠父子的志盖最具代表性。乌古论窝论逝世后，其幼子乌古论元忠作为家属代表，不仅为他请得翰林学士李晏撰写志文，还请少中大夫、尚书吏部侍郎邓俨为他书写墓志、知名文儒党怀英为他篆写志盖。党怀英不仅在翰林院任职，更“工诗与书”，兼“工篆籀”[⑦]，而篆体正是志盖所专用的字体，以他为志盖书写者不仅能提高墓志的整体水平和制作工艺，也是乌古论元忠社会影响力的直接体现。《乌古论元忠墓志铭》志文由翰林侍读学士张行简撰写、翰林修撰李著书写，而志盖的书写者为承直

---

① 周峰：《李立墓志考释》，《辽金历史与考古》第10辑，北京：科学出版社，2019年，第376页。

② 北京图书馆金石组：《北京图书馆藏中国历代石刻拓本汇编》第47册《王福墓志铭》，第5页。

③ 志文载：“登贤乃纬之小名也，始天子以登贤呼之，遂以登贤为名。”王新英：《张汝猷墓志铭》，《全金石刻文辑校》，第470—471页。

④ 向南、张国庆、李宇峰：《张岐墓志铭》，《辽代石刻文续编》，沈阳：辽宁人民出版社，2010年，第366页。

⑤ 乌古论窝论出自女真部落贵族乌古论部部长之家，该家族与完颜皇室世为姻婚，其妻乃太祖女毕国公主。参见北京市文物工作队：《北京金墓发掘简报》，北京历史考古丛书编辑组编辑：《北京文物与考古》第1辑，第55—72页。

⑥ 王海英：《代县发现金代墓志铭考释》，《文物世界》2011年第2期，第32页。

⑦ （明）陶宗仪：《书史会要》卷8《金·党怀英》，上海：上海书店出版社，1984年，第357页。

郎、知登闻鼓院兼秘书丞乔宇。

请得书法名家书写志盖对于多数家庭来说根本无法做到，但为了彰显墓主及其家族的文化水平、社会地位与经济实力，很多墓主家属会请当地官员或亲自书写志盖，且多由墓主及其家属的亲友或是与其来往密切者担任，如《时立爱墓志铭》和《时立爱三夫人墓志铭》都由时丰子时重国书写志文和志盖。[①]《封志安墓志铭》的志盖的书写者为封志安次子封舣[②]，《王宗孟墓志铭》的志盖书写者是墓主的侄子、进士王良弼[③]，富商王琳墓志志盖的书写者为"将仕郎、潞州学教授权观察判官事王简"[④]，宣徽使张汝猷墓志志盖的书写者则是秘书监待诏安常[⑤]。

此外，在墓志的撰写中，还有些墓主亲属会特意请人撰写志额，只是这种情况在金代墓志中出现得较少。现今出土的138通金代墓志中，单独请人书写志额的墓志只有9通，其中侯随墓志志额的撰写者为其侄、乡贡进士侯滋[⑥]，朝请大夫张彦墓志志额的撰写者则是他的独子张文蔚[⑦]，富商李择墓志志额的书写者为承直郎、定州县县令李迪，富农王福墓志志额的书写者为乡贡进士韩元外[⑧]，兵部郎中张维垣墓志志额的书写者为尚书礼部侍郎乔宇[⑨]，张通墓志志额的书写者为从仕郎、武州宁远县主簿杨棶[⑩]，邵均墓志志额的书写者乃汴梁进士张杲[⑪]。

由于单独请求书写志额的墓志较少，加之墓志中大都没有提及相关书写者与墓主之间的关系，只有由墓主亲属书写的志额才会写明二者之间的关系。但有一点可以肯定，另行请人书写志额，似与墓主的社会地位无关，或是因为墓主家属与志额撰写者熟悉，所以在请求书写墓志、志盖的基础上，若有合适之人，亦可请其书写志额，以示对墓主的尊重。

综上可见，金代墓志虽然较前代等级性有所松弛，却形成了相对严格的撰写程序。在志文的撰写中，一般先由墓主家属提出请求，再由撰写者进行撰文，最后书写志文、志盖和志额。参与墓志书写的人员越多、请得的书写者越知名，越能体现墓主及其家族的社会影响力，同时也使墓志制作成为墓主后人"孝亲"品行的最直接体现。

作者简介：苗霖霖（1982—），女，汉族，黑龙江省哈尔滨市人，历史学博士，黑龙江省社会科学院副研究员，硕士研究生导师，研究方向为东北古代史及北方民族史。

---

① 河北省文化局文物工作队：《河北新城县北场村金时立爱和时丰墓发掘记》，《考古》1962年第12期。
② 王新英：《封志安墓志铭》，《全金石刻文辑校》，第1页。
③ 伊葆力、杨卫东：《金初〈王宗孟墓志〉考》，《文物春秋》2012年第5期，第64页。
④ 周峰：《金代王琳墓铭考释》，《黑龙江社会科学》2018年第1期，第171页。
⑤ 王新英：《张汝猷墓志铭》，《全金石刻文辑校》，第470页。
⑥ 周峰：《金侯随墓志》，《贞珉千秋——散佚辽宋金元墓志辑录》，兰州：甘肃教育出版社，2020年，第163页。
⑦ 王新英：《张维垣墓志铭》，《全金石刻文辑校》，第473页。
⑧ 北京图书馆金石组：《北京图书馆藏中国历代石刻拓片汇编》第47册《王福墓志铭》，第5页。
⑨ 殷宪：《大定十六年（1176）〈张彦墓志〉》，《大同新出辽金元墓志新解》，第160页。
⑩ 周峰：《金张通墓志》，《贞珉千秋——散佚辽宋金元墓志辑录》，第142页。
⑪ 周峰：《金邵均墓志》，《贞珉千秋——散佚辽宋金元墓志辑录》，第159页。

论金朝军队的动员时间

朴世完

（复旦大学　历史学系，上海，200433）

摘　要：金朝实行在平时部署少数的常备军，在非常时期征调多数的预备兵力进行军事活动的动员体系。这种动员体系存在需要一定的准备时间才能将兵力投入战场的问题。分析“正隆伐宋”、“明昌、承安年间的北征”、“对于开禧北伐的反击”和“金夏纷争”四种金朝有代表性的战争事例，可知金朝在进入战时状态后，从动员开始到动员完成总共需要约半年的时间。但是，动员措施使生产人口转于军队，而国家需要供养征调的兵力，这对国家财政与社会经济造成的损害非常大。因此，金朝中期以后，在继续平时状态的同时，对战争犹豫不决，进而在战争中错失先机。大安三年，蒙古军队第一次对金进攻时期，金朝对此没有足够的防备，因此在动员准备所需的半年时间中，无法对抗蒙古军队的进攻，在野狐岭、会河堡战败之后，就一路走向亡国。

关键词：动员体系；动员时间；战争史；军制史；金朝

动员体系指平时以少数常备军进行军事活动，但在非常时期，现有的常备军难以解决作战中的困难，那么就征调预备兵力来增强军事力量。在金朝军事力量的主干中，除边境的常备军外，还包括在非常时期从屯田的军户中临时动员的预备兵力。这是金朝军事制度的重要特点之一。时人称：

> 彼之难聚者兵，调发半年止得如此。若尽灭之，数十年间未能再举。①
>
> 金朝兵制最弊，每有征伐或边衅，动下令签军，州县骚动。其民家有数丁男好身手，或时尽拣取无遗，号泣怨嗟，阖家以为苦。驱此辈战，欲其克胜，难哉。②

这两条记载，分别是描述金朝初期和后期动员体系的代表性记录，反映了金朝军事制度

① （宋）徐梦莘:《三朝北盟会编》卷 30，上海：上海古籍出版社，1987 年，第 220 页。
② （金）刘祁撰，崔文印点校:《归潜志》卷 7，北京：中华书局，1983 年，第 77—78 页。

中动员的重要性。而在金朝后期的对蒙战争中，动员体系的问题，则成为亡国的关键因素之一。但是，现存文献缺乏对当时动员体系运作方式的明确记述，仅存有碎片化的记载，因此该问题至今未受学界足够的关注。对于这一金元之际的重要问题，本文将围绕“动员时间”这一中心点，考察在动员体系下金朝投入预备军需要的准备时间，进而阐明动员时间对金朝的军事活动——特别是在后期的对蒙战争中产生了何种影响。

需要说明的是，如金朝前期或蒙古军队入侵之后，在战争持续进行、无法区别战时与平时的情况下，“动员”这一说法就难以成立，因此动员时间也就无法考察。与之相似，在已经启动动员令的时期，如果受到攻击，那么金军自然能够立即进行反击，这种情况下，同样难以判断动员时间。此外，由于记载零散，多数情况下，我们无法掌握动员的具体动向。因此，本文决定通过四次有史料可供观察的经典战事——正隆伐宋，明昌、承安年间的北征，对于开禧北伐的反击、金夏纷争——来分析动员时间的问题。

一、海陵王的正隆伐宋

关于海陵王伐宋的准备工作，最早的记载见于正隆四年（1159年）二月，“诏谕宰臣以伐宋事。调诸路猛安谋克军年二十以上、五十以下者，皆籍之”[①]。《金史·李通传》中，对此有更详细的记载：

> （正隆）四年二月，海陵谕宰相曰：“宋国虽臣服，有誓约而无诚实，比闻沿边买马及招纳叛亡，不可不备。”遣使籍诸路猛安部族及州县渤海丁壮充军，仍括诸道民马。……凡年二十以上、五十以下者皆籍之。[②]

但是，真正在正隆四年二月确实进行的，只有对所谓宋朝背盟行为的讨论，关于此后记载的“籍诸路猛安部族”、“州县渤海丁壮充军”及“括诸道民马”措施，通过另外的史料，可以确认不是发生于正隆四年二月，而是将后来的实施过程系于做出决策的正隆四年二月。值得注意的是：首先，虽然在相关史料中，与动员措施有关的词语互相混淆，意思也不明确，但“籍”“充军”“括马”等分别是不同的措施，它们实施的时间不一定相同；其次，这些措施构成动员过程的一部分，但并不是动员准备时间的起点。

先论“籍”。《三朝北盟会编》载：“（庚辰年，即正隆五年）秋八月，委户部尚书梁球先计女真、契丹、奚家三色之军，不限丁而尽役之。”[③]此处先“计”而后“役”之，据簿籍而使相关丁壮入伍，其意同于“籍”。“女真、契丹、奚家三色之军”肯定意味着《金史·李通传》中的“诸路猛安部族”。再说“充军”。伐宋的征调有正隆五年七月“遣使签诸路汉军”[④]的记载，明确将“签”的对象确定为汉军。该记载应该与《正隆事迹

① 《金史》卷5《海陵本纪》，北京：中华书局，1975年，第110页。
② 《金史》卷129《李通传》，第2783—2784页。
③ （宋）徐梦莘：《三朝北盟会编》卷242，第1741页。
④ 《金史》卷5《海陵本纪》，第111页。

记》中正隆五年（1160年）八月“余计中原汉家、渤海之地一十七路……每路签汉军一万人”的记录相同。最后谈谈“括马”。正隆四年“八月，诏诸路调马”[①]。这条记载应该与括马措施有关。金朝已有“以三百户为谋克”[②]、每三户人家出一名丁男作为士兵的制度，但按照重新制定的“凡年二十以上、五十以下者皆籍”这种征调基准，在正隆五年八月需要重新制作并记载军籍。因为“籍”只是文件上的程序，而不是动员上的一般程序，难以被认为是动员措施的起点。同时进行的“签军”也以汉人、渤海人等民户为对象，不是征调女真人等预备军户兵力的措施，因此与一般的动员体系无关。此外，虽然正隆四年八月进行的“括马”也是动员措施的一部分，但因为伐宋前契丹人的叛乱意外发生，已括得的马匹出现大量损耗，不得不追加括马，所以很难从相关记录中发掘原来的动员日程。

上述日期都不是真正的动员措施的起点。虽然句子很短，但正隆六年四月“遣使征诸道兵”[③]才是对军户下达的正式动员命令。与《三朝北盟会编》所记载绍兴三十一年（1161年，金正隆六年）九月的调兵记录对照，便可证明此事：

> 鲁校尉太仓催御米走马人至，言：咸平府五月一日起，东京初八日起，广宁府十三日起，义、绵（锦）州十五日起，共三个万户，不满三万人……元起定七月二十一日，大河以北请器甲。[④]

上引这段文字揭示了金朝在全国范围内发起动员的时间、地域关系。文中“起”应是“起发”，即在当地集结并向最终集结地出发。如此，“起”是“籍”的结果，即兵员统计并通知完成，按朝廷指令正式集中、准备作战，此举可视为动员的正式开始。从咸平府、东京、广宁府、义州、锦州的地理位置与征调时间可知，距集结地宋金前线愈远的地区，会愈早征调兵力。进一步地，在这条记载中距宋金前线最远的咸平府出兵于五月一日，那么较咸平府更远的金源内地应该出兵于四月。而最终在前线集结完成之时间为正隆六年九月，实际进攻的时间为同年十月。[⑤]总而言之，正隆伐宋时期，金朝作为攻击方最早从正隆四年开始准备，但此过程中出现了各种意外情况，因此难以确认准确的动员起点。但是，若掌握实际下达动员令的时间，以此作为起点，可知到战争开始大概需要半年的动员时间。

二、章宗明昌、承安年间的北征

金朝前、中期，蒙古高原及周边草原地带没有一个统一势力，各个部族并立，互相

---

① 《金史》卷5《海陵本纪》，第110页。
② 《金史》卷44《兵志》，第992页。
③ 《金史》卷5《海陵本纪》，第114页。
④ （宋）徐梦莘：《三朝北盟会编》卷231，第1661页。
⑤ 《金史》卷5《海陵本纪》，第115—116页记载：“（正隆六年九月）上自将三十二总管兵伐宋，进自寿春。……（十月）丁未，大军渡淮。”

牵制、互相攻击。在明昌、承安年间铁木真与札木合的十三翼之战后，蒙古诸部各势力相对均衡，各方都进入了无法进行大规模挑衅的对峙期。在此期间，呼伦湖周边的广吉剌、合底忻和山只昆等蒙古系部族所受外部干涉与牵制减少，从而有了攻击金国、劫掠物资的条件。① “自明昌初，北边屡有警，或请出兵击之”②，“明昌元年，初议出师，（夹谷清臣）以本职充东北路兵马都统制使”③，这表明章宗因北边的骚扰，从即位之初便开始讨论北征的相关事宜，但可能并未施行。因此，北方的不稳定情况长期持续，甚至因北方部族的入侵，临潢府路近边的庆州，处于被围困的严重危急状态之中。④值得关注的是，庆州虽距临潢府较近，但金朝并未调动临潢府的兵力，而是派遣泰州的东北路招讨司的屯驻军来救，由此可知属于十一个“要州”之一⑤的临潢府也没有足够的支援兵力可以派出。而且，东北路招讨司派出的兵力，也无法追击或歼灭敌军，只能坐视“敌解去”。由此可以推测，金朝在没有动员预备兵力的情况下，只依靠常备兵力，在军事作战能力上存在明显的局限性。将上述情况与“诏泰州、临潢接境设边堡七十，驻兵万三千”⑥这条记录一起考察，可知驻屯于北边的金朝常备兵力的数量并不多，故而，在边情不稳定的情况下，如果没有发布动员令，那么增援兵力必然有限。因侵扰的持续，北方部族围庆州，“倾族随去，边境荡摇如此可虞”⑦。这些情况表明，北边的局势愈益动摇，金朝不得不将防守政策从被动的守卫边境调整为主动的经略北方。

（明昌五年九月）甲申，命上京等九路并诸抹及乣等处选军三万，俟来春调发，仍命诸路并北阻䪁以六年夏会兵临潢。

（明昌六年五月）辛卯，以出师，遣礼部尚书张暐告于庙社。……庚戌，命左丞相夹谷清臣行省于临潢府。……（同年六月）辛巳，左丞相清臣遣使来献捷。⑧

上面的两条记载是与明昌、承安年间北征有关的动员记录。关于动员起点与终点都没有明确的日期记载。但通过朝廷下达了等待第二年（即明昌六年）春天进行动员的指令，可以确认开始征兵的时期是明昌六年（1195年）正月。还有通过在五月二十六日夹谷清臣被任命为行省主帅派遣及在六月二十八日报告了胜战这种情况，可以推测大概在六月中开始了进攻。由此可知，北方远征也与正隆伐宋相似，需要约半年的动员准备时间，以及为了统筹动员兵力，在“要州”临潢府临时设置了行省。

① [韩]朴元吉:《蒙古古代史研究》，首尔：图书出版慧眼，1994年，第323—324页。

② 《金史》卷73《完颜守贞传》，第1689页。

③ 《金史》卷94《夹谷清臣传》，第2084页。

④ 《金史》卷94《瑶里孛迭传》：“（明昌）六年正月，北边有警，聚兵围庆州急，孛迭率本路军往救，敌解去，州竟无患。”（第2095页）

⑤ 据《金史》卷44《兵志》，第998页所载，兵力部署的地方分为三十八处“边境置兵之州”和十一处“要州”。“边境置兵之州”可能是镇防军、分番屯戍军等常备兵力驻屯的地方，“要州”的作用则并不明确。但在金朝中期，设置可以称为动员军司令部的行省或试图设置行省的地区是临潢府、抚州、汴（南）京、东京、北京和宣德，其中，前四处就是“要州”，后两处也是与“要州”邻近的地方，因战况不利而行省从临潢府迁到北京、从抚州迁到宣德。由此可以推测“要州”或为动员兵力的集结地，或为主力军本部的驻地。

⑥ 《金史》卷6《世宗本纪上》，第135页。

⑦ 《金史》卷95《董师中传》，第2114页。

⑧ 《金史》卷10《章宗本纪二》，第233、236页。

三、对于开禧北伐的反击

正隆伐宋时期，金朝作为攻击方在实际发出动员令之前也进行了准备，因此难以明确掌握非常时期动员体系的运作方式。与此相反，开禧北伐时期，金朝具有作为防守方为了应战发出动员令的罕见特征。金朝在泰和五年（1205年）预想到了南宋的进攻，发过一次动员令，不久便解除，但是在泰和六年四月南宋展开全面进攻的无法预料的非常情况下，仓促地再次宣布了动员令，之后半年内不得不只用常备兵力来阻挡攻击方。开禧北伐时期的这种情况与大安三年（1211年）突然遭到蒙古军队攻击的情况具有相当多的类似性。

南宋权臣韩侂胄，为了解决“党禁”这一左右国内政治局面的问题，选择以对金关系为突破口。[①]金泰和四年（1204年，宋嘉泰四年）十一月“癸未，宝鸡、鄜县诸社屡被宋抄掠”。以此为开端，南宋军不断攻击金国南疆，但由于南宋军队采取了“初未敢公言征伐，乃使边将小小寇钞以尝试朝廷”[②]的迷惑战术，两国之间没有正式宣战，而是以模糊的形式，从小规模的纷争扩大为战争[③]。金朝受到迷惑，对局势判断失误而未及时宣布进入战时状态，这就影响了其动员进程，造成战争初期其军事行动的混乱。

我们先观察未动员状态下，金朝与南宋接壤的南境的兵力部署情况。虽然唐州在金前期是阻挡岳飞的荆湖大军的前沿重镇，但在泰和六年乌古孙兀屯据城阻击南宋皇甫军时，守卫兵力只有数百人而已。[④]在西线，情况也相同。为对抗攻打秦州的吴曦而聚集于秦州的金军，总共只能抽调出一千多名骑兵。数万大敌当前，仅出千余名骑兵，恐非主将胆魄过人之故，而是兵力所限，不得已而为之。[⑤]这些兵员，还不仅仅是秦州之兵，大多数应当是身为“陕西兵马都统副使”的完颜璘所统的陕西诸州集结之兵员。若仅论秦州本身兵力，估计总数不过千余名。唐州和秦州尽管都在《金史·兵志》“兵制”条所载的“凡边境置兵之州三十八”之列，但平时部署的兵力只是一个猛安上下。此外，在田俊迈率领的南宋军试图突破防卫线的危急之时，金朝只能将三千骑派遣于宿州，阻挡南宋的两万兵力。[⑥]这便是开禧北伐之前，处于和平状态之下的金朝沿边诸州的设防状态。沿边诸州兵力之单薄，导致未动员状态之下前线军情极为紧张。

泰和五年，金朝通过俘获的谍人得知了南宋计划在五月进攻的消息，因此于同年五月“诏平章政事仆散揆为河南宣抚使，籍诸道兵，括战马”[⑦]。应当说，这是正确的应对

---

① [韩]朴时贤:《韩侂胄与开禧北伐研究》，高丽大学博士学位论文，2014年，第83—84页。

② 《金史》卷62《交聘表下》，第1473页;《金史》卷98《完颜匡传》，第2167页。

③ 参见[日]外山军治:《金朝史研究》，京都：同朋舍，1979年，第517页。

④ 《金史》卷121《乌古孙兀屯传》:“宋皇甫斌步骑万入侵唐州，兀屯兵甚少，遣泌阳尉白撒不、巡检蒲闲各以五十人乘城拒守。兀屯见宋兵在城东北者可破，令军事判官撒虎带以精兵百人自西门出。”（第2645页）

⑤ 《金史》卷93《完颜承裕传》:“宋吴曦兵五万由保岔、姑苏等谷袭秦州，（秦州防御使完颜）承裕、（通远军节度使、陕西兵马都统副使完颜）璘以骑兵千余人击走之，追奔四十里，凡六战，宋兵大败，斩首四千余级。”（第2065页）

⑥ 《金史》卷93《抹撚史扢搭传》，第2071页。

⑦ 《金史》卷98《完颜匡传》，第2167页。据《章宗本纪四》所载:（泰和五年五月）“以平章政事仆散揆为河南宣抚使，籍诸道兵以备宋”。（第271页）对照两条史料可知，“籍诸道兵”的时期是泰和五年五月，以及在这次动员措施中，“括马”也与“籍诸道兵”同时进行。

措施。可是南宋仍然继续采取迷惑政策，因此金朝朝廷经过讨论，于泰和五年（1205年）八月撤除行台，解散弓箭手，相当于解除了刚刚发布的动员令。然而，南宋的攻击在泰和六年（1206年）二月突然加剧，其正规军发动了强大攻势，“陷散关，取泗州、虹县、灵璧”[①]。至此，其进攻行动再无法掩饰。相应地，金朝在泰和六年四月丙寅“诏平章政事仆散揆领行省于汴，许以便宜从事”及“尽征诸道籍兵”[②]，再次宣布了动员令。尽管进行括马的日期不明，但据“既而伐宋，诸路括马皆瘦，惟隆州马肥”[③]及下达动员令仅十天后，“丙子，诏内外职官纳马各有数”[④]的记载，可以推测该时期征调兵力与括马几乎同时进行。

由于动员令刚刚下达，便面临南宋大军的进攻，河南统军使纥石烈子仁提出对策以应急，章宗也推出了其他补救措施：

> （泰和六年四月）河南统军司言……乃聚郑、汝、阳翟之兵于昌武，以南京副留守兼兵马副都总管纥石烈毅统之，聚亳、陈、襄邑之兵于归德，以河南路副统军徒单铎统之，而自以所部兵驻汴。及拟山东东、西路军七千付统军纥石烈执中驻大名，河北东、西路军万七千屯河南。
>
> （泰和六年五月）上以宋兵方炽，东北新调之兵未集，河南之众不足支，命河北、大名、北京、天山之兵万五千屯真定、河间、清、献等以为应。[⑤]

从昌武（许州）、归德、大名和开封的位置来看，将郑、汝、阳翟之兵聚集于昌武，将亳、陈、襄邑之兵聚集于归德府，以及将山东兵力驻屯于大名的军事部署，并非把兵力移到前线。考虑到汝州和陈州的位置，前方的兵力反而被移到后方。因此，泰和六年四月的调动，其实是将接近战线的河南、山东之兵力，向几个据点集中，这样做有利于抵御敌军主力甚至做出反击，而避免有限的兵力分散于多地，被各个击破。并且，即使山东、河北之兵力前出至河南，金军仍不能完全阻挡宋军，以至次月要进一步将更北面的北京路、西南路（天山县属西南路）之兵力，与河北、大名剩余兵力，集中于真定、河间、清、献等府、州屯驻。由于真定等府、州位于河北北部，更在大名路之北，因此五月的调动，也同样不是单纯地将兵力向南转移，而是集中起来，在中都南面布置了第二条防线。泰和六年四五月的举措，一方面反映了未动员状态下沿边各州和南京路总体兵力的不足；另一方面展示了金国在“东北新调之兵未集，河南之众不足支”的困境下，为了赢得动员的时间，会采取何种部署。泰和六年十月，“平章政事仆散揆督诸道兵伐宋”[⑥]，动员终于完成，金军转而发起反攻。至此，同年四月下达的“尽征诸道籍兵”、集结兵力已达半年。由此可以确认，正如正隆伐宋需要半年，明昌、承安年间的北征需要五个月的准备时间，金军对抗开禧北伐的南宋军队，整个动员过程也需要半年时间。

---

① 《金史》卷98《完颜匡传》，第2168页。
② 《金史》卷12《章宗本纪四》，第275页。
③ 《金史》卷128《循吏列传·蒲察郑留》，第2768页。
④ 《金史》卷12《章宗本纪四》，第275页。
⑤ 《金史》卷12《章宗本纪四》，第274、275页。
⑥ 《金史》卷12《章宗本纪四》，第278页。

四、金夏纷争

金朝自灭辽之后，始终警惕西夏与西辽共谋。与此同时，西夏也不满金朝不遵守约定、重新夺回割予的领土并缩小贸易规模。因此，终金一朝，金夏之间不断发生中小规模的纷争。值得关注的是，在金夏纷争之中，金朝对于西夏的进攻一直没有表现出主动应对的态度。大定十七年（1177 年），金朝减少金夏边境榷场数量，次年，西夏军队进攻金朝。据《大金国志》所载，西夏在攻下金朝的麟州后，“毁城而去”[①]。此事不见于《金史》等其他史书，但是麟州之废，应该就是西夏军队毁城导致的严重后果。据《元一统志》“会州 · 建置沿革”等条所载，西夏军队于大定二十三年（1183 年），再次攻陷包括州治在内的会州北部，金朝不得已南徙会州，但未见有何反制之举。[②]据《西夏书事》所载，在明昌元年（1190 年）和二年之间，西夏不满金朝缩小贸易规模，频繁派兵侵扰金朝边境[③]，但金朝依然未积极应对。其中，观察明昌二年十月的金将阿鲁带被杀事件[④]，甚至在巡边将官被杀的情况下，金夏军队之间仍然没有开战。这暗示着金夏边境金军的规模可能相当有限，无法应付西夏的三千兵力。金朝在金夏边境的兵力空虚，通过西夏灭国前夕的两国交往，能获得进一步的证实。西夏在遭到蒙古军队的进攻后，向金朝求援，但金朝并无积极的反馈，逃避了宗主国的责任。西夏为此进行了报复。

> （大安二年）秋八月，攻金葭州。金陇外十州地介宋夏之间，与诸蕃杂处，素无重镇戍守。安全怒金不发援兵，遣万骑攻葭州，以报之。[⑤]

这条记载暴露了在金朝的陇外十州里“素无重镇戍守”的情况。正如通过观察开禧北伐的过程可以确认金朝在金宋边境的兵力薄弱，通过观察金夏纷争，也可以确认金朝在金夏边境兵力不足。

不过，金蒙战争开始之后，西夏军队的进攻对金朝的安全构成了严重的威胁，金朝转而采取强硬态度。贞祐三年（1215 年），金宣宗启动动员体系来惩戒西夏，当年五月，“谋伐西夏，遣大臣镇抚京兆”，同年十月，“以同、华旧屯陕西兵及河南所移步骑旧隶陕州宣抚司者，改隶陕西行省”。[⑥]也就是说，动员开始五个月之后，动员军在陕西集结完毕。十一月，金军于克戎寨、熟羊寨发动战役，展开了积极攻势。据此，自动员到发起攻击，仍是半年时间。[⑦]

---

① （宋）宇文懋昭撰，崔文印校证：《大金国志校证》卷 17《世宗中》，北京：中华书局，1986 年，第 240 页。

② 参见余蔚：《中国行政区划通史 · 辽金卷》，上海：复旦大学出版社，2012 年，第 462、553、773 页。

③ 参见（清）吴广成撰，龚世俊等校证：《西夏书事校证》卷 38，兰州：甘肃文化出版社，1995 年，第 451—452 页。

④ 《金史》卷 134《外国列传上 · 西夏》载：“夏人肆牧于镇戎之境，逻卒逐之，夏人执逻卒而去。边将阿鲁带率兵诘之，夏厢官吴明契、信陵都、卜祥、徐余立等伏兵三千于涧中，阿鲁带口中流矢而死，取其弓甲而去。”（第 2871 页）

⑤ （清）吴广成：《西夏书事校证》卷 40，第 469 页。

⑥ 《金史》卷 14《宣宗本纪上》，第 309 页；第 314 页。

⑦ 但是这次伐夏战争的动员措施的日程不是明确的。“大臣镇抚京兆”是否为征调兵力的措施难以确定，十月的措施也无法显示行省建置的日期，由此只可知设置与动员措施密切相关的行省及存在动员兵力的情况而已。

五、结语：动员之两难

国家是否可以把动员当作一件习以为常的事？或者说，一遇到挑战，是否应该立即进行动员，甚至处于长久的战备状态？国家财政不允许这样做。海陵王伐宋大军的动员过程中，域内沸腾。伐宋引起的财政崩溃，是金朝军事失利的原因之一。①“军兴”“举兵”除了战争所需的庞大费用，动员本身也带来了巨大的财政压力。动员体系下的征兵措施，使生产人口转而集中于军队，不仅中断了被征调人力的生产活动，导致其家庭困顿与国家税入减少，也使减少的生产人口和国家税收不得不供养更多的兵员，国家财政与社会经济更加不堪重荷。因此，战争与动员会造成巨大的经济损失，若规模大、时间长，甚至会达到民心背离的境地，这是金朝的动员体系所面临的根本问题。章宗时期南北边境发生的战争，令金朝再次陷入了财政困难。②为应对大规模的军事活动，国家向社会各个群体敛取各种名目的税赋，民众压力极大，并且引起了物价的明显波动，社会经济面临考验。这也是每一次由平时体制转向战时体制时都会产生的问题。因此，金朝尽可能避免大规模动员，如：

> 厥后海陵咈众举兵，国用虚耗，上下离心，内难先作。故世宗之初，章宗之末，有事于南，皆非得已，而详问之使每先发焉。③

但反过来，轻易不动用动员体系的保守态度，问题也很明显。首先，即使预测到敌方的进攻或已经遭到进攻，也会出于动员的巨大耗费而对战争犹豫不决，进而在战争中错失先机。其次，如开禧北伐的情况，有可能让敌方误解为己方软弱无力，从而起到刺激敌方进攻的作用。④金朝得知蒙古军队进攻西夏，是泰和八年（1208年）十月，便开始“修边备”⑤。但是，金朝刚刚结束对宋战争，国力受损，故而一时无力再做动员，因此，对于可能不利于本国的蒙夏战事，只能坐视。对于当时金朝没有应援，《大金国志》以为，是“不能救”，即没有能力救援。⑥这种解释比《西夏书事》中所载卫绍王提出的拒绝出兵的理由——“敌人相攻，吾国之福”⑦——可能更为真实。这是因为《西夏书

① （宋）李心传：《建炎以来系年要录》卷192，北京：中华书局，1956年，第3228页载：“又借民间税钱五年，民益怨愤。”《金史》卷73《完颜宗尹传》载：“海陵军兴，为一切之赋，有菜园、房税、养马钱。”（第1675页）

② （金）元好问：《元好问文编年校注》卷4《平章政事寿国张文贞公神道碑》，北京：中华书局，2012年，第469页载：“时属军兴，调度百出。”《金史》卷120《徒单公弼传》，第2627页：“是时，伐宋军兴，有司督逋租及牛头税甚急。”《金史》卷44《兵志》第1006页载：“以军须所费甚大，乞验天下物力均征。拟依黄河夫钱例，征军须钱，验各路新籍物力，每贯征钱四贯。”关于章宗时期财政困难的深化，参见[日]外山军治：《金朝史研究》，李东源译，牡丹江：黑龙江朝鲜民族出版社，第496—500页。

③ 《金史》卷93《完颜宗浩传》，第2080页。

④ [韩]朴时贤：《韩侂胄与开禧北伐研究》，第105页；余蔚：《中国行政区划通史·辽金卷》，第462页。

⑤ 《金史》卷12《章宗本纪四》：“（泰和八年十月辛巳）夏国有兵，遣使来告。……（同年十一月）丁未，敕谕临潢泰州路兵马都总管承裔等修边备。”（第285页）

⑥ （宋）宇文懋昭撰，崔文印校证：《大金国志校证》卷22《东海郡侯上》：“（大安三年春）西夏始为大军所攻，遣使求援，国主新立，不能救。”（第296页）

⑦ （清）吴广成撰，龚世俊等校证：《西夏书事校证》卷40，第469页。

事》所载的卫绍王的态度与世宗之后金朝对西夏一贯的安抚政策是相悖的。

此后全面爆发的金蒙战争，更是将金朝动员体系的不利之处暴露无遗。先是金朝在蒙古强力崛起、四处攻打金朝的邻国和周边部落之时，仅能“修边备”，且因财政压力而游移，未能正式进行动员，而后断定战争无法避免才不得已进行动员。[①]但在动员过程所需的五六个月时间内，只能依靠少数常备军来抵御攻击。由于北边到中都的距离不远，纵深不足，而且敌方是以骑兵为主，机动力极强，常备军无法争取到充分的动员时间。大安三年（1211年），因汪古部的内应，蒙古军队毫无阻碍地越过界壕。在这种情况下，乌沙堡、乌月营等边堡防御体系，因准备时间不足而处于“不设备”或“不为备”[②]的状态。之后半年，金军几乎没有做出值得像样的抗击，直到集结了动员兵力后，才被迫在最终防线居庸关正前方的野狐岭、会河堡决战。而野狐岭、会河堡大败后，费力集结的动员兵力被歼灭，金朝便从此一路走向亡国。正如金朝早期宋人沈琯投书所言：“彼之难聚者兵，调发半年止得如此。若尽灭之，数十年间未能再举。”

作者简介：朴世完，男（1979— ），韩国人，复旦大学历史学系博士研究生。

① 《金史》卷13《卫绍王本纪》，第293页记载：“（大安三年三月）括民间马，令职官出马有差。四月，我大元太祖法天启运圣武皇帝来征。遣西北路招讨使粘合合打乞和。平章政事独吉千家奴，参知政事胡沙行省事备边。”因此，对于大安三年蒙古军队进攻时下达动员令的日期，被推测为与同年三月括马时及四月派遣行省事时接近。

② 《金史》卷93《独吉思忠传》，第2064—2065页记载：“方缮完乌沙堡，思忠等不设备，大元前兵奄至，取乌月营，思忠不能守。”《金史》卷93《完颜承裕传》，第2066页记载：“乌沙堡之役不为备，失利。”

书评与综述

走向统合的“异质”与“边缘”

——以饭山知保《另一种士人》为中心的讨论*

王志双

（厦门大学　图书馆古籍特藏与修复部，福建　厦门，361005）

作为历史的参与者和历史记忆的制造者，士人群体是中国古代士农工商四民社会之中的一个特殊存在。任何一个时代，靠近皇权中央、首都及其周边的士人是相对更具发言权、更具社会影响力的群体。但这类群体之中的一些人，或因权力辐射而自我选择在历史上“无声无息”，或因他故而“被沉默”，但他们大多是历史现场的参与者和见证人，是历史记忆的承载者。随着政治制度的变革尤其是科举制的盛行，唐宋以降，士人群体发生了很大的变化，以其独特的身份地位及文字载体拥有者的优势，吸引了众多学者的目光。而宋元时期南北社会存在显著的差异，南北士人的内外精神面貌也有所不同。与江南士人相较，同一时期北方士人的形象则显得十分模糊。①日本学者饭山知保即将目光投向这一被遗忘的群体，在其新著《另一种士人：金元时代的华北社会与科举制度》（以下简称《另一种士人》）中，对之进行全面考察。透过本书的研究，从历史的面纱中浮现的，不仅有被江南士人遮蔽的华北士人，更有被忽略的金元华北社会。

---

* 本文为国家社科基金项目“蒙古元素‘江南风尚’的隐、显与宋元社会转型研究”（18BZS053）阶段性研究成果。刁培俊教授对本文卓有贡献，谨此致谢。

① 宋元南方士人群体的研究成果，繁盛已不胜枚举。有关北方士人的研究，较有代表性的成果有[新加坡]王昌伟：《中国历史上的关中士人：907—1911》，刘晨译，杭州：浙江大学出版社，2017 年；杜正贞：《村社传统与明清士绅：山西泽州乡土社会的制度变迁》，上海：上海辞书出版社，2007 年；Jinping Wang. *In the Wake of the Mongols：The Making of a New Social Order in North China，1200-1600*，Cambridge：Harvard University Asia Center，2018。有关元朝南方士人的研究，以萧启庆先生等学者的研究较具代表性，参见萧启庆：《内北国而外中国：蒙元史研究》，北京：中华书局，2007 年；萧启庆：《元代的族群文化与科举》，台北：联经出版事业股份有限公司，2008 年；萧启庆：《九州四海风雅同：元代多族士人圈的形成与发展》，台北：联经出版事业股份有限公司，2012 年；孙克宽：《元代汉文化之活动》，台北：中华书局，1968 年；赵琦：《金元之际的儒士与汉文化》，北京：人民出版社，2004 年；李治安等：《元代华北地区研究：兼论汉人的华夷观念》，天津：南开大学出版社，2009 年。有关学术史，请参见刁培俊、林明华：《〈元代地方精英与基层社会——以江南地区为中心〉评介》，常建华主编：《中国社会历史评论》第 12 卷，天津：天津古籍出版社，2011 年，第 488—497 页；申万里：《理想、尊严与生存挣扎：元代江南士人与社会综合研究》，北京：中华书局，2012 年，第 9—15 页；等等。

《另一种士人》聚焦金元时期的华北地区，借由科举制，全面考察身处其中的士人之出处进退，并以此为出发点，将视域扩展到这一时期的整体史。全书正文分上下两部，前有绪论，后有结论。绪论部分回顾了关于金元华北社会的传统认知，以及对科举制度及其影响的相关研究，并对全书内容做了概述。正文第一部以女真对华北的统治为中心，考察金代科举对华北地区的影响，呈现士人群体的多元面貌。第二部则转向元朝的统治，以士人群体为观察点，关注在这一时期发生新变的华北社会。结论部分一则总结了全书内容，二则在此基础上，对金元时期的华北士人在中国历史上的定位、金元的统治对华北社会造成的影响等问题进行了回应。

全书所论，在空间上集中于华北地区，在时间上则跨越金元，以士人与科举为中心，考察华北社会之形态，探究金元统治的历史意义。该著集细微观察与宏观分析于一体，别具匠心。本文拟就其问题意识、史料选择、方法视角、学术贡献等方面进行简要评述，并在此议题的延长线上展开相关探讨。

一、被忽略的群体："另一种士人"

12—14 世纪的华北，先后处于辽、金、元等北方民族的统治之下，逐渐形成了一个"异质"的中国社会。[①]在此时空下成长起来的华北士人，也随之形成了独特的文化特征和风貌，成为一个有别于中原汉族人的特殊群体。[②]但长久以来，他们被遮蔽在了江南士人的璀璨光芒之下。这一方面是因为后者在这一时期大放异彩，使其在华北的"同类"黯然失色；另一方面则是因为北方文献相对稀少，或多或少地局限了学者对华北士人的研究。于是，这些处在"边缘"的士人被忽略了。《另一种士人》则将这一被遮蔽的群体纳入视野，在正史、地方志与文集等传统史料之外，更多地发掘和利用碑刻文献，全面考察金元时期的华北士人，将之与南宋以降的江南士人进行对照[③]，呈现出另一种士人的面貌。其荦荦大端者或可简述如下。

第一，与宋朝以降江南士人之始终汲汲于科举不同，华北士人对科举的态度则视时局而定。女真统治时期，科举逐渐成为其主要选官途径，华北士人因此积极应举；由金入元，科考中断时代，荫补和胥吏入仕较多，出仕途径多样化，科举仅是其中之一，且非最重要者，华北士人的应举积极性因此骤降。这一时期，身处变局中的华北士人，不再汲汲于科举之一途，而是顺应统治政策的变动，积极调整自身的出仕策略，体现出灵活机动的"权变"特色。

---

① 学者研究以为，宋元明时期的中国南方延续了诸多唐朝的历史元素，参见李治安：《元和明前期南北差异的博弈与整合发展》，《历史研究》2011 年第 5 期；《唐宋前后南北地域差异的博弈整合论纲》，《光明日报》2012 年 11 月 29 日，第 11 版；《中古以来南北差异的整合发展与江南的角色功用》，《文史哲》2015 年第 1 期；《元至明前期的江南政策与社会发展》，《历史研究》2016 年第 1 期；《"唐宋变革"前后的江南角色与元明江南嬗变》，《思想战线》2017 年第 6 期。

② 刘浦江：《说"汉人"——辽金时代民族融合的一个侧面》，《民族研究》1998 年第 6 期。

③ 为行文简略，以下如无特殊说明，"华北士人（层）"均指金元时期的华北士人（层），"江南士人（层）"均指南宋治下的江南士人（层）。

第二，金元时代社会剧变，出仕途径多歧，决定了南北应试群体在规模上存在巨大的差异。江南士人将参加科举奉为人生信条，对科举之推行持积极态度，南宋推行科举时，每次参加科举的人数达 40 万人以上，为北宋末之 5 倍有余。①与之形成鲜明对比的是，即使是在推行科举制度的金朝，华北地区的应试人数也不及 4 万，为北宋之 2—3 倍。②元朝曾停滞科考近 80 年，但延祐开科之后的应试者最多也不过 2.3 万人。由此可见，无论是就应举者的绝对数量，还是就应举人数的增长幅度而言，华北均不及江南。而在饭山知保看来，这一增幅上的差别，正是南北士人之间最大的不同。③

第三，华北士人受到中央政府更强有力的统治。南宋王朝在行政实践中逐渐确立起针对士人的优待惯例，并因长期形成的固有规范，形塑出江南士人群体在地方上的影响力。④金元政权则对华北士人进行强有力的控制，绝不容许其在地方社会坐大。在此情形下，金朝士人没有徭役、刑法上的特权优待；在“九儒十丐”的社会规范之下，元朝虽有部分士人享有特权，但只有受到来自中央朝廷政策上的支持时才能成立，仍未溢出王朝的控制范围，与南宋的情形大为不同。

第四，上述统治强度的差别，直接决定了金元南北士人与地方关系的不同。受南宋王朝“承认其势力的存在并为我所用”⑤的态度的影响，江南士人在乡里建设中投入了众多精力，且能够取得相当的成效，足以左右地方社会的发展。与此相反，这一时期的华北士人似乎始终不具备这种影响力。金朝地方的士人家族甚至很难共同协作完成渠水开凿之事。⑥这些地方精英的势力在元初似乎有所扩大，但实则紧紧依附于元朝政权，被限

---

① 据饭山知保推算，北宋末平均每次参加科举的人数至少为 7.9 万人（[日]饭山知保:《另一种士人：金元时代的华北社会与科举制度》，邹笛译，杭州：浙江大学出版社，2021 年，第 192 页），其中自然包括部分华北士人在内，因此，南宋时期应试人数的实际增幅或恐更大。实际上，这一推测的结果，仍给读者一个模糊的数字。既有研究成果也未能提供详密的数据，如贾志扬:《宋代科举》，台北：东大图书股份有限公司，1995 年；李弘祺:《宋代官学教育与科举》，台北：联经出版事业股份有限公司，1994 年；薛瑞兆:《金代科举》，北京：中国社会科学出版社，2004 年；何忠礼:《科举与宋代社会》，北京：商务印书馆，2006 年；萧启庆:《元代的族群文化与科举》，台北：联经出版事业股份有限公司，2008 年；何忠礼:《南宋科举制度史》，北京：人民出版社，2009 年；[日]近藤一成:《宋代中国科举社会的研究》，东京：汲古书院，2009 年；萧启庆:《元代进士辑考》，台北：“中研院”历史语言研究所，2012 年；龚延明、祖慧编著:《宋代登科总录》，桂林：广西师范大学出版社，2015 年；张希清:《中国科举制度通史·宋代卷》，武玉环等:《中国科举制度通史·辽金元卷》，上海：上海人民出版社，2017 年；申万里:《元代科举新探》，北京：人民出版社，2019 年；等等。另参见陈高华:《〈二十世纪的中国科举制度史研究〉的一点补充》，《历史研究》2001 年第 3 期。

② 据饭山知保推算，北宋末华北地区平均每次参加科举人数为 1 万以上，至多不过 2 万（[日]饭山知保:《另一种士人：金元时代的华北社会与科举制度》，邹笛译，第 199 页）。

③ [日]饭山知保:《另一种士人：金元时代的华北社会与科举制度》，邹笛译，第 509 页。金元时期江南与华北在人口总量、密度、结构等方面均有所不同，就后者而言，与江南多为本地原有人口不同，华北则因政权的更迭而不断有北方民族家庭移入。南北存世文献之多寡则是应该考虑的另一因素（参见包伟民:《精英们“地方化”了吗？——试论韩明士〈政治家与绅士〉与“地方史”研究方法》，荣新江主编:《唐研究》第 11 卷，北京：北京大学出版社，2005 年），若虑及于此，则应举人数的增长幅度能否客观反映，或在多大程度上反映士人群体的实际情况，恐怕尚值得再商榷。

④ 韩明士（Robert Hymes）接续乃师郝若贝（Robert M. Hartwell）的论断，更详密地论证出两宋之际精英地方化这一观点，在欧美学界颇多认同者。参见 Robert Hymes. *Statesmen and Gentlemen: The Elite of Fu-Chou Chiang-Hsi, in Northern and Southern Sung*, Cambridge: Cambridge University Press，1986。有关这一论题的学术批评，参见包伟民:《精英们“地方化”了吗？——试论韩明士〈政治家与绅士〉与“地方史”研究方法》，荣新江主编:《唐研究》第 11 卷，北京：北京大学出版社，2005 年。

⑤ [日]饭山知保:《另一种士人：金元时代的华北社会与科举制度》，邹笛译，第 509 页。

⑥ [日]饭山知保:《另一种士人：金元时代的华北社会与科举制度》，邹笛译，第 47—50 页。

制在可控范围之内。如果说江南士人体现出了鲜明的“地方化”倾向①，那么华北士人有着一种强烈的“中央志向”②。在一定程度上可以说，自北宋以降，江南士人“面向地方”，与乡里社会的关系更为密切；而华北士人受到朝廷中央的强力统治，在地方的影响力相对有限。

概言之，正是南宋与金元政权统治体制之不同，从根本上决定了南北士人面貌的巨大差异。③江南士人在南宋朝廷的优容笼络政策下急剧膨胀，一定程度上左右着地方社会的发展，成为一个影响力极显、光彩耀目的特殊阶层；华北士人则在金元政权的强力控御下缓慢生长，作为一个社会群体，他们紧紧围绕在政权周围，始终未能成为一个突出的社会阶层。④从这一意义上而言，饭山知保重新“发现”了这一被忽略的群体，清晰地建构并呈现出这一独特的历史面貌。这一学术论证过程本身就极具学术意义。与此同时，我们借助饭山知保视域下的金元科举与士人，得以稍窥这一时期南北社会性质之别，究其政权特质之异。这一由地域而全境，由士人这一少数社会群体的出处进退而观照整体的金元政局和社会，可谓碎片化极致之余的整体史渗透，显示出饭山知保高超的认知能力和卓越的史识。

二、异质社会：处在边缘的华北

就既有学术研究而言，与江南相较，金元治下的华北，长期是相对模糊的，是“没有历史”的；金元治下的华北甚至被学者视为处在中国的、学术的“边缘”，更处在普罗大众认知的边缘。《另一种士人》则通过对科举与士人的考察，重构出华北社会的生态，填补并进一步强化了这一认知领域的空白。作者的努力，或可由以下几个方面呈现：其一，华北社会处在金元王朝的强力控御之下，与南宋对地方势力“承认并利用”的态度判然有

---

① 唐宋以降官绅的地域取向究竟是“中央化”还是“地方化”，学界颇有迥异的论断。参见前揭韩明士 *Statesmen and Gentlemen*。另参见毛汉光：《从士族籍贯迁移看唐代士族之中央化》，《“中研院”历史语言研究所集刊》第52本，1981年，今据《中国中古社会史论》，上海：上海书店出版社，2002年，第234—333页；韩昇：《南北朝隋唐士族向城市的迁徙与社会变迁》，《历史研究》2003年第4期；梁庚尧：《南宋官户与士人的城居》，《新史学》，1990年第2期。今据前揭氏著《宋代社会经济史论集》下册，台北：允晨文化实业股份有限公司，1997年，第39—84页；Sukhee Lee. *Negotiated Power: The State, Elites and Local Governance in Twelfth-to Fourteenth-Century China*（《协商中的权力：十二至十四世纪中国的国家、精英与地方治理》），Cambridge：Harvard University Asia Center，2014。

② 这一说法为王昌伟在《中国历史上的关中文人》中提出的观点，参见该书绪论第13页的引述。对于江南士人是否“地方化”了这一问题，目前仍存在争议。但可以确认的是，江南士人在地方公共事务及自身乡里地位的建设等方面，的确予以了相当的关注，其所取得的成效也十分突出。参见梁庚尧：《南宋的社仓》《豪横与长者：南宋官户与士人居乡的两种形象》，今据氏著《宋代社会经济史论集（下）》，第427—536页；梁庚尧：《家族合作、社会声望与地方公益：宋元四明乡曲义田的缘起与演变》《中国近世家族与社会学术研讨会论文集》，台北：“中研院”历史语言研究所，1976年；黄宽重：《宋代四明士族人际网络与社会文化活动——以楼氏家族为中心的观察》，今据黄宽重、刘增贵主编：《家族与社会》，北京：中国大百科全书出版社，2005年，第338—405页。

③ 除华北士人与江南士人不同外，华北士人在不同时期的表现也各不相同。作者指出，金代与元代的士人层之间，存在着明显的断层（[日]饭山知保：《另一种士人：金元时代的华北社会与科举制度》，邹笛译，第434页）。如上文所述，在应举积极性及特权方面的差异，即是其表现之一。

④ 华北士人与江南士人的差异还体现在应举环境等方面：江南的经济发展水平远高于华北，在基础教育设施建设、社会福利等方面，较华北更为完备。譬如华北士人常面临书籍难得、无力就学等困境，而南宋出版业发达，书籍相对易得；经济方面，南宋官学有学田学廪，民间有义庄、贡士庄等，为士人提供资助。与江南士人相较，华北士人之读书业儒、求学应举都更为困难。参见[日]饭山知保：《另一种士人：金元时代的华北社会与科举制度》，邹笛译，第92—95、509页；前揭梁庚尧：《南宋的社仓》《豪横与长者：南宋官户与士人居乡的两种形象》。

别；其二，华北之经济与文化积累，皆远逊于南宋①；其三，在北方民族的统治下，当地逐渐形成了一个多元融合的社会；其四，在此背景下形成的华北士人阶层，亦与江南不同。

由上述可见，这一时期的南北社会之间存在着巨大的差别。②甚至可以说，金元治下的华北地区，形成了一个“异质的”中国社会。③长期以来，学界以江南为“正”为“常”，而以华北为“变”为“异”，几成约定俗成的主流观念。饭山知保则对此提出了质疑：首先，若以追求“一元化”统治的观点视之，可称作异常的反倒是南宋，而非金元；其次，以华北社会为“异质”，是自“南人”立场出发得出的结论，这种“他镜窥我”视域下的论断是否公允值得商榷。就后者而言，当我们指华北为异质时，实则暗含了以江南为主流的认知预设。但正如宋金之间的正闰之争，这确实是一个主观性颇强的问题——倘若反其道而为之，以华北为中心，以江南为异质，似亦无不可。④

当我们沿着明清以来的常规思路，以南宋为正统⑤，指华北为异质时，华北社会及其士人便被边缘化了。⑥而《另一种士人》特别将其从边缘引向中心，进行重新定位。这种视角的转换，使我们得以窥见 12—14 世纪的中国社会与士人的多重面相，进而对这一时期的历史产生更加全面、深刻的认识。

三、儒化：利益的权衡

对于北方少数民族的汉化，以往的研究多集中关注高官显宦等社会中上层人群，并以“渐慕华风”“慕风向化”释之。⑦从金元时期的社会形态、制度变迁与经济状况等因

① ［日］饭山知保：《另一种士人：金元时代的华北社会与科举制度》，邹笛译，第 512 页。

② 元朝时期虽混一南北，但辽金以来南北社会之差异并未随之混融消失，其在华北的统治远较江南为强，江南在相当程度上仍沿着南宋以来的社会形态而存在、发展。参见萧启庆：《元朝的统一与整合：以江南、汉地为中心》，《蒙元支配对中国历史文化的影响》，《内北国而外中国：蒙元史研究》，北京：中华书局，2007 年，第 17—61 页；李治安：《元和明前期南北差异的博弈与整合发展》，《历史研究》2011 年第 5 期；李治安：《元至明前期的江南政策与社会发展》，《历史研究》2016 年第 1 期。

③ ［日］饭山知保：《另一种士人：金元时代的华北社会与科举制度》，邹笛译，第 511 页。

④ 文献中的“南方”多是“中原中心论”或“北方中心论”意涵下的“南方”，是“王朝历史之下的南方地区史”，而不是“南方地区的中国史”。无论是中原士人的叙述与书写，南方士人立足于“南方”的叙述和书写，还是南方“民众”的叙述和阐释，都会杂糅入“中原色彩”，从而导致了人们普遍认知中南北的差异。参见鲁西奇：《人群·聚落·地域社会：中古南方史地初探》之《中国历史的南方脉络·代序》，厦门：厦门大学出版社，2011 年。实际上，宋朝文献中存在中原人（泛指北方人）认识中的“南方”、“南方人”与“南方社会”，抑或是南方人自己体认中的“南方”、“南方人”与“南方社会”，以及南方人有意识地展现给中原人（北方人）“南方”、“南方人”与“南方社会”。刁培俊：《南宋“乡村社会”管窥——以〈夷坚志〉所见南方资料为主的初步考察》，袁行霈主编：《国学研究》第 24 卷，北京：北京大学出版社，2009 年，第 185 页。金元时期的情况，亦当如是观。

⑤ 参见刘浦江：《德运之争与辽金王朝的正统性问题》，《中国社会科学》2004 年第 2 期。

⑥ 孙昊在评《哈佛中国史》时曾指出：（“农耕（南）—游牧（北）”的对立认识模式认为）在中国历史框架之内，只有中原王朝代表“中国”的社会与文化传承，其发展序列是中国历史发展的主线。受此影响，很多学者认为只有“唐宋”的发展线索才能代表古代中国的历史走向。但实际上，10—13 世纪的中国，是宋、辽、西夏、金诸王朝并立的历史，若将宋朝的历史发展脉络等同于“中国”，势必大大压缩历史中国的时空范畴和内涵，进而造成 10—13 世纪中国历史叙事脉络的断裂。参见孙昊：《不应有的“以偏概全——评〈哈佛中国史〉的宋元明转型叙事》，《历史评论》2020 年第 2 期。

⑦ 参见刘浦江的系列论文，如《金朝初叶的国都问题——从部族体制向帝制王朝转型中的特殊政治生态》，《中国社会科学》2013 年第 3 期；《女真的汉化道路与大金帝国的覆亡》，《国学研究》第 7 卷，北京：北京大学出版社，2000 年；《德运之争与辽金王朝的正统性问题》，《中国社会科学》2004 年第 2 期；《“五德终始”说之终结——兼论宋代以降传统政治文化的嬗变》，《中国社会科学》2006 年第 2 期；以及胡鸿：《能夏则大与渐慕华风——政治体视角下的华夏与华夏化》，北京：北京师范大学出版社，2017 年。

素入手，考察中下层人群的汉化（儒化）问题，并对此提出了新的解释，显示出饭山知保另辟蹊径的创新意识。

在综合考察了众多金元时期的相关实例、应举人数、社会结构、官吏出仕倾向等问题后，饭山知保指出：无论是金朝女真人，还是元朝时期的军人家族子孙，“其儒学研习多数时候并非自然而然地积累而成的现象，而是在原有社会结构或官员任用制度发生变化的背景下，考虑到自己家族的未来而采取的一种明显的、有计划的行为”①。简言之，经济基础弱化、升迁机会减少的危机，才是金元北方民族家庭儒学研习的契机。在此情形下，对于北方民族的儒化程度，以及儒学研习给其带来的影响，实不容高估。

这种认识综合考量了政治与经济等多种因素，从社会变迁的整体视野看待这一问题②，突破了既往笼统的解释路径，为我们认识相关问题提供了新的视角。

四、12—14世纪的金元政权：改变中国历史的北方民族

12—14世纪的金元政权，在华北地区塑造了“另一种士人”，造就了一个“异质”的中国社会。然而，我们应当如何定位金元在中国历史中的统治？饭山知保在绪论中表示，这是《另一种士人》所欲明确解决的问题。不过，书中并未对此展开专门论述。但饭山知保在书中强调的一些观点，对我们思索这一问题的答案极具启发意义。

首先，饭山知保指出，对于元朝时期科举制度的中断与接续，更应该认识到它见证了另一种出仕制度涌现后的跃居主流，以及其所牵动出社会结构变化的一面。③如果沿着作者思路的延长线，我们或许可以窥见，在君主制、官本位盛行的金元王朝，这种由出仕制度引发的社会结构的变迁渊源有自，且极为深刻。就胥吏而言，在汉唐及两宋时期，这一群体已是居于官民之间、士庶之间的特殊群体，在地方社会中扮演着至关重要的角色。④而金元以来，由吏员身份出仕，日渐成为获得官位的捷径，吏也成为补充儒的重要元素。⑤这就更进一步扩大了吏的影响力，以至其最终溢出四民——士、农、工、商

---

① ［日］饭山知保：《另一种士人：金元时代的华北社会与科举制度》，邹笛译，第495页。原文此处的总结是针对元朝华北地区北方民族的儒学研习而言的，但正如作者在这段论述之后所言，“元朝时期的这种构图，虽然在时代和诸多制度上都与金代女真人社会各有差异，但本质上却是相同的”，因此，本文在此处的论述中，以此作为金代女真儒士儒学研习的动机。

② 这一视角的创新性运用，颇类似于漆侠先生的宋学研究理路。参见漆侠：《宋学的发展和演变》，《文史哲》1995年第1期；王曾瑜：《宋史研究的回顾与展望》，《历史研究》1997年第4期，第155页。

③ ［日］饭山知保：《另一种士人：金元时代的华北社会与科举制度》，邹笛译，第510页。

④ 祝总斌：《试论我国古代吏胥的特殊作用及官、吏制衡机制》，《国学研究》第5卷，北京：北京大学出版社，1998年；祝总斌：《试论我国古代吏胥制度的发展阶段及其形成的原因》，《燕京学报》新9期，北京：北京大学出版社，2000年，均据氏著《材不材斋史学丛稿》，北京：中华书局，2010年。赵世瑜：《吏与中国传统社会》，杭州：浙江人民出版社，1994年；祖慧、王曾瑜：《宋朝的吏户》，《新史学》1993年第1期，今据王曾瑜：《涓埃编》，保定：河北大学出版社，2008年，第361—420页；王曾瑜：《宋朝阶级结构》，石家庄：河北教育出版社，1996年。高美玲：《宋代的胥吏》，《中国史研究》1988年第2期。祖慧：《宋代胥吏的选任与迁转》，《杭州大学学报（哲学社会科学版）》1997年第2期；祖慧：《宋代胥吏出职与差遣制度研究》，《浙江学刊》1997年第5期；祖慧：《宋代胥吏溢员问题研究》，《中国史研究》1998年第3期；祖慧：《论宋代胥吏的作用与影响》，《学术月刊》2002年第6期；苗书梅：《宋代县级公吏制度初论》，《文史哲》2003年第1期。我国台湾地区学者林煌达的硕士学位论文（台湾中兴大学，1994年）和博士学位论文（台湾中正大学，2001年）分别以《北宋吏制研究》和《南宋吏制研究》为题，值得关注。

⑤ ［日］饭山知保：《另一种士人：金元时代的华北社会与科举制度》，邹笛译，第218页；许凡：《元代吏制研究》，北京：劳动人事出版社，1987年。

之外，成为一个人数骤增、焕然一新的社会阶层，在很大程度上冲击了传统的社会结构。[①]宋元之际的种种社会变动，或许都可以于此中深度求索。

其次，女真的统治在科举制度向华北社会全面渗透的过程中，发挥了举足轻重的作用。对华北社会来说，这同样意味着社会风尚的转变。[②]但受明代以后历史记忆与历史书写的影响，这一作用被遗忘、被抹杀了。[③]诚然，这是一个漫长的过程，其始于天水赵宋，扎根于朱明一朝。但正如作者所言，与同时期南方士人层不同的另一“士人层”，实实在在地存在于金元时期的华北，这是延续至明清乃至近现代华北社会的渊薮。[④]要言之，女真在其间扮演的角色，不应被抹杀，更应进一步凸显。

最后，金元政权在推进南北社会统合方面，亦发挥了重要作用。一方面，南宋与金朝的官僚结构同时运用了科举与恩荫制度，且发展路径与结果极其相似。在饭山知保看来，对于12—14世纪中国社会融合的制度背景而言，这一现象颇有深意。[⑤]另一方面，儒学研习同科举一样，于多民族杂居的华北地区而言，是其社会统合系统的一部分，在其中发挥着重要作用。[⑥]而元朝之混一南北，更有利于书籍、思想及人物的往来流动，对南北之融合无疑具有积极意义。[⑦]

正如学者所言，辽、金、元的历史线索与“宋代转型”叙事脉络并不完全相同，元朝实现统一的历史进程更是远远超出“唐宋转型”的解释能力。[⑧]饭山知保在这一问题上的思考，恰是对既往“唐宋变革论”“宋元明转型说”等分期论的学术超越。[⑨]我们在《另一种士人》这部著作中看到，作者既关注金元之间存在的紧密关系，亦关注二者之间的断裂；既看到金元与南宋之间的差别，更发掘差异之下统合潜流的多元涌动。这种研究取径，恰恰体现出作者对长时段与整体视野等史学方法的娴熟掌握。

五、精致与严谨：章节布局与史料运用

《另一种士人》提出了众多富有真知灼见的新论，极大地丰富了我们对12—14世纪

---

① 秦汉以还的四民社会及其演变研究，参见杜正胜：《编户齐民：传统政治社会结构之形成》，台北：联经出版事业股份有限公司，1990年。近期较具代表性的成果，参见李治安：《秦汉以降编民耕战政策模式初探》，《中近古“士农工商”较自由发展政策模式探研》，分别载《文史哲》2018年第6期和2019年第1期。

② 譬如晋北社会在进入女真的统治之前，以武为尚；入金以后，随着形势与政策的转变，也出现了应举之风。像这样的文武之变，在金元时期的华北社会并不罕见。参见《另一种士人：金元时代的华北社会与科举制度》第四章（第129—158页）、第九章（第264—356页）。

③ 饭山知保在结论部分指出，明清时期的华北，受元末明初的战乱、明初移民政策导致的记忆混乱、明代的正统观等因素的影响，关于金元时期的历史叙述本身就非常低调。加之明清时代居住在华北的人对于他们生活在金元时期的祖先的了解也极其有限，因此金元政权在华北的统治的相关记载十分有限，且错误极多。于是，在明清时期的华北，曾经处于女真、元朝统治下的社会状况的记忆与踪影，就逐渐淡化了。参见[日]饭山知保：《另一种士人：金元时代的华北社会与科举制度》，邹笛译，第512—514页。

④ [日]饭山知保：《另一种士人：金元时代的华北社会与科举制度》，邹笛译，第514页

⑤ [日]饭山知保：《另一种士人：金元时代的华北社会与科举制度》，邹笛译，第106页。

⑥ [日]饭山知保：《另一种士人：金元时代的华北社会与科举制度》，邹笛译，第508页。

⑦ 参见萧启庆：《元朝的统一与统合：以汉地、江南为中心》，第27—29页。

⑧ 参见孙昊：《不应有的“以偏概全”——评〈哈佛中国史〉的宋元明转型叙事》，《历史评论》2020年第2期。

⑨ 中国学界近来针对唐宋变革论的批评和反思，以李华瑞、杨际平最具代表。参见李华瑞：《唐宋史研究应当翻过这一页——从多视角看“宋代近世说（唐宋变革论）”》，《古代文明》2018年第12期；杨际平：《走出“唐宋变革论”的误区》，《文史哲》2019年第4期。

的华北社会与金元统治的认知，已详述于前。此外，作者在章节布局、史料选择与运用、文字的逻辑安排等方面，也颇有值得褒赞之处。

（一）章节布局

在章节布局方面，《另一种士人》诚可谓匠心独具。首先，在每一章节中，该书都设有前言、正文与结语。作者以前言融回顾学术史与承接上文为一体，结语则兼本章内容总结与引出下文于一体。如此既可明本章之内容，亦可知作者的创见所在，更可使章与章之间的内容紧密衔接，使全书内容前后相衔，浑然天成。其次，章与章之间前后呼应，形成一个逻辑严密的论证体系。譬如第十三章，即可作为对第七章与第十章之结论的例证说明。此外，在构成本书的两部中，亦有跨部对话。譬如第一章与第八章、第五章与第十二章、第六章与第十一章等，均是就同一问题在金、元时期的分别回应。这种跨部对应，自然且清晰地形成了对金元之华北社会与士人的比较。如此一来，书中不仅有空间上的华北与江南之对比，还有时间上的金元之对比，也就使本书的主题——另一种士人，展现得更为清晰且全面。

更属难能可贵的是，本书的大部分内容已先行发表，而在辑合成此书时，作者对其进行了全面修正与增补，并对行文中的重复之处进行了修改。正因如此，再加上章节之间的前后衔接之笔墨，全书逻辑通贯，毫无割裂之感，令人一书在手，兴趣盎然，难以释卷。

（二）史料选择与运用

作者的严谨与精致追求，于上述对章节的安排上已可见之，而这一点亦充分体现在作者对史料的选择与运用上。或可说，该书所有结论之得出，均基于广泛的实证分析与细密的钩稽辨析，使我们在感叹作者的史实洞见之明的同时，亦对其严谨求实与精益求精的史学态度深感敬畏。

第一，立足于实证的治学理路，作者在行文中极具史料批判的意识，对史料进行了精细的考证。譬如在第一章中，作者引《大金国志》等相关史料，疑其有误，即与《夷坚志》中的相关记载对勘，以正其误。[①]对史料的订正同样见于第二章第一节，正《三朝北盟会编》记载之误。又如在第三章第一节中，作者起笔即辨析相关史料的性质，对文集中的及第者事例可能具有的地域偏向性进行说明。再如第九章考察元朝时期华北地区官吏出仕倾向的变化，作者分别对山东、河北平原西部及奉元路三个地区的情况进行考察，不仅对每一地区的史料特征都进行了详细的说明，还指出了这些史料所反映的群体及其阐释限度。

第二，作者在论述中大量吸收了前人的研究结论，对这些结论，作者同样进行了严谨的辨析。譬如作者在第三章引用前人对金代科举及第人数的统计结论时，特别指出前

① [日]饭山知保:《另一种士人：金元时代的华北社会与科举制度》，第40—41、53页。

人之误，并强调，对于其中明显有误、难以得到史料佐证的事例，本书均不加采用。[①]而对于中文、日文、英文等学术成果的广泛关注、搜集和运用，并有选择地糅合在自己的论述过程中，更显示出作者广博的学术视野和辨析汲取有价值学养的博学卓识。这也是该书最具学术魅力，最能彰显学术品质的一个方面。

第三，本书的个案选择与分析，亦足见作者之审慎。譬如在第一章中，作者选择了山西忻州定襄县作为个案，借以观察金朝地方精英的经历。作者在该章的前言中即首先对此做了说明：定襄县史料丰富，且当地在金朝时发生的各种史事，基本上都与华北其他地区有颇多共通之处。亦即以其特具的文献典型性和史事的普遍性，故将其作为观察金朝华北地区地方社会之时代特点的窗口。

第四，作者还亲自前往威县、清河县、平乡县董固村、定襄县等地进行田野调查，寻访碑刻所在地，切身体会“在地感”，将地方史、人类学研究中的“在地式”观察引入其研究之中，更增强了其对碑文记载及华北社会的理解。这是近年来华南学派倡导并积极践行的一大学术理念[②]，在此基础上得出的结论，无疑会更加真切，更加贴近历史本相。

概言之，作者广泛吸收前人研究成果，结合传世文献与碑刻史料，进行了大量的实证分析。在此过程中，既注重对史料本身的内外考证与批判，亦时时关注对中文、英文、日文等研究成果的选择性吸纳，以为该书论证之需，颇显锦上添花般的学术文本之精致，更凸显个案的典型性及其局限性，兼有实证性学术理路的极致型追求，行文细致与谨慎，使该书之结论坚实、深邃而可信。

六、阅读者的困惑

作者利用墓志碑传等文献，对金元时期的华北社会进行了聚焦式考察，重新发现了被忽略的华北士人与华北社会，提出了诸多极具新意与启发性的观点，填补了这一认知领域的一些学术空白。掩卷沉思之余，我们一面感叹作者史学目光之敏锐，一面也产生了一些困惑，井蛙之见，难免偏颇，特此请益于博雅高明，今谨述于下。

（一）个案如何重构全局

结合石刻资料与传世文献，广泛搜罗相关史例，进行细密的实证性分析，是该书的一大特色。在此基础上建立的论证体系、得出的结论便更加坚实，更具说服力。但就普

---

① ［日］饭山知保：《另一种士人：金元时代的华北社会与科举制度》，第 113 页。

② 历史人类学的研究理路，强调田野调查和在地感。有关于此，参见杨念群：《“地方性知识”、“地方感”与“跨区域研究”的前景》，《“在地化”研究的得失与中国社会史发展的前景》，《天津社会科学》2004 年第 6 期和 2007 年第 1 期；赵世瑜：《我与“华南学派”》，《文化学刊》2015 年第 10 期；代洪亮：《中国社会史研究的分化与整合：以学派为中心》，《清华大学学报（哲学社会科学版）》2015 年第 3 期；孙竞昊、赵卓：《江南史研究的“新”与“旧”：从华南学派的启示谈起》，《浙江社会科学》2018 年第 1 期；李仁渊：《在田野中找历史：三十年来的中国华南社会史研究与人类学》，《考古人类学刊》2018 年第 88 期；王传：《华南学派史学理论溯源》，《文史哲》2018 年第 5 期。有关民间文献的性质，参见黄向春：《民间文献、数据库与作为方法的总体史》，《光明日报》2020 年 2 月 17 日，第 14 版；王蕾、叶湄、吴国良，等：《从故纸到文献——刘志伟教授谈图书馆民间历史文献整理与研究》，《图书馆论坛》2020 年第 7 期。

遍性而言，其中仍存在一些问题。①

首先，作者从史料中发掘的这些个案，能否代表金元华北士人之整体？尽管作者竭力搜寻了所有可能见到的相关史例，但我们仍不免认定：它所反映的，只是部分士人的情况，因历史未能留下记载，更多的士人湮没于历史洪流烟尘之中。在官本位和君主专制体制之下，士人仕途的隐显和生存环境的好坏，端赖于其距离皇权的远近，以及其经济条件的优劣。正如邓小南教授研究宋朝士人家族时所做的一个论断："无疑，任何家族并非其内部成员简单相加的集体，宋代社会并非无数家族平列的总和。"②个案和学术取样的无限丰富，似乎都难以重构历史社会的"整体"。③面对有限的、经历史有选择地筛选的史料，我们又如何确认其所反映的就是士人之全貌呢？

其次，诸如儒学研习的内容、思想流派、治生渠道、人际网络等与华北士人相关的重要议题，在这些个案中是否均得到了呈现？显然，答案是否定的。譬如华北士人在思想文化层面，与他们的江南同行有何异同，元朝混一南北之后，南北之间的互动对华北士人造成了什么影响等问题④，在这些事例中都无法体现。可以说，作者对华北士人的诠释，因之被局限在了特定层面。其间不仅存在"选精"与"集萃"的倾向，而且结合前述，这一研究理路也难免导致望朱成碧的某些偏颇。

以作为"私文本"或曰类似"潜隐剧本"的石刻碑传重构华北士人，固然我们应当看到其在呈现官方记载之外的历史、展现与南方士人之书写的不同立场、补充传世文献记载所缺部分等方面的学术创新点与文本优长之处，却也应当深窥其本身所可能具有的种种局限性⑤，而这正是石刻文献与个案分析所无法回避的重要问题。

进而言之，在作者笔下的金元时代华北士人，他们经营科举仕途、影响社会的诸多历史面相均有彰显，但他们在出处进退之间，又是如何治生的？这样的境况是否可能影响到他们的人生抉择和政治取向？⑥

---

① 毫无疑问，在年鉴学派倡导的"整体史"研究理路下，我们在多次阅读[法]弗朗索瓦·多斯：《碎片化的历史学：从〈年鉴〉到"新史学"》（马胜利译，北京：北京大学出版社，2008年）及《近代史研究》2012年第4—5期"中国近代史研究中的'碎片化'问题笔谈"13篇文章之后，不免持吹毛求疵的心态，苛求于《另一种士人：金元时代的华北社会与科举制度》这部著作。

② 邓小南：《龚明之与宋代苏州的龚氏家族：兼谈南宋昆山士人家族的交游与沉浮》，《朗润学史丛稿》，北京：中华书局，2010年，第414—447页。

③ 卢晖临、李雪：《如何走出个案——从个案研究到扩展个案研究》，《中国社会科学》2007年第1期。

④ 入元以后，朝廷一方面屡下江南访贤，另一方面则遣北人南下任官，江南之思想文化北上，华北之士人南下进入江南士人圈。这在客观上促进了南北士人与文化的交流，理学在元朝定于一尊，南方士人之文集中多见南北文士的酬酢往来，均是其证。在此情形下，华北士人与社会丝毫不受影响则是难以想象的。但从该书所引石刻史料中，我们难以看到相关信息。

⑤ [美]詹姆斯·C. 斯科特：《支配与抵抗艺术：潜隐剧本》，王佳鹏译，南京：南京大学出版社，2021年，第5—7、23、28—29页。参见郭于华：《"弱者的武器"与"隐藏的文本"——研究农民反抗的底层视角》，《读书》2002年第7期。我们所见到的"公开的文本"不可能讲述权力关系的完整故事。原因在于：首先，它并不能表现从属者真正的观念，它可能只是一种策略；其次，在一定程度上支配者会意识到"公开的文本"只是一种表演（至少不包括权力者的奢侈与特权、行贿受贿、篡改地契等），其可靠性会大打折扣；最后，"公开的文本"的真正意义是成问题的，它表明在权力关系中，关键的角色是由伪装和监视扮演的。可以看出，"公开的文本"会因支配者和从属者双方的利益而在错误表述上达成默契。而且，支配者与从属者之间的权力差距越大，这一权力行使得越专横，这种"公开的文本"就表现得越程式化和仪式化。换言之，权力的威胁性越大，伪装的面具就越厚。

⑥ 周鑫：《治生与行道：元初科举停废与南方儒士之易业》，《广东社会科学》2014年第4期；周鑫：《乡国之士与天下之士：宋末元初江西抚州儒士研究》，天津：天津古籍出版社，2014年，第100—125页；虞云国：《王十朋的初心与底气》，《从中州到钱塘：虞云国说宋朝》，北京：中华书局，2021年，第172—180页。

（二）偏离常轨者，谁？

如前所述，作者认为，从“一元化”统治的角度来看，比起金国社会，南宋社会的性质才更算得上异常。但南宋社会发展的趋向，真的偏离了“一元化”的常轨了吗？①

从中央与地方武力、军事集团的关系来看，南宋初期在江淮、四川等战略要地派驻重臣，使之兼有军事和行政大权，成为地方“军阀”。且不说这些重臣是否果真足以成为割据一方的中央离心因素，就其存续时间也不难看出，他们不过是南宋战时状态下统御体制的产物，是“变态”而非常态。②正如寺地遵所提示的，当南宋政权逐渐获得稳定，这种“变态”势必要被取缔，而军事权收归皇帝、重整军事力量与统治机构则转而成为重要的政治议题。③显然，南宋政权同样致力于加强对地方势力的控制，岳飞之被起用与含冤而死，无疑为此提供了极好的例证。

若以地方士人的动向观之，作者的这一提法显然与郝若贝、韩明士等欧美学者所提出的南宋精英“地方化”的观点一脉相通，但问题是，所有士绅（或曰占主流地位的士绅们）真的都“地方化”了吗？正如书中注释部分所引李锡熙（Sukhee Lee）之言：（12—14 世纪）地方精英在地方社会各个方面主导作用的加强，其背后有着地方官及以其为媒介的中央官府的政策性支持，该时期国家的存在感并没有出现减弱的趋势。④诚如是，究竟哪些历史文献和史例还能论证出南宋形成了地方与中央并行的二元统治呢？

---

① 多年来，学界既有的研究视角，多由“崖山之后无中国”类似的论调所导引，1990 年之后，欧美学者所积极探索的“宋元明历史过渡”则就“断裂”与“承继”立论，创获甚丰。近期内，李治安先生的研究颇有独树一帜之孤明独发。参见 Paul Jakov Smith and Richard von Glahn. *The Song-Yuan-Ming Transition in Chinese History*, Cambridge and London: Harvard University Asia Center and Harvard University Press, 2003。帝制中国时空之下，传统之渗透力强大，远超域外学人之丰富想象，延续多于断裂，抑或根本就不存在严格意义上的历史断裂，所谓的延续也多发生了这样或那样的或隐或显的变化，值得深入抉发其浅层表相与实质内核，立意于长时段视域下的更多研讨。李治安先生之学术取径，别开新域，值得更多关注，参见其《元代及明前期社会变动初探》，《中国史研究》2005 年增刊；《元和明前期南北差异的博弈与整合发展》，《历史研究》2011 年第 5 期，收入氏著《元史暨中古史论稿》，北京：人民出版社，2013 年，第 223—245、275—306 页；《元至明前期的江南政策与社会发展》，《历史研究》2016 年第 1 期；《“唐宋变革”前后的江南角色与元明江南嬗变》，《思想战线》2017 年第 6 期。

② 参见有关南宋总领所的研究，譬如林天蔚：《南宋时强干弱枝政策是否动摇？——四川特殊化之分析》，《东方文化》1980 年第 1—2 期；何玉红：《试析南宋四川总领所的职能》，《四川师范大学学报（社会科学版）》2008 年第 5 期；雷家圣：《南宋四川总领所地位的演变——以总领所与宣抚司、制置司的关系为中心》，《台湾师大历史学报》2009 年第 41 期；何玉红：《南宋川陕边防行政运行体制研究》，上海：上海古籍出版社，2012 年；何玉红：《战争状态下南宋四川总领所的运行——以王之望为中心》，《西北师大学报（社会科学版）》2013 年第 3 期；等等，均论及这一议题。对这一时期南宋总体政局的研究，还可参见王智勇：《南宋吴氏家族的兴亡：宋代武将家族个案研究》，成都：巴蜀书社，1995 年；杨倩描：《吴家将：吴玠吴璘吴挺吴曦合传》，保定：河北大学出版社，1996 年；柳立言：《南宋政治初探——高宗阴影下的孝宗》，《“中研院”历史语言研究所集刊》第 57 本，1986 年；王曾瑜：《宋高宗的对金屈辱外交》，《岳飞和南宋前期政治与军事研究》，开封：河南大学出版社，2002 年。

③ ［日］寺地遵：《南宋初期政治史研究》，刘静贞、李今芸译，上海：复旦大学出版社，2016 年。

④ Sukhee Lee. *Negotiated Power: The State, Elites and Local Governance in Twelfth-to Fourteenth-Century China*, Cambridge: Harvard University Asia Center, 2014, p.24。此外，围绕这一问题，包伟民也撰文展开过系统的回答，参见包伟民：《精英们“地方化”了吗？——试论韩明士〈政治家与绅士〉与“地方史”研究方法》，荣新江执行主编：《唐研究》第 11 卷，北京：北京大学出版社，2005 年，第 653—672 页；王锦萍：《近二十年来中古社会史研究的回顾与展望》，邓小南主编、方诚峰执行主编：《宋史研究诸层面》，北京：北京大学出版社，2020 年，第 106—138 页，尤其是 116—120 页着重阐发了欧美学者“‘士人精英地方化’假说的演进”，从社会史的角度、思想文化史的角度、历史解释范式三个方面，呈现出学术发展的脉络和韩明士针对这一学说的新变。蒙王锦萍教授赐教，谨此致谢。

再就士人与朝廷的关系言之，如前所述，作者认为，从士人之特权的有无与获得方式可见，金元政权对士人的控制力更强。但不容忽视的是，南宋士人之特权，亦是朝廷法令所规定限制的。这主要表现在：一则在履亩纳税和役法上，并非所有士人均享有法外特权，且绝大多数士人并无任何特权；二则王朝法律规定了不同身份的士人所享有的特权各有等差；三则朝廷同样对士人之社会活动进行了相当程度的限制，他们不可能脱离皇权法制之外而为所欲为。①诚然，南宋士人在刑法上的特权超越了法律的边界，更像是一种习惯法，但这仍是当时统治意识形态的产物。②简言之，应当看到，南宋士人同样处在朝廷的制度框架之内，不能对其“自由”做过高估计。③

如果细究“一元化”的内涵，就会发现，秦汉以来的统治体制，从来都不是绝对的“一元化”。诚然，秦汉以来的历代王朝都在努力加强皇权，强化朝廷对地方的控制。在这一议题之下，统一与集权可谓是相辅相成、一脉相承的两大主题。但在当时的技术、交通和信息传播条件下，皇朝中央欲“一竿子插到底”，实现对地方的绝对控制，显然是困难的。④如是则南宋之承认并利用地方势力的方针，正如作者所言，是在努力寻求高效统治的实践之中逐渐形成的一种统御体制，且这种地方势力的动向由来已久。⑤然则南宋只是沿着这一趋势在继续发展，并找寻适合当时形势的最佳道路。⑥

因此，与其争辩谁是异常，不如说它们都是“一元化”之因时因地制宜的产物。南宋与金元，朝廷都在追求加强中央集权的核心目标下，选择了各自适宜的治理体制。当然，还需考虑到蒙古、女真两个游牧民族入主中原前后，其宏观的制度、政策领域的游牧元素和诸种率性而为，而元朝以降的明清，除强化皇权、奴化仕宦和百姓这些变态之外，总体趋势仍是在这一延长线上发展。

从上述诸端而言，我们认为，或许是在内亚、北亚等学术理路的影响下，关于中国

---

① 梁庚尧：《宋代科举社会》，上海：东方出版中心，2017年，第167—181页；[日]高桥芳郎：《宋至清代身分法研究》，李冰逆译，上海：上海古籍出版社，2015年，第133—143页。

② 高桥芳郎认为，南宋时期在刑法上对士人的优免，尤其是在实际裁判中优免程度之大的情形，与作为统治阶层的“士”的儒家意识形态，以及士人是“士”（而非揽户、佃户等其他身份）的组成部分的观念的存在有关。参见[日]高桥芳郎：《宋至清代身分法研究》，李冰逆译，第142—143页。

③ 程民生：《宋代社会自由度评估》，《史学月刊》2009年第12期。

④ 有学者指出，古代基层治理呈现出皇权控里、绅权辅里、民治于里的结构。统治者借助自上而下的空间划分和制度嵌入，实现对民众的控制。在王朝国家行政管理的“局部真空”里，的确存在“乡村自治”，但其绝非乡村“自主”。“乡村自治”不是王朝国家的一种统治政策，至多表现为某种统治策略。参见鲁西奇：《“下县的皇权”：中国古代乡里制度及其实质》，《北京大学学报（哲学社会科学版）》2019年第4期。可见，秦汉以来的统治模式从来都是充满弹性与张力的，以确保最终实现中央对地方的有效控制。从这一点来说，南宋与前代的体制并无本质性差异。

⑤ [日]饭山知保：《另一种士人：金元时代的华北社会与科举制度》，第111、509页。

⑥ 鲁西奇即明确指出，王朝国家通过诸种手段或方式，将主导“乡村自治”的各种“地方精英”纳入国家的权力系统中来，乃是国家权力对“乡村自治”不断渗透、强化控制的结果，是“皇权下县”的具体表现形式和结果。参见魏光奇给荀德仪《清代基层组织与乡村社会管理：以四川南部县为个案的考察》所写序言，北京：中华书局，2020年；金晶、刁培俊：《天高皇帝未必远——读〈皇权不下县？清代县辖政区与基层社会治理〉》，常建华主编：《中国社会历史评论》第23卷，天津：天津古籍出版社，2019年；高寿仙：《“官不下县”还是“权不下县”？——对基层治理中“皇权不下县”的一点思考》，《史学理论研究》2020年第5期；鲁西奇：《“下县的皇权”：中国古代乡里制度及其实质》，《北京大学学报（哲学社会科学版）》2019年第4期。此外，高桥芳郎还指出，封建中国的地主仅凭借地主身份是无法成为乡里社会乃至政局的统治者的。即使地主倚仗其财富或通过暴力手段，在事实上实现了对该地区的支配，他们为了确保这种支配的正当性，也必须成为官僚或者士人（举人、生员），在集权国家机构中获得自身的地位。参见[日]高桥芳郎：《宋至清代身分法研究》，李冰逆译，第144页。这就意味着，即使是看似对中央集权造成威胁的地方势力，也在一定程度上需要中央的支持，亦即他们与中央是一种相互依倚的关系。

史中如何重新定位金元等问题，该书在欧美“他者”话语和中国“自视”之间，取舍颇显多元表述，立论颇显多元且含混不清。

当然，《另一种士人》的中译本仍以卷后注释的方式，展示了作者在正文中难以一一缕述的未尽之意，以及丰富的考订和补充说明。就我们的阅读习惯而言，这一注释方式不如页下注之一目了然，不便于及时捕捉和吸纳相关信息。

概言之，以科举为纽带，《另一种士人》清晰地描绘出了金元时期华北地区的士人形象，呈现出学者惯常认知中士人的另一种面貌，丰富了我们对中国传统士人的多元认知。与此同时，该书也将处在学术边缘的华北牵引至核心地带，展现出这一“异质”社会的形态。更重要的是，该书使我们看到，在12—14世纪的历史上，金元的统治如何改变了华北的社会性质，又如何连接了中国的历史传统。在上述过程中，作者提出了一系列启人深思的学术洞见。由此，该书为我们提供了一个观察宋元以降中国社会变迁的窗口。

作者简介：王志双，厦门大学图书馆古籍特藏与修复部古籍主管，副研究馆员，主要从事宋史及古籍保护整理的研究。

《北宋黄河水灾防治与水利资源开发研究》评介

王晓薇

（河北大学　宋史研究中心，河北　保定，071002）

中国古代黄河以其善淤、善决、善徙而著称，却又与社会经济发展诸方面密切相关。因此，黄河水利问题受到历朝统治者的高度关注和重视，对黄河水灾的防治和水利资源的开发，也一直处于不断的实践和探索之中。北宋时期是黄河水灾防治与水利资源开发的重要阶段：一方面，其水灾防治、水利资源开发的技术、经验、管理制度等承前启后，对后世乃至当今有着重要影响；另一方面，北宋时期黄河水灾防治和水利资源开发与当时的经济、政治、军事等问题密切交织在一起，相互影响，相互作用。相关探讨所涵盖的领域宽广、内容丰富且复杂，却又不失为管窥北宋社会发展与变迁的一个较好视角。

目前，学界关于中国古代黄河的研究成果可谓汗牛充栋。北宋黄河水利的相关研究，亦相当丰富且较为深入。郭志安教授的新著《北宋黄河水灾防治与水利资源开发研究》[①]一书，则在借鉴已有成果的基础上，广为搜罗、细致梳理相关史料，着重于以往研究中的薄弱之处加以探索，并力图实现对北宋黄河水利史的一种整体性、全面性研究。该著在研究内容的广度和深度上，较之已有成果确实有所推进。该书的研究价值和意义，笔者认为主要体现在如下几个方面：

第一，视域宽广，内容丰赡。北宋时期黄河水灾防治与水利资源开发的发展、演变，与社会经济、政治乃至军事等多重领域密切相关、交互影响，因而其所牵涉的相关问题也就相当丰富且庞杂。针对这种状况，如何有效地将这些复杂的研究内容尽可能比较全面、合理地加以涵盖，也就成为研究过程中必须解决的重大问题之一。在研究的实际开展中，该著能够紧扣北宋黄河水灾防治、水利资源开发这两大研究主旨，除绪论、结语部分外，自第一章至第六章依次探讨了北宋黄河水灾的概况和时空特征、黄河水灾

---

① 郭志安：《北宋黄河水灾防治与水利资源开发研究》，北京：人民出版社，2021 年。

的社会危害、黄河水灾的救济、黄河水灾的防治机制、黄河水灾防治技术及经验的继承和创新、黄河水灾防治与北宋政治及军事，第七章和第八章分别探讨了北宋黄河农田水利资源的开发、黄河的漕运运营与桥梁建设，第九章探析了北宋黄河水灾防治与水利资源开发中的奖惩机制，第十章则分析了北宋黄河水灾防治的利弊。如此看来，该著的主体部分基本按照“分—分—总”的结构框架，首先是对黄河水灾防治与水利资源开发两大方面分别加以详尽探讨，最后则从总体上分析北宋黄河水灾防治和水利资源开发的奖惩机制、利弊。该著各章内容联合在一起所构成的研究体量是相当庞大、丰富的，从而自整体上形成了对北宋时期黄河水灾防治与水利资源开发的全面性、综合性研究。

具体到各章的内容，其所覆盖的范围也较为全面。例如，第二章对黄河水灾所引发的人员伤亡和迁移、农业生产条件的破坏、城镇和交通的破坏、财富的损耗和社会秩序的破坏这四个方面进行了相应探析，从而共同构成了对北宋黄河水灾社会危害的完整探讨。而在该章的这四个部分内，相应内容有着更为细化的分类，如“破坏农业生产条件”一节即区分为直接损毁农田、农田的沙化和涝化、灾后农业劳动力的外迁三个部分，由此构成对北宋黄河水灾破坏农业生产条件相关内容的全面探讨。第四章则从黄河水灾防治机构的设置与运行、黄河水灾防治中的人力征集、黄河水灾防治中的物料筹集、黄河水灾防治中的人力和物料检计四个方面综合探讨了北宋黄河水灾的防治机制。其中，“黄河水灾防治中的物料筹集”一节，则从物料的采集、物料的征收、物料的购买、物料的调配、物料的捐助等方面加以细致考察，对完善和深化相关内容也是相当有利的。视域宽广、分类细致，形成该著观照整体研究，而又于细节处不乏新见的有力支撑。

第二，体系设计合理，层次清晰。北宋黄河水灾防治与水利资源开发所涉及的头绪繁多、内容纷杂。如何形成有效的研究体系以涵括复杂的内容，也是一个关键问题。该著在紧紧抓住黄河水灾防治、水利资源开发这两大研究主线的前提下，将各部分内容依据其内容的关联合理地加以设计，由此而在整体上呈现出一种较为清晰的研究层次和逻辑。每章所探讨的相关内容既具有一定的独立性，又与其他各章在内容方面相互呼应、相互关联。例如，第一章对北宋黄河水灾概况的统计，既为后面各章的开展做了较好准备，又与后面各章中对黄河水灾的社会危害、黄河水灾的救济、黄河水灾的防治机制、黄河水灾防治的经验和技术、黄河水灾防治与北宋政治军事的探讨紧密相关、密不可分。而各章内部的体系、层次设计也较为合理，从而保障了相关研究内容的条理和完整。例如，该著第七章“北宋黄河农田水利资源的开发”分为三节，对灌溉型农田的开发、淤灌型农田的开发、黄河故道和退滩地的开发依次加以探讨。在灌溉型农田的开发部分，包括太祖朝至仁宗朝引黄灌溉的恢复和发展、神宗朝引黄灌溉的高涨、哲宗朝和徽宗朝引黄灌溉的衰退这种划分阶段、细致清晰的深入探析。总体来看，该著对黄河水灾防治与水利资源开发两大部分的探讨在内容上不乏相互关联和交叉，共同构成了一个完整的研究体系。

第三，部分问题，不乏新见。该著研究内容较为丰富，同时对部分具体问题的探讨有所深化。例如，该著第四章第三小节中涉及“物料的征收”部分，从北宋时期黄河物料的日常培植、物料的科率和折变等征收、物料征收的部分调整等方面，详细探讨了黄河物料征收的方式和途径。这种细致探析，使读者对复杂的物料征收方法有了全面的认识。“黄河水灾防治中的物料检计”部分，则从物料准备的检计、物料使用的检计、物料保管的检计三个方面，详细探讨了黄河水灾防治中物料储备情况与存在问题的改进、对物料浪费与减省的督查、对物料保管不善与官员贪蠹等现象的检查，论述涵盖黄河物料检计中的各个环节和相关举措，从而对以往研究有了很大的补充和推进。第五章编制了“北宋黄河河埽统计简表”，依据相关文献中对北宋黄河河埽的记载开展详尽统计，并进而对不同河埽的具体出现时间、所属府州县、大致规模及分布、变化特征予以简要分析，在北宋黄河河埽的相关研究领域有所推进。尽管因相关文献记载有阙如，会在一定程度上影响统计分析的精准性，但这种积极尝试无疑是非常必要的。第八章中黄河桥梁的损毁和日常修护、日常盘查与防卫、桥梁税的征收等内容，则侧重从经济、军事等方面开展对北宋黄河桥梁维护和管制的探讨，从研究的广度、深度来讲同以往相比也有了较大提高。上述相关研究中的补足和推动，很好地体现了该著重要的学术贡献和价值。

或正是由于北宋黄河水灾防治与水利资源开发所牵涉的内容过于庞杂，该著对相关问题的研究难免疏略，存在一定的不足。例如，该著虽已谈及《黄河诸埽图》，但关于它对北宋黄河水灾防治客观上发挥了多大作用、对后世的黄河防治有何重要影响，该著未能给予进一步研究。又如，北宋时期黄河水灾防治与水利资源开发的经验、技术对后世有何重要影响？该著相关论述亦显简略。如对这些问题进一步加以深化研究，则更有助于其内容的丰富和完善。该著虽然存在上述不足，但仍不失为一部比较优秀的北宋黄河水利史研究著作，在推进和深化北宋黄河史研究方面有其积极意义。

作者简介：王晓薇（1974—），河北大学历史学博士，主要研究方向为宋代政治、思想文化史。

中韩第九届宋辽夏金元史国际学术研讨会综述

王海潮　王晓龙　谢东辉

（河北大学　宋史研究中心，河北　保定，071002）

2021年8月30日—31日，由河北大学宋史研究中心与韩国宋元史学会联合主办的“中韩第九届宋辽夏金元史国际学术研讨会”在河北大学举行。受疫情影响，本次研讨会采取线上和线下相结合的形式举行。河北大学设主会场，河北大学副校长过常宝教授、中国宋史研究会会长包伟民教授、韩国宋元史学会副会长曹福铉教授参加开幕式并致辞。中国人民大学、北京师范大学、浙江大学，韩国外国语大学、京畿大学、庆熙大学，日本学习院大学等国内外50余所高校的60余位专家学者参加了本次会议，提交高水平学术论文60余篇。河北大学宋史研究中心主任姜锡东教授发表《论宋代生产力在世界历史中的地位》，韩国外国语大学李瑾明教授发表《募役法的实施情况和地方官》，韩国宋元史学会副会长曹福铉教授发表《高丽对中国的外交和文化交流——以人与书籍的交流为中心》，日本学习院大学王瑞来教授发表《泯灭的事件——史籍记载与历史真实例论》等主题演讲。

一、政治军事方面

政治军事史是宋辽夏金元史研究颇受关注的重要领域，本届研讨会提交了相关论文22篇。辽代政治、军事史在帝王尊号、权力博弈、民族外交、政务机制等方面皆有新的见解和观点：肖爱民（河北大学宋史研究中心）在《辽朝皇帝尊号的特点及辽人重视尊号原因探析》中指出，由于辽朝实行“以国制治契丹，以汉制待汉人”[①]的统治政策，与契丹皇帝旧制的可汗称号相对应，作为中原汉制的皇帝尊号制度也被吸收和借鉴。同时契丹旧制的存在，使辽朝皇帝的尊号既有与中原汉制相同的一面，也有与之不同的草原

① 《辽史》卷45《百官志一》，北京：中华书局，2016年，第773页。

旧制的一面，呈现出番汉杂糅的特色。陈德洋（曲阜师范大学）在《辽世宗朝的萧翰谋反案探赜》中提出在世宗继位过程中，作为太宗姐夫的萧翰坚定地支持世宗，却在世宗得位之后谋反，究其原因，仍旧是后族弄权的表现。

与会专家在宋代基层官员奖惩制度、城市职能、衙前役制度、外交政策、宰属制度、任官制度、武装团体与政府之间的关系、军事战略等政治、军事史方面均有新的见解。

宋代政治史方面，赵龙（上海师范大学）在《赏罚之间：宋代县官奖惩制度述论》中指出，在宋代官僚体系中，统治者通过诏令规制，强化对县官的奖惩。由于"人治"因素的存在，宋代县官奖惩制度的实际执行带有很多不确定因素。另外，随着社会政治环境的恶化，奖惩制度自身的缺陷不断显露，负面效应渐超正面效应。李灵均（北京大学）在《"治内外之事"：宋代官员差遣定义再研究》中介绍了狭义的差遣，仅限于载于官方法典、职官书中的有具体职任、权责的职位，如《职员令》《官品令》等，特别是指北宋元丰官制改革之前，在"官、职、差遣"分离常态化语境下的差遣；而在广义差遣概念中，凡是宋代官员的具体职任，均界定为差遣。于士倬（常州工学院）在《循法举职，意有"扶正"——宋孝宗时期宰属考论》中指出，宋孝宗时期主导宰属选拔人才的标准包括任职资格、行政经历与实务能力。为克服文臣太胜的弊端，孝宗选择任用从龙近臣与武职枢属等，将军事命令体系置于直接管理之下，分化了宰府的事权，形成孝宗朝政事处理的独特状态。魏彦红（衡水学院）在《北宋重要经筵官对皇帝的影响》一文中提出经筵在北宋制度化，北宋皇帝非常重视利用经筵提升自己的文化修养及治国能力。重要的经筵官亦对北宋皇帝产生了重要影响。王晓龙（河北大学宋史研究中心）在《成本管控与宋代行政官员的贪腐问题》中指出，宋代统治者采取"重文抑武"的统治策略，导致各级机构人员数量急剧膨胀，出现了国家行政经费支出浩大的情况。宋代统治者试图通过省并州县和行政机构数量、缩减官员俸禄实际收入等举措来控制行政成本。但各项成本管控举措并未收到理想的效果，还导致官吏贪赃腐败日益严重。

宋代军事史方面，张孙小大（四川大学）在《信息渠道与战略错位——端平入洛再研究》一文中提出南宋在"和"与"战"决策之间出现摇摆，与此同时，京湖方面史嵩之与南宋先锋全子才部接触，滞留半月，贻误战机，导致收复"四京"以失败告终。曹文瀚（四川师范大学）在《宋、金、蒙政局变动下的华北武装团体政治抉择研究：以红袄军李全集团为例》中分析了益都之战中及李全攻宋时期的一些"忠于宋朝"的行为，指出他顾虑集团成员的想法，同时通过做出种种"宣誓或行动"使部下相信他的行动有正当性，以此让不满意他的政治抉择之成员仍能为其所用。王旭（扬州大学）在《作军之难：宋代江阴军的政区变动及其困境》中指出，宋代的江阴设军，北宋主要是出于管控地方的需要，而南宋则是出于抵御北方政权南侵、拱卫临安的需要。江阴的设军与废军展现出的是地方行政管理中军事与经济的矛盾，这种矛盾在政区实际运作时会被放大，由此造成诸多困境。

西夏政治、军事史方面，赵坤（中山大学）、李玉峰（内蒙古师范大学）在《再论西夏后族政治——以权力整合为中心》中讨论了西夏王族从制度和军事层面推行中央集权，逐渐减少对豪酋部族的依赖性。后族主政、宋夏攻伐的过程中，王族通过担任军职逐渐掌握部族军队的指挥权，并且削弱了豪酋对部族的掌控，推动了中央集权，为西夏的封建化扫除了障碍。西夏权力整合的轨迹较为特殊，有助于进一步深化对古代少数民族政权建构模式的认识。

金代政治、军事史方面，杨永亮（河北师范大学）在《近世游牧民族意识的觉醒——兼论契丹与宋对等外交的开展》中指出，游牧民族在长期与文明社会的接触中，逐渐受到文明社会的影响，加深了对中原文明的理解，反思了文明社会的优缺点，凡此都显示了近世游牧民族意识的觉醒。袁成（吉林大学）在《金朝皇帝与朝臣的信息博弈——以尚书左右司和近侍局为中心》中指出，金朝在制度上相继创立了以尚书左右司为代表的外廷系统及以近侍局为代表的内廷系统这两条信息渠道，金朝后期，近侍局在信息传递过程中渐渐占据主导地位。张宝珅（首都师范大学）在《殿前都点检司与金代政局》一文中指出，在事关金朝政局走向的事件中，多见殿前都点检司有所作为。殿前都点检司多次左右金朝政局走向，既能成为皇帝锄奸卫己的重要筹码，也能充当弑君篡逆的帮凶。前者符合殿前都点检司的建制初衷，后者则是制度疏漏与人事管理不当共同导致的。田晓雷（中山大学）在《近侍预政与金朝后期的中枢政务运作》中指出，金朝宣宗南渡之后，宫城内外政治局势的变化造成了宣宗、哀宗对近侍局官吏的信任，近侍局官吏由此开始广泛干预政务的处理，并逐渐出现“宰执化”趋势。“近侍政治”成为金末政治生态中的突出特征。

元代政治、军事史方面，权容彻（檀国大学）在《高丽记录中出现的蒙古帝国“孛罗丞相”》一文中指出，蒙古帝国的扩张促进了东西文化交流，以此为基础制作的波斯语史料《集史》准确地记载了“孛罗丞相”。被视为蒙古帝国时期实现东西交流象征的孛罗丞相，也曾出现在高丽的历史中。韩国学者安贤宰在《成吉思汗推举“别乞”与其政治意图》中指出，成吉思汗建立大蒙古国后推戴兀孙额不坚为别乞，此举表明：成吉思汗的新生帝国摆脱了过去的血统秩序，开始树立只有成吉思汗和他家族为至尊的秩序。张建伟（山西大学）在《答己太后干政与“蒙元”王朝之特质》中讨论了在元武宗、仁宗、英宗时期，答己太后既是封建王朝后妃干政的典型代表，又具有北方民族政权的特点。后妃作为元代政治的重要力量，代表着元代保守势力，在帝位继承中起着缓冲与过渡的作用。尹银淑（江原大学）在《大元帝国末期爱猷识理答腊的权力争夺》一文中指出，哈麻的反击成为破坏奇皇后与脱脱政治联盟的决定性事件，经过一系列权力斗争后，爱猷识理答腊成为元代皇太子中拥有最强政治集团的继承人。薛培焕（全南国立大学）在《藏身于帝国之中：“盗贼”和蒙古帝国权力》一文中指出，蒙古帝国经济的繁荣与海上贸易崛起，不仅与自然灾害、政治局势有关，也与当时的山贼、海盗、贫民和逃亡者等“盗贼”群体的生活息息相关。“盗贼”群体考验了蒙古帝国的执政能力，同时是蒙古帝国社会财富创造的助推产物。

二、社会经济方面

本届研讨会社会经济史方面共提交论文 18 篇。在宋代的民间信仰、货币外交、家族兴衰、商人社会地位转变、政府应对重大疾病等灾难策略、矿产资源开发等方面均有新的观点。

宋代社会史方面，金汉信（庆南大学）在《宋代民间信仰的牛肉牺牲》一文中指出，宋代民间盛行献祭数量巨大的活牛用于开展祭祀活动，在祭祀活动盛行的地区，官员通过制定较为合理的策略来平衡中央政府与民间习俗之间对于祭祀活动的矛盾点。董春林（四川师范大学）在《税户军将：宋代的衙前将吏及衙前役》中讨论了宋代“衙前”的繁杂概念，有“衙前军将”“衙前将吏”“衙前役”等诸多名号，宋代衙前专业化乃至官本化特征明显，但其职能更多指向衙前诸名号的胥吏化，衙前役的胥吏化对后世造成了深远的影响。籍勇（山东艺术学院）在《浅析北宋民间谣言》一文中认为北宋统治期间民间各类谣言不止，谣言的流传给宋朝民众的正常生活秩序带来了极大的冲击。针对谣言，北宋政府采取了积极的措施，以期杜绝谣言并对谣言制造者与传播者予以打击。聂定（安徽大学）在《宋代静江府城职能演变分析》中指出，静江府城在两宋时期的发展，展现了当时独特环境下众多地方城市发展的轨迹，对探索中国古代地方城市的发展具有重大意义。王慧杰（石家庄学院）在《宋代真定府世家大族探析》一文中介绍了宋代真定府世家大族有军功世家和科举世家两种，这与宋代皇室起家地、姻亲关系的助力及真定府社会风尚涵养有很大关系。这些世家大族在政治、经济、文化方面对地方社会结构重建都起了积极的作用。乔东山（新乡学院）在《“吕氏安则赵氏危”——吕氏家族与南宋灭亡》一文中指出，以吕文德为首的吕氏家族是晚宋权势最大、地位最显赫的武将家族。该家族多人身居南宋军政要职，曾为保卫南宋做出了贡献。但他们的一些行为也加速了南宋的灭亡。金城（华东师范大学）在《殍疫连年——南宋两浙路瘟疫及政府应对》一文中指出，南宋时两浙路在春夏季节多发瘟疫，其中高宗、孝宗和宁宗三朝是瘟疫多发期。南宋政府应对瘟疫的措施包括派医施药、出资葬亡、减免租赋、发放钱粮、印发医书、打击巫术等。这一系列措施一定程度上有助于控制疫情蔓延、减少人口死亡，对安定两浙路社会及复苏社会经济有着切实效果。

宋代经济史方面，郑壹教（京畿大学）在《宋钱对高丽社会经济的影响》一文中指出，宋钱外流有助于扩大宋朝的海外贸易，促进宋朝商品经济繁荣，并扩大宋朝的海外市场。在此背景影响下，高丽朝廷开始铸造金属货币并鼓励民间使用货币，促进了高丽货币经济的发展及货币体系的建立。李金闯（河北大学宋史研究中心）在《论宋代以绢计赃的折价变化》一文中指出，宋代以绢帛为价值尺度来衡量经济犯罪中的赃值，以绢帛数量记录赃值并对照律条量刑定罪。铜钱和铁钱两种铸币与绢帛的折算价格有过多次调整，铸币与绢帛折价的变化基本上反映了物价变化的趋势。郭志安（河北大学宋史研究中心）在《论北宋黄河水灾防治制度的改进》一文中指出，面对黄河的频繁决溢，宋廷在积极开展救护活动的长期过程中也不断加以改进和探索，从而逐步推进相关水灾防治制度的发展与完善。北宋时期黄河水灾防治制度的这些进步，对宋代乃至后世的黄河防治均有积极价值和意义。王琳珂（中央民族大学）在《北宋治河物料筹集政策研究》一文中讨论了北宋治理黄河物料筹集政策的变化，主要以央地关系、官民关系与人地关系的调整为核心，呈现出明显的阶段性。杨小敏（河北省社会科学院）在《“医药分家”与宋代及以前药商的行业身份演变》一文中指出，自战国秦汉时期，商人已开始兼而贩卖补益类药物。随着魏晋以后的“医药分家”，以“市人”和“药家”为社会形象的药商力量逐步发展起来。宋代药商的经营活动日益专业化、规模化，且获得了官方的政策性鼓励和医家的专业性关注。孙斌（河北大学宋史研究中心）在《巧夺天工，灼灼其华——宋元时期水晶的产地及其在社会生活中的用途》一文中通过对宋元时期关于水晶的记载、产地和用途的梳理，对这一时期作为宝石材料的“水精”有更为全面深刻的认识，为今后对这一历史时期的珠宝玉石研究奠定了基础。

本届研讨会在辽元等朝代的民俗民风、家族兴衰、边防策略等方面有开创性的认识：

辽代社会史方面，孟庆旭（吉林省文物考古研究所）在《辽金时期松嫩流域使用篦纹陶族群研究》一文中对松花江流域的辽金时期陶器遗存进行了梳理和对比分析，并按四个区域对其进行具体分析，从篦纹陶器的分布可以看出契丹—辽的扩张方向与影响力。张敏（赤峰学院）在《辽代捺钵的物资供应》一文中指出，辽代捺钵时随行人员众多，要维持如此庞大的一支队伍的行动，物资供应极其重要。捺钵本身能提供一定的畜牧业产品等物资，再加上契丹部族、斡鲁朵、投下州等提供畜牧业产品及物资，辽代捺钵才能年复一年维持正常运转。冯科（内蒙古师范大学）在《辽圣宗云中知遇张俭考论》一文中指出，辽圣宗游猎云中知遇张俭，奠定了在韩德让之后圣宗、兴宗两朝汉官地位继续稳固的格局。这一现象的背后既包含有圣宗对韩德让权力过大、地位过高的排斥心理，也是圣宗在为汉化改革的有序推行而储备人才，同时又有汉文化对圣宗乃至契丹社会的影响等因素。

元代社会史方面，朱春悦（滁州学院）在《元代女子芳名考——以取名“某哥”为着眼点》一文中指出，元代汉人中下层有大量女子取名某哥的现象最初产生于唐代的中层仕宦之家，经过五代、宋、辽、金，一直传递到元、明、清。文化的传承是多元且多向的，少数民族在其中扮演了非常重要的一个环节。孙廷林（广州大学）在《云从龙生平与琼粤云氏家族——驳“云从龙是蒙古人”之说》一文中考证了云从龙籍贯陇西县，当宋室南渡时，云氏家族南迁，寄居江浙。景定三年（1262 年），云从龙登进士第，宋末任职邕、琼，入元后官至湖广安南行省参知政事，政绩卓著。云氏族人讳言云从龙仕宋降元，族谱凸显其仕元之显赫，隐匿其仕宋经历。

高丽王朝对外策略方面，袁迪嘉（四川师范大学）在《十至十二世纪高丽王朝儒化治边探赜——以北境经略为中心》一文中指出，高丽立国以来，借助儒家思想对边疆地区进行政治统治成为高丽王朝维护领土安全与发展的重大战略安排。

三、文化、文献史

本届研讨会，文化、文献组共提交论文 20 篇，在宋辽金墓碑考察、人物传记、民俗民风、宗教信仰、医药文献等文化、文献史方面亦有创新性的观点。

碑刻研究是本届研讨会的热点。刘缙（西安电子科技大学）《五代北宋时期苏逢吉家族墓志再考》通过对出土的苏逢吉、苏昌嗣父子墓志的研究，发现苏逢吉家族自述出自中古大族武功苏氏。自苏昌嗣之后，苏氏家族成员一直处于中下级官僚阶层，而苏昌嗣的曾孙女苏淑嫁给蔡确之兄蔡砺，表明直至北宋中后期，苏氏子孙通过不断地入仕为官，已很难再现家族往日的辉煌。苗霖霖（黑龙江省社会科学院）在《金代墓志撰写考察》中指出，金代的墓志一般先由墓主家属向撰写者提出请求，然后再由专门的人员根据相应的语言要求或内容规范进行撰写。金代墓志的请托者以墓主后人为主；墓志的撰写者大都由翰林学士或乡贡进士担任。为凸显墓主的身份地位，墓主家属还会再请书法名家或自己家族的成员誊抄志文，进而提升墓志的品质。肖红兵（信阳师范学院）在《"护驾功臣"与"油浇石佛"——墓志内外所见南宋南渡士人宋辉"历史形象"析论》中认为，宋辉墓志书写中的先世简略地补充了"春明宋氏"先祖中宋镗和宋恂两世人物信息，为研究宋绶和宋敏求家世提供了足资参考的新材料。武胜鑫（西华师范大学）在《试论南宋碑志撰写活动中的名人效应》中指出，南宋碑志撰写活动呈现出鲜明的名人效应现象。这种现象既反映出撰主名人身份提高墓主事迹可信度的实用功效，又折射出墓主名人身份便于撰写者碑志书写的显著功能，更透露出南宋碑志撰写活动平民化的发展趋势。

宗教信仰方面的研究是与会众多研究者关注的议题。国威（四川大学）在《南山东传：辽宋与高丽在佛教律学上的交流》中指出，南山律学自创立之初，便已流入新罗，使高丽一跃成为当时南山文献的重镇和枢纽，为长期断绝的辽、宋律学界重新搭建了互通的桥梁。海东地区虽然一直没有培育出具有一定规模和影响的律学僧团，但仍然保留了部分珍贵的资料。周荣（西安市社会科学院）在《从"非溺于释氏"到"曾亲佛座"——宋代史籍对宋太宗与佛教关系的书写及塑造》中指出，作为奠定宋代执政策略的关键性人物，宋太宗与佛教关系的形象由书写者以史实为基础构建而成。无论是"清静无为""非溺于释氏""崇尚释教"，还是"曾亲佛座"，都是宋太宗在不同时期与佛教关系的写照。赵飞跃（全南国立大学）在《信鬼神与尽人事：宋代地方士人的鬼神信仰》中认为，宋代地方士人的鬼神观直接反映在他们利用鬼神指导民众社会实践上。借用鬼神的神力来处理社会灾难，为民众谋利，维护社会秩序，建立一套人与自然和谐相处的秩序，以及有利于地方统治的规范体系。李荣辉（内蒙古师范大学）在《小红城古城沿革与金代兴国寺》一文中指出，小红城原有金代兴国寺，并有一佛塔，佛塔地宫石函民国时被发现。兴国寺的存在证明了小红城城垣始建于金代。牛晓旭（河北大学宋史研究中心）的《承上启下——临济四世风穴延沼禅学探微》一文主要从悟前行止、悟道因缘、禅学思想和禅法特色这四个方面对延沼禅学进行了全方位探索，冀在前人研究基础上继续向前推进。

古代医药领域是近年来学界关注的热点。周云逸（河北大学宋史研究中心）在《南宋外纪类笔记的医药文献价值探析——以赵汝适〈诸蕃志〉所载外来药物为中心》中指出，《诸蕃志》是现存"考证宋代西南海诸蕃国之唯一载籍"。该书详细记载了43种外来药物的产地、异名、鉴别、收采及炮制等信息，补充乃至纠正了中国本草专书对外来药物的相关记载，对研究13世纪东南亚经由"海上丝绸之路"对华的医药文化交流，具有重要的文献价值。崔碧茹（梨花女子大学历史系）在《宋代痈疽的发病与治疗——以〈夷坚志〉的叙述为中心》中指出，通过对《夷坚志》的考证，可以得出宋人对于痈疽的认识和应对方式，《夷坚志》中关于痈疽的记载皆由患者所述，可见其更具有史料价值。

本届研讨会在古代文化领域讨论较为激烈，提出了全新的议题。金成奎（韩国全北大学）在《在中国服饰史中"胡服"的接受及其影响》中认为，胡服起源于北方游牧民族及中亚等西域地区的服饰，胡服在一个阶段对汉族服饰的改变起到了促进作用，汉族人对于胡服的接受，其背后的意义正是两个民族文化之间的交融。丁建军（河北大学宋史研究中心）在《对中古词语“丁黄”生命历程的考察》中提出，“丁黄”一词是中国古汉语中伴随唐朝户籍管理制度而产生的一个合成词，在宋代一度极为流行，但到清代却趋向死亡。通过对“丁黄”这一古汉语词语使用情况的考察，揭示了研究中国古代历史文献必须追本溯源，慎重对待古代汉语中“死亡词语”的重要性。张小花（兰州交通大学）在《南宋初期使臣对金国文化的影响》中指出，南宋初大批使臣入金契合了金国“借才异代”的需求，在完成金国汉化进程的同时，也促进了民族融合，逐渐改变了女真族原本的面貌。李永强（北京市文物研究所）的《早期的丰台——元代远风台考》通过对元代燕京城南郊的远风台进行考证，得出以黄土岗为中心的地区是现今丰台发端的原点，属辽金元时期燕京城的南郊，承担着燕京城墓葬区、园林区、园圃区的功能。

通过某种或某类文献史料的集中分析来探讨相关历史问题成为此次研讨会的热点之一。张春兰、金玥函（河北大学宋史研究中心）在《试论宋人的“盛唐”意象——以北宋时期笔记小说为中心的探讨》中指出，在北宋时期的笔记小说中，关于唐代史事的记载十分丰富，具有很高的史料价值和文献价值，反映出了宋人借鉴唐朝历史、完善本朝制度、消除社会弊病的愿望。谭景玉（山东大学）在《元明清山东方志中辛弃疾传记的文本分析》中对元明清山东方志中的辛弃疾传记从史料来源、记事重点、人物评价及其随时代变迁而发生的变化等做了分析，进一步展现了乡人眼中辛弃疾的形象及演变。海丽（兰州大学）在《论〈侯鲭录〉中的苏轼形象》中指出，《侯鲭录》中的苏轼形象有实录价值、参考价值、启发借鉴价值。这对于研究苏轼其人、苏门群体、北宋士大夫群体及后世文学中的苏轼形象都有很大的意义。王灿（肇庆学院）在《论〈通鉴纲目〉以〈春秋〉变〈通鉴〉》中指出，《资治通鉴纲目》对《春秋》的继承，是通过吸收《春秋》的体例和褒贬之法来实现的，主要体现在其体例上。体例的改变和创新，集中体现在朱子所定的《凡例》之中，具体体现在《资治通鉴纲目》文本中。申惠青（河北大学）在《营造之功——小议宋代笔记所载建筑文献的史料价值与研究空间》中指出，宋人笔记对于历史细节的记载与议论超越前代，极大地拓展了史料的内涵与空间，有“补史氏之阙”的意义，并以两宋笔记中所载宋代建筑史料为对象，结合其所呈现的宋代建筑特征，归纳其史料价值。

本届研讨会，以主旨演讲、专题报告、学术研讨、经验分享等形式，汇集中韩日三国宋辽夏金元史研究领域的专家学者，共同聚焦学术热点、难点，全面展示了近年来宋辽夏金元史研究领域创新发展的最新理论、科研成果，启发了广大史学研究者的研究思路，开阔了研究视野，加强了中韩日史学界的国际交流，促进了宋辽夏金元史研究领域的繁荣和发展。

作者简介：王海潮，河北大学宋史研究中心办公室主任；王晓龙，河北大学宋史研究中心执行主任，研究员，博士研究生导师，主要研究方向为宋史及古代政法史；谢东辉，河北大学宋史研究中心科研秘书。

征 稿 启 事

本刊由教育部省属高校人文社会科学重点研究基地——河北大学宋史研究中心主办，是由已故著名历史学家漆侠先生创办的一份学术论文集刊，现为中文社会科学引文索引来源集刊（CSSCI 来源集刊）。本刊主要刊登辽宋西夏金元史为主题的研究论文、评论等。现为半年刊，一年两辑，公开发行。欢迎海内外专家学者惠赐佳作。

一、文稿要求：

1. 来稿须是未经发表的学术论文，要求政治观点正确，学术观点新颖，论据充足，论证严密，文字通达。

2. 谨守学术规范，勿一稿多投。

3. 篇幅：一般请保持在 5000 至 15 000 字之间。

4. 正文符合《宋史研究论丛》体例要求。

二、审稿与编辑：

1. 本刊实行匿名审稿制度。来稿确实采用后，即通知作者。六个月如无通知，请自行处理。

2. 本刊享有对来稿文字的处理权。如作者不同意对来稿进行删改，请于投稿时注明。

3. 来稿如需延期刊登，会与作者协商。

三、采稿与版权

1. 本刊所采用稿件会与作者联系，寄发电子版《用稿通知》。

2. 本刊除纸质版外，与中国知网、万方、维普等合作，电子档上传至该网站。

3. 来稿一经刊登，即奉呈作者样刊一至二本。

四、稿件投寄

1. 本刊已开通网络采编系统，请通过网络采编系统进行投稿。

2. 请提供电子版投稿，为环保起见不再接收纸质投稿。

3. 来稿一般不退，敬请谅解。署名应为稿件的撰写者，不支持随意挂名。

4. 工作电话：0312—5977046

工作信箱：songshiluncong@163.com

网络采编系统网址：https://soyj.cbpt.cnki.net